U0821076

献 给

中华人民共和国成立70周年

中国钾盐（肥）行业60周年

使命·担当·梦想

中国钾盐（肥）60年

亓昭英　陈明良　吴　江　等◎编著

中国農業大學出版社
CHINA AGRICULTURAL UNIVERSITY PRESS
·北京·

内容简介

本书共一卷6篇，第一篇：钾的来龙云脉，论述了钾素从出生到回归的循环历程；第二篇：行业发展历程；第三篇：人物篇；第四篇：科研院所与企业篇；第五篇：行业进展与成就；最后是附录。本书从青海、新疆的大盐滩出发，以技术发展为主轴，逐步向您展开一幅"中国钾"的壮观画卷，书中仅选择了各领域60年来各时期的部分人物代表、企业代表和行业成就，主要覆盖了找钾、研究钾、开发钾、生产钾、应用钾的各领域历程。

这是一本梳理了中国钾盐(肥)的发展特点和发展历程的书，资料丰富。对于从事与"钾"有关领域的政策、科研、开发、生产、贸易、市场研究、肥料施用、教学等工作人员有参考价值。

图书在版编目(CIP)数据

使命·担当·梦想：中国钾盐(肥)60年/亓昭英等编著. —北京：中国农业大学出版社，2019.5
ISBN 978-7-5655-2211-6

Ⅰ.①使… Ⅱ.①亓… Ⅲ.①钾盐-化学工业-概况-中国②钾肥-化学工业-概况-中国
Ⅳ.①F426.7

中国版本图书馆CIP数据核字(2019)第092952号

书　名　使命·担当·梦想——中国钾盐(肥)60年
Shiming · Dandang · Mengxiang——Zhongguo Jiayan(Fei) 60 Nian
作　者　亓昭英　陈明良　吴　江　等　编著

策划编辑　孙　勇　王笃利　　**责任编辑**　张　玉　石　华
封面设计　李尘工作室
出版发行　中国农业大学出版社
社　址　北京市海淀区学清路甲38号　　**邮政编码**　100083
电　话　发行部 010-62733489，1190　　读者服务部 010-62732336
编辑部 010-62732617，2618　　出　版　部 010-62733440
网　址　http://www.caupress.cn　　**E-mail** cbsszs@cau.edu.cn
经　销　新华书店
印　刷　涿州市星河印刷有限公司
版　次　2019年5月第1版　2019年5月第1次印刷
规　格　889×1 194　16开本　23.25印张　655千字
定　价　170.00元

顾问委员会

编委会

主　　编　亓昭英　陈明良　吴　江

副 主 编　屈小荣　陈鸿应　叶建华

撰稿人员　（按姓氏笔画排序）

马光亮　马海州　马锁立　马新梅　王少华　王石军
王建萍　王　洋　王　晶　王鹤童　亓昭英　方建梅
石　亮　卢志斌　叶建华　叶　烯　付　鹏　白　花
宁　远　宁晚云　朱　彬　朱　黎　刘建明　刘俊杰
刘培坤　刘德江　安莲英　牟建文　杜建新　李　丽
李秀花　李昊峰　李闻芝　李　峰　芦莉玲　李慧英
杨　颖　豆永康　吴　江　吴泽培　吴　朦　何　刚
何茂雄　邹宗文　汪贤玉　宋彭生　张西营　张　帆
张红茹　张丽雅　张　洁　陈大福　陈明良　陈　菲
陈鸿应　范胜华　林勇杰　周守亮　周志斌　周茂普
郑小满　郑义文　郑　欢　赵家春　赵静徽　胡彦军
姚　奎　徐兴亮　唐　冲　黄　敏　龚家龙　梁光河
梁　榕　葛　飞　韩　成　董昌吉　焦鹏程　童春阳
谢邦劳　谢鹏飞　蔡金凤　廖春光　樊　馥
中化化肥控股有限公司

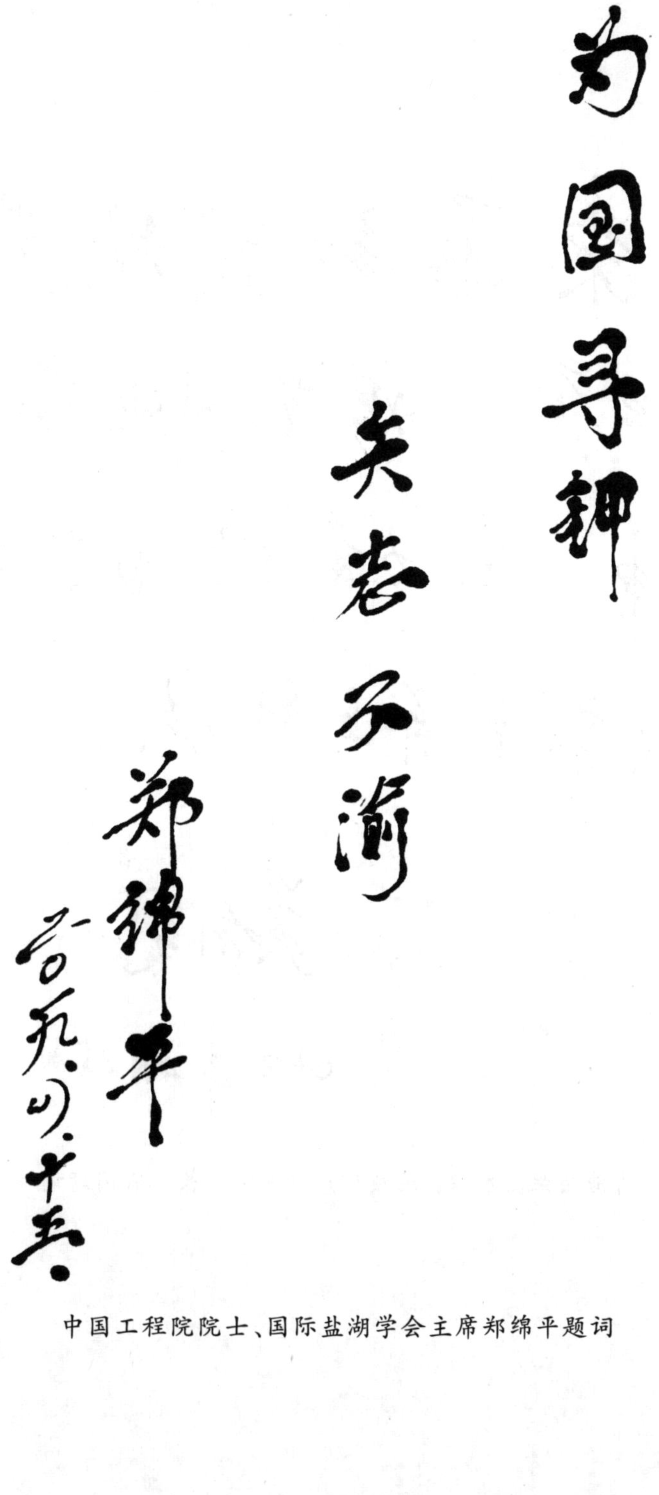

中国工程院院士、国际盐湖学会主席郑绵平题词

秉承和发扬老一辈地质人艰苦创业奋斗精神，戮力前行为新时期盐湖勘查再立新功。

关有国

2019年4月15日

青海省柴达木综合地质矿产勘查院院长关有国题词

牢记使命，

六十载攻坚克难结硕果。

不忘初心，

新时代创新引领谱新篇。

李良君

二〇一九年一月八日

上海化工研究院有限公司院长、总经理、中国化工学会化肥专委会主任委员李良君题词

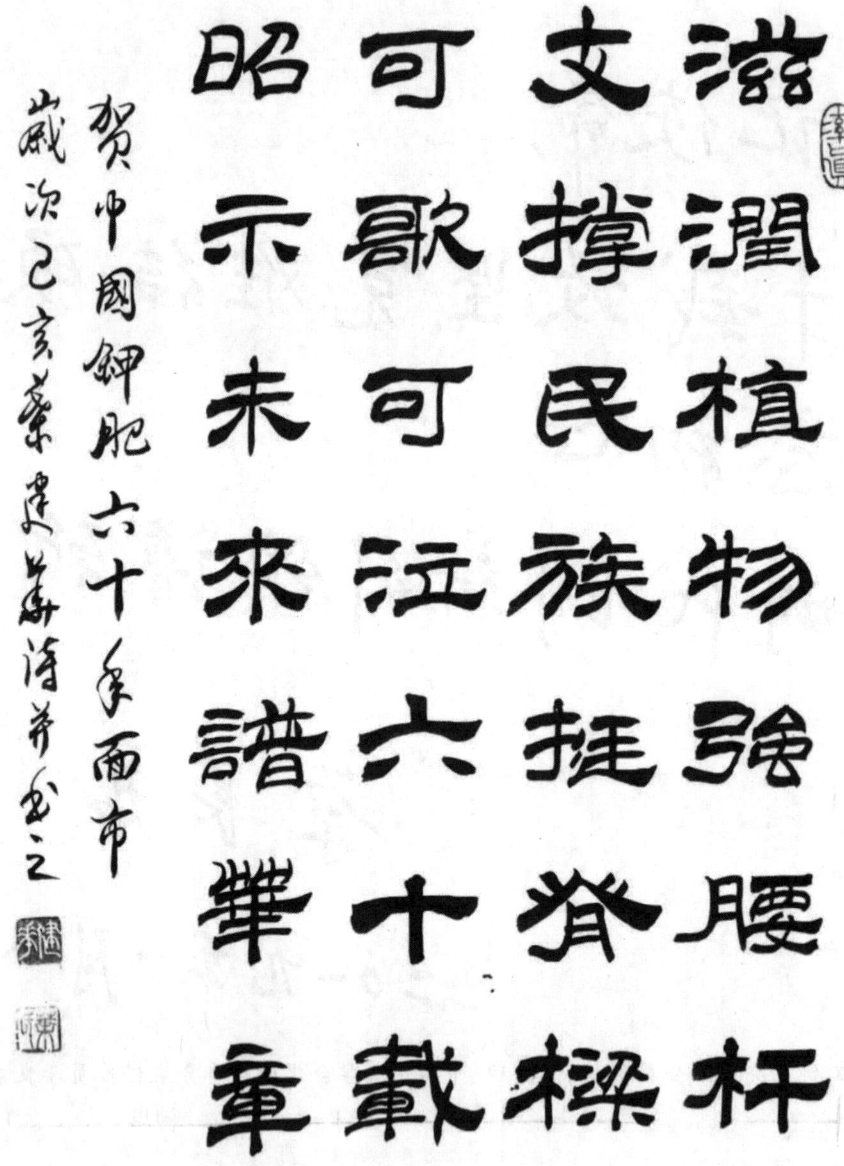

中国作家协会会员叶建华老师题词

前　言

钾素——是粮食的“粮食”!

日月轮回，斗转星移，弹指一挥间，砥砺前行中迎来了中国钾盐(肥)行业60周岁华诞，恰好也是中华人民共和国成立70周年的历史时刻，在这关键时间节点上，作为一位钾盐(肥)人，实在按捺不住这颗缅怀、激动、感恩和敬慕的心——本着一定要把这个行业60年筑就的“盐魂”精神如实记录下来、传承下去的信念，经过两年的精心筹备，一年多的组织撰稿，今天这本书终于编写完毕，与大家见面了。

“六十一甲子”，而中国钾盐(肥)的这一“甲子”，是“与众不同”的“一甲子”——中国钾盐(肥)产业从无到有，从小变大，从土到洋，从弱到强，目前走在由弱变强的康庄大道上，从1958年在青海产出第一袋钾肥到2018年的产量达到900余万吨，自给率50%的发展历程中，“中国钾”已经发展成一个完整的国民经济不可或缺的工业体系，这是一部凝聚了几代中国钾盐(肥)人青春、热血、情怀和生命的历程，是在世界钾盐(肥)历史上前无古人、后无来者的可歌可泣、值得大书特书的一段历史——中国钾盐(肥)人在整个产业发展过程中，完成了时代赋予的重大责任。如果从发现钾开始算，实际上已经是62周年!

当我们翻开这本厚重的《中国钾盐(肥)60年》时，看着“国产、境外、进口”三足鼎立，在和谐中前行的场景，唤起的是在那个沧桑岁月里，满满的记忆、深深的怀念、无比的感动和传承的使命。

60年，击楫奋进；60年，扶摇抟风；60年，风鹏正举；60年，行破万里云霄路。在这60年里，中国钾盐(肥)产业固本强基，拼搏赶超，从拓荒、到成长、再到壮大。看今朝，呈现出一派欣欣向荣、气势如虹大发展的喜人局面。这些年，共同书写了一个中国“钾盐(肥)传奇”，并以一个行业的奇迹来回馈这个伟大新时代。

60年辛勤耕耘，春华秋实。1958年9月，第一代盐湖人深入“天上无飞鸟，地上无青草”的荒漠，靠人拉肩扛生产出我国第一袋钾肥，由此拉开了我国钾肥工业生产的序幕。众所周知，钾肥作为粮食的“粮食”，是我国14亿人口的饭碗能不能端在自己手中的最重要保障之一，而这一“使命”，正是中国钾盐(肥)人筑就“盐魂”精神的出发点和源动力。凭借浮选法、反浮选—冷结晶、4号工艺、热溶结晶法、光卤石水采船、复分解法硝酸钾、曼海姆国产化、卤水制硫酸钾等多项重大技术成果，中国钾肥产量由20世纪末的几十万吨扩大至近千万吨，50%的自给率既提升了中国在钾肥进口谈判桌上的话语权，也改写了我国钾肥依赖进口的比例。茫茫柴达木大盐滩不仅成为世界钾肥贸易价格洼地，更是国家支农肥的“压舱石”。60年来，特别是改革开放以来，在党和国家领导人的亲切关怀和高度重视下，我国钾盐(肥)工业取得了巨大成就，目前资源型钾肥企业已达30多家，加工型钾盐(肥)生产企业拥有300多家、并且拥有3家百万吨级企业集团，资源型钾肥产量稳居世界第四，加工型钾盐(肥)品种、产量、技术、设备已迈入世界强国之列。

60年坚持不懈，不忘初心。我们有幸经历了一个值得全力以赴和珍惜的年代。回顾历史不能忘记，为打破“中国钾盐无资源可寻”的论断，从新中国成立初期兰州大学戈福祥教授上书政务院，提请国家对柴达木盆地的钾资源进行深入了解、开发，到中国钾盐化学的开创者、中国钾盐工业的奠基人柳大纲院士、郑绵平院士率众多专家、教授等组成考察勘探队，挺进荒无人烟的“生命禁区”青海柴达木盆地察尔汗，他们呕心沥血地调研考察、从理论到实践成功地揭开了中国青海盐湖的神秘面纱；再到彭加木、王弭力、李浩等一大批专家学者组成团队跨越新疆罗布泊“死亡之海”，发现特大型钾盐矿，并通过制定开发规划，科学评价矿床，有效解决钾盐开发关键技术；再到无数钾盐研究院所齐头并进，遒力攻关，从而拉开了我国自主开发，生产钾盐(肥)的历史序幕。与此同时，以氯化钾为原料的中国钾盐(肥)加工型生产企业在我国的东西南北中遍地开花，不仅结束了我国钾产品依赖进口的历史，而且还大量出口创汇，成为世界上钾盐精细化工产品生产名列前茅的大国，目前，我国缺少的钾盐产品只有粉状氯化钾这一个品种，其余的产品都已经基本自给自足。

60 年风雨历程，与时俱进。60 年来，中国钾盐(肥)工业不断开发和生产出大批高质量的产品，涌现出一大批优秀钾盐(肥)企业，而且造就了一大批一流的企业领头人、一流的科技带头人、一流的科技研发生产骨干，他们是今天中国钾盐(肥)产业发展的中坚力量，他们坚持科技创新、绿色发展，不断转型升级，成为行业领头羊。

这里，我们特别想提到的是青海盐湖工业股份有限公司(简称：盐湖股份，下同)，这是一个伟大的企业，是中国钾盐(肥)行业的“长子”，更是中国钾盐(肥)行业的“黄埔军校”，在国家的支持下，在历届领头人的带领下，他们能吃苦、肯奉献、有智慧，就是他们硬生生地在茫茫戈壁滩上建起了让世人惊叹的钾化工城；是他们在工艺技术创新上的突破，带动了和支持了青海、新疆和全国各地钾肥事业的飞速发展；是他们奉献青春、奉献生命为代价换来了几万盐湖职工美好的今天。国投新疆罗布泊钾盐股份有限公司在李浩、李守江等的带领下迅速崛起，快速建成了世界最大硫酸钾生产基地，撑起了中国钾肥工业的又一片蓝天，让自给率一跃到了 50%。

60 年继往开来，再铸辉煌。60 年来，成千上万的“中国钾盐(肥)人”用智慧、汗水、辛劳乃至生命使中国的钾盐(肥)工业快马加鞭，迅速发展。仅以钾肥产量为例，从 1958 年的 950 吨氯化钾到 2018 年的 917 万吨氯化钾(折，下同)(数据来源：中国化工学会化肥专委会)，翻了 9 653 倍。随着我国氯化钾产量的逐年提高，由此而衍生的其他钾肥品种和钾精细化工产品多达 80 多种《中国钾盐工业概览》，为中国的工业、农业、食品业、医药业、国防事业做出了积极贡献。据 IFA 数据，2017 年全球钾盐产量增长到 7 717 万吨氯化钾(折)，2018 年产量是 8 233 万吨氯化钾，我国钾盐产量占世界总产量的 14%左右。消费方面，全球总的钾盐需求 2017 年为 7 000 万吨，到 2021 年将达到 7 167 万吨(鲍梦菲，鲍荣华，亓昭英. 2017 年全球钾盐资源及产销状况变化[J]. 磷肥与复肥，2019(03)：1-4.)，而我国钾盐 2018 年的总表观消费量为 1 749 万吨，占全球总消费量的 27%左右。

前有先辈开拓者，后有跟随奋进人。中国钾盐(肥)在不平凡的 60 年中，在艰苦卓绝的博弈中，中国钾盐(肥)人筑就的“盐魂”精神——“顽强与担当”迎接着一次又一次的胜利，借力“一带一路”倡议，也必将加快“走出去”步伐，提高国际竞争能力和实力，推动我国钾盐(肥)行业的可持续供应永续前行。

因为大家都拥有一个共同的名字：中国钾盐(肥)人。

感谢所有编写人员的辛勤付出，感谢所有对书稿提出意见的领导和专家。

亓昭英　陈鸿应

2019 年 1 月

目　录

第一篇

钾的来龙去脉

钾的来龙去脉

钾是人体生长必需的营养素，占人体无机盐的5%，对保持健全的神经系统和调节心脏节律起着重要作用。这样重要的钾元素，是从哪里来？又是循环到哪里去的呢？

钾在宇宙中的成因

关于钾素的最初来源要追溯到元素的成因假说，现在普遍认为，所有元素都是由宇宙大爆炸直接"创造"出来，最初只有最轻的元素，通常是氢和氦。而后在大爆炸接下来的数百万年里，这些原始气体团压缩形成了第一代恒星，这才是稍重元素的诞生之地。

根据现在的宇宙学理论，宇宙在大爆炸之后形成的元素主要是氢和氦。氢和氦在宇宙元素的丰度分布中占了几乎全部，其余元素的丰度随其原子序数的增加而迅速下降，且原子序数为偶数的元素丰度比与其相邻的两个原子序数为奇数的元素丰度高。

钾素在宇宙中的平均含量微乎其微，银河系中钾元素的含量也非常小，银河系中氢占90.74%，氦占9.1%，二者共占99.84%；氧和碳共占0.12%，其他所有元素共占0.04%。钾元素约占0.000 012%，是硅元素丰度的0.38%。

从太阳系中CI型碳质球粒陨石的元素推断钾元素在太阳系中的丰度为0.056%。

地球上钾的丰度为0.083%，自然界中钾有三种同位素，其质量数和丰度分别：^{39}K 93.1%、^{40}K 0.001 9%、^{41}K 6.9%。^{40}K是放射性同位素，其半衰期为1.29×10^{9}年。因此，常用放射性测井法探钾。

地球上不同类型的岩石中钾元素含量变化也很大，花岗岩3%，玄武岩0.5%，橄榄岩0.04%，砂岩1.4%，深海沉积物2.5%。地幔代表性岩石是橄榄岩和玄武岩，地壳代表性岩石是花岗岩和砂岩。这说明地球上从深部到浅部钾素呈现富集特征。

从登月带回的样品分析，月球的钾元素丰度在不同类型的样品之间差异极大，纯橄榄岩K含量为0.002 4%，而月海玄武岩和花岗岩钾含量可达5.5%～5.8%。平均钾含量与地球相当。火星表层岩钾含量大约为0.42%。

总体来讲，从宇宙到太阳系，钾元素总体上呈现富集趋势，在地球上从深层地核到地幔再到地壳，钾元素也呈现富集趋势。地球的浅表层是宇宙中钾素最为富集的场所之一。

钾的化学性质和地球化学特征

钾(Potassium)，化学符号(K)，原子序数19，相对原子质量为39.098 3，属周期系ⅠA族元素，为碱金属的成员。常温下为银白色立方体结构金属，莫氏硬度0.4，质软而轻，可用小刀切割，新切面有银白色光泽，金属活泼性很强，熔点336.53 K(63.38℃)，易燃，沸点1 032 K(759℃)。

金属钾于1807年由戴维发现，戴维当时进行了电解碳酸钾实验，他获得了一些富有金属光泽、类似水银的珠粒出现。他以potash(碳酸钾，木灰碱)命名它为potassium(钾)。钾的拉丁名kalium是从kali(阿拉伯文中海草灰中的碱)来的，因而化学符号为K。我国科学家在命名此元素时，因其活泼性在当时已知的金属中居首位,故用"金"旁加上表示首位的"甲"字而造出"钾"这个字。

已发现的钾的同位素共有28种,包括从钾-32至钾-55,其中在自然界中存在的只有钾-39、钾-40和钾-41,其他同位素都是由人工制造。钾-40的放射性属于β衰变,是岩石和土壤中天然放射性本底的重要来源之一。

钾在地球中是典型的亲石元素,已知自然界中常见的钾的矿物约122种,其中硅酸盐占48%,硫酸盐占25%,卤化物占10%,磷酸盐、砷酸盐占7%,硝酸盐、硼酸盐、铬酸盐、硫化物占4%,碳酸盐占2%,钒酸盐占0.8%。常见的钾矿物有钾长石、钾霞石、钾明矾石、白榴石、云母、海绿石、钾石盐、光卤石、钾盐镁矾、钾锶矾和杂卤石。钾与离子半径相近元素在矿物中可产生广泛的类质同象置换,钾元素还可以在矿物的气液包裹体中存在,或以吸附的形式分布在黏土矿物中。

地球表层含钾的原生硅酸盐矿物容易风化分解,使钾析出而被水携带流失。因为钾离子半径较大,极化率高,很容易被土壤吸附。所以土壤中钾含量高于钠,而海水中钠含量大于钾。据计算,钾大量保留在大陆上,进入海洋的仅有0.038%。

沉积岩和泥岩中含有较多的K。碳酸岩盐中,Na、K含量低。

钾长岩和钾长花岗岩中K含量非常高,可以用于制作钾硅钙矿物肥、中微量元素肥及陶瓷材料等。钾长石($K_2O \cdot Al_2O_3 \cdot 6SiO_2$)通常也称正长石,$K_2O$含量16.9%,是含钾量较高、分布最广、储量最大的非水溶性钾资源。

K在超基性岩、基性岩中的含量较少,在花岗岩、碱性岩和花岗伟晶岩中则较富集。

由于钾的溶解度大,所以不同类型的水中均含一定量的钾,雨水中钾含量为0.2～3毫克/千克,但在近海的雨水中钾含量为0.2～5.6毫克/千克。地热水中钾的浓度是温度函数,平均含量为(116±10)毫克/千克,在1～2 325毫克/千克变化。裂隙水中钾的含量较高,达(1 441±137)毫克/千克,在2～9 120毫克/千克变化。

地壳中钾元素从原生钾矿物的风化作用开始,通过水解沉积以及沉积固结作用,继之发生的区域变质、蒸发等作用,重新形成含钾硅酸盐或钾盐等矿物,构成了一个完整的钾元素大循环。

钾和钠在地球岩石圈、土壤、生物和水圈中"元素丰度"是不同的。钾多数被淤泥黏土和土壤吸附,所以钾只有很少量到达海洋中,钠挣脱大地的束缚是钾的100倍奔向了辽阔的海洋。在海洋中钾的克拉克值只有3,而钠多达100。

钾是植物生长的三大营养元素(氮、磷、钾)之一,生物体中有60多种酶需要钾离子作为活化剂,生产钾肥的基本原料是钾盐,世界上钾盐中的96%为氯化钾,其95%用作农用肥料,其余5%用于工业。钾在工业上用来制造钾钠合金;在有机合成中用作还原剂;也用于制光电管等。钾的化合物在工业上用途很广:钾盐广泛用于农肥、化工、医药、纺织、印染、制革、玻璃、陶瓷、炸药等领域。

钾盐同时对动、植物的生长和发育起很大作用。为了保护患高血压人群的身体健康,低钠盐事实上是添加了氯化钾。石盐中如果钾元素全部替代了钠,成了纯的KCl,我们就称为"钾石盐"。

人体和动植物中钾的克拉克值是0.3、钠为0.02,钾比钠多十多倍。

钾是维持生命不可或缺的必需物质。它和钠共同作用,调节体内水分的平衡并使心跳规律化。钾对细胞内的化学反应很重要,对协助维持稳定的血压及神经活动的传导起着非常重要的作用。缺钾会减少肌肉的兴奋性,使肌肉的收缩和放松无法顺利进行,容易倦怠。还会妨碍肠的蠕动,引起便秘;还可能导致浮肿,半身不遂及心脏病发作。当人体钾摄取不足时,钠会带着许多水分进入细胞中,使细胞破裂导致水肿。

防治低钾的关键是补钾。临床上可选用口服10%的氯化钾溶液,但最安全且有效的方法是多吃富钾食品,特别是多吃水果和蔬菜,如猕猴桃、香蕉、黄豆、海带、紫菜等。

钾能促进植株茎秆健壮，改善果实品质，增强植株抗寒能力，提高果实的糖分和维生素C的含量，和氮、磷的情况一样，缺钾症状首先出现于老叶。钾素供应不足时，碳水化合物代谢受到干扰，光合作用受抑制，而呼吸作用加强。因此，缺钾时植株抗逆能力减弱，易受病害侵袭，果实品质下降，着色不良。

钾盐矿物和钾盐矿床的形成时空

1. 钾盐矿物

自然界的盐类矿物有400余种，其含钾的盐类矿物约有40种。其中，硝酸盐2种，碳酸盐5种，硫酸盐25种，氯化物7种，硼酸盐1种。

常见的易溶于水的含钾矿物，主要包括钾石盐、光卤石、钾盐镁矾、软钾镁矾等，组成含钾卤化物、硫酸盐、碳酸盐等。难溶于水的含钾矿物与岩石，主要包括钾长石、云母类、霞石及钾明矾石和含钾黏土、绿豆岩等，通常不将它们称作钾盐。

目前世界上主要用来生产钾肥的矿物原料钾石盐中K_2O达63.1%，光卤石中K_2O为17.0%，无水钾镁矾的K_2O有22.7%，钾盐镁矾K_2O 18.9%。

2. 钾盐矿业简史

在没有发现钾盐矿之前，世界各国主要靠淋滤草木灰来代替钾肥，其主要成分为碳酸钾，或从洞穴堆积、建筑废墟中淋取KNO_3以供制造黑火药之用。1807年英国著名化学家戴维发现了钾元素。1839年4月德国钻探盐矿时发现了钾矿床，大约15年后，德国化学家李比格研究发现钾盐可以作业一种矿物肥料，由于在实验室用光卤石制造氯化钾获得成功，1861年德国首先在施塔斯富特建立了世界上第一座生产氯化钾的工厂。随后大约1913美国在卡尔斯巴德、1920年法国在阿尔萨斯、1926年西班牙对Catalonian矿床进行了开采、1931年苏联在索里卡姆斯克建厂；60年代后，由于加拿大萨斯卡彻温等地相继发现了巨大的钾盐矿床，从此使世界上钾盐生产得到了快速发展。

在第一次世界大战之前，德国几乎控制了世界的钾盐市场。

从20世纪20年代中期起，各国都大力开展钾盐矿床的寻找。美国和苏联先后于30年代开始用本国钾盐矿产制造钾肥。60年代后，由于许多新的钾盐矿床的开发，使世界钾盐生产出现了新面貌。加拿大和苏联取代了原民主德国和联邦德国钾盐生产的优势地位，成为世界上最大的钾盐出口基地。

新中国成立前，我国没有钾盐工业，靠农家肥来维持地力。新中国成立后，提出了找钾的任务，并于1956年10月，化工部地质矿山局柴达木盐湖普查组郑绵平等人赴大柴旦、察尔汗等地盐湖调查，访问在察尔汗修筑盐路（后称“万丈盐桥”）的工人，他们谈到有的盐段盐巴不好吃。为此，普查组取样分析，首次取得含K^+为1%的卤水。1959年，中国科学院柴达木盐湖调查队在察尔汗东部盐滩（南空机场）附近考察，郑绵平在通过机场盐道的卤坑盐壁上，发现新生的双锥体光卤石。尔后，郑绵平、高世扬在该区组织圈定大面积窝状、棕色原生光卤石。通过全湖卤水调查，提交了《柴达木盐湖科学调查报告》（作者：郑绵平），首次报告了调查队在柳大纲教授领导下，从此揭开了中国钾盐从无到有的历史。1963年在云南江城发现勐野井固体钾盐矿；1987—1991年发现罗布泊硫酸盐镁亚型钾盐矿。随着石油全面普查工作的开展，先后在多处发现杂卤石、无水钾镁矾、含钾地下卤水等钾盐层和钾盐矿化。

现已建成青海察尔汗盐湖钾镁盐液体矿、罗布泊硫酸盐型钾盐矿、云南江城勐野井可溶性钾盐矿等钾盐矿区，形成了我国的钾盐生产基地。四川东部杂卤石的开发利用也已经开始；难溶性含钾资源的开发利用也已开始起步。

3. 主要钾盐矿床及成矿时代

从产出的地质时代看，泥盆纪可能是世界上最主要的成钾盐矿期，沉积的钾资源量占世界资源量的

60%;其次,白垩纪地层贮藏钾盐资源量占13%,晚侏罗纪沉积钾盐10%,两者构成第二个主要成钾期;二叠纪和寒武纪地层蕴藏钾盐资源量为7%,属于第三位的成钾期,其他时代地层蕴藏的钾资源量相对更少。

世界上探明储量最大的主要钾盐盆地和矿床包括:加拿大的萨斯喀彻温盆地、白俄罗斯的斯塔罗宾盆地、泰国老挝的呵叻盆地、刚果的霍利-圣保罗钾盐矿等。

4. 主要钾盐矿的成因

钾和钠是属同一家族出生的兄弟,因此形影不离,经过百万年或数万年天上太阳蒸发和地下深源热能共同煎熬,“钾哥哥”携“镁妹妹”和“钠弟弟”终于相逢“沉淀”在各个盐矿床中,形成了世界上数量占70%的各个大型固体“海相钾盐矿床”和一般储量的“陆相钾盐矿床”。

钾盐的物质来源具有多源性、复杂性:其一,海退残留的古海水;其二,风化壳含钾矿物、含钾岩石风化、淋滤、溶解的流体;其三,岩浆活动的富钾热液、热泉等。

钾盐矿床形成的基本条件为:①巨大丰富的钾盐物质来源——这是形成钾盐矿床的物质基础和首要条件;②有利的地质构造和地理地形条件——封闭、半封闭大盆地,基底有次级凹陷为持续聚盐、储盐提供空间,为盐类分异富集,形成厚度大、品位高、杂质少的钾盐层创造有利条件;③干旱的古气候条件——气候是否干旱除了考虑纬度以外,还须考虑洋流、海陆分布、温度、风向等因素的影响,干旱气候是成盐富集的必备条件;④有效地保护盖层——钾盐易溶,在其成矿后须有一定厚度的不透水保护盖层,可有效阻挡和避免淡水对盐层的溶解流失。

钾盐矿属蒸发岩沉积矿床,卤水浓缩过程中其中的溶解物逐渐析出并沉积下来,这个沉积序列是碳酸盐—硫酸盐—石盐—钾盐—镁盐。

裂谷构造沉降形成封闭性良好的盆地或凹陷,同时伴有大量火山活动、带来丰富的深源成矿物质,其中可能以火山期后的温热泉水补给为主,一些裂谷还与大洋沟通,受到海水补给。这些构造、物质条件与干旱气候的耦合,导致钾盐沉积成矿。

钾盐资源

1. 世界钾盐资源

世界钾盐资源极为丰富,已发现31个成钾盆地,其中探明钾盐储量超过5亿吨的盆地并不多,资源总量达2 500亿吨(以K_2O计),绝大部分为地下固体钾盐,少部分为含钾卤水,据美国地质调查局统计,2014年世界钾矿探明储量36亿吨K_2O(数据来源:Mineral Commodity Summaries)。

钾盐在时空上的分布则是很不均衡的。超大型钾盐矿床主要分布在北美、欧洲、南美、中东和亚洲等,其中加拿大、俄罗斯、白俄罗斯、德国4国探明储量占全世界的72%。

世界产钾地区主要在北美和苏联地区,而消费主要集中在亚洲、拉美和北美。

2. 中国钾盐资源

作为世界人口最多的农业大国,钾盐对我国至关重要。我国是世界钾肥第一消费国,约占世界消耗总量的27%。我国可溶性钾资源占世界总储量的2.6%,其中98%分布在青海和新疆,属于现代盐湖(卤水)钾盐矿。从2008—2018年我国钾盐自给率基本维持在50%左右。

卤化物型钾矿分为固体钾矿和液体钾矿两种,固体钾矿通常氯化钾KCl品位比较高,属于富矿。液体钾矿KCl品位较低。世界钾盐开发是以固体矿床为主,主要开采钾石盐sylvinite(KCl),少量开采光卤石carnallite($KCl \cdot MgCl_2 \cdot 6H_2O$)和液体钾矿。

我国已探明的钾盐储量主要分布在青海柴达木盆地和新疆罗布泊的11个现代盐湖中。青海柴达木盆地 KCl 的资源总量为 7.13 亿吨，其次是新疆罗布泊，初步圈定 KCl 资源量 2.9 亿吨（另有消息报道罗布泊地区的钾盐资源量不足 1 亿吨），第三是西藏 35 个特种（钾锂硼）盐湖，KCl 资源量 0.66 亿吨。此外，内蒙古已发现的钾盐湖 11 个，拥有资源量 257 万吨。我国已发现的古代固体钾盐矿床，主要为云南勐野井古新世钾盐矿，KCl 储量 1 971 万吨。以上总计 10.84 亿吨，折合 K_2O 6.85 亿吨。另外我国四川盆地深部及江汉盆地深部也发现大量富钾卤水。

迄今为止，我国已发现海相含盐地层有四川震旦系、寒武系和三叠系，陕北奥陶系，新疆寒武系和石炭系。目前我国主要钾盐产区是青海察尔汗和新疆罗布泊。

钾盐矿床的开采方式

开采钾盐矿的方法通常有 2 种：一是固相井工开采，即旱采；二是液相开采，即水溶开采，也称水采。无论旱采还是水采，都会在开采和加工过程中产生大量的杂质矿石、废液和废渣，从而影响生态环境的保护，这些都是必须解决的问题。

钾盐矿的选矿工艺

1. 固体钾盐矿的选矿

自然界含钾矿物有 100 多种，有钾的氯化物、硫酸盐、碳酸盐类矿物以及钾的硅酸盐类矿物。典型的固体钾盐矿物主要有钾石盐、光卤石、杂卤石、钾长石等。

(1)钾石盐。钾石盐是最常见的钾盐矿物，由钾盐(KCl)和石盐(NaCl)组成的混合物。同时还含有少量石膏、硬石膏、光卤石和黏土类杂质。矿石盐矿石主要用浮选法或溶解结晶法加工，也有用静电分离法、重介质分选法的，但使用较少。

(2)光卤石。以光卤石型为主的固体钾矿分布在老挝、泰国、刚果(布)等地，老挝具有丰富的光卤石型钾盐矿资源。

目前在老挝进行钾盐开发投资的企业包括四川开元集团有限公司、中农矿产公司、中国水电矿业(老挝)钾盐有限公司、云南中寮矿业开发投资有限公司等多家大型企业，截至 2018 年年底前两家已形成产能 60 万吨/年。

固体光卤石型矿的加工工艺有：A.“冷分解—浮选”（现改为“冷结晶—浮选”）；B.“分解—选择性絮凝—浮选”；C.“旋转分解—选择性分级—浮选柱浮选”等工艺。其中最成熟的数第一种工艺。

(3)杂卤石。杂卤石是一种较难溶钾盐矿物，属于硫酸盐矿物，通常与硬石膏、石盐产在一起。杂卤石的晶体不多见，集合体一般为粒状块体或纤维状和片状。有的透明无色，有的呈白、浅灰、浅黄、红等颜色，一般没光泽。

(4)明矾石。明矾石是一种以含硫酸铝钾复盐为主的天然矿石。

自 20 世纪 30 年代以来，许多国家开展了明矾石综合利用的研究和技术开发，相继提出了十几种工艺流程。其中，苏联开发的“还原热解—碱法”工艺已实现了工业化生产，温州化工总厂曾引进过此项技术，20 世纪 90 年代该厂又引进了苏联的水化学法工艺。水化学法工艺按粗钾盐提纯工艺中置换剂的不同分为氢氧化钾提纯与氯化钾提纯水化学法。

(5)钾长石。钾长石是一种含钾架状结构硅酸盐，我国钾长石矿源达 60 个，其平均氧化钾含量约为 11.63%，储量约达 79.14 亿吨，按平均含量折算成氧化钾储量约为 9.2 亿吨。安徽、内蒙古、新疆、四川、山西等省、自治区的钾长石分布相对集中，储量丰富，成为当地的优势非金属矿产资源。

2. 卤水钾矿的加工方法

盐湖卤水按照卤水中主要离子的含量分为氯化物型、硫酸盐型(包括硫酸镁亚型和硫酸钠亚型)、碳酸盐型等,现分别介绍各种卤水钾矿的加工方法。

(1) 氯化物型。以氯化物型含钾盐湖卤水为原料制取氯化钾的方法大致有如下几种:

A. 冷分解—浮选法

将含钾卤水抽取到盐田中,卤水在盐田中通过太阳能蒸发浓缩析出光卤石。进入盐田的晶间卤水的组分大致为:KCl 1.87%,NaCl 5.3%,$MgCl_2$ 20.36%,$CaSO_4$ 0.49%;生产1吨盐田光卤石大约需要卤水11.2吨。

以我国原青海钾肥厂一期20万吨/年KCl工程为例,采用的是冷分解—浮选法。将盐田光卤石加淡水分解获得人造钾石盐,添加浮选药剂羧甲基纤维素、十八胺和2号油进行浮选分离,得到的浮选精矿经过滤、洗涤、脱水后即为精钾产品,氯化钠等杂质随尾矿弃去。钾的回收率小于60%,选矿比为8.17～10.0。精钾的组成为KCl 90%、NaCl 1.15%、$MgCl_2$ 0.63%,水分为6%。

冷分解浮选法的优点是能耗低,工艺成本较低,耐腐蚀材料用量少,工艺流程操作简单,对原矿质量适应性强;但回收率低,产品质量比反浮选—冷结晶稍差,粒度细,农业上使用不便,市场竞争力差,经济效益较差。冷分解—浮选法由于存在以上缺陷,现在青海盐湖集团(原青海钾肥厂)一期和二期已将此工艺改为较先进的反浮选—冷结晶工艺。

B. 反浮选—冷结晶工艺

工作原理是:盐田光卤石在饱和的浮选介质下,加入反浮选氯化钠的捕收剂烷基吗啉,以增加氯化钠表面的疏水性,浮选开始时再往浆料中鼓入空气,氯化钠表面的水层迅速破裂并和气泡紧密地结合成泡沫上升到矿浆表面,用刮板将泡沫刮出。而光卤石由于矿物表面润湿能力强,不能附着于气泡上升,故留在矿浆中,矿浆用渣浆泵打到水平带式过滤机脱水,滤饼即为低钠光卤石。这就是反浮选氯化钠的工作原理。光卤石冷结晶的理论基础是控速分解和控速结晶,利用控制低钠光卤石分解条件,控制溶液中氯化钾过饱和度,减少氯化钾的晶体数量,达到在常温下使氯化钾晶体颗粒长大的目的。

流程主要分为:①原矿调浆系统;②反浮选系统;③冷分解冷结晶系统;④精矿洗涤及产品干燥系统四部分。

C. 兑卤脱钠控速分解结晶法(简称4#工艺)

本工艺的主要发明人是我国钾盐专家程忠老先生。其原理是根据K^+、Na^+、Mg^{2+}//Cl^-—H_2O四元水盐体析盐规律,采用盐田晒制的E点卤水和F点卤水进行容器化兑卤生产人造光卤石,又依据斯托克斯沉降定律,利用新生成人造光卤石与氯化钠结晶二者粒级差异进行分级脱钠,获得KCl/NaCl>5的低钠光卤石,继而依据不相称溶解原理及Nernst方程再进行控制光卤石分解速度,从而获得较大粒度的氯化钾结晶,经分离、洗涤、干燥即获得优质氯化钾产品。

(2)硫酸盐型。硫酸盐类型盐湖卤水中一般含有钠、钾、镁的氯化物和硫酸盐,属于K^+、Na^+、Mg^{2+}//Cl^-、SO_4^{2-}—H_2O体系。硫酸盐类型又可分为以下两个亚型:A. 硫酸钠亚型;B. 硫酸镁亚型。一般以生产硫酸钾为宜。

两段转化法:盐田采收的钾混盐矿在水或是其他适宜的介质下,经过一段转化将含钾矿物转化成软钾镁矾,然后用浮选法除去氯化钠杂质后所获得的软钾镁矾精矿,再与氯化钾和水二段转化成硫酸钾,简称两段转化法。

钾镁肥试验装置考核结果表明,利用泻利盐盐田副产的低品位钾混盐为原料,采用“正浮选—转化”的工艺,即先正浮选钾盐镁矾然后将钾盐镁矾加水转化,能生产出符合国家标准的钾镁肥产品。此项技术可谓是填补了国内外低品位钾混盐成功应用的空白。

对比美国大盐湖：国外利用硫酸型盐湖卤水加工硫酸钾已有几十年的历史，其中美国犹他州的大盐湖矿物和化学制品公司加工大盐湖卤水生产硫酸钾的情况较为典型。

20世纪80年代前后，大盐湖矿物和化学制品公司利用盐田日晒工艺生产高、低两种品位的钾盐镁矾，其中，高品位在80%左右，主要杂质是氯化钠和七水硫酸镁，低品位在30%左右。高品位钾盐镁矾盐田矿，可直接送往化学加工厂加工。

其加工过程为：先用矾洗液（硫酸钾母液洗涤粗软钾镁矾后分离出的母液）将其中钾盐镁矾转化成粗软钾镁矾，再在三只增稠器中溶洗掉其中的氯化钠和七水硫酸镁（氯化钠溶解在溶液中，七水硫酸镁转化为软钾镁矾），得到高纯度的软钾镁矾，最后在结晶器中加入氯化钾和水，经复分解反应生成硫酸钾结晶，经干燥后的产品纯度可达96%以上。低品位矿（主要矿物组分为钾盐镁矾、软钾镁矾、石盐和光卤石），先用软钾镁矾母液使其中钾盐镁矾转化成软钾镁矾，经浮选除去氯化钠后，可得纯度在74%左右的软钾镁矾精矿，所得精矿可送往化学加工厂与其中粗软钾镁矾一起加工成硫酸钾。

(3) 碳酸盐型。西藏扎布耶盐湖卤水属富硼、钾，低钙、镁的碳酸盐型卤水。中国地质科学院盐湖中心郑绵平、乜贞等科学家针对该类型矿床研制了一套提锂、钾综合利用工艺路线，包括冷结晶沉淀KCl方法。

钾素在动植物体内和自然环境中的接收方式和传达目的地

1. 动物的钾素营养

钾是动物机体中仅少于钙和磷的第三大矿物元素，也是细胞内浓度最高的元素。据报道，钠占动物机体的0.15%、钾0.3%、氯0.15%。

在多种生物体系中，钠和钾在化学性能方面有极为相似之处，有互相依存的关系，抑或有着同等的功能。在动物体内，钾和钠的分布截然不同。钠是血浆及细胞外液的主要电解质，而钾主要存在于细胞内。神经及肌细胞内钾浓度比组织间液高20倍；红细胞内钾浓度比血浆中的高25倍；血液内的钠主要由氯离子（Cl^-）平衡，其次是由碳酸氢根离子（HCO_3^-）平衡。细胞中的钾及低含量钠的正电性主要由磷酸氢根离子（HPO_4^{2-}）抵消，其次有碳酸氢盐、硫酸盐及氯的参与。

钾的生理作用：

(1)参与细胞新陈代谢。机体内糖、蛋白质和能量代谢都必须有钾参加才能进行。钾在细胞内保持一定的浓度可保证细胞内酶的正常功能。

(2)维持细胞内外液渗透压和酸碱平衡。钾是细胞内液中主要的阳离子，全身95%～97%的钾存在于细胞内液，其浓度可达150毫摩尔/升左右。细胞内外钾的比钾是(25～35)∶1。所以钾是细胞原浆的重要成分，对保持细胞电活动、恒定细胞内外渗透压起着重要的作用。

(3)细胞内外正常的钾量能维持神经肌肉正常的应激性。钾是神经肌肉组织中复杂化学结构的一种细微成分，主要分布在细胞内，不同的神经组织中钾含量也有差别，但每类组织中的细胞内外相钾的比钾（钾的比值）常常不变，被称为钾常数。

肌肉组织是人体最多的一种组织，骨骼肌的重量占体重之半，含钾量也最多，占总体K^+的70%。所以有严重的肌病时多影响血钾浓度和出现肌钾代谢的改变；在全身性细胞内外钾转移时，肌肉钾量往往发生较大变化。

钾离子在细胞膜内外运转使膜电位发生局部变化，从而参与神经传导。且钾离子是神经肌肉、肌组织中重要的电解质，是维持组织结构的重要成分，钾以离子状态参与细胞内许多代谢过程。钾如糖代谢中葡萄糖合成糖原或分解产能时，多种酶的活性都需要有K^+的促进。

(4) 维持心肌功能的协调。心肌细胞内外的正常钾量能协调正常的新机特性(自律性、兴奋性、传导性、收缩性)。高浓度钾对这些特性抑制,低浓度钾则使心肌细胞兴奋性增高,两种情况均可引起心律失常。心肌收缩过程中,肌动蛋白、肌球蛋白和 ATP 结合前,钾从细胞内适量移出,使细胞内钙量增加,在心肌收缩后钾又从细胞外移入细胞内。所以正常的钾量也是心肌收缩功能的必要条件。

2. 体内钾量及分布

①体内钾量。成人体内钾总量为 2 300(女)~3 800(男)毫摩尔,即 90~150 克,体内钾量的多少因性别及脂肪的多少有明显的差别。体钾总量的 97%~98%在细胞内液中,肌细胞钾浓度较高,约为 140 毫摩尔/升。

钾在体内的分布因组织(或器官)种类、大小、细胞数量的不同而异。

②钾的摄取和排泄。人从食物中摄取钾和钾盐。80%~90%经小肠吸入血液,其余随粪便排出体外。吸入的血钾中的 90%,约在 4 小时后从肾脏排出,其余 10%的钾需要 15 小时才能完成与细胞内钾的动态平衡。汗液中排钾很少,每日排 6~8 毫摩尔,一般无临床意义,但多量出汗应引起注意。每升汗液含钾 16~19 毫摩尔,个别严重出汗者每日可因排汗丢钾达 150 毫摩尔。

③钾在体内的平衡。成人每天钾的生理需要量为 40~52 毫摩尔,相当于氯化钾 3~4 克。小儿需钾量比成人高,新生儿每天需 KCl 0.25 克,婴儿每天需 KCl 0.5~1 克,较大儿童需钾相当于成人半量。

人体由于疾病或药物影响,使钾的代谢发生异常,细胞内外液中钾的浓度失衡引起各系统的病理变化出现症状,严重者能危及生命。

④钠钾泵及其在钾代谢中的作用。细胞膜内外钾、钠各自的浓度差能够维系在 30/1 和 1/12,主要是由于细胞膜上的钠钾泵把离子逆浓度差主动运转而完成。

钠泵是一种特殊蛋白质,它镶嵌在细胞膜上,具有 ATP 酶活性。每个细胞上有 100~10 000 个不等。

各器官细胞膜上钠泵正常活动保证了 Na^+—K^+ 的正常运转和正常分布,这也是保证该器官正常功能的重要条件之一。

3. 植物的钾素营养

钾是植物生长必需的三大营养元素之一,植物体内的含量一般为干物质重的 1%~5%,占植物体灰分重量的 50%。

①钾的吸收。植物吸收钾的主要部位是根,吸收钾的形态是 K^+。其吸收方式有主动吸收和被动吸收两种。

在土壤溶液中 K^+ 浓度较高时,K^+ 的吸收可能为被动过程,它可沿电化学势梯度扩散,通过 K^+ 通道或载体入内,被动吸收不需要能量供应。

高等植物根细胞积累 K^+ 的浓度可达土壤溶液 K^+ 的 10~1 000 倍。生活在海水中的海藻,其细胞积累的钾约高于海水含钾量的 10~100 倍。

尽管海水中 K^+ 的浓度比 Na^+ 低,但海水盐生植物累集 K^+ 的量比 Na^+ 高,因之形成高的 K/Na。K/Na 高是由于 K^+ 优先输入,而 Na^+ 主动逸出。但陆地盐生植物体内累积的 Na^+ 多于 K^+。

②钾在植物体内的运移。钾不是植物细胞结构的组分,在植物体内钾以 K^+ 形态存在。根吸收的钾很容易运移到地上部。

根吸收的 K^+ 从根运移到地上部,主要运输途径为木质部运输和韧皮部运输。K^+ 从木质薄壁细胞分泌到木质部导管,通过导管运输到植株各部,从木质薄壁细胞分泌到导管是逆电化学势梯度进行。

植物各器官中的含钾量以叶最高。以整张叶片而论，通常是正在展开的幼叶含钾量最高。

上面已说到，虽然植物体内含钾多，但钾和氮、磷不同，不是细胞内任何分子的稳定结构部分，有“有机氮”“有机磷”，却没有“有机钾”这个名词，因而在实践中会看到下述四个现象。

A. 由于钾没有被结合成有机成分，因此容易流动，从这一部分流到那一部分，因此缺钾时首先出现于下部的老叶片上，植株从上到下，各层叶片之间是否存在含钾量梯度亦可作为营养诊断的一种指标。

B. 在作物成熟阶段所取的植物样品，往往不能反映钾的吸收情况，因为吸收的钾可能已有大量损失。在开花期至成熟期之间钾有明显的损失，这是由于：a. 叶片脱落；b. 钾从老叶中淋失；c. 钾从老根中渗出。

C. 植株从田间取样后，在洗去污泥时，植物体内的钾素难免没有损失。

D. 仅测定植物含钾量时，不必一定要用三酸消化，只需将植株剪碎，用稀盐酸浸泡数小时，绝大部分钾就被提出来了。

③钾的主要生理功能。钾在植物营养中具有多种功能，它的主要方面可归纳如下：有利于作物的生长发育；增强吸水能力，减少水分损失，提高抗旱性能；减少病虫害的侵袭；提高抗寒能力；减少倒伏；促进多种酶的活性；减弱呼吸作用，防止能量损失，促进光合作用和可食用部分的形成；促进糖分和淀粉的转移，提高蛋白质含量；增进作物品质，改善贮存性能。

简言之，在细胞内，钾有生物物理和生物化学功能。钾的生物物理作用包括膨胀压和渗透调节。生物化学作用包括光合作用、韧皮部的载运和酶的活性调节等。

4. 钾素在土壤中的循环

土壤中的钾主要来自含钾矿物，土壤含钾矿物的状况深受成土母质和土壤发育程度的影响。

①土壤含钾矿物种类和性质。土壤含钾矿物主要以原生或次生的结晶硅酸盐状态存在于土壤中，只有很少一部分为无定形或类似结晶状态。土壤含钾原生矿物主要有云母类矿物（黑云母、白云母、金云母和金黑云母等）和含钾的长石类矿物（钾长石、斜长石和微斜长石），含钾次生矿物有伊利石、蛭石和蒙脱石等。云母和长石是结构中含钾的两族主要土壤矿物。

②土壤钾素形态。根据土壤钾的活动性，土壤钾可分为：水溶性钾、交换性钾、非交换性钾和结构钾。从植物营养的角度则可分为：速效性钾（包括吸附于颗粒表面的钾及溶液钾）、缓效性钾和矿物钾。

严格说来，土壤 4 种形态钾难以明确区分。以上 4 种形态钾含量之和称为全钾。土壤全钾含量（K_2O）为 0.3%～3.6%，一般为 1%～2%，是全氮、全磷的 10 倍。

③土壤钾素转化。土壤中 4 种形态的钾处于一个动态的平衡体系中，可以用下式来表达其动态变化：矿物钾→非交换性钾⇔交换性钾⇔土壤溶液钾。

反应往右方向进行为钾的释放，往左为固定。当土壤溶液中的钾被作物吸收或淋溶损失后，土壤表面吸附的钾就会向溶液中转移，图式中的平衡就向右移动。当土壤施用钾肥后，溶液中的钾浓度提高，这时钾向固相表面转移，平衡向左移动。溶液中钾和交换性钾间的转化过程很快，通常在几分钟内即可完成；交换性钾与非交换性钾的转化较慢，需要数天或数月才能完成；而结构钾的迁移是非常缓慢的，实际上不可能与其他形态的钾建立其平衡关系，以至于在一个短暂的生长季节内植物是无法利用它的。

在自然条件下，转化作用主要是朝向可溶性钾的补充，它可通过阳离子交换或矿物的酸溶作用进行。植物的吸收或淋溶作用使土壤失去钾。通过施肥使土壤得到钾，导致不同形态钾的互相转化，在某些土壤条件下会产生钾的固定。土壤钾的固定和释放过程，主要受原生和次生矿物类型和颗粒大小的控制。

钾素的循环

1. 地球内部分异

太阳系诞生时，地球上轻元素被甩至外行星，故内行星是岩石质，外行星是气体质。地球早期均为液体和气体，正应了中国古代轻者上浮，浊者下沉之说。这样从地心往上依次是铁、镍、钴、硫合金(核)，氧化亚铁、氧化镁等低价氧化物层(下地幔)，硅酸亚铁、硅酸镁层(上地幔)，硅酸钙、硅酸亚铁、硅酸镁层(下地壳，即玄武岩层)，硅铝层(大陆上地壳)，其中钾、钠、铝主要集中(或富集)于此层，地球岩石分异早已结束。

2. 地壳层的分异与循环

原始地球表面硬化后，水尚不足以液体形态出现时，这些岩石元素都被禁锢在矿物中，当地球表层进一步冷却以后，岩石开始被风化和蚀变，钾、钠、镁在水体中最相像，钠离子不像钾亲植物，也不易为胶体吸附，含钠矿物也易于风化和蚀变，故自然水体中钠远大于钾。镁含量与钾一样多，但镁矿物特别易风化与蚀变，亲生物与被吸附能力小一些，故自然水体中镁含量大于钾，而小于钠。

自然水体中钾含量最小的原因是：岩石风化蚀变时，Mg＞Na＞K；胶体吸附，K＞Mg＞Na；生物亲合性，K＞Mg≈Na。

3. 钾循环

综上所述，含钾原生矿物通过风化作用转变为非交换钾、交换钾，或释放出钾离子。土壤水溶性钾和交换钾在植物营养上统称速效钾。溶液钾与交换性钾处于动态平衡，溶液中钾离子与其他交换性阳离子的比值降低时，部分交换性钾便立即转入土壤溶液中，此平衡可瞬时内完成。

非交换钾虽很难被植物直接吸收利用，但非交换钾与交换性钾处于平衡之中，当土壤中速效钾被植物吸收利用后，缓效钾可以缓慢地释放补充速效性钾。地壳中钾元素从原生钾矿物的风化作用开始，通过水解沉积以及沉积固结作用，继之发生的区域变质、蒸发等作用，重新形成含钾硅酸盐或钾盐等矿物，构成了一个完整的钾元素大循环。

外部循环中，植物吸收水体和土壤中的钾元素，植物死去又回归土壤和水体，土壤和水体中部分钾在地质作用中又岩石化(沉积与变质作用)，因为自然水体中钾含量低于在适合环境中(蒸发)，可溶性钾盐矿形成概率相对小。

撰稿：宣之强　谢邦宰　梁光河　亓昭英　张红茹　谢鹏飞　李慧英等

第二篇

行业发展历程

编者按：

不忘初心，六十载砥砺前行：中国钾盐(肥)行业历经60年的风雨磨砺，在一次次破冰拓荒的征程中不断由小变大，由弱变强。中国钾盐(肥)行业凭借什么彻底扭转了我国钾盐(肥)完全依赖进口的被动局面，达到50%的自给率？又靠什么使中国钾盐(肥)行业跻身世界先进行列？凭的、靠的是"盐魂"精神，从本篇综述，您就可以略知一、二！

“六十一甲子，辉煌再启程”

——中国钾盐(肥)产业发展站上新起点

“钾肥”——粮食的“主粮”之一！其作用赋予了“钾肥”在国民经济中的地位！

站在2018年这个历史节点，回望60年的中国钾盐(肥)之路，从1958年在青海产出第一袋氯化钾肥，到1974年开始进口第一吨氯化钾肥，至1998年“走出去”第一次迈出国门，到资源丰富的国家建立自己的钾肥基地——针对我国的钾资源战略定位，我们一直是走在筑就“国产、境外、进口”三足鼎立，三驾马车联动的大道上，这就是中国钾肥供应的“顶层设计”大厦。

国产——可溶性钾先行＋难溶性钾跟随

中国钾盐(肥)行业，与众不同，因为她是从青海、从新疆走来！而只有到过青海、新疆的人，也才能真正理解这句话的内涵！

从1958年产出953吨钾肥，到2004年第一个百万吨级装置建成投产，整整经历了45年！万事开头难啊！而从年产过100万吨K_2O的2005年达到550万吨K_2O高峰值，仅仅才用了10年的时间——动力来源于中国“钾肥人”心里装着的是14亿中国人“粮食安全”的伟大情怀！

2018年，回眸60年来产业巨变，中国钾肥故事精彩磅礴，万千人、万千事、万千成就、万千精彩、万千辉煌纷至沓来，令人感慨万千——六十华章，典藏辉煌。“将创造历史的人写进历史”，不仅是对创业者的一种尊重，更是对奉献者的深深铭记。再现一段历史、呈现一份精彩，不仅是给奉献者一个交代、给后来者一份激励，更是初心不改的一份精神传承。

中国钾盐(肥)发展史，始终贯穿的主线是“青海盐湖”的创业史！“青海盐湖”既代表当今“青海盐湖工业股份有限公司”一个企业的“魂”，也代表青海、新疆钾肥生产企业群的“盐魂”，“青海盐湖”用精神谱写钾盐历史的60年，就是中国钾盐(肥)事业大发展的60年！在这60年里，中国钾盐(肥)工业从无到有，从小到大，从弱到强，从点到面，从一隅到全国，“盐湖人”用一次次对生命的挑战，树立了一座座丰碑，时刻刷新中国钾肥史上的不朽记录，用无数次震撼和惊叹，激起一次次热血沸腾。

在中国钾盐(肥)发展的60年中，中国钾肥零突破之路走得漫长而艰辛——1958年，1982年，1992年，2004年，2008年，2009年，2016年等等，在这些看似普通的年份里，每个时间节点却都铭刻着“盐湖人”深深的印记，承载着“中国粮食安全”的情怀！

1958年，当“盐湖人”叩响盐壳的那一刻，便拉开了中国钾资源开发的序幕。从那时起，来自全国各地、不同民族的盐湖拓荒者汇聚盐湖、扎根盐湖，走上一条艰难曲折又充满希望的道路，开启了中国人的圆梦之旅。从此，盐湖建设者们握紧了手中的铁锹、铁耙……在察尔汗盐湖上开掘出一条钾肥生产的生命线。1964年，察尔汗钾肥厂引进冷分解洗涤法工艺，开始了半机械化车间的自行设计和制造，1 000吨精钾从那时诞生；1966年，中国有了第一座自己的钾肥生产车间，产能已达2万吨。

但是，盐湖人进军钾肥事业的脚步却并未停歇。1968年，盐湖研究所研究出了浮选工艺制取钾肥技术，并于1969年首次引入浮选法生产氯化钾的工艺。此后察尔汗钾肥厂引入鸭嘴式采矿机，比人工效率提升了7～8倍,极大提高了劳动生产率。自此,中国钾肥加工工艺,从落后的土法生产向先进工艺迈出了坚实的一步。

当时间来到1978年,盐湖人又对产品干燥系统进行自主研究,加速了察尔汗钾肥厂工业化和机械化的进程。特别是1982年建成冷分解—浮选法4万吨装置,成为当时中国钾肥工业的里程碑,更将“青海盐湖”打造成为我国钾盐产业的“黄埔军校”。

1990年后,青海盐湖公司采取“边试车、边暴露问题、边整改”的策略,集中力量打了试车整改“三大战役”,先后完成了十大项、一百多项整改。1992年10月,青海钾肥厂一期工程交付国家竣工验收,全年氯化钾产量达到了190 173吨,至此盐湖人开启了中国钾肥工业大规模生产的序幕,并为后续百万吨级钾肥战略提供了坚实的基础。

在盐湖人的努力下,中国仅用了短短30多年时间,就走完了世界钾肥强国上百年的发展历程,用生命、汗水、毅力和智慧,支撑中国钾盐(肥)产业跨过了创业初期的艰辛磨砺。纵观“青海盐湖”的每一次飞跃,都与时代同步,或者说,“青海盐湖”每一次发展都紧扣工业发展和中国钾盐国力提升的时代脉搏。经过几十年的生产实践,中国钾肥逐步实现了从手工操作到半机械化、机械化的转变,奠定了我国钾肥工业的基础,揭开了中国钾肥大规模工业化的序幕。

1993年7月18日,时任国家主席江泽民同志视察青海钾肥厂时题词:“艰苦奋斗铸盐魂,改革开放创新业”,这一题词不仅增强了盐湖人的信心,更鼓舞了中国人义无反顾地在中国钾肥之路上坚定地走下去。

1996年7月31日是一个值得历史记住的日子。这一天,在“青海钾肥厂”的基础上,按照现代企业制度整体改组成立了“青海盐湖工业(集团)有限公司”(简称“盐湖集团”)。从此,已走过了盐湖创业与开发阶段的盐湖人,在钾肥国产化轨道上开始鸣笛驰骋。特别是1997年8月盐湖集团将所属钾肥主业成功组建“青海盐湖钾肥股份有限公司”并发行“盐湖钾肥”股票。从此,中国诞生了钾肥第一股,盐湖集团开始迈出中国钾盐特色的市场之路。

如果说,从1958—2000年是“盐湖人”与自然条件抗争、实现自我极限突破的重要阶段,那么2000—2012年则是“盐湖人”用智慧实现自我挑战,并成功实现飞跃的第二次突破阶段。2000—2012年,是盐湖集团实现大工业化生产阶段。期间,“青海100万吨钾肥项目”被列为国家西部大开发的首批十大项目之一,盐湖集团以做强、做大钾肥产业为目标,着手积极规划“打造国内最大钾肥生产基地”的蓝图。2002年6月30日国家西部大开发首批十大标志性工程之一的“青海100万吨钾肥项目”开工建设,并在短短的一年多时间里建成试车。

或许是中国钾盐人到了收获的季节,此后“青海盐湖”的发展势如破竹,90万吨、105.8万吨——自2004年试生产完成55万吨之后,产能和产量几乎每年上升一个新台阶。得益于青海百万吨钾肥项目的建成试生产,2004年全集团完成氯化钾产量109万吨,年产量首次突破100万吨。中国钾肥“破百”的记录标志着中国人从此不用再受制于钾肥国际寡头的钳制,从此在钾肥国际舞台上占有一席之地。

从“青海盐湖”的发展人们可以看出,中国钾肥工业的每一次提升,不仅凝聚着中国钾盐建设者的辛勤汗水,更融入了“盐湖人”的创新智慧。2008年,在盐湖人的共同努力下,中国钾肥产量突破200万吨,年生产氯化钾216.95万吨,生产能力达到200万吨,世界排名升至第四位。与此同时,中国这个贫钾国家占据的世界排名,使中国从此在国际钾肥市场上的话语权逐步有了底气和分量。

历数盐湖股份公司60年的发展,作为共和国钾肥工业的“长子”,肩负国家重任,隐没荒漠边陲,用血肉之躯、磐石意志撼动了世界钾盐格局。他们用埋头攻关打破技术封锁,用规模产能回应贸易壁垒、平抑市场价格,更让“中国钾”实现从零到900万吨的历史突破。盐湖人用自己的“情怀”和“使命”谱写了感人至深的创业之歌,铸就了中国钾肥工业名留千史的“民族榜样”,堪称中国钾盐工业的脊梁!

如果说，盐湖钾肥开启了中国钾肥事业的征程，那么后继者则重塑了中国钾肥历史进程。回眸60年发展历程，中国钾盐（肥）发展史上不乏一批勇于担当的开路者。

在中国硫酸钾工业开发的奠基石上，抹不去国投新疆罗布泊钾盐有限责任公司的印记。古人云："不谋全局者，不足谋一域"，可以说，企业的任何创新与其战略相符才有生命力。如果说，"盐湖人"从零到破局开辟了中国钾肥工业的全新时代，那么国投新疆罗布泊钾盐有限责任公司则依靠科技赋能，带动和撬动了中国钾盐产品实现多元化，丰富和完善了中国钾盐工业产业结构，重构中国钾盐工业格局。国投罗钾不仅开启了中国硫酸钾事业先河，并借助技术实力不断推动硫酸钾工业适应现代农业的新需求。国投罗钾的创新尝试，体现了以其创新制造技术方面的优势开拓新产品的市场目标，并不断满足多元化的中国市场需求。值得一提的是，尽管国投罗钾生产基地位于无人区的戈壁荒漠，但是国投罗钾从设备、工艺入手，实施了最严苛的环保举措，并从设计之初就融入了环保理念，把脱硫、脱硝的技术水平做到了极限。

在中国钾盐（肥）工业突飞猛进的发展过程中，活跃着一股民营力量。作为藏格控股股份有限公司的子公司，格尔木藏格钾肥有限公司勇于担纲重任，成功"破茧"盐湖资源整合，拉升了中国钾盐产能的整体容量，为中国钾盐的资源整合和高效利用做出巨大贡献。作为钾肥民营第一股，藏格钾肥的整合过程艰辛而漫长。人们不会忘记，早在十几年前，察尔汗盐湖铁路以东矿区，原开采钾盐企业为青海昆仑矿业有限公司所属13家小钾肥生产企业，存在资源开采利用小、散、乱、争抢卤水资源等问题，导致开采无序过度、缺乏统一计划、卤水水位大幅下降。为提高资源利用水平，2007年7月根据国家有关资源整合精神，藏格钾肥对察尔汗铁路以东13家钾肥企业及青海昆仑矿业有限责任公司进行盐湖资源整合，投资11.54亿元对13钾肥企业的股份及资产进行了收购，于2013年5月完成全部整合工作。实现资源整合，对察尔汗盐湖矿产资源合理开发具有重要意义，为我国钾肥生产发展壮大发挥了推动作用。

从吸收、合并、并购到完成整合，藏格钾肥不露锋芒地完成了一系列动作，开创了一种独具一格的发展方式。今天，通过技术创新，藏格钾肥的产能达到年产200万吨，为我国农业发展和粮食安全提供了有力保障。今天，藏格钾肥产能已稳居国内钾肥行业第二位，是国家绿色矿山试点单位之一。

中国钾肥探索者和开拓者的精神追求，使中国钾肥产业众志成城。经过60年的发展经验和技术积累，以青海盐湖工业股份有限公司、国投新疆罗布泊钾盐有限责任公司、青海中信国安资源发展有限公司、格尔木藏格钾肥有限公司为代表的钾盐企业，精心开发的生产工艺技术和装备技术拉升了我国行业的技术水平，填平了中国与世界钾盐技术之间的重重沟壑，目前生产技术和装备已经跨入世界最先进行列。这些钾盐企业群体的崛起，开拓了一条中国独有的钾盐（肥）之路，对保障中国钾盐资源可持续平衡开发更多年具有十分重要的战略意义。

中国石油和化学工业联合会前会长李勇武曾表示："经过几十年的开发与建设，我国国产钾肥产能产量不断提高，中国已成为继加拿大、俄罗斯、白俄罗斯后的世界第四大钾肥生产国。国内钾肥市场产销、供需的结构性变化推动国内钾肥行业逐步形成了'供应稳定、竞争有序、理性发展'的'新常态'，对保障我国农业可持续发展、提高国民经济安全能力发挥了积极作用。"

60年来，在党和国家的高度重视下，在各级政府部门、科研院所、行业协会的大力支持下，以盐湖钾肥、国投罗钾、藏格钾肥等为代表的国内钾肥生产企业，通过不断创新发展，突破了冷分解—洗涤法、冷分解—浮选法、反浮选—冷结晶、热溶结晶法、硫酸镁亚型卤水提取硫酸钾、大面积盐田晒矿、光卤石水采船、低品位钾矿固转液、高含泥矿脱泥等技术，推动中国钾肥工业实现了跨越发展。现任青海盐湖工业股份有限公司董事长王兴富作为这段历史的见证者和参与者表示："1958年中国第一袋钾肥诞生在格尔木市察尔汗盐湖，实现了中国钾肥'零'的突破，至今，中国已经形成集科研、设计、设备制造、施工安装、生产、销售、农化服务于一体的完整的钾肥产业体系。"

我国钾资源的重要补充——难溶性钾资源开发成功

上帝在关一扇门的时候，一定会为你开一扇窗，在我国可溶性钾资源贫乏的同时，难溶性钾资源却是非常丰富而且分布广泛。胸怀国家粮食安全大情怀的我国科学工作者，历经几代人的努力，通过转换思路，已经分别于2006年和2012年突破自我，通过研究开发出的水热化学法和煅烧法两种工艺，规模生产出硅钙钾镁土壤调理剂和钾硅肥产品，含钾调理剂产品含4%左右的氧化钾，同时还含有70～80种中微量元素，是可溶性钾资源的有力补充，日前已形成200余万吨的产能，其修复土壤的功效日益凸显！钾硅肥，是利用难溶性钾资源生产出新品种缓效钾肥的又一重大突破，含氧化钾25%，3万吨中试装置已经试验完成。以上二种产品都已取得农业部肥料登记证，正在规模生产推广运营中，相信不久的将来，将会对我国资源的贫乏起到实质性的补充。

仓廪足，天下安；农业稳，人心定。粮食与钾肥不可分割且息息相关。国产钾肥事业的发展，增强了粮食安全保障的行业自信。国产钾肥产能的释放，为中国持续保持世界钾肥价格“洼地”发挥了“压舱石”作用。

进口——可持续供应的重要补充

由于全球钾资源分布的极度不均衡，世界上有140多个国家需要钾肥，但目前能生产钾肥的国家只有13个，这就为世界钾肥市场的平衡发展提供许多不确定因素。我国就是世界上最大的钾肥进口国之一。

中国的钾肥进口主要由两部分组成：一部分是海运（也称大贸钾肥，长协），主要代表单位是中化化肥、中农集团、中海油等单位参与，主要从加拿大、俄罗斯、白俄罗斯、以色列等国进口钾肥；另一部分是陆运（也称边贸钾肥，现货交易），主要从俄罗斯进口；从总的进口量来看，边贸钾肥的量在逐步增多，目前已占总进口量的1/3强。近些年来，我国钾肥的年总进口量一直稳定在700万～900万吨氯化钾（折）。

根据我国钾盐可持续供应的“顶层设计”布局，“氯化钾进口”将是我国钾肥市场长期的、重要的供应补充，我国自1974年从加拿大开始进口钾肥以来，中国建立的钾肥进口长效机制不断完善，根据我国入世承诺，钾肥在我国属于国营贸易商品。我国自2003年开始边贸钾肥的进口，2005年年底，根据国务院关于创新钾肥采购机制的精神，中国五矿化工进出口商会开始参与钾肥进口联合谈判的协调工作，并于2006年成立了边贸钾肥进口协调委员会，协调边贸钾肥进口相关事宜，以配合大贸谈判与进口，作为我国钾肥进口的有益补充。这对保障我国钾肥长期稳定供应和农业战略安全、保持进口“价格洼地”创造了条件，夯实了基础。

钾肥联合谈判机制是中国市场的必然选择。从2007年至今的钾肥谈判结果来看，对比国内外的钾肥市场价格，我国钾肥谈判机制有序，谈判节奏把握较好，政府指导、商会协调、企业联合对外的钾肥进口价格联合谈判机制起到了“一个声音对外”的作用。近10年以来，在政府部门、商会、协会和企业的共同努力下，我国钾肥进口工作取得了显著成绩，一直保持着全球价格洼地的优势，保障了国内市场的稳定供应，维护了钾肥用户的利益。

但随着国际经济形势不确定因素的增多，联合谈判机制也在受着不断的挑战，许多的“独家代理模式”不断被瓦解，这也提醒着我们，对于钾肥这个在国际舞台上极有可能形成“垄断”的局面，所以，拥有14亿人口的我国，国家早在1998年就审时度势，建立自己的境外钾肥基地，自然被列入议事日程，转眼间已经20周年。

境外基地——保障子孙万代"饭碗"永续大业

钾盐——是国家确定的我国七大战略性紧缺资源之一！

"家中有粮，心里不慌"，建立我国的境外钾肥基地，就是我国政府高瞻远瞩的战略！

在中国钾盐(肥)产业步入60年之际，回望我国钾盐工业发展的60年中，从1998年响应国家"走出去"战略政策，到钾资源丰富的国家拿取资源并建立自己的钾肥基地，转眼间已经20年过去了，截至2018年年底，还有30个项目在11个国家运行，最高时，有34个项目在12个国家运行。主要是在加拿大、老挝、泰国、刚果(布)、埃塞俄比亚等国家，目前取得了巨大进展。中农集团控股股份有限公司、中农矿产有限公司以及四川开元、中水电集团等一大批企业已在老挝建成投产80余万吨的产能装置并投产；金圣钾肥、西部钾肥、长联石油、兖矿集团、Fruit Holding Limited、刚果鲁源矿业等企业已在加拿大、刚果(布)等国家，以"盐湖人"的精神，为中国钾盐境外开发的"新领地"兢兢业业地努力工作者，目前，金圣钾肥、西部矿业等境外项目已经通过了加拿大萨省环境部的环评报告，已经或即将开工建设。它们不仅为中国持续保持世界钾肥价格"洼地"再添胜算，还重塑了中国在国际市场的钾肥地位，也成为国际钾盐(肥)市场上一道亮丽的风景线。今后5年内，中国将实现境外开发的规模化量产，并使钾盐资源实现国际渠道多元化成为可能。

但是，无论是国产产能释放还是境外资源开发构筑的中国钾盐格局，高效利用资源一直是中国"钾盐人"的使命和担当，不管从资源禀赋、利用价值还是开发环境上来说，对于中国钾肥都是稀缺资源。2016年，习近平总书记专程视察了盐湖股份公司，强调盐湖资源是国家战略性资源，要做好顶层设计，制定正确的资源战略，并要求发展好循环经济，发挥好示范作用。中国人自己的"饭碗"要装"中国粮"，使得钾盐开发成为一种必然的历史选择，也构筑了钾盐循环利用的价值所在，这使中国钾盐人对于钾资源有了发自内心的一种敬畏，也必然使资源开发以合理、适度、资源最大化为前提。这不仅展示了中国钾盐(肥)在技术开发方面的技术实力，同时预示着中国钾盐(肥)产业已经步入生态化发展阶段。

此外，引导国产钾肥与境外开发资源由竞争走向竞合，构建协调统一的境外预警机制也被提到议事日程。2018年3月，全国政协委员、中华全国供销合作总社党组成员、理事会副主任杨建平将中国钾盐产业发展提升到"两会"高度，引起行业关注。他建议，统筹利用国内国外两种资源，解决我国"缺钾"问题。提出应当加强国内钾盐资源保护性开发，加大对"境外找钾"的战略统筹和引导扶持，提升我国在国际钾肥供应中的话语权，保障我国钾肥长期稳定供应和农业战略安全，并依托"一带一路"国际合作，统筹规划、协调统一"基金专项"，构建境外舆情监测机制，提升危机公关意识和应对能力，化解政治、环保、人文、地域矛盾。也就是说，将国产、进口、境外开发三方协调、统筹规划才是制胜之道，有序引导中国企业"走出去"，实施境外钾盐开发。

"钾"产业家族——加工型钾产品开枝散叶

在中国钾盐(肥)产业60年华诞的门口，回望我国钾盐精细化工行业，也是功绩昭昭！我国已经建立起非常完整的钾化工产业体系，涉"钾"的产品品种世界上总共有140余种，目前我国自己能生产的有88种之多(来自《钾肥工业概览》)，但这些产品中，寻根问底，其原料都直接或间接的是氯化钾！可以说，目前我国市场上存在供需缺口的品种——只有氯化钾！因为资源的限制，还只有50%左右的自给率，其余产品都已经自足，比如加工型硫酸钾、工农业级硝酸钾、碳酸钾、氢氧化钾、磷酸二氢钾、氯酸钾等等都已经存在产能过剩的情况，正在进行产业结构调整中。

与此同时，中国现代农业、节水农业战略的稳步实施，水溶性良好的钾肥产品也寻找到市场新定位，氯化钾、硝酸钾、磷酸二氢钾等产品作为水溶性肥料的主要原材料，迎来了市场机遇。随着中国提质增效、生态战略实施，硫酸钾、碳酸钾也获得了巨大的市场空间。钾肥(氯化钾)作为一种重要肥料，对中国的粮食产量有着非同寻常的意义，国家要从粮食安全的角度出发建立钾肥储备制度，“储备好钾肥就是储备粮食，就是储备耕地资源，我们一定要从战略的角度来考虑好这个问题。”全国人大常委会委员、农业部原常务副部长尹成杰曾表示。目前，国家已经建立了相关储备机制，在顶层设计上为钾肥市场供给增添了保障。

大道致远，砥砺前行。中国钾盐(肥)企业以科技为驱动、以创新为引领的发展方式，实现了智慧发展的全新突破。他们借鉴新时代的工匠精神、创新精神与奋斗精神，积极构建与行业发展相适配、与时代特征相吻合、与发展路径相适应的发展模式，凝聚了引领行业发展的精神动力，增强了企业的生命力、凝聚力、影响力。

六十一甲子，辉煌再启程！中国钾盐(肥)企业构筑了一个民族工业的时代标记，成就了中国钾盐(肥)工业的集体丰碑，众擎起一道中国钾盐(肥)行业的“龙脉”。我们共同期许中国钾盐(肥)发展的下一个新篇章。

撰稿：吴江　黄敏　亓昭英

第三篇

人物篇

编者按：

——人是创造世界万物的精灵。在中国钾盐(肥)行业里60多年来创造了无数人间奇迹，而无数奇迹的创造者中有院士、专家、学者、钾盐技术带头人、技术创新发明者、企业发展领航人、更有千千万万奋战在各个岗位上的普通钾盐(肥)人……

——怀揣着保证14亿中国人“粮食安全”的伟大情怀，今天，当我们一次次高举庆功美酒，欢庆中国钾盐(肥)产业所取得的每一可喜成就时，人们无不心潮澎湃。回眸往昔，在人们记忆的心幕上，会清晰地映现出那些为中国钾盐(肥)事业做出可贵贡献的开路先锋们的不屈身影和不朽篇章。是他们用呕心沥血、不畏艰险、前仆后继、无私奉献的精神，开辟了独具中国特色的钾盐(肥)的一片崭新天地；是他们用血与火的激情，踏出了一条中国钾盐(肥)自我发展，走向世界的辉煌之路。

中国钾盐(肥)行业，一定会满怀着同样的“情怀”，努力去创造钾盐(肥)更大的辉煌……

第一章　缅怀篇：刻在心中的记忆

“吃水不忘挖井人”，缅怀、纪念、回忆是为了感恩、感谢在钾盐(肥)行业做出杰出努力和贡献的成千上万的先辈们，我们是站在他们的肩膀上才取得的今天的成就，让我们在回顾与纪念中传承、感悟、奋进……今天列出的仅仅是他们中的典型代表，更多的像宣之强老师这样默默为钾盐事业付出自己一生的人们，更将永远活在我们的心中……

中国盐湖化学的开创者

——追记中国科学院院士、中国钾盐科技奠基人柳大纲

[专家名片]

柳大纲，男，1904年2月8日出生于江苏仪征。1925年毕业于东南大学化学系，1929年入“中央研究院”化学研究所，1948年获得美国罗切斯特大学研究院博士学位。1955年当选为中国科学院学部委员（院士）。他是我国著名的物理化学家、无机化学家，是中国盐湖化学的开创者、中国钾盐科技的奠基人。1991年9月14日逝世。

柳大纲先生

开拓光谱研究　攻克荧光材料

柳大纲出生于江苏省仪征县（现为仪征市）一书香门第之家，其父亲是前清秀才，在乡村当小学教员，家教严格，其母早故。柳大纲从小喜爱读书，聪颖好学，1920年毕业于扬州省立第八中学，并考入南京高等师范数理化学部（1924年南京高等师范改为东南大学）。1925年，他以优异成绩毕业于东南大学化学系，获得学士学位，留校任物理系助教。1927年任上海吴淞中国公学大学部教员。1928年任中国科学社《科学》杂志编辑部编译员。1929年，受聘于“中央研究院”化学研究所，历任助理研究员、副研究员、研究员，开始献身于我国科学研究事业。1946年，他被“中央研究院”选送出国深造，两年内获得美国罗切斯特大学研究院博士学位，毕业后以报效祖国的赤子之心即行归国。

柳大纲早期从事基础理论研究，是我国分子光谱研究的开拓者之一。20世纪30年代中期，分子光谱研究在国内尚处于萌芽阶段，在技术设备很差的条件下，他和著名物理化学家吴学周一起从事紫外光区、远紫外光区分子吸收光谱的研究，完成了“丁二炔的紫外吸收带”等10多项研究工作，论文分别发表在美国和德国的杂志上，开创了我国多原子分子研究的新时代。

50年代初期，我国生产日光灯用的荧光粉依靠进口，因西方国家的封锁，价格昂贵。当时南京灯泡厂正在试制锌铍硅酸盐荧光粉，但由于成本高、氧化铍毒性大而难以大批量生产。于是柳大纲组织攻关小组，开展了X射线荧光硫化锌系荧光料和日光灯荧光料的研制工作，这也是我国最早进行的新型日光灯荧光材料系统研究。研制组从原料提纯、荧光材料制备、化学分析和荧光光学性能测试等方面开展工作，为南京灯光厂试制出中国第一支使用无毒荧光材料的日光灯，使我国日光灯荧光材料工业达到了当时国际新型荧光材料的水平。他所做的这些研究及成果一开始就建立在无毒、价廉的新型日光灯荧

光料基础上，这个基本体系沿用至今。

1954年，他把从国产原料制备无毒新型卤磷酸钙日光灯荧光料的整套工艺及分析控制、光学性能测定方法等的全部资料和技术移交给南京灯光厂，并由厂方派工程师到实验室学习，使之得到推广，为发展我国的日光灯工业做出了重要贡献。

1954年，柳大纲调任中国科学院院部学术秘书处任学术秘书；1955年，柳大纲先生当选为中国科学院数学物理学化学学部委员（院士）；1956年，中国科学院化学研究所成立，柳大纲又调到化学所任研究员，并先后担任副所长、代所长、所长、名誉所长。在化学研究所，除处理一些领导工作之外，他仍坚持在科研第一线，指导研究了核燃料前处理和后处理中的一些化学问题。他深入考察了铀—氟体系中的化学反应过程、中间物形成条件，以及有关的动力学、热化学与结构鉴定，为生产过程中消除烧结现象提供了科学依据。他又指导了流化床氟化物挥发法处理浓缩铀铝合金元件的研究，使铀的回收率达99.5%，这与当时美国阿贡实验室发表的结果相同。1960年前后，他还领导了稀土化合物制备及性质的研究，为促进我国稀土资源的利用做出了贡献。以上三项研究工作——“四氟化铀氟化动力学”“流化床氟化物挥发法处理铀铝合金元件”“稀土化合物的制备及性质的研究”，均获得1978年中国科学院重大成果奖。

开发盐湖资源　填补钾盐(肥)空白

柳大纲是我国盐湖化学的奠基人，毕生从事科学研究、服务工农业发展，为我国化学的发展和应用、为我国盐湖科学的发展做出了杰出的贡献。他常说，科研必须服从国家建设的需要。

历史推移到60多年前，在新中国成立后不久，柴达木盆地盐湖资源的考察与开发利用受到党和国家的重视。1957年，柳大纲从国家资源开发利用的需要和我国缺少可溶性钾矿资源的情况出发，把国家即将开发的青海省柴达木盆地盐湖作为研究对象，并在著名地质学家袁见齐的支持与协作下，组织和领导了由地质、石油、化工、盐业、轻工及地方部门的科技人员组成的中国科学院盐湖科学调查队，进入青海省柴达木盆地，开展了我国历史上首次为期3个月的大规模、系统、多学科的盐湖资源科学调查。

也正是这次考察，揭开了盐湖宝藏的奥秘，使盐湖科学研究工作逐渐得到蓬勃发展。调查队在察尔汗盐湖首次发现了光卤石矿，在大柴旦盐湖首次发现了硼镁石矿，并评价和证实了察尔汗盐湖是一个大型的硼、锂矿床，这两项重大的、突破性的发现，对于以后找矿、制定科技规划、盐湖资源研究与综合开发利用以及无机盐生产，都具有重大的现实意义和深远影响。

柳大纲是我国赴青藏高原进行盐湖系统考察的第一位著名化学家。仅从20世纪50年代末到70年代初，我国投入的找钾专家、学者、地质工作者最多时曾达4 000多人，其中，深入钻探工作量较多的工作地区有青海的柴达木盆地，川、滇、新、藏以及东部苏、鄂、豫、鲁、皖、湘、赣，还有陕、甘、宁等地区，经过广大科技工作者的不懈努力，终于在中国找到了几个工业钾盐基地和远景区，从而用事实驳斥了外国专家曾认为的“中国贫钾、无钾资源可寻”的论断，揭开了我国自主研发、自行生产钾盐（肥）的序幕。

1958年，中国科学院与苏联科学院进行“柴达木盐湖勘探与利用”国际合作，全面展开对青海盐湖资源的地质勘探和科学研究的同时，柳大纲安排调查队员——化工部上海化工研究院钾肥研究室主任曹兆汉工程师和化学所陈敬清各自领导的小组，在察尔汗开始进行沟槽晒卤结晶光卤石，加水分解生产钾肥的工作，同时帮助地方建成盐湖上的第一家钾肥厂，当年生产近百吨钾肥。自此，我国钾肥工业正式开始起步，走出了一条从无到有，从小到大的发展之路。现在的青海盐湖工业集团正是在这样的基础上发展壮大起来的。

同年,柳大纲安排调查队中的化工部天津化工研究院工程师张伦和化学所高世扬各自领导的课题组,利用当地天然碱进行碱解钠硼解石生产硼砂的试验,在此基础上筹备组建大柴旦化工厂,开采湖滨钠硼解石,加碱分解生产硼砂,该厂一直使用该工艺生产硼砂近40年。

经过柳大纲的积极建议,原国家科委于1963年设立盐湖专业组,于1965年在青海西宁创建了由西北化学所与北京化学所、兰州地质所等中科院相关单位的有关研究人员组建而成的盐湖研究所。1970年,盐湖研究所改名为中国科学院青海盐湖研究所,并一直沿用至今。从此,我国盐湖事业的发展进入了科研力量相对集中,科研条件逐渐改善,科研水平不断提高的新阶段。

青海盐湖所遵循柳大纲的建所指导思想与规划,在青藏盐湖调查、盐湖水化学、盐类资源综合利用、稀散元素分离提取、水盐体系相平衡、浓盐溶液化学和盐卤分析化学等方面完成了大量研究工作,为中国盐湖资源开发利用奠定了坚实基础,为进行大规模钾肥生产做出了重要贡献,目前已发展成为我国唯一专门从事盐湖研究的科研机构,也开创了我国盐湖科学和技术的新领域,形成中国盐湖资源综合利用和可持续发展的科学技术体系,开创了我国盐湖科技事业发展的新局面。

创建盐湖化学　发展盐湖事业

柳大纲积极倡导开拓新的研究领域,一贯重视方向之间、学科之间的结合与协作。

1960年4月,在北戴河召开的全国第一次“盐湖盐矿学术会议”,柳大纲作了“盐湖化学与任务”的报告,明确指出我国盐湖具有“多、大、富、全”四大特点,提议盐湖化学与海水化学一样可作为无机化学中一个分支学科,而且比海水浓十几倍的盐湖卤水更具有开发的前景。

他还提出盐湖化学所涉及的盐湖地球化学、水化学、矿物学、物理化学、成盐元素化学、化学工艺学、同位素化学、稀有元素化学、盐卤分析化学以及工程设备等10个方面,都是盐湖工作者的研究任务与内容,并在《光明日报》发表文章说:“从柴达木盆地的盐湖资源,展望这一地区化学工业的远景,是令人兴奋的。首先是食盐氯化钠,除食用外,是制取金属钠、烧碱、纯碱、氯气、漂白粉等重化工产品的原料。钾盐如光卤石氯化钾是农业肥料与制取其他钾的盐类的原料。硼是许多工业及新技术材料所必需的,锂是原子能工业所必需的,镁是轻金属及其合金的重要组成等。这些盐类在国民经济、国防及人民生活中具有重大的意义。盆地尚有丰富的多金属矿和石油、天然气的蕴藏。有了石油和天然气,再加以从食盐而来的氯气,人们可以制造出多品种的人造材料如塑料、合成纤维和合成橡胶等。盆地内多种原料产地彼此距离又不是很远,将来南水北调其他的水源问题得到解决。实是一个理想的化工联合生产的巨大基地。”柳大纲上述集研究、应用、开发、综合利用及盐湖产业化等形成的众多方面完整的思想充满了战略性、前瞻性、科学性,为以后几十年的盐湖科研和生产实践所证实,时至今日,人们还在沿着柳大纲的思路向更新更高的发展方向努力。

柳大纲数十年如一日,坚持在科研第一线工作。三年自然灾害期间,不少科研部门纷纷撤离了柴达木盆地,而柳大纲领导的化学研究所盐湖组坚持留守阵地。年近六旬的柳大纲与同志们同甘苦、共患难,进行调查研究,指导工作。因为有高原反应,他经常睡不着觉,不能平躺着就斜靠床上休息几个小时,从不要特殊照顾,继续坚持野外工作。当时,粮食紧张,每人每月定量22斤,吃不饱,蔬菜副食也基本没有。汽车缺油,不时停工待料,只好步行工作。生活用水也要从100千米以外拉运,生活用煤有时甚至要步行20千米用肩膀背回来。由于过度劳累,又缺少供给,几乎每个人都有浮肿病,体重明显下降。就是在这种艰难困苦的环境中,所有坚守阵地的同志都不愿意离开这个团结战斗、分工协作的集体。

榜样的力量是无穷的,由于柳大纲处处身先士卒,事事吃苦在先,他无私奉献的人格魅力和垂范精神大大鼓舞和激励了奋战在一线的全体职工。1966年,柳大纲已63岁,身体健康状况也不好,同志们为了他的安全，劝阻他不要去野外，留在西宁，但他执意还是直奔柴达木，到了现场立即检查科研进展，布置工作，强调尽快把钾肥生产促上去，把硼、锂综合利用搞起来。

“文革”期间，他身心受到严重摧残，却依然惦念着研究开发青海盐湖资源。他所领导的中国科学院盐湖所，顶着重重压力，排除干扰。仍然按照规划要求的内容和进度，坚持野外和室内研究。

“七五”期间，国家计划建成年产20万吨的青海钾肥厂，柳大纲年过八旬，健康状况也急剧下降，仍然对此事十分关心重视，并倾注了很大的精力和心血。1984年，他找袁见齐院士商量，充分考虑到我国盐湖与国外盐湖的不同特点和大规模开采的复杂性、艰巨性，起草了《关于大规模开采察尔汗钾资源急需进行的科研准备工作的建议》呈国家计委，希望国家立项组织有关部门单位共同研究解决卤水动态、水化学变化规律及盐湖资源综合利用三个方面的问题，一方面以确保钾肥生产有持续稳定的卤水来源，另一方面完成其他资源综合利用及盐湖资源环境的有效保护问题。这些建议均被采纳，“青海盐湖提钾和综合利用”研究成为国家“七五”期间重点科技攻关项目，其中主要的课题还延续到“八五”和“九五”的攻关计划中，极大地促进了盐湖科技的发展，为我国大规模开发盐湖资源奠定了科学基础。

一生常耻为身谋　盐湖精神永相传

柳大纲献身科学研究事业六十余载，始终把国家需要和人民利益放在首位，他以陆游的“一生常耻为身谋”诗句作为人生准则和座右铭，心中装着事业，唯独没有自己，从不贪图名利，不计较个人得失。耄耋之年，柳大纲先生仍以惊人的毅力不断向新的高度和广度开拓进取，为我国科学技术、为他所从事的科研事业不懈地努力奋斗。在生命的最后时刻，依然关心着祖国的科学事业，惦念着“西北盐湖要发展”和“要关心、培养年轻人”。

在盐湖科技工作中，柳大纲还特别注重研究队伍的建设，对年轻人尤为关心和帮助，甘当人梯，是很多年轻科学家的良师益友。他对年轻科研骨干言传身教，精心指导，考察了解他们的基础知识、思维特点和工作能力，以便安排工作时因人制宜、发挥特长；对新分配来的大学生，他都会找时间亲自谈话，询问他们的家庭、健康等状况，也问他们怕不怕到野外工作，能不能吃苦，并介绍说“盐湖资源丰富得很，科研宝藏特别多，风光也很美，你们到柴达木去看一看，我相信你们一定会爱上它的”。柳大纲先生热情鼓励年轻人到边远、艰苦地区工作，培养和造就了一批业绩卓著的中、青年杰出科学家，但他自己却从不居功自傲，始终保持着谦虚谨慎的学者风度。由于他学识渊博、学风严谨、学术民主、坦诚厚道，一批年轻人都乐意在他的指导下开展工作，凡是和他一起工作过的人都为他甘当人梯的精神所感动。

柳大纲为科学献身的执着精神和崇高的品德风范，在化学界、盐湖界无不知晓，被赞誉为“德高望重、科技楷模”“化学创新元老，盐湖开拓先驱”，他倡导的“艰苦奋斗、无私奉献、团结协作、开拓创新”的盐湖精神也鼓舞着每一个盐湖科技工作者砥砺前行。

1991年9月14日，柳大纲因病与世长辞，享年87岁。

为了继承柳大纲先生在开拓和发展我国无机化学、物理化学、应用化学和盐湖资源开发利用方面的业绩，发扬柳大纲先生严谨治学、勇于创新、精心组织和无私奉献的科学精神，1999年，柳大纲家属及中科院化学研究所、青海盐湖所、中国化学会共同发起成立“柳大纲优秀青年科技奖”基金会，奖励在国内特别是在西部边远地区进行科学研究并做出成就的青年科学家，鼓励青年在国内特别是在西部边远地区进行科学技术研究。该奖每两年评选一次，目前已有30多位青年科学家获此奖项。

柳大纲曾任中国化学会第二十届副理事长;1984年任中国化学会应用化学委员会主任委员,1985年后任名誉主任委员;1983—1990年任中国化学会青年化学奖评选委员会主任委员;1973—1986年担任《化学通报》主编;1985年起担任《无机化学》(后改名为《无机化学学报》)顾问;他是《中国大百科全书·化学》卷主任编委之一,还当选为第三、五、六届全国人大代表。

撰稿:白花　李丽　王晶

编后

柳大纲作为一位化学家,也是我国钾盐(肥)和硼矿等生产的开创者、拓荒人,他在我国钾盐(肥)行业以及所有从事钾盐(肥)工作的职工心中树起了一座无形的丰碑,人们将永远弘扬和传承他的精神并踏着他的脚步奋勇前进。

问渠哪得清如许,为有源头活水来。光阴的流逝,带走了岁月的沧桑,却带不走人们永恒的记忆,作为我国盐湖化学的奠基人、青海盐湖所的创始人,柳大纲先生的名字将被世人所牢记,柳大纲先生的伟业将被历史铭记……

中国盐类矿床研究的开拓者

——追记中国科学院学部委员(院士)袁见齐

[专家名片]

袁见齐,原名张耕虞。男,1907 年 9 月 22 日出生于上海奉贤,1929 年 7 月毕业于“中央大学”地质系。矿床地质学家,1980 年当选为中国科学院学部委员(院士)。1991 年 10 月 28 日逝世。

袁见齐先生

早年经历奠定认知与实践结合根基

袁见齐自幼沉默寡言,好学多思,才智敏捷,兼之家业凋零,求学不易,从小就养成了笃学励志的优良品格。中学他是在江苏省第三中学(松江中学)读的。他对自然科学兴趣很浓,数理化各科成绩优秀,博物课(包含有矿物学、地质学的基本知识)尤其令他着迷。

1924 年,他考入东南大学预科,先入物理系学习,并选修了地学通论和矿物学,而且成绩突出。1926 年正式转入地学系,专攻地质学专业。袁见齐勤奋攻读之余,经常利用星期日和假期在南京郊区作地质考察。1928 年 5 月东南大学改称“中央大学”,1929 年地学系的地质和地理两专业正式分系,同年 7 月袁见齐成为“中央大学”地质系成立后的第一批毕业生,获理学士学位,随后留校担任助教。他独立开设和讲授测量学、矿床学、工程地学等 10 余门课程。在完成繁重的教学工作时,他利用课余和假期,在南京附近进行地质调查和科学研究,曾对凤凰山铁矿、江宁县獾子洞铜矿,以及太湖周缘的煤矿、宁芜间铁矿、浙江金华—武义间的萤石矿床等进行矿床学研究。通过实践体验,使他认识到科学工作者首先要有获得第一手资料的能力,然后才能上升到理论。在以后的教学生涯中,他一直把认知和实践并重作为明确的教学指导思想。

抗日战争爆发后,他随“中央大学”西迁重庆。1938 年,西康省建设委员会筹组西康科学调查团,袁见齐应邀参加。1939 年受聘于云南大学地质系任讲师。他与朱熙人、郭令智合作出版《云南矿产志略》一书。这本专著是我国第一本比较翔实的地区性矿产分布和成矿规律的论著。

中国盐类矿床研究的开拓者

20 世纪 30 年代,谭锡畴、谢家荣、李春昱、李锐言、林斯澄都曾对四川黄卤、黑卤、岩盐的成因和相互关系进行过理论探讨。但对盐类矿床和盐湖进行全面、系统研究的,则首推袁见齐。

在滇黔找盐时期，他逐渐与以侯德榜教授为首的黄海化学工业研究社有了联系。其时，因沿海沦陷，侯先生正谋求在内地重新发展中国的盐化工业，迫切需要调查盐矿、盐湖资源。

1940年8月，袁见齐应朱庭祜的邀请，辞去教职，携家至贵州开阳任盐矿技师，参加了云南的元永井、一平浪等盐矿的开发。袁见齐对中国西南、西北广大地区的盐矿研究是最为深入、系统的，并在盐类矿床成矿理论的学术研究上也取得很大进展。他在川、滇、黔等省区的盐矿调查中，最早指出西南地区的寒武系、三叠系和中、新生代红层均蕴藏有丰富的盐矿资源，并兴奋地期待“必有新姿态之盐业兴起”。

1943年7月，盐务总局与黄海化学工业研究社联合组织西北盐产调查团，袁见齐作为该团的地质学家，负责盐矿储量地质调查工作。中国西北盐湖广布，开发利用历史悠久，但无人做过科学的地质研究，盐矿资源毫无记载。盐湖、盐矿几乎都处于人迹罕见的西北地区的戈壁深处，穷乡僻壤，大漠荒野，举步维艰。他们一行4人，冒着风险，在新疆、甘肃、青海、宁夏、内蒙古五省（区）行程2万余千米，在戈壁滩深处进行了13个月艰苦卓绝的实地调查，完成了《西北盐产调查实录》（1949年），书中记载了“山盐（盐矿）16处，池盐55处，重要滩盐19处”，并指出：“西北各省，位居大陆中央，距海辽远，水流不能外泄，雨量稀少，产盐丰富，甲于中国”“新疆省内，无百里之内无盐”，从此，中国西北丰富的盐矿和盐湖资源始为世人所知。这在中国盐矿研究史上实是一件大事。

1949年5月，袁见齐随唐山工学院（后改称唐山铁道学院）迁回唐山原校址。1952年全国高等学校院系调整，成立北京地质勘探学院（后改称北京地质学院），他奉调入京，担任水文和工程地质系主任，1954年调任地质勘探系主任。

中华人民共和国成立后，轻工业部组织了盐业资源勘探队，在他的指导下，对茶卡、柯柯、吉兰泰等盐湖进行了钻探，计算储量与40年代估计数量差不多。现在上述盐湖已成为机械化开采石盐的工业基地。在他的指导下，湖南衡阳盆地首次发现了古代陆相厚层石盐矿床。

应地质部副部长宋应约请，他多次参加了工作部署的讨论，并提出具体意见，促进了云南、新疆及东部各省的红层盆地、四川三叠系和山西奥陶系的找盐找钾工作，取得了进展。除找到云南勐野井钾盐矿床外，他们还发现了云南及东部沿海各省多处石盐、芒硝、天然碱矿床和钾盐找矿线索，对新疆库车盆地的盐矿床和达坂城盐湖等也有了进一步了解。在20世纪60年代前期，他负责北京地质学院的教学领导工作，在盐矿地质人才培养、工作部署等方面做了大量工作，不仅参与组织筹划，并亲自奔走于川滇黔和东部各省工地，他三度进入柴达木盆地，不顾严重的高原反应，白天奔走在崎岖的盐垄之间，夜晚冒着严寒露宿于盐滩之上，为找盐找钾事业做出了贡献。同时他还根据国外经验，提出了找油气工作中兼探盐类矿床的方法，得到地质和石油两个部门的重视。1972年在江汉盆地中，钻探到了硫酸钾盐层，证实了他之前的预见。

陆相成钾理论与高山深盆成盐模式的建立

由于袁见齐在盐矿地质学方面的杰出贡献，在第一个5年计划开始时，他受聘于轻工业部盐务总局担任资源勘察队的顾问，在很短的时间里全面恢复了食盐的生产，满足了国计民生之所需。鉴于中国历代以农业为立国之本，他又把目光投向了农用化肥的矿产资源的找寻。他根据世界各国，特别是发达国家农用化肥的发展经验，多次指出中国磷矿有较好的资源优势，但缺乏钾肥资源，中国钾盐成矿条件和找钾方向的研究刻不容缓。

1956年，袁见齐受地质部地矿司委托，指导新中国的盐矿地质工作。在北京地质学院成立盐矿科研组，主持钾盐矿床地质条件和预测找矿的研究工作。他应邀担任轻工业部盐业资源勘探队科学顾问，在衡阳盆地找盐工作中，在他的指导下发现并勘探了我国中、新生代红层盆地中第一个石盐矿床。他

3 次赴青海柴达木盆地察尔汗盐湖工作，总结我国陆相成盐成钾的地质条件。

1957 年，青海柴达木盆地察尔汗盐湖钾盐矿床的发现，对他震动很大。为了弄清这个内陆盐湖钾盐的成矿条件，他于 1958 年起 3 次到察尔汗盐湖工作，对这个面积达 5 800 千米^2、钾盐储量达数亿吨的矿床做了科学的调查，写出了《中国内陆盐湖钾盐沉积的若干问题》(1961 年)和《含钾沉积形成条件的几个问题》(1961 年)，这就是后来被称为中国陆相成钾理论的学术论文。与此同时，为指导盐类矿床工作，他组织北京地质学院师生 30 余人，于 1959 年完成了中国盐类矿床分布规律和远景预测研究，主编了中国第一幅中国盐类矿床预测图。在这项工作中，他指出中国盐类矿床成矿时代和成矿区域与西欧北美的著名矿床不同，结合他十多年以前在新疆指出的盐体变形和卤水迁移的特点，他决定从中国盐类矿床的实际资料的基础上总结成矿理论，以提高中国盐类矿床找矿水平。同年，衡阳盆地找盐工作遇到困难，他应邀到现场指导，根据沉积中心迁移的观点，提出了新的找矿方向。不久，轻工业部盐勘队钻遇厚盐层，发现了茶山坳石盐矿床。1961 年云南边陲的江城县发现钾盐矿床，他立即带领师生进入矿区，通过野外观察，指出了这个钾盐矿床物质成分和矿体形态的特点，并率领研究生亲自参加了这个矿床的研究工作。

1961 年中国首次在湖南衡阳红层盆地进行盐矿普查，他应邀到现场指导，他从地层、构造、沉积相等方面做了分析，提出新的找矿方向，不久即钻遇厚盐层，发现了红层盆地中第一个石盐矿床。20 世纪 60 年代前期，他根据察尔汗盐湖钾盐沉积过程和沉积环境的实际资料，以及云南勐野井、湖南茶山坳、新疆库车盆地的盐矿所见到的矿床特征相参照，概括出盐类(钾盐)成矿理论的若干观点，这些观点与百余年来作为盐类矿床成因理论基础的沙洲说不尽相同，而和国外某些新观点颇多相似之处。

20 世纪 70 年代，石油地质工作者在东部中新生代地层中发现了分布广泛的石盐矿床，也发现了一些含钾的盐层，为袁见齐成盐成钾理论提供了丰富的资料。

1980 年在为参加第 26 届国际地质大会而写的题为《中国碎屑岩系中钾盐矿床的形成条件》的论文里，他系统地阐述了中国盐矿研究 30 年来的主要成就，概括为：盐盆地的活动性；盐类物质的多源性；盐类沉积过程的复杂性；盐类物质的易变性(包括变质和变形)，并进一步概括为“高山深盆的成盐模式”。1983 年在中国地质学会成立 60 周年学术报告会上他宣读了这篇论文，受到普遍的重视。袁见齐提出的这个理论模式，概括了成盐盆地的构造控制，盐类的物质来源、岩相分布、沉积环境，卤水的演化发展等基本的学术观点，既有现代实例，也有地质历史上众多盐类矿床的资料依据。他对盐类矿床成因理论的总结，尤其是他根据中国地质资料对钾盐成矿理论的发展，已形成一个系统的学术体系，成为国内外受到重视的学术流派。

袁见齐长期在高等学校从事地质教育事业，他在教学中，一贯主张认知和实践并重的教学思想。他在教学和科研工作中勤奋努力，精益求精。他是一位学识渊博、平易近人、深受学生爱戴的教师，也是一位严格要求、具有严谨科学作风的导师。

1991 年春末夏初，虽然他癌症病情恶化，但仍以顽强的毅力与病魔作斗争，坚持参加专业会议，审阅研究生论文，并参与有关察尔汗盐湖文章的修改工作……他把自己的生死置之度外，想方设法把自己多年积累的经验、自己新的认识和看法提供给后人参考，更好地完成“承前启后，继往开来”的任务。1991 年 10 月 28 日凌晨，袁见齐院士因病逝世。他给我们留下了博大的无形资产，哲人虽逝，浩气长存，他永远活在我们心中。

撰稿：宋彭生　宁远

编后

袁见齐常说:"一个人待人要诚要实,对社会尽力去做奉献,这样社会才会不断发展。"他言行一致,表里如一,大家都称赞他是一位为人谦和、待人诚恳的长者。

袁见齐一生发表学术论文以及出版专著、教材和译著等100余种,他是我国盐类矿床地质学的开拓者和奠基人,他的学术思想和他对盐矿资源勘探开发的重要贡献,使他在国内外地学界享有很高的声誉。

拥抱智者常开怀

——追记中国化肥工业的奠基人、杰出钾肥专家冯元琦

[专家名片]

冯元琦先生

冯元琦，江苏宜兴人，1946年毕业于上海交通大学，受聘于永利铔厂，即永利宁厂(现中石化南化集团)，1955年参加中国共产党，1970年到化工部工作，先后担任国家原化工部化肥司总工程师、《腐植酸》杂志第一任主编，中国腐植酸工业协会顾问，1988年退休。2015年8月22日在北京逝世，享年91岁。

冯元琦最早提出“配方科学施肥”的理念，积极推动科学施肥技术的专家之一，为中国化肥事业的发展做出了卓越贡献，是中国化肥工业的奠基人。他一生职守于化肥岗位，辛勤耕耘钾肥事业，始终站在钾肥行业最前沿。他的去世，让行业同仁感到无比悲痛和深切缅怀，并纷纷发表《沉痛悼念冯元琦同志》《清风烈》《让灵魂安驻在高处》等悼念文章和诗词。冯老鞭策钾肥事业的精神将永远激励着我们的成长，他为中国化肥事业的默默奉献的崇高品质，我们也将发扬光大。

苦难的求学时期

1938年，日寇侵华，冯元琦随学校和家庭搬迁，辗转来到重庆，一路上，目睹了国破家亡的惨景，特别是重庆大轰炸，到处大火，万人死难，他的一个堂兄未能逃脱厄运。这件事给冯元琦的影响很大，这让他感到发展机械可以制造飞机大炮，打击日寇。大学时期，他毅然选择了机械专业。

在这民不聊生的时代，他的父亲在不堪重负的情况下积劳成疾，不到50岁就撒手人寰。正在念大学的冯元琦只有半工半学，坚持到1946年完成学业。他本希望工作后，能帮助母亲养家，但是却沦入毕业就是失业的处境，后经熟人介绍受聘于民族资本家范旭东创办的永利铔厂。

从事化肥得到的钾肥启发

永利铔厂是生产氮肥的工厂。冯元琦在厂里做过设计、制造、基建、生产以及技术改造、科学研究等工作，而且一干就是20年。在说到新中国成立的那段日子，冯元琦最为难忘。南京解放后，工厂不但恢

复生产，而且扩大产能，同时又新建了磷肥、机械制造、设计研究院等单位，工厂也由公私合营企业发展为国营永利宁厂、南化公司，成为国内的大型化肥企业。

在20世纪50～60年代，国内主要发展氮肥事业。冯元琦主要从事氮肥业，并参与了合成氨、硝酸、氮肥以及磷肥配套硫酸等多期发展的设计和建设任务。与此同时，在科学研发方面，他多次向中科院南京土壤与肥料研究所等农科单位学习。在这个过程中，他意识到，若把氮肥作为作物的基本生命元素，则钾肥就是作物品质的改善元素。在认识到钾肥的重要性后，他便坚定了推动钾肥发展的志向。

科研工作迸发无穷力量

新中国成立初期，百废待兴。为了粮食安全，国家号召省县建设化肥装置。在这个时期，冯元琦跟随原化工部副部长、"侯氏制碱"创始人侯德榜博士参与"小氮肥"试验建设工作。由于国际封锁，南化公司接受"试制多层包扎式高压容器"任务，并胜利完成，受到国务院的表彰。周恩来总理批示："这是我国自己解决高压设备的开端，也是我国机械制造工业技术上的一个巨大进展。"《人民日报》发表了题为《自己动手创造更多的工业设备》的社论。国务院决定拨发专款奖励试制人员，冯元琦作为537位试制人员之一也获得相应的奖励。荣耀激励了他继续深入研发。

冯元琦在任华东设计分院氮肥室主任和南化公司技术处副处长期间，立项并参与了尿素中间试验和钾氮混肥中间试验等项目。

难溶性钾资源生产钾肥的尝试

我国水溶性钾资源匮乏，兼走非水溶性钾资源利用是必由之路。为此，冯元琦立项"年产1万吨钾氮混肥中间试验"，利用浙江省平阳、安徽省庐江的明矾石（含5%～6% K_2O），采用高温焙烧和氨浸技术，在1958年成功生产出水溶性钾氮混肥，总养分27%～29%，其中含15%～16% K_2O，含12%～13% N。产品送农科单位进行肥效试验，认为钾氮混肥由硫酸钾和硫酸铵组成，前者占28%～30%，后者占57%～60%，是很好的硫基混肥。中试成功增强了他利用难溶性钾资源生产钾肥的信心。冯元琦曾申报上级示范推广该肥料，但时值全国大力推广氮肥、磷肥，该项目未能继续。

2008年5月25日下午，时任中国无机盐工业协会钾盐分会信息中心主任的亓昭英，走在下班回家的路上，突然接到了冯老的电话——"小亓啊，难溶性钾资源的利用技术，由中科院找矿专家刘建明老师课题组研发取得了重大突破，思路有了彻底的转变——由过去的'分离'转变成'整体转化'，含有4%左右 K_2O，肥效试验证明效果很好，推广工作非常困难，你帮着推广一下。"——"听完冯老的话，我像是接到了皇帝的圣旨一样，当时就钉在了原地，全身发热，因为那时候我们正在苦苦寻求可溶性钾资源的补充资源"，亓昭英回忆说。从此，亓昭英与难溶性钾资源的开发及产品市场推广结下了不解之缘，难溶性钾资源制的钾硅钙土壤调理剂在今天取得的一点成就，挖井人是冯老！10年过去了，难溶性钾资源已经成为我国钾资源的一个重要补充渠道，只可惜，冯老看不到了，相信他会在天堂看到大家的努力。

投身更广泛的钾肥工作

鉴于冯元琦在化肥行业的工作经验和技术水平，1970年他被调动到化工部工作。工作的调动给了冯元琦更广阔的视野和空间，并涉及了钾肥领域。在任化肥司技术处处长和总工程师期间，虽然工作重点仍是氮肥和磷肥，但是他对钾肥进行了更广泛的调查和开发工作。

冯元琦到青海、云南等地调查考察钾肥生产现状和开发远景；利用出国机会赴罗马尼亚、德国考察磷复肥；赴日本考察腐植酸类肥料，他注意到这些肥料中钾素的应用、产品的加工工艺和应用效果，国外的经验给冯元琦很大的帮助和启发。20世纪70年代初，王震副总理从日本带回腐植酸肥料样品后，化工部和煤炭部、农业部开始系统地研发、生产和应用腐植酸肥料。当时，冯老具体负责这项工作，经历了全过程。经农科部门的全国调查，发现腐植酸肥料具有增产、改土、促进品质、刺激作物生长和提高化肥利用率五项作用，这一结论得到国务院的重视，召开了两次全国示范推广会议，分别于1974年和1979年颁发国务院文件，全国推广腐植酸肥料，弥补了我国钾肥的不足。

组织“配方科学施肥”项目

1986年，冯元琦立项和组织“配方科学施肥”项目，通过氮磷钾的合理配比，促进作物增产，发展农业。为了具有地区代表性，项目分设南北两个试验点，南方点由上海化工研究院在江苏宜兴实施，由该院土壤与肥料组承担测土配方，由宜兴市农业局进行具体操作，此项目获得国家科技进步二等奖；北方点由中国农科院原子能利用研究所在河北芦台开展，提供测土配方，由芦台农场具体操作，此项目获得化工部科技进步二等奖。“配方科学施肥”证实氮磷钾合理配方，促进养分发挥协同效应，产生最佳经济效益和环境效益，这正是当前国家大力推广的“测土配方施肥”。

对未来钾资源开发建言献策

当国家把钾肥作为支农的重点，在“十二五”及中长期计划中明确了钾肥发展的任务和目标之时。冯元琦老人感到非常的喜悦，他说这是“迟到的喜讯”，可惜不能再亲自上阵，献身中国钾肥事业。不过，他也对钾资源的开发提出了自己的看法：

一是合理科学保持现有可溶性钾资源生产规模的同时，应继续加大钾资源的勘探与开发力度，特别是加大油钾兼探的力度，消除部门间的隔阂，通力合作。

二是发展新型钾肥品种，如纳米碳肥料、腐植酸类肥料等，不仅提高钾素的利用率，而且提高水溶性钾资源的利用，降低农业成本，保证增产、增质。

三是在发展水溶性钾资源生产钾肥的同时，加大难溶性钾资源的综合利用，如水泥窑灰钾肥，即在水泥原料中添加一定量的钾长石，利用水泥熟料煅烧过程分解钾长石，在尾气除尘中收集获得窑灰钾肥，占水泥熟料的3%～5%，含8%～10% K_2O。“十二五”期间，我国水泥产量将达到32.6亿吨，若其一半以熟料3%计，每年可得200万吨 K_2O。与此同理，在火力发电中，生产“烟尘钾肥”，这也将成为钾肥行业的生力军。

四是开发境外钾资源，特别是利用周边国家的地缘优势，参与到老挝等南亚国家以及俄罗斯的钾盐资源开采当中，并加大对境外钾资源开发项目的支持力度。

五是构建我国稳定的钾肥供给结构。我国钾肥供给结构由国内生产、国际市场进口钾肥和境外钾肥生产基地三部分组成，且短期内比例应为1∶1∶1，从中长期来看，应争取钾肥自给率达到80%以上。

撰稿：刘建明　宁远

编后

今天看来,他的这些建议和对策,可谓是真知灼见,具有前瞻性、可行性。他专业精湛,学识广博,笔耕不辍,品德高尚,受到大家一致的尊重和敬仰。诚然,这些建议和希望,也是他作为一辈子从事钾肥事业专家的实践提炼和高度总结,为我们留下了一份宝贵的精神财富。

冯老先生,我们永远怀念您!

钾肥工业拓荒者　盐湖资源利用的开拓者

——追记我国著名钾肥专家、盐湖化工专家曹兆汉

[专家名片]

曹兆汉先生

曹兆汉，出生于1919年8月，浙江平阳人，1948年毕业于浙江大学化工系。1950年在杭州化工试验所，从事明矾石制取钾肥科研工作；1953年，调到重工业部沈阳化工综合利用研究所（简称沈阳化工所），从事钾肥制取的科研工作，任钾肥室副主任；1956年调往化工部上海化工研究院，任钾肥研究室主任，“九三学社”上海化工院分社主委。主要领导从事非水溶性钾盐矿物和盐湖资源提钾及综合利用的科研及产业化的工作。1967年11月调入中国科学院盐湖研究所，历任研究室主任，总工程师，副所长，正高级工程师。主要领导和从事盐湖资源提钾及综合利用试验研究及产业化推广工作。曾任青海省“九三学社”委员、顾问，青海省政协常委，第六届全国政协委员。

曹兆汉先后获得全国科学大会奖、中国科学院重大成果奖、青海省科技大会奖、青海省科技进步奖等，获得国家优秀专家称号，享受“政府特殊津贴”。1997年2月逝世。

曹兆汉先生不愿意别人称呼他的职务、职称。平日里，领导和群众都亲切地叫他曹工，因此在本文中，笔者怀着崇敬亲切的心情，均称呼他为“曹工”。

曹工懂得英、俄、德三国外语，凭借外文优势，他长期查阅“文摘杂志”，把有价值的文献译成中文，手写到“文献摘录卡片”上，分类编录供所内外的科技人员参阅，制作的卡片之多已无以计数。经常编写有关钾盐和盐湖资源综合利用方面的综述文章，发表在刊物上。他在各种期刊发表文章达数十篇。

曹工创刊的《盐湖研究》杂志，至今仍在公开发行。主编的《钾肥工业》一书，1979年出版发行。他参与了《化肥工业大全》专著部分内容的撰写，该书是我国化肥工业的经典文献。

致力钾肥科技创新和产业化

钾肥是化肥中三大要素之一，对农作物增长作用十分重要。我国可溶性钾盐资源匮乏，难溶性钾盐矿物制取钾肥技术难度大，效率低，保障国家钾肥的供给，是艰巨而棘手的任务。曹工从青年时代就勇

敢地担起国家战略需求的重担,钾肥研究成为他终生的事业。

1950年在杭州试验所,他开始从事明矾石制取钾肥的科研工作,在极为困难的条件下,进行多种工艺方法的探索试验。1953年国家层面注意到化肥科研工作的重要性,组建了“中央重工业部沈阳化工综合利用研究所”(简称沈阳化工所),下设氮、磷、钾肥三个研究室。曹工调入沈阳化工所,担任钾肥研究室副主任,章涛先生任主任。新建单位试验条件提升,人员得到补充。两位主任在前期工作基础上,选择以明矾石为原料,选用煅烧氨碱法工艺技术方案进行制取钾氮复合肥的试验;选用还原热解法的综合利用新工艺,进行制取硫酸钾、氧化铝的试验。小试验阶段取得良好结果,为中间试验、单元设备试验提供了技术依据。

1956年,化工部决定,把沈阳化工所一分为四,组建化工部属四个化工研究院。其中化工部上海化工研究院(简称上化院,下同),确定为全国化肥科研与信息中心;化工部天津化工研究院,确定为全国无机盐科研与信息中心。沈阳化工所四个与农业有关的研究室调往上海化工院,按原建制不变,继续进行既定的科学试验任务,曹工主要进行明矾石脱水和还原热解过程的关键技术设备试验工作,取得重要成果。

1958年根据化工部的安排,上化院与南京永利宁厂合作,承担“年产1万吨钾氮复合肥的中间试验”任务。上化院作为技术负责单位,试验成功投入生产。1958—1959年化工部决定建设“温州化工总厂”,下设硫酸钾分厂、氧化铝分厂、硫酸分厂。采用上海化工院研发的“还原热解法工艺技术方案”,曹工是钾肥室主任,责任重大。曹工率领该项目人员,昼夜兼程为大厂设计,建设提供资料和支持。1959年,温州化工总厂派来数十人到上海化工院钾肥车间实习、培训,曹工非常重视,派专人负责,制订培训计划,亲自为他们讲课、示范。实习人员中多为复转军人,文化水平不高,但转业军人具有战斗作风,短期间内文化技术、操作技能提高很快,达到了实习考核标准要求,回厂后都成了车间主任、工段长、车间技术员等骨干。1961年温州化工总厂工厂建成投入生产,1962年以浙江平阳明矾石为原料,生产硫酸钾产品4 000多吨,氧化铝产品8 000多吨,硫酸6 000多吨,处理明矾石原料达3万多吨,具有了可观的规模,使我国明矾石综合利用生产技术达到国际水平。

1958—1961年,根据化工部下达的指示精神,大搞小氮肥、土钾肥以应急用。曹工组织钾肥室人员与技术情报室人员合作,广泛查阅国内外资料,对以钾长石为主的难溶性钾盐矿制取钾肥的有关资料,写出文献总结,提交给科技人员参考,号召广开原料来源,土法上马生产钾肥。钾肥室人员曾对钾长石、海绿石、霞石等钾盐矿物进行试验研究。明矾石高温热解法生产土钾肥,副产亚硫酸钙,用作钾长石的转化剂制取钾钙混肥,取得良好效果,在上海县(原)化肥厂用于生产。土钾肥措施,在当时广开原料来源,就地取材,现场加工,就近施用,对支援农业生产起到了一定的作用。

盐湖钾肥工业开创者之一

1957年,曹工作为化工部系统人员,参加了以柳大纲学部委员为队长的“中国科学院盐湖科学考查队”。考查队进入青海省柴达木盆地考查时,在察尔汗盐湖区发现了光卤石,预期钾盐量可观。在大柴旦盐湖区发现了硼矿。曹工见到大量的光卤石,如获至宝,带回来许多样品。

作为化工专家的曹工,深知发现水溶性钾盐矿的价值,立即向上化院领导和化工部做了汇报,并建议在上化院、天津化工院成立课题组,开展光卤石提钾,硼矿制取硼砂的工艺试验工作。建议得到了领导的支持和批准。

上化院钾肥室组建了“盐湖研究组”,选矿研究室组建了“钾盐选矿组”,立即开展了试验研究工作。曹工深刻了解到在察尔汗盐湖区建厂的艰苦条件,为了尽快建厂,选择了最简便的“光卤石冷分解制取钾肥的工艺技术路线”,1958年年初取得“察尔汗光卤石矿提取钾肥和工业氯化钾的试验成果”。

同期选矿室钾盐选矿组，开始进行“光卤石冷分解—浮选法制取氯化钾的试验”。1959 年上化院选矿研究室调往连云港化工矿山设计研究院（现名更为中蓝连海设计研究院）。钾盐选矿组在新单位仍然进行氯化钾的选矿工作。

1958 年年初，青海省委向化工部申请筹建钾肥厂，得到同意后，派去省盐务局等单位干部，按照“艰苦奋斗、自力更生、土法上马、勤俭建厂”的指导原则，边建厂，边生产。短时间召集了数千人员。在关键时刻，1958 年 4 月初，曹工带领科技人员和资料来到现场。与厂方人员共同确定采用上化院的科研成果“光卤石冷分解工艺方案”。曹工把上化院科技人员分组，培训化验员、工艺技术员及岗位工人。曹工亲自授课，讲解工艺原理、工艺设备操作规程、安全规程，使厂方人员逐步掌握有关制取钾肥的知识和基本操作技能，打开了生产局面。1958 年 8 月 1 日正式揭牌成立“青海察尔汗钾肥厂”，第一任厂长是乔思义同志。值得庆贺的是建厂当年就生产了 953 吨氯化钾肥，开创了我国盐湖钾肥工业，拉开了盐湖资源利用的序幕。

察尔汗钾肥厂建成投产，受到化工部、青海省委高度赞扬。在当年国庆节前夕，派飞机把曹工接到西宁市，参加青海省国庆观礼，这是对曹工和上化院科技人员高度奖赏。青海省委领导同志知道上化院的科技人员大多是南方人，没有米饭吃不惯，特批多供大米及赠给糖、油、蛋等慰问品。

曹工通过创建察尔汗钾肥厂的实践，受到极大的鼓励，告诫我们要总结经验。对察尔汗盐湖提钾为主的资源利用的科研工作有了更加深入的思考和规划。

1959 年 4 月，曹工带领盐湖组的部分人员到达察尔汗钾肥厂现场，主要任务是对察尔汗钾肥厂现有生产工艺技术和设备进行改进提高。为了保证生产原料来源，进行盐田日晒制取光卤石试验工作。在此期间曹工等人协助建成兰空钾肥厂。

盐湖化工综合利用的开拓者之一

1958—1960 年间，中国科学院与苏联科学院合作，开展“柴达木盆地盐湖勘探与利用”的科研项目，柳大纲先生为中方负责人，曹工主要承担“盐湖资源利用项目”的科研工作。在此期间，有苏联专家、罗马尼亚专家与曹工合作，在上化院钾肥研究室进行指导及参与试验工作，短期内取得良好效果。苏联专家在离开时，对曹工的学识业务水平和友善合作精神给予高度评价，并把他的 135 型照相机赠送给我们留作纪念。

1960—1962 年间，三年困难时期，察尔汗现场不具备工作、生活条件，把科研工作的重点转移到试验室，为以后有条件去现场做好充分的技术储备。于是，曹工等人与北京化学所陈敬清等人合作，进行了“察尔汗盐湖卤水等温蒸发试验”“一里坪盐湖卤水等温蒸发试验”及“天然日晒蒸发试验”。取得了氯化物型和硫酸盐型盐湖卤水蒸发结晶过程的基础数据，为在盐湖进行盐田日晒蒸发试验提供相平衡的理论依据。

柴达木盆地有芒硝矿，硫酸盐型盐湖卤水日晒过程会得到硫酸镁盐类，曹工组织人员，在实验室进行制取硫酸钾的试验工作。以氯化钾和芒硝为原料，采用“钾芒硝转化法制取硫酸钾方法”。以氯化钾和硫酸镁盐为原料，采用“软钾镁矾转化法制取硫酸钾试验”，第一步合成的软钾镁矾，还可以作为钾镁复合肥使用。以氯化钾为原料有机胺法制取碳酸钾试验都取得良好结果。各项试验报告，全部移交青海盐湖研究所存档。光卤石矿，经过精制，脱水制取无水光卤石是用于电解制取金属镁的原料，试验采用“浸没燃烧法脱水试验”取得良好效果，同时对水氯镁石原料进行脱水试验，控制不同脱水率，可以制得不同含水量的氯化镁的卤块产品。

曹工以青海一里坪盐湖为硫酸镁亚型盐湖卤水为典型，进行提钾及综合利用研究。此类型盐湖在青藏高原上分布较多，含有钾、镁、硼、锂等盐类可供开发利用。采用天然日晒方法制得光卤石、饱和卤液。以光卤石为原料,采用“冷分解—洗涤法制取氯化钾”,采用“硫酸法从老卤中制取硼酸”,采用“煅烧法从老卤中制取碳酸锂”,副产氢氧化镁,经过精制、干燥或煅烧获得氢氧化镁或氧化镁产品。首次完成盐湖卤水的综合利用研究取得良好效果,作为“中苏盐湖勘察与利用”项目内容之一受到高度评价。在三年困难时期,曹工带领盐湖组科技人员,仍然鼓足干劲,力争上游,取得了盐湖资源综合利用科学研究的创新成果。

重返盐湖,继续前行

根据化工部的指示,曹工带领上化院、天津化工院的有关人员,于1962年赴察尔汗、大柴旦地区,清查试验设备、仪器和物品,登记造册,为恢复盐湖现场试验工作做准备。

曹工从1962年、1963年毕业的大中专学生当中,挑选了一批化工专业的人员,重组钾肥研究室盐湖研究组。曹工兼任组长,配备一名副组长。研究室增添了年轻的盐湖工作者,经过培训和实习,于1964年3月底,在曹工带领下奔赴察尔汗盐湖现场。曹工等人到达西宁火车站时,青海省重工业厅领导多人早已在车站等候,老朋友相见场面动人。

省、厅领导为曹工安排几场学术报告,有关厅、局、科研单位、高校等代表参加。曹工报告了盐湖资源开发利用形势,近年来的科研工作进展,特别是对两个典型盐湖资源综合利用的创新性成果及产业化前景的介绍,得到青海同志的赞扬和鼓励。

向省、厅领导汇报了今年到察尔汗盐湖区工作的计划。一是对察尔汗钾肥厂生产工艺进行改造提升,在化工部支持下更新生产设备;二是为了解决生产原料的稳定供给问题,要进行“不隔离盐田”与“隔离盐田”修建方法和日晒工艺试验;三是化工部拨款,由上海化工院主持在察尔汗小桥地区建设试验基地。省、厅领导表示坚决支持,都是关键紧急的任务,要求各单位全力配合。省重工厅下设盐湖专业组,青海著名化工专家刘伯群工程师任组长,常住察尔汗地区协调各单位盐湖工作,并抽时间参加试验工作。

到达察尔汗钾肥厂,更是受到热烈欢迎,时任厂长张富世,副厂长孙连生同志,在工作上、生活上给了强有力的支持和照顾。在科研合作中密切配合,取得了显著科研成果,推动了钾肥厂生产的发展。

为了开展不隔离盐田日晒制取光卤石试验,在察尔汗盐湖上为了探查到表层晶间卤水接近光卤石饱和组成的区域。在盐湖上的敦格公路两侧,察尔汗机场公路两侧布置30余个采卤水样的点,要在坚硬的盐盖上,挖出1米^{2}面积,见卤水深度为30厘米的样坑,取其卤水化验,掌握盐湖平面方向卤水组成变化情况。曹工把人员分成5～6人一组,其中有青海化工研究所、塘沽制盐研究所的科技人员参加。他们使用十字镐、钢钳、铁锹等简陋工具去挖掘坚硬盐坑,在烈日之下,一干就是3～4个小时,其辛苦不言而喻。

探查结果表明,盐湖不同区域卤水组成,有规律的变化,分别有石盐、光卤石、水氯镁石的饱和卤水区域。为了掌握不隔离浅坑卤水在日晒蒸发过程卤水流动置换及组成变化情况,测量析出盐的数量。在不同盐类饱和区,开挖4×2(米^2)面积,水深30～40厘米的不隔离浅坑,进行年周期观测,根据析盐量及卤水组成变化,浅坑卤水有着比较快的置换特性,按取得光卤石的数量和组成,计算出浅坑卤水量被置换20～30倍,光卤石产量较多,含光卤石纯度高,为修建大面积不隔离盐田提供了技术依据。

事实上,钾肥厂领导知道有大面积的光卤石饱和卤水区域,可以晒得光卤石矿,立即请求我们配合修建盐田。曹工向厂领导介绍情况,派员协助用推土机开挖不隔离盐田,光卤石矿质量好,当年收获颇丰。至此,厂方在冬季开挖大量的不隔离盐田生产光卤石矿,在钾肥厂生产过程中发挥了很大的作用。

1964年5月间,化工部下达了“察尔汗盐湖卤水盐田日晒制取光卤石工艺试验”任务,为建设年产10万吨钾肥项目做准备。主要承担单位是上化院,盐田结构及建设指导任务由轻工部塘沽制盐研究所负责。

曹工组织人员，根据前期日晒蒸发试验结果及此项目盐田工艺试验内容要求，绘制盐田平面布置图，交由制盐所同志进行施工图设计。曹工动员察尔汗现场各单位人员数十人，在塘沽制盐所人员的指导下，经过近两个月的艰苦努力下，建成一组 250 米^2 盐田，移交给上化院人员进行年周期的盐田日晒工艺试验。

曹工抽调人员，负责试验工作。1964 年 9 月开始注入盐湖卤水进行蒸发试验，按试验方法，每日按时观测，在冬季每周观测一次，按规定指标进行固相物料分离，求取质量及组成数据，冬季留下三人坚守岗位。当时条件有限，全凭满腔革命的意志，于 1965 年 9 月完成首例“察尔汗盐湖卤水盐日晒工艺试验”第一个年周期的试验任务。持续 18 个月没有离开察尔汗，取得的试验结果令人欣慰，测定盐田卤水的渗透量为每天 0.2 毫米，优于海盐盐田渗透量规定指标，证明盐田结构和修建质量优良。工艺试验结果表明，光卤石产量为每年每平方米盐田产光卤石 320 千克，光卤石质量好，KCl 含量达到 21%以上。日晒蒸发结晶路线，符合相图规律。1965 年 11 月在北京召开的“全国盐湖学术会议”上，曹工等在会上作了报告，受到高度赞扬，在察尔汗盐湖上，开创了隔离盐田日晒制取光卤石矿的先河。

1966 年，中国科学院盐湖研究所在西宁市成立。筹建中的“化工部盐湖化工综合利用研究所”人员，全部合并到盐湖研究所，隶属中科院领导。重新组建盐田试验组，继续进行盐田修建和盐田日晒工艺试验。特别是在盐田修建方法，取得重大突破，在盐湖区具有黏土的地带就地取材，采用方便的修建程序，建成大面盐田，可以满足工艺要求，大幅度降低修建成本。1969 年，为配合“青海钾肥厂技术改造项目”的要求，青海盐湖所派员参加 15 万米^2 盐田设计和修建的指导工作。通过试产各项指标达到设计规定，1973 年移交青海钾肥厂用于生产，取得良好技术经济效果。此后，在各盐湖区得到快速扩广应用。

根据资料报道，以色列死海盐湖卤水用加热蒸发方法制取光卤石，年产 120 万吨钾肥，消耗燃料油 13 亿加仑，每吨钾肥耗油 3 吨；智利某公司年产氯化钾 51 万吨，耗油 180 万吨，每吨氯化钾耗油 3.5 吨；察尔汗盐湖卤水用加热蒸发法制取光卤石生产氯化钾，按蒸发水量推算，每吨氯化钾耗煤量 4.8 吨。目前察尔汗盐湖区钾肥年产量达到 500 万～600 万吨，可见利用太阳能、风能，节省的燃料量之巨。年轻的盐湖工作者贡献之大。正如一位当年参与者，见到今日青海盐湖工业有限公司的辉煌有感而发，“从事该项科研工作 10 年，是终生难忘的，因为我们把宝贵的青春年华贡献给了她——大美的察尔汗”。

1964 年年初，根据曹工对察尔汗钾肥厂存在问题的建议及上化院长期取得科研结果，上级下达了“光卤石分解—洗涤法制取钾肥扩大试验”的任务。试验原因一是光卤石原料质量降低，原工艺方法不适应，生产效率降低；二是使生产实现机械化，降低工人的劳动强度，在高原缺氧地区非常重要。

通过扩大试验，有效地解决了光卤石分解料浆中细钾盐与粗粒石盐分离的技术难题，选择沉降槽、水力旋流器设备，使分离过程实现了机械化、连续化生产。使钾肥生产从“土法”变为“洋法”，扩展了原料来源，增加钾肥产量，提高劳动生产率，降低了生产成本。在此基础上、上化院与青海省重工厅组织有关单位人员，对小桥地区的原热法车间进行了改造，由察尔汗钾肥厂、青海省化工研究所、省重工厅派员参加生产性试验，结果证明扩大试验数据的可靠性。试产成功后察尔汗钾肥厂立即在厂区扩建生产车间，使钾肥厂生产能力达到了万吨级。取得良好技术经济效果。

该工艺技术方法从 1958 年开始，不断更新改造，一直生产到 1969 年被取代。历时 10 年，除了为国家生产钾肥支援农业生产外，争取了时间进行了大量的科研创新。更重要的是培养了科技、管理人才，壮大了能打硬仗的工人队伍，为盐湖钾肥和盐湖综合利用的事业，奠定了坚实的基础。

创新发展盐湖钾肥事业

1963年国家科委与化工部制订了“盐湖科技发展十年规划”，明确在察尔汗地区建设年产10万吨钾肥厂的项目，1964年化工部拨款，曹工等人员在察尔汗小桥地区建设试验基地。其中有试验室、宿舍、厨房、供电设备、储水设施等，为现场科研工作提供了较好的条件。一些其他科研单位和高校人员均可在此进行盐湖科研工作。1964—1966年间是科研工作最为活跃的时期，取得了许多成果。

根据“盐湖发展十年规划”的要求，1965年3月成立了“中国科学院盐湖研究所”。1966年化工部决定筹建“化工部盐湖化工综合利用研究所”，由上化院、天津化工研究院、连云港化工矿山设计研究院和部属有关企业人员组建。两所地址都在青海省西宁市，只有一墙之隔。1966年9月经国家科委批准两所合并，隶属中国科学院领导，尚未筹建完成的“盐湖化工综合利用研究所”人员直接到中科院盐湖所报到分配工作。按合所协议规定，原化工部所属单位承担的盐湖科研任务，由中科院盐湖所继续负责完成。

察尔汗盐湖光卤石制取钾肥中间试验。1966年，化工部下达了“光卤石制取钾肥的中间试验”任务，拟为年产10万吨钾肥厂项目提供技术设计依据。新组建的中科院盐湖研究所承担该项任务，由原上化院、连云港化工矿山院人员，提出不同方案，在大柴旦建成中试车间。中间试验效果比较，确认光卤石冷分解—浮选法工艺各项技术经济指标先进，具有产业化应用前景。在中间试验期间，察尔汗钾肥厂的干部，科技人员经常来试验现场参观，摘抄数据，提出询问，试验人员毫无保留地介绍情况。1967年试验成功后，提交了中间试验报告。

察尔汗钾肥厂人员，根据中间试验资料，自行建成年产1万吨钾肥的光卤石冷分解—浮选法车间，试车后无法运转。情急之下，想到了来所报到不久的曹兆汉工程师。

曹工听取领导们的介绍和请求，毅然决然地担起重担，通过座谈，分别做思想工作，使长期从事钾盐浮选专家们都表示愿意跟随曹工去钾肥厂，很快组成了有30多人的试车队伍。众所周知，曹工是钾肥厂的创建人之一，有很高的威信，厂、所人员合作，很快解决了试车问题，投入生产。曹工以国家利益为重，高风亮节，名望服众，在复杂的环境中，这么棘手的问题，迎刃而解。

参与年产20万吨钾肥厂项目的建设。1985年国家计委批准立项、“建设年产100万吨钾肥厂”项目，分二期实施，一期工程年产20万吨钾肥项目，选择工艺路线是光卤石冷分解浮选法工艺方案。

化工部副部长秦仲达，国家计委林华局长带人前来青海省西宁市，与青海省委、省政府领导同志，召开会议落实国家这一重要钾肥项目问题，邀请中国科学院青海盐湖研究所领导和曹工参加，秦副部长希望盐湖所能参加该项目工作。曹工非常兴奋地支持大钾厂的筹建。意外的是，在盐湖所内部有意见分歧，最终只能提供资料支持。曹工时年66岁，退休后仍在资料室、图书馆工作。为设计单位人员收集资料大开方便之门，对咨询的问题都给予详细说明，曹工以这种行动，对国家大钾肥项目给予个人力所能及的支持。曹工感叹，“搞了一辈子钾盐科研工作，在国家建设大厂之际，却缺席了，是我终身的遗憾”。

1977年，曹工注意到以色列研发制取氯化钾反浮选—冷结晶的新工艺方法，该技术关键一是氯化钠捕收剂的合成，二是冷结晶器的研制。曹工组织青海盐湖研究所有机合成组于1980年合成脂肪酸胺和烷基吗啉两类氯化钠捕收剂，工艺试验取得了良好浮选效果，发表在刊物上，登记为科研成果。1986年作为国家重点攻关项目，青海钾肥厂、上化院等单位参加取得冷结晶器研制成功，获得化工部科技进步二等奖。青海盐湖集团公司下属科技开发公司，集成前期各项科研成果，在各单位支持下，1987年完成了年产 2 万吨氯化钾工业性试验任务，证明了反浮选—冷结晶工艺的优越性，通过了青海省计委和科委组织的鉴定，并受到了高度评价，使中国盐湖钾肥生产技术达到了国际先进水平。

青海盐湖工业集团采用该项成果，对一期工程进行改造，扩产取得显著效果，使氯化钾产量达到年产 40 万吨；2003 年，年产 100 万吨氯化钾项目投入生产；2013 年第二套年产 100 万吨氯化钾生产装置投入生产。2017 年氯化钾年生产能力达到 500 万吨。由于科技创新的作用使我国盐湖钾肥事业飞跃发展，建成了我国最大的钾肥生产基地，对国家农业发展，粮食安全保障，做出了重要贡献。

科技育人，诲人不倦

曹工在科学研究工作过程中，特别重视对年轻盐湖工作者的教育。他做人就是楷模，身教重于言教，影响了一代又一代年轻人。

曹工对新分配到钾肥研究室的学生们首先要进行爱国、敬业、艰苦奋斗、勇攀高峰的教育，钾肥研究的目标就是寻找钾盐、制造钾肥，发展农业，多打粮食，这是民生之本。钾肥科学研究工作，是一项长期、艰辛的事业，只要我们心系祖国，就有奋勇向前的力量。

1964 年重返察尔汗盐湖，挖掘采样坑时，我们取下大盐块，庄严刻上“祖国万岁”四个字，深表赤子之心。对拍摄的照片，曹工诠释为：照片有 5 人，有男有女，来自三个单位，用着简易的工具，在烈日之下，揭开坚硬的盐层取样，象征着我们热爱祖国、团结合作、艰苦奋斗的精神。

曹工对于化工科研工作有着深刻理解：我们工作的最终目标，是通过科研创新成果，为国家建设工厂，提高化工生产的技术水平，为社会创造出更多的物质财富，国家才会真正富强。科研工作要走在生产建设的前面，立项、选题首先要考虑国家的战略需求，企业生产中重大关键技术问题，化工科研工作要在“用”字上下功夫，使我们科研成果，取得真正的经济和社会效益。因此要求我们在工作中一定要认真负责，刻苦钻研，取得经得起生产实践考验的科研成果。不为名利，不急功近利。绝不弄虚作假，浮夸浮躁，这是底线，是原则，要牢记于心。

曹工十分注意培养提携年轻人成长，他手上的资料，任由年轻人查阅，向曹工请教问题，他每次都做到诲人不倦。从事科研工作中，选题、计划、试验方法，都会向课题组人员讲清楚说明白，工作过程中会经常召开研讨会，让大家讨论试验数据，提出个人见解，工作总结时要求年轻人也要写总结。致使年轻人跟着曹工完成一项科研课题，技术业务能力提高很快，等于上了一次进修班。真正做到“出成果，出人才”。

曹工有很多机会参加全国、地方性的专业学术交流会、研讨会、评审会、鉴定会，每次他都尽可能多地争取参加会议名额，正式代表名额没有，列席也行。早日多给年轻人参加学术会议的机会，对他们的成长是非常有益的。

曹工与许多单位有合作关系，在工作过程中十分注意培养合作单位人员，特别对企业科技人员的培养，要求我们把技术关键和细节都告诉他们。企业生产就靠他们，不可留有后患，否则，就是我们失职。

曹工在工作和生活方面，尽其可能为我们争取好的条件，争取到化工部投资，在察尔汗小桥地边建成试验基地，配备崭新的野外装备，注意大家的安全及身体健康，可以说是无微不至。但是，目的只有一个，就是提高工作效率，把本职工作做好，共同创新成果。

1964 年 8 月间，上化院丁一院长带队来察尔汗盐湖视察指导工作，称赞我们在曹工领导下，长期在艰苦的盐滩上工作，形成了吃苦耐劳，团结协作，取得优良成绩的集体。丁一院长刚从苏联考察回来，在苏联见到一位曾与曹工合作进行盐湖资源利用研究工作的专家，对曹工给予高度赞扬，表示中国要多培养几位这样的人才，盐湖事业就会发展得更快更好。院长勉励我们要很好地向曹工学习，我们深受教育。

青海盐湖工业股份有限公司前身，几代科技骨干，都得到过曹工的培养，并成为他们的良师益友。许多人成为企业的领导和科技良才，都以成为曹工的学生为荣。1996 年，曹工因病长时间住院治疗时，时任公司总工程师的窦昌华、百万吨钾肥项目总指挥于长歧等人，每次到西宁来都要去医院看望恩师。有一次窦总和时任盐湖所所长的马培华同去医院看望曹工时，窦总深情地说，“曹先生是我们从事盐湖钾肥事业的领路人，终身的导师。众多老盐湖人都非常惦念您，一定要保重身体”。这是曹工学生们的心声和崇敬之情。

肩负重担，砥砺前行

曹工在钾肥科技创新及盐湖资源综合利用的事业中，肩负着重要领导和指导责任。参与国家、化工部、青海省许多化工项目的规划、决策、评审工作。在盐湖钾肥工业的每个发展的重要时期，曹工都起到砥砺前行的作用。

曹工品格高尚，对人诚信友善，专业成就突出，参政议政能力强，深得中高级知识分子和群众的拥戴。

1967 年 11 月底，曹工携妻带子女，在寒冷的冬天来到久违的高原古城西宁。上化院的同志，全员到火车站迎接，见到久别的黑瘦的曹工一家人，女同志流下了泪水，男同志五味杂陈，这一情景久远地留在心中。令我们欣慰的是，终于见到了良师益友，今后可以跟随曹工去完成未竟的事业。

曹工家中育有四男二女，夫人是全职家庭主妇。老家还有年长父亲，全靠曹工一人工资支撑，生活拮据。全仗师母苦心相夫教子。特别是在沈阳、上海工作期间，工作十分繁忙，无暇顾及家庭，培养子女。经济困难也不接受组织照顾。有孩子病了，曹师母就更为难了，乘曹工在外地出差之机，同事说服师母接受工会补助，曹工回来表示下不为例，下不为例师母又该怎么办呢？实际上，曹工心里明白，为了事业，没有选择。晚年曹工深感愧疚，自己大学毕业，高级知识分子，无暇培养六个子女，子女们没有一个读过大学，都为了减轻家庭负担，早早参加工作了。曹工重病期间，曾表示有两件遗憾的事：一是没能直接参加大钾肥厂的建设，二是愧对子女，没有更好地培养他们。但他说面对盐湖事业的飞速发展，无怨无悔。

大家知道，盐湖多处于青藏高原，具有特定的地理气象条件。高原缺氧，环境恶劣，多为无人区，使盐湖资源的开发利用具有特殊困难和严酷的考验。每一位盐湖人都经历过血水和汗水的洗礼，甚至献出了宝贵的生命。有关我国钾肥和盐湖资源开发利用过程中所经历的感人事迹，已多有绘声绘色的描述，确实使人感动和敬佩。对曹工而言，概括一句话，曹工为了盐湖、钾肥事业所经历的艰辛和危险则有过之而无不及，以实际行动践行了誓言，取得了令人瞩目的成就。祖国各地盐湖区耸立的高大厂房是您和众多盐湖人的丰碑，车间里承载洁白钾肥的输送带，就是圣洁的哈达，献给您和众多的盐湖英雄们！

谨以此纪念恩师曹兆汉先生百年诞辰，他的精神永存！

撰稿：陈大福

编后

盐湖钾肥工业的创建和发展历程，每一步重大的提升，都离不开科研创新成果的支持和推进，科学技术是第一生产力，在该项事业中得到了充分的体现。今日在盐湖产业上展现的辉煌，其背后是多数科研单位、高校的科学家、教授、高级工程师们将长期奋斗了六七十年，潜心钻研取得的无声的成果，提供给了企业，无私奉献给了国家。

钾肥工业拓荒者、盐湖资源利用的开拓者之一曹兆汉先生是钾盐肥行业的一座丰碑。我们永远怀念他。

甘洒一腔热血奉献自己

——追记原金牛钾碱公司总经理、氢氧化钾杰出专家黄志杰

[专家名片]

黄志杰，男，江西信丰人，1958 年 5 月 2 日出生于北京，1982 年 2 月毕业于山东矿业学院，1985 年 3 月加入中国共产党，正高级工程师，河北省邢台市劳动模范。历任邢台矿动力科技术员、副科长、科长，邢台矿副总工程师、副矿长，邢台矿电化厂筹备处主任，金牛钾碱分公司总经理。曾荣获“中国骄傲·第八届中国时代影响力企业家”称号。

2011 年 2 月 19 日，为金牛钾碱发展呕心沥血，长年辛劳的黄志杰同志因病多方医治无效，在北京去世，年仅 53 岁。

在金牛钾碱快速前进的征途中，黄志杰倒下了，但一座永不生锈的金牛的雕像矗立起来了。冀中能源邢矿集团党委对黄志杰一生是这样评价的：黄志杰同志有条有理地做事，有情有义地做人。凡是他工作过的地方，都留下了他的美谈。他的一生，是光荣的一生，是不平凡的一生，是充满智慧而富有意义的一生；他的一生，展现出一名党员干部光彩照人的美好形象，折射出一名企业领导者引领企业发展的非凡轨迹。

金牛钾碱干部职工永远不会忘记，黄志杰为企业发展所做出的杰出贡献。

励精图治　为企业鞠躬尽瘁 死而后已

冀中能源邢矿集团金牛钾碱分公司(简称：金牛钾碱，下同)是冀中能源邢矿集团投资兴建的离子膜氢氧化钾氯碱企业，项目开工于 2002 年 3 月，企业成立于 2003 年 10 月，也是国家行业标准的主要修订单位。金牛钾碱的系列产品先后通过国家 CCC 认证，并在国内行业中率先通过了 ISO 9001 质量体系认证，荣获首张节能证书。是河北省化工行业中首家，也是唯一一家真正实现工业污水处理率 100%、工业废气达标率 100%、工业固废处理率 100%、厂区噪声达标率 100%的企业，是国内钾化工企业的绿色先行者和引领者。这一切都与一个人的巨大贡献分不开，他就是金牛钾碱原总经理黄志杰。从 2001 年 6 月开始，黄志杰以创新的精神积极献身金牛钾碱的成立、发展中。他忘我工作、以厂为家、鞠躬尽瘁、呕心沥血，使金牛钾碱在短短 10 年间实现了从无到有、从小到大、从弱到强的历史性跨越，成为拥有国内、国际两大市场，单厂产能跃居全国第一的大型现代化钾碱企业，并连续三年跻身中国化工企业 500 强。2010 年下半年以来，他在连续高烧、身体状况欠佳的情况下，依然一心扑在工作和事业上，直至住院治疗和去世。

文化引领 让“金牛”开拓耕进 韧行天下

2001年6月，黄志杰投身新兴的金牛钾碱项目，开始了10年辉煌的开拓历程。这10年中，他用自己的行动书写了一名共产党员对党的事业的忠诚，留下了一名企业家开拓进取、勇往直前的足迹，更为金牛钾碱的企业文化注入了生命和精髓。

黄志杰像一头耕牛，牵引着金牛钾碱一路走来，取得无数荣誉和业绩；黄志杰像一头金牛，为金牛钾碱今后的发展树起了一座金光闪闪的路标。

金牛钾碱正是在黄志杰的带领下，几经磨炼，秉承“开拓耕进、韧行天下”的精神，不断创造历史，凝练出“诚、韧、勤、勇、拓”的金牛文化精髓。在不断前行的历程中，基于诚，长于韧，兴于勤，赢于勇，盛于拓。诚、韧、勤、勇、拓五种品性凝聚成一股合力，开拓耕进，韧行天下。

拓荒耕耘 为金牛发展创造奇迹 描绘蓝图

金牛钾碱的创业史、发展史就像一部耕牛的拓荒史、耕耘史，黄志杰带领着金牛钾碱人凭借着开拓耕进、韧行天下的企业精神，从21世纪初开始了一段艰苦而伟大的征程，谱写出一曲创业的华章。

2000年年初，邢矿集团在全国化工行业调研中获悉，全国离子膜氢氧化钾生产企业只有四川一家，产能仅1万吨，而当时国内需求量为4万吨，绝大部分靠进口；2002年1月，集团领导审时度势，果敢决断，正式进行项目立项，投资兴建离子膜氢氧化钾企业，于同年3月29日破土动工；2003年10月，完成所有土建、安装工程，11月18日首次投料试车取得成功；2004年10月29日，金牛钾碱正式投产，实现了当年生产、当年盈利；2005年，金牛钾碱就已达到2.8万吨设计生产能力，产品质量超过设计标准，产品不仅畅销国内，还远销欧盟、东南亚，打入了国际市场；2006年6月18日，二期工程顺利开工，产量、销售收入、利润等指标均创历史最好水平，第一次完成了自主品牌出口，实现了由产品出口到品牌出口的质的飞跃！“金牛牌”高品质钾碱受到了广大用户的认可和好评，成为用户的免检产品；至2007年10月，金牛钾碱的销售仍然保持零库存；第一季度创出了片碱单月产量1 760吨和销售量1 765吨的两项建厂以来的新纪录；2008年上半年，二期设备完成了安装试车，部分设备投入运行，公司实现销售收入8.8亿元、利润4 000万元以上，被评为中国化工企业500强第438名，同时入围中国化工最具成长性企业20强。

这时，黄志杰和金牛钾碱都面临着一个选择：金牛钾碱开业投产之后，产销工作稳步发展，国内的市场形势也一再看好。是乘胜扩大产能、提高技术和设备水平，还是安步当车、求稳慢行？

对上马既具有战略意义、又具有市场风险的二期工程这步棋，黄志杰是这样思考的：由于国内钾碱行业是完全竞争的领域，谁具有竞争优势谁将赢得市场。再大的困难，也要上二期！他说：“这样，我们把产能提高到6.4万吨，是钾碱行业单厂产能最高的，2009年8月又配套了备用装置，将总产能提高到8.2万吨。不仅如此，二期工程的着眼点放在提高装置的现代化程度上，离子膜电解工艺采用的是美国戈尔膜盐水精制装置和瑞士伯特蒸发制片设备，离子膜采用日本旭化成的产品，质检设备采用美国ICP公司的技术，DCS集控系统采用日本技术等，使我们的生产工艺和质量水平达到国内先进水平，从而提升了我们公司的竞争力。”

2008年，黄志杰领导金牛钾碱投资1.4亿元，并夜以继日，争分夺秒，使3.6万吨/年氢氧化钾技改工程顺利完成并投产，达到预期效果。至此，金牛钾碱的产能达到6.4万吨/年氢氧化钾，2009年二期技改完善后，产能达到8.2万吨，稳居全国第二，成功跻身氢氧化钾全国最大生产厂家的行列。这时，距离金牛钾碱建成投产仅仅5年。在“2009年中国化工企业500强”评比中，金牛钾碱从第438位跃至409位，在“2009中国最具成长性化工企业100强”中位列第15位。这是行业对金牛钾碱发展速度的高度认可。

黄志杰说：“金牛钾碱一直在求生存中谋发展。你的速度慢下来，就意味着被超越、被淘汰的可能性在增加！金牛钾碱这些年是在艰苦创业中获得快速发展的！”他真实地总结了金牛钾碱的发展经验：金牛钾碱人以艰苦创业的信念与勇气，求生存，谋发展，壮伟业，创立了符合科学发展的“金牛钾碱模式”。

也就在这时，黄志杰提出了“我们最大的目标是：建设全国最大钾碱生产基地和打造氢氧化钾全国第一品牌。”只可惜，他没有看到这个目标的实现。

管理创新　让企业始终勇立潮头　基业长青

黄志杰历经了金牛钾碱自立项成立到艰苦创业的风风雨雨，临危受命，坚韧不拔。这位视事业为生命的硬汉子，在生命的最后10年里使金牛钾碱的生产、经营、管理步入了正轨。正是有了这样的“掌舵人”，金牛钾碱的员工们才甘愿把自己交给企业，为金牛钾碱的事业奉献无悔、众志成城。人们说，金牛钾碱的奇迹应该归功于黄志杰，但他则说：“是创新让我们走出去了，眼光放大了，观念更新了。”

黄志杰深知，今天的企业竞争是机制的竞争、实力的竞争，所以必须为金牛钾碱打造生机常在的竞争力，才能保持企业基业长青。因此，他引导金牛钾碱以观念为指导，以科技为支撑，以人才为基础，以管理为标尺，以品牌为形象，以文化为素养，不断从市场出发，加强创新和管理，激发企业活力，全力打造企业核心竞争力。

2008年，黄志杰和自己的老搭档、公司党委书记闫英良一起领导公司确立了“12121”的工作思路，即围绕公司的长远发展这个中心，利用和谐创建活动和“四新”主题教育活动两大活动载体，确立一个产品创优质、党员争先锋、干部争优秀、支部夺红旗的主题党建活动，推进企业文化建设和6S活动两项工作，实现全面提升企业的综合竞争力实力这个目标。

作为一个新兴的化工企业，金牛钾碱十分重视科技创新，充分发挥QC(质量管理)小组在企业创新中的作用，不断为他们发挥聪明才智搭建平台和提供智力支持。各QC小组积极开展改进和创新活动，效果明显，仅片碱冷凝水回收利用一项技术改造，就为公司减少23万元开支；金牛钾碱建立了“高层管理团队决策、中基层管理团队执行”的职能业务流程，优化专业知识结构，长期坚持“走出去、请进来”的职业化养成策略，精心打造了一支经得起市场磨炼的职业化管理队伍。同时，通过多种学习培训，使员工职业化素养有了很大提高；金牛钾碱坚持以标准化管理为目标，不断总结管理经验和创新方法，形成了一整套较系统和科学的“6S”管理模式，极大地改善了工作环境和设备卫生，促进制度完善，规范员工行为，实现了岗位责任明确、工作透明强的管理体制。同时加强设备管理，不断改善和提高企业技术装备素质，充分发挥了设备的最大效能，提高了设备的运转率；金牛钾碱倾力“打造氢氧化钾全国第一品牌”。一方面“忠于标准，追求完美”，以100%高于国际、国内质量标准在钾碱行业筑立了领先地位，树立了企业品牌形象；文化管理是企业最高境界的管理，文化竞争是现代企业最高层次的竞争。黄志杰对此有着充分的前瞻认识，他领导确立了符合全体员工共同价值观的企业使命、企业愿景及文化品性，开掘、整合了金牛钾碱创设以来自主发育的“7H”健康形态，并由此萃取了企业经营管理理念及企业精神、企业作风，形成了具有浓郁“牛性文化”特色的企业文化。

2009年4月，由中国文化艺术发展促进会、中国经济报刊协会、亚太经济时报社等单位联合主办的“中国骄傲·第八届中国时代新闻人物颁奖盛典”会上，黄志杰荣获十大影响力企业家称号，就是对他在企业管理和企业文化建设方面成就的充分褒奖。

攻大惠小 构建营销体系走出国门 开发市场

经过短短几年的发展，金牛钾碱作为氢氧化钾领域的后来者，已经成为目前国内氢氧化钾单厂生产能力最大的企业，从原来钾碱生产领域“三足鼎立”的局面中脱颖而出。这其中，黄志杰确定的营销战略功不可没，在营销方面的创新收效甚大。

建厂初期，金牛钾碱的销售工作和厂区建设同步展开，是现代化的营销模式推动了长江以北这家最具竞争实力的钾碱企业的创业与发展。黄志杰曾总结说：“当时我们的做法是，广泛深入地调研钾碱的市场情况，搞清楚用户在哪里，国内、国际市场的需求情况，国家和行业对钾碱系列产品制定有哪些质量标准，需要什么样的技术人才，以及公路、铁路、水路的运输线路和价格等，为我们今后建设高效的营销体系打下基础。”调研的过程中，金牛钾碱基本确定了营销工作的方向和方法，并且在以后的营销工作中逐渐形成了金牛钾碱的销售策略：近密远疏，攻大惠小。

“近密远疏”是指以金牛钾碱在邢台的生产基地为中心，半径在500～800千米之内的用户，被列在与金牛钾碱结为密切关系的企业之列，较远的企业因交通运输的问题暂列一般关系之列。近密远疏的营销策略，并不是要疏远地理位置较远的用户，而是在目前尚无法解决国内陆路、水路存在的诸多运输问题时，不便将一些用户盲目列在密切关系、随时服务的范围内，以避免影响用户的生产。

但以上海为中心的苏浙沪地区目前仍是国内最大的钾碱需求市场，金牛钾碱主动制定了另一项策略：攻大惠小。“攻大”就是要主动到大企业上门攻关，想大用户所想，为大用户提供质高价廉的产品。几年下来，上海家化已经成为金牛钾碱在华东的大客户。“惠小”是指对氢氧化钾采购量较小的企业，也要想方设法满足他们的需求。

在实施近密远疏、攻大惠小销售策略的基础上，金牛钾碱还不断创新营销和物流管理新模式，用以破解跨区域销售遇到的供货不及时和运输不便利的问题。2009年下半年，金牛钾碱经过长期的市场考察调研，在华东建立了化学品大型仓储基地，将氢氧化钾从冀中的邢台生产基地前移到长三角腹地，极大地方便了华东地区的用户。目前，金牛钾碱已有40%的产品销往华东地区。同时，还改变了以往那种完全靠自己的队伍包打天下的营销方式，制定了直销、经销和代销的新方法。经过一段时间的合作，聘请那些有经济实力、能够确保稳定销售的合作方为代理商，由他们代理一个地区的产品销售；在代理商和金牛钾碱顾及不过来的地区，寻找经销商，授权经销；一些重要用户则是采用直销的方式，以期确保供货和售后服务。

在不断开发和巩固国内销售市场的同时，该公司也十分重视国际市场的开发和销售，并配备了外语水平好、业务能力强的人员负责开发国际市场。外贸人员主动出击，积极开发市场，经过几年的努力，金牛牌氢氧化钾已远销20多个国家和地区，出口量稳步增长。企业已经形成国内国际市场互补、相互调节的销售格局，形成了较为完善的营销网络。

面对危机 书写金牛人的胆识担当 逆势发展

2009年对于金牛钾碱来说是非常严峻的一年，金融风暴席卷全球，市场形势严峻，金牛钾碱提前谋划，周密部署，靠两条腿走路来，实行“开源与节流并举，出口与内销互补”，在销售、生产、技术进步等方面加强管理，顺利实现首月开门红。为实现销售上的“开源”，做到了淡季不淡，他们加大国内、国际市场开发力度，在国内填补了空白区市场，在国际加大直接客户的市场开发。在2008年的探索基础上，按照区域进行区别对待,试行国外贸易公司代理制。敏锐捕捉到美国钾碱生产不正常、产量下降,欧美的钾碱需求大幅增加的大好机遇,及时调整销售策略,增加外销队伍力量,制定外销政策,抓住良好的机遇做出口,以出口带动内销。2008 年 10 月出口片碱 2 360 吨,相当于 1~9 月出口量的总和,创建厂以来历史新高。

在 2009 年年初危机最严重时,1、2 月仍然出口美国市场 1 100 多吨,同比增长 75%。主要原因是当时美国企业受危机影响停产,而我们有足够的现货发到大洋彼岸。受经济大环境影响,许多氯气客户春节前陆续开始放假,氯气销售面临很大困难,为扭转这种不利局面,黄志杰亲自挂帅,走访客户,经过不懈努力,液氯的销售从预计每天的 40 吨到最终实现每天销售 90 吨,超计划销售 225%,确保了公司的正常生产,实现首月全线飘红。

回顾应对金融危机的经验,金牛钾碱一是采取更加灵活的价格策略,针对不同区域、不同信誉等级的客户,分别采取不同的营销策略。二是从各方面加强服务意识,巩固已有的客户良好合作关系,培育新的营销增长点。三是转变原有的营销观念,放眼全球市场,积极扩大国际市场份额,提升“金牛钾碱”品牌在国际市场的知名度。四是注意防范资金风险,保证货款安全,为公司顺利渡过危机打下坚实的经济基础。

在黄志杰率先垂范、身先士卒的影响下,金牛钾碱人愈发体现出特别能吃苦、能战斗的素质,确保企业渡过了难关。

责任关怀　让企业做到安全环保　和谐发展

随着责任关怀理念在国内化工行业的逐步推广和落实,越来越多的化工企业开始认识到责任关怀的重要性和必要性。黄志杰在金牛钾碱建厂之初,就开始推行 HSE(健康、安全、环保)管理,如今已完善相应的体系和配套措施。

虽然建厂时金牛钾碱对 HSE 还没有理论化、系统化的了解,但黄志杰带领下的企业领导班子始终认为 HSE 是从事化工生产的企业必须要重视的。为此,金牛钾碱一直向安全环保的方向努力,只有安全和环保了,员工们才能健康,企业以及周边社会才能和谐发展。

在金牛钾碱,氯气是最受安全管理机构和员工们重视的危险化学品,因而被严密监管起来。为此,该公司采取了 4 项监控措施。一是将氯气储罐严格封闭起来,确保其一旦出现问题时,不至于影响企业生产和周边社区的安全。二是配套了抽空设备,将偶然泄漏出的氯气抽到除害塔,进行无害化处理,经过处理后的氯气变成有用的化工原料次氯酸钠。三是在储罐区设立了喷淋装置,常备一定量的碱性水,一旦出现问题,可以在第一时间对员工和生产环境进行安全喷淋。四是在涉氯的各生产车间安装影像监控探头和氯气气体浓度识别装置,可对事故苗头实施有效的现场监控,做到及时发现问题,第一时间实施救援。在建立有效监控和救援设施的基础上,各车间还建立完备的巡查制度。不仅对固定的氯气储罐采取了安全防护和救援措施,金牛钾碱安全管理机构还对本企业和外来运输氯气的槽罐车实施严格管理。

在金牛钾碱筹建之初,黄志杰就非常注重节能减排和环保工作,要求加大投入,狠抓节能减排。开发了生产污水处理系统,彻底实现零排放;对废气吸收塔及其配套的碱液循环槽进行了维修更换。废气处理效果更好,排放浓度远远低于国家标准;经保全车间协调,更换了精度较高的电度表,减少用电误差,全年的电耗误差减少了近百万度。2009 年,公司谋划了一系列技改项目,通过采取相应措施,很好地达到了节能减排降低生产成本的效果。

在用水方面，虽然金牛钾碱的用水量不大，每年只有30多万吨，但是黄志杰认为："每个企业的用水量有多有少，但都应朝着循环利用的方向努力，循环利用的越多，取用新鲜工业水的量就越少。"2007年，金牛钾碱投资500多万元建成废水终端处理系统，对末端达标废水进行综合利用。他们采用膜分离集成新工艺，使污水经过处理后形成的淡水能够作为生产用水重复使用，另一部分浓缩盐水回到生产系统作为化盐水，实现了污水零排放；同时工业固体废弃物处置率达到100%，工业废气也100%达标排放。

投产几年来，金牛钾碱已有效改善以往氯碱企业高风险、高污染、高能耗的"三高"现象，一家安全、清洁、高效的绿色现代化企业正在快速成长。

以人为本　文化力量让员工爱企爱岗　共享成果

在金牛钾碱，以黄志杰为总经理的高层管理团队深知：要想使一个企业健康快速发展，最大的动力来自职工，因此必须以人性化的管理去传递和释放员工的潜力。

建厂之初，黄志杰主导下，每个季度设定了一个由主要领导参加的经理接待日，员工有什么问题都可以在这一天提出来，钾碱领导班子能办到的都会一一解决。比如，有人提出"上下班不方便，午饭没地方吃"等，企业就安排班车接送职工上下班，又租来了20亩地盖起了职工食堂，建起了篮球场，职工的后顾之忧没有了。以后的经理接待日，成了员工为企业生产献计献策日。他们把在生产一线遇到的问题提出来，并为企业降成本、保安全、促环保等方面提供了很多好点子。

金牛碱钾还创造性地把企业文化贯穿到生产之中。比如，为了保证该厂最重要的安全隐患氯气的充装安全，他们开展了液氯充装"万瓶充装无事故""万瓶充装无失误"等活动，在每个第一万瓶氯气下线时，他们就给氯气瓶披红挂彩，举行隆重的庆祝仪式，养成了职工强烈的安全意识。现在，公司已创造了连续3万瓶氯气充满无失误的纪录。文体活动在金牛钾碱也成为凝聚向心力的重要内容。"蛟龙出海""齐心协力""同心毯"等活动展示了金牛钾碱丰富多彩的职工生活，在使职工们强身健体的同时，也激发了他们爱企爱岗的热情。现在，每月的1号，金牛钾碱都会举行升国旗、唱国歌仪式，厂歌也已谱写完成，成为凝聚人心的一大法宝。

让员工发展也是黄志杰十分重视的工作。企业时常请来专家为员工培训，提高员工的专业技能，输送管理人员到高校充电、进修；还组织员工分批参加能力拓展培训，使受训职工达到了磨炼意志、完善人格、提升能力、熔炼团队的良好效果。如今，金牛钾碱已成为冀中能源集团化工板块人才培养基地，培养出来的许多优秀化工人才都被派到集团其他化工部门任职重要岗位。

当人们试图去诠释这个资历年轻却满载累累硕果的企业时，总会想起黄志杰讲的一句话"早想一步，早动一步，才能领跑市场"。是的，正是这看似朴实、实为至难的"早一步"哲学，让黄志杰人生的最后十年发挥出十五年甚至二十年的效率，黄志杰用自己的生命，引领金牛钾碱人创造了一个又一个的奇迹，使金牛钾碱人朝着"建设全国最大钾碱生产基地和打造氢氧化钾全国第一品牌"的目标坚定迈进。

撰稿：范胜华　赵静微

编后

“春蚕到死丝方尽，蜡炬成灰泪始干。”黄志杰同志兢兢业业，任劳任怨，勤于耕耘，勇于奉献，无论投身煤炭事业，还是管理化工企业，他始终一心扑在工作上，干一行，爱一行，精一行，是一位好同志；他作风正派，忠于职守，公正廉洁，务实求进，有着极高的政治修养，深受干部职工的尊重和爱戴，是一位好党员；他忠厚诚恳，胸怀坦荡，维护团结，顾全大局，具有强烈的事业心和责任感，为人处事讲原则、顾大体，是一位好干部。

金牛钾碱人坚信，黄志杰同志虽然离开了我们，但他的高尚品德将激励和影响着金牛钾碱的全体干部职工，去耕耘更加辉煌的明天！去实现建设全国最大钾碱生产基地和打造氢氧化钾全国第一品牌的梦想！

第二章　精英篇

人是创造世界万物的精灵。在中国钾盐(肥)行业里,60多年来创造了无数人间奇迹,而无数奇迹的创造者中有院士、专家、学者、钾盐技术带头人、技术创新发明者、企业发展领航人,还有千千万万的钾盐(肥)人……

我国钾盐及盐湖行业“国之基石”

——记中国工程院院士、国际盐湖学会主席郑绵平

[专家名片]

郑绵平，男，1934 年 11 月生，福建省漳州市人。1956 年南京大学地质系毕业。1987 年任研究员，1994 年当选为国际盐湖学会副主席。现任地科院盐湖中心主任、国际盐湖学会执委、兼任西藏人民政府咨询委员。1995 年当选中国工程院院士。2017 年 8 月，郑绵平院士再次当选为国际盐湖学会主席。现任自然资源部盐湖资源与环境开放实验室主任。

郑绵平院士

中国工程院院士郑绵平从事盐湖盐类矿床地质和盐湖资源综合利用等研究 62 年。他的足迹遍及青海、西藏、新疆、内蒙古，行程相当于 3 个两万五千里长征，他曾三次带队挑战罗布泊，对青藏高原上百个盐湖进行了深入考察，创立了新的综合交叉学科——“盐湖学”。他以自己的勤奋、执着与开拓精神书写了浓墨重彩的人生。

1957 年 10 月 2 日清晨，在青海省柴达木盆地察尔汗盐湖畔，郑绵平约上柳大纲教授边散步边谈工作。突然，郑绵平停下脚步，蹲在一个浅坑边，盯着坑里的一汪卤水发起呆来，发现浅坑四壁附着一些蚕豆大小的斜方锥状晶体，在清晨的阳光下闪亮透明。

郑绵平蹲下来，小心翼翼地从坑壁抠下来几颗盐晶，挑一颗盐晶呈给柳先生，拿一粒试尝，“辣的！”。叮舌的辣味反而让郑绵平喜上眉梢。谁都没想到，郑绵平这一尝，竟然率先在察尔汗盐湖发现了钾盐矿物——新沉积的光卤石(郑绵平、朱夏、冠才修等. 1957 年柴达木盐湖科学调查工作报告. 中国科学院盐湖科学调查队，1957 年)。后来，经过对全湖的坑探和钻探，科考人员圈定了察尔汗东南 120 千米^2 面积内断续分布的老光卤石以及全湖的富钾卤水(图 1，图 2)。1958 年在他等主笔的报告中，首次计算该盐湖的氧化钾 1.508 亿吨，还估算氧化锂 300 万吨。这一估算报告，为尔后地质队勘查报告所证实[洪志渊. 柴达木盆地中部察尔汗、达布逊湖钾镁盐矿矿区初步勘探报告. 青海省柴综大队(原海西地质队)，1958 年]。今天，察尔汗盐湖已经成为我国最大的钾盐基地，并被公认为陆相钾盐矿床的典型。

图 1　1956 年郑绵平等到察尔汗盐湖调查,发现该湖含钾较高的重要线索

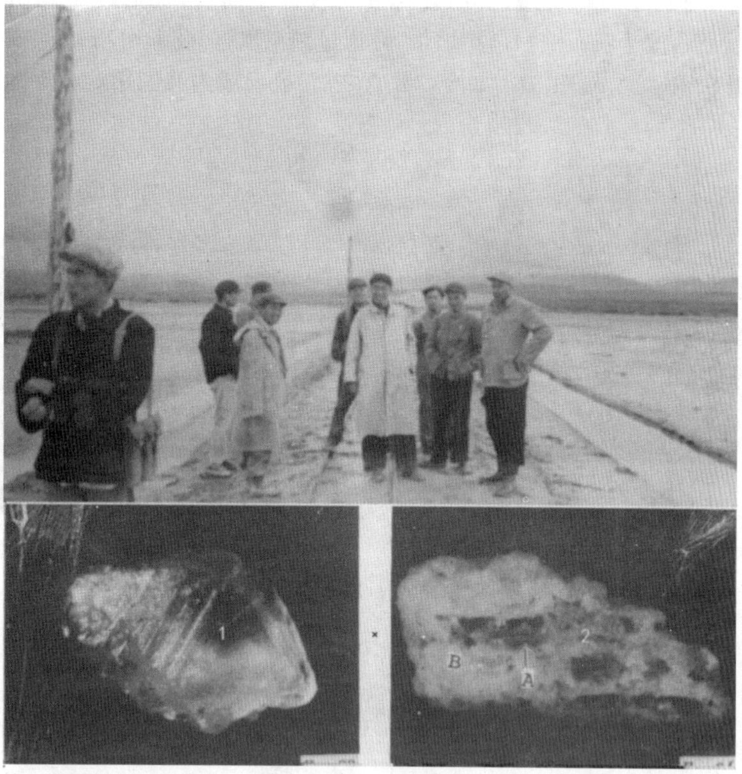

图 2　1957 年在柳大纲教授领导下,在调查时发现新生光卤石(Ⅰ)、老光卤石 A。产于石盐 b 中(Ⅱ,1957 年摄)和大面积含钾卤水,导致该矿床的发现;对柴达木盆地的科学考察,揭开了中国盐湖综合考察的序幕。图为柳大纲教授(中)为首的盐湖科考队在柴达木盐湖现场(1958)

在郑绵平主持的盐湖中心会议室里,悬挂着著名石油化工专家侯祥麟的格言——"八小时工作就成不了科学家"。同事们说,格言是郑先生亲自选定的,恰恰反映了他一贯的工作风格。郑绵平对工作的投入,可以说到了痴迷的程度。为了搞好盐湖科研事业,郑绵平与高原结下不解之缘。在他为盐湖和盐类矿床奋斗的一生中,可以说,哪里有盐湖,哪里就留下了他的足迹。艰苦的野外工作,长期的高原缺氧,使郑绵平身体机能减退,记忆力下降,先后患上了痔疮、前列腺炎、皮肤病、髌骨老化、腰肌劳损等多

种疾病。谈到这些,郑绵平十分平静。在他看来,为了取得宝贵的第一手资料,所有的付出都是值得的。“科学发现没有捷径可走,唯有勤奋。”正是超乎常人的勤奋,使郑绵平取得了超乎常人的成就。

1989年,在地矿部直管局特殊找矿项目资助下,开展了罗布泊首次找钾专业考察。也是在这次考察中,走出了罗布泊里著名的“郑绵平小道”。

1989年9月中旬,郑绵平团队先计划由北线从哈密进入罗布泊北区调查。因故改道由马兰东进罗布泊“大耳轮”调查。1989年9月27日,郑绵平和他的考察队员们乘着3辆车,沿西路向“大耳轮”挺进。由于西路早为多年风沙覆盖,已无故道可循,他们经历三次周折,终于闯出一条新路。

第一次探索,在离马兰不远处,因车辆故障,不得不中途返回;第二次,经过废弃的原子弹爆炸中心,进入风蚀形成的“魔鬼城”,披荆斩棘,一路颠簸绕行。但是,他们持有的地面定位系统太落后了,最终迷失了方向,只好退入孔雀河驻扎。

对于郑绵平来说,罗布泊就像是一块巨大的磁石,让他不畏艰难,不惧凶险,第三次进入罗布泊。这一次,顺着孔雀河河岸,遇到冲沟和断路,就用砂砾和树枝铺垫前行,他们终于闯出了一条被后人称为“郑绵平小道”的新路,最后抵达罗布泊“耳轮”地带,并通过踏勘取样,化验分析,最终确定罗布泊的盐卤中确实含有钾盐矿物(图3、图4、图5、图6)。如今,“死亡之海”已经成为我国第二大钾盐生产基地。

图3 1989年10月三进三出罗布泊洼地

图4 风餐露宿

图5 完成任务回马兰基地

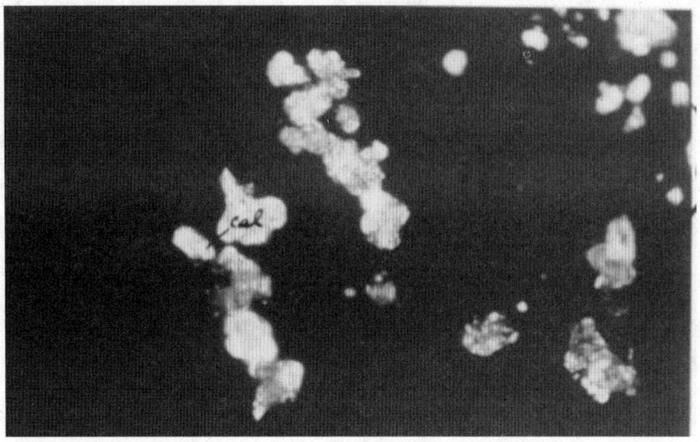

图 6　罗布泊盐湖中首次发现的光卤石(Cal)10×20,正交光。

(分析预测"在第一盐沉积区龟背山南局部区域——即后来发现的'罗北凹地'和第二盐沉积区南部凹陷部位"很可能有丰富的含钾卤水聚集;向地质矿产部直管局汇报和中国地质科学院内部通报中,提出罗布泊是"第二个柴达木钾盐湖区" 。)

经过几代盐湖人的奋斗,我国钾盐自给率经历了从新中国成立初期不足10%到现今的50%的快速增长,但资源新增储量不足,保障年限降低,一直困扰及威胁着我国的粮食生产。近十年来,郑绵平院士急国家所需,带领找钾团队,通过"油钾兼探"工作手段,积极拓展我国钾盐找矿新靶区,相继在柴达木盆地西部、四川盆地部分地区、塔里木盆地深部、滇西南地区获得找钾新发现。

郑绵平院士建立承袭"砂砾型"含钾卤水成矿模式,成功指导柴达木盆地西部山前砂砾岩孔隙含钾卤水勘查及发现,与柴综队合作,圈定5.6亿吨KCl资源量。并带领团队从卤水中提取了钾石盐产品,证明了其可开发性,使柴达木盆地西部深层卤水有望成为我国新的陆相钾盐战略接替区。通过"油钾兼探",他组织中化地质研究院与中石油塔里木油田合作研究,在塔里木盆地5 300米深度发现100米的钾矿化层位和18米的钾盐矿层。他率先提出四川盆地三叠纪杂卤石——石盐是一种"新型"的钾矿床,有希望在近期进行资源利用。并致力于指导支持当地企业开展溶采钾盐工作。在云南发现了侏罗纪海相钾盐线索。为我国钾盐提供了新的战略储备远景区。

郑绵平院士将毕生精力投入于钾盐事业,总结了中国钾盐成矿特点,认为中国的国土是由若干小陆块(克拉通)、微陆块和造山带拼合而成的。具有成盐多期性与成盐时代差异性,成盐迁聚性、后期变动性、液态矿多的"三性一多"特征。同时,海相盐盆地规模较小以及发育青藏高原晚碰撞以来最新的陆相钾盐也是中国钾盐成矿重要特点。郑绵平院士根据中国钾盐成矿特点指出:海陆并举、固液并举、可溶性与枸溶性并举、深浅并举的钾盐勘查方向,开辟了中国钾盐工作的新局面。

1999年8月,在美国死谷第七届国际盐湖会议上。作为中国盐湖学的奠基人,郑绵平在会上发表了特邀报告《论盐湖学》,提出了把盐湖变作良田的奇思妙想,得到与会同行的一致好评。不久,国际著名学术刊物《水生生物学报》也在显著位置发表了这篇论文。经过近60多年的不懈积累,郑绵平通过对地质学、化学、生物学、工程学、环境学等多学科的融合,将地球盐湖研究中的基本过程与化学、生物学等学科的基本过程联系起来,建立了一门全新的综合性、交叉性学科——盐湖学。盐湖学的创立为推动盐湖科学的综合研究和产业化奠定了坚实的理论基础,实现了对盐湖研究的认识由平面的、单维度认识向立体的多维思考方向的转化。2015年,主持举办了第十二届国际盐湖大会,在此次会议上,将以往的国际盐湖领域主要关注的盐湖生物、生态学，拓展到盐湖资源以及盐湖资源开发利用、盐湖环境领域。使盐湖研究对接时代脉搏，具有了更为广阔的发展空间和生命力。会议受到国内外盐湖领域学者及企业高度评价。

60多年来，郑绵平院士致力于盐类地质和盐湖综合资源研究，为发展西藏和西部做出了突出贡献，受到了党和国家的多次表彰，成为我国盐湖科学矿业奠基人和开拓者之一。1994年当选并连任国际盐湖学会副主席。2015年当选为国际盐湖学会主席，2017年郑绵平院士在第十三届国际盐湖大会再次当选国际盐湖学会主席。1986年获国家级“中青年有突出贡献专家”称号；曾获国家科技进步一等奖1项、二等奖2项(均为第一获奖人)。地质矿产部科技成果一等奖、国土资源科学技术奖一等奖和西藏自治区科技成果一等奖各1项，第二届李四光地质科技工作者奖、何梁何利基金科学与技术进步奖、中国工程科学技术(光华)奖。获中国地质调查局2015年和2018年度十大进展，2017年中国产学研合作促进会产、学、研突出贡献奖。

郑绵平院士将毕生精力贡献于我国钾盐事业，80多岁高龄仍亲赴青藏高原及柴达木盆地一线找钾。一生寄情于钾盐找矿和盐湖科学研究。近2018年农历新年前夕，郑绵平院士一行人员，前往柴达木盆地南翼山、钾湖及牛郎一织女湖进行钾盐等盐类成矿物质空间迁移及聚集等科学问题的地质科学考察，至“风口”冷湖气温已经是－27℃，郑院士有感而发，写下了《节前柴西行》。

《节前柴西行》之一

郑绵平

寒漠平沙盐碱滩，
昔日兵家不争地；
今朝成盐竞战场，
试问魁首谁担当？

《节前柴西行》之二

郑绵平

寒风似刀何所惧，
影机电池难运行。
借问锂钾何处藏？
滨线盐卤喻分明。

在我们采访要结束时，郑院士的语速慢了下来，面色突然变得凝重，他郑重地和我们说道：在中国的找钾历史中，我们不能忘记为中国钾盐做出过巨大贡献的老一辈地质学家和盐湖化工专家们，像50～60年代和我一同奋斗在青藏高原的西藏地质局藏北地质队和青海盐湖志技术负责人范敏中女士等，他们在西藏钾盐矿区普查及初步勘探工作中做了大量工作；柴达木盐湖勘探工作中海西队的洪志渊先生，他对柴达木多个盐湖的初步勘探报告是后续各盐湖开发的重要依据；青海盐湖研究所的陈敬清先生，一生主要从事察尔汗等盐湖卤水的相化学研究，在东、西台相化学、蒸发规律研究方面作了大量基础性工作，才为国内盐田相分离技术发展奠定了基础。更有为我国盐湖事业献出宝贵生命的科学家，当年盐湖室(现归入柴达木综合地质大队)一位同志，在水文地质调查工作中陷入流沙不幸牺牲；另外一位为中科院青海盐湖所吴景泉先生(当时任选矿室主任)，在赴野外工作途中不幸车祸牺牲。

老一辈的科学家们为了中国的钾盐钾肥事业做出了巨大奉献，甚至付出了生命的代价，值得我们永远铭记和敬爱。

撰稿：樊馥　林勇杰

编后

不忘初心,砥砺前行。60 多年来,郑绵平院士在钾盐勘查开发、盐湖理论、资源及综合利用方面孜孜以求,不断探索进取,把祖国的钾盐及盐湖事业当作自己毕生的事业,把围绕盐湖的所有工作当作自己全部的生活。

他不断开拓新的钾盐勘查及找矿战场,保障钾盐供给。并不遗余力地宣传和发展我国盐湖理论研究及产业,将国际盐湖研究领域拓展到前所未有的深度和广度,使我国盐湖研究水平具有了世界影响力。

郑绵平院士无愧为我国钾盐及盐湖行业的“国之基石”。

为祖国找钾　无上荣光

——记我国老一辈钾矿勘探科学家曲懿华

[专家名片]

曲懿华教授级高级工程师

曲懿华，女，教授级高级工程师。1933年生，1954年毕业于北京地质学院，留校任教。在校期间从事结晶学、矿物学、钾盐矿物以及矿床学的教学与科研工作。从1975年开始在地质矿产部（现自然资源部）主管蒸发岩类矿产（特别是钾盐）的地质勘查技术管理工作，负责全国钾盐矿的预测、规划、勘查和评价等工作。期间，深入我国青海、宁夏、内蒙古、新疆等地以及东部沿海等全国成盐地区进行调查研究，并赴德国、美国、泰国、老挝以及俄罗斯进行考察对比，指导国内找矿工作。著有《蒸发岩文集》《国外矿床地质丛书——钾盐矿床》《盐矿物鉴定手册》等论著。

2011年受聘于中农矿产勘探公司，担任专家顾问组组长，指导老挝钾盐矿勘探和开发。

响应号召，投身“找矿”事业

1952年，曲懿华从天津南开中学毕业。当时，新中国刚刚经过三年的经济恢复期，工业基础薄弱，百废待兴，急需各种矿产资源作为工业原料，有志青年在报考高校时都会选择国家急需的专业。高考时，曲懿华毫不犹豫地在第一志愿上郑重地填上了北京地质学院，而把清华大学放在了第二志愿。按当时的录取分数线，曲懿华完全有希望考取清华大学，但最终被北京地质学院录取，就读于地质矿产普查勘探专业。此后的40多年她与“找矿”结下了不解之缘。

为了尽快满足经济建设对人才的需要，1952年，北京地质学院从600多名新生中抽调100人就读专科，提前两年毕业，尽早参加到国家建设中。曲懿华毅然决然地选择专科班。“尽管只学两年，本科的课程我们都学了。我记得刘型院长曾经说过，要给这些学生配最好的老师，受最好的教育，让他们投身到国家的‘一五’建设中，一人能顶两人用。”曲懿华回忆道。

然而，两年后，她大学毕业时却未能如愿去找矿，而是被选中留在北京地质学院任教。当年正值高校院系大调整，教师资源严重缺乏，曲懿华成绩优秀，各教研室都争抢着让她去当助教。而她当时的志愿是去祖国的大西北找矿挖宝，她三番五次去找系领导要求分配到地质队，到野外去，从事真枪实弹的找矿工作，为此她还哭过鼻子。然而学校实在是太需要人了，系领导告诉她“教师是培养‘母机’的，在学校你可以培养出更多的人才代替你去找矿。”最终她留校当了老师，一干就是20多年。但教师这职业并没有丝毫减弱她为祖国找矿的一腔热情。

“为祖国找钾，无上荣光！”

我国是一个农业大国，在新中国成立前，我国的钾矿资源勘探几乎是一片空白，更谈不上生产钾肥，农民种田只能靠草木灰为农作物补充一点钾元素。

曲懿华回忆，新中国成立初期，我国钾肥生产几乎是零，远不能满足国内农业生产的需要，需要从国外进口钾肥，价格昂贵。当时我国外汇紧缺，不可能大量进口钾肥，严重制约了我国农业生产，影响了粮食和农作物的产量。1953年，新中国制定了第一个五年计划，农业部和地质部开始都提出了找钾盐矿、开采钾盐，自力更生生产钾肥。

在前期盐矿勘察的基础上，我国先后在四川、湖南、青海等地开展了找钾工作。为提升研究水平，找到更多钾资源，1959年，北京地质学院成立了由袁见齐教授领衔的钾盐研究室，开始专门进行钾盐矿床地质条件和预测找矿的研究工作，曲懿华是研究室的主要成员之一。北京地质学院成立钾盐研究室与同期成立的中科院青海盐湖研究所、中国地质科学院钾盐研究室被称为钾盐找矿的“三驾马车”，是我国钾勘查科研工作的主力军。

1961年，曲懿华跟随中科院组织的综合考查队第一次来到青海柴达木盆地，对大柴旦、小柴旦和察尔汗湖进行勘察研究。当时的情形她记忆犹新：“我们坐了三天三夜的敞篷大解放车，颠簸摇晃，风沙弥漫，每个人都是灰头土脸，甚至都不敢相认，见面只能相视一笑。”

“由于高原缺氧，人很疲倦，白天浑身无力，夜晚整夜难眠。当时我就想，这种状态怎么工作呀？但很快也就适应了，不仅能工作，工作之余是还能打打篮球。”那段岁月留给曲懿华的不仅有艰辛，也有美好的回忆。

作为考察队里唯一的女生，旅途中住店是一大麻烦。“为避免虱子上身，男同事都脱光衣服用皮带捆好挂在房梁上，我只身一个女的只好睡在解放车驾驶楼里。为了工作方便，有时也会在盐湖边上搭帐篷自己住，睡觉时，我就把地质锤放在枕头下，给自己壮胆。”

“野外考察非常辛苦，我们一个湖一个湖地勘测，一块石头一滴卤水地找。野外喝水都是限量的，更没有条件洗澡，有的地方夏天蚊子多得一巴掌能打死十几个。尽管工作和生活的条件十分艰苦，可一想到我们是在从事一项伟大的事业，苦和累都算不上什么。为祖国找钾，我感到无上荣光！”曲懿华的青春就是在这样激情燃烧的岁月中度过的，与荒山野岭为伍，与清风朗月做伴，风餐露宿，不辞辛苦，不畏艰险，与新中国第一代找钾地质工作者在我国钾肥工业发展史上留下浓墨重彩的一笔。

为找钾大军培养人才

尽管被“强行”留在了学校，但曲懿华为“新中国找到钾矿、打破钾肥生产的空白”的一腔热情，并未被三尺讲台所局限，反而在教书育人、杏坛传薪中，被放大、被传承，感染和激励着我国一代代地质工作者，为我国摆脱钾盐资源短缺的局面而奋发努力。

为了培养更多钾矿地质勘探专业人才，1961年开始，地质部陆续开办了3期培训班。

曲懿华与同事一起为培训班编写的《钾盐矿床找矿须知》，系统地介绍了钾盐矿床成矿理论、世界钾盐矿床实例，成为我国钾盐地质工作者第一本专业教材；1979年，她还编写了全国第一本《盐矿物鉴定手册》，对后来我国发现盐湖、盐矿具有重要的指导意义。

就是在这样孜孜不倦的传道授业解惑中，曲懿华和同事们一道为我国培育了一批批优秀的钾盐地质工作者,为钾肥工业的发展做出了贡献。

进入地质部全力找钾

1975年,为了进一步提高我国的钾肥自给率,国家计委、石油化学工业部等十部委联合出台了察尔汗盐湖的开发规划。

同年,曲懿华被调到了地质部地矿管理司,从事盐类矿产找矿管理工作。这期间她组织安排开展了钾盐、岩盐、芒硝、天然碱、石膏等多种盐类矿产的普查和勘探工作,开展了山西运城盐湖深层芒硝矿勘探工作,扩大了储量,在内蒙古达拉特旗特发现了大型浅层芒硝矿等。随后,地质部从第二地质大队抽调人员在山东兖州组建了第三地质大队,集中精力勘察我国东部20～30个红色盐盆地,并评价了其中的10个盐盆地,大汶口盐盆地在近千米处含有钾矿层就是在那个时候被发现的。

那一时期发现的许多盐盆地后来成为我国主要的食盐产地,如金壇盐矿、淮安盐矿等,洪泽盆地还成为我国主要的芒硝出口地之一。

曲懿华本人也因此获得过国家找矿奖、国家级科技成果奖,并获得有突出贡献的科学工作者的政府津贴。

20世纪90年代,在地质矿产部定向基金项目的支持下,中国地质科学院与新疆地矿局第三地质大队在罗布泊盆地发现了钾含量较高的盐卤水。至此,我国的钾矿产量基本上已经能够满足我国50%的用钾需求。

在地质部工作期间,曲懿华进行了大量的国家钾盐重大项目的科研课题管理,亲自参与课题研究,奔波在祖国各地找矿现场,直到1990年退休。此后,她因为工作需要延聘至1995年。

漫漫找钾路成果频出

在北京地质学院教书时期,除了从事盐类矿物的研究工作,曲懿华还奔赴人迹罕至的青海柴达木盆地,收集了大量盐类矿物的第一手资料。在盐湖中,她先后发现了两种新的硼酸盐矿物:章氏硼镁石和三方硼镁石。章氏硼镁石是为纪念老前辈矿物学家章鸿钊先生而命名的,被国际新矿物委员会确认是我国首次发现的新矿物。她还首次在我国南方某盐矿中发现了盐镁芒硝新矿物,并首次对其进行了各种数据资料的详细测定。

在多年的科研与实地勘察实践中,她还创造性地发明了水浸和酸浸鉴定法。这种新方法利用盐矿物在室温条件下加水或加酸就会溶解和结晶的特性,对其溶解速度、溶解中间产物、晶体重新结晶的顺序等性质进行观察,就能对矿物进行综合鉴定,与原来的磨片显微镜鉴定方法配合使用,简单方便,大大提高了工作效率。该方法还获得了地质部科技进步三等奖。

曲懿华还与钱自强、韩蔚田三人一起编写了《盐矿物鉴定手册》。该手册一经出版就成为盐类工作人员必不可少的权威工具书,不仅在钾盐普查勘探中发挥重要作用,还被农业、风化矿床和火山喷出岩工作者广泛使用。

改革开放后,为改变我国钾盐资源不足的局面,曲懿华提出"走出国门,取他人之长补自己之短"的建议,希望通过联合勘探开采等合作共赢的方式,将国外丰富的钾盐资源为我所用。在她的倡导下,中川国际矿业控股有限公司、山东兖矿集团公司、中农矿产资源勘探有限公司等多公司纷纷走出国门,到加拿大、泰国以及非洲、中亚等地开展钾盐的勘探开发工作,其间曲懿华编写的《世界钾盐矿床》一书在海外找钾过程中发挥了重要的指导作用。

撰稿:陈菲　李闻芝

编后

在我国钾矿勘探领域,有一位响当当的女性科学家,她就是曲懿华。

“找钾矿”成为她的职业、她的研究方向和事业追求。她深入矿区,开展多种盐类矿产的普查和勘探工作;她自编教材,为我国钾矿地质勘探培养了一批批优秀人才;她提出倡议,力推走出国门,开展国际合作。可以自豪地说,她为我国钾肥工业的发展做出了重大贡献。

致力于钾肥研究与农技推广

——记中国农业科学院土壤肥料研究所研究员金继运博士

[专家名片]

金继运研究员

金继运 男，汉族，一直从事植物营养与肥料研究和推广工作，引进多项国外先进技术，主持各种研究课题和合作项目。不仅如此，他更致力于在全国范围内深入基层开展科技推广和服务工作，大家印象最深刻的就是金老师将加拿大钾肥在中国的推广施用。积极探索企业参与科学施肥的新模式，并通过多种形式引导和培训农民，真正达到了科学与实践相结合。曾任农业部作物营养与施肥重点开放实验室主任。从1978—2003年担任中国农业科学院土壤肥料研究所技术员、助理研究员、副研究员和研究员等职务；1985年从美国弗吉尼亚理工学院暨州立大学获博士学位后回国；自2003年后，为中国农业科学院农业资源与农业区划研究所研究员。先后出版了8册学术著作和论文集，出版译著1部，发表论文100多篇。编制电视科技录像片3部。主持完成多项国家自然科学基金、国家科技攻关、863、973、948、农业科技跨越计划、国际合作和引进项目等。曾获得2010年IFA诺曼·布劳格奖。

2010年4月12日，国际肥料工业协会(IFA)宣布，由于金继运博士在植物营养与肥料研究和推广方面取得重大成就，授予他“2010年IFA诺曼·布劳格奖”，并于2010年6月1日在法国巴黎颁奖。由此，他成为世界上第19位获得此奖项的专家。

金继运正是凭借多年的研究和工作经验、认真负责的工作态度，以及为农服务的无私精神，全力推广施肥知识，由此得到国际专家评委的高度认可，摘取了这一殊荣。

扎根基层一线　探索施肥新模式

2006年，作为农业部测土施肥专家组副组长，金继运针对国家对测土配方施肥的需求和技术问题，开展全国范围的调研和研究工作，2006年8月，在研究所要求职工休假期间，组织课题组人员一起深入到上海、安徽、山东等地进行实地调研。在冰雪严寒的冬天，还深入东北海拉尔等地了解企业对测土配方施肥的需求。为了推行测土配方施肥工作，金继运带领的课题组，不断深入研究国际国内的状况，在测土配方施肥的方法上不断创新。结合研究所的研究与研发工作，编著了《高效土壤养分测试技术与设备》等专著。

除了专注于课题的研究，金继运还积极探索企业参与测土配方施肥的新模式。企业参与测土配方施肥工作是农业部长期关注的问题之一，金继运通过企业调研，提出了我国企业参与测土配方施肥的三种技术模式，即“肥料生产企业—工作站—服务店”三级架构模式，肥料施用企业的“测—配—施”一体化模式和肥料销售企业的“测—配”结合模式等。通过与中化化肥公司合作，在北京建立了中国农科院——中化化肥测土配方施肥技术中心，在山东临沂地区的中化山东肥业建立了测土配方施肥工作站，并在该地区建立了23个测土配方施肥服务店，开展面对千家万户的测土配方施肥技术模式，并建立了企业测土配方施肥地理信息系统和数据远程传输与服务系统。在山东巨野县，通过与地方合作，开展了“测—配”结合的化肥销售企业测土配方施肥的参与模式。

作为一位长期奋战在一线的学者，金继运深刻体会到，一切学问的最终目的皆为实用，而农业的学问最终也是由广大农民实施。因此，他还注重通过多种形式引导和培训农民科学用肥。长期以来，金继运通知通过田间示范、考察、技术培训等方式向当地领导、技术人员和农民进行推广。20多年来，金继运带领的全国性的平衡施肥协作项目在100多种作物上开展了4 000多个田间试验、5 000多个大田示范，测试95 000个土壤样品；组织了1 200个田间考察活动和260个田间收获日活动，向众多的农民和科技人员进行了平衡施肥培训。在项目试验区，通过平衡施肥，使粮食作物增收800～1 800元/公顷，经济作物2 000～20 000元/公顷，让农民直接看到了科学施肥带来的经济利益，提高了农民科学施肥的积极性。

不仅如此，金继运还想办法通过更直观的方式进行推广，例如，通过出版物、电视录像片、广播、报纸等宣传媒介、国际交流及学术会议向更大范围推广。协助国际植物营养研究所(IPNI)中国项目部编辑出版了《施肥与现代农业》系列出版物和《高效施肥》期刊；累计出版40多种学术论文集和技术资料，送出116位年轻科技人员赴国外培训，组织8次国际学术讨论会，120多次各种类型的学术报告会和技术培训班。通过这些形式，传播了知识，培养了人才，在全国形成了一个强有力的土壤肥力和肥料研究和推广协作网络，在推动平衡施肥和提高农民科学种田水平方面发挥了极其重要的作用。

创新体系　开展钾肥高效平衡施肥研究

金继运系统研究了我国土壤供钾能力，形成钾肥高效施用和平衡施肥技术体系。20世纪80年代中期，我国氮磷肥施用已经很普遍，但是对钾肥增产效益尚不明确。金继运认识到随着作物产量增加和氮磷肥大量施用，土壤缺钾将成为作物进一步增产的限制因素。自1985年开始，对我国主要土类土壤钾素存在形态和植物有效性开展深入研究，他研究发现：一是我国土壤供钾能力从南向北和从东向西有逐渐增高的规律；二是作物当季吸钾总量的主体(64%)来自水溶性、非特殊吸附和特殊吸附钾，但是在连续种植条件下，矿物钾和非交换性钾有重要贡献；三是应用土壤供钾强度、容量、缓冲性能和转化速率等热力学和动力学参数综合评价，将供试土壤按供钾能力从高到低分为五个等级，为钾肥合理分配使用提供基础。

1985—1998年期间，他带领和组织北方15个省范围的协作，对北方土壤供钾能力和作物施钾效应开展全面系统研究，从东到西建立了33个土壤钾素定位试验点，进行了1 350个涉及38种作物的田间试验和197个盆栽试验，测定了8 500个土壤样品。研究发现：一是随着作物产量提高，土壤缺钾和与氮磷失衡逐渐成为作物优质高产的限制因素；二是北方土壤供钾能力不足的主要原因是缓效钾和矿物态钾向速效钾转化慢，供钾强度弱；三是提出不同作物高产施钾指标体系，适宜施钾量和氮磷钾比例；四是北方土壤自西向东供钾能力逐渐降低，固钾能力逐渐增强，存在明显地带性分布规律；五是研制出“北方土壤钾素地理信息系统”。该项研究首次明确了北方不同地区钾肥增产效果，纠正长期以来认为北方不缺钾的传统观念。相关技术 1993—1995 年推广 295 万公顷，1996—1998 年推广 881 万公顷，累计产生经济效益 37.63 亿元。

上述研究成果“我国主要土壤的供钾特征及钾素状况综合评价”获农业部 1992 年科技进步二等奖，“北方土壤供钾能力及钾肥高效施用技术研究”获 1999 年农业部科技进步一等奖和 2000 年国家科技进步二等奖，他均为第一完成人。上述两项成果通过国家科技攻关和粮食丰产工程等推广应用，推动了平衡施肥的发展。1985 年全国肥料中氮和钾的比例仅为 1∶0.09，到 2008 年提高到 1∶0.29，逐渐趋于合理，推动了平衡施肥的实现。

精准管理土壤养分　示范推广上取得成效

长期以来，我国传统土壤测试方法速度慢、指标少，限制了测土推荐施肥技术的推广应用。金继运带领团队研究形成“土壤养分综合系统评价法与平衡施肥技术”。在土壤测试和推荐施肥中，全面考虑各大中微量元素平衡；首次用土壤对营养元素固定能力调整养分推荐量；应用联合浸提剂和系列化操作，使土壤测试效率达国际先进水平，研究获得 10 项专利，其中 5 项发明专利，全部实施；建立高效土壤测试与推荐施肥系统。

该成果 1995—1997 年推广 263 万公顷，累计经济效益 14.47 亿元。获 1996 年农业部科技进步二等奖和 1999 年国家科技进步三等奖。该成果通过国家科技攻关项目、国家科技支撑计划等在全国范围内应用，为国家测土配方施肥行动奠定了基础，金继运 2006 年被聘任为农业部测土配方施肥专家组副组长。该成果目前正在全国范围内推广应用，为提高肥料利用率、培肥土壤和保护农田生态环境提供了关键技术。

最后，金继运通过反复研究和实验，使土壤养分精准管理研究与示范推广也取得显著进展。1996 年引进发达国家精准农业研究的理念，提出结合国情开展研究的思路，应用“3S”技术在国内率先开展土壤养分精准管理研究。全国 31 个省(市、自治区)范围内组成协作组，建立 45 个土壤养分精准管理试验与示范区。应用“3S”技术和土壤养分快速测试技术，分析不同种植制度下土样养分时空变异规律，构建土壤养分精准管理技术平台，形成适合分散经营的土壤养分精准分区管理理论和技术，并在村、乡(镇)和县级规模验证，作物增产 10%～20%，氮肥利用率提高 10～15 个百分点。

在规模经营条件下，金继运应用“3S”技术研究形成土壤养分精准管理模型及其技术支持体系；引进变量施肥自动控制部件及控制系统，研制出适用的变量施肥机具；初步建成适合我国规模经营的精准变量施肥技术，并在上海试区进行了较大面积示范。同时，他应用“3S”等高新技术，结合我国国情针对分散经营和规模经营形成的养分精准管理技术体系受到国内外同行的高度关注，已经在试验区成功应用，显示出在合理利用肥料资源、提高肥料利用效率、提高耕地产出率等方面广阔的应用前景。

推动国际合作　结出累累硕果

金继运在国际合作领域发挥了重要作用，极大地推动了我国土壤肥料科技研究和推广。1985 年回国后，他积极推动国际合作，1990 年起负责加拿大国际植物营养研究所(原钾磷研究所)在我国的合作研究，现兼任国际植物营养研究所中国项目主任，主持我国农业部与加拿大国际发展署合作项目“中国—加拿大钾肥农学发展第三期项目”(1993—1998 年，300 万加元)，“中国农业持续发展中的养分管理与战略研究”(1999—2007 年，1 100 万加元)，“中国贫困地区土壤养分管理项目”(2000—2004 年，70 万加元)，主持建立 CAAS-PPIC 合作土壤植物测试实验室。合作范围由 1985 年两个省发展到目前的 31

个省（市、自治区），形成了有45个农业科研和教学单位参加的全国性植物营养与肥料协作网络。合作研究涉及植物营养和施肥各个层面，在国内外植物营养与肥料界产生了重要影响。

2004年，他积极参与《国家中长期科学和技术发展规划战略研究》，执笔撰写了“肥料技术升级战略报告”。在报告中提出建立经济、环境和社会效益统一的施肥技术体系和决策系统，提出养分精准管理和平衡施肥、高效利用养分资源的信息技术和生物技术、有机养分资源高效利用、新型肥料、高效施肥技术集成、肥料资源优化配置技术政策七项战略研究重点，这些研究重点先后为有关部门采纳，通过国家“973”“863”和支撑计划等立项开展研究。

金继运带领团队和组织全国优势单位研究提出针对我国高度集约化条件下提高肥料利用率的关键科学问题，获准了我国第一个肥料领域“973”项目“减施增效与农田可持续利用基础研究”和“十一五”科技支撑计划“高效施肥关键技术研究与示范”项目等。主持国家粮食丰产工程中肥料资源高效利用课题，在东北、华北和长江中下游粮食主产区研究形成的技术在示范区平均降低肥料成本18.8%，增产11.4%，对科学利用肥料资源，保障粮食安全发挥了重要作用。

撰稿：陈鸿应

编后

肥料是粮食的“粮食”，肥料行业是中国国民经济的重要支柱。作为中国农业科学院植物营养与肥料优秀创新团队首席科学家，金继运努力推动植物营养与肥料科学领域技术创新，促进肥料资源高效利用。

他是一个接地气的人，长期扎根在基层一线进行调研和施肥知识的推广应用；他是一个不断创新的人，结合当前我国农业的实际，撰写了一大批高质量论文、课题等研究成果，再反哺、指导和推动植物营养与肥料领域的科技进步。由此说，他获得“2010IFA诺曼·布劳格奖”也是实至名归。

沉到农业里面做事情的人

——记中国工程院院士张福锁教授

[专家名片]

张福锁，中国工程院院士，中国农业大学资源与环境学院院长，长江学者，“973”项目首席专家，科技小院创始人，中国农村专业技术协会副理事长，中国农业大学资源环境与粮食安全研究中心主任，中国农业大学植物营养系教授、博士生导师，民盟中央委员，民盟中央农业委员会副主任，北京市人大代表，教育部长江学者特聘教授，国家自然科学基金创新群体和国家科技部“973”项目首席科学家。

张福锁院士

张福锁院士一直在各个公开场合不遗余力地呼吁要科学施肥，并一直从事着土壤和养分资源可持续利用方面的深入研究。从他所从事的工作中，我们也可以看出这位与土地结缘30多年的科学家，一颗为我国农业绿色可持续发展、为农民过上更美好生活而奔波的赤子之心。

积极呼吁科学施肥

张福锁非常的忙，除了本职是中国农业大学资源与环境学院教授，需要开展一系列教学和教育工作外，还和他的研究团队一起承担了国家多项科研项目的研究工作，同时他还兼任了中国土壤学会、中国植物营养与肥料学会、中国自然资源学会等相关工作。

从20世纪90年代，张福锁从德国霍恩海姆大学获得博士学位回国后，他就一直关注着化肥和农业的关系，中国作为人口大国和农业大国，粮食安全问题不仅是国家领导关心的问题，也是许多从事农业研究的科学家们关注的问题。许多科学家都从粮食作物本身入手来提高粮食产量。张福锁教授则致力于提高土地的生产力和营养水平进而促进粮食增产增收。

尤其是近两年，化肥使用过量的研究和报道屡见报端，如何科学理性看待化肥，在施与不施之间寻找一个合理的“度”成为关注焦点。张福锁更是多次在公开场合，大声呼吁科学施肥，既不能影响粮食安全，也不能让过量施肥成为中国农业之殇。在这些公开发言中，张福锁多次提及发表在著名刊物《自然》杂志上的“施肥到死”一文，其中有一句话说“中国一直没有减少氮肥用量的打算，甚至非常坚决地强调还要增加氮肥的使用量，因为中国需要粮食”。虽然，对于国外专家的这一说法，张福锁如鲠在喉，然而，张福锁坦言，我国确实存在过量施肥问题。按照农作物播种面积计算，2009年我国每公顷化肥用量为341千克，以用量最大的氮肥与其他国家比较，我国水稻氮肥投入量是231千克/公顷，日本和韩国分别为78千克/公顷和110千克/公顷；我国玉米氮肥投入量237千克/公顷，美国不到150千克/公顷。

面对国内远远高于国际平均施肥水平的事实，张福锁一直深感痛心却无力反驳。

2010年2月19日，张福锁及其团队的一篇研究论文刊登在美国《科学》杂志上，他们将20世纪80年代进行的一次土壤普查及其大量研究结果与近年来的大量结果进行了对比发现，从20世纪80年代早期至今，我国农田土壤的pH平均下降了0.5个单位。而在自然土壤中，这种规模的pH下降“通常需要上千年的时间”。

这样的研究结果触目惊心，也让张福锁更加快了致力于推进既高产又高效的现代农业发展步伐。

大力推进合理施肥

“不能让现代化建设的成果毁于环境污染。”张福锁说，要既增产又保护环境，就必须科学地施好增产肥和环保肥。

“化肥用量偏高是不争的事实，但这与我国国情是分不开的。”张福锁说。首先，我国人均1亩4分地都不到，在分散经营的生产方式下，一家一户要在这样小的面积上确定用几斤几两氮肥是一件很难操作的事情。其次，中低产田占全国耕地将近70%，为了提高产量，不得不多用化肥。而这种地在发达国家多以休闲和生态功能利用为主，并不用于生产粮食。最后，我国施肥机械化程度低，化肥施用至今仍以人工为主，难以做到深施和精量施用。

“对化肥本身也应该科学认识。”张福锁说，“化肥是向作物提供养分的化学品，合理施用不仅可以向作物提供养分，增加作物产量，而且还能改善农产品品质，提升营养价值。”如果将土壤系统比作人体系统，化肥使用对应营养摄取，那么土壤营养摄取全面而充足，可以保证作物健康生长；而一旦“营养过剩”，就可能打破平衡，导致作物“生病”。

中国农业大学“十五”期间在山东省的调查结果显示，农民对大棚黄瓜的氮肥投入不足，就会造成产量低、品质差、弯瓜较多等现象；而施氮量过大，又“适得其反”，导致病害严重、产量下降、口味变差。

张福锁通过对全国1 333个实验地的调查，发现氮肥利用率平均27.5%，比20世纪80年代有所下降；我国磷肥和钾肥利用率也有所降低。再算一下养分生产效率，发现养分用量急剧上升，但是单位养分生产的粮食大幅下降。我国在国际上属于“高投入低产出”状况，产出远远低于日本、韩国，而我们的投入量全世界最高。为什么呢？原因之一就是，施肥不合理，尤其是在高产地区，施用的养分严重过量。张福锁团队曾在华北平原对小麦、玉米做了大量调查发现，以1公顷小麦用250千克的氮肥作为标准（在美国一般都是150～180千克），发现90%～92%的农户施肥过量。原因之二就是，环境来源的养分数量非常大，这是专家没能想到，而农民更是压根不知道的。他们曾对华北平原作了一个详细的分析，发现大气沉降的氮，每公顷达到60～80千克，相当于作物1年所需养分的30%左右。也就是说，作物吸收的养分30%可以从大气中来，农民根本不知道，所以还在按习惯大量施肥。

此外，我国农民把有机肥当成土壤改良剂，不去算到底有多少养分带到土壤里面去了。在山东寿光，张福锁团队发现60%过量的养分来自有机肥，40%来自化肥，而这一问题也没有引起足够重视。

更为严重的问题是，国内农民施肥根本不是根据作物的生长规律来施肥，张福锁举了个例子：“就像我们养孩子不是按孩子的生长规律，而是在孩子很小的时候就把他一辈子要吃的食物喂进去了。我们一次把作物所需60%～90%的肥料全部施进去，但那时候作物所需养分非常少，这时反而会抑制作物的生长。我们在玉米上就曾发现，施肥太多苗长不起来，少施肥反而长得更好。”

张福锁提出，合理施肥就必须考虑所有的养分资源，必须进行综合管理。现在不是养分不够，而是养分分配不合理，造成肥料养分没有发挥潜力。要采取积极的政策措施，用好所有的养分资源，减少环境的污染。采取多学科的手段，同时提高养分效率与作物产量。他们进行各项研究的目标就是：作物高产、养分高效、环境安全，而不仅仅是为了生产更多粮食。

倡导"三施肥"的理念

2007年，我国发布的《国家粮食安全中长期规划纲要》要求：到2020年，我国粮食生产能力要再增加800亿斤。在耕地面积不可能再增加的情况下，这800亿斤粮食从何而来？

"不光我，目前农学界多数人都这样认为，下一步解决粮食产量的核心问题在土壤。"张福锁说，"我们现在好的作物品种有，栽培技术也有，但大面积的粮食产量就是上不去，问题就在土壤，当务之急是提高土壤质量。我们的研究发现，如果土壤的基础条件较好，不用太复杂的农业管理技术，也能得到不错的产量。国家这些年对培育新品种的支持力度很大，也取得了很好的成果，育出的品种产量很高，但好品种到农民的地里，产量并没有大幅度增加，好品种并没有给农民带来真正的利益，如果我们把作物品种的优势发挥出来，我们就至少有50%～60%的潜力可以挖掘。"

当然，节肥增产增效也并非实现不了。张福锁介绍说，中国农业大学的田间试验结果表明，可以把小麦、玉米氮肥用量控制到150～180千克/公顷，比农民施肥量降低30%以上，产量不但不减，还可以增长5%～10%。

"但是，要真正在千家万户、千差万别的地块上实现科学施肥是个系统工程，必须将技术、政策和农民行动结合起来。"张福锁说，过量施肥问题，不仅仅是技术问题、经济问题，还是社会问题、民生问题，解决过量施肥问题，必须始终坚持"施增产肥、施经济肥、施环保肥"。

目前，国家已经采取措施，推进科学施肥技术的推广普及。2005年，农业部在全国推行测土配方施肥，目前项目已覆盖了所有农业县市。从2009年农业部提供的3 000多个田间试验结果看，小麦、玉米和水稻等粮食作物测土配方施肥比农民常规施肥亩增产量30千克以上，比常规施肥亩均施氮量减少1～2千克。除此之外，目前正在组织开展的秸秆还田、绿肥种植、增施有机肥等土壤有机质提升补贴项目，都已取得了很好的效果。

除此之外，张福锁认为，要彻底解决化肥合理施用问题还需多管齐下：第一，要进一步加强测土配方施肥技术集成和示范推广工作，采取整村、整乡、整建制方式全面推进测土配方施肥。第二，促进肥料产业升级，实现从确保数量到提高质量，从只管生产肥料到按需供肥、为农服务的转变。第三，国家应加快出台肥料相关法律法规，为科学合理使用肥料提供制度保障。

除了从产品和技术层面上加强外，张福锁提出更重要的是要加强对农民的技术服务与培训。"我们最好是能向农民提供'一键式'的栽培管理技术。"张福锁说，农民种不出专家的产量，主要原因是田间管理不到位。管理不到位的原因很多。现在的很多技术还没有简单到农民拿去就能用的程度。"我们的技术需要简化，需要改进，要适应我国农业生产的现状。就像电视机一样，尽管原理结构很复杂，但使用操作起来很简单，农民一按按钮就行了。当然这需要做更多的工作。如果土壤越来越好，技术就可以简化，就能比较好地发挥良种的潜力。"

传道、授业、解惑的典范

张福锁沉到行业里面做事情，这与他在德国留学时从导师那里学到的严谨、认真和刻苦的态度不无关系。从德国留学回来后，张福锁就发现国内某些高校教育中基础科学与技术应用存在脱节。德国留学的经历告诉他，科学一定要和生产实际相结合。

"国民经济的快速发展需要技术支持，过去我们注重科学，却忽视了对技术的创新和应用。"张福锁开始琢磨怎样在教学科研中做到让学生既学到理论，又能解决生产问题。于是，中国农业大学资环学院在全国很多地区建立了实验田、实验基地。在和农民共同劳作的过程中，不断发现新情况，解决新问题，既做科学研究，又推动生产发展。

粮食生产关乎一个国家的社会稳定、民心安定。“我现在做的事既关系到国家的粮食安全，又关系到农民增收，更关系生态环境和可持续发展。”张福锁为自己的研究为国家农业发展做出了贡献感到特别自豪。现在，张福锁及其团队关于施肥科学、土壤和养分资源利用、农业可持续发展方面的研究仍在继续。他说，“我们的目的就是要通过我们的研究，有针对性施肥，减少大肥大水的浪费，使植物得到合理的营养，使土壤质量得到提高，食品安全，人类健康，并造福于子孙后代。”

撰稿：陈鸿应

编后

张福锁的同事、中国农业大学教授曹一平评价张福锁说，他是“能做实事的人”。老一辈的研究人员走到田间地头做实验的作风和传统在张福锁这里得到传承和发扬，在他的带领下，中国农大开始把学生的培养放到农村，让学生既了解农业生产中的实际问题，又能发现重要科学问题开展创新研究，最后再根据学到的专业知识去解决这些问题。我们认为，这才是作为一名人民教师“传道、授业、解惑”职责的最好诠释。

也正如他自己讲的，“回顾过去，我感觉我没有虚度一天的时间，能为国家、行业发展做出应有的贡献，我非常高兴！”

赤子情怀　结缘钾肥工业

——记农业农村部耕地质量监测保护中心办公室主任李荣

[专家名片]

李荣，男，出生于1964年2月，江苏南通人，1987年毕业于南京农业大学，进入当时的农业部全国土壤肥料总站。1990年，任农业部全国土壤肥料总站肥料处副处长，1993年升任肥料技术处处长。2000年总站实行改革，先后在计划财务处、人事处任处长，后任农业部全国农技推广中心土肥处处长，现任农业农村部耕地质量监测保护中心办公室主任。为国产氯化钾肥和难溶性钾制硅钙钾镁肥和钾硅肥的推广应用做出了巨大贡献。

李荣

土地不仅是财富之母，而且是万物之母。占全世界人口20%的炎黄子孙生存在占全世界耕地面积7%的土地上。中国人能否把饭碗端在自己手里，能否装上自己的粮食，土地母亲的健康非同小可、事关重大。

有一位华夏赤子为了土地母亲的健康，为了大地的丰收，从江苏海门到首都北京，从青葱小伙到两鬓染霜。30多个冬去春来，花谢花开，在长城内外、大江南北、崇山峻岭、大漠戈壁留下了他一串串坚实的足迹。他的创新、勤奋、踏实的基因禀赋催生了职场角度不断转换、工作业绩不断丰满，业内口碑众多盛赞。他就是农业农村部耕地质量监测保护中心办公室主任李荣。

这里让我们截取李荣与钾肥结缘的几个片段，讲述几个李荣与钾肥的故事。

上帝似乎有些不太公平

1997年，李荣来到了太平洋彼岸加拿大的萨斯喀彻温省，此行的任务是学习萨斯喀彻温钾矿及钾肥研发、生产、销售经验，探讨我国钾肥工业发展方略与路径。

当时，我国已探明的钾资源储存很少，生产技术落后，而土壤普遍缺钾，这一现状严重制约着农产品产量增加，品质提高。

钾，越来越引起农业部、化工部乃至国务院领导高层重视。于是，便有了成立全国土壤肥料总站，汇集多方力量，化解缺钾难题的切实行动。

加拿大是一片美丽的土地，以气候宜人、环境优美、空气清新而闻名于世。地面赏心悦目的自然风光和造型各异的城市建筑未能引起李荣太多的注目，因为此时他的思维空间被“钾”满满地占据。而当他乘坐萨斯喀彻温钾矿矿车深入到 1 100 米深处之时，他激动不已、心潮澎湃、两眼闪光，不禁发出了“上帝似乎有些不太公平”的感叹！

置身萨斯喀彻温钾矿区犹如进入豪华宫殿，沿途金碧辉煌、道路宽阔、车辆穿梭。据矿区工作人员介绍，这里是一个上帝眷顾的钾矿，1 100 多米的矿井分布着 5 层优质钾矿，按照当前的开采速度，每层可供开采 100 年。这是何等的丰富？怎能不令人羡慕啊！

加拿大是一个幅员辽阔、人口稀少、资源丰富、深得太平洋和苏必利尔、密执湖、休伦、伊利、安大略五大淡水湖水利的国家。钾矿资源占全世界 2/3 以上。因此，加拿大钾肥早已输出到全世界，尤其是红色钾肥在中国市场广受农民青睐，占有较大份额，并且形成垄断价格，中国大量的银子流入加拿大商人的腰包。

此时，人口众多的中国，在当时技术条件下探明的钾肥资源十分有限，国产钾肥生产能力仅 10 多万吨。李荣说：如果形象地比喻的话，加拿大的钾肥像个“篮球”，中国的钾肥则像粒“黄豆”。更为尴尬的是，由于受国外输入产品的影响，施肥习惯的形成，国产钾肥严重滞销，得不到农民兄弟的认可。

差距如此之大，上帝确实不太公平，但谁也无法改变这种不公平。

李荣此时思考的是如何将这粒神州“黄豆”变成“神豆”，让这粒“神豆”撬动“篮球”“足球”，让“钾”滋润华夏大地，惠泽炎黄子孙。此时，李荣为这个梦想践行了 10 年。

李荣结缘钾肥有着传奇的故事

在大海边长大的李荣，从小向往海洋。他喜欢大海的宽阔，钟情大海的激情。李荣是家乡村子里的第一个大学生，当他拿到南京农业大学录取通知书时，着实让父母、亲友乃至整个村子的人为之高兴。从田野里走出来的李荣走进了南京农业大学土壤农业化学系。从此与土壤、化肥结下了不解之缘，成为保护土地母亲的拳拳赤子。

村里人说“积善之家必有余庆”，李荣父母忠厚老实、乐善好施、勤劳节俭有口皆碑。父母的优秀基因融入了李荣的血脉，成为他人生的价值取向和行为准则。

优秀的品德、优异的学业，李荣在大学同学中脱颖而出，受到老师青睐和组织的关注。他在大三时，光荣地成为一名中国共产党党员，使他为人民服务的理念和信念更加坚定，人生的脚步更加笃定。

四年大学生活很快就结束了，在选择分配去向时，又有一个插曲出现在了李荣身上。

李荣那届毕业生可选择的去向有南通、南京、上海，还有两个北京的名额。选择毕业分配去向可谓是人生的重大选择。李荣的第一想法是学成之后，回报桑梓，他在学校组织的填报毕业分配志愿现场上，在草稿纸上填写的顺序是南通、南京、上海，因此他知道北京的名额太少，没有把北京列入考虑范围。此时，站在他身后的学校领导非常着急，却不便明说，只得用双手转圈来提示李荣进行调整，此时，李荣心领神会，对选择顺序不断调整，直到把北京作为第一选项时，这位领导的手才停止了转动。这时，李荣填写志愿右手有些颤抖，那位领导用手按住了李荣的手，并且告诉李荣不用紧张，好好填表。就这样，李荣成为首都北京农业部系统的一员新兵。

事后，李荣才知道，因为分配到农业部的名额有限，需要好中选优，学校组织部门经过全面考察，李荣被位列其中，于是便有了填报毕业分配志愿时，学校领导站在李荣身后的这一幕。

能够分配到农业部工作，让李荣深感荣幸，同时也深感责任重大。

他尊敬师长、帮助同事、刻苦学习、勤奋工作，得到领导和同事的点赞好评。责任不断增大，仕途不断进步，他在农业部这个广阔的舞台上演了一幕幕精彩。

30年来，物换星移。尽管机构几经变更，李荣却始终没有离开土地、土壤、肥料。为了土地母亲的健康，这位华夏赤子一直践行着他的初心，履行着他的职责，奉献着他的赤诚。

转变农民观念很不容易

我国农民接触肥料是从氮肥开始的，20世纪六七十年代几乎县县建有化肥厂，这些小化肥厂的主要产品就是氮肥碳酸氢铵。随着认识的不断深化和对生活品质的不断追求，人们对磷、钾大量元素及硼、锌、钼、铁、锰、铜等微量元素的重要性逐渐有所认识。

钾肥在促进光合作用和蛋白质合成、提高氮肥的效应、加速合成产物流动、激活多种酶的活性，提高植物的抗逆能力，提高作物产量和改善产品品质方面具有重要作用。

由于我国钾肥工业起步较晚，钾肥市场主要由加拿大、以色列、独联体、约旦、西欧等国外钾肥占据，尤其加拿大红色钾肥经过十多年的市场运作，深深根植于中国，农民对钾肥的观念和用肥习惯。一旦形成，改变起来就非常困难。

我国青海钾肥厂经过千辛万苦，克服千难万险生产出来的白色钾肥却很难找到市场，造成严重滞销、大量积压。

在销售青海钾肥的过程中曾发生过一个令人啼笑皆非的故事。江西一家钾肥经销商，在推销青海钾肥过程中屡屡受阻，尽管青海钾肥品质好、价格低，但因为是白颜色，而不为农民所接受，因为农民用惯了加拿大的红颜色钾肥，便认为钾肥就应当是红色的。为了开拓市场，经销商无奈购置设备粉碎红砖掺入钾肥中重新包装，使白色钾肥变成红色钾肥，以利于农民认可购买。

1992年，青海钾肥厂生产了10万吨产品，却积压了7万吨卖不出去，凡能储存钾肥的大库小棚都塞满了积压的产品。几万吨的钾肥像一块巨石压在了厂领导和职工的心头。他们苦苦思索、多方运作，但收效甚微。他们面对盐湖，发出了中国钾肥工业路在何方的呐喊！

1992年的一个冬天，全国土壤肥料总站的办公室里迎来了来自青海的赵本志等几位风尘仆仆的客人。几位西北汉子几经周折慕名而来，李荣参与了这次接待。

当李荣了解到青海钾肥厂的产品与国外产品相比，质量不差，甚至有些指标好于国外产品，产品价格低于国外产品，农民就是迷信洋货，难以接受国产货。赵本志等提出了恳切的请求，希望国家土壤肥料总站献计献策给予帮助。

如何发展我国钾肥工业，一直是李荣思考的课题。听完赵本志等客人的介绍，使他的思路更加清晰，心中底气更足。他认为这是一个事关化肥工业发展，影响国计民生的大事，需要顶层设计、多方协力、试验先行、示范引领、全面推广、多管齐下。用数据说话，才能让农民信服。

李荣经过认真思考后，向全国土壤肥料总站领导提交了关于发展、推广国产钾肥的建议，很快得到了领导的首肯。从此，李荣和他的同事踏上了一条遍布坎坷崎岖的国产钾肥推广之路，并踏遍千山万水，品尝千辛万苦，为此消得人憔悴。

他们提出的各省（市、区）成立钾肥推广站的建议很快形成了农业部的文件，组织机构、人员配备陆续到位，形成了高层行政动力。

随之春潮涌动，大地添彩。国产钾肥实验基地在长城内外、大江南北先后铺开。从1993年开始到1996年分两期有序推进。

第一期选择了湖南、湖北、贵州、江西、河南、辽宁和大连，为期3年，供试作物有水稻、油菜、小麦、甘蔗、甜菜、玉米、棉花等多种作物。

第二期试验扩大到福建、陕西、河北、浙江、安徽、山东、广西、江苏等 15 个省、自治区的 20 多种作物，主要扩大到经济作物，如茶叶、花生、柑橘、鸭梨、大葱、香蕉等。

全国采用统一的试验方案，采取试验、示范、推广相结合的方法。4 年来，各有关试验单位做了大量的工作，一共在 110 个县进行了 394 个点次的多种试验。共使用青海钾肥 4 193 吨。

大量的试验，海量的数据最后得出了三条农民听得懂、能信服的结论：

一是同等钾肥量的投入，使用国产钾肥与进口钾肥对作物的增产效果相当。

二是同等价格的投入，国产钾肥收益高于进口国外钾肥。

三是钾肥的肥效与颜色没有相关性，白色钾肥更适合我国的土壤。

1997 年 6 月，中国农业科技出版社出版了由全国农业技术推广服务中心和青海盐湖工业集团有限公司编著的《中国青海钾肥在农业上的应用》一书，该书以 42 万字的篇幅记载了这 4 年的试验情况和详细数据。

在推广应用工作中李荣结识了青海钾肥厂和省(自治区、直辖市)推广站的同志，后来彼此成为了好朋友。湖北钾肥推广站的王盛桥、徐能海、李鉴夫的工作业绩特别突出，在很短时间内打开了湖北省的局面，因此这些同志受到了组织和群众好评，徐能海还晋升为湖北省农业厅副厅长。他们一直与李荣保持着工作联系和朋友友谊。李荣多次出面为他们协调解决钾肥运输等优惠政策问题。

事实胜于雄辩。经过上下同欲，各方协力，国产钾肥的销售和生产发生了可喜的变化。

几年后，我国钾肥市场发生了很大变化，农民开始接受国产白色钾肥，市场不断扩大，国外钾肥市场不断萎缩。青海钾肥厂不仅销空了库存积压，而且迅速扩大生产规模，由当初的年产 10 万吨，扩大到了 120 万吨，并且产品供不应求，成为了受到股民追捧的上市公司。青海钾肥厂领导和职工由愁眉苦脸变成了扬眉吐气。

国产钾肥推广应用，像一次化学试验，促成这一反应的因素众多，但李荣和他的团队的开拓创新，敬业奉献无疑发挥着催化剂的作用，历史将会铭记。

钾肥施用需要重新认识

陕西延川曾出现“万亩枣林撑雨伞”的场景：延川大枣早已闻于世，为了防止裂枣影响品质，政府花费 3 000 多万元购买大量雨伞给枣树遮雨，结果一场大风把雨伞吹得七零八落，犹如仙女下凡，成为了一场笑话。

李荣告诉我们：造成这场笑话的原因值得总结的教训很多，其中有一条人们对钾肥施用需要重新认识。

枣子为何会发裂？造成枣子发裂的主要原因是什么？一个个问号需要拉直。

作物少了钾肥不行，多了也同样出问题。

裂枣与肥料元素不平衡有关。很长一段时间，果农听说施用钾肥可增加果子甜度，便大量施用钾肥。因为钾肥和磷肥及一些微量元素在作物根部是同一条通道，通道容易被钾肥占据，其他元素就进入得很少，因此，时间一长，就会造成果子发裂等问题。

2013—2014 年，李荣被组织委派到山东省德州市乐陵市担任市委常委、副市长，分管农业、科技工作。一年来，李荣把乐陵当作学习研究的课堂。他忠于事业、夙夜在公、亲近土地、勤奋敬业，为乐陵农业科技进步、造福农民发挥了积极作用，赢得良好口碑。很多媒体宣传过李荣的事迹，其中有这样一段文字：“作为业务型领导，您深知‘试验先行、示范引领、全面推广’的农业推广‘三部曲’。因此您动用人脉,多方联系,引来美国'陶氏益农'、中国农大、山东农大等多个企业和高校的高科技成果进行试验,为'科技兴乐'打下了坚实的基础。重点进行了小麦、玉米、枣树等各类作物的示范性科学试验,重点包括玉米营养曲线、深松耕对比示范、玉米盐碱地改良等,建立起枣树水、肥、药一体化示范田。"

如今,李荣回忆起那段挂职经历仍然兴奋异常、感慨万千。他说:最大的收获是深入了解了农业、农村、农民,以及如何保护土壤,正确使用肥料。

经过长期实验和总结,李荣提出了许多用肥新观念。他认为,对钾肥的施用不能停留在粗放式管理,简单下哪里缺钾和富钾的结论,而是要根据不同的作物不同的生长期对钾的需要来具体问题具体分析。

李荣认为:总体来说,我国南方土壤普遍缺钾,然而,即使是北方如东北富钾黑土地,在作物生长前期和坐果期施用钾肥仍然有明显的增产效果。李荣将这一理论形象地比喻:"胖子也要吃饭"。这一新观点,越来越引起农科界的认可,越来越得到农民的肯定。

具体问题具体分析,是马克思主义哲学活的灵魂。新时代农业发展离不开马克思主义哲学指导。

钾肥战略必须高度重视

古人说:"不谋万世者,不足谋一时;不谋全局者,不足谋一域。"

李荣对土地有着深深的赤子情怀,一直在思考着我国钾肥发展方略。他已形成三条清晰的思路。

一是对当今发展过快的钾肥工业表示出担忧,应当把发展速度控制在适当的范围之内。我国每年钾素需要量(折 K_2O)在 800 万～1 000 万吨,自给率已经从不足 10%到 50%以上,如果按照现在的发展速度,我国水溶性钾资源将会在二三十年之后枯竭,只有完全依赖进口。当我们完全依赖国外钾肥的时候,就难免授人以柄、受制于人。因此,要控制钾资源开采速度,如果我们能够长期拥有一定量的钾资源时,就可以游刃有余,起到四两拨千斤的效果。

二是要提倡秸秆还田。我们施用的钾肥,除了一部分输入果实之外,还有一部分保留在秸秆里。如果秸秆还田的话就可以给土壤补充大量的钾素。而目前的情况是大量的秸秆不是放把火一烧了之,灰尘又被风吹得无影无踪;要么作为他用,真正还田的秸秆数量不多。因此,各地政府要出台政策、优化技术、统筹解决,大力倡导秸秆还田,是一项利国利民的有益之举。

三是要通过科技攻关,开辟获取钾资源新途径。一个行业会随着科技的突破而改变。我国已探明的水溶性钾资源很有限,而难溶性钾矿(又称钾长石)却非常丰富,并且分布广泛,我国钾长石的钾素储存量保守估计可达 100 亿吨 K_2O,那是一个可望又可及的天文数字。

人们可能会质疑,我们掌握了钾长石提钾技术吗?欣慰地告诉大家,在山西吕梁有一家敢于第一个吃螃蟹的民营企业。这家企业从 2011 年开始研发钾长石提钾技术,经过一批矢志不移、敢为天下先的科研人员的不懈努力、刻苦攻关,终于在 2014 年已经取得突破性进展,并且投入工业性试验,取得了较好的效果。这项技术处于世界先进水平,是一项有着光明前景的科学技术。

李荣多次深入吕梁企业试验现场调查研究,与王铁儿老板成为好朋友。为了尽快在我国大范围推广这项事关重大的新技术,李荣正在大声疾呼、上书高层,建议将钾长石开发技术列入国家级重点扶持项目,大力开发钾长石资源,促进我国钾肥工业可持续健康发展。李荣的呼吁已经引起国家发改委、工信部等有关部门的高度关注,并已组织协调此项工作。

撰稿人:叶建华

编后

李荣有幸与土地以及化肥结缘，为了土地母亲的健康美丽，李荣一直在追寻着我国钾肥高质量发展的梦，我们相信这个梦一定会成真！

历经坎坷　献身我国钾盐开发事业

——访钾肥行业知名专家、原中昊钾盐工程技术中心主任程忠

[专家名片]

程忠研究员

程忠，男，1940年10月出生，江苏句容县人，高级工程师，研究员。1964年8月毕业于华东师范大学化学系稀有元素化学专业，先后在贵州开阳磷矿矿务局、贵州省化工厅、化工部化工矿山设计研究院（现名：中蓝连海设计研究院，下同）等单位工作，历任化工矿山设计研究院钾化工设计研究所所长、化工部钾肥工程技术中心主任、中昊钾盐工程技术中心主任等职。几十年的钾盐行业从业经历中，在盐湖卤水制氯化钾、芒硝法硫酸钾、农用级硝酸钾、老挝钾资源开发技术、四川深部富钾卤水提钾工艺等领域，有着很深的造诣和系列成果。程老2002年退休，曾获得江苏省劳动模范、江苏省注册咨询专家，并享受国务院政府特殊津贴等荣誉。

程老首先提出建立和发展钾化工产业系列成套技术建议，并以氯化物型含钾卤水提钾工艺为突破口，开展反传统的“兑卤脱钠、控速分解结晶”等重大课题的理论和工艺技术研究，分别在青海和江苏建成中试基地，完成低钠光卤石、优质氯化钾、硫酸钾、硝酸钾等系列钾化工产品的成套技术开发研究，填补了国内钾化工产品的市场空白。

2018年国庆节前夕，我与亓昭英秘书长坐地铁奔波了近两个小时，来到了程忠老先生的住所，有幸认识和拜访了他，他与夫人热情地接待了我们，初次见到他，给人第一感觉是：身体硬朗、鹤发童颜、声音洪亮。

在简单的问候和说明来意后，我们开始了采访和交流。

经历过的岁月和风霜

在与程老访谈之前，程老先生特意提前为我准备了一份他的简历，虽是多年前的，但从中可以看出他的人生经历和轨迹。现摘录如下：1964—1981年在贵州开阳磷矿矿务局及贵州省化工厅工作；1981年进入化工部化工矿山设计研究院工作直到2002年退休；1989年晋升为高级工程师；1993年，发明对中国青海盐湖卤水钾产生了重大推进作用的青海钾肥4号工艺并取得专利，后任青海东方优质氯化钾

工业试验厂总工程师，获国务院颁发的政府特殊津贴；1995 年，在我国创建钾化工设计研究机构，并担任化工部化工矿山设计研究院钾化工设计研究所主任，同时，任国家重大钾盐工程设计项目第一负责人，兼任青海东方优质氯化钾工业实验厂及与香港合资的青海成功钾盐公司总工程师；1996 年，因攻克控速分解结晶法制优质硫酸钾高新技术，晋升为研究员，任化工部化工矿山设计研究院副总工程师、连云港华晶钾盐公司执行董事长兼总工程师；1997 年任化工部钾肥工程技术中心主任，同年被授予江苏省劳动模范，化工部首批跨世纪优秀拔尖人才（第一层次），被聘为江苏省注册咨询专家；1999 年获国家石油和化学工业局颁发的国家技术发明二等奖（第一授奖人）；2000 年左右，程老率领的连云港化工矿山设计研究院中昊钾盐工程技术中心团队，开疆辟土，通过上海市政府招商引资，在浦东新区花 500 万元，购买了当地某镇政府办公楼，在上海成立了上海中昊钾盐工程技术设计研究中心（现估价值数亿元），为后来者进入上海创业打下了基础；退休后，因为老挝项目问题，蒙受了不白之冤，钾盐研究也就此中断，但历经磨难终见彩虹；程老说“这件事是他人生最大的一次历练”。

程老在盐湖卤水制氯化钾、芒硝法硫酸钾、优质硝酸钾技术、老挝钾矿开采工艺与加工技术、四川深部富钾卤水提钾等诸领域，开拓多项钾盐高新技术，并开展和完成多项大钾盐（肥）高科产业化项目。

氯化钾新工艺——青钾 4 号工艺横空出世

程老告诉我们，他从事钾肥工艺技术开发，完全因为一个偶然事件。他原先是搞水处理的，而且略有成就。20 世纪 80 年代末，有次在北京开会，碰到一位在青海工作的老同学，闲谈在青海察尔汗发现了一个大型钾盐矿床。十多年来由于开采工艺问题，至今未能形成规模生产，现产品质量有待提高，不受用户欢迎。国家每年要花费大量外汇进口钾肥，以满足日益增长的农业发展需求。

言者无意，听者有心。他感到作为一个科研人员有义务去承担这个责任。他搜集了大量相关资料并自费去了一趟青海实地考察，经过两年多的精心钻研和详尽论证，在国内外首创提出《兑卤脱钠控速分解结晶法制优质氯化钾实验方案》（简称青钾 4 号工艺），并在无先例参照、科研经费短缺、设备简陋的条件下，展开艰辛的实验室探索研究，并很快取得重大进展。实验结果证实了方案预测的效果，特别是产品质量达到了前所未有的 98%以上品位。小试结果得到化工部认可和赞扬，并支持他组成科研团队去青海现场复证试验。

1990 年年初冬，他带领课题组在察尔汗盐湖，历经艰辛完成现场试验工作，各项指标均达到预定的效果。化工部得知这一情况后，要求立即展开中试。

1992 年春，程老又带领科研团队在兰州空军部队钾肥厂的大力支持下，克服重重困难，建成年产 500 吨的中试基地，并进行了为期一年的现场中试。在中试的关键阶段，他日夜坚守岗位，半个多月没有进过宿舍，睡过一夜安稳觉。让他一辈子忘不了的是，当第一批产品下线时，正值凌晨三时，试验车间门外突然响起了锣鼓和鞭炮声，原来是兰空部队领导十分关心试验结果，他们为此已委派侦查人员在车间周围守候了几天几夜，当时程忠和他的战友都感动得热泪盈眶。项目成功的第二天，兰空部队团级以上干部数十人，由司令员政委亲自带队来基地参观，并召开庆功大会。他发自内心地说，真是亲人解放军，试验成果有他们的一半功劳！

青钾 4 号工艺中试成功后，每天都有七八批人员前来参观学习、洽谈产品交易和技术转让的人流，在察尔汗盐湖引起了巨大的反响。当时青钾 KCl 产品每吨价格 700～800 元，而中试产品可卖到每吨 1 500 元。中间产品光卤石为民和镁厂包销，每吨 400 元左右，要知道当时盐田卤石才几十元一吨。至于洽谈技术转让的厂商，最典型的实例就是有位新加坡老板愿出 1 亿元买断该技术，当然由于化工部的决定，最终没有成交。

4号工艺中试成功,受到化工部、国家计委和有关专家的高度重视。1993年通过化工部组织的高级别专家鉴定,并获得国家发明专利,并把此技术列为国家"八五"重大攻关项目。

为使该项目尽快产业化,程老几上北京跑资金,又几下青海搞基建。经过一年多努力,于1994年建成青海东方优质氯化钾试验厂,并一次投料试车成功。优质KCl产品倍受用户青睐,众多厂家争相订购,不久又在兰空基地建成与香港共同投资的成功钾盐公司,两个万吨级产业化试验成功,宣告4号工艺试验完美收官。

虽然青钾4号工艺最终没有完全直接用于青钾二期工程建设,但在此后的若干年间,据不完全统计,约有几十家中小企业陆续应用过该项专利技术,为中国钾肥自给率的提高做出了不可磨灭的贡献。

■ 硫酸钾新工艺——"芒硝法结晶新工艺"再创辉煌

在完成青钾4号工艺中试后,程老又应院领导指示要求,马不停蹄地投入了硫酸钾新工艺研究。

1995年左右,当时我国硫酸钾工艺尚无成熟工艺,化工部矿山局打算引进苏联的芒硝法生产技术。初步商务谈判,对方要求年产5万吨规模硫酸钾,软件费为500万美元。矿山局曾组团去俄罗斯考察,发现他们采用"两段三步法",不仅投资大,流程复杂,而且产品质量差。

程忠和他的团队接受此项任务后,仅有的资料就是一份俄罗斯的报价说明书。他们不畏困难,有了4号工艺的开发经验,驾轻就熟,经过反复思考琢磨,对比研究,不断试验,前后仅用不到半年时间,就取得突破,程老采用"二段二步结晶法"(简称芒硝法)生产出了高质量结晶颗粒硫酸钾新产品,产品质量达到98%,回收转化率也在90%以上,达到国内外先进水平。该成果很快通过化工部组织的高级别专家鉴定,被列为国家"九五"攻关项目。

四川眉山芒硝矿从中试就派人参与实验,并签署了技术转让合同,因此第一个产业化生产厂在眉山建成并顺利投产,国家开发银行贷款3 000万元在江苏连云港建设年产5万吨硫酸钾连云港华晶公司生产厂,与此同时,年产10万吨硫酸钾也在云南安宁破土动工,并投入了3 000万元资金进行基础建设。但后来因为受到人为因素及流动资金等困扰,工厂最后被迫停产,而云南项目也因种种原因中途停建,但芒硝法硫酸钾工艺技术,是硫酸钾行业的一个重大技术储备,相信在以后会有进一步发扬光大的机会和市场。

■ 青钾二期前后的故事

据程老先生提供的资料,我们了解到具体过程:

青海钾肥厂一期工程,是国家"七五"期间,采用浮选工艺建成的年产20万吨氯化钾生产企业,该工艺1992年竣工验收并投入生产。

拟建的青钾二期年产80万吨氯化钾工程,作为生产企业的青海钾肥厂及其主管单位化工部矿山局都在考虑是否引进以色列的冷结晶技术,多次派员赴死海实地考察并进行商务谈判,并向国务院提交了中以合资建设青海钾肥厂二期工程的可行性研究报告,并获批准。

但同时出现了另外一种不同观点和意见。早在1991年,青海老专家洪小灵先生,在亲自考察了青海盐湖科研和生产实际情况后,向中央及总理写报告推荐了化工部连云港化工矿山设计研究院的新工艺,他建议青钾二期工程可直接采用该工艺。

1993年,中科院陈冠荣院士及国家计委专家王海等向国务院建议,认为与以色列合资建设青海钾肥厂二期工程方案投资太高,同时由于青海盐湖与死海资源与气候差异,以色列的冷结晶技术,并不完全适合我国实际应用,他们认为应立足国内开发的氯化钾生产4号新工艺和冷结晶技术,以节省投资,减少风险，也比较主动。

1993年11月，陈冠荣、陈鉴远、黄鸿宁、张勤汉四人又联名向化工部顾秀莲部长、党中央财经领导小组、国务院、国家计委就拟引进以色列冷结晶法技术并与之合资建厂一事提出想法，他们在报告中指出："经化工部化工矿山设计研究院十年来的刻苦研究，坚持在盐田做试验，兑卤脱钠法生产低钠光卤石，再进一步水解脱镁生成优质氯化钾(含KCl 98%以上)的新工艺已在青海钾肥厂中试成功，正建万吨级工业化试验装置，是部重点攻关项目，这个兑卤脱钠法在国际上属首创，已经取得国家专利。产品达到工业氯化钾标准，价值增长，成本下降，而且低钠光卤石还是冶炼金属镁新工艺路线的原料(已经有色总公司认可)，有利于综合利用和提高经济效益，为合理开发盐湖打下了很好的基础"。12月3日，顾秀莲部长写了一个长长的批示，非常同意这个意见。12月7日，李子彬副部长也作出批示；12月8日，贺国强副部长批示。1994年4月18日，化工部李子彬副部长《关于建设青海钾肥厂二期工程的报告》专送邹家华副总理。

1996年，化工总公司陈广武同志给化工总公司写报告建议，青钾4号工艺是在总结国内外钾盐加工生产技术基础上，经过国家"七五""八五"科技攻关，设备开发、直至规模生产工业化试验成功的氯化钾生产新工艺技术。该工艺与传统工艺相比有一系列的优点和创新，不仅工艺流程简短，无特殊设备要求，而且可节省盐田滩晒面积，免去中间产品光卤石采收过程，由于中间产品低钠光卤石结晶粒度及纯度高，不仅可生产优质氯化钾产品，而且也是电解金属镁的理想原料，因其投资省，成本低，经济效益十分显著，不仅是青钾二期工程的优选方案，也是解决我国钾肥短缺的重要途径，他建议总公司采用该工艺技术与死海生产企业合作，以弥补我国日益增长的钾肥需求。

1998年，中科院院士陈冠荣，中资公司专家王海等再次直接给朱镕基总理提出建议，与以色列合资建设青钾二期工程方案投资太高，况且国内开发的技术已成熟并实现了规模化生产，效果很好，再花数亿元去引进以色列的技术软件，实无必要。该报告朱总理很快就作了批示，并明确不能再背包袱了。吴邦国副总理下令暂停合资项目审批，国家计委主任曾培炎批示抓紧督办。至此历时八年之久的青钾二期工程建设方案之争宣告结束。这场论战的结局及之后4号工艺在青海的广泛推广，都有力地说明了：4号工艺开创了钾盐技术国产化之先河，并推动了我国钾盐事业的快速发展。

有作为和荣光的钾盐专家

在国家科研体制改革后，程老应化工部要求，组建了面向全国的化工部钾肥工程技术中心，并被任命为中心主任，开展我国钾肥生产中急需的共性技术、关键技术和配套技术研究，并对重大科研成果进行后续工程化研究和集成，加大了科研成果产业化的转化力度，培育和塑造了东方优质氯化钾工业实验厂、与香港合资成功钾盐公司、四川博泰化工公司、华晶钾盐有限公司等钾化工重大科研成果产业化示范企业，取得了显著的经济效益和良好的行业带动作用。

程老勤于思考，将实践成果不断总结和提炼，形成了一系列理论成果。他先后在国内外刊物及学术会议上发表"采用生物工程技术处理胶磷矿选矿废水新技术研究""氯化物型含钾卤水制优质氯化钾专利技术""硫酸钾生产技术的开发与应用""萃取结晶法生产硝酸钾新工艺研究"等数十篇论文，获得国内外同行和专家一致好评和赞誉。1995年载入香港《中华优秀专利技术精选》；1998年载入《中国专家大辞典》；1999年入选《中国专家人才库》。

《中国专家人才库》中，对程忠性格魅力的评价是：富有个性，精力充沛，刚毅热情，积极进取，不断创新。

说起他的个性，行业内的人都公认，也很鲜明。他谈起我国钾肥发展历史，可以说了如指掌，从20世纪70年代前空白，到20世纪80年代初建设，再到20世纪90年代投产，经历了一个从无到有，从小到大的发展历史。这是中国历史的写照,也是钾肥行业发展时代的轨迹。

对于我国钾肥未来的发展,他表示,中国是一个可溶性钾矿资源贫乏的国家,青海、新疆的钾资源是"国之宝",今后需要有计划地科学合理开采。他认为,走出国门到海外建立中国的钾肥基地是中国钾肥行业的大战略,且老挝、泰国是首选,中国在境外钾资源开发方面已经走了20年,已经积累了丰富的实战经验,可以通过方方面面的合作,把境外钾肥基地产业做起来,以满足中国钾肥日益增长的需求!

撰稿:陈鸿应

编后

有人说,人生有两杯必喝之水,一杯是苦水,一杯是甜水,没有人能回避得了。区别不过是不同的人喝甜水和喝苦水的顺序不同。

听了程忠老先生所讲的故事,以及他的坎坷人生和经历,正如他自己所说,他在中国钾肥领域付出了、努力了、收获了,为行业做了一些有价值的事,并实现了重大突破,组织上也对他给予了一些荣誉,这是对他工作成绩上充分肯定,为此他感到满足和自豪。

最后,我们衷心祝愿他身体健康,快乐长寿,安度幸福的晚年生活,这就是人生最大的福报。

为"钾"消得人憔悴

——记上海化工研究院化肥所原副总工程师徐解平

[专家名片]

徐解平，男，1949年生，1974年就读于江西冶金学院，毕业后于1977—1980年在江西九江806厂工作；1980年考入上海化工研究院攻读硕士研究生，1983年入党。曾任上海化工研究院钾肥室副所长、复混肥室副所长、精细化工所副所长、化肥所副总工程师，2009年退休。徐工一直投身于钾盐（肥）行业，兢兢业业，为行业做出了很大贡献。

徐解平教授级高工

初次见到徐工是2018年9月初的一天，我们相约在上海交大徐汇校区浩然楼二楼咖啡馆见面，下午二点多，当我看到徐工时，只见他步履矫健、满头银发、精神矍铄、思路清晰，丝毫看不出他有70岁的年龄。

据介绍，他是我国国内的钾肥专家之一，在行业内也很有名气。为此，我们进行了一次深入的采访和交流。

丰富的人生阅历

首先，我们从他的人生经历聊起，他话语虽然不多，但一说起自己的人生阅历，便打开了话匣：他毕业于上海市五四中学，是1968届毕业生，1969年到江西广昌县插队落户，1974年被推荐到江西冶金学院就读（现为江西理工大学，这是一所江西省人民政府、工业和信息化部、教育部共建高校，是中国有色金属工业和钢铁工业重要的人才培养和科研基地。学校创办于1958年，原名江西冶金学院，1988年更名为南方冶金学院，2004年更名为江西理工大学。学校曾先后隶属于冶金工业部、中国有色金属工业总公司）。1977年毕业后被分配到江西省九江806厂；1980年考入上海化工研究院读研究生，学的是钾肥专业，师从王志铿老师。

毕业后，他分配到上海化工研究院钾肥室，任钾肥专题组副组长，参与青海盐湖钾肥厂的工艺研发工作。据资料介绍，1985—1989年，国家立项"七五"攻关项目"年产4万吨氯化钾冷分解—结晶浮选技术"，1983年起，由上海化工研究院、天津大学、青海钾肥厂、化工部连云港化工矿山设计研究院等四家单位联合参与这一项目。经过共同努力，所得氯化钾滤饼的水分含量较冷分解—浮选法低14%左右，过滤设备的生产能力可提高50%左右，为继续开展冷结晶技术奠定了基础。项目完成后，又提出了10万吨氯化钾冷结晶设计方案。1990该项目年由中科院组织鉴定，认为技术达到国内先进水平。

在此期间，徐解平作为项目技术负责人，他自始至终沉在一线现场。他还为我们讲了这样一个故事，当时，以色列的设备、技术水平绝对是最好的，如果能引进他们的技术会加快项目的进展，提高自身技术水平。但与对方接触下来，发现他们的设备购买和技术转让费开价非常高，达到100万美元。到底要不要引进？大家心里都没底。经多方考虑，决定由化工部潘连生副部长带队，组织去以色列现场考察，眼见为实。考察组成员有化工部、国家计委等部门的领导，徐解平那时才30多岁，有幸成为了考察组成员之一。他说，那时正好是中国与以色列建交，他们便成了中以建交到访的第一个代表团。

他说："去以色列之前，潘连生就找到我，并特别要求，在考察期间要把以色列设备、工艺搞清楚，把技术学回来。带着这个任务，我也非常珍惜这个难得的学习机会。在以色列10多天中，只要一有空我就泡在车间里，看设备，问参数，记数据。到了最后，心里有了一定底气，为后来我们的自主攻关打下了基础。"在交流过程中，他还特别提到了一件事，他说："在考察结束的前一天晚上，潘连生部长约我，让我陪他去散步，其实他想征求我对采购设备的看法，记得我当时说了一句话，'如果化工部连这个项目技术都不攻关，那么，中国钾肥的冷结晶技术就到此结束了'。潘连生没吱声，也不搭理我，转身就走了"。

他说，"最后，冷分解结晶技术设备没有引进。这是不是与我讲的这句话有关，就不清楚了。现在反思起来，在那个特定的年代，大家受到'国家利益为上，自力更生'观念的熏陶和影响，同时，作为一名科研技术人员，都抱着一种崇高的责任感和强烈的使命感，认为既然是国家攻关项目，我们一定有能力，会组织一切力量去攻关，以此为国家节约每一分外汇"。

难忘的三段经历

当我们问起徐老，在您的人生经历中，最引以为自豪的事有哪些？他不假思索地告诉我，说他的人生经历分为三个阶段，有三件事值得记忆，并且对他的人生影响也最大。

第一件事，是他到江西广昌县插队落户，在此期间，他自学了高等数学、大学物理、电工学，并且学以致用，在农村搞起了小水电，办综合厂(有锯板、压油、做粉丝等)，得到了农民们的广泛赞誉，这激发了他要通过自己的努力，为国家、为社会造福的理想信念。

第二件事，是在江西九江806厂工作的三年，他负责稀土开发工作，同时负责科技情报的收集、整理和翻译，公司产品说明书的中英文对照都是由他来翻译的。他的英语水平当时还不是很高，他说，还得感谢庐山修道院的一位嬷嬷。他将翻译好的东西请这位嬷嬷帮着把关(不涉及保密的)。嬷嬷从语法、单词等一一指点和校正，为他后来搞技术开发，查阅外文资料，打下了扎实基础。

第三件事，就是在上海化工研究院了。直到退休，他都是在上海化工研究院度过的，虽然说换过几个部门，但对钾肥的技术开发、应用一直没有放弃。当时，冷结晶工艺在钾肥领域的地位不言而喻，他利用所学的知识和技能，通过计算机对工艺参数，进行推算，变成了三个方程，这样避免了计算的麻烦，也更为精确。

说起参与青海钾肥项目工艺攻关时的日子，他感慨万分，终生难忘。他说，那时搞实验不比现在，条件非常艰苦，连吃的都没有。领导看到他工作辛苦，偷偷地给了他几个红烧肉罐头，他却把它拿了出来，煮成一大锅，让大家分着吃。连续好几个月，大家拼命地干，特别是开车的那个星期，他没走出过车间门，没睡过囫囵觉。后来，一称体重，自己整整瘦了37斤，头发也全白了。当把数据拿出来，回到上海化工研究院的办公室时，同小组的人问"你找谁"？都说不认识了。他说，"那个年代，我们真的是全身心地扑在工作上面，也不觉得苦和累，一心只想把项目搞成功，为国争光，为钾肥行业争气。"

对行业的一点看法

行业内说起钾肥专家，都知道有三大元老，窦昌华、陈忠和徐解平，徐解平算是他们三人中年龄最小的。但徐老却认为，自己还有差距。

当笔者问起徐老对钾肥行业过去和未来发展的评价时，他说，60 年来，我国钾盐(肥)行业不断壮大，走过了从小到大、从土到洋、从弱到强的发展历程。在老一代科学家的努力下，针对可溶性固体钾资源不足的问题，突破了盐湖高品位晶间卤水的钾盐提取技术，建成了青海察尔汗和新疆罗布泊两大钾肥生产基地，现在，中国钾盐自给率也大幅提升到 50%左右，这个成绩很了不起。

他说，论起对钾肥行业的贡献，离不开一批又一批、一代又一代钾肥人的艰辛付出，比如华东理工大学的于建国副校长，他做了大量实验和科学研究，取得一系列优秀成果，并实现成果的转化应用。可以说，他是钾肥行业在高校的优秀代表之一；从技术来讲，冷结晶技术悬浮法就是突破。

他说，我国钾盐资源有限，品位也不太高，过去资源浪费太多了，这一点要引起重视；对钾肥科研要严谨，不要浮躁，要踏踏实实，加强数据积累，关键一点，要继续弘扬老一代盐湖钾肥精神，传承下去。我相信，中国钾肥行业会大有作为、大有可为……

撰稿：陈鸿应

编后

“为伊消得人憔悴，衣带渐宽终不悔”。当我们看到徐老的满头白发，这无不是历史为他染上的荣耀和记忆。在此，我们再次祝愿徐老身体健康，幸福安度晚年，永远开心快乐，这也是对他这位一辈子从事钾肥事业专家最好的回报。

勇于开拓创新的领航人

——记新疆硝石钾肥有限公司执行董事兼总经理李浩

［专家名片］

李浩总经理

李浩，男，1955 年 10 月生于四川乐山市，1982 年 1 月毕业于重庆大学采矿工程专业，1990 年 5 月，被化工部授予“有突出贡献的中青年专家”称号；1992 年 1 月，由化工部破格晋升为高级职称；1996 年，任化工部液体采矿技术中心主任；1998 年，由化工部授予正高职（研究员）职称，于当年入选国务院专家库专家；同年 10 月，兼任格尔木长兴科技有限责任公司董事长、总经理。1999 年 6 月，经国务院批准，享受政府特殊津贴；2000 年 3 月，任中国蓝星集团设计总院副院长；受聘于新疆三维罗布泊钾盐有限责任公司任总经理。同年 8 月，新疆罗布泊钾盐科技开发有限责任公司成立后，继续任总经理。目前担任万向新疆硝石钾肥有限公司总经理。

2004 年 12 月 15 日，新疆罗布泊钾盐科技开发有限责任公司更名为国投新疆罗布泊钾盐有限责任公司，李浩继任总经理；2005 年 8 月，李浩被新疆维吾尔自治区党委任命为国投新疆罗布泊钾盐有限责任公司党委书记；2006 年 2 月当选为新疆巴音郭楞蒙古自治州政协委员；2006 年 10 月当选为新疆维吾尔自治区党代会代表。现任新疆硝石钾肥有限公司执行董事兼总经理。

有位名人说过这样一段话：“在今天看来，一个人的发展，最重要的往往不在于终极的理想有多遥远，而在于眼前拥有什么样的起点。我们往往不缺乏宏图伟业，而缺少通向这个愿望的一步一步积累起来的切实道路……”

一个人的人生坐标定位，目标理想的确立，对其后来的发展，发挥着重要的作用。而更为重要的，还是为实现目标理想而不断付出的卓有成效的坚韧不拔和奋斗努力。只有这样，在任何艰难险阻面前，都会达到“柳暗花明又一村”的境地。

国投罗钾股份有限责任公司党委书记、总经理李浩，一直从事液相矿床研究、开发建设、科研设计和企业管理工作，具有坚实的理论基础和丰富的实践工作经验。他把崇高理想和信念融于一步一步做实，一次一次跨越之中，在为中国钾盐（肥）事业的奋斗中，不断开拓创新，铸造自己的精彩人生。

系好人生的第一粒扣子

在李浩的身上，四川人的那种吃苦耐劳、坚韧不拔、诚恳爽快、聪颖豁达的特性表现无余。他在化工部长沙设计院工作期间，深深地体会到，作为国家在化工设计与研究方面的一所重点院所，它担负着发展国家化工工业所需的设计、研究、考察等方面的重任，特别是针对我国可溶性钾资源缺乏，该院把寻找、开发可溶性钾资源也列为重点研究项目。

当时的李浩充满年轻人的朝气，他觉得院里的业务开展，与自己的所学很多地方是非常吻合的，庆幸自己来到这里工作。他如鱼得水，虚心向老师和前辈学习，把理论和实践紧密结合起来，除完成好院里交办的课题研究和有关项目外，还博览大量的国内外有关研究成果和资料，使他的知识结构和业务水平得到了迅速的提高。由于各方面出色的表现，得到了院广大职工的一致好评，受到院领导的多次肯定和嘉奖。他历任长沙设计研究院液相开采研究室副主任、主任，主管科研、设计常务副院长，化工部溶解采矿技术中心主任等职务；2000 年，任中国蓝星集团设计总院副院长。一次次地荣升，一次次地重用，对于李浩来讲，他没有盲目乐观，而是觉得自己肩上的担子更重了，责任更大了，随即一种不容推卸的使命感使他更加振奋精神，以百倍的努力，千倍的激情投入到院里的工作中，夯实人生的基石，用一个知识分子对事业、对社会高度的使命感和责任感，用睿智、热血、汗水，书写着更加壮丽的人生。

投身罗布泊钾盐开发

1999 年 12 月，李浩应邀到新疆考察罗布泊钾盐开发事项，工程的美好前景深深吸引了他。次年 4 月，为了事业，李浩毅然放弃内地优裕的工作、生活条件，义无反顾地来到新疆，投身于罗布泊钾盐开发的工作中。上任伊始，他首先将原先盲目上马的一些工程停下，重点抓了卤水、水和黏土资源的勘查和制取钾盐的工艺试验研究两项工作。他带领公司科技人员及全体员工克服了种种难以想象的困难，展开了罗布泊开发史上首次全面、系统、切合实际条件的试验研究，为全面、大规模开发罗布泊钾盐资源奠定了坚实的基础。其间，他严格按科技程序办事，稳妥、系统、有序地完成了各项研发、建设条件的落实等诸多工作的组织领导任务，取得了一系列突破性成果。在水资源、黏土资源等主要建设条件的落实工作方面，李浩更是呕心沥血、彻夜难眠。同时，他还要四处奔波，报批各项目计划、设计方案等，争取政府及相关部门、董事会的理解支持，为公司营造良好的外部环境。2000 年 3 月，受聘于新疆三维罗布泊钾盐有限责任公司任总经理。

经过一年多的前期准备，2001 年工程上马的条件日渐成熟。在李浩直接领导下，经过更进一步的设计优化、全国范围内的招投标、艰苦的谈判，终于确定了全国一流的输卤渠、盐田施工单位和监理单位，使得罗布泊钾肥基地一期一步原料系统工程于 2001 年 10 月 25 日顺利开工；2002 年 5 月 15 日，盐田工程及配套的采输卤渠工程全面完工；同年 9 月，2 万吨硫酸钾工业试验厂项目破土动工；2003 年 6 月，正式建成投料试车。当年，就生产了近 1 万吨优质产品。

作为公司学术带头人和罗布泊硫酸镁亚型卤水制取硫酸钾技术开发试验(小试)总方案的组织者和审定者，李浩组织专家并指导公司专业技术人员，仅用了 4 年时间，就在罗布泊腹地完成了探索性试验、小试、中试，建成了工业试验厂，达到了年产 10 万吨的生产能力，取得了世界上独一无二、拥有完全自主知识产权的“罗布泊硫酸镁亚型卤水制取硫酸钾”工艺技术。2005 年，公司“罗布泊地区钾盐资源开发利用研究”这项技术获得了国家科技进步一等奖。在整个会战中，肩负繁重日常工作的总经理李浩更是心系工地，亲临现场指挥。他的大部分时间都是在罗布泊施工现场度过的。他几乎每天都坚持在工地现场办公，每天同一线员工干在一起、住在一起、吃在一起。工人都劝他："李总，您应该回去休息几天了。"而他却说："现在是公司的创业时期，决定着公司未来的发展，我只有和大伙在一起、住在一起，心里才踏实！"与此同时，他还协调与政府部门、地质勘探队伍及与罗布泊开发事业有关的各单位之间的关系，解决了罗布泊开发的钾资源储量认定、淡水资源的勘查、黏土资源的找寻、军地协调等重大问题，成就了罗布泊钾盐资源开发这个辉煌而伟大的事业。

罗布泊这个亘古荒原的开发，离不开拥有国内领先专业水平的专家，更离不开甘愿奉献、乐于吃苦的敬业精神，李浩恰好同时具备了这两种条件。罗布泊钾盐公司在他的带领下，一年一个台阶，五年走过了他人十几年、几十年走过的路。

2005 年，在李浩总经理的带领下，国投罗钾公司全面启动了新疆罗布泊年产 300 万吨钾肥项目一期工程—年产 120 万吨钾肥项目，拉开了打造世界硫酸钾航母的帷幕。该项目总投资 48 亿元、被列为国家"十一五"重点建设项目之一，设计建设周期为 4 年。2008 年 11 月，120 万吨钾肥项目正式建成，并一次性投料试车成功。项目建设期间，李总带领技术人员呕心沥血，付出了常人难以想象的艰苦努力，攻克了多项技术难题，并取得多项科研专利。2010 年，公司全年生产硫酸钾 83.91 万吨，硫酸钾生产能力跃居世界首位，成为名副其实的世界硫酸钾航母。

与此同时，为支援国防建设，妥善解决 63650 部队军属安置问题，经股东会批准，公司将年产 120 万吨钾肥项目配套编织袋厂建设地点由哈密改在马兰建设。2010 年 4 月，63650 部队与国家开发投资公司战略合作框架协议签字仪式在马兰基地举行，同时编织袋厂开工建设。

立信念创奇迹结硕果

在李浩的带领下，国投罗钾人始终保持着一种勇往直前、斗志昂扬的态势，他们的辛勤耕耘，终于结出了丰硕的成果。从 2001—2003 年的短短 3 年多时间里，从资源勘查、工艺试验到工业试验厂建成、生产出合格优质产品。

国投罗钾走过了美国用 15 年、国内同行用 30 年走完的发展之路，创造了世界钾盐开发史上的一个奇迹：罗布泊钾盐开发从工艺小试到出精产品仅用了不到 4 年的时间，期间，创造了仅用微咸水不用淡水就能制取钾盐；利用当地硫酸跟资源直接生产硫酸钾；工业试验装置投料后一次就生产出优级品产品，并且 3 个月后就达到了世界第一的纪录。

创业伊始，以李浩为首的公司管理层就确立了一个坚定的信念和目标：在罗布泊创建大钾肥基地、为中国彻底摆脱"贫钾"帽子做贡献。公司的一切科研、经营活动始终围绕着这个中心目标而运作。顺境时，高管们以此为"清醒剂"时刻提示保持清醒头脑戒骄戒躁；逆境时，又以此为激励，坚定开发建设的决心。李浩和他的经营者以此信念来凝聚人心，反复向全体员工宣传开发罗布泊钾盐的重大意义和公司发展的美好前景，使员工们明白自己的工作是有意义和有前途的，增强爱岗敬业、勤奋工作的内在动力，从而使广大员工也树立起共同开创事业的信念。同时，公司坚持用待遇吸引人、感情留住人、制度管住人，努力营造积极向上、团结和谐的企业氛围，积极推进员工培训工作，为公司今后的发展储备技术人力资源。靠着坚定的信念和强大的凝聚力，开拓者们经受住了重重困难的考验，艰苦创业，建成了从盐田到成品生产的一整套成熟的产品生产线，并初步形成生产规模。这为今后大规模开发罗布泊钾盐资源开辟了道路。

据资料显示，国投罗钾根据罗布泊的独特的卤水组成以及当地缺水条件，自创研发了硫酸钾的生产工艺，使产品纯度达到96%以上，钾离子总回收率达到50%，吨耗水量不到7吨淡水。目前，10万吨/年的中试装置过转正常，并且实际产量达到了12万吨/年，成为我国最大的硫酸钾生产企业。随后，总产能又扩大至300万吨/年，将成为全球最大的硫酸钾生产企业。

榜样力量是无穷的

除了抓紧一切时间搞生产建设，李浩时刻不忘自己是一名共产党员，认为“党的工作和生产建设一样重要，哪一个都不能放松！”在他的带领下，公司在建立之初就成立了党支部，他担任支部书记。支部的各项规章制度健全，各项工作顺利开展。2003年年初全国抗“非典”战役打响后，他亲自挂帅，组织安排各项预防措施，规定凡是进罗布泊的人必须要在哈密留观15天以上，并经过身体检查方能进入，确保罗布泊这片净土不受影响。随着公司的壮大，公司成立了党委，他又担任了党委书记。从此，在工作中，他更是充分发挥党员领导干部的先锋模范作用，身先士卒，处处做出表率。

罗布泊地区工作、生活条件极为恶劣，加上工作的繁重、生活得单调乏味，很多员工都受不了。他到任后，第一件工作就是改变员工的工作、生活条件。在他前后张罗、上下沟通下，在很短时间内装了卫星电话、卫星电视、计算机、打印机、复印机；利用节假日举办丰富多彩的文艺活动，丰富职工的业余文化生活；他经常提醒食堂，一定要合理搭配营养，为员工提供可口的饭菜；夏天，他为员工买来了空调、电扇；冬天，他嘱咐物资部门，一定要保证燃料供给；端午节到了，他提前安排综合部，一定要让矿上的员工吃到粽子；每年的元旦、春节、“五一”“十一”他都要上矿，跟员工们一起过节……他为员工做的每一件小事，都应验了他所说的一句话：“作为领导，作为共产党员就是要让别人过得更好一些，我们苦些、累些怕啥？”

榜样的力量是无穷的，李浩的工作方式总是带有其李氏的特色，即：他从不盛气凌人地去对人进行一种强行灌输，而是以不同的感悟延展殊途同归的价值，也就是用自身的言行，去对每个心灵进行内在的呼唤。他认为这就是世界上最简单的真理。正是这一言一行，李浩赢得了全体员工的敬重和拥护。

收获丰收喜悦再出发

李浩是一位在前进路上永不停息、永不止步的人。一路走来，他品尝了开拓的苦辣酸甜，也体味了创业的成功与艰难，但他更多的还是收获了丰收的喜悦。

李浩先后获得省、部级以上成果奖近20项。

回首往昔，李浩感到非常自豪。从2000年到罗布泊开发创业至今，他为国家开发生产钾肥而开拓创新的事例和业绩，让历史不会忘记，人民会永远牢记！

瞻望未来，他充满了自信。从120万吨/年的硫酸钾生产企业的诞生，彻底摘掉了“贫钾”帽子，使中国钾盐(肥)人扬眉吐气。他决心带领“罗钾人”不忘初心、不断开拓、马不停蹄、永续发展。

由此，李浩禁不住心潮起伏，感慨万千！

撰稿：陈鸿应

编后

李浩同志在新疆罗布泊为国家开发钾盐事业的创业奋斗中，始终坚持“见苦不怕苦，苦中自有乐”的精神，并在艰苦的条件下，实现了超常的行动能力和人格魅力。他勇于开拓，不断创新，在他的带领下，公司不断迅速成长、不断发展壮大，创造了一个又一个奇迹。可以说，他为国投罗钾公司的创立与发展贡献出了自己的智慧和辛劳，为中国的钾盐事业做出了杰出贡献。

为此，当我们回忆、收集和整理中国钾盐(肥)产业60年历史时，李浩无疑是一个必须落笔书写的人物。目前，李总又在新疆硝石钾肥有限公司继续着他的钾肥新奉献……

科技为盐湖开发插上腾飞的翅膀

——记国家盐湖资源综合利用工程技术研究中心主任(上海)于建国教授

[专家名片]

于建国教授

于建国,男,1960年6月生,辽宁大连人,教授,博士生导师。1982年毕业于华东化工学院无机化工专业,后获工学硕士、博士学位。现任国家盐湖资源综合利用工程技术研究中心主任(上海)、国家环境保护化工过程风险评价与控制重点实验室主任、国务院政府特殊津贴专家。曾担任华东理工大学副校长、研究生院院长等职,受聘国家“863”计划“十二五”资源综合利用主题专家、国家自然科学基金委材料与工程学部14届专家组成员、中国化工学会常务理事(化肥专业委员会副主任)、上海市发明协会会长、上海市化学化工学会副理事长等职务。

于建国教授主要从事卤水资源开发、固体废弃物资源化利用以及温室气体减排技术研究。在盐湖钾、镁、锂资源高效与可持续开发利用方面,突破多项关键核心技术及装备,为中国钾肥技术赶超世界先进水平做出了重要贡献。在工业固废资源化利用、温室气体减排与转化、非水溶性钾资源提钾等方面,取得了创新性成果,在科技创新和技术转移等方面做出了突出成绩。他曾先后获国家科技进步二等奖2项、上海市科技进步一等奖2项、青海省科技进步一等奖1项。承担国家自然科学基金、国家“863”和科技支撑计划等国家和省部级科研项目30余项,发表学术论文300余篇,参编英文专著2部,公开中国发明专利69项,申请PCT专利2项。并荣获国家环境保护专业技术领军人才、侯德榜化工科技成就奖、第13届上海市十大科技精英、全国优秀科技工作者等殊荣。

采访于建国教授时,正值2018年教师节,我们在华东理工大学八楼会议室里见到了他,虽说担任多年华东理工大学副校长,他却为人务实低调,没有丝毫架子。在采访交流下来,他讲得更多的不是自己,而是他们的团队以及为钾盐肥行业所做出的努力和取得的成就。

初与“盐”结缘　为科研放弃留学机会

1978年,在中国刚刚恢复高考第二年,于建国考上了华东化工学院(现华东理工大学),主攻方向是三酸二碱合成氨。

1982年7月,从华东化工学院无机化工专业毕业,年仅22岁的他,怀揣着梦想,从浦江沿岸来到了海河之滨，成为了天津轻工学院盐化系的一名老师，专门从事无机盐教学。他说，在天津轻工学院的三年，不仅要重新学习多元水盐体系相图，教授化工热力学，更重要的任务是带领比自己小一两岁的学生们去海边盐场实习。几年时间下来，他走过了塘沽、汉沽和大清河盐场和车间，熟悉了氯化钠、氯化钾、芒硝、溴素、老卤块生产工艺，晶莹剔透的"盐"在他的脑海中留下深深的烙印。

那段助教经历让于建国至今记忆犹新，他说，有一次，在河北乐亭的大清河盐场，一起分配到盐业系统的大学同学骑着自行车载他回集体宿舍，由于海边腐蚀严重，自行车非常简陋，只有轮胎和车把，没有刹车装置。在呼啸的海风中，要刹住车可不是一件容易的事情，必须启动"脚动模式"——用脚不断摩擦车前轱辘，结果还是刹不住，两人只好直接撞到了墙上。他说，有时候，在海边行走，人被海风"推着"跑，只能奋力抱住电线杆，以免被风吹走。在天津三年的助教经历，让年轻稚嫩的于建国逐步成长为一个能吃苦、能担当的男子汉。

1985年，于建国又重新考回了自己母校——华东理工大学攻读硕士研究生学位。从此，他就再也没有离开过这片热土。后来读博士，成为院系负责人，直至担任多年的学校领导。

他说，在20世纪80年代末90年代初，大多热血青年忙于出国深造。当时，于建国也曾有两次出国攻读博士学位的机会，可都是由于导师的挽留和科研重任在身，他最后选择了留下来坚守工作。当我们再次谈起他当时放弃出国的事，他却轻描淡写地说，其中缘于对导师的感恩，对责任的坚守。我们想，从中更加体现出这位北方汉子的重情重义，以及顾全大局的胸怀和格局。

定格"钾肥"　走向二次创业之路

专业的兴趣与事业的召唤，于建国及其团队把自己的二次创业毫不犹豫定格在了中国的钾肥事业上。

那是1999年，在两间借来的实验室里，于建国和他的助手小宋老师开始了盐湖资源研究和开发工作。人手少，没实验室，设备匮乏，更谈不上学校的经费投入了。从打扫破旧的房屋，到筹措科研经费、购置实验装备，每一步都走得很艰难。一位学校老领导被他们的强烈的事业心、敢闯事业的韧劲所感动，便把自己实验室的烘箱都搬了过来给他。物虽小，但这份支持和帮助让大家感动不已。

作为创业者如何尽快走出困境，让事业快速发展，是于建国苦苦思索的问题。1999年10月，借学校成立47周年校庆之机，于建国向学校提出组建了国内高校第一家技术转移中心的建议，并下设工程设计部、环境评价部、安全评价部、中试基地等机构，还主动请缨，担任技术转移中心负责人。于是，得到了学校的支持，于是开始了有组织、有计划、大规模地推进产学研合作的探索。他说，那一年，来学校寻求技术合作的企业、政府代表团达100多批，平均每三天就要接待一批客人。山东省东营市、上海市徐汇区的领导，被于建国的技术转移思路和敬业精神所感动，慷慨解囊，投入资金帮助学校建立了化工单元操作中试基地。

在众多的校企合作案例中，青藏高原上的一颗璀璨明珠，深深吸引了于建国的目光。地处青藏高原的察尔汗盐湖，海拔2 800米，气压537毫米汞柱，氧气含量仅为沿海地区的70%，年平均气温4.3℃，工作环境非常艰苦。但是，那里的盐湖资源却十分丰富，已探明的元素有钾、钠、镁、锂、铷、铯、硼等，品种齐全，各种盐类资源总量约12 000亿吨，是国家重要的战略资源。特别是钾资源储量达1.45亿吨，是我国最重要的钾肥生产基地，氯化钾产量占全国产量的90%以上，在农业生产中具有举足轻重的地位。党和国家领导人非常关心青海盐湖资源的开发与利用，几任总书记、总理均亲临察尔汗盐湖视察，指导盐湖事业的发展。察尔汗盐湖资源丰富，但地域遥远、高寒缺氧，人才与技术匮乏的瓶颈突出，严重制约着盐湖资源综合利用的步伐，盐湖集团的掌舵人求贤若渴，希望加强与高校院所的合作。

回顾这些年来的产学研合作历程，于建国说，最让我引以为豪、合作最为顺利的项目当属“恶嗪类氯化钠浮选药剂绿色高效合成技术”。当时，企业的负责人到学校找到他，一见面，就把多年的苦闷和难点一股脑倾诉出来。他说，吗啉是毒性很大的化学品，对人体健康危害很大，可引起肺癌等多种疾病，生产中却无法避免“跑冒滴漏”，吗啉挥发高达 20%；每釜反应结束后，总是在反应器内壁长出一层厚厚的黏滞物，清除非常麻烦；单釜反应时间长，产物选择性差，严重影响浮选效果，选矿车间意见很大。

为此，于建国针对这些问题，把车间技术人员请到了实验室，开始建立评价体系，研究反应机理、工艺参数与调控模式，形成了十二烷基吗啉绿色高效合成技术。企业与学校紧密合作，车间主任根据实验室的研究结果，直接调度指挥车间改变操作程序，使原料药有效成分从 80%提高到 93%以上，反应器操作稳定，反应速率提高一倍，并杜绝了吗啉挥发，消除了大气环境污染；选矿过程中吨产品药剂耗量下降 55%，实现选矿药剂清洁生产与低消耗。仅仅花费 10 万元的科研经费投入，就解决了企业大难题，当年就创经济效益 1 000 余万元，让企业领导们欣喜不已。由此，“恶嗪类氯化钠浮选药剂合成新工艺及其在反浮选氯化钾生产中的应用” 课题和项目，获得 2001 年度上海市科学技术进步一等奖、上海市优秀产学研工程项目一等奖。

众所周知，科研工作并不都是一帆风顺的，成功的喜悦总是暂时的。有成功就有失败，有顺风就有逆风！磨难和不顺往往让科技人员，尤其是致力于科研产业化的人更是寝食难安。

于建国教授讲述了脱水项目进展的艰难：氯化钾生产过程必须排放大量的水氯镁石，如果要把这些废弃物转化为合格的电解镁原料，必需脱除其中所含的 6 个结晶水。脱水的技术难点在于：加热脱除 4 个结晶水后，继续脱水会发生严重的水解反应，生成碱式氯化镁和氧化镁，无法得到符合电解镁要求的无水氯化镁。国内脱水研究已经持续了约 30 年，尝试了多种技术路线。为了找出一种新的办法，于建国团队竟然花费了八年时间，其中解决氨保护低温干燥-微真空高温煅烧脱氨工艺和设备，在车间现场一晃就过了 4 年，其中对人的煎熬和来自各方的精神压力，别人是难以想象的。

但终究功夫不负有心人，一分耕耘，会有一分收获。在创业路上，于建国从两个人两间房开始起步，到后来，按下“快进键”，跑出“加速度”，他先后组建了国家技术转移中心、华东理工大学资源过程研究所、教育部资源(盐湖)过程工程研究中心、国家环境保护化工过程环境风险评价与控制重点实验室、国家盐湖资源综合利用工程研究中心；为了给盐湖培养应用型专门人才，2010 年他又创办了国内首批“资源循环科学与工程”工学本科专业，于 2011 年正式招生。

扎根戈壁滩　攻克盐湖钾镁技术难题

众所周知，我国是钾资源稀缺国，对外依存度高达 70%以上，且钾资源基本以氯化物和硫酸盐的形式，赋存于青海柴达木和新疆罗布泊盆地中。因为在盐湖多元卤水体系中，钠、钾、镁、锂等阳离子及氯和硫酸根阴离子共存，分离过程复杂，要生产符合农业标准的低成本氯化钾产品还存在许多技术难题。

于建国深知，学术研究犹如逆水行舟，不进则退，钾肥事业更是一个苦差事，常年日晒雨打、风餐露宿，可是，于建国把自己的坐标定在了中国乃至世界最为艰苦的地方。

1999 年，正当国家发出“西部大开发”动员令的前一年，于建国教授率领科研团队进军茫茫戈壁，开始了察尔汗盐湖产学研合作之旅。他们与青海盐湖工业股份有限公司的专家们携手，先后攻克了氯化钠浮选药剂合成与复配、高原环境下多相流体系颗粒分离、光卤石冷分解结晶精确调控等多项关键技术、成套技术与重大装备，使我国钾肥生产技术水平与装置可与以色列、约旦等先进国家相媲美，经济与社会效益显著，获 2010 年度上海市科技进步一等奖。

他说，了解察尔汗盐湖的人都知道，盐湖钾资源开发过程中会排放大量的水氯镁石。这些优质的镁资源沉寂在团结湖，日积月累已达数亿吨，资源没有得到有效利用，反而影响盐湖卤水生态平衡。如何实现盐湖镁资源有效利用，成为华东理工大学盐湖团队的又一目标。十多年探索实践过程中，他们系统研究了大容量多场耦合镁电解槽模拟与优化设计、低电阻率镁电解石墨阳极制备、碱法氢氧化镁合成等镁加工利用技术，建成了年产 1 500 吨反应结晶耦合水氯镁石间接脱水工业示范装置，产品中水与氧化镁含量双双小于 0.5%，完全满足电解镁的原料需求。这一工业难题的攻克，使中国成为继挪威、澳大利亚之后，少数几个掌握间接脱水技术的国家之一，为以往被废弃的镁资源利用开拓了新路，使我国钾镁资源开发与应用技术达到了国际先进水平。“盐湖钾镁资源高效与可持续开发利用关键技术”获得了 2011 年度国家科技进步二等奖。

感恩团队付出　服务于“一带一路”倡议

对于所获得的成绩，于建国作为团队的主心骨，他始终强调说，这“十年磨一剑”的产业化成果应归功于校内、校外产学研团队的通力合作。由 10 多位老师和数十位研究生组成的科研团队所做出的辛勤努力，甚至付出了生命的代价。

由于察尔汗地区海拔高、气候干燥，湖区的平均氧含量只有沿海地区的 70%左右，对这些来自上海的学者们是一个严峻的考验，有的老师病倒了，有的同学吃不下饭，于建国鼓励大家尽快适应环境，战胜高寒缺氧等重重困难，这一干就是十多年。他常说，“科学道路上，会始终充满艰辛和坎坷，但相信你的努力和付出，最终会对国家、对社会、对人民有益”。

当记者问道，回顾这些年产学研之路，您最难忘的事是什么？于建国沉默了好一会儿，缓缓地说，“至今让我难以忘怀，也是最为难过、最为心痛的事发生在 2007 年，他们的团队一位工程师和宋老师，在察尔汗盐湖工作途中，发生了车祸，一位同志牺牲，宋老师负伤”。他饱含着泪说，“这件事发生后，我压力非常大，直到现在还都感到后怕”。他说，为了我国的钾盐肥事业，这些同志不仅远离家人，在这荒无人烟的地方，没日没夜地干，生活条件艰苦就不说了，但为了促进科技进步，他们不仅流汗、流血还要付出生命的代价。这正是，假若没有一种坚韧不拔的定力，假若没有一种锲而不舍的追求，假若没有一种甘于寂寞的情怀，假若没有一种为国奉献的信念，你即使再坚强、再崇高也难以做到。

于建国和他的团队立足上海、服务西部，为沿海发达地区智力支援少数民族地区经济发展树立了典范，也得到各级政府的充分肯定。教育部、科技部先后支持组建了“资源(盐湖)过程工程教育部工程研究中心”和“国家盐湖资源综合利用工程技术研究中心”。青海省科技厅聘任于建国担任“创新型盐湖循环经济产业集群”专家组组长。在于建国的带领下，“盐湖中心”已经成为国内最负盛名的卤水综合利用研究基地，在国内外产生重要影响。

近年来，该团队响应国家“一带一路”倡议，走出国门，将积累了 20 多年成熟的全套技术输出到海外，他告诉我们说，在泰国的钾肥项目即将建成和投产，这是一件多么让人欣慰和高兴的大事、喜事。同时，他说，呵叻高原的钾石盐矿藏十分丰富，下一步，我们将利用成熟的工艺和技术在老挝等东南亚国家，真正建立起我国的海外钾肥基地。我想，这正是作为高校一名科研工作者，为国家、为社会做出的一点贡献，也是良知。

“道阻且长，行则必至。”中国钾肥事业，任重而道远，我们坚信，于建国教授和他的团队拼搏前行的脚步，将会更加坚定，持续创新再出发。

撰稿：陈鸿应

编后

看完于建国教授的故事，笔者有太多太多的感慨，作为一名高校的知名教授、行业专家，本可以选择更加休闲、安逸的生活，或在实验室里就可以完成他的课题，发表一些高质量的论文，这样，充分代表你在行业的水平、能力和地位。

但是于建国选择了钾肥行业，这就意味着他选择了艰苦、辛劳和付出。茫茫戈壁滩，埋藏了我国仅有的钾肥矿产资源，可他出于为国家复兴，为产业发展，为企业排忧，为农民造福，与他的团队几十年来，义无反顾，深耕不息，努力拼搏，才有了中国在世界钾肥行业技术和产业上的一席之地。他也是高校里为中国钾肥行业做出突出贡献、会被行业历史铭记的人之一。

于建国教授回顾这些年的艰辛历程，他感到无怨无悔，无比欣慰，对于行业未来他也充满了关切，他说，寄希望我国钾肥事业未来发展之路上，全社会、全行业要高度重视，更多在盐湖综合治理、非水溶性钾资源提钾、钾的多元化上下功夫。

我始终相信这样一句话：人的一生，只要你努力付出，就一定会有成果，有地位，有精彩。

向大海取钾的人

——记河北工业大学袁俊生教授

袁俊生教授

[专家名片]

袁俊生，男，1961 年 5 月出生，河北工业大学海水资源高效利用化工技术教育部工程研究中心主任、教授、博士生导师。主要研究方向是海水资源综合利用、工业废水深度处理及资源化。他先后获得河北省科技十大杰出青年、教育部创新团队带头人、河北省省管优秀专家、山东泰山学者蓝色领军人才、闽江学者讲座教授；获全国优秀教师、天津市先进科技工作者、天津市“五一劳动奖章”等称号。我国海水钾引领人和实践者。

这些年来，袁俊生教授共获国家技术发明三等奖 1 项，省部一等奖 1 项(排名第一)、二等奖 3 项，中国国际工博会创新奖 1 项；发表论文 130 余篇，其中 SCI/EI 收录 100 篇次；授权专利 30 项；主持完成的“改性沸石法海水提钾产业化技术”和“海水综合利用集成技术”入选《国家海水淡化成果汇编》。

众所周知，海水中蕴藏着全球 97.5%水和 5 亿亿吨矿产资源，其中，钾资源总储量就达 500 万亿吨之巨，为陆地钾矿总量的 1 万倍，是大自然赋予人类巨大的宝库。长久以来，向浩瀚的大海索取赖以生存的资源是人们孜孜以求的蓝色梦想。

2012 年 11 月 13 日，“十一五”国家科技支撑计划“海水淡化与综合利用成套技术研究和示范”项目“5 万吨/年海水提钾技术开发”课题顺利通过科技部专家组验收，标志着具有我国原创性自主知识产权的“沸石离子筛法海水提钾技术”在国际上率先突破了技术经济关并实现了工程化，为解决国内农业急需的钾肥来源问题提供了一条有效的途径。课题组负责人就是河北工业大学海水资源高效利用化工技术教育部工程研究中心主任袁俊生教授。

袁俊生教授自 1982 年 8 月进入国家海洋局天津海水淡化与综合利用研究所从事海水综合利用技术的研发工作开始就与海水结下了不解之缘，历任海水提钾课题组长，海水综合利用研究室副主任、主任。袁俊生教授带领课题组历经 30 年产学研联合攻关，突破了“离子筛理论”和“复杂电解质溶液结晶理论”“海水体系溶液结构”等科学问题，创新出“沸石离子筛法海水提钾高效节能技术”。该项目获 5 项国家和 12 项地方重大科研项目资助，产学研投入研发经费 2.45 亿元，获发明专利 15 项，发表论文 100 余篇，获国家技术发明奖 1 项、省技术发明一等奖 1 项、省部二等奖 2 项和 2011 中国国际工业博览会创新奖，评为“211 工程”建设标志性成果。

“十一五”期间，在国家科技部、国家海洋局的支持领导下，课题组针对我国陆地钾矿资源贫乏，农用钾肥一半以上长期依赖进口的现状和急需多途径开发新的钾资源的战略需求，在前期工作基础上，系统开展并完成了高效钾离子筛的制备及其在海水提钾的应用研究、连续离子交换法海水提钾工程化系统装备研究、超万吨级海水提取硫酸钾产业化工程研究等各项任务。课题研制出了新型钾离子筛交换剂及海水提取硫酸钾新技术，交换容量达 38.5 毫克/克，较改性沸石的性能提高 1 倍以上；研制出了“模拟移动床连续离子交换富钾技术及系统装备”，生产效率较固定床提高 6 倍，钾回收率提高 1 倍，达 80% 以上，大幅提高了海水提钾的工艺装备水平；突破了海水提钾高效富集和节能分离等工程化关键技术，开发出具有原创性自主知识产权的超万吨级沸石离子筛法海水提钾工艺包，建成了 4 万吨级海水苦卤提钾及综合利用工程，产品质量达到国家优级品标准，生产成本较进口低 25%，为大规模海水提钾产业化工程设计开发及建设提供了依据。这些科技创新不是没有实际作用的一纸空谈，而是能够实际投入生产，创造出巨大经济效益的新技术，他真正把科学技术变成了生产力。“沸石离子筛法海水提钾高效节能技术”投入万吨级产业化，在世界上率先攻克了海水提钾成本关的难题，为解决国内农业急需的钾肥来源问题，彻底改变我国钾肥主要依赖进口的局面开辟了有效途径。

“十二五”期间，依托国家“十二五”科技支撑计划重点项目“浓海水梯级利用产业化技术集成及工程应用”、国家自然基金项目以及河北省科技支撑重点项目和山东省泰山学者领军人才项目，袁俊生教授率领的教育部“海水资源高效利用”创新团队协同国家海洋局天津海水淡化与综合利用研究所、唐山曹妃甸北控海水淡化有限公司、唐山三友化工股份有限公司、华东理工大学等 7 家单位经过产学研联合，成功突破了海水体系中溶液结构、选择性分离材料、高效结晶分离等相关基础理论问题，先后攻克浓海水提取钾肥、溴素，海水软化、海水制液体盐等关键技术，完成了各技术间的耦合及工艺优化，开发出浓海水综合利用集成新工艺，实现了浓海水中钾、钠、镁、硫酸根资源的综合利用和处理后浓海水的达标排放，为解决海水淡化副产浓海水排放及资源化利用问题提供了一条有效途径，并能够沟通上游海水淡化与下游制碱行业，为形成现代海洋化工新型产业链提供了支撑。

该项目于 2018 年 8 月通过科技部验收。通过该项目的实施，研制出沸石钾离子筛加工成套装备及产品标准，开发出浓海水提钾大型化节能工艺和关键设备，并突破了大颗粒硫酸钾调控结晶技术，建成了 1 万米^3/天浓海水提取氯化钾产业化示范工程，氯化钾生产成本较进口钾肥降低 30%；开发出浓海水提溴环境友好工艺和成套装备，实现了提溴后浓海水的无害化排放，建成了国内首个 3 万米^3/天浓海水提溴示范工程；开发出浓海水软化、净化新工艺和成套装备，建成了国内首套 1 000 米^3/天膜法浓海水软化示范工程；开发出电渗析法浓海水制液体盐工艺和成套装置，建成了国内首个 500 米^3/天浓海水制液体盐示范工程，实现了海水资源综合利用与纯碱化工的有机耦合，为进一步促进传统制碱产业升级提供了有力支撑。该项目已申请/授权专利 22 项（授权 12 项）、获得批准软件著作权 1 项，研制标准 8 项，发表论文 85 篇，出版专著 1 部，建成了 4 个示范工程，获河北省科技一等奖 1 项、二等奖 1 项。

此外，他们还积极拓展成果应用，创新出硫酸钾反应结晶及过程调控技术、湿式筛分绿色纯化工艺、梯级转化高效结晶节能工艺，突破了大颗粒硫酸钾结晶、非浮选法软钾镁矾绿色纯化、硫酸钾铵混晶高效分离等行业共性技术难题，并在冷湖滨地钾肥、山东农大肥业、印度 Agrocel 等企业成功应用，硫酸钾品质、能耗水平、环境友好性均达到了国际先进水平，共生产硫酸钾 64.5 万吨，新增销售额 11.4 亿元，创造了重大的社会经济效益。

撰稿：宁远　陈鸿应

编后

袁俊生教授在世界上率先攻克了海水提钾技术的难题，并进行了产业化应用，为我国钾肥行业做出了重大贡献。

目前，他及其率领的教育部创新团队正在以申建"现代海洋化工技术协同创新中心"为契机，锐意创新，刻苦攻关，积极投身京津冀协同发展，执着践行，追逐着人类的蓝色之梦。

一位从学者成为企业家的人

——记中国硫酸钾镁肥行业奠基者和知名专家杨建元

[专家名片]

杨建元教授

杨建元，江苏滨海人，1954 年出生。1978 年考入成都地质学院(现成都理工大学)岩矿分析专业。毕业后分配到西藏地矿局中心实验室工作，先后任生产技术科副科长、科长、代理总工程师等职。1989 年，杨建元到成都理工大学应用化学专业任教，任研究员并任校化学实验室主任、应用化学专业实验室主任等职。享受国务院政府特殊津贴专家，成都理工大学特聘教授。

在校期间，他曾获得全国优秀园丁奖(团中央、全国学联)、四川省大学院校实验室先进个人奖(四川省高教局)。2000 年以后，任中信国安(集团)公司副总经理、青海中信国安科技有限公司常务副总经理。

在中国钾肥行业，有人评价说，没有杨建元的付出就没有中国的硫酸钾镁肥的今天。谈及这些成就，杨建元依旧风采奕奕，十分淡定。他有着一种执着的劲头，靠着这种执着和坚韧，他和他的团队从无到有、从弱到强的开创了中国硫酸钾镁肥行业的历史。

他长期从事盐湖卤水综合利用技术与管理工作，先后参与了我国青海西台吉乃尔盐湖、西藏扎布耶盐湖、澳大利亚中部盐湖的开发和技术研究，提出了我国硫酸镁亚型盐湖卤水综合利用总体技术，在我国首次实现该类型盐湖锂钾硼镁氯的综合利用大规模工业生产，并主持这一投资达 35 亿元的工程实施，该工程 2008 年创产值 10 余亿元，创利润 2.5 亿元以上。也将在我国钾肥行业的历史上书下浓墨重彩的一笔。

早在大学执教时期，杨建元就开始了对硫酸镁亚型盐湖综合利用研究的课题。1998—1999 年，他从事硫酸镁亚型盐湖卤水综合利用研究，通过理论和实验相结合解决了硫酸镁亚型盐湖综合利用问题。2001—2004 年，他领导的这些项目在中信国安工业生产上成功实现了从青海东、西台吉乃尔盐湖中生产硫酸钾镁肥，并陆续实现硫酸锂、硼酸、氧化镁产品的工业化生产，这一壮举也是中国第一次实现该类型盐湖工业化生产。

在这一过程中，他带领团队相继开发出二段转化法生产出硫酸钾镁肥(绿色产品)，浮选法生产硫酸钾镁肥、硫酸钾等钾盐产品。值得一提的是，杨建元及中信国安团队开发出我国硫酸镁亚型盐湖卤水综合利用的总体技术解决了高镁锂比下的盐湖镁锂分离和镁高值化等国际性技术难题。而在青海东、西台吉乃尔盐湖，他主持投资的高达 23 亿元的新技术工程化实施让我国首次成功拥有了从硫酸镁亚型盐湖卤水年产硫酸钾镁肥45万吨、硼酸3万吨、碳酸锂2.5万吨到氢氧化镁阻燃剂10万吨特大型的工业生产装置。这些全球第二大、中国第一大的盐湖综合利用工程在建设及实施中取得了多项世界首创的科学成果。

杨建元及中信国安团队不仅在研发生产上下足功夫，为了让硫酸钾镁肥在国内的市场推广力度进一步扩大。从2004年开始，杨建元及团队建立起全国（除台湾省）硫酸钾镁肥扩大示范及销售系统。在与中国农科院及国内各省的农科所进行硫酸钾镁肥肥效试验中，硫酸钾镁肥开展了水稻、小麦、油菜、蜜柚、西瓜等多种农作物田间试验。同时，试验也将硫酸钾镁肥与复合肥、硫酸钾、氯化钾等多肥种进行了实地对比实验。特别是在福建省农科所做的九个品种试验结果表明，施用硫酸钾镁肥的增产效果非常显著，其普遍增产率都在10%以上。扎根基层试验、掌握第一手数据，货真价实的“中信国安”牌的硫酸钾镁肥在全国逐渐打开市场。直至目前，“中信国安”牌的硫酸钾镁肥在各地也有着稳定的客户和良好的口碑。

杨建元及中信国安团队用“东台吉乃尔盐湖卤水综合利用钾硼锂工业性试验”“东台吉乃尔湖卤水提锂工业性实验”“东台吉乃尔湖卤水年产3万吨硫酸钾镁肥工业性试验”“硼酸镁晶须合成工艺研究”以盐田钾混盐为原料生产硫酸钾的方法、硫酸钾镁肥的生产工艺等20多项不同科技成果获得国家部委、青海、四川等地国家权威部门颁发的科技成果鉴定书。

做了这些艰苦卓绝的工作，行业自然也对他及带领的团队成果表达了认可。他的团队于2006年获得中国科协颁发的青海中信国安盐湖卤水综合开发利用项目中国西部开发突出贡献奖和2008年由青海省政府颁发的青海省科技进步一等奖。2004年他荣膺中国科协颁发国家西部大开发特殊贡献奖、2006年成为享受国务院特殊津贴专家；他还是青海省专家库专家成员、青海省海西州政府顾问，2006年后调北京人大常委会工作，并任中国化工学会无机酸碱盐专业委员会委员，《无机盐工艺学》编委会编委（锂盐篇）；他主持制定了硫酸钾镁肥、碳酸锂（盐湖）、AMZ-33镁合金三个国家标准。

忆往昔峥嵘岁月，杨建元说，他最自豪的就是通过硫酸镁亚型盐湖卤水综合利用的总体技术开发出硫酸钾镁肥新技术，创立我国硫酸钾镁肥化肥新品种及其国家标准；提出盐田蒸发—煅烧法新技术，经济合理地解决了盐湖镁锂比高达30的镁锂分离技术难题；独创喷雾—动态热分解新技术，在工程上解决了传统技术中能耗高、物料易结块、腐蚀严重的技术难题，同时也让中国没有硫酸钾镁肥成为了历史。

世上本没有路，而在一个时代、一个行业为国家、为人民开拓出一条路，也是他对于钾肥事业的不懈追求和努力的结果。”杨建元如是说。

撰稿：王洋

编后

杨建元从大学到企业，又从企业到大学，最后又回到了企业。作为一名钾肥专家，最引以为豪的，是他将理论与实践紧紧结合在一起，创立了国家标准，创造了可观的经济效益。中国硫酸钾镁肥行业翻开新的一页。这一切，正因为有了他。

大浪滩上的“拓荒者”

——记青海兴元钾肥公司创始人陈高琪

[专家名片]

陈高琪总经理

陈高琪，男，1961年11月出生，原青海茫崖兴元钾肥有限公司总经理。1979年参军入伍；1982年复员到青海省总工会工作；1987年开始搞多种经营；1995年进军格尔木盐湖生产钾肥；1999年进入茫崖大浪滩盐湖开发；2008年被海西州人民政府授予州级劳动模范；2009年被青海省人民政府授予省级劳动模范；2011年被海西州市科委授予2011年海西州重大科技贡献个人奖；并担任过两届海西州政协委员、州工商联副主席。

青海是一个风光迤逦、矿藏丰富的地方；这片土地充满着传奇色彩，令多少人心驰神往。20年前，随着青海盐湖钾资源的大开发，再一次点燃了创业者的激情和梦想，让这里焕发出了青春和活力。在青海盐湖钾资源开发的这段辉煌历史进程中，中农集团旗下的青海茫崖兴元钾肥有限公司(以下简称兴元公司)审时度势、把握机遇，获取宝贵的钾盐资源，最终以其不凡的实力和魄力取得了不俗的业绩。而这一切，离不开公司创立者陈高琪，他作为中国钾肥资源开发领域从无到有，逐步走向成熟的历史参与者和见证人，不知流淌和付出了多少为中国钾肥事业不懈奋斗、辛勤奉献的汗水和心血。

创业初始的果敢

在历史的印记中，有这样一幅景象，让人终身难以忘怀：

在一望无际的盐湖角落处，摆放着几台简易设备，十几个工人头顶着烈日忙碌地操作着，以近乎原始的方式艰难地生产着钾肥，每天产量不过二三十吨，工人们被紫外线灼伤的脸上布满疲惫。机器运转的噪声，在空旷的大浪滩里显得那样微弱，一切都被浩渺的瀚海所淹没。

这就是茫崖兴元钾肥公司将要收购的一家小厂。在不远处，有一位刚踏进这片盐湖的中年人注视着这一切，他黝黑的脸上显露着军人特有的坚毅与果敢，他，就是原茫崖兴元钾肥有限公司总经理陈高琪。

军人出身的陈高琪深知这片死亡之海里蕴藏着丰富的资源，决心要唤醒这片死亡之海，立志带领团队将大浪滩建设成为一个重要的钾肥生产基地。现实是残酷的，大浪滩盐湖地处柴达木盆地西部，距最近的花土沟镇还要100多千米，交通不便，气候恶劣，生存环境十分艰苦。这里荒无人烟，寸草不生，无路、无电，生活用水需要用汽车从百千米外运进。在这里建厂，风险、困难和艰辛可想而知。这些并未让陈高琪产生畏惧，他带着创业者的饱满热情，日夜奔波于格尔木—茫崖—大浪滩近千千米的颠簸道路上,从建厂设计施工到原材料采购运输,他身体力行地确带领团队一步一步实施。设备安装时,他和工人们一起吃住在用盐块搭建的房子里,一待就是好几个月。

陈高琪立足海西州多年,深谙资源开发之道,理解并顺应政府的发展思路。他最早从钾肥贸易起步,逐渐到生产经营钾肥、复合肥,对化肥的资源、生产及市场都有较深理解。2000 年,陈高琪开始筹建茫崖兴元钾肥有限公司,公司于 2001 年 3 月正式成立。当时的注册资本为 700 万元,固定资产过亿元,主要从事氯化钾、光卤石、硫酸钾的生产和销售,拥有海西州茫崖大浪滩 145 千米^2 矿区的一半所有权,资源条件突出。

陈高琪说,要实现让茫崖兴元钾肥有限公司不断发展壮大,服务地方服务社会,为地方经济发展做贡献这一目标。在人类生存的临界区开发自然资源,最重要的是发挥出人类合作与协作的奋斗精神。创业者必须与工人们同甘共苦,鼓舞大家士气,增强凝聚力。最终,通过 8 年的努力,公司从一个年产四五千吨,产值仅 300 万元的小钾肥厂,发展到了年产钾肥 10 万吨、产值达 2 亿元的一个中型企业;2005 年实现利税 860 万元,2006 年实现利税 4 167 万元,并解决了 800 多人的就业问题,并得到当地政府的高度肯定和赞扬。

建业时期的变革

被称为“聚宝盆”的青海柴达木盆地的盐湖资源,具有储量大、品位高、类型全、分布集中、组合好等特点。兴元公司项目资源地位于青海省海西州西北部大浪滩矿区,矿区面积 73.9 千米^2。兴元公司成立时因历史原因,同另外一家公司共用一个采矿权证,两家公司因资金及管理、市场等原因,一直没有合理、有序、综合利用大浪滩矿产资源,尤其在钾肥资源的科学利用方面,也因上述原因造成了部分资源的浪费。随着青海省对省内企业开发利用资源要求的不断提高,兴元公司认识到仅凭借自身的基础及条件,难以执行省内对大浪滩资源开发的要求。

陈高琪根据当时企业良好的发展势头,经过反复思考,做出了一项重大决策:出让自己对兴元钾肥公司的控股权,牺牲眼前利益,引进大型央企中农集团共同开发大浪滩钾肥资源,提高资源综合利用率,实现大浪滩盐湖资源的规模开发。2007 年年底,中国农业生产资料集团公司(以下简称中农集团)控股兴元公司,占 60%股份。陈高琪介绍说,兴元公司引入国有集团重组,是当年青海省招商引资工作的成果之一。选择与中农集团合作,基于中农集团已经形成以化肥生产和销售为核心,以农药、农膜、农机具、种业为重要业务板块,并且各业务板块协同发展的经营格局。同时,中农集团准备延伸产业链对上游钾矿资源类企业进行投资、建设。在这样一个契机下,为了引进投资,更好地开发、利用大浪滩资源,决定与在资金、管理、化肥市场等方面拥有绝对优势的中农集团合作。中农集团参与兴元公司的并购重组,结合了中农集团的发展战略和青海省的矿产资源优势,更进一步扩大了中农集团在国内化肥市场的优势。两家公司资源优势的互补为之后打造了一个具有强大实力的钾肥生产企业奠定了基础。

项目达产意义深远

中农集团在成功控股兴元公司后,项目的发展也并非一帆风顺。中农集团此前从未在青海有过投资,首次投资青海项目,地方政府在对中农集团的认识上存在一定的不足,在是否能给中农集团配置更多资源的问题上存在一定的疑虑。加之原兴元公司历年来的投入偏少,资产规模远不及另一家公司,在划分采矿区域时仅分到了不到 20 千米^2 的范围。针对上述情况,中农集团的领导审时度势,在充分地尊重现实,广泛地征求国内钾盐专家的意见,客观地分析大浪滩资源现状及未来发展态势的基础上,经过科学规划,严密组织,决定充分发挥在资金、管理、市场等方面的优势,用实际行动向青海省政府展现中农集团投资的决心。2012 年开始仅用短短三年时间就投资近 7 亿元，生产氯化钾 20 万吨，实现利税 2.1 亿元，同时，45 万吨氯化钾装置建设完毕，辅助工程完成近 80%的良好成绩。并且在技术上实现新的突破，其设计上采用三种原料生产两种产品，即采用钾石盐矿、钾混盐矿、光卤石矿生产氯化钾和硫酸钾镁肥，此技术已获得国家专利。

立足于长远发展

陈高琪在担任青海茫崖兴元钾肥有限公司总经理期间，绝不将目光局限于当下的成就，而是将重点置于合理利用钾矿资源，并扩展在青海的资源配套项目。一直有个在青海省打造国内大型的以化肥生产为主的化工基地的目标和梦想。

2004 年，在海西州大柴旦锡铁山镇，新加坡爱国华侨姚志腾先生投资建设硫酸厂（创新矿业前身），主要回收利用附近西部矿业锡铁山铅锌矿副产的硫精砂生产硫酸，解决柴旦地区工业用酸的问题，于 2005 年开始投产。（2004 年硫酸厂建立之时，姚志腾老人已 82 岁，建成之后出现了种种问题。例如，硫酸属于危险化学品，不宜大规模满负荷存放，当地用酸企业利用这一点，出于自身利益考虑，会刻意减缓购买，待硫酸厂库存积压胀罐后，倒逼压价收购。硫酸厂为避免停车造成更大损失，只能低价出售产生亏损，继而因资金不足造成停车。）到了 2008 年 8 月，姚志腾老人年事已高，在当地政府的协调下，将创新矿业转让给了陈高琪夫妇。这一年，正是陈高琪引进中农集团，转让茫崖兴元钾肥控股权的一年。陈高琪投入巨资介入循环经济项目，他对项目前景充满信心。接手创新矿业后，陈高琪投入了 1 800 多万元改造系统，并投资逾千万元建设了余热回收、尾气回收等装置，建成了 12 万吨硫酸钾装置。

他善于抓住化肥行业特点，结合本地资源优势，扩展利润空间。陈高琪认为，国内的复合肥行业以“工厂大物流”形式运行，以原料购进（钾肥、磷肥、氮肥）进行二次加工复合，为此形成了二次物流、二次包装和二次干燥，造成极大的重复性浪费。而如果直接在原料生产地做复合肥，可以节省一次烘干、一次性包装等费用，并可将产品分季节直接对接供需，节省一次物流费用。并且氮、磷、钾肥原料所在地域青海海西州具备明显的气候干燥特点，料浆不需烘干成产品，氮、磷、钾一次配齐，生产出复合肥保存不易板结。而内地市场受气候影响，不适合干燥保存。这种经营模式，减少了一次物流、解决二次烘干问题，节省了包装费用。由于钾肥和复合肥的生产量很大，因此节约下来的成本比较可观。复合肥的需求量大，销售跟着季节走，在肥料主销地布局网络，在同质条件下，谁有价格优势谁就能胜出。

凡是与陈高琪接触过的人，都对他有很高的评价。他是钾肥企业家里典型的实战型代表。不断学习，阅读化工的专业书籍是他深夜生活的主要活动。他思维活跃，思路新颖，勇于创新，这都源自他执着的求知欲。十几年的钾肥生产实践，陈高琪深刻体会到企业要发展必须依靠科技进步，始终与科研部门进行密切合作，尊重知识，善于用人，不断虚心请教，这样才能使企业不断充满活力，不断发展壮大。于是，他与中蓝连海设计研究院有限公司（原化学工业部连云港设计研究院）合作完成了大浪滩固体矿浮选工艺改造技术，使得公司钾肥生产能力和回收率得以大幅提高，取得了良好的经济效益。同时，利用芒硝生产硫酸钾的技术也得到了成功突破，提高了资源的综合利用率。此外，老卤制取氢氧化镁项目通过了省科技成果鉴定，这些项目的实施，给企业注入了可持续发展后劲。努力做一名有社会责任感的企业家，他多次参与州新农村建设捐资、玉树地震捐款，积极参与社会公益事业。经过多年奋斗，陈高琪带领着企业步入了稳定发展时期。按说，他可以停下来享受了，但他始终认为发展企业不仅是为了自己挣钱享受，而是努力承担更多的社会责任，将企业发展得更强更大，为社会创造更多财富，为地方经济发展做更多贡献。目前，陈高琪已经抱着极大的热情投入到生态农业的大业中。

撰稿：陈鸿应

编后

陈高琪，是最早一批投入青海盐湖钾肥资源开发的民营企业家代表，黝黑的皮肤是他常年奔波于盐田的印记。他常说的一句话，“我这后半辈子，做好这一件事就行了”。在艰苦创业的日子里，那种坚韧不拔的精神和品质历练了他，也成就了他。

陈高琪正是以这种实现自我人生奋斗价值的信念，给企业带来了生机和活力，带来了信誉和效益。同时，要为地方经济发展做出更多的贡献，这一崇高目标和理想让他的步伐走得更加坚实，更加久远。

化学品公共安全服务领军人

——记国家化肥质量监督检验中心上海主任、总经理

[专家名片]

商照聪，1972 年生，中共党员，土壤学博士，上海化工研究院有限公司副总工程师、教授级高级工程师，上海市领军人物。1997 年毕业于中国科学院沈阳应用生态研究所，工作后一直从事肥料质量标准化与检测以及危险化学品分类鉴定科研与管理工作，并于 2017 年开始系统研究土壤环境修复工程技术。现任上海化工研究院土壤环境修复工程中心主任，国家化学品及制品安全质量监督检验中心和国家化肥质量监督检验中心（上海）主任，兼任全国分子筛标准化分技术委员会主任委员和全国钾肥标准化分技术委员会秘书长，中国植物营养学会新型肥料委员会副主任委员，中国化学学会理事。

商照聪博士

一路风雨　赢得一处繁华

近年来，上海化工院检测有限公司全力打造“上海化学品公共安全服务”品牌，为企业、政府提供完备的技术支持和检测服务，公司拥有 40 余个国家各类执业资质证书，为国内危险化学品分类鉴定领域的权威检测机构，国内唯一通过国际认证比对的粉尘爆炸检测实验室。10 年来，检测中心业务量等指标翻了四倍，商照聪带领检测中心走过一路风雨、赢得一处繁华。

目前，检测中心已成为国内第一家具有 30 万种以上货物安全性能数据库的机构，每年为上海两大机场为主的 10 万计以上的货物提供检测服务，为 88 家国内外航空公司、67 家国内外船运公司提供货物运输条件鉴定服务。截至 2018 年 7 月，三年来共现场查验样品 4 676 件。多年来，检测中心市场占有率稳居全国第一。

紧抓公共安全服务不放松

中心先后承担科技部“‘十三五’重点研发计划”《爆炸现场危化品勘验设备与事故结构化平台》、上海市科委《港口区域危险化学品识别与快速鉴定技术研究》等课题 11 项，获发明专利 10 余项，出版了 6 本关于检验分析及专著。且获得上海市工人先锋号、上海市质量金奖、上海市科技进步奖，全国化工先

进集体、2017年中国石油和化工联合会科技进步一等奖等荣誉。

在公共安全领域,检测中心已经具有热安全分析、化工反应安全风险评估、制药和精细化工行业化学工艺的优化以及工艺放大研究与评估等技术服务能力,已建立起拥有自主知识产权的15万条以上的危险化学品数据库,形成了以基本的数据库管理系统和实验室信息管理系统,是我国第一批危险化学品分类鉴定公共服务平台。业务范围上,覆盖了上海和长三角的海陆空运输鉴定服务等。

在保障储能安全方面,检测中心已建立国内领先的新能源电池实验室及储能设备第三方安全评价实验室,在持续研制和改进新能源电池公共安全领域的技术防范设施与装置。此外,中心作为上海市应急救援队伍之一,参与上海市多起化学品事故调查。据悉,上化院正积极争取"国家化学品危害识别与监控分基地"落地上海,为国家和上海市实现具备国际一流危化品安全保障能力,提供有力的技术支撑。

在人才储备上,上化院检测中心团队有博士5人,硕士59人,本科学历77人(其中工程师职称以上73人);平均年龄31岁;拥有一批国内最完善的试验设施设备。从职能上,检测中心以化学品安全性鉴定技术为核心,以化学品储运安全、健康及环境风险评估、工业过程安全、应急救援、公共活动保障等公共安全领域为主要发展方向。

2018年7月,交通运输部办公厅公布成立了危险货物道路运输专家组。第一届专家组有32名成员,分成危险货物分类鉴定、运输包装、专用车辆设备、托运、运输作业、运输企业监管等6个小组。商照聪担任第一届危险货物道路运输专家组危险货物分类鉴定领域专家,将在危险货物道路运输行业政策研究、决策咨询和技术支撑做出贡献。

关注科研　积累技术成果

积极推动有关钾肥等肥料国际、国家及行业标准的建立和修订,以标准引领我国肥料行业发展。近几年来,商照聪作为负责人承担了2项国际标准、8项国家标准和5项行业标准的制修订工作,作为负责人承担了上海市和国家质检总局4项标准专项课题。负责了我国化肥生产许可证发证管理体系及相应制度的建立,负责编写了前后三版复混肥料、磷肥、工业硝酸、液体无水氨及氰氨化钙四类产品的生产许可证实施细则,为7 000多家生产企业的发证工作奠定基础。近两年承担国家重大专项两项。

研发危险化学品分类鉴定技术与装备。通过技术集成和自主创新建立了覆盖物理、健康和环境危害的化学品安全特性鉴别技术装备体系和化学品安全事故快速鉴别和响应体系。5年来,商照聪作为课题主要负责人,承担了科技部"十一五""十二五"科技支撑计划等项目8项,为海陆空运输安全和人民安全提供了技术保障。

与此同时,他积极建立污染场地修复和农田综合治理研发和工程化应用体系。3年来,他主持承担国家及市科研项目4项,所在单位作为上海市属企业在上海率先主持承担了单项超过4 000万元的场地修复项目。

未来发展　打响品牌

下一步,将继续加强技术研发和整合,以实现现场检测技术复合化、精准化和多功能化;将拉曼为核心的快速定性技术推向更多应用领域;积极打造智能检测技术服务体系,在技术创新上下功夫,在增值服务上使力气,逐步提升在全国乃至国际上的影响力,在上海"四大品牌""五个中心"建设中发挥更大作用。

2018 年 11 月 12 日，正值检测中心成立 60 周年，检测中心新接待大厅正式落成，集接样、取报告、财务、办公、休闲于一体，并举行了隆重的揭牌仪式。

着眼未来发展，我们相信，上海化工院检测有限公司将继续着力强化以应用为导向的自主创新竞争力，以全球化视野深化改革创新转型，切实服务国家战略和社会需求，扎实推进安全生产长效机制，打响“上海化学品公共安全服务”品牌。

撰稿：宁远　陈鸿应

编后

2018 年 12 月 15 日，在北京召开的中国化工学会第 40 届二次理事会上，中国化工学会 2018 年度首批会士授予仪式隆重举行。商照聪等 20 位在化工领域做出卓越成绩和为学会做出突出贡献的会员当选为中国化工学会会长。

这一荣誉对于商照聪来说，是对他多年来辛勤努力工作的最高奖赏。同时，我们也相信，他们定会珍惜荣誉、再接再厉，在学术研究、科技创新等方面当好表率，再立新功。

第四篇

科研院所与企业篇

编者按：

专业科研院所是行业最先进的细胞代表，是数以万计的细胞中颇具特色的、最为强劲而活跃的一部分。

中国钾盐(肥)企业是如何从零开始，在自力更生中一步一步突破自我，引领行业走科技创新之路；他们是靠什么让一个行业，从零开始，在短短的60年时间里，建立起中国钾盐(肥)独具特色的产业大厦？且听我们下面细细说来……

科研院所及大专院校

树起盐湖科技及钾盐产业化的丰碑

——记中国科学院青海盐湖研究所的奋斗之路

[院所名片]

1965年3月6日，中国科学院盐湖研究所在西宁市成立，1966年，与原化工部正在筹建的盐湖化工综合利用研究所合并，并隶属中国科学院。当时，研究所人员由西北化学研究所（西安）、中国科学院化学研究所（北京）、兰州地质研究所、西北高原生物研究所（西宁）、天津化工研究院、上海化工研究院、连云港化工矿山设计研究院、大柴旦盐田试验队等单位的部分室组和有关人员组成。

1970年，由中国科学院与青海省双重领导，所名改为中国科学院青海盐湖研究所，一直沿用至今。

中国钾（肥）工业是历尽艰辛、砥砺奋斗、极不平凡的60年，也是多方通力合作、科研单位和设计部门提供科学依据和技术支撑的60年。

1957年，柳大纲先生领导的中国科学院盐湖调查队，在极其困难的条件下，对柴达木盆地盐湖开展了三个多月的大规模、系统性、多学科的考察，在察尔汗首次发现光卤石矿，在大柴旦首次发现硼镁石矿。正是这两项重大突破性的发现，拉开了盐湖研究与开发的序幕，我国钾盐钾肥工业开始起航，据此1958年兴建察尔汗钾肥厂（现称青海盐湖工业股份有限公司，简称盐湖股份，下同）和大柴旦化工厂。

1958年年初，上海化工研究院（简称上化院，下同）曹兆汉、中国科学院化学研究所陈敬清各自领导的小组到察尔汗，开始进行沟槽晒卤结晶光卤石，加水生产钾肥，并教会工人怎么识别光卤石，怎么加工成钾肥，协助建立钾肥厂。于1958年8月1日就生产出953吨氯化钾肥。1964年，曹兆汉等将冷分解—洗涤法的研究成果运用到钾肥厂，使“土法”变为“洋法”，年产达1万吨，提高了氯化钾的收率和品位，并初步实现机械化。此工艺流程应用了10年之久，促成年产量达到万吨级。此后，钾肥生产的整套工艺流程的改进和发展由新成立的中国科学院青海盐湖所承担。

当时，中国科学院青海盐湖研究所人员来自四面八方，共计500多人，其中以20世纪50～60年代中期的大学毕业生居多，基本上汇集了全国第一批从事盐湖科技的有生力量，形成了初具规模的专业队伍，标志着盐湖科技事业进入一个新的阶段。柳大纲院士为首任所长。

建所50多年以来，三代盐湖人含辛茹苦，团结奋斗，用自己的青春和热血谱写出盐湖科技事业发展的新篇章，为我国盐湖工业的发展奠定了科学基础，提供了技术支撑。研究所取得了一批具有国内外先进水平的重要科技成果（其中获国家、省部级奖的80余项）、公开出版学术刊物《盐湖研究》、编写出版“中国科学院盐湖研究六十年”等专著30多部、获国家授权发明专利300多项、与十多个国家进行国际合作研究与学术交流，涌现出一批优秀的专业人才，形成了一支能“打硬仗”的队伍。

行万里路，基本完成我国盐湖资源的调查与评价

中科院青海盐湖研究所多次组织科考队，行程25多万千米，足迹遍布十多个省和自治区，对全国盐湖资源进行比较系统的深入调查，获得了丰富的第一手科技资料，基本摸清了中国盐湖的分布、类型、资源概况及开发前景，初步形成高原盐湖演化、成矿规律的理论。编写出版《柴达木盆地盐湖》《西藏盐湖》《内蒙古盐湖》《新疆盐湖》《中国盐湖志》《古代异常钾盐蒸发岩的成因》《中国盐湖黏土矿物研究》等专著，为国家和有关省、区的盐湖资源开发、区域科技、经济发展规划及资源环境保护的宏观决策，提供了基本资料和资源依据。与其他单位合作完成的《青藏高原综合考察研究》获得国家自然科学一等奖、中国科学院自然科学特等奖。

值得一指的是，盐湖地球化学的开拓者和学术带头人张彭熹先生及他领导的研究室曾重点考察柴达木盆地察尔汗、达布逊、大柴旦、小柴旦、大别勒湖、小别勒湖、涩聂湖、尕斯库勒湖、苏干湖、昆特依和马海等盐湖，并对大浪滩的钾盐矿岩芯进行鉴定，证实了柴达木盆地拥有大量的钾资源，为以后钾肥生产基地建设及其他盐类开发，提供了宝贵资料和科学依据。在青海盐湖所建所初期，还完成了“达布逊湖现代沉积光卤石的形成及其再生”的研究课题，采用挖掘沟槽，利用晶间卤水再生光卤石获得成功，被青海察尔汗钾肥厂广泛采用，解决了生产钾肥原料不足的燃眉之急。这项技术比美国大盐湖半隔离盐田生产光卤石亦即同类技术提早十年应用于生产过程。

张彭熹先生还对古代异常钾盐蒸发岩的成因进行了深入研究，指出柴达木许多盐湖并不是残留湖，而是冰后期在更新世干盐湖上发育的新生溶蚀湖，确认察尔汗盐湖是一份深断上升$CaCl_2$型水与四十份河水配比混合演化形成的缺失$MgSO_4$盐的“异常”钾盐蒸发岩，解决了百余年来钾盐矿成因理论界对此问题的争论。其成果完善了现代盐湖钾盐形成模式，是对袁见齐先生关于陆相成钾理论的重大补充，引起中外地质学者的关注，并被广泛引用。

解决急需，为钾肥生产提供工艺流程和设计依据

盐湖所建所50多年以来，一直把察尔汗盐湖提钾解决钾肥之急需及综合利用当成首要任务，在卤水开采输送，盐田结构与日晒制取光卤石，光卤石铲装机械，从“土法”制冷分解浮选，再到反浮选提取钾肥等工艺改进等方面，开展了全方位的系列研究，获得了一整套技术和工艺流程，其大量资料和成果广泛应用于盐湖大中小型企业，均收到很好的经济效益。1978年“察尔汗盐湖提钾研究”荣获全国科学大会奖，中科院重大成果奖，青海省科技大会奖。

1966—1967年，盐湖所承担化工部下达的制取氯化钾中间试验的任务，决定采用化学法，浮选槽浮选法、浮选柱浮选法三条工艺路线同时在大柴旦上马，全所上百人参加安装试验，结果表明光卤石分解—浮选法的工艺路线具有先进性和实用性，可为钾肥厂提供技术设计依据。1968年，盐湖所曹兆汉率领原参加中试的30名人员亲赴钾肥厂年产2万吨的车间现场，解决了设计、设备、安装、工艺等多方面存在的问题，使之达标投产。从此，光卤石冷分解—浮选法取代了冷分解—洗涤法，使钾肥生产技术水平大幅度提高。接着厂所继续合作，试制成功“CE”型铲装机，用于沟槽和盐田的采矿，减少了劳力，降低了成本。这条工艺流程很快被察尔汗以后陆续建成的十多家小企业采用并推广，均获得显著的经济效益。

1984年，钾肥厂建设年产4万吨的氯化钾车间仍然采用冷分解—浮选法，一经投产很快获得成功，

为建设大厂提供了样板。1985年国家立项建设百万吨钾肥厂，第一期20万吨，第二期80万吨，由连云港化工矿山设计研究院设计。该院派员到盐湖所查资料，找数据了解工艺流程，确定一期工程采有冷分解—浮选法，1989年建成投产，核准的年产量达12万吨。至此，由万吨做到10万吨级，大大提高了经济效益。关于反浮选—结晶生产钾肥的工艺，盐湖所马文展、田秀敏、王文桂早在1977年就开展研究，合成制取的氯化钠捕收剂获得满意的结果，达到了反浮选—结晶工艺要求，解决了一项核心技术难题。

“七五”期间氯化钾冷结晶器的研制列入国家重点攻关项目之一，由上化院、连云港设计院，钾肥厂合作设计完成制造，解决了这一工艺的关键设备问题。在此过程中，盐湖所合成制造了5万吨反浮选药剂连同相关资料都交给盐湖股份使用。针对在试验中出现的工艺技术问题，盐湖所派员多次到现场指导，特别是原盐湖所退休的王文桂研究员，应邀到现场参加了一个多月的工业性试验，发挥了重要作用，做出了很大贡献。

1995年中国地矿资源研究所王弭力教授领导的团队，发现新疆罗布泊大型钾盐卤水矿床，卤水属硫酸镁亚型。为了大规模高效开发利用，国投公司联合新疆有关公司、长沙化工矿山设计院等，改制组建“国投新疆罗布泊钾盐有限责任公司”。经过10多年科技创新和产业化发展，于2008年，顺利完成年产120万吨硫酸钾项目，通过了鉴定验收，其成套技术获国家科技进步一等奖。该公司在二期工程建设投产后，硫酸钾年生产能力可达300万吨，成为我国最大，乃至世界最大的硫酸钾钾肥的生产基地。

中国科学院对罗布泊盐湖的科学考察和基础研究，一直没有间断过。早在1964年起，中科院新疆分院副院长彭加木研究员曾三次进入罗布泊地区，环湖一周采集水样和矿物标本，对流入此湖的三条河水中的钾含量进行了研究分析，认为罗布泊是一块资源宝地。1980年彭加木带队首次穿越全长450千米的罗布泊湖盆，取得了大量第一手资料，但不幸的是他意外失踪殉职，后被追认“革命烈士”以及100位感动中国人物(2004年)。

盐湖所建所后，曾组织多次考察新疆的盐湖，1973年就编写了“新疆盐类资源概况报告”。1980—1981年中国科学院新疆分院罗布泊综合科考队，深入该盐湖地区，开展盐壳类型和成盐特征的研究工作，1984—1997年，盐湖所组队对新疆罗布泊等盐湖进行了全面补充调查，对钾盐矿床成因及其分布提出了新的观点和认识。

1997—2000年，盐湖所对罗布泊钾资源综合利用进行研究。根据1997年考察取得的资料、盐芯、样品，完成了罗北洼地晶间卤水的冬季冷冻蒸发实验，罗北洼地晶间卤水夏季动态蒸发浓缩结晶析盐规律实验，取得满意结果，为盐田工艺试验，化学加工制取硫酸钾提供了基础性依据。2002年，国投完成了罗布泊硫酸亚型卤水制取硫酸钾工艺研究的小试和中试，在乌鲁木齐召开鉴定会，盐湖所陈敬清、陈大福、刘铸唐三位研究员被邀请参加由七人组成的专家鉴定委员会，通过了鉴定，并提出了宝贵的建议。会后进行座谈，三位研究员对青海硫酸镁亚型盐湖资源综合利用研究的成果以及生产硫酸钾工业化试验的经验进行了介绍和交流，并共同探讨了有关技术问题，李浩总经理表示：盐湖所做了大量的基础研究和生产实践工作，对公司很有参考价值和借鉴意义，今后要加强深入合作。

科学认证，为青藏铁路察尔汗盐湖段的建设做贡献

为完成“六五”期间这一关系到青藏铁路建设的重大科研任务，盐湖所高度重视，认真开展“察尔汗盐湖在大规模开采条件下以岩盐为路基基底的稳定性研究”。先后组织200人的科研队伍，不论严寒、酷暑，连续3年进行施工、试验，钻井120孔，钻深1 000米，爆破法挖掘渠道，安装管道4605米，抽水25万米^3，步行2 400千米，常年观测和重复测量上万次，进行抽水和承载模拟试验20多次，终于取得了

5 万个原始数据，并通过复杂的计算，编写出总结报告，从理论计算到实际验证得出结论：可以用岩盐作为路基基底，不用回填土，修铁路不用绕过察尔汗盐湖而应直接穿过，而且路基能够保持长期稳定，不会影响火车安全运行。这一成果很快被中铁第一勘察设计院采纳，并根据盐湖所提供的数据和资料进行设计施工，在盐湖上筑起一条长达 32 千米的"万丈盐桥铁路"，这在世界上实属首创，并为国家基础设施建设节省了大笔建设资金，保证了青藏铁路一期工程西宁到格尔木的通车运行。铁路的建成也对察尔汗盐湖大规模开发提供了交通运输保障。这项研究成果获全国科学大会奖、青海省科技大会奖和中国科学院重大成果奖，与有关单位合作获国家科技进步二等奖。

重点攻关，完成察尔汗采卤过程中相关研究

该项目系"七五"和"八五"连续重点攻关任务。时间长、工作量大，一年四季必须在野外工作。青海盐湖所组织两个研究室力量开展工作，建立了由 168 个钻孔组成的、监测面积 300 千米^2 的长观井网和半径为 20 千米^2，采用计算机控制由一个总站和 20 个子站组成的自动检测网络系统，跟踪、监测和描述采卤过程中的水质水量变化及影响，实现对多个观测点中水位、水温、密度、钾含量及多种气象参数的同步、快速、准确、连续自动测量，积累了多年的系统数据资料，这些数据资料经过分析处理后全部无偿转交给盐湖工业集团，是青钾一、二期工程渠道采卤设计的主要科技依据，满足了提高采卤效率，合理延长采卤年限的设计要求。其成果获青海省科技进步二等奖、中国科学院科技进步一等奖、国家科技进步三等奖。根据对盐湖资料的积累，储存补充和持续工作 6 年之久，盐湖所现已建立"中国盐湖资源与环境数据库"，包括 1 000 个盐湖的基本信息数据及开发状况，为进入国家数字库做准备。

示范试验，完成大柴旦盐湖调查研究开发

大柴旦盐湖是一种比较复杂的有代表性的新类型盐湖，进行这一盐湖研究和开发具有典型、示范、引领的意义。盐湖化学领域的开拓者高世扬先生及其团队几十年来一直坚持系统深入的研究，不仅在盐卤硼酸盐化学方面有创新性的突破，而且完成了 200 吨硼酸、50 吨氯化锂的中间试验。这是迄今为止我国第一次针对一个盐湖进行钾、镁、硼、锂资源综合利用的有效探索。其成果获中国科学院自然科学一等奖，国家自然科学二等奖。

高世扬先生还把盐湖化学定位于资源无机化学领域，简称资源化学，此命题在国内同行中被广泛采用。资源化学针对我国盐湖卤水的特点，研究复杂体系中相的种类、性质、存在界限及其转化条件。利用现代电解质溶液理论，进行多元体系相平衡的理论预测，发展了电解质溶液理论，探寻相平衡研究新方法。建立各种盐湖卤水的热力学模型和状态方程，促进了电解质溶液基本物理化学规律在盐湖资源开发利用中的应用。

发挥优势，硫酸钾等钾盐系列产品研究获得成果

盐湖所通过小试、中试和工业化试验，获得了硫酸钾、氢氧化钾、碳酸钾和碳酸氢钾、硝酸钾等钾盐系列产品。值得指出的是如何发挥青海富钾资源的优势，就地取材，生产出另一个钾肥拳头产品无氯钾肥硫酸钾，这是困扰盐湖科技工作者的一个技术难题，被列入国家"七五"重点攻关项目。青海盐湖所研究员吴景泉带领其研究组，进行连续多年的潜心研究工作，创造出"用盐田光卤石（或粗钾盐）和天然无水芒硝转化法制取硫酸钾"的新技术。此项技术国内外未见报道，具有创新性、实用性，解决了两种不同类型盐湖制取硫酸钾的难题。这一技术迅速在两家企业中得到应用，完成两个万吨级的工业化试验，实

现了生产工艺和产品质量的双突破，为盐湖地区建设大型硫酸钾企业提供了设计和技术依据，并获得了国家专利和中国科学院科技进步二等奖。

但令人惋惜的是，吴景泉研究员为此付出了宝贵的生命，就在工业化试验接近尾声之时，他从察尔汗的生产车间返回格尔木途中，因路滑翻了车，仅他一人因公殉职，享年55岁。青海盐湖所、格尔木市均举行了隆重的悼念活动，号召向吴景泉同志学习。吴景泉同志1965年从天津大学毕业后，志愿到青海工作，与盐湖结下不解之缘。他在青海盐湖所工作30年，一直致力于钾盐钾肥的应用研究，先后负责完成了20个研究课题，获专利3项，重要成果4项，其中两项为省部级奖励，发表论文报告30多篇，同张彭熹先生合作完成专著一部。在完成这些科研任务的过程中，他比一般人付出了更多努力。多年以来他一直是糖尿病缠身，不能离开药，其家庭也有不少困难，他没有时间照顾妻子和两个儿子，一心扑在攻关项目上。他身先士卒，吃苦耐劳，从不讲条件，不计名利，长期坚持在柴达木盐湖现场，度过了一个个春夏秋冬。在万吨级硫酸钾开车生产时，他放弃周末休息日，向工人们详细讲解工艺流程和操作规程，甚至吃着药同工人一起倒夜班，深受企业管理人员、技术人员和工人们的称赞和尊敬，人们都亲切称呼他"吴研""吴老师"！他把青春和生命都献给了柴达木，献给了钾肥工业。不愧为优秀共产党员、先进工作者和享受政府津贴的优秀专家。

突破进展，盐湖资源提锂和综合开发利用集成技术研究

青海盐湖高镁锂比卤水提锂技术实现重要突破。年产3 000吨碳酸锂、25 000吨硫酸钾国家产业化项目在东台盐湖成功投产并通过国家验收。该项研究成果为我国高镁锂比盐湖卤水生产提锂提供了迄今唯一经济实用的工艺和技术，同时，综合利用了钾、硼资源，具有世界先进水平。马培华研究员获得2001年度青海科技重大贡献奖，他领导的团队获得周光召基金会第六届"技术创新奖"。对一里坪的盐湖资源，已研究出一整套包括盐田工艺、提硼工艺、提锂工艺、提镁工艺的开发技术路线，其成果正在转化，有关企业采用此技术建设一万吨碳酸锂生产装置。这套综合利用开发流程具有先进性、可行性、高效化、自动化、绿色化，具有明显的创新特点。

对西藏盐湖卤水资源也开展了清洁高效的开发利用研究，优化出一条适用西藏自然能特点和湖区环境的工艺技术路线，在多个盐湖完成了扩大试验和现场验证，获得了碳酸锂、硫酸锂、硼镁矿、硼砂矿和锂矿等产品，为碳酸盐型、硫酸盐型富硼锂盐湖的开发生产奠定了应用基础。此项技术具有系列知识产权，已授权专利21项。

总之，在盐湖提锂的资源、技术、成本、应用化等方面，盐湖所不仅有科技储备，而且有关企业已经用于生产，每年超过万吨以上，可为电池的碳酸锂提供组装。

2012年4月9日，青海省科学技术奖励大会上，"青海高镁锂比盐湖提锂关键技术及应用"项目科研成果获得2011年度青海省科学技术进步一等奖，科研团队学术带头人马培华研究员获得青海省2011年度科学技术重大贡献奖。2013年5月25日，在周光召基金会第六届科技奖励基金颁奖典礼上，青海盐湖提锂科研团队获得"技术创新奖"。

开展了"年产2 000吨氢氧化镁阻燃剂产业化关键技术开发"研究，成功开发出了阻燃剂级、高纯超细、重质等高品质系列氢氧化镁产品工业化生产关键技术。开展了"利用不完全脱水氯化镁和氯化稀土为原料电解制备新型稀土镁合金"研究，优化了水氯镁石提纯和部分脱水工艺，建成了水氯镁石提纯和部分脱水的中试装置，形成了年产550吨提纯二水氯化镁的生产能力；建立了以含水氯化物为原料电解制备稀土镁合金的创新工艺，建成了稀土镁中间合金的中试装置，形成了年产100吨稀土镁中间合金的

生产能力。利用盐湖大量的氯化镁资源和当地白云石资源进行制备镁水泥制品工艺技术开发，开展了“白云石焙烧热解实验装置和镁水泥制品技术开发”研究，取得了成功，为镁资源的规模开发利用提供了一条新的途径。

在盐湖材料化学和产品高值化研究方面，“制取锂离子二次电池正极材料钴酸锂”已成功实现了产业化。“金属锂提取优化工艺研究”经我所研究人员攻关已成功突破国外专利的封锁，实现了技术的重要突破。开展了“年产 100 吨硼酸铝晶须试验”和“碳酸钙晶须扩大试验”研究，采用高温法等方法，低成本生产出晶须材料。开展了在室温下发生相变，从而吸收或放出大量热的相变储能材料研究，开发出了具有我国自主知识产权的一系列室温相变储能材料，该工程应用研究表明，该材料具有极佳的储能节能效果。

开放合作，推进固体钾盐矿的开发研究和产业化

盐湖所以开放的方式走出去，请进来，积极开展我国固体钾矿的开发研究，与地方企业合作，推动了企业化的进程。

云南省江城县勐野钾盐矿区是我国目前发现的唯一古代固体钾石盐矿床。由于原料组成变化大，工艺、设备等方面都存在问题，长期无法正常生产，使 1968 年建立的云南思茅江城钾肥厂年年亏损经营，直到 2002 年被迫停产。2004 年通过企业改制，成立了“云南江城泰裕钾肥有限公司”。

2005 年盐湖所应邀去该公司了解情况后，提交了考察报告，认为通过技术改造，可以改变生产现状。经过七年来厂、所合作，科技创新，终于使该企业扭亏为盈，已发展成为国土资源部批准的“低品质固体钾盐矿综合利用示范基地”。在此过程中，盐湖所解决了“灰绿色钾石盐矿浮选法制取氯化钾的生产工艺开发研究”，并成功进行废矿高效脱泥，攻破了高金黏土低品质钾石盐资源开发利用世界性的技术难题。此外，对尾矿还成功进行了钠盐的回收利用。这项合作研究促成 5 万吨氯化钾综合利用生产装置投入正常生产，创造了很大的经济效益和社会效益，为云南省的经济发展做出了贡献，并锤炼培养出一批钾盐开发生产的人才。因此，作为优秀科技成果转化项目的盐湖所获得中国技术市场协会的金桥奖。值得指出的是该钾盐矿床与泰国、老挝钾盐矿床一脉相承，对合作开发邻国的钾盐矿资源，建设海外钾肥生产基地，具有典型性、示范性和推广作用。

在“走出国门，面向世界”的国家战略指引下，国内有 10 多家公司在老挝万象、甘蒙省他曲地区勘探钾矿资源，已有 4 家公司建成钾肥厂，获得良好的生产效益。根据中老两国政府所签协议的权利允许，盐湖所与老挝嘉西钾盐公司签订了技术服务与合作合同书。在中科院地质与地球物理研究所完成物探的基础上，盐湖所深入现场钻探，打了四口井，在两口井发现钾石盐和光卤石。接着盐湖所同云南云天化集团合作共建了盐矿资源与综合利用工程研究中心。受中寮矿业钾盐有限公司委托开展了对钾石盐和光卤石两种不同矿种的综合利用技术研究。前者采用反浮选—冷结晶工艺，后者采用冷分解—浮选法，两个试验均获得满意的效果，促成 5 万吨/年的氯化钾工业性装置上马，于 2010 年 11 月建成投产一举成功，产出数据达标，效果良好。老挝政府副总理波松，中国驻老挝大使布建国和云南省领导均亲临试产典礼现场，并发表热情的讲话。这项成果为更大规模的钾肥产业化提供了可靠的技术设计依据。此外，盐湖所在实施这一研究项目中，申请发明专利 11 项，发表论文 11 篇，为云天化集团引进博士后 1 人，博士 1 人，硕士 7 人，共同培养博士生 4 人，硕士生 12 人，为钾盐矿的大开发备就了人才。

2008 年四川开元集团公司在老挝成立了矿业有限公司，规划年产一期 50 万吨钾肥，二期 250 万吨，现已完成一期工程，投产成功，其产品曾返销国内市场。盐湖所同该公司已签署了“战略合作协议”，

目前的任务是首先查明矿区水文条件，寻找地下水来源及分布。盐湖所经过勘探，向云南省地堪设计院提交了治水方案，为工程化设计提供依据。

针对柴达木巴伦马海低品位的固体钾资源(富产芒硝、硫酸镁)和氯化物型、硫酸镁业型两种不同类型的特点，开展了深入研究。突出盐湖采卤、盐田修建及实现多级精控硫酸钾工艺优化工艺，最终达到资源综合高效利用，将整套新工艺技术推至产业化，现已建成一条年产10万吨硫酸钾生产线，可获得良好的经济社会效益和生态效益。

不断探索，开展盐类矿床演化过程、成矿规律研究

盐湖所在已有研究工作的基础上，于2002—2007年间，对我国海相、海陆交互相成盐盆地，如塔里木盆地西部、柴达木盆地西部、鄂尔多斯盆地、兰坪—思茅盆地等进行了深入研究，其中在塔里木盆地西部第三纪古成盐盆地以及老挝呵叻盆地找钾的过程中取得重要成果，圈定了找钾远景区；2004—2006年对柴达木盆地西部的第三纪古卤水(油田水)进行了研究，阐明了其分布特征和物源并确定了资源富集区。发现兰坪—思茅盆地和老挝呵叻盆地有大量钾盐沉积。

2006年6月，在柴达木盆地察尔汗盐湖实施科学钻探工程。该工程孔深达1 000.25米。这项研究以柴达木聚宝盆国家紧缺资源为中心，紧扣盐湖成盐的古环境机理、第四系生物成因天然气的形成机制，盐湖特征环境的演变过程、极端环境的古气候记录这四个基本点，将在柴达木盆地三湖地区第四纪盐类成矿和生物气成因与成藏的环境机制和资源评价等方面，提供重要的基础理论，丰富第四纪盐湖成盐理论，为我国最大的盐湖——察尔汗盐湖盐类资源的综合开发与可持续利用提供创新性的科学依据。

回顾青海盐湖所的建立和发展，是一个艰苦创业、严峻考验、坚持不懈、顽强拼搏的过程。刚建所时，科研队伍年轻，人员平均30岁左右，只有两位同志具备副高级技术职称，还有五位同志是中级技术职称，大多数是工作时间不长或刚毕业不久的大学生。他们朝气蓬勃、生龙活虎。有些还是携带妻儿老小，从内地大城市举家搬迁到边远艰苦的青海，抱着热爱盐湖、开发西北、报效祖国的满腔热情，积极投入到盐湖研究的行列。他们深知科学研究是一项艰苦的工作，而在西北地区搞盐湖研究就更加艰苦，但他们更懂得要服从国家的需要，服从大局，正如有的同志说得好："盐湖需要我们，我们离不开盐湖""不开发盐湖，誓不罢休""为了祖国的明天，现在吃苦也是幸福"，对他们来说任何艰难困苦都不在话下，都不用怕，都能克服，觉得挺一挺就过去了。因为那里有他们的事业，有他们的理想，有他们的抱负。正是因为他们都有一颗为国为民的赤胆忠心，一股为盐湖科学勇于献身的精神，所以甘愿把火红的青春和毕生的精力都献给苍凉的盐湖，献给了西部的人民。其中大部分同志都长期奋战在"天上无飞鸟、地上不长草、一日见冬夏，风吹盐沙跑"的茫茫盐湖区。即使在十年"文革"期间，盐湖所的科研工作也从未间断和停止过，年年坚持野外工作，年年完成科研计划，为开发盐湖资源做好科技储备。由于科研工作成绩突出，精神面貌好，盐湖所作为一个整体单位，于1978年荣获全国科学大会表彰的先进集体。1995年被评为中国科学院优秀单位。1993年被评为省级文明单位直到现在保持荣誉。

由于青藏高原盐湖，海拔高(一般都在2 700～5 000米)，回到西宁的海拔也有2 300米，与沿海内地相比，缺氧26%～50%。气候干燥，严寒，风沙大，人烟稀少，交通不便，加上长期从事野外工作，装备简陋，严重缺水缺菜，开始住的是单帐篷，以后才有棉帐篷、活动房子，各方面条件都很差，所以人的体质明显下降。许多同志都有高原反应和不适应感，如头晕、口干、舌燥、耳鸣、指甲凹陷、头发牙齿脱落、皮炎、浮肿、失眠、神经衰弱等。有的晕倒在野外现场和实验室，40来岁头发牙齿就掉光了，过早衰老。不少同志患有高血压、心脏病、肺气肿、肝炎、胃溃疡、肠癌等疾病。甚至有的英年早逝，有的一家老小都有

病,不得不调离盐湖所。由于调走的科研人员较多,危及这个所的生存发展,中科院同意在西安建立分部,才保留了一批骨干力量,改革开放以后,又补充了一批年轻人,保证了盐湖事业后继有人。值得指出的是二线人中的职工和干部、汽车队司助、钻探人员、器材设备采购供应人员,机修工厂工人、炊事员、摄影和录像人员以及野外台站工作人员,都能以科研为重,积极配合,协同作战,保障后勤,服务科研,为完成各项任务做出了无私奉献,立下了汗马功劳。

近年来,经过研究所定位和改革,盐湖所加入中国科学院知识创新工程的单位,隶属中科院西北资源环境与可持续发展研究基地,以解决盐湖资源综合开发与可持续利用的重大科技问题主攻方向,引领盐湖应用研究和高新技术研究,针对制约盐湖产业发展的关键技术,开展创新,集成研究,将盐湖所打造成国内领先、国际一流的综合性研究所更好地发挥在盐湖领域不可替代的作用。

撰稿:刘德江

编后

回首以往,峥嵘岁月,中科院盐湖所为我国钾盐(肥)的科学研究和产业化,为促进当地经济发展,在整个行业树起了一座丰碑。

展望未来,任重道远。在新的时代,盐湖所将传承和发扬“盐湖精神”,积极推进“十三五”规划的实施,努力完成重大突破任务,为发展我国盐湖科技事业和钾盐(肥)产业高端化做出重大贡献。

中国寻钾的亲历者、推动者

——记中国地质科学院盐湖与热水资源研究发展中心

概述

中国地质科学院盐湖与热水资源研究发展中心(以下简称“盐湖中心”)是由中国地质科学院矿产资源研究所代管的二级独立法人单位。盐湖中心作为我国盐湖资源与环境综合研究平台,是从事盐湖资源及其开发利用的专门科研机构,也是我国唯一具有盐体系综合研究特色及国际学术影响的单位。盐湖中心以郑绵平院士为首席科学家,以盐湖学与盐科学体系理论为指导,通过盐类相关战略资源调查评价和综合利用方法技术与工程示范研究,为保障国家对重大战略和稀缺盐类矿产资源的需求服务。盐湖中心现有在职固定人员 39 人,其中院士 1 人,高级职称 29 人,中级职称 10 人,形成了一支由地质学、化学、生物工程学、环境学等多学科中青年科技骨干为主的科技团队。盐湖中心采取走出去,引进来的开放措施,扩大与国内外人才进行广泛的学术交流。20 世纪 80 年代,盐湖中心先后与澳大利亚、美国科学院、新西兰科工组等合作,开展了盐湖调查研究工作。与美国华盛顿大学、美国地质调查局、乌克兰科学院南方海洋生物研究所、德国自由大学、澳大利亚科工组织矿物研究所、新西兰科工组等国际相关单位建立了良好的合作关系,并派遣学术骨干到这些研究机构考察访问交流。

盐湖中心在北京设有盐湖沉积实验室、盐湖地球化学实验室、盐类化学分析实验室、盐湖生态与活性物质实验室、盐湖生物基因工程实验室和铀系法年代实验室,在郑州有矿物综合利用研究室,在野外建立了西藏扎布耶盐湖野外长观站和研究基地、西藏当雄错实验研究基地、西藏班戈湖长观站和研究基地。盐湖中心有大型仪器近 20 余台套,包括粒度分析仪、多用电泳仪、紫外凝胶成像系统、α 能谱仪、γ 能谱仪、岩心扫描 X 荧光光谱仪、快速碳、硫元素分析仪、便携式激光拉曼光谱仪、全谱直读型电感耦合等离子体原子发射光谱仪、手持 X 射线荧光矿石分析仪等,为盐湖资源与环境研究提供重要的基础保障。

发展历程

盐湖中心从事钾盐调查研究已有 60 余年历史,先后承担了 20 余项国家级盐湖和钾盐调查科研项目,调查范围遍及全国。主持了 1970 年的全国钾盐矿产预测工作。1956—1957 年,盐湖中心的前身盐湖组参加了中国科学院柴达木盐湖科学调查队,为发现、评价我国最大的钾盐基地－察尔汗做出了贡献,并对罗布泊钾盐资源进行了早期调查与预测。在盐湖相关其他盐类矿产找矿及成矿理论研究方面有着深厚积累,包括盐湖卤水及深层卤水钾锂资源评价,铯、硼矿评价等。

西藏扎布耶盐湖锂产业成功投产,为盐湖中心的发展史增添了浓墨重彩的一笔。从 1982 年开始,盐湖中心的科研人员在郑绵平院士的带领下,对扎布耶盐湖持续进行了地质、矿床勘查、生物、水文、气象和物理化学、工艺实验、古环境等多学科研究和开发实验。针对西藏缺乏矿物能源、高寒缺氧、交通不便特点,在盐湖学理论的指导下,根据郑绵平院士提出的“艰苦奋斗、因地制宜、就地取材、扬长避短”的指导思想,确定了一条适合该类型锂盐湖开发的工艺技术路线。在盐湖微细含锂沉积研究中取得突破,查明该类沉积主要含天然碳酸锂(新矿物扎布耶石)和含锂白云石(新变种);查明扎布耶石结构。解决了我国长期悬而未决的微细泥质沉积中锂赋存状态之谜。在研究矿石结构、构造、嵌布关系和加工性能基础上,对比国内外相关矿床,该矿禀赋状态不同于国外已发现任何盐湖锂矿类型,而确定该矿为新类型锂矿床,巧用太阳能与冷资源,创立了具有独立知识产权的"盐梯度太阳池"和冷冻制卤新工艺。提出新的固溶态盐湖锂工业指标,为新类型锂矿床评价提供了科学技术依据。西藏扎布耶锂资源开发产业化示范工程 06 年 11 月 12 日通过国家发改委主持的竣工验收.标志着中国首次实现了从盐湖中提锂的工业化生产,也是我国碳酸锂主要靠进口迈向自给自足的开端,并成为由高成本的硬岩提锂转为低成本盐湖提锂的里程碑(科技日报,2006 年 12 月 15 日,第一版)。

科研成果及奖项

盐湖中心承担国家重点基础研究发展计划(973 计划)"中国陆块海相成钾规律及预测研究"项目(2011—2015)的三项课题,形成了我国小陆块海相成钾新认识。在全国钾盐地质调查计划项目"钾盐资源调查评价"(2011—2015)中,取得了以下成果:①在柴达木西部首次发现下更新统大规模含钾卤水资源,与青海省柴综队合作开展钻探施工,新增 6.6 亿吨 KCl 资源量(333+334);②滇西南"二层楼成钾模式"新认识;③塔里木库车坳陷古新统深层首次发现厚层钾石盐;④开拓上扬子盆地富钾卤水和杂卤石找钾新方向;⑤陕北盐盆进一步缩小找钾靶区。项目成果通过验收,被列入 2014 年中国地质科技十大进展。除此以外,盐湖中心还多次承担与钾盐及盐湖矿产相关的国土资源部公益行业专项项目,自然科学重点基金(4 项)、面上基金、青年基金合计 20 余项等。在我国紧缺盐类钾盐资源勘查、盐湖环境方面发挥着行业引领的作用。盐湖中心广大科研人员通过长期艰苦卓绝的工作,取得了系列奖项和荣誉。

1978 年,盐湖中心获得全国科学大会奖"青藏盐湖矿床""江汉盆地找钾及油盐兼探方法" 2 项;盐湖中心作为第一获奖单位,1989 年,获得地质矿产部成果奖(一等)"青藏高原盐湖",1990 年荣获国家科学技术进步奖(一等)"青藏高原盐湖的成盐环境及找钾、硼、锂远景",1997 年获得地质矿产部成果奖(二等)"西藏重点含铯硅华区域成矿地质条件及提取试验研究",1998 年,获得国家科技进步奖(二等)"西藏铯硅华矿床的发现及提取试验",2002 年,获得国土资源科学技术奖(一等)"西藏扎布耶盐湖矿床成因、地质勘查、动态观察与开发试验系统",2003 年,获得国家科技进步奖(二等)"西藏扎布耶盐湖矿床成因、地质勘查、动态观察与开发试验系统"。此外,还多次获得中国地质学会、中国地质调查局、中国地质科学院组织的年度"地质科技十大进展"。中心现有专利 4 项,有的成果已向产业转化,产生重大社会经济效益。发表论文 600 余篇,专著 8 部。主持召开过第 6 届、第 12 届国际盐湖学术研讨会;主持召开第一、第二届盐湖生物学会议。

盐湖中心学科定位与展望

盐湖中心主要研究方向和目标:

(1)盐湖矿产成矿规律、资源评价理论与方法研究:对盐湖和盐类矿床钾、锂、硼、铯、铷、溴、碘等国家急缺、重点或稀有矿产的成矿规律、找矿方法进行研究;对重点盐类矿产资源综合利用的关键理论与技术方法的研究,重点研究盐类综合利用的物化原理、化工工艺和工程化关键技术,为增加盐湖矿产品种和高值化,为改变长期以来我国盐类矿产开发中产品单一和低值开发的重大难题提供科技依据。

(2)盐湖环境与全球变化研究:研究盐湖沉积的气候环境定量化指标,建立青藏高原典型盐湖高精度古气候、古环境演化序列;新生代中国盐湖带迁移和时空演化与高原形成及古季风演替的相关性研究;坚持不同区带盐湖站点的长期科学观测研究,建立我国盐湖区生态环境、盐类和生物资源数据信息系统,引进和完善 GIS 系统,为我国盐湖区环境保护和资源合理开发提供基础资料。通过盐环境与全球变化研究,力争跻身国际前沿;为预测、预警盐环境变化和灾害服务。

(3)盐湖农业、盐湖与健康研究:对盐湖及盐碱地分类调查,并相应开展盐生生物种资源调查、筛选、驯化以及新品种的培育研究。开展广义盐湖的生态学研究,探讨气候变化及人类活动对现代盐湖生态系统的演变规律的影响,对生态系统十分脆弱的藏北和柴达木盆地地区的盐湖生态系统容纳能力的科学评估,服务于盐湖矿业发展的环境规划,为盐湖生物多样性的保护和构建西部盐境生态安全屏障提供依据。开展盐湖水域生态系统的生物群落结构与生物生产力研究,开展盐湖生物产业化发展潜力及其生态风险评估研究,为盐湖农业的健康发展提供理论依据与技术支持。盐湖中心通过盐湖农业(含盐土农业)与工程示范研究,开拓盐碱地与盐水域有效利用途径,为提高国家土地资源保障程度服务。

盐湖中心通过实施全国钾盐调查计划项目“钾盐资源调查评价(2010—2015 年)”和地质调查二级项目“西部地区钾盐矿产远景调查评价(编号:DD20160054,负责人:郑绵平院士)”,对我国固液相钾盐资源分布规律与成矿机制提出了许多新的认识。目前,盐湖中心正在实施“十三五”国家重点研发计划项目“中国钾盐矿产基地成矿规律与深部探测技术示范(编号:2017YFC0602800;负责人:张永生 二级研究员)”和国家地质大调查二级项目“四川盆地东北部锂钾资源综合调查评价(编号:DD20190172;负责人:张永生 二级研究员)”,以此为依托,对我国主要海、陆相盆地固液相钾盐远景区进行深入调查研究。除此之外,盐湖中心还先后承担了中国工程院关于盐湖资源(钾盐等)的战略咨询研究项目(8 项),其中“青海盐湖资源综合开发利用及可持续发展战略研究”报告的建议受到中央领导的高度重视,并做出了批示。正在开展“锂电资源开发利用(2019—2020)”战略咨询项目。在郑绵平院士总体指导下,相信,通过项目组及盐湖中心全体科研人员共同努力,在我国钾锂盐领域必将取得新的成果和突破。

在推动国家级钾锂资源基地落实方面:①在四川盆地东北部,与宣汉县政府合作开展深部富锂硼卤水与新型杂卤石钾盐矿调查评价与综合利用开发技术攻关;②在青海柴达木盆地西部,与青海油田等单位合作,开展古近系-新近系深部富锂、钾、硼、溴、碘卤水勘查开发;③积极响应国家“一路一带”合作倡议,与有关企业合作,开展南美“锂三角”盐湖锂资源和泰国老挝钾盐资源勘查开发、咨询和研究。随着工作的深入开展和资源基地的逐步形成,盐湖中心将努力为缓解我国战略性新兴产业原材料和大宗紧缺矿产供需矛盾做出贡献。

铸柴达木开发之基业　谱盐湖资源勘查新曲

——记青海省柴达木综合地质矿产勘查院

［企业名片］

青海省柴达木综合地质矿产勘查院是传承原地质部西北地质局632地质队的衣钵沿袭下来的一支地勘队伍，是青海省地质勘查开发局下属的一支地勘劲旅，组建于1955年3月。

建院以来，共完成地质找矿和科研成果500多项，提交大型、特大型矿床20余处；探明了钾盐、镁盐、石盐、芒硝、锂和石棉等6种占全国储量第一的矿种；完成了青海省第一口石油喷油井，同时还编写完成了青海省第一部地质志——《柴达木地质志》，为青海的地方经济建设和柴达木盆地的资源勘查、开发做出了巨大的贡献。

先后荣获全国和青海省"工业学大庆"先进单位、国家四部委联合授予的"功勋地勘单位"、青海省"模范集体"、全国百强地质队、连续五年被全国总工会、安监总局授予全国安康杯优胜企业连胜杯和"全国文明单位"等荣誉称号。

20世纪50年代，一支百余人的队伍在北京集结，一路浩浩荡荡、风尘仆仆，向祖国的大西北——柴达木盆地的腹地挺进。他们历时两个多月，经过西安、兰州、西宁，到达大柴旦建立大本营，继续向西奔赴茫崖，在油砂山和冷湖摆下了青海石油地质勘查工作的战场。这就是今天青海省柴达木综合地质矿产勘查院的前身(以下简称柴综院)——地矿部西北地质局632地质队。

半个多世纪以来，这支队伍几经风雨、几经演变、几经兴衰，全体地质工作者发扬"以献身地质事业为荣，以艰苦奋斗为荣，以找矿立功为荣"的三光荣精神，艰苦创业、无私奉献、不怕牺牲，战风沙、斗严寒、抗缺氧，爬冰卧雪、筚路蓝缕，前赴后继、忘我工作，纵马东昆仑、北祁连，足迹踏遍大半个青藏高原的山山水水、沟壁荒野。经过几代地质工作者的顽强拼搏和不懈努力，取得了一批又一批地质找矿成果，敲开了柴达木盆地矿产资源宝藏的大门，奠定了柴达木盆地"聚宝盆"的地位。

近几年来，柴综院紧紧抓住西部大开发、青海大发展、国家"一带一路"的机遇，取得了丰硕的找矿成果，打造成了国家西部现代化、专业化、正规化、高素质的一流地勘队伍，为青海经济的可持续发展，做出了不可磨灭的贡献。

创业篇：弄潮儿向涛头立，手把红旗旗不湿

翻开柴达木盆地的开发史，首先展现在我们眼前的就是我们地质工作者的创业史、奋斗史，自成立至今，随着社会的发展、形势的变化，几经辗转，几经沉浮，几经改制，几经壮大，最后演变为今天的青海省柴达木综合地质矿产勘查院。

1955 年 3 月，由地质部西北地质局 632 地质队、636 地质队、678 地质队、大柴旦硼砂队、水文地质工程地质队、青海盐湖研究所等队伍组建成柴综院；1982 年，经青海省地质局专业化改组，成立了青海省第一地质水文地质大队和青海省第一探矿工程大队；1989 年，按地质矿产部的指示，又将青海省第一地质水文地质大队与青海省第一探矿工程大队合并，成立了青海省柴达木综合地质勘查大队；2009 年正式更名为“青海省柴达木综合地质矿产勘查院”。

自 2006 年以来柴综院大力实施“人才兴院、人才兴业”的战略工程，多次召开吸引、培养人才的专题会议，重视现有人才的培养，积极采取各种措施鼓励、支持在职职工的学历教育、举办工程硕士班，形成了良好的人才培养机制，为院发展打下了坚实的基础。到目前“十三五”初期，柴综院已拥有教授级高工、高级工程师 54 人，工程师 60 人，助理工程师及技术员 60 人，专业技术人员占职工总数的 55.91%；35 岁以下在岗职工 116 人，占在岗职工总数的 62.37%；拥有本科及以上学历职工 107 人，占在岗职工总数的 57.53%，职工队伍结构合理，与院发展相适应。目前主要生产和经营业务为盐湖矿产勘查、固体矿产勘查、水文地质、环境地质、工程地质勘查等。

盐湖矿产勘查领域：柴综院作为全国唯一的盐湖资源勘查专业队伍，树立了地勘行业的榜样。20 世纪 50 年代编写了全国第一份盐湖勘查工作指南，20 世纪 90 年代参编了我国第一份盐湖矿产勘探规范《盐湖矿产矿床地质勘探规范》(GF93-02)和主编了《第四纪盐湖矿产普查勘探及评价方法总结》；拥有 2 项盐湖开发工艺方面的专利技术，承担了青海省所有盐湖的第一、二轮勘查，在西藏扎布耶、新疆罗布泊也留下了足迹。

几十年来的经验积累，柴综院在盐湖平衡钻进、孔给度样品采集与测试、分段止水取样及垂向分异水样的采集、大型抽水试验与排水、卤水动态观测方面有其独有技术，在水盐均衡、卤水驱动和固液相转化、开采条件下漏斗补采平衡以及盐田渗入试验方面的经验丰富。

近年来，通过与地科院等单位合作，在柴达木盆地西部实施了“深层卤水钾矿资源整装勘查”项目，对各项地质、物探资料综合研究、运用深部水文地质钻探、石油局老井射孔等新的找卤方法，正在大规模评价柴达木盆地内深层卤水钾盐资源，将在盆地西部钾盐资源调查评价方面迈上一个新阶段。实施“358”战略以来，通过实施青藏专项“青海柴达木盆地西部第三系上新统富钾硼锂深循环卤水矿产普查”等项目，在大浪滩凹地深部发现了大厚度孔隙卤水矿层，拓宽了找矿思路。

在固体矿产勘查方面：自20世纪50年代后期开始承担柴达木盆地周边大中比例尺区域地质调查、金属非金属固体矿产普查、勘探和成矿条件的研究。所设专业门类包括固体矿产、地球化学、地球物理勘查等。近年来主要承担省、州等地方财政类项目及商业性委托勘查等固体矿产勘查项目。先后在祁漫塔格、阿尔金、昆仑河等片区发现及评价了茫崖石棉矿、四角羊大型铅锌矿、大格勒沟脑金矿、大灶火-黑刺沟金矿等近百个地勘项目，累计提交金资源量30多吨、铜铅锌资源量200多万吨，提交普查地十几处、可供开发矿产地近十处，为青海经济的可持续发展做出了重大贡献。

水文地质、环境地质、工程地质勘查(察)：现具备水文地质、工程地质、环境地质调查、地质灾害勘查、设计、施工、评估、建设性项目水资源认证等工作能力。长期在青海西部从事水工环方面的基础性、公益性和商业性项目，凭借丰富的基础资料和精湛的专业技术以及先进的装备优势，先后完成了20处的水文地质勘查和水源地建设工作，承担了近10余项矿山环境地质治理及泥石流灾害治理工作，地质灾害治理施工经验丰富，其中施工完成的《青海省治多县巴桑涌矿山地质环境治理项目》，成为了青海省矿山环境恢复治理的样板工程。同时承担了《青海省格尔木市二期水源地(大型)勘查》《青海省格尔木市那陵郭勒河大型水源地探采结合工程》等多个国家大中型项目的勘察和施工，是一支长期在青藏高原奋战的、具有丰富实践经验的地质勘查施工队伍。

岩矿测试：是青海西部唯一大型岩矿测试中心，青海省国土资源厅和青海省地质矿产勘查开发局重点实验室，2009年通过国家实验室认可，建立了一套完整质量管理体系。承担岩石、矿物、卤水、土壤、水系沉积物、水质、盐化工产品的分析与检测。目前拥有NOVAA300原子吸收分光光度计、AFS-230型双道原子荧光光度计、AFS-8130原子荧光光度计、ZSX PrimusIIX射线荧光光谱仪(两台)、电感耦合等离子子发射光谱仪(ICP-AES)、质谱仪(ICP-MS)酸度计、等大型仪器。

近几年来，在盐湖卤水、固体化学盐样分析、盐化工产品、生活饮用水、岩石、矿物、土壤、水系沉积物分析方面测试中心完成了数十万计的试验测试，积累了丰富的实践经验。

测绘工程与地理信息制图：集无人机测量测绘、控制测量、工程测量、规划红线测量、数字化地形测量、土地勘测定界测量、建筑物变形测量、规划道路测量、3S测量、遥感等多种专业与技术手段为一体的综合中心。目前拥有先进的FM-200无人机、ASHTECH双频GPS接收机、拓普康型Hipr-Pro 1+1动态GPS、索佳SET系列全站仪、Topocon系列全站仪、水准仪及多种型号规格的常规测绘仪器，并拥有HP系列大幅面彩色绘图仪多套。近年来，积极参与地质找矿、城市规划、土地管理项目，先后承担了青海省海南州二次土地调查、格尔木昆仑经济开发区地籍测绘等十余项重点工程测绘项目，其中青海省茫崖镇大浪滩矿区梁中矿床勘查地形测绘项目、格尔木昆仑经济开发区地籍测绘项目获得青海省测绘学会优秀测绘科技工程项目奖。

成就篇：六十余载筚路蓝缕，不需扬鞭自奋蹄

青海省矿产资源种类丰富，以盐湖矿产、石油、天然气、煤炭、铅锌、黄金、石棉、玉石等金属和非金属矿产资源为主，其中钾盐、镁盐、芒硝、锂矿、锶矿、石棉等种矿产居全国首位，有近30种矿产保有储量居全国前10位，矿产资源具有储量大、品位高、类型全、分布集中、资源组合好等特点。而这些已探明的矿产资源主要分布在海西州柴达木盆地及其周边地区。据统计，海西州境内已发现各类矿产86种，计有矿产地(矿床、矿点和矿化点)约414处。其中已探明储量的矿产57种，已编入《青海省矿产储量表》的

矿产 50 种，计有大型矿床 36 个、中型矿床 40 个、小型矿床 64 个。根据相关资料显示，矿产资源的潜在经济价值约 15 万亿元，占全省矿产资源潜在经济价值总量的 90％以上。

柴综院地处青海省海西州格尔木市，本着得天独厚的地理位置，立足柴达木盆地 60 余载，在几代地质人的不懈奋斗下，为柴达木矿产资源的勘查和开发利用做出了卓越的贡献，为地方经济建设、社会发展起到了举足轻重的作用。

（一）立足柴达木盆地，艰苦奋斗、开拓创新，盐湖资源勘查工作成果显著

自 20 世纪 50 年代至八五末，柴综院在盆地内完成了第一、第二轮的盐湖矿产资源勘查工作。相继评价了举世瞩目的察尔汗、大小柴旦湖、马海、大浪滩等大中型盐湖，探明钾盐、镁盐、石盐、芒硝、锂、石棉等六种占全国储量第一的资源矿种。累计提交固、液相 KCl 资源量 10.35 亿吨、石盐资源量 3 054.92 亿吨、芒硝 84.45 亿吨、镁盐 64.85 亿吨、硼矿 8 197.9 万吨，为地方经济社会发展做出了巨大的贡献，也因此奠定了柴达木"聚宝盆"的历史地位。

而随着国家的日益发展，"缺钾"问题已成为制约农业产业发展的一大突出问题，从资源储量来看，我国钾盐资源量仅占全球盐湖钾矿资源量 2.36％，但消费量占世界钾肥产量的 25％ 以上，钾肥的进口量加大、对外依存度高，其产业发展一直受到我国政府的高度重视。2010 年钾盐被列为我国的七大紧缺大宗矿产资源之一，2015 年度世界钾盐大会与会代表认为："我国的钾资源战略应以国内突破为主，兼顾境外找钾，加强我国钾盐地质找矿和研究工作（尤其是固体钾盐和深层富钾卤水），保护好国内现有钾盐资源，通过国外开发和进口弥补钾肥不足。要加大国内找钾力度、加大已发现资源勘探程度、落实油钾兼探政策，提高我国钾盐的'供应保障系数'，争取在世界钾盐行业的话语权。"2016 年首次将钾盐列为 24 种战略性矿产目录，在柴达木盆地探索第二个储卤空间，缓解我国钾盐资源保障不足和国家粮食安全"缺钾"局面，这个研究课题已然摆在了柴综院的面前。

在此背景下，柴综院发挥自身优势，广大干部团结一心、攻坚克难、凝心聚力，在查明全柴达木盆地浅层盐湖矿产资源的基础上，加强与中国地质科学院矿产资源研究所盐湖中心合作，不断分析、总结柴达木盆地成矿地质条件和成矿规律，通过近 10 年的勘查，最终在柴达木盆地发现了第二个钾盐矿储存空间——砂砾石型深层孔隙卤水钾盐矿床，累计提交 333＋334 级 KCl 资源量 6.35 亿吨，为国家提交了新的钾盐储备基地，这一成果被中国地质学会评为 2014 年度"十大地质科技进展"。

实施“358”找矿突破战略行动以来，柴综院根据多年对柴达木盆地成矿地质条件的分析研究，又将找矿思路和目光聚焦到盆地的深部，首次提出盐湖勘查工作应转向深部的找矿思路。在此思路的指引下开始了第三轮盐湖勘查工作，相继在柴达木盆地大浪滩、昆特依、察汗斯拉图、马海等凹地400～2 000米深度范围内，相继发现了厚度巨大的砂砾石为含卤介质的孔隙卤水层。同时在柴达木盆地背斜构造发现多处锂、硼、溴、碘矿新线索。这些成果验证了柴达木盆地凹地深层找钾、背斜深部找锂的新思路，为我国新一轮盐湖矿产勘查战略指明了方向。

青海是中国盐湖分布数量最多的区域，正是由于柴达木盐湖钾资源的开发利用，带动了中国钾肥工业的发展，深层卤水钾矿的发现和开发利用，对于保障中国农业安全、平抑国际市场钾肥价格必将起到至关重要的作用。

2008—2010年，首先在柴达木盆地西部的大浪滩地区实施了“青海柴达木盆地西部第三系上新统富钾硼锂深循环卤水矿产普查”项目，通过三年工作，初步估算334级KCl孔隙度资源量1.298亿吨，给水度资源量0.980亿吨，深层卤水矿产勘查工作取得找矿突破。2010年，参加了中国地质科学院矿产资源研究所实施的计划项目“钾盐资源调查评价”，截至2017年年底，共实施深层卤水勘查及科研项目14项，其中大调查7项，中央基金2项，青海省地质勘查基金项目5项，投入资金超过4亿元，施工钻探近6万米。到目前为止，在4个凹地(大浪滩、察汗斯拉图、昆特依、马海)中发现了大厚度砂砾孔隙卤水钾矿，在柴达木盆地开辟了第二个钾矿找矿空间。其主要成果可总结如下：

1. 理论研究有创新

通过深层砂砾孔隙卤水迁移、富集规律研究，根据砂砾型卤水化学特征有别于柴达木盆地西部现代盐湖硫酸镁亚型卤水，又不同于第三系油田水的特殊高钠、低硫酸根、硼、锂的含钾卤水属性，提出的“隔代遗传新理论”(郑绵平，2013.12)，是对地质理论的创新，对今后深层卤水找矿具有指导意义。通过对钻孔岩心进行古地磁测定和研究工作，厘定了柴达木盆地西部砂砾孔隙卤水型钾盐矿储卤层地质时代，建立了上新统与下更新统界线，为其勘查研究提供了基础地质依据(郑绵平等，2015)。通过同位素等测试分析，初步探讨了含钾卤水成因及物质来源，总结了砂砾孔隙卤水钾盐矿成矿规律和成矿模式。

2. 初步建立了砂砾孔隙卤水钾盐矿找矿模式

①通过地表小比例尺地质填图，圈定或寻找古近纪和新近纪含盐地层。

②利用地震联合反演，解译深部砂砾石层分布范围，追踪含钾储卤介质空间延展状况，编制岩相古地理图。

③利用高精度电磁频谱方法判断砂砾石层是否含卤水。

④利用水文地质钻探控制砂砾孔隙卤水钾盐矿层，圈定矿体。

3. 找矿取得重大突破

自2008年勘查工作启动以来，与中国地质科学院盐湖中心合作，先后在大浪滩、察汗斯拉图凹地、昆特依凹地、马海凹地等矿区累计估算KCl孔隙度333+334级孔隙度资源量6.63亿吨。其中，大浪滩-黑北凹地首先发现了规模巨大的砂砾孔隙卤水钾盐矿，估算333+334级KCl孔隙度资源量4.88亿吨(其中333级KCl资源量3.57亿吨)，平均品位0.49%。继而在察汗斯拉图发现了厚度较大的砂砾石孔隙卤水层，估算334级KCl孔隙度资源量0.09亿吨，平均品位0.38%。同时在昆特依凹地发现了大厚度砂砾孔隙卤水层，估算334级KCl孔隙度资源量0.27亿吨，平均品位0.47%。目前马海凹地也发现了大厚度砂砾孔隙卤水钾盐矿，估算334级KCl孔隙度资源量1.39亿吨，平均品位0.45%。

(二)立马昆仑,甘愿奉献、自强不息,固体矿产勘查成果喜人

1. 固体矿产领域

20世纪50年代后期开始承担柴达木盆地周边中大比例尺区域地质调查、金属非金属固体矿产普查、勘探和成矿条件的研究,这一阶段在柴达木周边各成矿带及唐古拉地区发现并评价了诸多矿点或矿床,成绩显著;在阿尔金山地区发现诸多多金属矿点,发现并评价了茫崖石棉矿;在香日德—伯喀利克铁多金属煤成矿带,发现并评价了索拉吉尔铜矿、月雾山铁矿、跃进山铁矿、洪水河铁矿、小庙铁矿、磁铁山铁矿等一大批矿区,同时发现并评价了鱼卡、石灰沟、大头羊、绿草山、大煤沟、旺尕秀等一批煤田,对野马泉、尕林格、肯德可克、石头沟、长山、牛头滩、巴克特、它温查汗等磁异常进行了钻探验证,并对野马泉、尕林格、肯德可克矿区进行了详查评价。从"八五"后期开始,该队加强了高附加值矿种的普查,先后于1992年在治多县藏麻西孔发现了铅、锌、铁、硫、银等多金属矿;1994年在纳赤台拖拉海沟找到一处储量达814吨的玉石矿;1992年在东大滩找到了一处金锑矿;1995年在都兰县开荒北找到一处中型金矿床;1997年在格尔木市驼路沟初步发现金矿体五条,初步估算远景储量在亿吨以上;1998年新发现小干沟金矿、驼路沟金钴矿、纳赤台玉石矿等矿产地。重新对老矿区进行了矿产评价,先后对藏麻西孔的银矿区、肯德可克的铁矿区、野马泉的铁矿区、尕林格的铁矿区等老矿区开展多金属矿种的重新评价。

2000年由于地勘体制改革,为组建地调院、矿勘院,按照上级指示,该队除工勘技术人员外,把大部分从事地勘工作的主力技术骨干连同续作的项目一并调到了"两院",其他技术人员所剩无几,从而使该队基本退出了地勘主业。

2001年开始根据国家“西部大开发”战略的需要，为了加大柴达木盆地及周边地区地质勘查、找矿工作的力度，逐步恢复了柴达木综合地质勘查大队地勘力量。该队先后在莫河下拉找到多金属矿产地一处，在四角羊-牛苦头地区重新评价了该区钴及多金属矿产。2004年该队承担的那东铁矿普查、全红山铁矿普查、四角羊—牛苦头地区多金属矿普查、乌兰拜兴铁多金属矿普查等项目获得较大的突破。

2005年以后，特别是2007年是青海省柴达木综合地质勘查大队“资源整合、体制转型”后起步的第一年，从2005—2012年，该队共承担各类地勘项目80余项，水工环项目70余项(有部分项目连续多年续作)，共提交了4处铁矿普查基地，1处多金属矿普查基地，1处铁锌矿普查基地和3处铁多金属矿产地。尤其是该院发现的四角羊铁多金属矿，被青海省国土资源厅、青海省地质矿产勘查开发局授予地质找矿成果一等奖。

实施“358”地质找矿突破战略行动以来，先后提交普查地11处，矿产地7处，可供开发的矿产地7处。提交铁矿石资源量4 500多万吨，硫铁矿石资源量3 500多万吨，铜铅锌金属资源量130多万吨，锡金属资源量3 600多吨，银金属资源量1 200多吨，镉金属资源量近700吨。

2. 水文地质、工程地质、环境地质勘查领域

几十年来，完成《青海省地下水资源评价》《柴达木盆地水资源及开发利用研究》《青海省都兰县柴达木河中下游地区水文地质详查》等重大项目20余项。实施“358”战略以来，完成了格尔木河、那陵格勒河、柴达木河、苏干湖等地的水资源勘查，提交大型水源地3处，提交矿产地、普查基地6处，为柴达木国家级循环经济区发展提供了水资源保障；并在大浪滩红沟子地区(盐湖边缘)发现淡水资源，为柴达木盆地西部盐湖资源的开发提供了宝贵的淡水资源。尤其是承担的“青海省格尔木市拉陵灶火地区铜多金属矿整装勘查区1∶10万水工环地质调查项目”在夏日阿哈木河和中灶火河河谷地区圈定了有供水前景的富水地段4处，可缩短供水距离数十千米，大大节约矿山企业取水成本。《青海省西台锂矿区水源地供水水文地质勘探》获得国土资源部国土资源技术二等奖；《柴达木河下游地区水文地质详查项目》《那陵郭勒河地区水文地质详查》获得青海省国土资源厅地质找矿成果二等奖。

几十年来，柴综院共完成岩土工程勘察项目百余项，近5年来完成的重大工程主要有中浩天然气化工有限责任公司岩土工程勘察项目(主要建筑为：希尔顿大酒店、职工宿舍楼、专家楼、职工宿舍楼等)；格尔木会展中心岩土工程勘察项目；将军楼主题公园天路纪念碑岩土工程勘察项目；昆仑山矿泉水一期、二期厂区岩土工程勘察和青海庆华公司尕林格铁矿区尾矿库及选矿厂区岩土工程勘察等项目。

实施的青海省治多县巴桑涌矿山环境恢复治理项目治理砂金过采区面积14 000亩，项目经费5 600万元，实现绿色勘查与生态保护和谐发展，成为青海省矿山环境恢复治理的样板工程。近十年来，已经涉足土地整理(青海省西宁市大通煤矿地质环境治理示范工程)、矿山环境恢复治理(青海省三江源及环青海湖地区废弃矿山砂石料场地质环境恢复治理工程)、地质灾害治理(玉树“4. 14”灾后重建泥石流灾害防治工程、大柴旦八里沟和温泉沟泥石流灾害防治工程、循化县道帏乡五台沟特大型泥石流灾害防治工程等)、地灾评估、地质灾害1∶5 0000详细调查(兴海县、玛沁县、玛多县和格尔木市)等领域。

目前，正向城市地质、城市后备水源地勘查、地下水质污染监测等领域积极拓展市场。

3. 地质成果获奖情况

(1)“青海省西台锂矿区水源地供水水文地质勘探”项目被国土资源部授予“国土资源科学技术二等奖”。

(2)“青海省大柴旦镇巴仑马海锂矿普查”项目获青海省地矿局找矿成果奖。

(3)“青海省格尔木市四角羊沟-牛苦头地区多金属矿普查”获青海省地矿局2006年地质资料展评

二等奖。

(4)“青海省格尔木市四角羊沟-牛苦头地区多金属矿勘查”项目分获青海省国土资源厅、青海省地矿局地质找矿成果一等奖。

(5)察尔汗盐湖钾镁盐矿床、东台吉乃尔湖锂矿床、茫崖石棉矿分别荣获青海省地矿局十大找矿成果奖。

(6)“青海省格尔木市拉陵高里河下游铁多金属矿普查”项目分获青海省国土资源厅、青海省地矿局地质找矿成果三等奖。

(7)“青海省格尔木市乌兰拜兴铁多金属矿普查”项目获青海省国土资源厅地质找矿成果三等奖。

(8)“青海省格尔木市那陵郭勒河地区水文地质详查”和“青海省都兰县柴达木河中下游地区水文地质详查”成果分别获青海省 2012 年度地质找矿成果二等奖。

正是由于柴综院在柴达木盆地盐湖矿产勘查做出的突出贡献，1991 年国家四部委联合授予该单位“功勋地勘单位”，2012 年“我国钾盐找矿规律新认识”项目被中国地质学会评为 2011 年度十大地质科技进展，2012 年被国土资源部评为青藏高原地质理论创新和地质找矿重大突破先进单位，2013 年荣获首届中国百强地质队的称号，2015 年该院“成盐理论引领我国找钾取得重要突破”项目荣获中国地质学会 2014 年度十大科技进展，2017 年“柴达木盆地西部深层卤水钾矿综合研究与找矿突破”荣获青海省科技进步三等奖。

责任篇：力推绿色勘查，助推地勘行业可持续发展

以盐湖资源开发为龙头的盐湖化工循环型产业体系在柴达木循环经济发展中占据着绝对主导地位，支撑着柴达木循环经济的快速平稳发展。青海省十三五发展规划中明确指出：要加快推进钾、镁、锂、钠、氯循环产业发展，着力构建在全国具有重要影响力的千亿元盐湖资源综合利用产业集群。

青海省钾矿资源潜力评价结果认为，柴达木盆地预测潜在资源量达 26.72 亿吨。其中背斜构造上预测的深层卤水型资源总量为 11.285 22 亿吨，各成盐盆地的第四系现代盐湖型钾矿资源总量为 154 320 万吨。目前查明率 34.97%，进一步找矿潜力大。

青海省地质调查院通过对青海油田近 50 年以来在柴达木盆地西部取得的有关油田水方面的资料，进行收集整理、分析和综合研究，对油水湖进行了系统的调查和取样，提交了《青海省柴达木盆地西部富钾、硼、锂、碘油田水资源远景区评价报告》，估算出 3341＋3342 资源量：KCl 1.13×10^9 吨，B_2O_3 4.05×10^8 吨，LiCl 1.21×10^8 吨，I 488×10^4 吨。认为在柴达木盆地西部第三系储油构造上大都有富含钾、硼、锂、碘油田水资源分布。

在 2008—2017 年度勘查工作区内的 5 个凹地内预测资源总量为 8.386 5 亿吨，其中的大浪滩矿区预测资源量为 5.155 7 亿吨、昆特依矿区预测资源量为 1.575 3 亿吨，尕斯库勒湖矿区预测资源量为 3 403 万吨，马海钾矿区资源量为 1.111 2 亿吨，察汗斯拉图矿区预测资源量为 2 041 万吨。

技术创新是绿色勘查之本。要想把生态保护理念落实到勘查全过程，尤其是从源头上减少和控制矿产勘查过程中对生态环境的影响，变“先破坏后治理”为“少破坏少治理”或“不破坏不治理”，必须要依靠先进的勘查技术、工艺和方法。柴综院关口前移，变被动为主动，依靠先进绿色勘查技术、工艺和方法从源头上来控制和减少施工中对生态的扰动。随着潜孔锤钻机替代槽探、便携式钻机、“一基多孔、一孔多枝”定向钻探技术，无公害泥浆排放及净化、固化处置技术等勘查新技术和新方法在勘查项目中的不断推广应用，绿色勘查已实现了质的提升。

习近平总书记视察青海时指出，盐湖资源是青海的第一大资源，也是全国的战略性资源，发展循环经济是提高资源利用效率的必由之路。柴达木盆地大厚度深层卤水矿的发现和进一步勘查，为柴达木循环经济实验区打造千万吨级钾肥生产基地，千亿元锂盐产业基地提供了资源保障。将对大力推动青海省地区经济发展产生深远影响。

撰稿：刘久波

编后

雄关漫道真如铁，而今迈步从头越，柴综院这支全国唯一的盐湖专业队将站在新的历史起点，不忘初心，牢记使命，继续发扬“地质三光荣”精神，坚持绿色勘查理念，为国家寻找出更多的盐湖矿藏，为柴达木循环经济快速发展提供有力的资源保障。

钾盐勘查和地质研究的使命担当

——记中化地质矿山总局山东地质勘查院

［企业名片］

中化地质矿山总局山东地质勘查院由两所地质勘查院整合重组而成，前身之一为“山东省化学矿地质勘探队”，始建于1972年，经历次沿革更名为中化地质矿山总局山东地质勘查院；前身之二为“化学工业部钾盐地质大队”，成立于1979年，为化学工业部直属地质勘查单位，专门从事钾盐找矿工作，经历次沿革更名为中化地质矿山总局泰安地质勘查院。2011年，原中化地质矿山总局山东地质勘查院、泰安地质勘查院整合重组，组建新的中化地质矿山总局山东地质勘查院（副局级），隶属国务院国资委管理的中国煤炭地质总局，是一家集地质勘查、城市地质、环境地质、水文地质、工程地质、盐井钻探、工程勘察及施工、地质技术研究推广等业务于一体的现代化专业地勘单位。

20世纪80年代至90年代初，原化学工业部钾盐地质大队主要在中国东部地区中新生代沉积盆地开展钾盐找矿工作。主要在江苏淮安、河南舞阳等盆地进行钾盐普查，对中国东部第三纪盆地及其成盐成钾地质条件进行深入研究，取得了丰富的地质成果。

近10年来，中化地质矿山总局山东地质勘查院（包括其前身中化地质矿山总局泰安地质勘查院）在国内外进行了大量的钾盐勘查及地质研究工作，并为我国钾盐矿山企业进行长期矿山服务工作，为中国钾盐事业做出了较大贡献。

在大汶口盆地盐、钾兼探孔，发现多处钾盐矿化层

2007—2012年，中化地质矿山总局泰安地质勘查院利用财政及社会资金，在山东省泰安市大汶口盆地施工了多个盐、钾兼探孔，发现了多处钾盐矿化层。其中肥钾3孔见厚1.56米、KCl含量5.01%的钾盐镁矾矿化层；ZK3604孔见两层钾盐镁矾矿化层：一层厚2.00米、KCl含量5.51%；另一层厚1.5米，KCl含量6.99%。另外还发现了多层杂卤石矿化层。虽然大汶口盆地已发现多层钾盐矿（化）层，但由于矿层较薄、连续性差，埋深较大，目前暂未开采。

开展柴达木盆地的钾盐调研，对中深层富钾卤水进行预测

2013—2016年，中化地质矿山总局山东地质勘查院泰安地质分院承担了中国地质调查局“青海省冷湖行委宗马海湖地区四幅1：50 000区域地质调查”工作。调查区位于柴达木盆地北部马海洼地一带，自古近纪晚期以来，形成了大量的钾盐、石盐等盐类固-液体矿产。通过收集大量前人资料，进行野

外详细调查及综合分析研究,对浅层富钾卤水及固体钾盐矿进行总结,分析其成矿规律,总结其成矿模式。在此基础上,结合近年来的地震、钻探等勘查成果,对中深层富钾卤水进行了预测,认为在工作区的北部山前第四纪冲积层中,存在一走向北西西—南东东向的富钾卤水带。该带其长约35千米,宽5～6千米,含水层厚度巨大,其中含有孔隙型卤水钾盐矿层。

负责老挝钾盐勘查及研究,形成钾盐勘探报告

2007年至2009年1月,原中化地质矿山总局泰安地质勘查院受中国水电矿业(老挝)钾盐有限公司委托,负责老挝万象平原班海矿区的钾盐普查和班根矿区详查部分钻探施工,以及塔贡矿区部分钻探施工、水工环地质调查、资料整理及报告编写工作。

取得的成果:经过本次工作,详细查明了矿区内地层、构造特征,详细查明了钾盐矿层赋存层位及矿层产状、分布、形态、化学成分等,并进行了资源量估算。塔贡矿段钾盐矿赋存于古近系塔贡组下段下亚段上部,呈层状,矿层走向北西,连续性好,但厚度变化较大,以ZKT10-3为中心,中部厚(最厚100.66米),向四周变薄(最薄4.18米),在LKTN2东北及ZKT5-2以西矿层逐渐变薄而小于最低可采厚度(4米)。

矿体总体形态受塔贡向斜控制,走向北西,中部为向斜轴部,矿层埋深较大,一般超过300米,埋深最厚在ZKT5-2、ZKT5-1、ZKT7-7及LK14孔一带,埋深347～359.29米;向北东方向为向斜的冀部,矿层埋深变小,最浅处LKTN2埋深仅90.45米,而矿区中部主要受盐背斜(盐丘)构造影响,因此矿体总体形态是由南西和北东均向中部倾斜的向斜。

本次资源量估算采用水平投影地质块段法;按第Ⅰ勘查类型,资源量估算结果如下:主矿产(KCl):矿石量74 666.7万吨,KCl资源量13 648.7万吨,其中:探明的KCl资源量(331)6 184.7万吨;控制的KCl资源量(332)1 818.6万吨;推断的KCl资源量(333)5 645.4万吨。矿层KCl平均品位18.28%。

伴生矿产:$MgCl_2$资源量15 347.2万吨,Br资源量104.7万吨。

依据塔贡矿区的钾盐勘探报告,中国水电矿业(老挝)钾盐有限公司于2009年12月取得塔贡矿区的钾盐开采权,2010年10月,年产12万吨钾盐项目开工建设,2013年6月开始投产,产品KCl含量超过98%。

勘查厄立特里亚钾盐

2011年10月,受北京赛诺马矿业投资有限公司邀请,原中化地质矿山总局泰安地质勘查院组织有关地质技术人员考查了该公司位于厄立特里亚南红海省丹基(DENGEL)地区的钾盐矿产资源情况。2011年年底,原中化地质矿山总局泰安地质勘查院将该项目申报了国外风险勘查基金项目,并获得批准,列入2012年度国外矿产资源风险勘查专项资金项目。该项目从2011年11月开始,至2014年12月结束,完成的主要实物工作量为:1∶50 000遥感地质解译1 224千米^2;1∶50 000地质草测455千米^2;1∶25 000万地质草测150千米^2;1∶25 000重力测量150千米^2;1∶5 000重力剖面测量110千米;最终共完成钻孔13个,共完成钻探2 126.43米。

取得的主要成果:通过资料收集、1∶5万地质测量、1∶2.5万地质测量工作,大致了解项目区内钾盐矿区域成矿背景。通过1∶2.5万重力测量及1∶5 000剖面测量工作,圈定异常区4处,其中G1断陷盆地特征明显凸现。推测断层3条,与区域构造线方向一致为北西向。在G1异常区施工钻探13孔,共计2 126.43米,结合化学分析,大致了解矿层的分布特征及矿层特征、矿石结构构造、矿物成分、化学成分及矿石自然类型、夹石的分布情况等矿石质量特征。

根据钻孔揭露情况并参考相邻矿区地质资料，丹基矿区钾盐呈层状，矿层走向北西，厚度变化较大，总体矿层厚度由南向北逐渐变薄，根据钻孔资料矿层埋深 20～80 米不等，由南向北逐渐变浅。估算钾盐矿(333+334)矿石量 6 290.31 万吨，KCl 量 1 089.39 万吨，KCl 平均品位 17.32%，远景储量为中型规模矿床。

在泰国沙功那空府哇伦尼瓦矿区钾盐矿勘查，满足当地环保要求

"中国明达钾盐(泰国)有限公司"为中化地质矿山总局在泰国注册成立的矿产勘查公司，2004 年 5 月正式向泰国工业部提出申请"泰国沙功那空府哇伦县钾盐特别勘探证报告"，2015 年 1 月，泰国工业部批准了泰钾公司的特别勘探许可证。

2016—2018 年，中化地质矿山局山东地质勘查院承担了该项目的钻探施工及物探测井工作。在钾盐勘查钻探施工中，为满足泰国严格的环保要求，对泥浆固控循环系统设置成一个封闭系统：由制浆罐、沉淀槽、循环罐和沉砂罐组成，配有一台搅拌器、一台立式泵，一台旋流式除砂器，一台振动筛除砂器和电力辅助设备。除沉淀槽外，泥浆其他循环系统均在封闭状态下运行。该套系统不仅满足了岩芯钻探对泥浆的技术要求，还实现了泥浆在相对封闭环境下运行，最大限度地保护当地的自然环境，满足环保要求。

做好老挝钾盐矿山服务工作，治水效果显著

自 2013 年 12 开始，中化地质矿山总局山东地质勘查院水文环境分院承担了中农矿产资源勘探有限公司老挝他曲县东泰钾盐矿的坑道治水工程。中农矿产资源勘探有限公司系中国农资公司控股的股份制公司，2006 年 8 月 10 日，经老挝政府批准，该公司获得了在老挝甘蒙省他曲县东泰钾盐矿 84 千米^{2}的探矿权，2009 年 3 月 23 日获得了该矿段的"开采许可证"。

该矿采用坑道开采方法，攻克了固体钾镁盐矿开采的技术难关，将尾矿充填于坑道中，解决了环保难题，实现了稳产高产。但由于坑道开采中，坑道往往渗水，给正常生产带来困难及安全隐患，必须进行止水才能正常安全生产。

1. 斜坡道治水工程

中化地质矿山总局山东地质勘查院自 2013 年 12 月开始施工斜坡道治水工程，至 2015 年 9 月完成治水工作，截至目前治水效果显著。

本次治水工作采用在巷道涌水面加压注浆的方法。施工前针对涌水层进行了注浆试验，查明了浆液的扩散半径、注浆压力适用范围及所需的水泥浆液配比等情况。主要施工流程为：首先根据施工方案布置注浆孔位，随后施工注浆钻孔并进行洗孔，最后加压注入水泥注浆完成注浆工作。注浆后，施工检查孔发现水泥浆液对裂隙进行了充填满足工作要求。

2. 皮带斜井治水

矿山皮带斜井为矿石的主要运输巷道，斜长 948 米，坡度 14°，地面入口至末端高差约 220.0 米。建成后巷道内多处存在涌水现象，严重影响巷道的安全及生产环境。

本次治水工作采用在地面施工钻孔，通过钻孔加压注浆的方法。施工前针对巷道直接充水含水层进行了注浆试验，查明了浆液的扩散半径、注浆压力适用范围及所需的水泥浆液配比等情况。主要施工流程为：首先测绘人员根据施工方案布置注浆孔位，随后在地面施工注浆钻孔，并进行洗孔，最后加压注入水泥注浆完成注浆工作。

开展系列学术研究活动,具有指导性意义

近10年来,中化地质矿山总局山东地质勘查院在积极参加国内外钾盐勘查研究的基础上,广大技术人员进行认真总结及研究,发表了大量有关老挝—泰国钾盐矿床方面的论文,对今后在该地区的钾盐矿床勘查开采具有指导意义。

通过研究认为,在泰国—老挝钾盐矿床分布区域(沙空那空—呵叻盆地),由于位于亚洲大陆西南,距离喜马拉雅构造带较近,在新生代古近纪古新世盐类物质沉积后,正是喜马拉雅板块碰撞之时,必然波及该区域。因此该地区的构造活动强烈,褶皱发育。发育于该区中新生代钾盐及其他盐类矿产(层位划分有异议,分为上白垩统和古近纪古新统两种)多受成矿后的盐构造(盐背斜和盐向斜)控制。在下盐层及其上部的泥岩沉积后,在构造挤压下形成水下宽缓隆起。在隆起部位沉积缓慢,而在相邻的下陷位置沉积了较大厚度的碎屑物质。由于背斜部位的泥岩厚度远小于向斜部位的泥岩,另外,泥岩较岩盐、特别是钾盐矿层的密度大,这样向斜部位的盐类矿层受到上覆地层压力大,背斜部位的盐类矿层受到上覆地层压力较小,形成差异负载。在重力作用下,岩盐及钾盐层发生塑性流动,即由向斜向背斜塑性流动、使背斜部位矿层增厚,上拱,形成盐背斜。同样的原因,向斜部位的盐类矿层厚度明显变小。沙空那空-呵叻盆地盐背斜具有以下特点:盐背斜主体由下盐层(石盐和钾盐矿层)组成;背斜核部钾盐及石盐层厚度急剧增大且上拱,但在一些盐背斜特别发育的地区,因钾盐层上拱穿刺上覆泥岩层遭受溶解而缺失。上覆地层变薄且部分缺失,矿层埋深大幅变浅。另外,盐背斜部位因岩盐、钾盐层厚度大且埋藏浅往往形成布格重力负异常中心和剩余异常重力低。向斜部位钾盐及石盐层厚度变小,离盐背斜越远越薄,钾盐矿层甚至缺失。上覆地层厚度增大,盐类矿层埋深增大。同理,该区域为重力剩余异常低区。在盐背斜与盐向斜之间为重力梯度带,该区域地层发育齐全,矿层较厚。

根据盐构造特点,在沙空那空-呵叻盆地盐背斜发育地区进行钾盐勘查找矿时,重点放在盐背斜及其附近的斜坡带上,也就是布格重力负异常中心和重力剩余异常低及其附近的重力异常梯度带上。但盐背斜上亦有风险,要么矿层特别厚,要么矿层缺失。在盐向斜位置(重力高)矿层厚度小、甚至缺失,而且埋藏深度大,施工难度较大。因此钻探施工首选位于重力低附近的重力异常梯度带上为宜。

中化地质矿山总局山东地质勘查院技术人员对沙空那空-呵叻盆地钾盐成矿特征及控矿构造—盐构造的研究,对今后在老挝—泰国进行钾盐找矿工作具有指导意义。

撰稿:王少华

建院六十载　在科创路上奋力前行

——记上海化工研究院有限公司传承创新转型发展之路

[企业名片]

上海化工研究院有限公司(简称化工院,下同)是一个集多学科为一体的综合性化工研究开发、工程应用的国家级高新技术企业,是化工行业知名的科研院所,主要从事化肥、新材料、新能源、新装备的研究开发和行业服务,坚持科研发展和产业服务结合,支持新型产业发展和传统产业技术提升,服务于先进材料、生物医药、公共安全、节能环保等领域。

建院六十周年迎来重新出发

1956 年 9 月 25 日,上海化工研究院正式创建,隶属国家化学工业部,是全国第一批重点化学工业研究院;1999 年 7 月,由部属事业单位转制为科技型企业,隶属上海市经济委员会;2004 年 1 月,隶属上海市国有资产监督管理委员会;2016 年 12 月,实施公司制改制,更名为上海化工研究院有限公司。

经过 60 年创新和积累,上化院不断从传统产业研究领域向高新技术产业研究领域发展,从建院初期"以化肥研究为中心的综合型研究院",逐步发展成为集多学科、多专业领域,从事创新研究、公共服务、工程应用开发的国家重点科研院所和产学研相结合的科技型企业。不断推进体制机制的创新转型,创新体系更加完善;始终坚持以市场需求为导向,经济发展提质增效;不断加快科技创新,科技成果持续涌现;持续推进科技成果转化和产业化建设,核心竞争力显著增强;积极开拓对外交流与合作,创新活力有效释放;以"国内一流的高新技术企业、国际知名的新型科研院所"为战略目标,以"立足上海和长三角,服务全国,面向全球"为发展定位。

目前,上化院拥有国家、行业、上海市的技术中心 18 个,国际、国家标准化委员会和技术归口单位 11 个,国家重点实验室 1 个,国家认定认可实验室 5 个,行业学会组织 10 个,国家和上海市产业技术联盟、产学研联合所、技术开发平台 14 个,是国务院学位委员会批准的硕士研究生学位一级学科授予单位,先后成立了博士后科研工作站和院士专家工作站;相继获得了 12 项国家和上海市创新资质,其中包括"国家高新技术企业""国家创新型企业""国家企业技术中心""国家技术创新示范企业""中国产学研合作创新示范企业""国家技术转移示范机构""国家工业企业知识产权创造运用能力培育工程试点企业""全国石油和化学工业先进集体"等国家级荣誉;在上海市近 200 家技术中心的考评中持续多年荣获第一名。历年共承担国家各类科技攻关、产业化开发和工程应用项目 2 000 余项;科研成果获得国家、省部级科技奖励 300 余项;申请专利 780 余项,获得授权专利 520 余项;制定国际、国家及行业标准 300 余项;数百项科研成果和专利技术,在国内外推广应用。

上海化工研究院经过60年的努力,走在了转制科研院所的前列,积累了由事业单位转型为科技型企业的宝贵经验,是国家科研院所改革发展历程的缩影,是推动上海科技创新体系建设的生力军。

为我国钾肥事业提供科技支撑

上海化工研究院在我国钾肥事业发展中做出重大贡献,在钾资源综合利用开发、钾肥产品研究开发以及产品的标准化建设等方面,开展了长期卓越的科技创新研究,从建院初期伊始,几代科技人员攻克时艰、砥砺前行,不断取得阶段性成果,是钾肥工业的技术开拓者之一。

在明矾石资源综合利用制取钾肥研究方面:化工院从建院初期就在技术专家章涛、曹兆汉、王志铿等领导下先后进行氨碱法、还原热解法、简易氨浸法等各种生产工艺研究开发。在明矾石综合利用工艺流程中,焙烧脱水过程很关键,在实验室试验先后进行了Φ400多层沸腾炉焙烧明矾石脱水试验和Φ1 000沸腾炉中明矾石脱水焙烧试验。还进行了脱水明矾石还原过程动力学研究。在完成了脱水炉和还原炉扩大试验和湿法部分实验室试验基础上于1960年在浙江温州化工厂建立了一套年产3 000吨钾肥,5 000吨硫酸铝和5 000吨硫酸中间试验工厂,经6个月运转和测试,确认工艺可行,中试主要设备选型合理。与浙江瑞安钾氮肥厂协作,进行了明矾石简易氨浸法制钾氮肥工艺流程中间试验,1972年建成年产1 500吨钾氮肥中试装置,试验工艺流程分明矾石立窑焙烧脱水、熟矾石块粒浸取、钾氮肥溶液喷雾蒸发干燥和利用氮渣副产硫酸铝4个工序,中试产品钾氮肥含K_2SO_4 21.15%,$(NH_4)_2SO_4$ 66.3%,副产品硫酸铝符合一级品指标。经化工部鉴定认为本生产流程中设备少,能耗低、工艺成熟可行,技术经济指标合理。

在工艺研究的同时,对原料和产品的分析检测也开展了研究,魏义瀚等制定了部标准的明矾矿统一分析方法。该分析方法以用于加工生产的矿物为主要对象,同时也照顾了不同矿区的适用性,测定方法的选择既注意了方法的成熟性,也考虑操作上的方便,在能达到一定精度基础上尽量避免繁琐冗长的古典法,采用了较新的测定方法。

20世纪70年代墨西哥瓜纳华托大学开发了综合利用明矾石的新流程——UG法,制钾氮肥过程与氨碱法流程中的氨法部分基本相同,用气氨处理已焙烧脱水的明矾石,得到含硫酸钾铵的溶液,经蒸发结晶,得到钾氮肥。氨处理得到的残渣用二氧化硫处理后再用硫酸处理,分别得到亚硫酸铝和硫酸铝溶液。最终得到硫酸铝和氧化铝等产品。为了加快我国明矾石资源的利用进度,在考察墨西哥中试装置的基础上,在王志铿、胡腾、丁炳顺、陈大福等负责下对我国的明矾石原料按UG法流程进行各种试验。试验结果表明采用UG法加工我国的明矾石制得钾氮肥和硫酸铝,不论在原料利用上还是技术经济上都是合理的,生产过程在常压下进行,周期短,不耗碱,是综合利用明矾石一个值得推荐的方法。

在盐湖钾肥制备技术和产业化开发方面:1957年上海化工研究院曹兆汉等参加了青海察尔汗盐湖考察,发现青海察尔汗盐湖存在光卤石矿,为此上海化工研究院专门成立盐湖研究组进行光卤石加工方法、钾盐浮选工艺和盐湖资源综合利用等的研究。负责了盐田晶间卤水直接分解光卤石制取钾肥及工业氯化钾试验研究,应用$NaCl$-KCl-$MgCl_2$-H_2O的水盐体系25℃相图用晶间卤水进行分解,然后利用KCl和NaCl两者结晶粒度的不同,沉降分离部分NaCl得到KCl 50%的粗钾,再用淡水洗涤得到含KCl 90%的精钾,试验结果证明工艺是可行的,1958年在青海建立了我国第一座钾肥厂,拉开了盐湖资源利用的序幕。1961年上海化工研究院钾肥室的盐湖组在曹兆汉主任带领下支援新成立的中科院青海盐湖研究所。

1979年上化院丁炳顺等负责了国家科委下达的察尔汗盐湖光卤石冷分解热溶结晶法制取氯化钾

扩大试验，建成了年产 300 吨氯化钾的扩大试验装置，上化院设计所负责完成了该扩大试验装置的设计。依据 Na^+、K^+、Mg^{2+}//Cl^--H_2O 的水盐体系多温相图，整个工艺流程为冷分解及热溶和冷结晶二个工序，试验结果为产品纯度 KCl 96.82%、平均粒径 0.6 毫米、色泽洁白、氯化钾的实收率 76.28%、钾理论收率的 95%、氯化钾总利用率为 96.16%，试验所得结果可作为中试依据，1983 年通过化工部鉴定，并获化工部科技成果一等奖。为解决热溶法能耗高的缺点，又进行冷结晶法研究，建立中间试验装置，同时开展氯化钾结晶动力学及 DBT 真空结晶器的基础研究，邹光明、朱旦兮、陈祖德等分别负责进行了青海察尔汉盐田光卤石冷结晶法制氯化钾过程研究、氯化钾结晶动力学研究、光卤石冷分解动力学试验等，取得了较好结果。80 年代年间，由上化院牵头，化工部连云港化工矿山设计研究院、青海钾肥厂和天津大学一起参与完成的国家“六五”和“七五”攻关项目“年产 4 万吨氯化钾冷分解结晶—浮选技术”，该项目是对我国最大的可溶性钾盐基地——察尔汗盐湖浮选法工艺存在的产品质量低、粒度细、产品干燥效率低损耗大等问题提出的光卤石加工方法。工业性生产试验结果表明：冷分解结晶—浮选技术生产的氯化钾产品质量好、粒度较粗，与冷分解——浮选法比较，生产后处理工序过滤、干燥效率高、包装容易、可节省能源，减少对光卤石的消耗。上化院完成了一系列有关察尔汗盐湖光卤石处理生产氯化钾的理论和实验室试验工作，在此基础上负责了试验装置建设的技术工作并参与装置试验开车，装置试运行结果所得氯化钾滤饼的水分含量较冷分解—浮选法低 14%左右，过滤设备的生产能力可提高 50%左右，为今后继续开展冷结晶技术奠定了基础，项目完成后提出了 10 万吨氯化钾冷结晶设计方案。该项成果由中科院于 1990 年组织鉴定，技术达到国内先进水平。

在 20 世纪 80 年代初戴开义等负责了原子吸收光谱法（SP9-800AAS）测定察尔汗盐湖盐田光卤石加工中钾、钠、钙、镁等的研究，还对察尔汗盐田光卤石加工制氯化钾、氯化钠产品的分析方法进行了专门研究，提出了组分和产品的分析检验方法。上海化工院化机室腐蚀组完成了盐湖光卤石制氯化钾设备材料耐腐蚀试验，为工程装置选型提供了技术基础。

在钾石盐矿提纯制取钾肥方面：我国 20 世纪 60 年代发现的云南江城勐野井是我国第一个陆相古代固体钾石盐矿，其矿物特点与国外已开发的钾石盐矿有很大不同，含氯化钾只有 12%，水不溶物含量高达到 25%。矿岩类型多，相互交杂，分离困难，矿渣占原矿的 80%～85%，氯化钾产率低。根据勐野井矿的特点和综合利用的原则，开发了热法全溶流程，即将矿石中的可溶性盐全部溶出，分去泥渣，然后蒸发冷却结晶分别得到氯化钾和氯化钠，流程特点氯化钾和氯化钠纯度和收率较高，但需蒸发大量水，能耗较大，在云南思茅钾肥厂完成了工艺流程的扩大试验，依据扩大试验结果进行了年产万吨装置的初步设计。在全溶基础上，胡腾、李德明等依据云南省“以钾盐为主，食盐适当利用”的原则，提出了部分溶解法流程，在制取氯化钾时控制水量，仅使钾石盐中部分氯化钠溶出，减少蒸发水量，降低能耗，采用经过修正的水盐体系相图指导试验工作，进行了部分溶解法分离氯化钾和氯化钠的扩大试验，试验规模为 150 吨/年，采用螺旋溶出器、强制循环蒸发器和 DBT 真空结晶器等设备，试验结果获得产品纯度 KCl 97%，平均粒径 0.6 毫米，氯化钾总收率 90%以上，达到理论收率的 95%，同时得到氯化钠，试验成果用于云南思茅钾盐矿建造生产车间。

为顺应农业大发展需要，针对我国水溶性钾肥资源严重缺乏的情况，根据化工部下达的指示精神，上化院在 60 年代开始进行各种不同方法从钾长石等非水溶性钾盐矿制取钾肥的研究工作。分别进行了亚硫酸钙处理长石制钾钙混肥研究，食盐法钾长石制取高浓度钾肥实验室和中间试验研究，以钾长石为原料制含钙镁钾肥实验室试验，钾长石制磷钾肥料试验，加压法等自长石中提取氢氧化钾探索试验等。还编写出版了“钾长石及明矾石土法生产钾肥”一书 。

在含钾肥料产品及工艺技术开发研究方面：上化院早在20世纪70年代就开始开展磷酸二氢钾的生产工艺和产品应用效果试验。以磷矿、硫酸和氯化钾为原料生产磷酸二氢钾工艺70年代初由爱尔兰哥尔丁公司首次提出，被认为是生产磷酸二氢钾比较经济的方法，世界上许多国家进行了研究开发，该法是将硫酸和氯化钾反应生成硫酸氢钾和氯化氢，氯化氢水吸收成为副产物盐酸，而硫酸氢钾、过量硫酸再与磷矿反应生产磷酸二氢钾。1979年开始在张志祥带领下进行摩洛哥磷矿直接法流程制磷酸二氢钾实验室试验，硫酸氢钾、过量硫酸与磷矿反应后含二水石膏的料浆过滤，石膏中所带出氟硅酸钾采用加入氧化钙分解然后再浆浸取，形成硫酸钾返回系统。酸解液送蒸发器一段浓缩，浓缩液加入一定量的甲醇，利用磷酸二氢钾在甲醇存在下的溶解度变小特性，使磷酸二氢钾呈固相沉淀析出。随后又开发了利用国产磷矿生产磷酸二氢钾的试验工作，取得了较完整的工艺数据，在此基础上，上化院设计所于1985年完成了武汉无机盐厂的磷矿直接法生产磷酸二氢钾年产1 000吨的中试装置设计，工艺组参与了该装置的建设和试验工作。工艺可行，但设备腐蚀严重，影响了工程装置的运行。

1977年开始为配合院磷酸二氢钾工艺研究，在徐大江带领下在上海地区开展磷酸二氢钾肥效试验，表明用0.2%浓度溶液，喷施于水稻、小麦、大麦、刀豆等作物都有一定的增产效果，在贫瘠土壤上效果大于肥沃土壤。磷酸二氢钾是一个肥效效果优秀的化肥产品，但价格高，更适合于高端植物（作物）使用。

根据农业需要，开展不同原料生产硫酸钾工艺研究开发。1985年开始进行氯化钾-硫铵转化制硫酸钾铵和氯化钾铵生产工艺的研究。利用NH_4^+-K^+-Cl^--SO_4^{2-}-H_2O体系中有硫酸钾—硫酸铵、氯化铵—氯化钾固溶体存在这一物理化学现象，在适宜的工艺条件下得到符合农用一等品以上指标的硫酸钾产品，同时也得到一定数量的氯化铵-氯化钾混合物，进一步加工成NPK复合肥料。生产的硫酸钾可达到农用硫酸钾一级品标准，而且还含有N 3.5%；氯化钾的钾转化率可达75%；无三废排放；可采用钢铁厂、电厂等副产硫酸铵溶液直接使用。同时开展了硫铵、氯化钾复分解法生产硫酸钾工艺设备材料的腐蚀试验工作。1993年以硫酸铵和氯化钾为原料，在苏州建成了年产3 000吨的硫酸钾中试装置，试验结果表明工艺流程和设备选型合理，在技术上和经济上有明显优势，产品符合标准，工艺技术和设备装置为国内首创。随后又分别在国内不同地方建设了年产5 000吨和1万吨的生产装置，近几年随着技术进步和设备制造水平的提高所建设的生产装置已达到5万吨/年规模。

1990年开始研究芒硝法硫酸钾工艺，依据K^+、Na^+//Cl^-、SO_4^{2-}四元水盐体系溶解度数据，利用生成溶解度低的复盐来提高钾的收率，先生成钾芒硝，钾芒硝再与氯化钾反应生成纯度较高的硫酸钾。试验结果表明：通过二次转化、一次蒸发流程生产硫酸钾，工艺上可行，结果令人满意，具有流程短、回收率高、产品质量好，副产品氯化钠可利用等优点，但母液循环量偏大，原料中的杂质影响硫酸钾的品位，对原料要求较高。

1995年依据市场需求，与泸天化合作进行了以硝酸铵和氯化钾为原料转化法生产硝酸钾的工艺研究。依据NH_4^+-K^+-NO_3^--Cl^--H_2O四元体系中硝酸钾、氯化铵、氯化钾、硝酸铵存在各自的结晶区，在适宜的工艺条件下控制不同盐的析出程序，得到硝酸钾和氯化铵。产品符合农业级要求，若进一步净化，可得工业级产品。并于1996年完成了年产1万吨硝酸钾生产装置的基础设计。

在产品标准化建设方面：1980年制定了“GB 1963—80 磷酸二氢钾”，该标准适用于热法磷酸和氢氧化钾（或碳酸钾）为原料经中和、浓缩、结晶而制得的工业和农业用磷酸二氢钾。随着技术的发展，也出现了来源于不同原料制得的磷酸二氢钾产品，不同的要求也使得产品多样化。为了反映我国磷酸二氢钾的生产情况和产品质量水平，1991年开始对GB 1963—80标准进行修订，标准号改为化工行业标准 HG 2321—92，测试方法采用国际通用的方法，规定了工农业用磷酸二氢钾的技术要求、试验方法、检验规则及包装要求、运输和贮存，标准适用工、农业用磷酸二氢钾。

尽管 1987 年时我国硫酸钾生产量很少，当时国内仅有浙江温州化工总厂采用明矾石还原法的 3 000 吨装置，但进口量不少，硫酸钾产品质量影响其的使用，1987 年开始进行硫酸钾产品标准的制定，在查阅相关国内外资料的基础上，采集市场上的产品，对 ISO 推荐的硫酸钾检验方法进行大量的验证、比较试验，1988 年完成了农业用硫酸钾国家专业标准 ZBG 21006—89。2002 年依据硫酸钾生产和市场情况开始制定农业用硫酸钾国家标准 GB/T 20406—2006，标准规定了各种工艺生产的农业用硫酸钾的质量要求、试验方法、检验规则、标识、包装、运输及贮存。并根据产品的质量水平现状，对要求进行了调整，增加了颗粒状产品的要求，对产品检测方法进行了修订。

2004 年开始制定农业用硝酸钾国家标准，根据国内外农用硝酸钾的实际情况，参照工业硝酸钾(GB 1918)及国外相关农业用硝酸钾标准，对总养分、氧化钾含量、总氮含量、氯化物含量、水分含量等指标做出规定，建立了统一的分析检测方法。该标准的制定增加了肥料中钾肥检测品种，缓解了国内对高浓度化肥、进口钾肥的产品标准需求。

围绕自身特色建设四大中心

展望“十三五”，上化院在加强以应用为导向的自主创新竞争策略方面有着非常具体的规划。这个规划是：围绕新兴产业的培育和传统产业的提升，面向健康社会、生态环境、高端制造和智能城市方面的战略需求，重点建设“四大技术中心”，即催化技术与先进材料技术中心、化学品公共安全技术中心、稳定性同位素应用技术中心、生态环境工程技术中心。

在先进材料领域，以先进聚烯烃材料技术为核心，建设“催化技术与先进材料”技术中心的创新平台，以航空航天、国防军警、海洋工程、高铁轨交、石化矿业、汽车电力、医疗体育用高端材料为主要发展方向，打造行业技术领先、具有影响力的先进材料创新中心。

在生物医药领域，以稳定性同位素的生物医药应用为核心，形成“稳定性同位素应用技术中心”创新平台，为肿瘤检测、诊断试剂、药物中间体、生命健康、食品安全、营养保健、检验检疫、现代农业、资源环境等领域提供行业技术服务。

在公共安全领域，以化学品及制品危险性分类鉴定技术为核心，以化学品储运安全、健康环境评价、工业过程安全、应急救援、公共活动保障、食品安全为主要发展方向，建设“化学品公共安全技术中心”，为国家化学品公共安全和上海国际航运中心建设提供技术支撑。

在节能环保领域，坚持绿色发展理念，以环境评价和净化工程技术为核心，围绕生态环境监测与评估技术、工业“三废”综合治理技术、工/农业土壤修复与改良、工业过程环保技术、工业净化与节能环保材料等方向，积极拓展，联合开发，建设“生态环境工程技术中心”。

另外，在现代生产性服务领域，建立和完善科技创新平台，推进行业技术中心建设，实施一批重点科研项目、攻克一批重大关键技术、获取一批具有自主知识产权的科研成果、推进一批产业化项目、培养造就一支高水平高素质的科技创新人才队伍。

撰稿：陈明良　陈鸿应　张丽雅

编后

回首上海化工研究院走过的60多年，通过不断挑战自我、不断转型升级，化蛹成蝶，才有了今天的辉煌成就和骄人业绩；同时，也充分展示出了化工院人的能力自信，创新自信，发展自信。

在新的历史时期，化工院已绘就了新的宏伟发展蓝图，在改革开放的新征程中再出发。

钾盐工程设计领域的引领者

——记中蓝长化工程科技有限公司(原化工部长沙化工矿山设计研究院)

[企业名片]

中蓝长化工程科技有限公司(以下简称中蓝长化)由原化工部长沙设计研究院改制更名而来,始建于1978年,是一家集科研、勘察、设计、咨询、监理、总承包为一体的工程技术服务型企业。是目前国内外钾盐领域工程设计的主要技术支撑单位。

公司拥有化工、矿山、建筑、市政、环保等行业设计甲级和工程勘察、工程监理甲级资质证书,以及石化、医药、冶金、规划、燃气、废水、废气等专业设计乙级资质证书,并具有压力容器和压力管道设计资格。可承担各类大中型矿山工程、化工石化医药工程、工业与民用建筑工程、市政公用工程和环境保护工程的勘察、设计、监理、咨询和工程总承包业务。

钾盐工程设计领域的引领者

1978年,改革开放的春风吹遍大江南北。化学矿是生产化肥的重要原料,当时全国有120多个化学矿山项目急需安排做设计前期工作和初步设计,但仅仅只有2家开展化学矿山设计研究工作的院所,加上当时液气相采矿工艺只有美国、苏联、波兰等少数国家掌握,于是国家化学工业部决定,组建成立第三家化学矿山设计研究院。在这种情势下,一所直属化学工业部、国内唯一一家以液相采矿研究为主攻方向的化学矿山设计研究单位——中蓝长化前身化学工业部长沙化学矿山设计研究院在三湘大地诞生了。

中蓝长化充分利用自身专长,大力开发钾盐领域技术创新,通过40年来坚持不懈的努力和技术积累,在钾盐领域取得了一系列技术成果。成功开发了溶解采矿技术、盐湖矿床开采技术、地下无轨采矿技术、盐湖卤水制取钾肥技术、固体可溶性钾矿制取钾肥技术、硫酸镁亚型卤水制取硫酸钾工艺技术、含钾卤水渠采与井采结合长距离输送技术、含钾硫酸盐型卤水提取硫酸钾工艺技术、固体钾石盐原生矿浮选提取粗粒氯化钾工艺技术、热溶冷结晶工艺技术并进行产业化放大技术等几十项拥有自主知识产权的专有技术和核心装备,申请发明专利160多项,获得专利授权120多项,荣获国家科技进步一等奖、二等奖、中国专利优秀奖各2项,在钾盐领域的技术市场占有统治地位。全国化工溶解采矿工程技术中心便设在该公司。到目前为止,中蓝长化成功实现氯化物型和硫酸盐型盐湖卤水的大规模开发利用,国内70%以上氯化钾生产装置、90%以上硫酸钾和硫酸钾镁肥生产装置,均采用公司专有技术,由公司承担工程设计。此外，中蓝长化还充分利用自身技术优势，借船出海，与国内大型海外钾肥投资企业合作，开展了大量海外项目设计与咨询工作。

针对我国钾盐资源短缺和钾肥供应长期依赖进口的现实国情，中蓝长化在钾及伴生资源综合开发与相关产业发展及产业链延伸之间，构建坚实的技术桥梁，竭力开发关于钾及伴生资源综合开发利用的共性与关键技术及核心装备，从而解决钾及伴生资源产业化的技术瓶颈，推动我国钾肥产业长足稳定发展和钾肥自给率的逐步提升。2012年，湖南省钾及伴生物工程技术研究中心依托中蓝长化组建。在维护好该平台日常运行管理的同时，中蓝长化围绕难溶及低品位钾资源综合利用，开展新的省级平台项目申报，获得湖南省发改委批准立项。目前创建的这两个省级平台，对钾资源开发及综合利用领域的研究和成果转化具有示范引领作用，进一步提升了中蓝长化在钾盐领域的技术实力和影响力。

国内重大钾盐工程的倾力实践者

面对我国钾盐资源短缺和钾肥供应不足的问题，作为拥有强烈报国热情的中蓝长化人，自是责无旁贷，积极投身到青海和新疆钾盐开发事业当中。他们住窝棚，蹲地窝子，顶风冒雪，在察尔汗盐碱地反复踏勘；勇闯"死亡之海"罗布泊，在"天上无飞鸟，地上不长草"的生命禁区来回穿行。一辈辈中蓝长化人传承接力，几十年如一日，足迹遍布察尔汗和罗布泊各个角落，历经千辛万苦，成功攻克了一系列世界性技术难题，助力国家在青海和新疆分别建立起了世界级的钾肥生产基地，缓解了钾肥供应不足带来的压力。

1. 助力建成亚洲规模最大氯化钾生产装置

察尔汗盐湖是一大型地下卤水钾资源矿床，中蓝长化于20世纪80年代初开始参与察尔汗盐湖开发的试验研究等前期工作，包括多项基础研究、专项研究和国家攻关试验等项目的研究工作，并取得了多项技术成果，"青海别勒滩卤水蒸发试验研究""青海钾肥厂二期工程别勒滩首采区钻井采卤工业性试验"等项目分别获得省部级科技进步二、三等奖。"青海盐湖年产100万吨钾肥项目"是2000年国家西部大开发首批十大标志性工程之一，它标志着青海盐湖大规模工业化生产的开始。中蓝长化在该项目中主要承担原料供应前系统——采输卤系统等设计任务。该项目开采察尔汗盐湖别勒滩矿段，采区面积达到1 000千米^2，从采区到老卤排放的霍布逊湖东西向直线距离达到120千米。为了保证100万吨钾肥项目采输卤系统的长期高效运行，中蓝长化团队在设计时一方面充分调研和分析工程特性，深入分析和吸取原有工程的经验和教训，借鉴在其他领域已取得的成功技术；一方面进行大量的系统优化和创新工作，通过采用设计风险管理方法，突破传统观念的束缚，大胆开创盐湖晶间卤水开采输送的新思路和新观念，以确保全系统达到最优。该项目于2003年年底建成，2006年实现达产达标，使青海盐湖集团氯化钾生产能力达到亚洲规模最大、世界排名第四位，从此，察尔汗盐湖资源的开发进入了一个新阶段。项目技术创新和产业化成果于2008年荣获国家科技进步二等奖，设计成果2015年获全国优秀工程设计金奖。在该项目的建设过程中还创造了三项国内第一，分别是：第一次在高原盐湖采用大型立式泵输送高矿化度卤水；第一次在盐壳上修建了宽100米、长14千米的全断面人工防渗输卤渠；第一次在高原盐渍土地区使用大口径长距离UPVC管替代钢管输送技术。

该项目的成功建设为其他众多含钾盐湖的开发起到了良好的示范作用，也为中蓝长化树立了良好的口碑。在此之后，盐湖股份一批钾肥项目及配套技改项目设计、总承包工作均委托中蓝长化承担。青海三元钾肥公司是盐湖股份旗下的一家钾肥生产企业，其10万吨/年热溶精制氯化钾装置由中蓝长化设计，是国内首套采用热结晶工艺的生产装置，生产出的高品质氯化钾产品，填补了我国工业级（高纯）氯化钾产品的空白，为我国碳酸钾、氢氧化钾以及电子业提供了原料保障，产生了良好的经济和社会效益。其创新成果“一种利用光卤石热溶卤水生产氯化钾的方法”获中国专利优秀奖，技术创新及产业化成果“青海盐湖低品位难开发钾盐高效利用技术”荣获2015年度国家科技进步二等奖。

2. 助力建成世界最大硫酸钾生产装置

罗布泊盐湖，是世界上最大的干盐湖之一，地下存有丰富含钾硫酸盐型卤水，国内无成熟开发利用技术，国外只有美国大盐湖有类似工艺，但由于卤水组分不同、盐湖地理环境条件差异，生产工艺不可照搬。2000年3月，中蓝长化受国投罗钾公司委托，在自然条件恶劣、基础设施缺乏的罗布泊腹地开始进行探索性试验、小试、中试，于2002年成功开发出“用含钾硫酸镁亚型卤水制取硫酸钾的方法”工艺技术，并通过了2万吨工业性试验厂验证。利用卤水分段晒矿，成功解决了外购氯化钾生产硫酸钾、罗布泊腹地极端缺水等难题，取得一系列技术成果，获得了多项发明专利及专有技术，其中“罗布泊地区钾资源开发利用研究”于2005年荣获国家科技进步一等奖。

为了实现大规模开发罗布泊钾盐，中蓝长化与国投罗钾公司等单位，开展120万吨/年项目采卤、输卤、盐田晒矿、矿石采收、硫酸钾加工工艺等成套技术研究。2005年首次突破了钻井采卤技术；2006年完成一系列新设备研制，项目各关键设备包括水平带式过滤机、大型浮选机、结晶器等关键装备和大型设备全部实现了国产化，填补了国内在相关技术领域的空白，这些装备为规模化生产和控制产品质量起到了至关重要的作用，为我国盐湖资源开发领域重大装备国产化做出了巨大贡献。该项目于2008年11月投产，系统运行持续保持稳定，成果完全转化。该项目成功解决了罗布泊盐湖钾资源大规模开发的开采、加工技术及装备难题，实现了我国硫酸钾产业结构升级，提升了产业技术水平，使我国拥有了世界领先的利用硫酸盐型盐湖卤水制取硫酸钾的技术、装备和产能第一的硫酸钾装置，从而使罗布泊成为世界规模最大、生产成本最低、技术最先进的硫酸钾生产基地，创造了多项世界之最，为我国硫酸盐型盐湖卤水资源开发起到了良好的示范作用。2013年，由中蓝长化牵头承担的“罗布泊盐湖120万吨/年硫酸钾成套技术开发”项目荣获国家科技进步一等奖。

钾肥“走出去”的模范践行者

虽然经过青海、新疆两个钾肥基地的建设，我国成为了继加拿大、俄罗斯、白俄罗斯之后的世界第四大钾肥生产国，钾肥保障程度已提高到50%以上，但由于我国是一个可溶性钾资源严重缺乏的国家，国内钾肥产量仍不能满足国内工农业生产的需要。受资源限制，每年仍然需要从国外进口数百万吨钾肥来满足国内市场需求。在这种刚性需求的驱动下，近年来，国内一些钾肥企业纷纷开始走出国门，到世界其他拥有丰富钾资源的国家进行开发，以满足国内钾肥市场需求。中蓝长化作为国内钾盐开采技术领域的“领头雁”，自然不会错失如此良机，紧跟形势，凭借自身的技术优势，同国内一些大型海外钾肥投资企业进行合作，在刚果(布)、老挝、泰国、加拿大、玻利维亚、埃塞俄比亚、土库曼斯坦、澳大利亚等国家，承揽了大量钾盐相关设计和咨询项目。

1. 助力建成中企境外投资最大钾肥项目

老挝开元甘蒙250万吨/年氯化钾项目，是中国企业境外投资规模最大的钾肥项目之一，其全部设计任务由中蓝长化承担。2015年，该项目可行性研究报告获化工行业优秀工程咨询成果一等奖。该项目一期50万吨/年于2010年开工建设，地下固体开采原矿规模为340万吨/年，已在2014年达标达产，目前矿山正常生产，并取得了较好的经济效益。该矿为光卤石矿和伴生(次生)钾石盐矿，由于氯化镁的存在，其矿石易潮解、易溶于水，使得矿石的开采和氯化镁尾液的后处理问题，成为了世界光卤石矿开采面临的难题。中蓝长化科研开发和设计团队结合自身在钾肥方面技术优势，自主研发了一套充填采矿工艺，即采用机械切割、条带式房柱采矿嗣后充填采矿法和胶带连续运输。利用该工艺，采矿安全高效、充填技术可靠，既成功地解决了光卤石矿开采技术难题，对采空区进行了充填，又解决了环保问题，实现了绿色环保开采建设。该项目开创了世界光卤石矿固体方式大规模开采的成功先例。工程各项指标均已达到或超过设计要求，被老挝政府评为外资项目样板工程。二期 150 万吨/年氯化钾项目，原矿开采规模为 1 020 万吨/年，目前中蓝长化已完成其井下主要开拓工程。

2. 助力建成世界第二套钻井水溶法开采钾肥生产装置

中水电老挝万象 12 万吨/年精制氯化钾项目是世界上第二套钻井水溶选择性开采光卤石矿、热分解真空结晶工艺生产高品质氯化钾的项目，同时也是中国企业在境外投资建设的首套采用钻井水溶法开采工艺的钾肥生产装置，由中蓝长化承担设计工作，于 2012 年年底建成投产。该项目利用中蓝长化已授权专利技术“一种开采地下光卤石矿中钾盐的方法”开采光卤石矿，具有安全、环保、资源利用率高、能显著提高产品质量、降低开采成本等优势，是国际公认的先进技术，在国内尚属首创。项目可行性研究报告 2012 年获得全国优秀工程咨询成果一等奖。该项目的实施有利于我国保持同周边国家更为紧密的经济社会联系，为规模化开采氯化钾项目的建设提供了示范，对缓解国内钾盐资源短缺、钾肥供应不足状况，调整国内化肥比例结构，稳定国内钾肥市场供应等具有重要的意义，社会效益显著，是我国钾资源“走出去”战略进行的一次有效尝试。

3. 助力建成首个真正意义上外方投资钾盐项目

玻利维亚 35 万吨/年钾盐加工厂项目，地处有着“天空之境”美誉的南美国家玻利维亚乌尤尼盐湖，是中蓝长化承揽实施的第一个真正意义上由外方投资且完全按欧美标准设计的项目，设计标准、内容深度、语言要求等均与该公司以往实施的项目不同。该项目是玻利维亚的首个大型工业项目，项目建成后，成为该国经济支柱产业之一，对打破国外公司对玻利维亚钾肥市场的垄断有着重要意义。中蓝长化设计团队为做好该项目，在遥远的异国他乡、海拔 3 000 多米的高原大陆上长期坚守，克服了工期紧、工作环境艰苦、远离亲人的孤独与寂寞等诸多困难，精心组织设计，严格把控设计质量和设计进度，密切配合现场施工，圆满完成了各项设计工作，确保了项目的整体进度，赢得了项目各方的盛赞。该项目全流程采用三维设计，很好地解决了材料统计、安装准确性问题，大大减少了现场修改工作，采购、施工进度得到保障。2018 年 9 月，该项目顺利建成投产，氯化钾产品质量、装置能力均达到设计要求。

除在钾盐开发利用领域取得丰硕成果，中蓝长化还积极研究开发化学矿山领域相关技术，在磷矿地下深部开采、锂资源开发等领域确立了技术领先优势。并凭借着这些技术优势，赢得了市场。在贵州，通过采用中蓝长化开发的大型地下无轨采掘设备、锚杆护顶分段空场采矿法、磷石膏胶结充填、井下全胶带提升运输、井下工业电视全自动化监控和地面远程遥控等先进技术，建成了我国化学矿山现代化技术装备和绿色矿山建设的标志性企业——贵州开阳磷矿公司；在青海，通过攻克高镁锂比盐湖卤水生产碳酸锂的世界性难题，建成了青海盐湖蓝科锂业 1 万吨/年碳酸锂装置及填平补齐总承包项目，2 万吨/年电池级碳酸锂总承包项目正在有序建设中……

一个个工程拔地而起，一座座丰碑屹立世间。中蓝长化在钾、磷、硫及盐湖资源综合开发利用领域不断创新、不断进取，创造了无数奇迹，赢得了良好口碑，为世界化学矿山开发事业的发展壮大做出了重大贡献。

撰稿：郑小满　童阳春　卢志斌

编后

中蓝长化成立以来，成为钾肥领域“工程设计”的引领者，“重大工程”的缔造者，“走出国门”的践行者。这一切，来之不易，但这也是他们的荣光和自豪。

面向未来，中蓝长化将再接再厉，勇立潮头，做世界化学矿山开发领域的排头兵，以层出不穷的先进技术引领钾、磷、硫及盐湖资源综合开发利用市场，积极推动世界化学矿山开发事业蒸蒸日上、再上新台阶！

华东理工：中国盐湖产业发展的坚强科技后盾

——记国家盐湖资源综合利用工程技术研究中心

[企业名片]

国家盐湖资源综合利用工程技术研究中心是科技部2009年3月批准建立的专门从事盐湖资源综合利用工程技术创新与转化的国家级研究平台。中心实行产学研合作模式，依托位于上海的化工最高学府华东理工大学建设关键共性技术研究开发平台，依托青海盐湖工业股份有限公司建立中试放大基地；产学研有效结合促进技术成果快速、有效地转化和推广应用。

国家盐湖资源综合利用工程技术研究中心自成立以来，着眼于我国盐湖产业的科技开发前沿，立足于盐湖资源综合利用和大宗工业废弃物资源化的国家战略需求，服务于区域、行业经济建设，针对盐湖资源（卤水资源）特色产业链的重大关键、共性技术难题，通过自主研发、产学研结合、消化吸收再创新和国际交流合作等多种途径，开展系统化和工程化技术研究开发。

经过多年建设，已形成了集基础理论研究、技术创新研究、工艺技术集成、工程设计和产业化推广于一体的、专业齐全的盐湖资源综合利用的学术团队，国家盐湖资源综合利用工程技术研究中心无疑成为我国盐湖产业发展的坚强科技后盾。

反应结晶耦合方向

该方向以盐湖钾资源以及伴生镁资源为重点，系统研究反应结晶耦合技术在盐湖钾、镁、锂、硼资源高效分离转化中的应用，包括多品种高品质氢氧化镁、镁盐阻燃剂、硼酸镁晶须、硫酸钙晶须等产品。

该研究平台具有国际先进水平的测试仪器与实验装置，包括马尔文激光粒度分析仪（Mastersize 3000）、颗粒录影显微镜（PVM）、尼康显微镜（E200型）、立体式显微镜（Stero Discovery）、综合热分析、全自动实验室合成反应器（LabMax）、聚焦光束反射测量仪（FBRM）等，能够对结晶过程进行在线监测和控制、结晶产品的粒度分布、晶体形貌特征进行分析评价。

复杂物质体系分离方向

该方向主要针对资源加工过程中的复杂物质体系，研究相关分离技术的基础理论、过程模拟、分离设备和工程放大，重点聚焦浮选机理研究、浮选药剂设计合成与复配技术开发、分离镁锂专用铝系树脂及锰系离子筛、硼萃取分离技术、水力旋流工艺与装备、手性化合物模拟移动床分离技术等。

该平台拥有 Metrohm 861 双通道离子色谱仪、矿物分离、浮选工艺开发实验仪器与设备，包括水力旋流冷漠试验设备、多型号浮选机；特别是高校唯一的法国诺华赛模拟移动床分离设备，能同时容纳5～8个吸附剂填充柱，配有可选择地进行同步切换和异步切换输入输出管线的操作模式的先进控制系统，并配备相关量相关流体力学商业软件及自主开发的设计软件系统，能够对不同复杂物质的分离与浮选药剂开发需求。

电化学冶金方向

该方向针对盐湖丰富的镁、锂资源及国民经济与国防战略所需的超轻金属材料制备，开展金属镁、锂熔盐电解过程基础理论研究、新技术开发、过程模拟和工程放大，主要研究高温熔盐电化学理论与技术、熔盐结构与物理化学、大型镁电解槽多物理场耦合、熔盐电解槽结构优化与材料制备、电解工艺与设备优化等。开发出超低电阻率的石墨材料，可用于多种设备与工艺。

该平台拥有普林斯顿 2273 电化学工作站、拉曼光谱、高温流变仪、三维流场测试仪(V3V)、高温石墨化炉、高温热解炉、镁砂烧结炉等实验设备以及相关数值计算软件，可满足金属镁、锂超轻金属及其合金的熔盐电解电化学过程、熔盐离子结构、熔盐物理化学性质、电解质成分及电解工艺优化研究。

大宗工业废弃物资源化方向

该方向主要针对煤化工、页岩气、海水淡化、医药及精细中间体、煤矸石、贫杂尾矿开展减量化与资源化技术研究。

平台拥有微反应器 CATLAB 和分析质谱，1 200℃高温微波活化炉，250℃微波消解仪，单模腔微波加热与介电常数测试仪，硅钼炉、高能磨、六联搅拌仪、落地式连续投料粉碎机、搅拌球磨机、行星球磨机、压力试验机等。自行设计的逆流浸取设备，连续隧道式高温微波炉等可以满足固体废弃物资源化技术研究工作。

温室气体吸附捕集与转化方向

该方向主要针对温室气体减排需求，开发变压吸附、变温吸附、变电吸附及耦合吸附技术与装备。该平台建有变温吸附、变压吸附、变电吸附和耦合吸附等实验装置，并建有变温变压耦合吸附中试实验装置。实验室拥有国际先进的磁悬浮天平吸附测试仪和综合热重分析仪，可开展多组分高精吸附平衡曲线测试及吸附动力学研究。

社会服务

①岩盐矿钾肥生产成套技术与关键装备(技术转让)。

②电渗析与吸附法耦合高镁锂比卤水锂分离成套技术(技术转让)。

③煤化工高盐废水资源化利用成套技术与关键装备(技术转让)。

④海水淡化浓盐水综合利用成套技术与关键装备(技术转让)。

⑤水氯镁石制备高纯镁砂技术(技术开发)。

⑥低电阻抗氧化长寿命石墨电极制备工艺(技术开发)。

⑦反应结晶过程工艺优化与特大型结晶器设计(技术服务)。

⑧旋流分离技术与旋流器优化设计(技术服务)。

⑨多物理场耦合仿真分析技术与电解槽优化设计(技术服务)。

⑩温室气体二氧化碳与甲烷吸附捕集浓缩分离技术(技术服务与联合开发)。

撰稿:杨颖

披荆斩棘终不悔　为钾消得人憔悴

——中国钾盐“走出去”缩影（盐湖所老挝站）

老挝人民民主共和国，简称老挝，首都万象。老挝面积23.68万千米^2，大致和我国广西壮族自治区相当，人口约700万（2018年统计）。老挝北部与我国云南省滇西高原接壤，南接柬埔寨，东接越南，西北达缅甸，西南毗邻泰国，与中国和东南亚各国有着地缘上的优势。虽然老挝经济不发达，但该国境内拥有丰富的钾盐资源。有数据显示，老挝已探明基础储量为10.32亿吨氯化钾，预测资源量高达133.62亿吨氯化钾，探明储量至少可供年产100万吨氯化钾的大型企业开采100年以上。在中国实施“走出去”战略，充分利用国内外“两种资源、两个市场”，到境外开发资源建立我国钾肥基地方面，中国科学院青海盐湖研究所（简称盐湖所，下同）在老挝钾盐矿的辛苦工作，也为我国海外钾盐基地的建设提供了重要科技支撑。

地质勘探

老挝钾盐矿资源丰富，同时，与我国接壤，具备成为我国海外钾盐基地的条件。

在1999年12月28日国家计委早以《国家计委关于同意老挝万象钾盐项目先期开展对外工作的函》（计外资〔1999〕2298号）文，对云计外经〔1999〕698号作了批复：“原则同意云南省就老挝年产100万吨优质氯化钾项目先期开展对外工作，即按照‘总体规划、分步实施、滚动发展’的原则进行以详细勘查为中心的前期工作”。2000年11月12日，江泽民主席访问老挝期间，由国土资源部部长与老挝工业手工业部部长在万象签署了《中老两国合作开发老挝万象地区钾盐的原则协议》。2004年11月，在温家宝总理亲自关怀和促进下，中国和老挝两国政府签订了“万象平原钾镁盐矿开发协议书”，老挝政府同意，如果中国能够实现钾矿石的生态化开发，可以赋予中国无偿开发钾矿50年的权利。中国各钾盐开发有限公司与老挝政府签订了《老挝万象盆地钾盐矿开采生产协议》，并获得了老挝政府颁发的《投资许可证》和《采矿许可证》。在多方力促之下，中国开发企业进驻老挝开发钾盐矿的历程由此拉开序幕。

盐湖所利用几十年钾盐和盐类矿产资源开发的科研积累，特别是根据在云南省江城勐野井钾石盐矿生产钾肥的成功经验，开始进军老挝进行钾盐矿床的勘探和开发。

2006年，盐湖所与嘉西钾盐有限公司在老挝农波县进行钾盐矿成矿前景钻探验证工作。自2006年11月开始，在项目负责人马海州研究员带领下，盐湖所盐湖地质与环境实验室的多批次科研人员先后进入老挝开展工作。初入老挝，异国风情的新鲜感让人非常兴奋，大家在勤奋工作之余尚有闲情雅致欣赏湄公河畔的美景。可是，随着时间推移，新鲜感过去后，在物资贫乏、饮食和气候不适应、当时老挝通信不发达、水土不服的情况下，顺利完成了勘探区全部地形测量工作和前期钻孔的钻探任务。春节之前，但天气似乎还凉爽些，晚上吹着风扇还可入睡；随着天气越来越热，加上蚊虫的骚扰，整夜辗转难眠，但白天还得顶着烈日继续工作。泼水节过后，雨季来临，这是一年中最舒服的时候，但是，这样的日子并不长。随着雨水日益增多，闷热潮湿的天气让人喘不过气来。更糟糕的事还在后面。雨越下越频繁，越下越大，有时连着几天都是瓢泼大雨，干旱的稻田也变成了汪洋大海。我们最担心的事情终于发生了：

雨太大,把钻机和岩芯都淹掉了……连着几天,焦灼的心情一直伴随着我们,大家晚上既睡不着,也无心睡觉,深更半夜忙着到各个钻机上查看险情,连着几个晚上都没睡个囫囵觉,但那时候焦虑已经替代疲惫,心里只想着怎么把岩芯保存好。炎热的气候,繁重的体力或脑力劳动,让大家体质迅速下降,不少钻探工人开始辞职,也有不少人因为生病而不得不返回国内。这些困难严重阻碍了工作的顺利开展。但工作必须完成,天大的困难也必须克服!怀着这个坚定的信念,大家最终在6月下旬圆满完成了所有的勘探任务。经过几个月的艰苦努力,对农波地区含盐地层的埋深情况、沉积特征、盐类矿物组成、矿层厚度、钾盐矿石类型等有了深刻认识,并且在该地区发现了厚达80多米的钾盐矿层。青海盐湖所在农波地区开拓性的工作,为后期在整个沙湾那吉盆地钾盐勘探奠定了坚实基础。如今,在这片土地上已经实施了数百个钻孔,该地区钾盐分布及储量情况已基本查明,已有开元、中农等多家企业在此进行钾盐矿的开发,盐湖所的开拓性贡献,也必将在老挝钾盐勘探史上写下了浓重的一笔。

2007年,青海盐湖所与云南云天化集团有限责任公司签署合作协议,在老挝万象地区的通芒和农刀开展钾盐勘探。根据矿区钾镁盐矿地质、地球物理数据解译及开采技术条件等,在物探、钻探,地质、水文地质、工程地质、环境地质调查、矿石加工试验等方面开展了大量工作。基本查明了矿区成矿条件和矿体地质特征,明确了矿床开采技术条件并对矿床工业价值作出了评价。在这些工作的基础上,青海盐湖所还为中寮公司设计了首采区,从而为该公司后续的钾盐开发利用提供了重要依据和技术支撑。

提钾工艺

老挝钾盐矿最主要的钾盐矿物是光卤石,矿石主要组分为光卤石,其次为石盐,局部地区还含有少量钾石盐或水氯镁石等,碎屑矿物含量甚微。因此,选矿的主要对象为光卤石。

对于光卤石矿,目前采用的主要加工方法有热溶重结晶法、冷分解正浮选和反浮选浮选—冷结晶制取KCl。通过技术经济比较和实践对比,采用浮选法加工工艺,更适合老挝钾盐矿的实际情况。目前国内比较成熟的工艺路线有两条,即正浮选和反浮选工艺。针对老挝钾盐矿床的地质特征和钾盐矿物组成,盐湖所张志宏、程怀德等人对上述两条工艺路线分别进行了实验室小试研究,最后确定为正浮选工艺,通过研究得到了相关技术经济参数,为示范工程项目的建设投产提供依据。

老挝钾盐矿正浮选工艺制取氯化钾工艺流程分为主流程和辅助流程。主流程为浮选流程,原料矿经过破碎后加水分解,得到分解料浆进入浮选过程,经浮选后得到粗钾,粗钾经再浆洗涤和干燥得到氯化钾成品。包括破碎、分解、浮选、再浆洗涤、干燥包装等5个工序;辅助流程用于处理分解母液,采用蒸发方式,通过蒸发得到人造光卤石和固体水氯镁石,用于制造镁水泥和矿井回填,主要包括母液蒸发、冷却两道工序。

1. 主流程工序

(1)原矿光卤石破碎分级工序。原矿光卤石经颚式破碎机破碎后,用皮带输送至圆锥破碎机进行破碎,经振动筛筛分,粒径小于8毫米晶体进入堆矿场,筛上物料返回圆锥破碎机。

(2)分解结晶工序。破碎光卤石矿经皮带输送至加矿仓,经计量后用皮带输送至分解槽,控制矿水比,加入计量淡水和再浆母液,分解料浆泵入混合调浆槽。

(3)浮选工序。混合调浆槽中加入浮选药剂和光卤石分解母液,自流进入粗选槽。利用分解母液调整浓度到25%。料浆进入粗选作业,粗选泡沫进入一级精选,一精泡沫进入二级精选,尾矿返回粗选,二经尾矿返回一级精选,粗选尾矿进入扫选,扫选泡沫进入粗选,尾矿送至离心机,经过滤后母液送至母液澄清池,废盐送至堆场。二级精选泡沫由泵送至精钾高位槽,自流进入离心机,脱水后得到粗钾。母液送至母液澄清池,送至母液蒸发工序。

(4)再浆洗涤工序。粗氯化钾用皮带机输送至再浆洗涤槽,加淡水并用再浆洗涤母液调浆,再浆洗涤完成后,料浆送入离心机固液分离,滤饼用皮带机输送至干燥包装工序。滤液控制流量输送至母液蒸发工序蒸发 。

(5)干燥与包装储运。湿氯化钾滤饼进入转窑干燥机干燥,燃料采用加热的空气。采用两级除尘。干燥后的氯化钾产品用皮带送至包装厂房,包装采用 50 千克包装生产线,包装成品送至成品库。

2. 分解母液蒸发工序

粗钾浓密机溢流进入三效蒸发器,经过强制蒸发后,保温分离高温盐,溶液冷却至 45～50℃,排出的料浆输送至分解槽,与原矿混合分解后进行浮选。母液继续蒸发至水氯镁石饱和溶液,冷却后作为加工卤片和镁水泥等制品以及矿井回填的原料。

2009 年进行了老挝现场 2 500 吨规模柱浮选中试试验,完成正浮选和反浮选工艺流程对比研究,最终确定正浮选工艺流程。由盐湖所提供技术依托的中寮矿业钾盐有限公司 2010 年 11 月 19 日年产 5 万吨氯化钾工业性试验装置建成并顺利投产试车。产品质量氯化钾含量≥ 96%,氯化钾总收率≥ 78%,一次收率≥ 68%。

矿区治水

盐类矿床开发,最担心的就是水患,而老挝地处热带,降雨丰沛,河流众多,地下水极为丰富。查清矿区地下水分布情况对于企业生产具有重要意义。

受老挝开元矿业有限责任公司委托,为解决老挝甘蒙他曲龙湖钾盐矿区开发过程中遇到的开采井巷地下水渗漏等问题,盐湖所山发寿研究员团队于 2013 年 12 月对矿区周围的盐泉、漏水孔位、地下开采巷道以及长山山脉地层分布等进行了初步的踏勘工作,并在充分研究已有资料和听取矿区工作人员意见基础上编写了《甘蒙他曲龙湖钾盐矿区地下水综合物探项目设计书》,设计中针对现有的地质问题提出了利用瞬变电磁法、核磁共振法及音频大地电磁探测法(EH-4)的地球物理探测方法分别对龙湖矿区、北采区一区及长山山脉一线进行了野外勘探工作。并于 2014 年 4 月 3 日完成野外物探工作,野外工作共计历时 110 天。通过综合地球物理勘查方法对该工区地下水源分布及补给通道进行探测,提供水补给通道的位置、地下水的补给方向、埋深、走向及分布等信息,为矿区地下水综合治理提供依据。本次工作共完成瞬变电磁测线 6 条,共计 437 个点的测量;核磁共振勘查面积 4.09 千米^2,共计 185 个点的测量以及音频大地电磁探测(EH-4)测线 7 条(高频测线 3 条,甚低频测线 4 条),共计 543 个点的测量。

众所周知,老挝地处热带,老挝境内 80%为山地和高原,且多被森林覆盖,带刺植被密集,在野外勘查过程中,常常需要大家先拿刀进行“人工砍路”,才能将上百斤的物探设备进行安置,披荆斩棘是日常工作的真实写照。为了节约时间,提高工作效率,新开辟的小道只能容大家蹲身挪步,甚至是匍匐前进,途中大家经常被密密麻麻的倒刺扎的伤痕累累,浑身疼痛。遇到过不了的河流,大家要么蹚水过河,要么绕道爬山才能将物探仪器进行敷设,以满足施工标准。工作区属热带、亚热带季风气候,在森林中勘查遇到蚊虫、毒蛇、毒蜈蚣、毒蜘蛛的袭击是家常便饭,有的队员被蚊虫叮咬后起脓包,十多天不能消肿;而被毒蜘蛛咬伤的队员如果不及时注射解毒血清,就会有严重的生命危险。面对这些困境和难处,大家都咬牙坚持高质量高标准完成了工作任务。艰苦甚至危险的野外工作不仅锻炼了年轻科研人员的实际操作和适应能力,更培养了大家吃苦耐劳和坚忍不拔的品质,强化了我们认真做事和勇于担当的责任感。盐湖事业新生力量在挫折和磨难中不断成长,已经有足够的能力承担新的历史使命。通过对龙湖矿区综合地球物理勘探,得出了重要结论。

结语

钾盐是我国紧缺矿种,建立海外钾盐基地不是一朝一夕的事,需要国内科研力量与开发企业通力合作。长期以来,盐湖所为开发海外钾盐的企业提供了大量技术支撑,回顾中国钾盐60年的历程,展望未来中国钾盐事业发展的美好愿景,青海盐湖所肩负着在国内找钾及海外钾资源开发的历史使命,而她也必将竭尽全力来完成这一重要使命。

附:盐湖所历次赴老挝开展钾盐矿勘探开发工作人员

第一批(嘉西公司,2006.12—2007.06):

马海州,谭红兵,孙志国,沙占江、李斌凯、白艳芬、孙亚联、姜松、王明祥、张西营、徐黎明、黄卫东、刘湘东、沙占军、马强、胡太流、宋太宁,等;

第二批(中寮公司,2007.10—2009.03):

马海州、山发寿、李海军、徐黎明、王相明、高东林、程怀德、李斌凯、唐启亮、李善平、冉广芬、王波、曾金波、张志宏、肖学英、乌志明、孟瑞英、诸葛琴、曾忠民、杜秀月、聂锋、李丽娟、董生发、马艳芳、张西营、马云峰、马强、沙占军、马东旭、朱建荣,等。

第三批(开元公司,2009.11—2010.03):

马海州、山发寿、高东林、张西营、李斌凯、李廷伟、李永寿、袁小龙、苗卫良、王明祥、唐启亮、马云峰、马强,曾金波,等。

第四批(开元公司,2013.12—2014.04):

山发寿、高东林、李成宝、都永生、苗卫良、李永寿、王明祥、魏海成、秦占杰、张西营、韩耀宗、袁秦、张乐、万全博、山俊杰、盛淑荣。

撰稿:张西营

生产加工类

中国钾肥工业的"长子"

——青海盐湖工业股份有限公司发展纪实

［企业名片］

青海盐湖工业股份有限公司（简称：盐湖股份，下同）是中国目前最大的钾肥工业生产基地，中国钾肥工业的"长子"。

盐湖股份公司现有8个控股公司，6个分公司，10个全资子公司，6个参股子公司，1个国家级盐湖资源综合利用工程研究中心，1个省级企业循环经济研究开发中心，1个省级企业孵化器，1个省级盐湖资源综合利用重点实验室，拥有500万吨/年钾肥生产能力，产能位列全球第四位。

六十一甲子，辉煌再启程！值此青海盐湖发展60年之际，让大家一起来回顾盐湖钾肥从艰苦创业、混合所有制实践、向市场转型的营销发展、技术创新等方面全方位的点点滴滴，梳理企业改革思路，展示企业改革进程，向"盐湖股份"成立60周年、向中国钾盐（肥）产业发展60周年献礼。

历数盐湖股份公司60年的发展历程，作为共和国钾肥"长子"，盐湖人肩负国家重任，隐没荒漠边陲，用血肉之躯、磐石意志撼动了世界钾盐格局。"青海盐湖"无疑是中国钾盐工业的"黄埔军校"，他们埋头攻关打破技术封锁，用规模产能回应贸易壁垒、平抑市场价格，更让"中国钾"实现从零到500万吨的历史突破，使中国这个贫钾国在全球钾肥市场中占据一席之地。

艰苦创业，揭开中国钾肥工业的新序幕

细数盐湖工业的发展历程，可概括为创业、改革、跨越和创新四个重要阶段。

当每一个晨曦来临，当太阳将第一缕目光撇向青海戈壁盐海，希望唤醒每一粒厚重盐盖子下喘息的种子的时候，坚硬的盐盖子却让那些种子由于缺氧、憋闷而窒息。夏天炎热、冬季寒冷干燥的气候，让一切绿色植物都难以生长，愈是靠近格尔木，象征生命的植物逐渐由高变矮、由茂密到稀疏，并慢慢为寸草不生所代替。平均2 800米的海拔高度，每时每刻都让人因为缺氧而头晕眼花，没有人知道，当生存受到挑战，涌动在"钾盐人"血液中的理想情怀究竟有多么沉重？

但是，当"盐湖人"从坚硬的盐坨坨中刨出一粒粒钾肥，世界惊呼"这是怎样的一群人！"

钾肥厂成立，实现中国钾肥零突破

可能很多人阅读过无数对于艰苦创业的描述，但是"盐湖"的创业肩负了太多的使命。创业之初，打

破“零钾”的历史使命让“盐湖人”无暇叹息。

1958年年初，青海省委向化工部请示筹建察尔汗钾肥厂，得到了化工部领导的同意和大力支持。青海省委决定以省盐务局为基础，抽调干部，招收工人，筹建察尔汗钾肥厂。省盐务局接到命令后，首先成立了察尔汗钾肥厂先遣小组，由省盐务局的4名干部和茶卡盐场的15名捞盐工组成。当时的察尔汗盐湖天上无飞鸟、地上不长草、脚下无黄土、河里无淡水，条件极为恶劣。几经探索，先遣小组采用“热法熬制”钾肥的方法生产出了氯化钾含量达到50%左右的钾肥样品。青海省委领导见到样品后很快做出决定——察尔汗钾肥厂正式成立。

一声令下，八方支援，新招收的4 789位工人很快到达了察尔汗盐湖，在专业技术人员的指导下，工人们逐步掌握了有关制取钾肥的知识和基本操作技能。在“艰苦奋斗，自力更生，土法上马，勤俭办厂”的建厂思想指导下，工人们克服了许多困难。没有淡水，要到几十千米外拉运，并定额分配；没有房子，几十个人睡一顶帐篷；没有生产钾肥的机械，硬是用铁锹、铁耙、铁锅、铁桶等工具，土法生产出了中国第一批钾肥，就在建厂当年实现了生产950吨钾肥的伟大壮举。

“中国钾”诞生那一刻，“盐湖人”长长地舒了一口气。

热潮中受挫，干部工人苦续钾脉

然而，“中国钾”的成长注定命运多舛。

1960年，由于自然灾害，整个国民经济出现了暂时的苦难。1961年全厂缩编减员，撤销原有的生产建制，大量裁减干部、工人，一时间，近3 000名干部、工人陆续被裁减回乡。1961年12月，青海省察尔汗钾肥厂归属海西州化工局主管，更名为“青海省海西州察尔汗钾肥厂”。到1962年年底，全场只剩下356名职工，轰轰烈烈的盐湖开发大业，一时走向了低谷。1963年全厂职工只剩下240人，而当年又意外地在达布逊湖边发现长出的大面积光卤石，全厂干部、工人一起出动，不分昼夜地进行抢矿，保证了全年生产用矿。这一年共生产钾肥1 000吨，产品质量由含氯化钾50%一下提高到80%～90%，盐湖人怜惜地将它称之为“精钾”。

1964年，察尔汗钾肥厂引进冷分解—洗涤法工艺，开始了半机械化车间的自行设计和制造；1964年，螺旋分解机研制成功并投入使用，生产精钾1 000多吨，粗钾2 000多吨；1966年盐湖上诞生第一座钾肥生产车间，年产达到2万吨，虽然设备比较落后，盐湖人还继续在建设的道路上探索和追求他们的梦想。

6年时间，盐湖人已然成长为共和国值得的钾肥“长子”。然而，盐湖人进军钾肥事业的脚步从未停歇。

机械化生产，树立中国钾肥工业里程碑

1968年，针对半机械化车间仍然存在的一些问题，盐湖人着手进行了设备改造和配套设计。此时，盐湖研究所研究出了浮选工艺制取钾肥技术。同年，厂里将冷分解—洗涤车间扩建为年产1万吨的冷分解—浮选车间，于1969年正式建成投入生产。我国首次引入浮选法生产氯化钾的工艺，使察尔汗钾肥厂开始向大型生产企业发展，钾肥生产向机械化生产迈进。此后察尔汗钾肥厂引入鸭嘴式采矿机，比人工效率提升了七八倍，极大提高了劳动生产率。中国钾肥工艺从落后的土法生产，到采用先进工艺迈出了坚实的一步。

当时间来到1978年，盐湖人又对产品干燥系统进行自主研究，并取得成功，加速了察尔汗钾肥厂工业化和机械化的进程。特别是1982年建成冷分解浮选法4万吨装置，成为当时中国钾肥工业的里程

碑，更将“青海盐湖”打造成为我国钾盐产业的“黄埔军校”。不久之后，盐湖人开启了中国钾肥工业大规模生产的序幕，并为后续百万吨级钾肥决策提供坚实基础。

从1958年开始到1990年，历时32年，“盐湖人”却完成了世界钾肥强国上百年的发展磨砺。经过几十年的生产实践，察尔汗钾肥逐步实现了从手工操作到半机械化、机械化的转变，奠定了我国钾肥工业的基础，揭开了中国钾肥工业的序幕。

改制重组扭亏上市

时代大潮，浩浩荡荡。在步入持续、稳定生产的内引外联、拓展市场的生产经营时期后，“盐湖人”紧跟时代潮流经历了国有企业转换经营机制的系列改革。

1996年7月31日是一个值得历史记住的日子。这一天，在“青海钾肥厂”基础上，按照现代企业制度整体改组成立了“青海盐湖工业（集团）有限公司”（简称“盐湖集团”）。从此，已走过了盐湖创业与开发的盐湖人，在改革时代用他们双手建造起来的钾肥工业在钾肥国产化轨道上开始鸣笛驰骋。

1997年8月盐湖集团将所属钾肥主业成功组建“青海盐湖钾肥股份有限公司”并发行“盐湖钾肥”股票。上市后，公司不断更新观念，创新机制，强化管理，有力地支持了技改和新项目的建设，连续4年被中证亚商公司评为全国上市公司潜力股前50强，连续五年净资产收益率分别达到10%以上。此后，盐湖集团按照“加强控制，加快发展”的辩证工作思路，以强有力的措施于2000年一举完成了“3年扭亏”重任，摘掉了连续7年的亏损帽子。

从此，盐湖股份开始真正奏响属于中国钾盐的时代强音！

由零破百，中国就这样雄踞世界钾肥一隅

如果说，从1958年到2000年是“盐湖人”与自然条件抗争、实现自我极限突破的重要阶段，那么2000—2012年则是“盐湖人”用智慧实现自我挑战，并成功实现飞跃的第二次突破阶段。从“青海盐湖”的发展人们可以看出，中国钾肥工业的每一次提升，不仅凝聚着盐湖建设者的辛勤汗水，更融入了“盐湖人”的创新智慧。

势如破竹，实现大工业化生产。

纵观“青海盐湖”的每一次飞跃，都与时代同步，中国工业发展迫切需要“青海盐湖”跟上建设步伐，或者说，“青海盐湖”每一次发展都紧扣工业发展和国力提升的时代脉搏。

2000—2012年，是盐湖集团实现大工业化生产阶段。2000年，国家吹响了西部大开发的号角，“青海100万吨钾肥项目”被列为国家西部大开发的首批十大项目之一。盐湖集团审时度势，紧紧抓住国家西部大开发的大好发展机遇，充分依靠国家的优惠政策，依托企业自身的优势，确立了“西部大开发，盐湖大发展”的集团发展思路，以做强做大钾肥产业为目标，积极规划了“打造国内最大钾肥生产基地”的蓝图。2000年10月12日，钾肥公司投资500万元的形象工程落成，标志着盐湖集团精神文明建设又取得一项重要成果。令人感叹的同时，2002年6月30日国家西部大开发首批十大标志性工程之一的“青海100万吨钾肥项目”开工建设，并在短短的一年多时间里建成试车成功，此后“盐湖股份”的发展势如破竹，90万吨、105.8万吨，产能和产量几乎每年上升一个新台阶，2004年全公司完成氯化钾产量109万吨，年产量首次突破100万吨，从此中国钾肥在国际舞台上开始占有一席之地。

2008年，盐湖股份钾肥产量突破200万吨，年生产氯化钾216.95万吨，生产能力达到200万吨，世界排名升至第四位，实现了盐湖集团发展的第二次飞跃，使察尔汗盐湖资源的开发进入了一个新阶段。与此同时，中国这个贫钾国家占据的世界排名，使中国从此在国际钾肥市场上掌握了贸易主动权、在中

国钾肥谈判中话语权的分量越来越重。

紧跟时代向绿色发展转变

紧跟时代发展的脚步是“青海盐湖”永恒的发展主题。在绿色发展的时代背景下,“盐湖人”发展的脚步依然没有停歇。2005 年 10 月,盐湖股份被海西州确定为全国第一批 13 个开展循环经济试点之一——柴达木循环经济产业园区的领头羊。盐湖股份综合利用一期项目于 2005 年 9 月 24 日开工,二期项目于 2007 年 6 月 21 日开工,总投资 100 多亿元。盐湖股份第二个百万吨钾肥项目也于 2010 年全面启动。

同时,“盐湖股份”的发展进入了一个全新阶段。随着盐湖股份的快步稳健发展,生产建设也进入了肥化结合、全面建设大型化工产业基地的大开发阶段。特别是盐湖资源综合利用项目一、二期工程及金属镁一体化等一批重大项目工程的相继开工建设,使“盐湖股份”加快了资源优势向经济优势和绿色发展转化,不仅建成了我国最大的钾肥和盐化工两个基地,并形成了以钾盐产业群为龙头,带动镁盐产业群、气盐产业群、钠盐产业群、锂盐产业群的发展。

借势迎风,技术创新释放发展驱动力

2010 年 12 月,中国证券监督管理委员会核准批复“青海盐湖钾肥股份有限公司”吸收合并“青海盐湖工业集团股份有限公司”,2011 年 4 月,“青海盐湖工业集团股份有限公司”更名为“青海盐湖工业股份有限公司”(简称“盐湖股份公司”)。

不言而喻,青海盐湖又开始了协调发展、创新发展、拓宽发展之路的新步伐。

在盐湖股份的发展历史中,这或许是一个里程碑式的阶段——盐湖股份这个几乎承载了中国氯化钾肥料全部发展历程、驱动中国钾肥事业发展、引擎般的传奇企业,从此在市场化经济改革的大潮中,迈入了资本市场的快行车道。同时,借助金融方式也让盐湖股份更加快速、充分地释放了以技术创新发展的驱动优势,借势迎风、勇立潮头。藉此,盐湖股份在经历了艰苦创业、改革重组、跨越发展三个阶段后,迎来了风驰电掣般地创新发展时代。

自主创新“钾盐人”的精神传承

多年来,中国钾盐人一直有一个“心结”,在资源相对匮乏、矿层结构复杂的中国,在我国开采史上几乎无经验可循,在国际开发史上更无技术可用。然而,“盐湖人”始终咬紧牙关,坚持创新发展为主轴,依靠技术创新改变我国水溶性钾盐资源短缺的现实,甚至缓解我国矿产资源贫乏的现状。

其实,在叩开中国钾肥工业发展大门之初,盐湖科技人员就意识到了创新的重要性。或许人们从“盐湖人”创造的一个个技术巅峰可以体会其中的执着与艰辛。

1984 年盐湖股份公司开始了世界先进技术冷结晶法的研究,建设了年产 2 万吨氯化钾冷结晶装置;1994 年在取得冷结晶法部分参数的基础上,建设年产 1 万吨反浮选—冷结晶装置;1995 年将钠浮选药剂先后成功地在 1 万吨氯化钾反浮选—冷结晶装置和改造后的年产 2 万吨氯化钾反浮选—冷结晶装置上贯通了主工艺流程;1996 年经考核达到设计要求,获得完整的工艺控制参数,标志着盐湖股份公司成功突破反浮选—冷结晶技术;1997 年盐湖股份公司自主研发的反浮选—冷结晶工艺工业化应用取得成功,2000 年国家知识产权局授予发明专利证书,2002 年获得国家专利金奖。

功夫不负有心人。通过近 10 年的消化吸收再创新,盐湖股份公司于 1998 年 9 月制造出中国的第一条水采船,并顺利下水,一举打破了美国某公司宣称的“世界上能造这种水采船唯他们一家”的所谓神话，每条船为国家节约了约 4 000 万元的外汇。那一刻，中国沸腾了，世界震惊了，盐湖人的眉头舒展了！历经了几代人的艰苦奋斗、不断创新，"盐湖人"用智慧、用心力开创了盐湖镁锂钾事业发展的新奇迹。自此，建设好中国的盐湖生态镁锂钾园、为用户提供绿色的镁锂钾产品、做优秀的镁锂钾供应商，也成为盐湖人共同守护的"盐湖梦"。

技术驱动高速发展　拉动行业整体进步

盐湖股份的开发史，即是中国钾肥工业的创业史。可以说，在盐湖股份发展过程中，大力推进科技创新、牢固树立科技兴企的思路，是盐湖股份多年来传承发展后的顿悟。而每一个第一次、每一处研制"首秀"，都让"盐湖人"尝尽历尽千辛万苦之后沁人心脾的甘甜。

回首创业征程，人们不得不将目光投向中国的西北方，孕育中国钾资源的摇篮——青海盐湖。盐湖股份公司作为国家首家大型钾肥生产基地，始终高度重视技术创新工作，坚持"以我为主、加大投入、鼓励创新、宽容失败"的方针，自 1992 年国家"七五"重点工程一期 20 万吨钾肥项目建成投产，至 2000 年累计投入近 3 亿元进行过硫酸钾、碳酸钾、钡溶剂、低钠盐、低钠光卤石等盐化工产品的开发，进行过热溶、盐田重结晶、冷结晶、兑卤精制等多种氯化钾工艺路线的开发，进行过井采、深渠采卤、高位渠道输送、盐田池板晒制、盐田串联与并联走水等采输卤、盐田工艺的研究，有成功，也有失败。但无论如何都为目前盐湖股份公司的科研、发展营造了良好氛围，积累了产业化实践的宝贵经验。

盐湖股份公司的快速发展，无不得益于技术进步的强大推动。科技项目以增矿增产增效、节能降耗为目标，以项目为依托，解决实际问题，突出抓好盐湖重大科技攻关项目和现场试验，着力解决制约资源开发的关键问题和技术难题，形成一系列行之有效的配套技术，努力提高整体技术水平。经过几十年的地质勘探、科技攻关、开发建设，柴达木盆地中已建成一批基础设施，崛起一批骨干企业。

盐湖股份公司经过 60 年的发展和技术积累，精心研发的氯化钾生产工艺技术和装备技术代表了我国氯化钾行业最高水平，拉动了世界钾肥行业整体技术进步，更填平了中国与世界钾盐技术之间的重重沟壑。

品牌升级源自敬畏资源的责任担当

1999 年 9 月，"盐桥"牌氯化钾荣获"99 中国国际农业博览会名牌"；2000 年 8 月，"盐桥"牌商标被青海省工商行政管理局认定为"青海省著名商标"；2000 年 11 月，公司通过了国际标准 ISO 9002 国际质量体系认证……这些荣誉的取得，都源于"盐湖人"对于资源的敬畏油然而生的创新动能。

围绕质量提升所取得的荣誉，也使盐湖股份公司的品牌之路不断延展——"盐桥"牌注册商标被评为"中国驰名商标""国家质量免检产品"……盐湖股份公司被认定为"中国钾肥制造行业排头兵企业"，荣获 2009 年中国制造业企业 500 强第 496 名、中国企业效益 200 佳第 83 名……盐湖股份公司打造百年名牌企业的宗旨，也使其成为具有高质量、高信誉、高知名度、高效率以及高市场占有率的现代化企业。

当一份份荣誉接踵而来，"盐湖人"的独具匠心便被升华为一种完美的精神追求。他们立足于打造钾盐行业最优质的产品和无法匹敌的卓越技术，在技术实践中，树立起每一个人对创新的敬畏、对工作的执着、对产品的责任态度，并不断追求完美、追求卓越，努力做到资源最大化。"盐湖人"对资源的那一份敬畏感，使他们将一丝不苟、精益求精的工匠精神融入生产开发的每一个环节，在不断完善和创新技术工艺中，享受着产品在双手中升华的过程。其中，对于资源的敬畏和追求极致的那份执着，已成为"盐湖人"一抹靓丽的精神底色。

“盐湖”谱写新时代国企改革进行曲

随着盐湖股份公司资源综合利用成果的陆续释放，在2014年年底达产400万吨的基础上，2017年盐湖股份公司的钾肥产能已扩大为年产500万吨。盐湖管理者一致认为，市场变化需要“盐湖”在机制、制度、管理、营销等方面有更大的改革。在市场中要联合可以联合的力量，协同竞争，营造竞争主体共赢格局。

然而，“实现产品到各地的转变，改变单一买卖关系，创造市场服务价值，是盐湖集团一直以来在发展过程中努力检验的重要课题。”青海盐湖工业股份有限公司董事长王兴富表示：“必须积极稳妥从广度和深度上推进市场化改革。推动资源配置依据市场规则、市场价格、市场竞争实现效益最大化和效率最优化。”为抓住所有制经济改革机遇，盐湖股份公司首先进行思想改革。对于市场进行深入研究，加强对市场的认识、深刻研究市场形势，结合企业时机，重新再认识新型市场经济和市场关系，找准改革关键点、着力点。

“生产＋流通”渠道连接完成市场布局

在“盐湖”构建的营销大融合模式中，联合国内肥料行业影响力较大、实力较强的企业，与国内各自领域排前十名的企业，以股权为纽带、以市场为依托，联合成立南方、北方、西南、硝酸钾、碳酸钾贸易公司，承担划定区域内钾肥、硝酸钾、碳酸钾以及盐湖集团所生产的其他化肥、化工产品的市场销售。

为使市场布局合理，盐湖股份公司也保留了与之合作多年、信誉高、用量大、综合实力强的鲁西化工、金正大、湖北新洋丰等六家复合肥企业作为直供用户，选择了已有股权纽带、现在业界有较强实力的中化化肥控股有限公司作为区域代理。同时选择了在高品位钾肥行业有一定市场份额、一直是盐湖公司十大用户之一的上海申之禾化工集团有限公司作为高品位钾肥的包销商。如此运作之后，进一步促进盐湖工业集团股份有限公司与合作企业之间的共同发展，这也是盐湖营销体系的重大变革。同时，“盐湖人”也在反思由生产技术开始向市场开拓转变。为此，将销售公司搬到西宁，一切以市场、以销售为核心，快速反应，贴近市场。

盐湖股份采取国企、民营混合所有制模式，开创了钾肥合作新篇章，用资源、股份、品牌等优质元素绑定市场、绑定客户，形成强有力的市场拉动力。这种全覆盖式网络格局，为快速启动区域市场起到巨大作用，更缓解了青海地区淡旺季明显的运输环节时间差，大大降低了中间环节费用，提高了产品竞争力。作为钾肥行业龙头老大，盐湖营销队伍俯下身姿、以市场为师，意味着“盐湖”品牌和产品真正入市。

资源为粮食安全再添胜算

“盐湖人”心里装的不仅仅是钾肥，而是粮食安危之根本。

手中有粮，心中不慌。“盐湖人”心中装着中国粮食的安危，但是粮食安全需要资源的充分保障。盐湖股份公司作为中国最大的钾肥工业基地和国家柴达木循环经济实验区的龙头骨干企业，过去60年来实现我国钾肥工业的从无到有，从小到大，从弱到强，建成了我国最大、世界第四钾肥基地，无疑是对中国粮食安全的巨大保障。特别是中国钾肥产能释放、“亮剑”市场的威慑，大幅度增强了进口钾肥贸易的话语权。

近年来，盐湖股份公司借助技术创新、资源利用和化工技术优势，使肥料产业逐步由优势主导品质向对接化工上下游的全钾肥料品种迈进，最大化地利用资源开发钾肥产品。目前，盐湖股份公司累计生产销售钾肥4 540万吨，近15年利润约255亿元，税收约160亿元，增产粮食2亿多吨，党的十八大以来为国家至少节约外汇 151.1 亿美元，为保障我国粮食安全和地方经济社会做出了贡献。

针对察尔汗盐湖高镁低锂的卤水特征，盐湖股份公司实施创新驱动、战略新兴产业布局等新战略，着力从保护生态环境，发展新型能源，从 2010 年开始着手"吸附提锂多级膜组合除杂"实验，2013 年成功攻克了"吸附提锂"技术成果转化过程中的关键设备及工艺优化、产品液纯化等世界性技术难题，打通"吸附提锂-氯化锂深度纯化-浓缩-碳酸锂"工艺路线，实现连续工业化生产。据介绍，未来盐湖股份公司将重点发展电池级碳酸锂、氢氧化锂、氯化锂、金属锂、锂镁合金及其深加工产业——锂电池的阳极材料钴酸锂、锰酸锂项目，以形成年产 10 万吨碳酸锂、氢氧化锂，打造中国锂原料基地。

王兴富表示："公司将进一步统筹好国内外两种资源、两个市场，主动融入'一带一路'，实施钾肥'走出去'战略，为国家粮食安全发挥更多更大的引领作用。"

"60 年来，盐湖人在察尔汗干成了一件事，那就是把钾做大了！我们的盐湖提钾技术已经处于世界领先地位。"青海盐湖工业股份有限公司总裁谢康民这样定位盐湖公司产能释放的意义。60 年的发展，"盐湖人"不断围绕提升产品质量，将全身心都投入到中国钾盐的发展过程中，勇敢地扛起了中国钾盐开发的大旗。

盐湖股份公司实现的规模化产能，正成为中国钾肥实现自给的助力之翼，他们协同行业所取得的话语权，也让中国这个钾盐贫瘠国家，在国际舞台上释放出中国自己的最强音。

撰稿：屈小荣　方建梅　吴泽培　董昌吉

编后

"盐湖股份"的开发史就是中国钾肥工业的创业史。经过 60 年的艰苦创业，中国钾肥工业从无到有、从小到大、从土到洋、从弱到强，每一次提升都凝聚着盐湖建设者的辛勤汗水和智慧。盐湖人用自己的"中国梦"和时代使命感谱写了感人至深的创业之歌，铸就了中国钾肥工业名留千史的"民族榜样"。

盐湖股份在新时代开启了新的民族使命，用绿色发展理念引领企业再出发——打造循环经济示范基地——镁锂钾园，用大智慧、大手笔，利用大优势、大机遇，化解大困难、大挑战，释放大潜力、大活力，实现大转型、大发展。

从“死亡之海”到“幸福之海”

——国投新疆罗布泊钾盐有限责任公司发展纪实

［企业名片］

国投新疆罗布泊钾盐有限责任公司（简称国投罗钾，下同）成立于2000年9月，总资产6.9亿元，现由国家开发投资公司控股，资产总额80亿元，以开发罗布泊天然卤水资源制取硫酸钾为主业，公司建有年产160万吨硫酸钾生产装置及年产10万吨硫酸钾镁肥生产装置，是世界最大的单体硫酸钾生产企业。公司利用罗布泊天然卤水生产的“罗布泊”牌农业用硫酸钾、硫酸钾镁肥，于2012年9月取得环保生态肥料产品认证。

罗布泊，位于新疆东南部塔克拉玛干沙漠边缘。这里，年降水量仅39毫米，蒸发量却百倍于此，干涸的地表凝结着泛白的盐壳，被称作“死亡之海”。然而，荒凉却不贫瘠，罗布泊地下储有丰富的高盐卤水，饱含着滋养农作物生长必不可少的元素——钾。今天，在这片戈壁之上，一个中国钾肥企业正在崛起，改变着世界硫酸钾的格局。

18年前，一支团队走进罗布泊，白手起家，在不毛之地创建了世界上最大的硫酸钾厂，生产出全球最为物美价廉的钾肥。这个创业团队被亲切地称为：罗钾人。2016年，公司党委书记、总经理李守江被中宣部授予“时代楷模”的称号，带着罗钾成就、罗钾精神站在了领奖台上。

义无反顾　一批勇士创新远征

钾是粮食的粮食，若是将这笔财富发掘出来，甩掉中国贫钾的帽子不说，更主要的是五谷丰登的梦想又将解一道锁。这一消息令一批长期从事相关资源开发的有志之士为之振奋，李浩、唐中凡、李守江、尹新斌、雷光元等当时国内最前沿的化工科研人才放弃舒适安逸的生活工作条件，义无反顾扎进了罗布泊。

怀着“国家的需要”，报着“让中国农民用上全世界最优质的钾肥”的愿望，1999年冬，创业者以无畏的勇气、高度的历史使命感和社会责任感，穿越死亡之海，在环境极端恶劣的罗布泊腹地扎根苦干、向生命禁区挺进，向“死亡之海”要财富！

相比世界上其他地方的盐湖，罗布泊卤水化学组成有很大不同。国投罗钾公司副总经理雷光元介绍，这里的卤水资源中钾、硫比例严重失衡，要生产硫酸钾必须要从外部添加氯化钾来解决两者比例失调的矛盾。可罗布泊位于无人区，距离最近的若羌县200多千米，距离哈密市400千米，方圆300千米内没有任何设备支撑。从几百千米以外购置氯化钾必然提升生产成本，使整个开发计划胎死腹中，最重要的是罗布泊进行钾盐资源开发将失去意义。

“罗布泊的开发在全世界都没有可以借鉴的经验，有外国专家听了直摇头，说我们不可能在这样的环境下生产出硫酸钾。"雷光元说，这样的条件迫使科研人员因地制宜，根据罗布泊盐湖资源的特点，展开了罗布泊开发史上最系统、最全面、最切合实际，并且也是最艰苦卓绝的加工工艺试验研究。

经过一年多的科研攻关，科研人员成功从罗布泊硫酸镁亚型卤水中生产出硫酸钾的主要原料——氯化钾，从而解决了罗布泊卤水钾、硫比例严重失调的矛盾，同时攻克了用微咸水代替淡水生产优质硫酸钾的关键性技术。

简单地说，罗布泊钾盐资源的开发就是将罗布泊地下 100 米的卤水抽取出来，经过四级盐田摊晒蒸发，获得生产原料——钾混盐和光卤石，再通过采矿、分解转化、浮选、混合、结晶、离心、干燥，最终获得不含游离酸，世界上不可多得的无氯优质钾肥。"公司通过走自主创新之路，研究出了国内外独一无二的、拥有完全自主知识产权的工艺技术，而且生产每吨硫酸钾的用水量仅及传统工艺的 1/3，达到国内领先水平。"雷光元说。

2001 年，罗布泊首个盐田、输卤渠、采卤渠的建成并投入使用，源源不断的地下卤水涌上地面，硫酸钾的生产拉开序幕。2003 年 7 月，罗布泊牌硫酸钾产品问世。

李守江回忆，"当第一袋白花花的硫酸钾优级品生产出来时，在场的员工都激动的欢呼雀跃。"他感叹，公司用了 4 年时间在罗布泊腹地完成了探索性试验、小试、中试和工业性试验，达到了年产 10 万吨硫酸钾的生产能力。"创业团队依靠自身科技实力，在艰难中起步、探索中前行，澎湃的研发动力是罗钾的生命力。"

2012 年，罗钾硫酸钾产量达到 137 万吨，成为世界最大的硫酸钾生产商。截至 2014 年，罗钾累计获得包括"罗布泊地区钾盐资源开发利用研究"项目、"罗布泊盐湖 120 万吨/年硫酸钾成套技术开发"两项国家科技进步一等奖，以及"工业化应用水陆两栖式采盐船"等授权专利 29 项。

2016—2018 年连续三年产量增长率均在 5.8%以上，造粒吨包项目一次性完成投料试车成功，实现了公司产品多元化的目标。

至此，国投罗钾公司形成了年产 160 万吨硫酸钾产能；

硫酸钾国内市场占有率达 45%，缴纳各种税费近百亿元；

中国钾肥自给率从 10 年前的 30%提高到了 60%；

公司直接为社会提供了 3 000 多个就业岗位。

目前，中国成为国际钾肥市场的价格洼地，中国的农民不仅用上了全世界最好的硫酸钾，而且得到了实实在在的实惠。

有梦想在　于绝境处寻出路

罗布泊这地方，冷起来能冷死人，热起来也能热死人。炎夏的正午，测量地表温度的水银柱蹿升到了 70℃。但置身于罗布泊创业的罗钾人，却唯有不顾寒暑，冷到－20℃也在野地里打拼。抬钢板的人戴着棉手套，手冻得失去知觉；焊钢板的人穿着大头鞋，脚冻得麻木红肿；扶钢板的人，裹着棉绒的耳套，耳朵冻得发紫流脓。身上那厚厚的风雪衣，像单薄的衬衣一般经不住严寒的攻击。蒋勇一行顶着严寒搬运水泥。袋子像是冰坨，戴着棉手套去抓，还凉得钻心疼。而就这还被大伙儿看作好活儿，扛起袋子往车上装，往齐整摞，每一下都要使劲，体内的温热散发出来，能驱走寒冷。

前往罗布泊，本没有路。若是有，彭加木也不会捐躯。进入罗布泊只有方向和方位，路就是一眼望不到头的大漠戈壁。戈壁还好走，由沙子和石块叠积铺衬，比较坚硬，车行无阻。问题是不时就会驶入假戈壁，表面看与戈壁无异，下面却很松软，人尚可走动，汽车一压就会深陷下去。当年彭加木一行的汽车，十几个小时仅仅爬行了 58 千米。就是在如此艰难地行进中，耗干了油，喝光了水，才使生命陷入绝境。

如今,梦想已实现,从哈密到罗布泊中心,从罗布泊中心到米兰,大道贯通,车辆畅行无阻。然而,昔日来往途中撒下的艰辛,用长度无法丈量,用宽度无法计算。

起初三四年,创业团队就是在这样的条件下起步的:用,全部物资要从400千米外的哈密市运来;住,是透风漏沙的简易帐篷、盐碱地里掏出的"地窝子""盐块房"。

比起躯体所受的痛苦,心理的煎熬更为恼人。头两年不通电话,可电话通了,当得知亲人生病,就愈发手足无措、心神不定,苦涩只能往自个肚子里吞。

他们,本可不必如此。罗钾公司原总经理李浩,时任化工部长沙设计院常务副院长,原本将上调北京,待遇优越、生活舒适,非到这个鸟不拉屎的地方创业。

"我们是做钾盐的,当然是哪里有钾就去哪儿。"

眼下走入罗布泊腹地,罗钾机器轰鸣的现代化工厂令人震撼。沿途的条条采卤渠里,地下卤水汩汩而出,水天一色的盐田中,庞大的现代化采盐船正不断将从卤水中提取的原料输送往车间。

这一奇迹背后,凝聚着16年来无数创业者的心血。罗钾公司试验厂职工周德敏说回忆,"当时包括淡水在内的所有物资都要从400千米以外的哈密去拉,路上要走十几个小时,创业团队住在帐篷或简易的地窝子里,一住就是四五十天不出去,在这里吃住都是对人极限的挑战。"

国投罗钾公司副总经理尹新斌说,创业之初,几乎每一个企业高管都经历了烈日寒风、荒漠迷途、断粮断水、寂寞孤独的考验。时至今日,大部分员工仍然每三年才能回家和家人吃一次年夜饭。"从人迹罕至、荒无人烟的死亡之海到碧波荡漾、机器轰鸣的现代化钾肥基地,罗钾公司经历了艰苦卓越的发展历程,由最初几十人的创业团队,成长为现有职工近4 000人的企业,锻造出一支团结向上、开拓进取的优秀管理团队和技术研发队伍。"

在厂区的入口处,最初的创业团队扎营的一排排"地窝子"被保留下来,成为新老员工忆苦思甜的"景观"。虽已住进现代化的职工公寓,刚刚入职的吐尔逊娜依却常常到"地窝子"寻找精神的力量,她说:"来罗布泊工作,我只是抱着试一试的态度,本来打算条件太苦就回去。可我看到老一代人在这么艰苦的条件下,靠着坚定的信念和强大的凝聚力,战风沙、斗酷暑,为后来人打通了'生命线'实现了路通、水通、电通,我所面对的困难还算什么呢?"

罗布泊不再与荒芜为伍,不再是生命禁区,罗钾多年来沉积的盐田中,碧绿的卤水和结晶(晶莹)的盐花构成一道奇景,被苦中作乐的罗钾职工戏称为"马尔代夫"。李守江说,事实上罗钾让昔日的"死亡之海"变成造福人民和服务于中国"三农"的幸福之海。截至目前,国投罗钾公司累计生产硫酸钾925万吨,累计销售硫酸钾905万吨,占国内硫酸钾市场占有率45%,为中国钾肥自给率从16年前的30%提高到了50%左右贡献出了一份力量。

18年来,当初意气风发的青年已经两鬓斑白,他们把人生最美好的时光都献给了罗布泊这片荒凉的土地,但他们始终不忘初心。多年来,他们带领"罗钾人"先后捐赠硫酸钾肥近5 000吨,在多个贫困地区设置扶贫点,培养贫困青年30多名,为数以千计的少数民族同胞提供了工作岗位。

矢志创新 不负一股开拓激情

大自然在赐予人类宝贵资源的同时,也为开发者布下一道道艰巨的考验。与其他大盐湖相比,罗布泊的卤水中硫钾比严重失调,生产所必需的淡水资源短缺,世界上完全没有成熟经验可供借鉴。

公司成立伊始,就致力于罗布泊硫酸镁亚型卤水制取硫酸钾的工艺研究工作。于2000年开始,先后与化工部长沙设计研究院、中蓝连海设计研究院合作,至2002年12月,从探索性试验到小试、中试,历时三年,历经千辛万苦,终于完成了这项国家"十五"科技攻关计划重点项目课题,研究出了国内外独一无二的、拥有完全自主知识产权的技术,该成果于2003年年底通过了国家科技部的验收,并获得国家科学技术进步一等奖。

“没有路，我们就自己闯出一条路！”创业团队立下志向：因地制宜、自主创新，开发出一套适合罗布泊资源的工艺技术来！

从2000年3月至年底，公司组织相关科研技术人员在室内和罗北试验基地对罗布泊卤水进行研究和试验。

2001年6月，研究成果通过了新疆维吾尔自治区科技厅组织和主持的成果鉴定，并通过了由我国著名专家、教授、研究员组成的评审委员会的评审。研究结果表明，我公司针对罗布泊含钾硫酸镁亚型卤水制取硫酸钾而开发的“LBP-01”和“LBP-02”两种工艺均生产出硫酸钾产品，而且其质量与收率均达到了预期水平。

2001年11月至2002年12月，公司组织相关人员进行罗布泊硫酸亚镁型卤水制取硫酸钾工艺研究中间试验，该试验是国家“十五”科技攻关计划课题项目。试验所得产品硫酸钾达到了优级品标准，为下一阶段工业试验提供了依据和可靠的试验数据。

经过多次研究、论证，制定出了一系列切实可行的科技创新发展规划。在短短的几年中，在科技创新活动中，共实施了自治区科技项目、火炬计划项目、国家“十五”科技攻关等在内的研发项目共十余项，完成了一批高技术含量的工艺设备试验与发展研究项目，使公司生产能力不断发挥，有力地推动了产业化进程，2001—2008年累计投入科研经费约2亿元，申请专利12项，其中已有6项专利获得授权。

“你们不从外面买氯化钾，不可能直接生产出硫酸钾！”曾经，一位德国专家考察后放下这样的话。可是他们经过无数次反复的推算、论证、试验，终于取得技术突破，通过盐田兑卤法制取光卤石，终于间接得到了氯化钾。

按照传统水洗法，生产每吨硫酸钾需要消耗10米^{3}水。可在罗布泊，这绝对是种奢望。为此，研发团队自主开发出药剂浮选的物理选矿办法，每吨产品耗水量仅为传统工艺的1/3。

苍天不负有心人。仅用5年时间，创业团队就开发出拥有完全自主知识产权的“罗布泊硫酸镁亚型卤水制取硫酸钾”工艺专利技术，并于2004年获得国家科学技术进步一等奖。

2004年5～6月，公司股权结构发生了大幅度调整，新疆冠农果茸股份有限公司成为控股股东，2004年11月，公司各股东与国家开发投资公司正式签署增资扩股协议书，公司注册资本金增加到5.4亿元，公司注册地变更到新疆巴音郭楞蒙古自治州库尔勒市，国家开发投资公司出资63%，成为公司第一大股东，公司名称变更为国投新疆罗布泊钾盐有限责任公司。并立即将规划年产能从20万吨扩至120万吨。规模扩张，绝非工艺的简单复制，而需克服更多更艰巨的难题。怎么办？还是靠创新！

“当时，进口采盐船一艘就要六七千万元，而且采矿量小，只能采收单一矿石，但罗布泊晒出的矿坚硬难采。”为此，国投罗钾公司副总工谭晶晶带领团队与厂家、设计院自主研发出“钾盐镁矾矿两栖式采盐机船”。成本降低了，每艘船仅需2 000万元；效率也提升了，采矿量增1倍，还能采收高硬度矿石。

十余年矢志创新，国投罗钾结出累累硕果。2013年，“罗布泊盐湖120万吨/年硫酸钾成套技术”，再获国家科技进步一等奖。

牢记使命　让国旗永远飘扬

罗钾人在罗布泊拓荒时，所处的是一个人人追求舒适的年代。而李浩、李守江一行向罗布泊进发的时间是1999年。显然，这是从繁华走向荒凉，从优越走向困窘。李守江一行一头扎进生命禁区。不仅他们扎进去，还有那么多人也心甘情愿地跟随着他，其中到底有什么奥妙？

在这里，有一面十分规整的国旗。和所有国旗不同的是，高杆的顶悬挂着一个灯泡，即使夜晚国旗也会在大家眼中飘扬。白天,罗钾人在这里升旗,升起祖国的尊严和使命。夜晚从四面八方收工,国旗就是大家聚拢的中心。原来这面光芒四射的国旗,时刻照耀着罗钾人的精神世界,他们是在用行动去践行祖国的使命。

正如李守江所言,缺少了钾肥,庄稼就会得软骨病,一遇风吹就会倒伏,就会减产,甚至绝收,偏偏我国缺少的就是钾肥。钾肥的巨头在国外,谈判桌上根本没有中国人的话语权,人家说多少钱,就是多少,为此我国每年要花费巨额资金从国外进口钾肥。

一语道破奥秘,他们挺进罗布泊就是要为中国生产出粮食的粮食,要让祖国在这个领域也把脊梁挺直。

罗钾人的研发,公司有技术团队,分厂有技术小组,班组有技术骨干。短短几年,获得两项国家科技进步一等奖、49 项授权专利,繁花似锦,誉满罗钾。随着强劲的研究开发,120 万吨钾肥项目如期投产,中国人在国际钾肥市场挺直了脊梁!一举成为中国最大的硫酸钾航母!

罗钾人,为祖国贡献的何止是钾肥,是时代最需要的精神氧气!

面向未来　再创钾盐新辉煌

2018 年年初,从中国地质调查局矿产资源研究所传出喜讯,由该所非金属室负责实施的罗布泊钾盐科探深井 LDK02 孔打出高产富钾卤水,初步预测罗北地区深部钾资源总量为 2.5 亿吨,达超大型规模,相当于在罗布泊深部又找到一个罗钾。这一找矿重要突破,为保障罗布泊钾盐航母持续发展、实现“百年罗钾”梦想提供了可靠的资源保障。

LDK02 孔钻探工程于 2017 年 3 月正式启动,2017 年 11 月 16 日完钻。钻孔位于罗钾现生产矿区的拉张断裂带中,断裂带宽 2~3 千米、长约 50 千米并纵贯于罗钾矿区和生产区。野外和地球物理调查表明,罗布泊北部地区共有规模类似的拉张断裂 7 条。

这是迄今为止,第一口拥有完整地球物理测井参数、高光谱岩芯扫描数据以及最长、最完整第四系沉积记录的钾盐科学钻探井。截至目前,共完成钻进深度 1 200 米,岩芯编录 1 200 米、测井 1 200 米、岩芯扫描 1 200 米、采集岩样 4 551 件、水样 449 件。累计发现 85 层富钾卤水含水层。

其中,200 米以浅共发现含水层 14 层,单井日产卤水 3 600 米^3,卤水 KCl 平均含量 1.4%,是目前罗布泊西部最大产能井,为罗布泊钾盐基地上部钾资源提供了新的采区;200~800 米的中部碎屑层共揭示 46 层富钾卤水含水层,200~500 米层段单井日产卤水 700 余米^3,卤水 KCl 平均含量 1.35%。500~800 米层段单井日产卤水 600 余米^3,卤水 KCl 平均含量 0.65%。800~1 200 米层段单井日产卤水 700 余米^3,卤水 KCl 品位正在测试过程中。基于 LDK02 孔抽水试验、卤水品位等因素,项目组初步预测罗北地区深部钾资源总量为 2.5 亿吨,达超大型规模,相当于在深部具有可能找到又一个罗布泊钾盐矿的潜力。

罗布泊钾资源储量巨大,加速罗布泊钾资源开发步伐,无论是对中国农业的发展,还是带动新疆经济的发展,都具深远意义。一是资源储量巨大;二是市场前景看好;三是效益好;四是辐射效应大。盐湖开发是个大产业,是个庞大的系统工程,涉及方方面面,既有盐湖工业,也有盐湖农业,还有盐湖旅游业。

在国家“西部大开发”战略中,以罗布泊钾盐开发为切入点,打好罗布泊钾盐开发这一战役,对促进新疆经济,带动各民族产业的发展,缓解进口,促进中国农业往高值化迈进,都有不可估量的作用。

撰稿:宁远　陈鸿应　芦莉玲

编后

在被称为“生命禁区”的罗布泊，有一批人、一个团队，凭借一种艰苦奋斗、顽强拼搏的精神，建设出了世界一流的钾盐开采基地。这个团队，就是国家开发投资公司新疆罗布泊钾盐有限责任公司。

钾盐——我国急需的资源，曾长期依赖进口。在这里创业，是对生命的极大考验；面对困难，罗钾人没有退缩；通过拼搏不懈、坚持创新，今天的罗布泊，已经从昔日的“死亡之海”，变成了造福三农的“幸福之海”。

今天的“罗布泊”牌优质硫酸钾已成为行业著名品牌，拥有国内45%的市场份额，在国际上也有极大的话语权，有效缓解了钾盐的供给困难，为我国粮食安全筑上了一道有力屏障。

“滨地”人为中国钾肥增光添彩

——冷湖滨地钾肥有限责任公司发展纪实

［企业名片］

冷湖滨地钾肥有限责任公司成立于 2004 年 5 月 29 日，位于冷湖镇大盐滩 1 号。主要经营氯化钾、硫酸钾、硫酸钾镁肥、元明粉、芒硝的生产及销售。公司拥有青海省冷湖镇昆特依钾矿床大盐滩矿区 832.09 千米^2 的采矿权，大盐滩矿区富含钾、钠、镁、锂、硼等多种资源，有着净态总价值数万亿元的资源量优势。

经过十多年的发展，公司目前已经生成了 80 万吨硫酸钾的生产能力，公司目前的储量有 1.46 亿吨液态硫酸钾和 2.08 亿吨的固体钾资源，卤水中还含有丰富的镁、硼、铷、铯等元素。

冷湖滨地钾肥有限责任公司(简称“滨地钾肥”，下同)从默默无闻发展到中国储量名列前茅的钾肥企业，它的迅速崛起和对我国钾肥工业做出的巨大贡献，使得“冷湖滨地”成为业界的翘楚。

地处青藏高原北部的柴达木盆地是我国的三大内陆盆地之一，素有“聚宝盆”的美称，虽然荒凉，地处偏僻，但物产丰富。由于蕴藏有丰富的盐类和其他化学元素，柴达木盆地又称为“盐的世界”。冷湖滨地钾肥有限责任公司(以下简称“滨地公司”)就诞生于这片举世闻名的大盐滩上。

冷湖，是我省达木盆地西部一个小镇。名字虽“冷”，却是地质工作者的一片热土。早在 20 世纪 50 年代末，第一代石油工人就在这里燃烧了自己的激情岁月。如今，“冷湖滨地”已成为柴达木盆地中又一个新的钾肥生产基地。

自 2004 年 5 月 29 日成立以来，滨地公司紧紧抓住国家西部大开发的机遇，从寸草不生、荒无人烟的不毛之地，到一座座生产厂房设施的拔地而起、巍然伫立，凝聚的不仅仅是“滨地人”的心血，更延续了“滨地人”为中国的钾肥事业艰苦创业、无私奉献的精神，彰显了“钾肥人”的开拓情怀。可以说，是“滨地”人在中国钾盐的“脊梁”上，再添了一道壮丽风景。

自强奋斗的发展历程

14 年来，在历史的长河中看似短暂，但对滨地公司来说，确是自强奋斗的 14 年。滨地公司着眼于资源的持续循环开发，摒弃传统盐湖高消耗、高排放、低产出型的开发模式，因地制宜制定了“整体规划，分步实施，循环利用，能源清洁，综合开发”的建设方针，走循环经济之路。经过十多年的开发，企业已经完成了一、二期工程项目建设，目前具备 80 万吨硫酸钾的生产能力。随着 48 万吨硫酸钾项目完成和新增 100 万吨硫酸钾项目的开工建设，标志“大盐滩盐化工业园”的雏形已在柴木盆地初步形成，届时将有效缓解硫酸钾供应紧张的局面，提高我国钾肥自给率，优化钾肥的工业结构，为我国钾肥的安全提供更好的保障。

14 年来，滨地人把一个被很多同行专家判了“死刑”的所谓劣质钾盐矿床建设成一个具有百万吨以上产能的钾肥生产基地，为我国开发利用类似钾矿开了一个先河，走出了一条新的路子。

目前，滨地公司拥有的冷湖镇昆特依钾矿床大盐滩 832.09 千米^2 矿区采矿权，且该矿区富含钾、钠、镁、锂、硼、铷、铯、溴、碘、磺等多种资源，已探明卤水含 K_2SO_4 1.46 亿吨，杂卤石含 K_2SO_4 2.08 亿吨，另盐壳中还含可溶性钾约 3 亿吨，加其他资源潜在经济价值达数万亿元。

此外，滨地公司现已建成 110 千伏、35 千伏和 10 千伏线路总长约 500 千米，引水渠 300 多千米，引水管线 300 多千米。基础设施和水资源均可满足大盐滩百万吨以上钾肥生产，大盐滩开发的春天已经到来。可以说，滨地公司的出现，在西北部又引起了一系列钾肥开发的高潮。

滨地公司始终紧扣企业发展脉搏，积极参与企业生产经营管理和决策，实现了党建与企业发展的深度融合，互惠双赢，分别于 2010 年 7 月和 2016 年 7 月被评为冷湖工委先进基层党组织、党建示范点，各项工作取得了可喜的成绩，多次受到海西州及冷湖工行委领导的表扬，同时，也是青海省双百企业、科技型企业及重点扶持的待上市企业。

48 万吨/年硫酸钾项目投产

在公司发展史上，值得浓墨重彩记下的一笔，那就是 2014 年 8 月 13 日，冷湖滨地钾肥有限责任公司年产 48 万吨硫酸钾项目正式投产。该项目是青海省盐湖硫酸钾生产工艺自动化水平最高的生产线，工程以海西州柴达木盆地冷湖昆特依盐湖为依托，采用浮选—转化硫酸钾生产工艺，是继新疆罗布泊百万吨硫酸钾之后，又一个具备先进工艺技术和装备的盐湖硫酸钾生产基地。

公司自 2004 年成立以来，坚持着眼于资源的持续循环开发、因地制宜制定了整体规划分步实施，走循环经济之路，以钾肥开发为主，其他资源综合开发的方针；坚持以科技创新支撑企业技术进步的理念，在项目、资金和智力资源等方面得到省科技厅等部门的大力支持，通过技术攻关，攻克了杂卤石矿复杂化学成分精确分析，钾资源高效分离等关键技术。该项目的投产，将进一步提高硫酸钾产品附加值和自给率，为构建国家安全稳定的钾肥供应体系，确保国家粮食安全和贯彻西部大开发战略做出积极贡献。

青海省科技厅厅长解源在参加投产仪式后，考察了生产现场。他说，“冷湖滨地钾肥有限责任公司在深入了解市场需求和充分掌握昆特依盐湖大盐滩的自然规律和盐湖资源特性的基础上，坚持科技创新是企业核心竞争力的信念不动摇，引进优秀团队和先进技术，提升了整体工艺水平，增强了企业竞争力，开发出品质优良的硫酸钾等盐湖高附加值产品，顺应了产业结构调整方向，为我省盐湖化工可持续发展提供了典型模式，具有积极推广价值”。

为了确保资源开发的综合循环利用，滨地公司聘请了资深的专家教授作为技术顾问，并长期与科研院所进行“产、学、研”横向联合，及时掌握行业内的最新动态，使企业的生产技术水平一直居于中国盐湖化工行业的前沿。拥有专利钾镁肥结晶工艺、盐湖老卤资源的开发利用技术、提高盐田单位面积成矿量的技术、浮选尾液和尾渣中钾离子的回收技术、低成本生产高质量钾盐的技术等十数项工艺技术，并创立了氯化钾镁肥企业标准。

近年来，滨地公司在广西、云南、广东、海南和江西等南方五省（区）开展了大量的肥效试验和肥料推广工作,并建立了多个示范区。目前,滨地硫酸钾镁肥与农用硫酸钾市场份额在南方省区已稳居前列,品牌知名度持续提升,其品质和服务获得了广大用户和经销商的好评。

政府大力支持　企业快步向前

滨地公司在其发展的过程中,始终坚持在自身的不断努力下,求得政府的支持和社会的关注。对于滨地公司的发展规划,早在2010年省委常委、副省长骆玉林考察调研滨地公司冷湖生产基地时,肯定了滨地公司在科技创新方面取得的成效;高度赞扬了滨地在资源综合利用方面做出的成绩,走出了一条循环经济的新路子;要求各级政府要加大对滨地公司的支持力度;同时要求滨地公司尽快完善发展规划,要拓宽思路,勇于创新。要加强各方面合作,要与资本市场、品牌建设紧密结合,努力做强做大;为海西的发展做出贡献。

2012年6月,高云龙副省长对公司创建的艰难、何茂雄董事长创业的魄力、滨地人吃苦耐劳、敢闯敢干的精神给予了高度赞赏。

2013年6月,青海省省长郝鹏非常肯定公司在科技创新方面取得的成效,高度赞扬了公司在资源综合利用方面做出的成绩,走出了一条循环经济的新路子,要求各级政府要加大对滨地公司的支持力度;要求公司要拓宽思路,勇于创新,加强各方面合作,要与资本市场、品牌建设紧密结合,努力做大做强,为青海省的经济发展做出贡献。

2013年7月,青海省省委常委、常务副省长骆玉林强调,要在确保建设安全质量的同时,抢抓工程进度,确保项目早日建成投产。同时做好三期年产100万吨硫酸钾(用杂卤石矿)和年产30万吨高品位(食品、医疗级)氯化钾的建设立项工作,力争五年全部建成。要狠抓科技创新,严格按照循环经济要求,不断完善和优化生产工艺,切实提高资源的利用率和回收率。省、州相关部门要加大调研力度,根据项目建设需要,给予相应的项目和政策扶持,切实解决企业发展中遇到的困难和问题。同时,他希望企业要一如既往地扎实苦干、艰苦创业,扎实做好解决社会就业、服务地方经济等工作,实现经济利益与社会效益同步发展。

2017年11月,时任青海省委书记王国生来公司调研时,何茂雄董事长表示,将不忘初心,继续前行,打好供给侧结构性改革的攻坚战,努力将滨地公司建设成现代化企业。

在滨地的发展过程中,虽然是一路高歌,一路前行,但也不免遇到一些难题,但在困难之时,政府总是出面给予支持。如在他们奋斗中遇到难题时,滨地公司所处海西州的州政府领导第一时间为企业伸出橄榄枝,真诚的支持,给何茂雄极大的鼓励,他奋力开拓,排除难关,使滨地公司不断走向胜利!

面对挑战和困难,何茂雄董事长始终认为,新时代,新使命,从中央到省级领导,对我们的关心和支持,进一步提振了我们干好民营企业的信心,进一步增强了我们踏踏实实、心无旁骛做强企业的责任感和使命感。滨地的发展始终要创新,增强自己的核心竞争力。

撰稿:何茂雄　蔡全凤

编后

回首风雨拼搏路，滨地人用勤劳坚韧、自强不息书写辉煌。而对行业竞争所带来的巨大挑战和机遇，滨地公司踏着坚定的步伐，朝着既定的战略目标前进。滨地公司横空出世于莽莽昆仑之地，如今像一匹飞扬奋蹄的千里马正奋力驰骋在茫茫大盐滩，去迎接中国盐化工业和钾盐(肥)的更加壮美的新天地。

“三级跳”实现华丽转身

——记转型跨越式发展的文通钾盐集团有限公司

[企业名片]

文通钾盐集团有限公司(简称文通集团)是全国钾盐行业的龙头企业,具有50多年的历史,主要产品碳酸钾、硝酸钾、烟草专用肥、硝酸钙、硝酸铵钙、全水溶性复合肥、硝酸铵钾、氯化铵、碳酸氢钾、氢氧化钾和氯化钾等,曾是全球最大的碳酸钾生产企业和全国最大的硝酸钾生产企业。

2003年与全国最大的氯化钾生产企业——青海盐湖工业集团有限公司强强联合,在山西兴建以硝酸钾、碳酸钾和高档全水溶复合肥产品为核心的大型生产企业——山西文通盐桥复合肥有限公司。

60年前,文通集团从山西文水起家,相继搬迁太原、上海,实现了县城、省城到国际大都市的“三级跳”,“文通”牌碳酸钾、硝酸钾、硝酸钙、钾肥等系列产品也成长为钾盐行业的知名品牌,以其过硬的质量和良好的服务受到国内外商家的认可和推崇。跨越式的发展轨迹,既是企业实力的体现,也是企业长远发展目标的定位,更印证了当年创立“文通”品牌的理念。

文水起家——找准突破口,奠定企业发展基础

文通集团的前身文水县化工厂是一家县级小集体企业,当时工厂是39万元的资产,年产300吨左右硝酸钾,碳酸钾已停产,生产工艺落后,产量低,成本高,处在亏损倒闭的边缘,李刚带领着大家深刻认识到要摆脱困境局面,首先就是抓管理,严格工作纪律,其次是加强企业文化建设,提出16字企业精神:精诚团结,艰苦奋斗,锐意拼搏,开拓进取。生产管理步入正轨后,进行技术创新,将硝酸钾生产工艺的改造作为突破口,用离子交换法生产硝酸钾。当时全国还无一家化工企业掌握运用 ,他们开始经过夜以继日的试验工作,进行大量的艰辛的改造。当时全厂上下只有一个心愿,就是一定要改变旧工艺,让文水县化工厂迈上新台阶,在查阅了大量资料、经过无数次试验、投入了大量的精力之后,功夫不负苦心人,1985年,全国第一家离子交换法生产硝酸钾工艺在文水县化工厂试验成功,为文水县化工厂的发展历史写下振兴腾飞的第一章,硝酸钾生产成本每吨降低400元,月产量提高了15倍,产品质量也有很大改观,一次投入产出合格品率达95%以上,企业起死回生,走稳了第一步。

1986年,企业开始寻求开发市场需求量大的新产品。下半年通过大量的调研,企业领导班子推断碳酸钾的市场需求量要增加,于是经过再三的研究讨论,企业领导做出了用离子交换法生产碳酸钾工艺改革的决定,经过数百次的试验,1987年10月,碳酸钾工艺改革成功了。

离子交换法的试验成功和投入应用,是文通走向振兴的第一步。但随着市场需求的增加,市场竞争

变得越来越激烈，如何突破在市场竞争中立于不败之地，成了企业迫在眉睫要解决的问题。1989 年文通集团的董事长、也是当时文水县化工厂的厂长李刚赴澳大利亚及东南亚等地碳酸钾出口国，进行了为期一个月的考察访问，通过与国外客户及同行的交流，李刚敏锐地捕捉到全球制造产业的大转移趋势，回国后经过深思熟虑，李刚提出将产品开发精细化、生产经营规模化、集团发展股份化、跨区跨行多样化的综合发展思路，围绕碳酸钾、硝酸钾两大主业，瞄准国外市场和国内高端市场，以市场为导向，坚持不懈地进行技术创新、推进技术进步，生产出具有国际水平的彩管级碳酸钾、粒状硝酸钾等产品，实现了产品的升级换代，为企业扩大再生产、跳跃式的发展奠定了坚实的基础。

彩管级碳酸钾的批量生产正是市场和技术的有机结合，终于在 1995 年成功地用离子交换法生产出彩管级碳酸钾，投入批量生产，将这一国家级火炬计划项目产品更直接、更迅速地转化为现实生产力，并在随后的几年里对所属企业不断进行大规模技术改造，充分挖掘和发挥原有设备的潜力，使集团形成了 12 万吨的年生产能力，成为颇具行业竞争力的大型碳酸钾生产企业。

粒状硝酸钾的研制成功填补了国内空白，成为集团的拳头产品。1998 年，集团开始研制粒状硝酸钾新产品，并取得成功。同时集团审时度势，全面分析和掌握产品市场需求和市场走势，积极稳妥地对原有生产线实施粒状硝酸钾产品技术改造，扩大粒状硝酸钾生产规模，并且在改造中有针对性地对其工艺进行改进完善，现已形成 10 万吨粒状硝酸钾的生产能力，形成规模经济。

落户太原——建立现代企业制度，向规模化迈进

1988 年，企业已拥有了较为雄厚的自有资金和经济实力，具备了一定扩大再生产投资能力，不依靠增加投资、建设新厂、新生产线来扩大生产规模，而是依靠自己的品牌、人才、技术优势，通过兼并、联营来壮大实力。

1988 年，文水县化工厂兼并了严重亏损、濒临倒闭的文水县国营化工厂，兼并后仅用 3 个月时间就使这个国有企业起死回生，当年创利 7 万元；接着又先后兼并了负债累累处于停产、半停产状态的文水化学厂、文水化肥厂，利用他们原有的厂房设备和本厂先进的管理、技术手段，成功地生产出市场紧俏的产品，当年扭亏为盈。

为谋求更大的发展空间，在兼并亏损企业的同时，文水县化工厂走出吕梁山，将目光瞄准全山西，在全省范围内寻求资源互补，充分发挥技术、管理、品牌、人格等无形资产的优势，与太原市杨家峪乡等单位联营，建成了东兴化工厂，与太谷 753 厂联营，建成了文泰化工厂…… 1993 年，已颇具规模和实力的文水化工厂，在山西省政府有关部门的批准下，更名为山西钾盐厂，并在这一年在太原市成立了山西钾盐厂供销公司。1995 年，由 5 个紧密层企业、12 个半紧密层企业组建的山西文通钾盐集团有限公司(简称文通集团)在太原市挂牌成立。至此，一个县营小厂已发展成为拥有 9 个生产企业、2 个贸易公司，生产 7 大类产品的企业集团。

随着中国市场经济的不断深化，企业旧有体制已远不适应市场环境变化的要求。

1992 年集团率先在文水县化工厂组建股份制的碳酸钾车间，山西文通钾盐集团有限公司组建。超前的运作体制带来了集团超常规的发展，1997 年，文通集团被国家有关部委认定为“全国大型二档企业”。成为规模大、成本低的行业竞争优势企业。成为中国钾盐行业的专家组组长企业。

“既要最大，还要更好”，这是企业做大后，集团领导对企业发展的一次战略调整，文通的主要竞争对手已不再是国内的钾盐同行，而是以色列的 HAIF、智利的 SQM、韩国的 UNID 等国际钾盐行业的知名企业，文通要想在国际市场中竞争，不仅要做大，还必须做强，要做强就必须调整产品结构，因此

2000年年初集团提出要逐步收缩小规模企业,努力在2001年达到5亿元的销售额;随后集团就对下属的文泰公司、文兴公司、兴农公司、东兴厂、文远公司、编织厂6个企业相继关、停、并、转,同时投资1.5亿元,对霍州文通、金泰公司、襄汾公司、振兴公司、凯乐公司、兴武公司、司达公司7个企业进行大规模技术改造,至年底,初步形成了振兴公司、金泰公司、霍州文通等3个销售达亿元的企业,凯乐公司、司达公司、兴武公司等3个销售达5 000万元的企业,推动文通集团向做强方向挺进。

移师上海——围绕资源做文章,促进产业升级

2001年5月,根据李刚董事长关于"创建国际化集团、称雄国内外市场"的战略构想,文通集团将总部及营销中心移师上海浦东新区,利用上海的地缘经济和优惠政策,打造面向国内外的营销窗口,有力地促进了企业在山西化工生产基地的建设,使企业产供销在上海和山西之间迅速形成了互为犄角、互为表里、相辅相成的有利局面。

集团落户上海刚两年,已形成了以上海为营销窗口,山西为基地的企业格局;这两年,也是文通集团继续快速发展的两年,两年里,企业经济总量大幅提升,结构进一步优化,主业的核心地位凸显,企业出口创汇比移师上海前的2000年增长2.6倍,企业的化工产品畅销全球40多个国家和地区,在国际市场上,主导产品硝酸钾的产量、质量和销量均成为同行业的强劲竞争对手。

集团是从山西文水起家,实现了从县城、省城到国际大都市的"三级跳",跨越式的发展轨迹,既是企业实力的体现,也是企业长远发展目标的定位,这是集团在地缘经济战略构想下,对上海"软资源"和山西"硬资源"的有效结合,因此集团在移师上海的决策中,不是"连盘端走""连根拔起",而是精密思考地形、地理、地利,合理运用地缘和政策的优势互补原理,只是将营销中枢在全国占领有利地形,将企业的生产根基仍然深植于诞生地的全国能源重化工基地山西,借用李刚董事长的话说就是实现"根基牢扎三晋地,伟业称雄上海滩"。

集团的基本构架形成后,为优化产业结构,促进产业升级,寻求可持续发展之路,集团又开始了以热电联产项目实施为新起点的二次创业。为尽快在集团全面实现此产业链,集团领导毅然跳出山西省,在全国范围内整合资源,广泛寻求、选择合作伙伴,最后锁定了国内最大的氯化钾生产基地——青海盐湖工业集团,一期工程共同投资8亿元,在山西"吕梁百金堡化工园区"实施10万吨硝酸钾、5万吨碳酸钾、60万吨焦化等项目。

与青海盐湖工业股份有限公司合作实施的项目是真正的强强联合,双方以资源为切入点,将山西的煤和青海的氯化钾两种资源相结合,寻根溯源,从原料到产品的全过程,物流派送科学合理,产业链结构严谨。

与青海盐湖工业股份有限公司的合作,进一步提升了文通集团在中国硝酸钾、世界碳酸钾市场中的行业竞争地位。同时双方合作的二期项目也响应国家西部大开发的号召,利用西部开发的政策,进军青海,双方签订意向书,拟在青海投资18亿元,投产后将新增12万吨氢氧化钾、转化形成8万吨重质碳酸钾及10万吨聚氯乙烯,90 000千瓦 发电机组,预计将为集团增加15亿~20亿元销售额。

转型发展——立足钾盐工业,转向多元化发展模式

都说创业容易,守业难。企业要获得持久发展的动力,必须不断培育新的产业,加大自主创新的力度。转型,是每个企业家在守业时必须考虑的问题。而如何转,转向何方,又一直是传统产业在转型升级中一个至关重要的命题。

移师上海后，文通依托企业自身的优势和产业基础，立足于国家相关产业政策，提出强化“四个转向”，建设“一基四线”的转型发展模式。“四个转向”从以钾盐为主的一元发展模式，转向以优势产业为基础的多元发展战略；从生产型企业转向产融结合型企业；从传统型营销企业向现代综合贸易企业转型；从粗放型管理转向以集约化、精细化、科学化为特征的现代企业管理体系。“一基”即以钾盐生产及加工为基础产业，“四线”是指钾盐产业、综合贸易产业、房地产业、金融业。通过强化“四个转向”，建设“一基四线”的转型发展模式为文通集团多元化发展指明了方向。

“我们做的是传统行业，但是传统行业并不是包袱，而是转型发展时最重要的资源。”2008 年，在领导人李刚的主导下，集团再次迈出开拓性的一步，利用多年在上海打下的坚实基础，成立上海民泰投资有限公司[已于 2013 年更名为上海民泰投资(集团)有限公司]，进军地产领域，2009 年，文通集团通过竞价取得上海市杨浦区中心区域 31 街坊地块，开启文通正式挥师地产行业的新篇章。该项目总投资 15 亿元，由两栋甲级写字楼和两栋精装住宅楼组成，总建筑面积 98 000 米^2，系杨浦区的重点支持项目，于 2012 年开工建设，2014 年竣工。2011 年，文通集团更是乘胜追击，拍得杨浦区 149 地块，即文通国际广场项目。该项目雄踞杨浦国际湾区经济主力发展区——东外滩滨江带，地理位置优越，地域发展前景良好。项目总投资 20 亿元，总建筑面积为 80 000 米^2，配套 7 000 米^2 公共绿地。项目于 2013 年开工建设，2017 年建成，当年 5 月文通集团总部迁址文通国际广场，在促进楼盘营销去化的同时，也为该区域的经济发展起到先驱作用，获得良好的社会口碑。杨浦两个项目的成功建设，不仅填补了集团在地产开发领域的盲区，更为集团在地产领域的进一步拓展夯实了基础。2016 年，集团拓宽地产开发渠道，走出杨浦，以挂牌转让形式取得位于大虹桥板块的上海嘉定文通嘉苑项目，开拓了新的地产经济增长点。短短几年，集团通过不断地探索与努力，依靠强大的资本实力及现代科学管理手段，本着设计新颖、功能齐全、环境优雅、高起点、高标准、高品位的地产开发理念，在地产行业占得一席之地，现正以稳中有进的步伐，朝做强、做大的战略方向稳步发展。

2012 年，随着集团首个地产项目 31 街坊地块的开工建设，在集团大力调整产业结构、建立多元经济的发展思路下，集团将地产下游产业——物业服务管理纳入产业结构调整范畴。2012 年，上海通民物业管理公司成立，主要从事集团自有物业的管理，并以“服务创造价值、服务赢得尊重、服务打造品牌”的经营理念，实现了集团集地产开发、物业管理服务为一体的经营思路，为集团开发项目的保值、增值创造了条件，促进了集团地产板块的长效发展。

2011 年，由上海环境能源交易所、上海民泰投资有限公司、上海杨浦科技投资发展有限公司、上海尊域实业投资有限公司共同出资成立的上海联合矿权交易所，标志着文通集团多产业发展又一次具有里程碑意义的跨越。该交易所面向全球矿产资源市场，直接为我国矿企寻找海外矿权、争取国际矿业资源提供交易平台，同时也为国内矿企提供亟需的法规政策服务、专业矿权评估服务、投融资等一系列服务。集团将以产业为基础，以金融为支撑，通过金融和产业的结合，立足上海，放眼全球，致力于在不远的将来建成以推动企业创业创新为核心的金融资本服务平台。

如今，文通集团已成长为一家投资多元化、生产规模化、市场全球化、管理科学化的大型企业集团，形成了集化工制造、地产开发、物业管理、金融投资、餐饮连锁五大产业并驾齐驱的新格局。

撰稿：宁远

编后

文通集团的发展历程,是一部自我突破与创新转型的历史,是不断谋划和追求企业目标的历史,也是去桿奋进和创造奇迹的历史。

正如文通企业文化中强调的,做人的原则是:感恩、厚道、宽容;做企业的原则是:认真、敬业、坚持。要让"文通"品牌的钾盐产品行销世界以及打造全球钾盐行业领军企业;以及企业秉持的从文水通向世界、文化沟通世界与未来的企业理念。

这一切,是他们的理想,也是梦想。他们正在朝着这一目标拼搏努力中。我们相信,梦想终会成为现实。因为,在新时代改革大潮中,他们更有信心、决心和能力,奋力创造光辉灿烂的明天!

中国工农业硝酸钾的领跑者

——记江西腾达实业集团公司

[企业名片]

江西腾达实业集团(简称腾达集团)是一家集研发、生产和销售为一体的国家高新技术企业,位于江西宜春市袁州区。主营硝酸钾、光学玻璃级硝酸钾、氯化铵、复合肥等。在化工、化工产品加工行业获得广大客户的认可。

公司是国家科技部科技型中小企业技术创新基金项目承担单位;获得了"中国石油和化工优秀民营企业""江西省石油和化学工业先进集体"和"江西省百强企业"等殊荣。

江西宜春,自古便以"物华天宝""人杰地灵"闻名。立足于此的江西腾达,凭借企业在技术研发、内部管理、交通运输方面的优势,经过多年苦心孤诣的艰难探索,最终成为能够长期执行国家优等品标准并专业制造高、精级别硝酸钾的集团企业,公司创始人及其团队多年来只做一件事,就是致力于硝酸钾的研发与生产。

硝酸钾制取工艺世界领先

江西腾达实业集团是国家硝酸钾标准主要起草单位、全国肥料和土壤调理剂标准化技术委员会钾肥分技术委员会委员单位。拥有多家生产经营实体,具有年产硝酸钾系列产品 22 万吨和各种专用肥 20 万吨的生产能力。

从 20 世纪 80 年代初期至今,江西腾达在制取硝酸钾技术创新方面投入巨大精力,成功研发了"复分解法新工艺制取硝酸钾"技术,拥有国家发明专利技术 21 项,获得了"江西省科学技术进步二等奖""宜春市科学技术进步一等奖""国家重点新产品""江西省重点新产品""江西省优秀科技新产品"和"江西省自主创新产品"等系列荣誉。

公司取得了在"复分解法制取硝酸钾的新工艺"在理论上和技术上有了重大创新和突破,应用该工艺生产的产品经国家权威检验机构检测,硝酸钾主含量在 99.9%以上,而且生产成本比国外同类产品低 40%以上。这项新工艺项目从根本上解决了硝酸钾产品中杂质离子含量高、母液浓度低、能耗高、氯化铵与硝酸钾分离及氯化铵回收困难和工艺制作流程长等难题。其主要创新点是在关键工序中添加了自主研发的增溶剂和成核助沉剂来提高硝酸钾的产出率和纯度,降低了杂质离子,提高了硝酸钾品质,达到了高效低耗、节能环保,实现了精细化、差别化生产。

2014 年,复分解法新工艺制取硝酸钾项目被列入江西省科技成果转移转化重点项目。公司生产的光学玻璃用硝酸钾产品已经被苹果、三星等触摸屏配套企业广泛使用,已出口到多个国家和地区,并成为蓝思科技的主要供应商,卓越的品质赢得了极高的赞誉。同时,由腾达集团承担的国内首条年产10万吨化学钢化硝酸钾生产线也已在江西宜春开发区建成,获得了国家产业结构调整项目和江西省战略性新兴产业投资引导资金项目立项支持,并形成产能。

多元优势助力腾达起飞

从规模上来讲,腾达集团是国内最大的工业、农业硝酸钾生产厂家,并为水溶肥生产配套新建农用硝酸钾生产线,具备较好的成本优势。

多年来,公司秉承"保证一流质量,保持一级信誉"的经营理念,坚持"客户第一"的原则为广大客户提供优质的服务。公司主导产品硝酸钾,色泽洁白,细度均匀,质量稳定,水溶快,水不溶物低于 100 ppm,是水溶肥的最佳原料。产品用途既有宽度,更有高度,既可应用于普通工业领域的黑火药、烟花爆竹、陶瓷等生产加工行业,更是高科技领域光玻和光热发电无可替代的澄清剂和储能材料。

此外。腾达通过十几年的办厂经验和市场运作,创造了良好的外部环境和内部管理机制,在当地树立了较好的形象。同时,得天独厚的区位优势拉动腾达集团工业、农业项目多线开花。与此同时,江西腾达实业集团与辉隆股份合作——成立江西辉隆生态肥业有限公司,5万吨/年农用级硝酸钾项目正式投产。

企业领头人的责任担当

现任江西腾达实业集团董事长赵家春,曾任新疆吐鲁番地区化工厂供销科长、厂长助理、党委委员兼副厂长和新疆化工集团鼎兴公司任副总经理。1999年至今在江西宜春投资创办了江西腾达实业(集团)有限公司、江西金利达钾业有限责任公司、金钾科技有限公司、4月天肥业有限公司和湖南浏阳市美奥化工有限公司等多家经济实体,并组建了江西腾达实业集团。在赵董的带领下,腾达集团已发展成为国内最大的工农业硝酸钾生产基地,拥有国内唯一的省级熔盐储能材料工程技术研究中心,是国内硝酸盐系列产品技术水平和生产标准最高的企业,国家科技部科技型中小企业技术创新基金项目承担单位等。还通过了ISO系列质量管理体系和环境管理体系认证,是国内唯一能够长期执行国家优等品标准并专业制造高、精级别硝酸钾和硝酸钠的企业集团。

高品质工业硝酸钾是提高触摸屏面板、触摸屏操作盘等各种光学玻璃的强度所不可替代的主要原料。由于本身技术、工艺的复杂性等原因,此前,国内绝大多数硝酸钾企业只能生产一等品或农业级产品,光学玻璃用高品质硝酸钾主要依赖进口。

为打破国外垄断局面,腾达集团把高纯度硝酸钾作为公司研发和制造的重心,并于2011年专门成立了"复分解法新工艺制取硝酸钾"研发小组,获得国家科技部创新基金项目立项支持。在集团董事长赵家春的带领下,小组发明了复分解法新工艺制取硝酸钾新技术,采用一步法生产光学玻璃用硝酸钾新工艺,使产品主含量超出目前国家优等品标准0.2个百分点,达到世界先进水平。该工艺具有制取工艺简单、生产成本低、产品纯度高等优点,从根本上解决了传统工艺存在的产品杂质离子含量高、母液浓度低、蒸发能耗高、氯化铵与硝酸钾不易分离、氯化铵难以回收和工艺流程长等难题,获得国家发明专利5项、实用新型专利7项。

江西腾达集团以发展为信仰,以技术为武器,坚持产品创新,坚持现代化的企业管理,在竞争激烈的国内外硝酸钾市场中闯出了一片天地。公司董事长赵家春表示:"今天的腾达,已经告别了创业初期的艰苦环境，拥有了现代化的厂区、一流的实验室和优秀的专业人才，我们将在‘团结、奉献、创新、争先’的企业引领下，向着打造世界领先的工业硝酸钾研发、制造基地的愿景阔步迈进。”

撰稿：陈鸿应

编后

我们也有理由相信，今天的腾达已告别了创业初期的艰苦环境，拥有了现代化的厂区、一流的实验室和优秀的专业人才。然而，对创新的执着却是浸在骨子里的追求。腾达人在赵家春董事长率领下，正朝着构建世界一流工业硝酸钾研发、制造基地的愿景阔步迈进。

海水钾的实践者和坚持者

——记天津长芦海晶集团有限公司

[企业名片]

天津长芦海晶集团有限公司(天津长芦塘沽盐场)是国家大型海盐生产重点骨干企业。公司东临渤海,毗邻天津港、天津港保税区、天津经济技术开发区、天津自贸区,处于天津滨海新区中心位置,占地面积172千米^2。

公司前身丰财场,始建于元朝至元二年(1265年),海盐生产历史悠久,是长芦盐的重要产地之一,以"海晶牌"工业盐蜚声中外,年产优质工业盐100万吨以上(含精制盐),同时副产氯化钾产品。药用氯化钠、钾、钙、镁相继通过了国家药监局GMP认证;海盐和化工产品的生产工艺和技术装备居国家先进水平,是我国最大的海盐生产基地之一和天津市药用盐中试基地。

现已初步形成了传统制盐及、氯化钾、盐化工、化学制药、锦纶化纤及新材料、塑料制品、环卫服务、仓储物流、房地产开发多业态经营、多元发展的格局。

天津长芦海晶集团有限公司(天津长芦塘沽盐场),隶属于天津渤海化工集团公司。位于渤海湾畔,毗邻天津港、天津经济技术开发区,处于天津滨海新区中心位置,占地面积172千米^2,涵盖传统制盐及盐化工、化学制药、锦纶化纤及新材料、塑料制品、环卫保洁、仓储物流、房地产开发等7大产业,下属企业20余家,年营业收入近100亿元,年利润1亿元以上的企业集团。"十二五"期间,公司累计开发新产品、新技术33项,新产品产值累计完成50.8亿元,累计科技投入23 782万元,申请专利58项,授权专利57项,初步形成了多业态经营、多元发展的战略格局。

公司前身丰财场,始建于1265年,以"海晶牌"工业盐蜚声中外,年产优质工业盐200万吨以上。1995年通过长城(天津)质量保证中心GP/T 19002-ISO 9002质量体系认证,成为我国首家制盐行业首家贯标认证企业;2015年通过了北京中化联能源管理体系认证,成为质量、能源双体系贯标认证企业;药用氯化钠、钾、钙、镁相继通过了国家药监局GMP认证;海盐和化工产品的生产工艺和技术装备居国家先进水平,是我国大型海盐及盐化工生产重点骨干企业。

悠久的公司发展历史

早在明清时期,丰财场(塘沽盐场)就生产苦卤作为贡品。清末及民国时期,卤块、芒硝已有生产。解放后,盐化工生产得到快速发展。

1954年,塘沽盐场开始恢复土法熬制卤块。

1956—1957年,建成第一座盐化工厂,当时称一分场化工厂。设计能力年产氯化钾350吨,卤块3 500吨,副产精盐200吨。1959年该厂又扩产,增加氯化钾350吨,建成产能150吨的溴车间。

1959—1960 年，建成第二座化工厂（号称二化），设计能力年产氯化钾 600 吨、溴 60 吨、卤块 7 950 吨。

1968—1971 年，建成第三座化工厂（号称新化）设计钾 5 000 吨、溴素 500 吨，冷冻硝 7 500 吨、副产精盐 4 000 吨，1980 年补建年产片状氯化镁 5 000 吨车间投产。至此塘沽盐场成为全国最重要的盐化工生产基地。

1988 年 8 月，海晶集团投资建设天津海光药业股份有限公司主要生产注射级氯化钠、药用氯化钾、药用钙、药用镁、食用氯化钾等，产品应用在医药、食品、日用工业品行业。1990 年，被天津市政府确定为“天津市无机盐化学原料药生产基地”。

1995—2008 年，由于开发区和塘沽市政占地等原因，三座化工厂先后停产。2003—2005 年为满足企业需要，搬迁建设海晶集团化工厂，2005 年试产，2006 年创造了年产 1.2 万吨氯化钾、12 万吨氯化镁和 800 吨溴的空前成绩。

2001 年 12 月，海光公司一次性通过了国家药监局 GMP 认证，是全国第一家通过 GMP 认证的药用盐生产企业。

2003 年，海光制药厂生产的药用氯化钾、氯化钙、氯化镁通过天津药监局组织的药品 GMP 认证。

2013 年 11 月，海光公司药用氯化钾、钙、镁产品通过天津市食品药品监督管理局 GMP 认证复审。

2015 年 10 月，经天津市市场和质量监督管理委员会专家组评审，海光公司新改扩建项目产品药用氯化钾、氯化钙、氯化镁通过 2010 版认证，并取得药用 GMP 证书。

2015 年 12 月，以天津海光药业有限公司为主体的“天津海光药业股份有限公司”正式成立，2016 年将挂牌上市，标志着天津长芦海晶集团药用盐生产与技术将进入更加快速的发展阶段。

2016—2020 年，按照天津市《美丽天津建设纲要》的要求，海晶集团计划完成制盐废液综合利用转型升级（海晶集团化工厂搬迁项目），以制盐废液（苦卤）为原料，通过对现有工艺技术优化升级，提升产品品质，生产包括工业氯化钾、精制氯化钾、片状氯化镁、二效盐，矿物混合盐等产品。

自有的氯化钾生产工艺技术

1957 年，海晶集团建成第一座化工厂，年产钾盐 350 吨；1960 年，建成第二座化工厂，年产钾盐 600 吨；1971 年，建成第三座化工厂，年产钾盐 5 000 吨；2003—2005 年为满足企业需要，搬迁建设海晶集团化工厂，2005 年试产，2006 年正式投产。

（一）主要生产工艺

海晶集团制盐排出的 28 °Bé 制盐废液（老卤），经过复晒滩进一步蒸发增浓至 30 °Bé 以上，输送至海晶集团化工厂进行生产。苦卤通过兑卤、蒸发、保温沉降、冷却结晶、固液分离、分解洗涤等工艺过程生产出工业氯化钾、二效盐等产品，其副产的浓厚卤进入溴素车间经蒸馏、精馏等工序后生产出含纯在 99％以上的工业溴产品，制溴后母液再经蒸发浓缩，冷却成型（滚筒制片）生产出片状氯化镁（含纯 45％以上），能实现对制盐废液的综合处理。

（二）搬迁后采用生产流程

从复晒工区收集的苦卤，采用目前国内先进的 TVR＋Ⅲ效蒸发＋浓缩效工艺生产氯化钾、二效盐等产品；副产的浓厚卤，通过蒸发浓缩、冷却成型（滚筒制片），制得片状氯化镁。

氯化钾、二效盐工艺流程：

（1）蒸发。常温原料苦卤经浓缩效预热蒸发转入三效蒸发罐，三效蒸发完成液逆流进入二效蒸发罐,二效蒸发完成液逆流进入一效蒸发罐,一效蒸发完成液经负压降温器降温饱和后进入保温沉降器。三效分离部分,二效分离大部分结晶的氯化钠,盐浆经洗盐器洗涤后去离心机分离得到合格的工业盐。

(2)保温沉降。从一效蒸发罐出来的蒸发完成液进入负压降温罐降温饱和,负压降温罐闪发降温后连续进入保温沉降器。在保温沉降器中使高温盐析出和沉降。高温盐经转鼓过滤机过滤分离后用低浓度卤水溶解,返回复晒工序。过滤分离产生的副生卤经沉降后预热回用于蒸发罐兑卤。

(3)冷却结晶。保温沉降器的澄清液进入两级冷却结晶罐结晶,析出光卤石($KCl \cdot MgCl \cdot 6H_2O$),结晶完成液进入光卤石沉降器沉降,清液为浓厚卤,一部分返回蒸发罐去兑卤,大部分经管道输送至浓厚卤池暂存,用于氯化镁生产。

(4)分解洗涤。光卤石沉降器沉降后的光卤石($KCl \cdot MgCl \cdot 6H_2O$)沉降完成液经离心机离心分离后进入洗涤分解槽,加入洁净水进行分解,洗涤分解液进入控速结晶工序,控速结晶完成液去分离氯化钾,离心分离后附生卤去附生卤沉降器,分离氯化钾再加入洁净水进行洗涤,经离心分离后为产品氯化钾,离心分离母液进入控速控速结晶回收氯化钾。

(5)包装。洗涤后离心分离的固相即为工业氯化钾。部分作为工业氯化钾产品,部分继续进行精制生产精制氯化钾。

高品质(精制)氯化钾是以工业氯化钾为原料,通过用热水溶解、过滤除杂、真空冷却结晶、水冷却结晶、离心分离、干燥、包装等工序,制得高品质(精制)氯化钾。

得到各级的认可

1984年12月,“海晶牌”氯化钾获天津市优质产品称号;1998年12月,化工厂氯化钾技术改造项目,获天津市长芦盐务管理局科学技术二等奖;2001年12月底,化工厂氯化钾Ⅱ效排盐改造质量攻关获得天津市优秀质量攻关三等奖,并完成年产工业氯化钾11 132吨指标;2004—2006年,海晶集团公司生产的“海晶”牌工业盐、工业溴、氯化钾、氯化镁、四溴乙烷连续三年荣获“天津市用户满意产品称号”;2005—2006年,化工厂“氯化钾分解洗涤工序实施控速结晶工艺”“氯化钾新建风冷塔降低澄清液冷却终温”项目分别被天津市科协评为优秀“讲、比”项目;2008年4月,化工厂氯化钾四班荣获2007年度天津市“五一劳动奖章”,张维忠等同志荣获2007年度天津市“五一劳动奖章”;2009年2月,化工厂“制盐废液制取氯化钾新技术研究与应用”项目通过天津市经委的鉴定,项目关键技术达到国际先进水平,获天津市技术创新优秀项目一等奖。

2009年,化工厂获得“氯化钾及副产品的制备方法”发明专利,专利号:“ZL 2009 1 0070218.3”;2011年,海光公司获得“用二段蒸发法生产食用氯化钾的方法”发明专利,专利号“ZL 2011 1 0146158.6”;2012年7月,“氯化钾及其副产品制备方法”被天津市知识产权局评为“2012年度天津市专利奖”优秀奖。

登高望远 谋划未来

借助海晶集团化工厂搬迁契机,通过采用行业内先进可靠的蒸汽喷射压缩热泵TVR+三效蒸发结晶+浓缩预热蒸发罐工艺技术(ME+TVR)生产氯化钾,并根据现有的资源进行深加工,生产防火玻镁板、矿物混合盐等附加值较高的新产品,丰富企业的产品种类,提高企业抗风险能力。

“十三五”期间公司化工厂将进行搬迁建设,规划面积250万米^{2}左右;其中复晒面积230多万米^2,厂区占地面积18万米^2。规划总投资4.6亿元,其中工业氯化钾2 000吨/年、精制氯化钾2 000吨/年、二效盐8 500吨/年。

撰稿:徐兴亮 王鹤童

编后

沧海桑田，古滩巨变。天津长芦海晶集团公司经历代传承，形成和发展了海盐生产技术和企业文化，特别是滨海新区纳入发展战略以来，广大职工在继承海盐生产传统技术的基础上，不断改进和创新制盐工艺设备和企业管理，不断开发新的产品，加快推进企业转型发展，争当盐业转型发展的排头兵，力争为中国盐业发展做出新的贡献。

全球圆颗粒钾肥的领先者和坚持者

——记烟台市烟农富邦肥料科技有限公司

[企业名片]

烟台市烟农富邦肥料科技有限公司(简称:烟农富邦,下同)成立于2013年7月,坐落于山东省烟台栖霞市桃村镇外向型工业园,是一家集新型肥料的研发、生产、销售于一身的高新技术企业。

公司由湖北富邦科技股份有限公司和烟台市农业生产资料总公司共同出资组建。湖北富邦科技股份有限公司是目前国内最大的化肥助剂供应商,属国家火炬计划重点高新技术企业,2014年7月2日在创业板上市,被誉为“中国化肥助剂第一股”。烟台市农业生产资料总公司是山东省大型农资流通企业和省级农业产业化龙头企业,“烟农”商标为中国驰名商标。

近年来,随着国家倡导和扶持力度的逐步深化,测土配方施肥得以大力推广,BB肥市场随之迅猛发展。钾肥做为BB肥生产的主要原材料,却因造粒技术限制,导致BB肥在掺混均匀度、施用效果、农民接受度等方面受到诸多影响,成为制约BB肥发展的一大瓶颈。“圆颗粒”钾肥可以说正是应运而生,不但使得这一瓶颈得到迅速突破,更进一步打开了BB肥市场蓝海。

“BB肥”生产受限颗粒钾肥

钾肥按照形态分为粉状钾肥与颗粒钾肥,其中粉状钾肥主要用于制造复合肥,颗粒钾肥主要用作BB肥生产原料,少量直接施用。长久以来,钾肥受限于其砂性物理特性,难以造粒,只能采取物理方法进行外力挤压成型,颗粒普遍呈不规则棱形或扁形(也就是目前钾肥市场上普遍称呼的“大颗粒”钾肥),与大颗粒尿素、二铵的颗粒形状差别很大。

具体到BB肥生产而言,不规则棱形或扁形的钾肥颗粒在生产中因与圆颗粒尿素、二铵颗粒外形的差异,很容易造成氮、磷、钾肥分层、离析,掺混不均匀,同时,因不规则棱形或扁形的钾肥颗粒挤压造粒特点,造成其硬度相对偏低,在生产、搬倒、储运过程中易粉化,易与尿素发生反应造成BB肥污染、板结情况的发生。农民朋友们在配方肥施肥过程中尤其是机械化作业过程中,颗粒的不一致性更容易导致圆颗粒的大颗粒尿素、二铵下楼快,不规则颗粒状的钾肥下楼慢,从而造成施肥不均匀,养分不全面,农作物难以均衡吸收。

“圆颗粒”钾肥——世界性难题

放眼全球，钾肥圆颗粒造粒一直是世界难题。以化肥发展比较成熟的美国、加拿大等国为例，一直在进行圆颗粒钾肥的造粒技术研究，但未能达成工业化生产的目标，为满足农业生产需求及实现钾肥造粒技术新的突破，国家在“十二五”规划中将圆颗粒氯化钾确立为重大技术攻关项目中的一个子项目。

国内各省份尤其是东北，地广人稀，因其气候及种植季节等因素，一直以来都是BB肥的主要使用地，用量较大。近年来，随着国家土地流转政策的出台，大规模农场化经营及机械播种、种肥同播在将来必然成为趋势，这也就意味着BB肥行业在未来的发展会更加迅猛。而目前用于BB肥生产的挤压不规则钾肥在生产、运输、使用过程中由于钾肥颗粒不规则会出现种种问题，如果可以解决BB肥生产中钾肥与大颗粒尿素、二铵同样的圆颗粒造粒的问题，在撒播时会更加均匀，在运输、储运过程中更加稳定，更适合大规模的机械化生产。

圆颗粒钾肥的新突破

圆颗粒钾肥市场潜力较大，不少企业已经盯上了这块蛋糕，烟台市烟农富邦肥料科技有限公司（以下简称烟农富邦）就是其中的典型代表，自主研发并率先实现了其工业化规模生产。

2010年，烟农富邦正式立项启动“绿色高效肥料造粒助剂”项目，总投资3 000余万元，研究和提升造粒技术，经过大量试验和摸索，到2012年年初，这一项目获得重大突破，成功研制出“新型钾肥造粒助剂”。2012年年底，烟农富邦在完成圆颗粒氯化钾工业化小试后，利用自身技术及化肥助剂优势，聘请多名国内化肥生产领域的专家，经近2年的技术攻关，成功开发出具有自主知识产权的“团粒法自动化连续式造粒工艺”，2014年5月，使用“新型钾肥造粒助剂”及“团粒法自动化连续式造粒工艺”的年产3万吨的圆颗粒钾肥中试装置已实现连续稳定运行，可成功生产圆颗粒高养分氯化钾、硫酸钾、硫酸铵等产品。随后，拥有成熟技术及工艺优势的富邦股份与拥有肥料渠道优势的烟台市农业生产资料总公司强强联合，双方共同出资成立烟农富邦，投资新建年产10万吨圆颗粒钾肥生产线一条。该项目已于2015年年底在山东省烟台栖霞市桃村镇落地，正式建成投产，可实现一套装置多样生产，不仅实现了硫酸钾、氯化钾等常规圆颗粒产品的正常生产，更实现了富含锌、硼等微量元素的功能性钾肥—锌硼钾的顺利生产，有效地填补了国内外市场空白。

据了解，烟农富邦工业化生产的圆颗粒钾肥产量高（可日产280余吨），外观圆整（颗粒粒径2～4.75≥98%），产品差异化优势明显，颗粒硬度高（40 N以上），水分低（0.5%以内）。经2年多的市场推广，目前烟农富邦的圆颗粒钾肥已成为国内外高端BB肥产品的原料首选，可实现产销量6万余吨/年，产品除满足国内各省份客商需求外，更远销加拿大、马来西亚、日本、孟加拉等国外市场，深受国外客商喜爱。

在圆颗粒钾肥顺利达产投放市场之后，烟农富邦这个钾肥市场第一个吃螃蟹的圆颗粒化创先者没有故步自封，在继续精益求精的打磨常规圆颗粒硫酸钾、氯化钾产品的基础上，更是根据国内外钾肥行业走势及市场趋势，借助其造粒及生产优势，加大了其他砂性物质及难造粒物质的创新及研发工作。目前烟农富邦正着力进行诸如钙镁磷肥、复合钾肥如钾肥与土壤调理剂、钾肥与腐植酸及其他功能性肥料等钾肥深加工产品的研发及试生产工作，且已成功实现钙镁磷肥圆颗粒化、圆颗粒复方小钾肥（钾28、硅 10、钙 9、镁 6)产品的试生产工作,只待产品打磨成熟,将逐步投入市场,届时钾肥市场上将掀起一股圆颗粒风潮。

烟农富邦通过整合资源,不断创新,持续追求绿色、健康、环保,勇于承担社会责任,探索和完善商业模式,立志成为全球新型颗粒钾肥料行业的领导者。

撰稿:周志斌　豆永康　牟文建　亓昭英

“走出去”到加拿大建立中国钾肥基地的领先者

——记加拿大金圣钾肥公司

值此 2019 年新年到来之际，也是在本书截稿之日，金圣钾肥宣布萨斯喀彻温省环境部（以下称“环境部”）对 Broadview 钾矿项目的环评报告得到正式批准。环评获批是本项目推进中的一个重要里程碑，也是中国“走出去”在加拿大建立钾肥基地的一个重要里程碑，也是非常难得的进展。环评过程中获得了萨省政府和当地社区的大力支持，到此金圣钾肥公司在环评获批后将集中精力进行工厂建设工作。金圣钾肥公司的目标是力争在 2021 年建成年产 100 万吨氯化钾工厂，并在未来几年完成 300 万吨钾肥工厂扩建工作，建成我国在境外最大的钾肥生产基地。Broadview 项目采用先进的选择性溶采的采矿技术与蒸发结晶的加工工艺，相对于传统的钾肥矿，生产效率更高，资本投资和生产成本更低。特将此项目介绍如下，欢迎有志之士关注此钾肥项目。

金圣钾肥公司简介

加拿大金圣钾肥是一家在加拿大萨斯喀彻温省（简称萨省）从事钾矿资源勘探和开发的钾肥公司，致力于在萨省“钾盐开采带”的矿权地上建设一座技术先进、环境友好型的水溶性钾矿。金圣钾肥公司于 2014 年成立，总部位于加拿大萨斯喀彻温省萨斯卡通市。金圣钾肥公司现持有 2 个加拿大萨省的钾盐区块矿权 100%的采矿权。这 2 个钾盐区块均位于全球最重要的加拿大萨省“钾盐开采带”上，包括：

- KL280 采矿权（原 KP437，Broadview 项目，Grenfell 地区），面积 281 米^2；
- KL282 采矿权（原 KP442，Redstone 项目，Watson 地区），面积 397 米^2；

金圣钾肥于 2016 年已经将勘探许可权（KP，探矿权）转为开采许可权（KL，采矿权），将 KP437 与 KP442，分别转为 KL280 与 KL282。

KL280（Broadview）钾矿项目介绍

KL280 项目位于萨省首府里贾纳市以东约 120 千米，邻近 Grenfell 镇和 Peebles 镇，为金圣钾肥优先开发的钾矿项目。KL280 项目区块内拥有近 60 亿吨的钾矿石资源，开采层平均氯化钾品位为 26%～28%。规划 KL280 项目初期年产量为 100 万吨，并将在未来几年扩产至 300 万吨。

KL280 项目邻近加拿大 1 号高速公路，项目区域内基础设施完善，邻近铁路、道路、天然气管道和变电站。

KL280 项目于 2015 年年初正式启动，KL280 项目已完成的主要工作包括二维地震勘探、三维地震勘探、8 口钻井勘探、NI43-101 报告、岩芯溶解实验、岩芯力学实验、工厂工艺设计和加工工艺的可行性研究、卤水浓度的动态模型、水资源的研究工作、财务模型与税务模型、工厂地基岩土力学研究、地下采矿溶腔沉降模型、井场及卤水管道初步设计、场区铁路及场外铁路初步设计、水管道可研设计报告、电缆线初步设计、天然气管道初步设计等。

金圣钾肥进行了 4 轮当地政府会议以及社区宣传，与省政府、当地各村镇、原住民部落联系紧密，在环评阶段就已经获得了当地村镇政府的书面支持，是萨省唯一获此殊荣的项目。Broadview 项目已经获得广大当地群众的支持及一致好评。

钾矿储量

金圣钾肥公司于 2015 年完成了 120 千米的二维地震数据分析解读工作以及约 120 千米^2 的三维地震及数据分析解读工作。结果显示二维、三维地震勘探各项数据指标优良，盐层连续性好，无显著地质异常。金圣钾肥公司于 2015 年完成了 8 口勘探井钻井及岩芯分析工作，钻井范围以首采区为中心分布于 KL280 区块。根据钻井勘探及岩芯分析结果，确定了目标开采层、开采层品位以及连续性。

KL280 区块内钾矿石总资源量近 60 亿吨，氯化钾开采层品位为 26%～28%，最高品位达到 65%。目标开采层为耐心湖层(Patience Lake，简称 PL 层)和艾斯特黑齐层（Esterhazy，简称 ES 层)。耐心湖层层厚 5～9 米，目标开采层平均品位为 26%～28%氯化钾，在区块中部及东部地区连续分布。艾斯特黑齐层层厚 9～12 米，目标开采层平均品位为 26%～28%氯化钾，部分富集高达 60%～65%氯化钾，在整个区域内连续分布。目标开采层深度在 1 500～1 600 米，地层温度约 50℃，适合水溶法开采。

2015 年 10 月，加拿大著名地质勘探公司完成了 KL280 项目符合加拿大矿业 NI 43-101 标准的技术报告，2018 年 10 月完成报告更新。根据资源量及工程条件，确定 KL280 区块内的 22 平方英里作为第一期开发开采区(首采区)。金圣钾肥团队配合美国 Agapito 公司充分考虑开采率、地质异常损失与工厂损失率，计算得出可开采资源量。仅首采区资源量就足以支持年产量 100 万吨的钾肥生产 174 年，足以支持年产量 300 万吨的钾肥生产 58 年。

开采方式和处理工艺

金圣钾肥采用选择性溶采技术来开采钾盐，选择性的溶解地层中的钾盐，把钠盐和不溶物留在地下采矿溶腔中。完成采矿过程后富含钾盐的原料卤水将从井底泵至地面井头，并通过管道输送回钾肥工厂进行工艺加工。

来自矿区的原料卤水经澄清、过滤除去固体不溶物后，进入 MVR 蒸发结晶器内蒸发结晶，结晶析出的氯化钠盐浆经淘洗、增稠和离心分离后排出。卤水经沉降器沉降后成为清液，随后经结晶器后制得钾浆。钾浆通过增稠、离心分离和干燥后制成干钾，干钾通过气力输送装置送至成品钾料仓，通过气力输送装车成为散装氯化钾。

选择性溶采联合蒸发结晶加工工艺在确保开采效率的同时带来了以下好处：

(1)大量减少了钠盐尾矿在地面的堆积，KL280 钾矿项目几乎可以做到地面零尾矿，大大减少了项目的环境风险以及复垦保证金压力；

(2)由于大部分的钠盐都会留在地下溶腔内，采矿对地面沉降的影响微乎其微，完全不影响在矿区地面的农耕活动，道路管道等设施的铺设，赢得了社区群众的支持，减少了社区风险；

(3)选择性溶采技术不需要使用油垫去控制溶剂溶解地层的厚度，从而避免了在井场存放油垫所可能产生的泄漏污染问题，在减少环境风险及政策变动风险的同时，降低了运营成本；

(4)人工强制蒸发结晶的技术，弥补了地下地质因素带来的不确定性，确保了高等的产品质量和产量的连续性。

工厂设施

金圣钾肥根据生产要求，结合场地的地形、地质、气象等自然条件，就建筑物、堆场、运输路线、工程管线、绿化设施等因素综合考虑，统筹安排，合理紧凑进行300万吨钾肥工厂的设施布置。

金圣钾肥已完成地下水资源调查工作，结果表明拟取水点区域地下蓄水层完全可以为钾肥工厂供应充足的新鲜水。萨省水务公司SaskWater与萨省水务安全局(WSA)已批准金圣钾肥公司用水计划。已经与Saskwater公司合作完成水管道设施的可研设计工作。

金圣钾肥已与TransCanada及Transgas两家天然气供应公司确定，将从工厂西北修约6千米天然气连接管道，与TransCanada主天然气管道相连。天然气管道初步设计已完成。

金圣钾肥已与萨省电力公司(SaskPower)确定，将从工厂向南修约17千米电线线路，与Saskpower变电站连接。电线线路的初步设计工作已经完成。

金圣钾肥已与加拿大国铁公司(CN)确定，从工厂区向南新修铁路连接加拿大国家铁路(CN)主铁路线，距离约12千米。铁路线路的初步设计工作已经完成。

金圣钾肥已与萨省高速公路局及当地村委会确定至厂区分支公路的升级方案，初步设计已经完成。

金圣钾肥已与罗伯特王子港确定出口港口，卸货点及周转仓库位置正在协商过程中。

经济性

KL280项目300万吨钾肥工厂总投资约30亿加元，低于萨省其他同等规模的钾肥矿。以钾肥价格为每吨330美元、8%的折现率和6.6%的利息率为基准，静态回收期仅为7年，内部收益率达到16.7%，年平均净利润达6.1亿加币。

KL280项目300万吨钾肥工厂的每吨年生产成本仅为33加币左右。这一计算包括天然气、电力、供水、电站耗材、人力资源和维修成本，不包括运输、税收和利息费用。300万吨钾肥工厂到岸中国的全成本为161加币，约合124美元，盈余空间大，有较高的安全保障边际。

金圣钾肥公司目前从萨省电力公司购电，金圣钾肥计划采用自备电厂，全面满足钾肥工厂的用电需求，工厂定期维护期间的富余电力将返售回萨省电力公司。300万吨钾肥工厂的电力成本较从萨省电力公司购电可每吨降低13加元，显著降低了生产成本。

金圣钾肥公司采用先进成熟的选择性水溶采矿技术，实现地面无盐尾矿堆积。根据加拿大萨省环境部的要求，每吨盐尾矿需要向政府缴纳数加元的环境保证金。萨省传统的钾盐矿产生的盐尾矿堆积达上亿吨，仅此一项，金圣钾肥的无盐尾矿工厂就能减少数亿加元的环境保证金，并减少资金的压力及资金成本。金圣钾肥同时积极寻求潜在的利润增长点：

金圣钾肥公司采用水溶法生产的氯化钾含量在98%以上，且不含浮选剂，为生产氢氧化钾最合适的原料，并且可满足国际市场逐年增长的下游需求量。金圣钾肥工厂预计销售到氢氧化钾工厂的氯化钾总量为每年100万吨，销售价格比。

(1)销售到农业用途的氯化钾价格高约每吨数百元人民币。仅此一项，每年可增加数亿元人民币的净利润。

(2)金圣钾肥KL280项目同时生产石膏尾矿，300万吨钾肥工厂每年可生产石膏约18万吨。金圣钾肥计划用石膏尾矿生产建材用石膏板和农用土壤改良剂。石膏尾矿带来的利润非常可观，预计每年可产生1.4亿～1.5亿加元净利润。

(3)金圣钾肥已经购得35块地用于厂区及矿区开发，总面积超过3万亩。工厂区土地土壤肥沃，天然无污染，特别适合发展精细农业种植、大棚蔬菜种植、中草药种植等；并且工厂区土地广阔平坦，非常适合发展畜牧养殖。

撰稿：刘俊杰　梁榕　吴滕　张帆

钾肥蓝图　十年风雨兼程路

——记长联石油控股有限公司

［企业名片］

长联石油控股有限公司利用十年黄金时间抢占先机，战略储备加拿大优质钾矿资源，旨在建设年生产规模达1800万吨的钾肥生产和供应基地，以立足中国市场、"一带一路"沿线国家及非洲地区。未来将有机会与国际钾肥巨头抗衡，获得全球钾肥话语权！

2009年，长联石油控股有限公司董事长龚家龙以实业企业家的敏感度和对钾肥行业的理解，准确预测到钾肥行业未来的发展趋势，开始擘画新蓝图一钾肥事业。2010年长联石油控股有限公司进行收购重组加拿大钾肥公司，并以"钾肥资源储备＋钾肥产业基金设立"双向应对中国钾肥紧缺形势，当下保障肥料现货储备，未来满足国家战略资源储备，立足中国辐射"一带一路"及非洲国家，乃至全球钾肥市场的战略定位，成为长联石油控股有限公司第一次战略性的胜利，也是加拿大钾肥公司迅速崛起的奠基石。

回顾长联石油十年来为深耕海外钾肥事业，付出了巨大精力与财力，通过兢兢业业的前期扎实准备工作，全力打通了钾肥产业上中下游产业链合作关系，使得项目得以快速推进。将实现"中国碗"盛满"中国粮"的宏大愿景。

挑战即是机遇，立足中国钾肥产业发展形势

2010年长联石油控股有限公司在国家领导人及国家发改委、商务部等政府部门的大力支持下率先完成对加拿大钾肥公司并购，完成对重点区域钾盐资源储备战略，拥有了7 000千米^{2}共计25个区块的钾矿勘探权。2016年加拿大钾肥公司所拥有的10个区块钾矿获得加拿大政府批准转为21年开采权(到期后可自动续期)，其具有极高的开采价值和巨大的资源储备战略意义。

众力步调齐一，开启钾肥顶层发展路径

钾肥的可持续供应关系到国家的粮食的品质安全、数量安全两大重任，在面对国际寡头的资源实力以及中国资源匮乏的现实，仅凭一己之力，可谓杯水车薪。2018年公司提出"抱团发展"策略，通过与国内大型国企进行合作，以"联合走出去，联合新发展"的理念，通过资源投入、资金投入、技术投入、市场投入，共同投资加拿大特大型钾肥项目——建设成为中国在海外最大规模的钾肥生产和供应基地。

十年稠载而归，钾肥事业扬帆再启程

2016年下半年，加拿大钾肥公司对整个钾肥矿权资产进行了整合调整，目前已有10个拥有21年开采权区块(含合资公司2个区块)，划分为三大项目区域。针对第一个项目区域——金圣钾肥项目

KP437 区块，该区块所有前期工作已经全部完成，随着建设资金的进入，预计 2019 年 6 月前可以进行工厂的建设，2020 年底前可以建成投产。

● 已经完成了建设第一个年产量 300 万吨钾肥工厂的规划及进程，已经完成一详勘工作，拥有了 NI43-101 储量报告；

● 已经完成一项目环境评估报告；已经完成项目可行性研究报告；已经完成水、电、天然气、公路、铁路、港口及 3 万亩建设工厂土地的征用。

当前加拿大钾肥项目已获得了发改委、国家农业农村部、商务部、财政部、工信部、自然资源部等各有关部委的大力支持。现项目已被列入农业农村部全国十大重点项目之一及“一带一路”重点项目，中国、加拿大两国农业部部长列入“中加经贸合作”重点项目。

同时在 2019 年农业对外合作部际联席会议中，加拿大钾肥项目再次被重点关注，被列入农业对外合作部际联席会“20＋20”重点项目。农业农村部韩长赋部长在讲话中特别提到“加强农业对外合作重点项目的跟踪服务”。未来要重点关注大项目，尤其提到“加拿大钾肥项目”，就属于这类战略重点项目。

梦想从一而终，实现中国钾肥产业新局面！

钾肥作为粮食中的主粮之一，在农业生产中扮演着至关重要的作用，是农业重要支撑。因此，无论产、销、研、用等各个环节，公司均有责任为亿万农民、为现代农业释放力量！

公司始终坚持以“加拿大钾肥，造福全世界”为己任，秉承企业利益与社会责任并重的原则，以及和钾肥事业休戚相关的战略伙伴们合作共赢，时刻关注我们地球和人类的福祉，并不断地寻找机会加以促进。我们言行一致，并敢于为我们所从事的加拿大钾肥事业承担责任。

撰稿：龚家龙　叶烯

流通及农化服务

恪守使命　服务“三农”
保障中国钾肥供应，践行乡村振兴战略

——中化化肥有限公司在钾肥进口、流通及服务中发挥重要作用

[企业名片]

中化化肥有限公司（简称中化化肥，下同）是中化集团下属中化农业板块的旗舰企业，是中国化肥行业首家在香港上市的公司。2002 年中化化肥一举签下加拿大、俄罗斯、约旦和以色列四家国际钾肥供应商的独家代理协议；2001 年至今，中化化肥累计销售钾肥超过 5 000 万吨。在中国主要的农业省、农业县拥有自己建设的、国内最大的分销服务网络，覆盖了中国 95%的耕地面积。

中化化肥是国际肥料工业协会（IFA）会员单位、国际植物营养研究所（IPNI）全球 17 家理事单位之一、中国五矿化工进出口商会理事单位，在国内、国际化肥市场上具有重要影响力。

发挥央企优势，勇作乡村振兴前驱

2017 年，党的十九大报告提出实施乡村振兴战略，中国特色社会主义进入了新时代，“三农”工作也同步进入了“三农”新时代。同样是在 2017 年，中化化肥所在的中化农业板块立足“三农”，紧随国家乡村振兴战略和中国农业发展趋势，以“科技创造美好农业”为使命，提出了 MAP 创新战略。MAP（Modern Agriculture Platform）即现代农业技术服务平台，其核心就是依托中化在农业领域积累的技术、产品、服务和资源汇聚能力，在实现“耕地适度规模化”的基础上，充分应用现代农业科技真正“种出好品质，卖出好价钱”，逐步实现农产品生产的市场化、专业化和品质化，实现资源的科学合理利用，从而提升我国农业的整体竞争力和可持续发展。乡村振兴，央企先行。农业振兴，中化前驱。MAP 战略是中化化肥贯彻落实党的十九大精神、实施乡村振兴战略的主动探索，是聚焦中国农业现代化进程、探索解决“三农”问题的生动实践；是中化适应农业供给侧结构性改革趋势的创新转型，也是全心全意为中国农民服务的创新载体。

保障钾肥供应，捍卫国家粮食安全

国家安危，系于农业。农业强弱，必看化肥。中化化肥在保障国内紧缺化肥资源供应、服务“三农”、

调剂余缺方面起到了骨干和建设性作用。特别是中化化肥主营的产品业务之一的钾肥业务，更是在保障国内农业生产和工业生产中发挥着关键作用。

中国国内钾肥资源不足，使得我国自建国起就开辟了国内、国际两条战线，在钾盐（肥）的勘探、开发、生产和贸易进口领域进行着不懈的努力。中化化肥与国家大计相契合，与钾肥贸易相始终，在复杂多变的国际市场上，以拳拳爱国之心，恪尽“国家队”的职守，为钾肥进口而四海驱驰，保障了中国农业对钾肥的需求。同时以实际行动来服务“三农”，在提升中国农业“钾肥观念”、改善中国土地缺钾状况、整体提高化肥对农业增产的贡献率方面做出了不懈努力。

中化化肥与国内外主要的钾肥供应商保持了长期稳定的战略合作关系。中化化肥在山东、河南、湖南等地区独家代理经营青海盐湖的氯化钾产品。同时，中化化肥同约旦 APC 公司、加拿大 Canpotex 公司、白俄罗斯 BPC 公司、俄罗斯 Uralkali 公司等国际供应商开展了多年的良好的合作和沟通。各种优质钾肥产品，从世界各个地方，越过重重山海，源源不断进入到中国市场、服务于中国农业——中化化肥独家代理 APC 在中国的钾肥经营，来自死海的高品质白钾资源被广泛应用于中国的复合肥工厂；独家代理的 Canpotex 红钾产品，保障了南方省份水稻、蔬菜、水果等农用钾肥的供应；独家代理 BPC 加硫加锌白色大颗粒产品，可以有效促进作物营养均衡……

2001 年至今，中化化肥累计销售钾肥超过 5 000 万吨。2002 年中化化肥一举签下加拿大、俄罗斯、约旦和以色列四家国际钾肥供应商的独家代理协议。在 2003—2008 年国内复合肥行业产能快速扩张、钾肥需求量大幅增加的情况下，中化化肥采取了稳定增加海运钾肥进口、大幅增加边贸进口等方式，力保国内钾肥供应稳定。2009 年金融危机发生时，钾肥价格大幅下滑，中化化肥面临巨大的经营压力，但是本着对国家、对政府、对农民负责的原则，以市场大局为重，以国家利益为先，不但没有大量甩卖，而是把高成本库存作为与外商谈判的筹码，以坚定的立场捍卫了中国钾肥的市场秩序。在近一年没有新增进口的情况下，通过有节奏地释放战略库存，始终保证国内钾肥稳定供应，为联合谈判争取了宝贵的时间，使中国再次成为全球钾肥市场价格最低的地区。

立足于“供”强基础，着眼于“需”筹未来。2010 年之后，中化化肥着重围绕国际钾肥采购和国内客户服务两方面开展各项工作。除了继续在联合谈判小组中发挥积极作用、为国家钾肥进口努力争取最优质货源和最优惠的进口条款之外，中化化肥根据国内外供需以及市场情况，呼吁建立钾肥战略储备。最终经过政府有关部门的论证，2014 年钾肥国家储备建立，中化化肥是主要承储单位。建立钾肥国家储备，可以收内外兼顾、一举多得之效。于内，能避免国内钾资源过度开采；于外，可以增强钾肥进口谈判的话语权。近则平抑市场价格异常波动，防止短期供应中断；远则提高国家对钾肥行业的调控能力，确保粮食生产与农业安全。

随着社会发展、市场形势以及客户需求的不断变化，中化化肥国内钾肥业务逐步由原料供应商向服务供应商转变。在工业原料领域，中化化肥提出“K30”核心客户计划，根据客户需求，匹配相应资源，制定差异化服务方案，解决客户生产经营痛点，实现双方共赢，从供应、价格、服务等多个方面满足客户需求。在农用直接施用领域，中化化肥认真弯下腰去，足迹遍布田埂村落，调研农民真实需求，围绕中化“枫禾祥”农用钾产品，打造“农用钾渠道营销模式”，提供农业广播资讯、专家热线电话、试验示范、农化讲座、打击假冒等服务，解农民辨肥买肥之忧，教农民科学施肥之法，也提升了钾肥在中国农业的贡献率。

工业钾：精准营销，为客户排忧解难；竭诚合作，与客户同心共赢

2002 年，为了兑现“入世”承诺，中国取消了钾肥进口配额，将钾肥经营彻底推向市场，中化化肥不

再独家代理进口钾肥，面临着前所未有的巨大考验。中化化肥选择了主动，在挑战前积极迎战，于无路中努力开路，开创了全新的经营模式——变层层分销为一站直销，改粗放批发为精准营销，在服务原有的省级农资公司基础上，将目光投向终端用户，把重心从港口移至工厂，建立了中国钾肥的直销模式，并从“卖货思维”转变为“价值思维”，在2010年推出工业钾“服务营销”模式。

精准营销、服务营销，首先要了解客户的需求和痛点。一方面，想客户所想，急客户所急，在为客户提供优质产品、物流、信息、金融等多方面服务的同时，不断降低原料采购成本，提升原料供应的效率。另一方面，中化化肥不断提供差异化氯化钾产品，根据硫酸钾、氢氧化钾、硝酸钾等钾盐的生产工艺特点，满足各类化工企业的生产需要，使多样化需求可以多样化满足。

竭诚合作，是中化化肥获取客户忠诚的密钥。自2013年起，在充分调研工业客户需求的基础上，中化化肥提出了钾肥“K30核心客户计划”。这一计划将国内30家以上的有影响力的中大型工厂客户作为重点合作对象，通过一系列举措与之形成长期稳固的战略合作。针对K30核心客户，中化化肥提供专属化、定制化服务：①满足核心痛点，让客户享受具有相对竞争优势的原料价格；②保障货源供应：根据客户需求计划合理安排货源到港，加强国产钾发运协同力度，确保优质货源稳定供应；③精准市场研判，及时关注全国市场库存动态变化情况，密切跟踪港口物流情况，综合分析各渠道信息，为客户提供精准的市场研判信息及专业采购建议；④提升满意度水平，专人对接客户售前、售中及售后全环节，对售后商务事件进行优先快捷处理。一言以蔽之，通过让最核心的客户，享受最优质的资源，使天下英雄同入吾彀，一起助力中国钾肥行业的健康有序发展。

“K30核心客户计划”经过几年不断地探索和创新，客户数量上由起初的5家试点发展到已超过50家，年销量由当时的15万吨增加至100万吨以上。不但有效提升了中化化肥自身的营销服务能力以及市场影响力，更重要的是通过为国内主流的复合肥和化工生产企业提供稳定的优质货源，最终保障了终端农民的用肥需求。

根据项目运行的情况和客户的反馈，2018—2019年度“K30核心客户计划”将围绕保障客户稳定供应、降低客户采购成本两个方面进行重点改进，升级为“K30＋核心客户计划”，为客户提供更好更贴心的服务。

农用钾：笃行服务，尽心尽力；扎根田野，助农惠农

(一)农用钾流通九州，枫禾祥一品当先

为了帮助农民降低用肥成本，促进中国农业平衡施肥，提升作物品质，中化化肥多年来一直致力于优化渠道层级，努力保障农民用肥需求。从依靠省级公司区域包销，到“自有网络＋本省农资”相结合，最终中化化肥建立起功能完善、遍布农业用肥区域的营销网络，路因专注而致远，事以专心而成功。中化化肥在保障农用钾供应稳定的同时，不断降低流通成本，提升服务水平，真正帮助农民增产增收。

师人长技以自强，开我独有以自立。根据市场形势变化，中化化肥敏锐而坚决地推动着品牌升级和创新。2016年，中化化肥自主品牌“枫禾祥”正式推向市场，标志着中化化肥钾肥的品牌建设迎来了最重要的里程碑，从中化加钾—中化农用钾—枫禾祥的演变，可以看出中国农用钾产品品牌的升级之路。枫禾祥的品牌设计、商标注册、推广策划等各环节均是由中化化肥钾肥团队在公司各部门支持下自主完成。中化化肥结合前期调研时广大农民对于科学种植、平衡施肥等的需求，在南方省份投入了大量资源在作物种植技术指导、先进施肥方法普及、假冒伪劣打击等方面，为提高作物品质与产量做出了不懈的

努力,并取得了显著的提质增产效果,相应的,2011年管理咨询公司科尔尼将中化化肥农用钾列为“中国农用钾第一品牌”。同时按照中化农业 MAP 战略的推进,“枫禾祥”产品也随着 MAP 团队走进规模种植农场。优质的货源加上 MAP 团队专业的农技指导以及农业金融、农机租赁、农产品销售等服务的配合,帮助客户实现丰产增收。

(二)服务如好风好雨,润物宜因地因时

1.丰富农用钾肥品种,满足农户多元化用肥需求

中国国土幅员辽阔,农业用地广袤,塞外动辄千里的沃壤,久经冰天雪冻;江南看似方寸的田垄,常是雨润山青。水有灌、排、旱、涝,土分黑、红、黄、棕……种植环境和种植作物的多样性,必然使得农户用肥需求多元化。中化化肥作为肥料行业的国家队和主力军,既致力于引进全球优质钾肥资源,更着眼于丰富资源品种,给中国农民更多的可选性。主力产品加拿大农用红色钾肥于1972年引入国内并持续推广40余年,根据终端用肥需求的变化,中化化肥陆续引入红色大颗粒、约旦白色大颗粒等,使得产品结构更加成熟、完备。特别是2018年引入了从白俄罗斯原装进口、由中国农业科学院提供技术支持和产品验证的白色大颗粒钾肥产品,该产品在氯化钾基础上加硫加锌,针对国内缺硫缺锌土壤,能够补充土壤中微量元素、满足作物对养分的均衡吸收、提高作物的抗逆性、进一步提升作物产量和品质,用“加法”种出好品质,中国农业又添钾肥优品。

2.完善渠道及物流服务网络,保障稳定供应

中化化肥建立了面向基层、国内最大的农业投入品分销网络,形成了“总公司-分公司-分销大区”三级保障、服务体系。同时,通过“港口配送中心、内陆大型分拨库、区域配送库”等相结合的形式,中化化肥的仓储物流可以覆盖全国主要的农业生产地区,能够及时进行物流前移,为钾肥产品供应提供支持和保障。

3.丰富服务手段,提升服务能力,促进平衡施肥

长期以来,我国钾肥利用效率只有40%左右,而发达国家钾肥利用率可达到60%~80%。由于施肥结构的不合理,导致我国大量的肥料资源浪费。为此,中化化肥多年来联合中国农业科学院和国际植物营养研究所(IPNI),并同农业部农技推广中心开展持续合作,建立测土配方实验室,在全国缺钾区域持续开展试验示范,并不断壮大公司内部农化服务力量,真正在田间地头指导农民科学施肥,在过去的40多年,在全国几千个地点开展钾肥田间试验,特别是针对南方严重缺钾地区,进行土壤测试和肥料配方推荐。利用遍布全国的分销服务网络,常年在田间地头开展科普讲座,向农民宣讲平衡施肥、科学施用钾肥的知识,做了大量的农化服务、打假维权、品牌推广等方面的工作,赢得了广大农民的信赖。

从早期与央视农业频道和中央人民广播电台合作,播出有关科学施肥及钾肥施用专题科普讲座,到在农民日报、农资导报开设钾肥科普专栏,到开通400农化服务热线,邀请专家和学者为农民讲解土壤、作物和科学施肥原理及技术等知识,到近些年的试验示范和田间指导,不仅让农民在田间看到科学施肥带来的效果,而且帮助农民提高科学意识和施肥水平,提高肥料的利用效率,减少肥料的浪费,提升农作物产量和品质。

(三)严防鱼目混珠,打击假冒伪劣,既引领行业风气,又保护农民利益

中化化肥多年来一直坚持为农民提供优质、安全的农资产品,在保证自身产品质量的同时,也积极

投入大量人力、物力开展打击制假售假行动，并通过入村宣传等形式直接面向农户宣讲辨假识真知识，在向农民传授简单易行的辨别假化肥的方法、最大限度地挤压假冒伪劣钾肥市场空间的同时，协助净化钾肥市场。

我国南方地区的钾肥制假售假时有发生，尤其是假冒仿冒钾肥屡禁不止。不法之徒，或偷工减料以低价倾销，或仿冒抄袭以混淆视听，轻则使粮食作物减产，重则造成土壤盐化板结、粮食绝收、多年生经济作物死亡，严重影响当地农业生产和农民生活。针对此现象，中化化肥建立了较为完善的打击假冒伪劣化肥的工作体系，并设立专项打假费用，联系国家工商及公安部门，持续开展化肥打假工作，维护广大农民的利益。仅在近 3 年内，中化化肥在南方九省，累计投入资金 1 000 余万元用于升级产品防伪技术，方便农户辨认；投入推广资金近 300 万元，通过近万场入村宣传发放辨假识真宣传材料 100 余万份；投入打假资金近 200 万元，重点在湖南、江西、广西、湖北等区域协助工商部门和公安部门开展打击制假售假行动，打击制假工厂近 10 家，查处售假农资门店 50 余家，累计查封假冒产品 300 余吨，罚金 100 余万元，并联合电视台进行专题报道，扩大影响，对制假售假行为形成极大震慑，一定程度上净化了区域市场。

（四）尽我涓滴，惠人实利，帮助万千农民，践行社会责任

汉文帝有诏曰：夫农，天下之本也。本立则道生，有益于农，即是有益于国家；保农业之安，即是保天下之安。10 余年来，中化化肥积极践行企业社会责任，孜孜惠农而不倦。中化化肥既是中国钾肥营销的一面旗帜，也愿意成为中国农业的坚实磐石，更希望成为中国农民贴心的伙伴和助手。

以钾肥为例，从 2003 年起中化化肥开展以“送科技、送肥料、送服务”为主题的“三下乡”系列为农服务活动。聘请农技专家，采用农化讲座、集市宣传、坐店咨询、田间示范等多种形式，对农民进行“面对面”的指导。中化化肥人一天天披星戴月，一次次顶风冒雪，经历了无数次跋涉辛劳，也亲证了许多美好的丰收瞬间——在八闽竹林里，惯听“穿林打叶声”；在三秦丘垄上，常看“黄花麦浪青”；在江南水乡里，与农户“稻花香里话丰年”；在江汉平原上，听最寻常“布谷飞飞劝早耕”……在春耕秋播等农业生产关键时期，中化化肥举全司之人力、物力、调全国各地钾肥资源，全力做好供应，保障粮食生产；在市场波动剧烈时，主动利用资源平抑市场价格，维护市场秩序的稳定；在每年春节前夕，在南方省份，枫禾祥的“春节送福”活动总是伴随着万千农户的辞旧迎新……

2018 年徐闻菠萝滞销，果农面临巨大损失，中化化肥立即行动，遴选骨干组成工作组深入徐闻，采购困难果农的菠萝，调动广东、广西、湖南、江西分公司 60 余名销售管理人员，并联合当地 30 余名业务合作伙伴，将采销的爱心菠萝第一时间分发至南方省份 300 余个基层乡镇门店，开展“买肥送菠萝活动”，既缓解果农滞销的燃眉之急，也让各地农户品尝到了新鲜菠萝，还利用中化平台传播徐闻菠萝故事，助力打造徐闻菠萝品牌。涓涓细流，可成江海。事无大小，贵在真心。中化化肥真真切切地履行着企业的社会责任，积极践行乡村振兴战略，尽一己之力，回馈农民，造福农村。

“懂农业、爱农村、爱农民”的中化铁军

人们常把中化化肥比喻成中国钾肥供应的“国家队”“主力军”。在很多人眼里，这支钾肥团队更是一支拖不垮、打不烂，经得起辉煌，也扛得起重压的“铁军”。因为是“铁军”，所以才历时半世纪，横跨进口、流通、服务三大领域，为中国钾肥供应、为中国农业安全书写着奋斗、奉献与忠诚！

由于钾肥作为一种以矿产资源为依托的战略性商品，对农业生产起着举足轻重的作用，但中国国内钾肥资源贫乏，目前对进口钾肥的依存度依然在50%左右。为了增强我国采购的议价能力，2005年年底在商务部的统一领导下、由五矿化工进出口商会牵头协调，组织国内钾肥海运贸易中的进口商对外进行价格谈判，中化化肥作为钾肥进口的主渠道，以一个国有骨干企业的社会责任意识和大局意识，勇担重任，始终恪守保障国内钾肥供应稳定、力保中国钾肥进口价格优势、维护国家利益和农民利益的使命。谈判桌上，虽无硝烟战火，却如狭巷短兵。中化化肥谈判小组与国际供应商纵横捭阖，既是国家实力的较量，更是专业能力的比武。凭借着一次次在紧要关头的奋力转圜，对关键条款的寸步不让，中化化肥不仅赢得了国际供货商的尊重，还确保了中国"价格洼地"的优势地位，为减轻农民种地和企业生产的负担和成本奠定了坚实基础。

中化化肥钾肥团队在服务"三农"的路上扮演多重角色，在全国复合肥厂、化工厂等时常能看到中化化肥钾肥团队与工业客户进行密切交谈，查看厂区库存、了解生产状况的场景；在乡镇基层经销商的门店前有他们向零售商了解当地市场情况、交流门店经营状况以及询问产品需求情况的身影，还经常看到在田间地头与当地农户交谈和推广宣传钾肥产品、讲解农化知识、指导施肥的画面，他们用服务和诚信获得了国内工、农业客户的认可和信赖。

专业能力在市场起伏中日积月累，成就了中化化肥钾肥团队的日新月异；农本情怀在风雨变幻中日就月将，成就了中化化肥钾肥业务的日升月恒。这支队伍，号令明，军威肃，所向披靡，驰骋九州，虽然历经磨难，而不减斗志；纵然满是辉煌，但未改初心。也正是因为他们的突出贡献，2009年国资委授予中化化肥钾肥事业部"中央企业先进集体"荣誉称号。团队负责人，中化农业副总裁、中化化肥有限公司副总经理冯明伟被评为中化集团"创业楷模"，团队有成员被评为中化集团先进工作者，团队多次获得"中化集团先进集体""中化集团特殊贡献奖"等殊荣。

近年来，在中化集团"科学至上、知行合一"核心价值观的指导下，随着中化农业的MAP战略实施，中化化肥积极推进改革创新业务，钾肥团队也投入助力中国农业转型的进程中，补充了作物营养及营销等专业人才，联合内部科研部门以及外部科研院所，根据市场需求共同研发新的钾肥品种和施肥技术，最优化作物营养方案，促进钾肥的科学合理施用。

在乡村振兴战略及MAP战略指引下，中化化肥钾肥团队不仅在思想觉悟上努力分"庙堂之忧"，牢记央企使命，践行社会责任，紧随国家大政方针，将不断增进农民福祉放在心上；又在具体工作中"虚心笃行"，真正去解决当前中国农业存在的问题，用科技的手段推进中国农业的发展，"给农业插上科技的翅膀"。

四时错行，日月代明，道并行，万物并秀。中化化肥事业的发展离不开党中央、国务院的科学领导，离不开国资委、商务部、发改委、财政部、农业部等领导单位及各行业协会的关怀，也离不开各兄弟单位、行业同仁的大力支持。作为MAP战略的重要组成部分和贯彻实施者，作为乡村振兴战略义不容辞的践行者，中化化肥将恪守使命，聚焦"三农"，在保障中国钾肥供应的同时，提高服务能力，促进钾肥的科学平衡施用，继续为国家农业发展和粮食安全提供有力保障，全面助力乡村振兴！

撰稿：中化化肥控股有限公司

编后

回顾往昔，数十春秋，中化化肥钾肥团队将一腔赤诚倾注给了中国农业，为中国钾肥行业发展和农业安全做出了卓越的贡献；展望未来，面对中国农业历史的新机遇，中化化肥钾肥团队将以"懂农业、爱农村、爱农民"的标准为准绳，以"农业强、农村美、农民富"的目标为愿景，做"三农"工作一往无前之先锋，做乡村振兴必不可少之事业！

“钾”天下 沃中华

——记中农集团在钾肥生产、流通领域的卓越贡献

[企业名片]

中农集团是全国性的集生产、流通、服务为一体的专业经营化肥、农药、农膜和种子、农机具等农业生产资料的大型企业集团，是我国主要的钾肥进口商、钾肥生产商和境外钾肥生产商，目前在全国 20 多个省市自治区建有 1 个万吨级码头、9 条铁路专用线、800 个农资配送中心、2 000 家农药标准店和 5 000 个农民专业合作社，辐射地域达 1 200 多个农业主产县。

引言

中国农业生产资料集团公司(以下简称“中农集团”)由全国供销合作总社化肥、农药采购供应站蜕变而来。作为与中华人民共和国几乎同龄的大型企业和中国农资流通的主渠道，她不仅见证了新中国农业发展壮大的历程，而且还义不容辞地肩负起保障农业用肥的历史使命，在中国的粮食安全、农村繁荣、农业发展上发挥了不可替代的作用。特别是在我国钾肥工业 60 年的发展史上，中农集团以一个负责任的大企业所具有的社会担当与民族情怀，在钾肥的生产、技术、贸易、应用、服务等每个环节都留下了一个又一个坚实的足迹，从产品推广到技术服务，从钾肥生产到国际贸易，从打破垄断到海外找钾，中农集团绘就了一幅幅绚丽多彩的画卷。

为了保障化肥的稳定供给，中农集团不断向上游延伸，目前有化肥生产企业 7 家，具备年产 800 万吨化肥的生产能力，是国内重要的化肥生产商。此外，中农集团还是国际化肥协会(IFA)和美国化肥协会(TFI)的会员单位，年进出口化肥等各类农资商品 500 万吨，在国内外拥有钾盐矿资源储量 6 亿多吨。

中农集团在稳定市场供应、平抑市场价格、加强农业救灾方面发挥了巨大的作用。中农集团是我国化肥淡季储备任务的主要承担者之一，并承担着全部的国家化肥、农药救灾储备，每年平均承储化肥占国家化肥淡季储备总量的 20%左右。

中农集团也是我国最大的化肥进出口企业及国内最大的钾肥供应商，在保障我国钾肥供应上起着举足轻重的作用。经过多年积累，中农集团的钾肥业务已经形成贸易与生产并举、进口与国产并重的经营模式，“中国农资”系列钾肥已经逐渐成为国内钾肥市场上最具影响力和领导力的品牌。

地头传薪 推动钾肥规模化应用

尽管钾肥是农作物的三大营养元素之一，但在 2000 年前，钾元素的重要性并未被农民、农技人员和化肥生产企业所重视。在过去相当长一段时间内，“轻磷、重氮、不施钾”的观念在绝大多数农业技术人

员和农民的施肥理念中占有统治地位。但农业生产的实践却显示，钾元素的缺乏已经严重制约了我国农业生产和粮食增产。《2000 年中国环境状况公报》显示，中国缺钾耕地面积已占总耕地面积的 56%。而钾元素的缺乏直接导致了我国农田施肥的不平衡，20%～30%的耕地氮养分过量，造成了大量的资源浪费和环境污染。

早在 20 世纪 80 年代，中农集团就已经意识到了这一问题的严重性，开始与加拿大钾肥公司、德国钾盐公司(K+S)等多家国外大型钾肥公司展开合作，在国内开展钾肥产品实验和推广工作。中农集团最初从最基层的钾肥产品对比实验开始做起，探索钾肥产品对我国土壤及作物的影响，在不断积累经验的基础上开始大力推广普及钾肥和多元素复合肥施用的理念，为提升中国农业"钾肥观念"，改善中国土地缺钾状况做出了巨大的贡献。在中农集团的不懈努力和带动下，从 2005 年开始，我国农用钾肥开始放量，国内钾肥规模化生产和应用的大幕由此拉开，钾肥的生产规模也从年产几十万吨，增加到几百万吨，直到现在的近千万吨。

突破藩篱　保障国家利益最大化

我国是一个钾资源匮乏的国家，长期以来钾肥一直都依赖进口，进口依存度一度曾达到 80%。中农集团作为我国主要的化肥进口商，与另外 3 家国有贸易化肥进出口企业共同承担起了弥补国内钾肥供给不足的重任。

尽管我国拥有世界钾肥进口大国的地位，但在 2005 年前，由于缺乏统一对外的机制，进口商各自为战，没有形成集团军作战，我国进口的钾肥价格一直居高不下。为增强我国在国际钾肥贸易中的话语权，维护国家利益，减轻农民负担，2005 年年底，我国建立了"政府指导、商会协调、企业参与"的钾肥进口联合谈判机制。实践证明，联合谈判机制是一个非常有效的国家策略，强有力地抑制了我国钾肥进口价格的虚高。

在国家联合进口谈判的大战略中，中农集团作为主谈企业全面参与钾肥进口谈判，在全球钾肥价格居高不下的背景下，保障了我国多年来一直以全球最低价进口钾肥，维护了国家利益的最大化。

有人将钾肥联合谈判比喻成一场没有硝烟的战争，虽然没有直接的炮火轰鸣、沙场肉搏，然而谈判过程却绝对是斗智斗勇、斗实力、斗信心的极致较量。在 10 多年的谈判中，中农集团发挥了重要作用，在市场分析、谈判步骤的制订等方面提出了建设性意见，与其他谈判伙伴默契配合，一致对外，既表现出高度的原则性，又体现出一定的灵活性，保证了每次谈判顺利进行。

2018 年 9 月 17 日，在经历了长达 7 个月的艰苦谈判后，中国进口钾肥联合谈判小组与国际钾肥供应商白罗斯钾肥公司(BPC)达成一致，价格为 CFR290 美元/吨。

中农集团控股股份有限公司副总经理兼工业原料肥事业部经理王蓓表示，2018 年的钾肥进口谈判可谓是一场"恶战"，历时 7 个月之久。在国内钾肥市场需求减弱、国际钾肥市场需求旺盛的背景下，国内外市场巨大的反差让谈判一度陷入僵局。9 月，国际市场持续推高、供应愈发紧张，国内市场即将进入需求旺季、部分品种供应短缺，作为联合谈判主谈企业之一，中农集团深感肩负重任，坚持国家利益优先的原则，在巨大的压力下始终保持着积极的谈判态度，推动谈判在关键时刻顺利达成，再次为保证国内钾资源的供应、维护国内市场价格的稳定、支持中国农业发展及粮食安全做出了自己的贡献。

中国无机盐工业协会钾盐(肥)行业分会负责人认为：290 美元/吨的到岸价虽然较 2017 年合同价格上涨 60 美元，但仍大幅低于南美等其他钾肥进口地的涨幅。无论从我国钾肥的生产还是销售来说，都是一个比较合适的价格，对平抑国内市场大有益处。

战略延伸 提升钾肥自给率

在已探明的钾盐矿产中，我国几乎没有可利用的固体钾盐资源，液体盐湖资源不到世界钾盐资源的5%，同时我国还是农业大国，是全球最主要的钾肥消费国和钾肥进口国。尽管经过多年努力，中国钾肥对外依存度降到了50%左右，但供应局势依然不容乐观。

作为我国钾肥主要进口商，中农集团非常清楚自身所肩负的责任，那就是：只有不断提高我国钾肥的自给率，方能摆脱在国际市场上受制于人的艰难处境，把握谈判的主动权，切实提升我国钾肥行业的国际话语权。

为此，中农集团一方面继续在传统钾肥贸易领域深耕细作，另一方面还积极投资建设钾肥生产装置。中农集团在青海大浪滩投资建设了45万吨/年钾肥装置，目前配套工程建设已经完成，辅助工程也已经基本竣工，达产后将实现年产优质硫酸钾45万吨。此外，在取得大浪滩梁中浅部钾盐矿床采矿权的基础上，中农集团还规划投资建设年产100万吨的钾肥项目和3万吨工业级碳酸锂项目，旨在进一步增加国内钾肥产量，为我国在钾肥国际贸易谈判中增加砝码。

扬帆出海 率先实现海外找钾零突破

在贫钾的现实面前，为了保证我国农业生产的安全，“两个市场，两种资源”成为我国钾肥工业的必然选择。21世纪初，我国提出了“走出去”找钾的战略，这是一项安天下稳民心的国策。中农集团积极响应这一战略，将业务触角延伸到国际上富钾地区，取人之长补己之短。2006年，中农集团与其他几家企业共同成立中农矿产资源勘探有限公司，进入老挝进行钾盐矿的勘探与开发。经过多年艰苦勘探，中农集团在老挝境内获得了214.8千米^{2}的钾盐矿权，其中35千米^{2}已获得钾盐矿开采权，整个矿区查明折纯氯化钾资源量达8.28亿吨。2007年中农矿产公司在老挝发现了一个大型优质钾石盐矿；2009年，中农集团与老挝签署了为期30年钾盐开采加工合同，并投资2.5亿元人民币，规划建设年产10万吨的氯化钾项目；2011年年底，中农集团该项目在老挝建成投入运营，率先实现了中资企业境外钾盐开发项目“零”的突破。这是中老两国钾盐矿合作项目中进展最快的项目之一，中农集团因此成为了第一个实现了老挝钾肥项目工业化量产和经济效益的企业。

依托查明的资源储量，中农集团制定了在老挝打造亚洲最大、世界知名钾肥生产基地的战略发展目标，计划建设300万吨/年的钾肥生产装置。未来，老挝300万吨/年的钾肥项目建成投产后，将成为中国及东南亚市场钾肥供应的重要基地，能够供应中国钾肥进口量的近1/3。目前，中农集团还在积极地与加拿大进一步沟通交流，探讨合作开发钾盐资源的途径。

王蓓表示，以目前中国年消费钾肥1 800万吨计算，中农集团国内外两个钾肥项目的建设将为中国钾肥工业提供数十年的资源储备，可大大改善中国钾资源的供给格局，降低钾肥进口依赖度，对形成“国产+进口+海外”三足鼎立的钾肥供应格局做出了重要贡献，对我国农业生产既有重要的现实意义也有长远的战略意义。

合纵连横 成就钾肥供应第一品牌

中农集团自20世纪50年代就开始从事国内的化肥流通业务，与国内上千家企业建立了紧密的业务联系。在几十年的发展中，中农集团不仅构建了强大的营销网络，同时还建立了市场信息系统，能及时反馈市场对产品品种的需求，准确预测市场走势，拥有最强的钾肥分销能力。中农集团是新疆国投罗布泊钾肥公司最大的区域经销商，是青海盐湖钾肥公司及其西南、北方销售公司的股东公司，与青海中信国安、青海中航资源、藏格钾肥等十几家国产钾肥生产商建立了长期的合作关系，是名副其实的钾肥行业龙头企业。

为进一步提高市场竞争力，中农集团还在青海建有独立货场和专业的运输物流队伍，拥有较强的铁路运力协调能力，钾肥经营范围辐射全国各地，可以及时地为用户提供原料支持。

目前，中农集团每年销售国产氯化钾和硫酸钾约150万吨，而通过中农集团网络销售的钾肥类产品每年已经达到550万吨，占全国市场份额30%以上，成为中国钾肥供应第一品牌，其中工业用钾肥更是以绝对优势获得到了市场的认可。

随着近几年国内化肥需求市场快速变化，中农集团还对钾肥直销模式进行了深入探索，不断完善现有的营销网络，并与终端工业客户形成多元化的业务往来，通过海运进口、国产、边贸三个渠道满足用户需求，同时为企业提供全方位的配套服务。

创新模式　为客户提供贴心服务

在几十年的钾肥生产、供应、贸易与技术服务的实践中，中农集团与时俱进，不断适应市场变化，满足客户需求，在营销模式上不断创新，从过去的“卖产品”向为客户提供优质的服务转型，探索出许多新的技术服务、物流配送和产品供应等新途径、新模式。

近年来，中农集团在粮食主产区、交通枢纽地带新建和改造了一大批物流基础设施和配送中心，还积极探索全新的营销模式，通过“农资下乡”行动，推动基层农村小型合作社的建设和智能配肥体系，将营销网络触角延伸到村镇一级，进一步夯实营销网络基础，增强网络下沉能力以及综合农业服务能力。中农集团委派农学专家到田家地头为农民提供技术服务，帮助农民提高化肥的使用效率，降低用肥成本。同时将维权打假作为一项基本职责，积极配合各地市场监管、公安等相关执法部门，强力打击化肥制假售假行为，维护广大农民的利益和“中国农资”的品牌形象。

目前中农集团经营的钾盐品种日益丰富，构建了完善的钾盐供应体系，硫酸钾、氯化钾、硝酸钾、碳酸钾等一应俱全，进口产品的来源也十分丰富，如俄罗斯、白俄罗斯、德国、以色列、老挝、智利等，不仅货源充足而且产品规格多样，很好地满足了化肥企业、化工企业以及农业用户等不同用户的个性化需求。

“为更好地满足客户个性化的需求，我们加强了与客户的沟通交流，发现许多需要改进的地方。比如一般钾肥生产企业会在钾肥中加入抗结块剂，而对于化工企业的用户来说，抗结块剂的加入无形中降低了钾盐的含量并引入了杂质。再比如，随着滴灌技术的推广，市场对水溶肥的需求增加，原来受欢迎的大颗粒钾肥就不再适用于水溶肥的生产。我们会根据新的市场变化，及时调整产品战略，同时也将中国客户的需求及时反馈给国外供应商，提出产品配方调整改进意见，帮助供应商对产品进行调整，更好地适应和满足中国客户的需求，在中国用户与国外供应商之间起到了重要的桥梁作用。”王蓓表示。

扶危济困　彰显英雄本色

近年来，我国自然灾害频发，给农业生产带了巨大影响。危难之时，中农集团总会紧急启动中央救灾储备化肥，全力支持灾区农业生产建设、平抑灾区农资价格。

多年来，作为国家救灾化肥政策的主要执行者，中农集团严格执行《中央救灾储备化肥管理办法》，并承担着全部的国家化肥救灾储备，为解决救灾用肥的应急需要做出了重要贡献，对保障灾区用肥、平抑灾区化肥价格上涨发挥了积极作用，尽管企业自身为此损失巨大也在所不惜。

2018年，我国遭受了多场台风袭击，台风给黑龙江西北部、山东省寿光市、广东部分地区造成了严重的洪涝灾害，给这些地区的农业生产带来了极大的危害。每当受灾地区急需调入化肥恢复生产时，中农集团总是在第一时间组织力量,调拨化肥到灾区,支持灾区复产重建。

永不懈怠 续写下一个辉煌

放眼未来,我们看到,我国的粮食供应并不乐观,我国耕地土壤缺钾依然较为严重,用占世界不足10%的耕地,养活世界22%的人口,任务之艰巨不言而喻。“中国人的饭碗任何时候都要牢牢端在自己手上,饭碗应该主要装中国粮。”这既是习总书记给所有涉农企业提出的要求,也是中农集团义不容辞的历史使命。

王蓓认为:“当前进一步提高农民对钾肥作用的认识、改善农民施钾技术、促进钾肥推广、提升钾肥利用率,依然是任重道远;假冒伪劣钾肥坑农害农,依然在一定的时期内难以根除;新的产品、新的耕种方式、新的施肥技术、新的营销服务模式层出不穷;如何提高施肥效率、减少化肥用量,如何用有限的钾肥资源保障我国农业未来的可持续发展等一系列的新课题,还需要我们给出自己的答案。所以,我们远没有停下脚步的理由。”

撰稿:李闻芝

编后

回顾中国钾盐(肥)行业60年的历程,无论是计划经济年代,还是市场经济时代,中农集团始终与中国钾肥行业同舟共济、风雨兼程。中农集团不仅是这段历史的见证者更是推动者,她用忠诚、坚守和责任抒写了属于中国钾肥产业的辉煌与荣光。我们有理由坚信:中国钾盐钾肥行业的未来,因为有中农,将会更加绚丽精彩!

借力以色列等进口钾肥　融入上下游产业链

——记上海市农业生产资料有限公司

［企业名片］

上海市农业生产资料有限公司（简称上海农资）成立于1963年，是一家国际领先的氮、磷、钾肥产品和服务提供商，上海农资主要经营：以色列进口氯化钾、德国硫酸钾、全水溶性配方肥（NPK＋TE）、中微量元素肥料、植物生长调节剂、海藻肥、新型高端特种肥料（防冻剂、杀线虫剂）。

扩大开放加强钾肥的对外合作

在对外开放合作初期，也是1993年后，上海市农业生产资料有限公司企业自营进口采购比重上升，总经销、总代理产品份额增加，公司立足长三角，融入上下游产业链，行业综合竞争力排名第16位，2007年，公司成为国际权威组织国际化肥工业协会（IFA）专业认可的中国区域性农资企业之一，2009年取得中国出口信用保险公司AAA级客户资质，2013年推进线下线上融合发展。

赢得进口钾肥总代理。德国钾盐集团（K＋SGROUP，简称德钾盐）红牛硫酸钾是世界上最大的硫酸钾生产商，德钾盐采用专利工艺生产的一种纯天然绿色矿物肥料，是唯一被欧盟批准用于有机农业的硫酸钾类产品。红牛硫酸钾进入中国市场也已有20多年。2007年，为拓展肥料业务，德钾盐在中国成立的独资子公司深圳德钾盐贸易有限公司，公司与之开始交流合作，包括涉及德钾盐旗下在中国市场知名的“红牛”硫酸钾、“狮马牌”复合肥、“康朴”叶面肥、“恩泰克”控释肥，实现合作共赢。中国市场是德钾盐重要的市场之一，公司在经销市场内，为德钾盐铺就了稳定的销售渠道，德钾盐的品牌知名度、产品认知度以及价格方面，都已经有了相当的基础，希望德钾盐能考虑到整个中国大市场的潜力以及公司所做的努力，在市场环境多变的情况下，仍能为中国市场稳定提供货源，以稳固德钾在市场上的位置，同时也能帮助公司一起维护市场，形成真正长期、稳定的合作伙伴关系。

2009年，世界著名化工巨头上市公司以色列化工集团有限公司（ISRAEL CHEMISTRY GROUP LIMITED，简称ICL、以钾）在上海设立代表处，上海农资公司与ICL签订了战略合作框架协议。经过长达10年的市场培育，在云、贵、川、渝以及东北、西北、华北等地区，已经形成有序的拿货节奏和稳定的客户群，“以钾”的品牌知名度也通过公司上下的不懈努力得到持续的提升。

降低风险在对外交流中获得双赢

钾肥在农业中广泛应用，每年中国、印度、巴西三国钾肥消耗数量约占全球产量的60％，除了盐湖集团外，青海还有一批中小企业也在大力发展钾肥产品，目前产能规模已逾220万吨。中国为获得资源国内需求仍以进口资源为主。经过多年的合作，公司获得以色列化工集团白钾、大颗粒钾肥在中国西南三省(含直辖市)、华北四省(含直辖市)、东北三省的独家代理权,每年代理经销量约15万吨。为加深合作,规避国际、国内市场风险,应对市场竞争格局,双方在三年大合同的框架协议基础上,进一步签订了新一年度代理协议和港口到货衔接计划,周转速度提升,资金风险降低,为中国西南、华北、东北市场的农业发展做出的贡献。公司与以色列化工集团双方在三年合作期内,以色列钾肥在云贵川渝及东北、西北、华北等地区,已经形成有序的拿货节奏和稳定的客户群,白钾的品牌知名度随着双方市场开发力度加大而深入人心,2012年、2013年经销达到20.5万吨、24万吨,虽然国内、国际市场经历了钾肥联盟谈判破裂的不利局面,2013年市场走势也曾低于了双方预期,降幅达25%,但经受住了考验。根据双方协商,对国际和国内市场走势达成共识,进一步衔接了年度到货计划和港口布局,并完成了大颗粒钾肥的价格谈判。访问期间,对过往交往高层均给予高度评价。

双方在业务层面的合作更为深入,考察加深了上海市供销合作总社理事会出资人对以色列钾肥合作的信任。同时,进口钾肥业务受到了以色列化工集团和上海市供销合作总社的高度重视,并在ICL营销部执行官陪同下,驱车前往常年无雨的高温40℃以上海拔−400米的死海地层钾肥生产厂,在工厂大楼前,旗杆升起了庄严的中国国旗,在国旗下我们一并合影,执行官详细介绍了钾肥从死海中提炼生产和成品运输情况的全过程,ICL死海梯田式原料池,盐池生产作业区,成品仓库。

为了促进硫酸钾钙镁在中国市场的有效推广、维护和形成良好的市场环境,加强全国各代理经销商间的沟通交流,2018年4月10日ICL组织硫酸钾钙镁全国各地经销商在召开了硫酸钾钙镁授权仪式暨技术经验交流讨论会。出席本次会议的嘉宾有以色列化工集团常务副总裁Alon Gil先生、副总裁Fadlon Doron先生、ICL/F中国区首席代表何明先生、Polysulphate中国团队以及来自全国各地的经销商代表等。

2018年4月10日,以色列化工集团正式授权上海市农业生产资料有限公司为硫酸钾钙镁产品在黑龙江省市场的独家经销商。

在第二轮大合同启动后的第一年,即2010年,钾肥市场供货依旧非常紧张,而大合同谈判又受到即将结束的印度合同谈判影响,这意味着该价格并不会如大多数人所预料的那样持续整个二季度,在此不利形势下,双方都有可能蒙受重大经济损失。上海市农业生产资料有限公司始终克服各种困难,仍坚持对ICL产品的销售。经历了以色列的罢工事件我们表示理解,在货源的发运受到影响的情况下,经历特殊困难事件后,双方建立稳定的合作关系,年均销量达到10万吨,在双方共同的努力下上一个台阶。公司通过借鉴国际先进经验,利用国外先进农业技术,按照国际惯例经营运作,我国对外资的吸引力不断增强,中国(上海)自由贸易试验区综合投资环境不断改善,2017年ICL中国办事处在上海设立,目前双方在大颗粒钾肥、特肥方面也开展了合作。2018年以色列化工集团授权上海市农业生产资料有限公司为硫酸钾钙镁产品在黑龙江省市场的独家经销商。

服务大局　为地方政府储备钾肥

公司成立以来,上海农资卓越的全球统一采购及高端新产品市场推广能力,确保每款产品优质高效、品质如一。上海农资的理念是:始终保证产品、技术全球领先,始终保证产品优质高效,倾力维护农民利益,确保农业高产丰收。

自1993年,上海建立市级重要商品储备体系,依托市级重要商品储备提高,本市应急物资保障能力得到提升。化肥列入储备名录,其中钾肥5 000吨。上海市级重要商品储备委托储存合作,委托企业承储。2017年,政府调整储备商品目录,调整后,钾肥不再列入储备品种。

上海农资正如同上海所处的特殊地理位置一样,决定了其定位必须是服务全国,走向海外。特点和功能非同一般。

这些年来，上海农资站高望远，勇立潮头，一直坚守着自己的理念：始终保证技术全球领先，始终保证产品优质高效，全力维护农民利益，为农业和农民创造卓越价值！

这也是一个有责任、有担当企业的坚守、信念和执着。

撰稿：朱黎

中国边贸钾肥的汇聚者和领先者

——记绥芬河市龙生经贸有限责任公司

[企业名片]

2003 年 4 月，绥芬河市龙生经贸有限责任公司（简称：龙生经贸，下同），在时代发展需要的大潮中应运而生，就钾肥业务主要有两大块：一是从俄罗斯陆运进口钾肥，也称为边贸钾；二是代理加拿大部分钾肥。目前，龙生经贸总注册资本 1.87 亿元。下设山东倍丰农资有限公司、四川倍丰农资有限公司、湖南倍丰农资有限公司、湖北倍丰农资有限公司、广东倍丰农资有限公司、广西倍丰农资贸易有限公司、天津德龙化肥有限公司 7 家子公司；黑龙江经营部、吉林经营部、辽宁经营部、市场营销部 4 个经营部；8 个职能部门。子公司山东倍丰公司参股辽宁北方盐湖实业有限公司，控股山东倍丰盐湖农业科技有限公司。在北京、绥芬河、满洲里口岸分设办事处。

龙生经贸是倍丰农资集团控股子公司，10 余年的开拓创新，追求卓越，始终坚持以钾肥经营为核心，以遍布全国的营销网络为基础，不断拓展国际市场，龙生经贸已经发展成为行业内具有较强经营实力、较强影响力、较高话语权的大型多元化农资贸易公司。

龙生经贸是中国陆运钾肥龙头企业，倍丰农资集团翘楚之秀、荣耀之师，承载中国农业走向国际的战略构想，奏响农资贸易全球化的浩瀚新华章。

多年苦心经营结硕果

龙生经贸年经营化肥量 260 万吨，销售额 50 亿元，银行授信总额近 30 亿元，主要从事化肥进出口业务及化肥网络分销，目前主要经营品种：进口陆运、海运 60％红钾、60％、62％白钾；“龙生-福尔加”牌大颗粒红钾；“龙生-福尔加”牌进口硫酸钾；国产盐湖钾肥等，主要业务如下：

进口业务：

边贸钾肥直接从俄罗斯乌拉尔钾肥公司 Uralkali（全球第四钾肥生产商）进口，年进口量 60 万吨，进口贸易额达 1.5 亿美元，边贸进口钾肥数量连续多年排名中国第一位，始终保持进口量占中国边贸钾肥总进口总量的 1/3；新成立的天津德龙化肥有限公司将着力开展与德国钾盐集团 K＋S Group（欧洲本土最大的钾肥生产商）的海运钾肥品种合作经营。硫黄 2018 年进口量将达 30 余万吨。

出口业务：

化肥出口至东南亚、南亚、非洲、南美等地区，与 20 多个国家客户建立起稳固、良好的合作关系，尿素出口在中国位列前茅。在外销上，由原来只销售给大型国外代理商，转变为直接参与国际招标。化肥出口最高峰达 80 万吨，出口贸易额达 1.6 亿美元。

化肥网络分销：产品销售至29个省级行政区，在黑龙江、吉林、辽宁设立经营部，在山东、四川、湖南、湖北、广西、广东、天津设立7家子公司。“倍丰加钾”品牌是黑龙江倍丰农资集团与加拿大钾肥公司（canpotex）的合作品牌，粉红颗粒在国内的销售量已达30余万吨。龙生公司目前已承办“大山携手倍丰加钾系列会议”走进湛江、武汉、哈尔滨、临沂，可谓足迹遍布中国农区大部。龙生公司深刻践行倍丰集团“立足龙江、做强东北、放眼南方、辐射全国”的战略思想，外埠子公司已经形成素质较高的销售团队、稳定的销售渠道、扎实的销售网络和优质的经销商群体，已赢得了较高的知名度和美誉度，为全面进军农用肥市场提供了有利条件，进一步夯实了海运、陆运、国产“三位一体”的钾肥经营格局。

钾肥核心竞争优势的打造

（1）拥有稳固的钾资源优势：与国际化肥厂商，如乌拉尔钾肥公司、加拿大钾肥公司、德国K+S钾肥公司等国际大型钾肥公司建立长期稳定合作关系。山东倍丰公司参股辽宁北方盐湖实业有限公司获取国内钾肥资源。

（2）拥有稳定的下游客户资源。与史丹利集团、施可丰集团、洋丰集团、金正大等大型生产企业建立起多品种、全方位、长期稳定的原料供应合作；与曼海姆法硫酸钾生产企业、氢氧化钾和碳酸钾精细化工企业有着广泛的联系和合作。

（3）拥有强大的网络优势。黑、吉、辽经营部充分利用倍丰农资集团在黑龙江省内的12家分销子公司和黑龙江省内外61家配送中心、吉林分公司优势，不断开拓新的客户资源，已建立起成熟的工业肥销售的核心网络；在山东、湖北等复合肥主要生产基地、在两广等主要经济作物产区建立的各子公司，在当地以及行业内均拥有一定规模和影响力及良好发展潜力。龙生公司现已形成遍布全国的较为完善的工业原料肥贸易网络。

（4）具有较强的品牌优势。“龙生-福尔加”“贝加尔”品牌都得到了市场认可，“龙生-福尔加”被评为黑龙江省著名商标。

（5）具有良好人才优势。凭借先进的人才选聘机制、培训机制、分配机制拥有一批专业化人才，并凭借良好的平台，拥有诸多化肥界的专业经营人才；骨干员工多为从事化肥行业多年且具有丰富贸易经验的精英，在行业内具有较高的知名度和较好的口碑；可以说龙生是一支年轻化、素质高、专业化的团队。

（6）拥有较高的行业地位。被评为“全国供销合作社系统先进集体”“全国守合同重信用企业”，黑龙江省对俄贸易企业中排名第五位，进出口总额位列黑龙江省外贸企业第五位。2014年，龙生公司被哈尔滨海关评级为A类管理。“龙生-福尔加”商标被评为黑龙江省著名商标；2015年，位列中国对外贸易民营500强企业第256位。2016年龙生公司被国家工商总局评为2014—2015年度“守合同重信用企业”。2016年龙生公司被黑龙江省委办公厅评为民营企业营业收入100强，位列第五名。2016年龙生公司进出口总额位列黑龙江外贸企业第六位、黑龙江省对俄贸易企业第五名。

先进经营理念和发展战略

龙生经贸始终坚持以“钾肥经营为核心，以遍布全国的营销网络为基础，进出口贸易同步发展，内外贸相结合、工农业并行、南北方相呼应、多品种并举”的经营理念。并深刻实践着将龙生公司打造成东北地区大型工贸（工业原料肥贸易）团队；打造西南地区最大的综合型贸易公司；外埠公司全面进军农用肥市场三大战略。

各子公司发展各具特色、各领风骚、各展风采：

（1）四川倍丰农资有限公司成立于2011年，注册资本2 000万元，注册地在成都市，在什邡、宁夏、云南设立3个分公司，在山西、湛江设立两个办事处，设有广东倍丰、西昌倍丰两家子公司。

(2)山东倍丰农资有限公司成立于2009年4月，总注册资金1 500万元，注册地在临沂市，在上海设有分公司，设有全资子公司山东倍丰化肥销售有限公司，参股辽宁北方盐湖实业有限公司，控股子公司山东倍丰盐湖农业科技有限公司。年化肥经营量80余万吨，销售额15亿元。

山东倍丰自成立以来连年获得“百佳农资经销商”“农民放心农资企业”等称号，并已踏入山东农资四强行列，且具有较高的话语权和美誉度。以“工业肥带动农业肥，内贸带动外贸”为发展的基本理念，以“立足山东逐步向省外延伸”为发展战略，以“满足客户精心服务”为经营宗旨，坚持“诚实守信、客户至上”原则，建立了广泛的工业肥营销渠道，稳固了工业原料肥销售的强势阵地，夯实了农业分销网络，扩大了自身品牌的知名度，正在沿着工业肥与农业肥并举的方向探索前进。

(3)湖北倍丰农资有限公司成立于2011年，注册资本1 000万元，注册地在武汉市。年化肥经营量30万吨，销售额5亿元以上。

湖北倍丰以钾肥经营为核心，充分利用长江中下游水道优势，与湖北省内多年大型复合肥生产企业和上市公司建立起稳固合作关系，随着工业原料肥分销网络的进一步完善，充分利用已经奠定的较好的网络基础，逐步建立起倍丰加钾为龙头的农业肥网络分销渠道，形成了工农业肥料相辅相成的网络格局。

(4)湖南倍丰农资有限公司成立于2011年，注册资本500万元，注册地在株洲市。年化肥经营量8万吨，销售额达1.9亿元，以湘南、湘北、湘中三个销售区域为中心，布局全省，已跻身湖南省工业用钾经营前三甲行列，成为湖南省内钾盐行业具有较高影响力的公司。

(5)广东倍丰农资有限公司成立于2014年，注册资本1 001万元，注册地在广州市，在湛江设有办事处。公司以尿素、磷酸一铵、氯化钾、倍丰加钾为主要经营品种，立足珠三角，辐射海南、湛江，现已实现了由尿素铁路运输到海运散装船、海运集装卸、铁路运输相结合的立体采购渠道。磷酸一铵现已代理云南、贵州、四川、湖北等多地企业在广东的独家经营权。氯化钾依托集团自主进口加拿大氯化钾为主，结合上游贸易货源，以湛江港、麻涌港为支点，成功打造倍丰牌农用加钾，工业氯化钾双轨并行。依托稳定的销售渠道，现已实现年化肥经营量30万吨，销售额达5亿元。致力于打造成化肥年经营量50万吨，销售额逾10亿，在华南地区领先的农资综合服务商。

(6)广西倍丰农资贸易有限公司成立于2012年，注册资本1 000万元，注册地在南宁市。

广西倍丰公司以俄罗斯进口氯化钾、硫酸钾、倍丰加钾为主要经营品种，立足广西，辐射云南、贵州，现已实现了由单一钾肥为核心业务向多品种经营的顺利过渡，成功引入大小颗粒尿素、磷酸一铵、氯化铵等工业原料肥的经营，与史丹利、金正大、芭田等大型复合肥生产企业以及区域内多家各大型糖厂建立了稳定的合作关系，并跻身广西工业钾肥经营前三甲行列，实现年化肥经营量15万吨，销售额达3亿元。

(7)天津德龙化肥有限公司成立于2018年3月，注册资本500万元，注册地点在天津市。天津德龙以钾肥、磷肥等基础肥料经营为核心业务，经营德国K+S公司、以色列ICL公司、加拿大钾肥等国际供应商生产的进口钾肥产品，同时也与新都化工等国内优质农资产品厂商建立了合作关系，面向全国工业客户和经销批发客户销售进口钾肥等产品。公司将依托倍丰集团的整体优势，加强与德钾等各大战略伙伴的合作，努力争取更多优质的上游货源，不断加强网络建设，努力践行集团公司全面发展的战略布局。将天津德龙公司打造为德国钾盐公司钾肥产品为主，多品种经营的化肥分销企业。

自强不息追逐梦想

龙生经贸在城市乡村，田间地头之上，建立并完善农业化肥营销网络；在工厂仓库，机械轰鸣之中，龙生公司逐步塑造工业原料肥卓越品质；在海港码头，乘风破浪之间，龙生公司处处彰显中国农资走向世界的兴农梦。

十几年的不断发展，龙生公司企业资产总量、经营规模、经济效益大幅提升。与多个国家的客商达成战略合作，以独具远见的经贸合作服务于全球客户，搭建起中国农资产品走向世界、世界农资产品服务中国的广阔舞台。

龙生公司的企业梦想，正沿着一条条流通线稳步延伸。

撰稿：付鹏　郑欢

编后

远瞩未来，龙生公司将坚持以"钾肥经营为核心，进出口贸易同步发展，内外贸相结合、工农业肥并行、南北方相呼应、多品种并举"的经营理念，在区域化市场上精耕细作，在全球化进程中阔步前行，以更加开阔和博大的胸怀，去迎接崭新的荣耀与挑战。

大易之道，与时偕行；龙行千里，生生不息。

实施增钾工程　促进农民稳定增收

——湖北省耕地质量与肥料工作总站推广青海钾肥纪实

[院所名片]

湖北省耕地质量与肥料工作总站是湖北省农业厅直属事业单位。2014 年 8 月，由“湖北省土壤肥料工作站”更名为“湖北省耕地质量与肥料工作总站”，并加挂“湖北省土壤肥料调查测试中心”牌子。

总站承担全省耕地质量保护、肥料管理和节水农业工作；组织开展耕地质量调查、监测、评价、验收评定和预警预报；组织推广土壤改良和土肥水科学利用技术；实施土壤肥料和节水农业项目；开展土壤肥料检测、试验和评估；指导土壤肥料监测体系建设等职能。

生物体中有 60 多种酶需要钾离子作为活化剂，钾能促进农作物茎秆健壮，增强植株抗冻性、抗旱、抗盐、抗病虫害的能力，提高果实的糖分和维生素 C 的含量，对农作物的高产、稳产有很大的帮助。

随着复种指数的提高和氮磷化肥施用量的增加，湖北省土壤缺钾面积不断扩大，缺钾程度进一步加深，据湖北省土壤肥力监测结果，当时全省缺钾面积比例由 1982 年的 19.5%剧增到 1992 年的 58.7%，缺钾范围由“部分缺钾”发展为“严重缺钾”，从而导致肥料利用率下降，肥效降低，严重影响了湖北省“两高一优”农业的发展。

外号“李青钾” 土壤钾肥领头人

作为农业大省的湖北，自古就担负着“湖广熟，天下足”的重担，面对耕地缺钾的现状，自然就在作物的粮食——肥料上去寻求补偿。在这种寻觅中，湖北土肥工作者与我国最早的钾肥企业——青海盐湖钾肥，结下了不解之缘。

现任湖北省耕地质量与肥料工作总站站长李剑夫，毕业于湖北农学院，在作物营养师的岗位上奉献了 20 多年的青春，在国产“盐桥”钾肥的推广应用中贡献了智慧和心血。1992 年，李剑夫毕业分配到原省农牧业厅的二级单位湖北省土肥站（现更名为湖北省耕地质量与肥料工作总站）工作。上班伊始，他就随同领导赴青海盐湖钾肥考察。李剑夫回忆其当时的情景，不禁十分唏嘘：“一个单边至少要五天时间，首先上过路的绿皮火车站站着到郑州，在那里才能换去兰州的坐票，再转两次车到达格尔木，最后坐 2 个多小时的汽车，到达察尔汗盐湖的工厂。厂区高寒缺氧，人烟稀少，招待所条件简陋，淡水缺乏且经常停电”。路途十分遥远，条件十分艰苦，但这里却是中国钾肥事业的起步之地，是湖北这个粮仓需要的低价优质钾肥的所在之地。为了助力湖北粮仓建设、为了肥沃湖北的 5 200 多万亩耕地，李剑夫先后

29 次乘坐“哐当哐当”的绿皮火车，在鱼米之乡的湖北和茫茫戈壁的青海之间往返。

作为农技推广工作者，他深知钾肥对作物的好处。但是，当时农民对进口红钾已经十分依赖，怎么推广质优价平的盐湖钾肥来为农民减轻负担呢？李剑夫的身影遍布湖北的乡村田野，为青海钾肥的推广工作做出不懈努力。1993 年年初，他把青海“盐桥”牌钾肥试验示范推广工作的重担挑了起来，在全省 64 个县(市区)6 大类主要土壤 12 种主要作物上共布置大田示范 156 个。十年多来，印发技术资料 10 万份，举办讲座培训班近 200 场次，并结合电视、报纸、电台等宣传媒体，让湖北省应用“盐桥”牌钾肥的作物和地区不断扩大，从水稻、小麦到粮、棉、油及多种经济作物，从平原到丘陵山区，从水田到旱地，大部分耕地实现了从不施钾到施钾，从施进口“红钾”到施国产“白钾”的转变，全省应用“盐桥”牌钾肥的数量和面积呈迅猛发展的势头。

在推广的过程中，他勇于创新，勤奋努力。刚刚面世的“盐桥”牌钾肥含水量较大，手抓一把可以成团，颜色也是老百姓不太熟悉的灰白色，推广应用难度极大。他一方面建议工厂优化生产工艺，另一方面，他深入分析比较推广优势，不断创新推广新模式，形成依托农技网络开展农化服务的技术力量；协调产、供、销环节，总结出方便农户直接使用的购销模式和服务生产企业的原料直接供应模式。就这样，10 年的钾肥推广，不论是刮风下雨，还是烈日当空，他没有请过一次假，没有误过一回事。10 年来，他走遍 80 多个县市，400 多个乡(镇)，4 000 多个行政村，累计下乡调查农作物面积 150 万亩次。为钾肥推广应用提供了准确可靠的科学依据，极大地促进了工作进展和农业增收。因为他的付出和真诚，勤劳的农民认可了他，还亲切的送他一个外号“李青钾”！因为他的豪爽和诚恳，朴实的西北人也接纳了他。1997 年，在他的牵线组织下，湖北省土肥站所属东方农化中心作为盐湖股份上市发起人之一，参股青海钾肥 200 万股，在支持盐湖钾肥发展壮大的同时，也为湖北耕地的营养平衡找到了永远的“保姆”。

在他的全心付出下，湖北的“盐桥”牌钾肥应用从 1993 年的 0.6 万吨、60 万亩增加到目前的每年稳定的 5 万吨、施用面积 500 万亩。据不完全估计，1993—2003 年的 10 年推广期间，全省推广应用“盐桥”牌钾肥 26 万吨，累计推广施钾面积 2 350 万亩，为农民新增产值 9.06 亿元。取得了显著的经济效益和社会效益，推动了当时的“两高一优”农业发展，补充了耕地必需的营养元素，促进了农民的稳定增收。

实施“增钾工程”　力推“盐桥牌”钾肥

为进一步落实农业部提出的“沃土计划”，促进湖北省钾肥应用，1992 年以来，在原农业部全国土肥总站、物质公司和青海钾肥厂的支持下，湖北省组织实施了“增钾工程”，开始了推广应用盐桥牌钾肥艰辛之路，并取得显著成效。

(1)提高对土壤缺钾的认识。由于当时农民对施钾的重要性认识不够，钾肥投入积极性不高，施肥习惯存在重氮、磷肥，轻钾肥；重化肥，轻有机肥；重进口肥，轻国产肥的现象，投肥结构很不合理，导致土壤缺钾程度越来越重，缺钾面积越来越大。为此，从改变农民施肥习惯入手，提高对土壤缺钾的认识。

(2)以点带面，充分展示试验示范的效应。一是办好示范样板，在全省范围内按不同作物不同地区设置对比示范田 45 块，落实 200 亩以上的示范片 25 个，示范面积达 8 000 亩；有货源的县、市，每年至少要办二个连片 500 亩的直接施用盐桥牌钾肥示范片，让农民真正了解“土白钾”，自觉施用“土白钾”。二是将“盐桥牌”钾肥的应用纳入省新技术推广项目行列，将盐桥钾肥应用技术列为全省十大重点推广项目和全省农民科技致富竞赛项目之一。三是全国土肥总站在通城召开了中南四省水稻施钾现场考察和技术研讨会;湖北省在荆门市召开全省推广应用现场观摩会,用事实说话,提高了广大基层干部和群众对盐桥牌钾肥的认识。

(3)大力宣传,广泛营造应用国产钾肥的氛围。一是通过各种途径,广泛宣传介绍"盐桥牌"钾肥产品性状、质量标准、增产作用、使用方法等,让基层干部和群众辨清优质国产青海盐桥牌钾肥,警惕低劣、假冒钾肥进入市场坑农害农。二是利用新闻媒介广泛宣传。在湖北电视台、广播台、科技报做了"庄稼施肥要施钾,盐桥牌钾肥助你发"的宣传广告。向全省有关单位宣传青海盐桥牌钾肥,这对于提高盐桥牌钾肥的知名度,开拓湖北应用盐桥牌钾肥的市场,推广增施钾肥技术,起到了重要作用。三是积极组织全省各市县土肥站开展"百日增肥"活动,掀起增施钾肥的高潮。

创新推广　努力扩大国产钾肥的应用

湖北省各地在宣传施钾技术的同时,积极推广应用国产"盐桥"钾肥,采取"四个结合"的有效办法。一是瞄准市场与服务农业相结合。由于湖北省钾肥依赖进口,货源紧张,因此,大力推广应用国产"盐桥"牌钾肥,不失为开辟钾源、推广施钾技术,发展农业生产的最有效的途径。二是成立工作专班,分级负责,将推广效果与年终考核相结合。要求各试点市县成立相应的工作专班,指派专人负责,自始至终抓好试验、示范工作,并将试点情况、推广应用效果同职工年终考核相结合,对先进的单位和个人进行表彰和奖励,确保了推广工作的顺利实施。三是应用"盐桥"牌钾肥与实施业务项目相结合。将"盐桥"牌钾肥应用技术列为全省土肥工作的四大工程(体系)即"盐桥"牌钾肥应用技术工程、中低产土壤改良工程、测土配肥体系和肥料质量管理体系。四是直接施用与配肥站使用相结合。随着化肥施用向高浓度,复合化方向发展和服务手段的提高,各级土肥站兴办了 41 个测土配肥站,全省各部门共兴办复合肥厂近 300 家。直接施用与复合(混合)加工后施用两条途径同时发展,加快了"盐桥"牌钾肥的推广应用步伐。

通过多年实践取得了成效,强力推动国产钾肥事业的发展:

一是通过 188 个田间肥效试验,首次全面地明确了国产钾肥对湖北省 21 种主要作物的增产效果,阐释了施钾促进作物营养体生长,作物生长加快、株高增加、分蘖增多、干物质积累量增加、促进碳水化合物的合成和运转等原因机理。二是研究明确了国产钾肥对提高农作物产品品质有重要作用,证实了国产钾肥对提高农作物抗逆性有重要作用,施用国产氯化钾后,农作物发病率均明显下降。三是明确了等量养分的国产氯化钾具有与进口氯化钾同等的增产效果。在等价值投入情况下,由于国产钾肥价格相对便宜,其施用产出投入比高于进口氯化钾。四是总结湖北省主要作物施用国产钾肥技术模式,形成了主要作物因土施钾、因作物施钾、养分间的配合和平衡、施钾时期、施钾方法等技术体系。五是取得显著经济社会效益。湖北的"盐桥"牌钾肥应用从 1993 年的 0.6 万吨、60 万亩增加到 2003 年的 5 万吨、施用面积 500 多万亩。1993—2003 年的 10 年推广期间,在全省范围内推广国产钾肥 26 万吨,累计推广施钾面积 2 350 万亩,为农民新增产值 9.06 亿元。

撰稿:陈鸿应

编后

近年来，湖北省耕地质量与肥料工作总站在李剑夫的率领下，扎根一线，沉下心来，深入田间地头，精心、全心、用心为农民指导、推广、科普使用钾肥科学知识，做了大量实实在在的工作，为农民脱贫，为农业增收立下汗马功劳，取得明显经济和社会效益。

全力为“三农”服务，是他们永恒的工作理念和目标。

持续创新　为固体钾盐开采保驾护航

——记中国煤炭科工集团太原研究院有限公司

［企业名片］

中国煤炭科工集团太原研究院有限公司成立于1964年，1999年转制为中央直属科技型企业。主要从事煤矿、固体钾盐开采、掘进、运输、支护技术与装备的研究和开发，是国内专业配置最齐全的钾盐装备供应商和服务商之一，是我国煤炭、钾盐行业机械装备的研发、制造的领军企业。

建院50余年来，逐步形成了巷道综合机械化掘进技术与装备、无轨辅助运输技术与装备、短壁机械化开采成套技术与装备、综采技术与装备、电气自动化控制等核心产业。太原研究院依托本身的专业优势，2013年1月，成立了固体钾盐开采技术装备研究院，创新了固体钾盐机械化开采方法，研发了用于钾盐矿山开采的核心装备。

由于中国钾盐资源严重匮乏，严重制约着我国农副产品的产量和质量。在资源全球化时代，实施走出去战略。充分利用“两种资源”“两个市场”，到国外勘查开发钾盐矿，建立我国钾肥基地，是解决我国钾肥短缺的重要途径之一。随着老挝钾石盐-光卤石大型矿床的发现，为解决我国钾肥短缺问题提供了有效途径。固体钾盐开采方法主要分为旱采和水采，由于矿体赋存条件的特殊性及矿山建设政策的限制性，一般采用水采，该方法虽然技术应用较为简单，但回收率较低，而且地下采空区无法控制，对地表沉陷产生较大影响。以老挝、泰国为代表的钾石盐-光卤石型矿床，矿体厚度较大，矿石品位较高，属于优质资源。随着“走出去”企业及科研单位对钾盐开采的深入了解，旱采逐渐成为业内共识，在旱采条件下采用什么样的工艺、采用什么类型的设备成为各企业关注的焦点。

2008年5月，院总工程师周茂普研究员应邀参加老挝钾盐矿开采项目的评审工作，创新性地提出了采用悬臂式掘进机进行机械化掘进的设想，得到与会专家及业主的肯定。中寮矿业、老挝开元等企业纷纷引进悬臂式掘进机，提高了掘进进尺速度，降低了工人劳动强度。至此，亚洲地区钾盐开采迈入了机械化时代。

随着“走出去”钾肥企业的境外项目开工建设，为满足该类企业在开采工艺及设备配套方面的需求，在周茂普研究员的推动下，2013年1月，中国煤炭科工集团（太原）固体钾盐开采技术装备研究院在太原成立，作为国内唯一一家研究固体钾盐地下开采技术的专业机构，在矿山开采方法、设备配套等方面具有较强的研发能力。依托太原研究院在短壁机械化开采成套装备、巷道快速掘进装备上得天独厚的技术与装备优势，开展了固体钾盐矿山开采设计，工作面设备选型配套，充填开采工艺等技术研究工作。为保证走出去的企业安全、高效开采钾盐资源提供了技术支撑。

弹指一挥间，转眼十年过去，这是中国“走出去”的钾盐企业历尽艰辛、砥砺奋斗、极不平凡的十年。

目前，我国有 28 个境外钾盐项目在不同工作阶段运作，有的已经投产，有的在建设中、有的在工程招标过程中，有的在勘探并争取采矿权的过程中等，计划产能超过 1 000 万吨。在我国境外钾盐开采项目中，走得最快的是在老挝投资的企业。在老挝的 10 个钾盐项目中，有 4 个矿山已经投产或试运行。

中国煤炭科工集团（太原）固体钾盐开采技术装备研究院经过十余年的发展，在固体钾盐开采行业取得了一批具有国内外先进水平的重要科技成果，获国家授权发明专利 10 多项，涌现出一批优秀的专业人才，形成了一支能“打硬仗”的队伍，为推动煤炭行业的发展做出了巨大的贡献，其主要成果和贡献如下：

首次将悬臂式掘进机引入到固体钾盐矿山

随着近些年来我国煤炭行业的蓬勃发展，煤机类设备被广泛地应用于钾盐矿开采中，并取得了成功，虽然存在腐蚀和部分元部件使用寿命短的问题，但整机性能基本能够满足固体钾盐矿生产需求。根据钾盐矿赋存特点，太原煤科院研发了 EBZ160、EBZ260H 等新型掘进设备，部分机型实现智能化。EBZ260H 型掘进机，采用专业防腐设计，实现掘进进尺 400 米/月以上，是固体钾盐矿山掘进工作面的首选机型。

2010 年，EBZ120 掘进机在中寮矿业在井下用于开拓巷道掘进，月进尺达到 300 米左右。老挝开元应用 EBZ260 掘进机进行开拓巷道、采准巷道的掘进，月掘进进尺达到 420 米，2014 年 11 月实现了月进尺 448.6 米，创造了老挝开元国外钾盐矿掘进进尺的最好成绩。

悬臂式掘进机在两个钾盐矿山开采中的应用，总掘进进尺达到 10 000 米以上，先进装备的应用改变了原有开采模式，降低了工人劳动强度，提高了矿井生产效率。随着悬臂式掘进机的不断发展，在钾盐矿的应用范围将不断扩大。

创新了固体钾盐矿床的开采工艺

在钾盐矿山开采技术内涵中，开采工艺是重中之重。经过对加拿大、俄罗斯等国的技术调研，针对老挝、泰国等地区钾盐矿的地质条件，不断优化工艺，形成了“短条带开采”和“长条带开采”的工艺模式。加大条带开采中矿柱留设尺寸的研究工作，在建立的矿柱强度计算公式的基础上，结合矿柱的载荷计算方法，得出矿柱宽度的设计公式并应用于老挝钾盐矿现场。此项目的实施，对优化固体钾盐开采工艺，提高工作面回采率有重要意义。

研发了钾盐开采专用装备

由于我国缺少固相钾盐资源，专用钾盐开采设备处于空白，大型采钾装备一直被美国、德国等国的巨头垄断，长期以来大型采钾装备几乎全部依赖进口，价格不仅昂贵，而且面临技术垄断的风险，严重制约着企业的快速发展，也直接制约着我国参与国际竞争的能力，研发专用采钾装备是钾盐开采企业的迫切需求。针对此种情况，太原煤科院充分发挥本身的研发优势，在充分调研国外采钾机的基础上，经过 2 年的时间磨炼，攻坚克难，研发出了大功率、截割能力强的 MCZ630 采钾机，打破了装备依赖国外进口的局面，提升了我国在设备制造方面能力与技术水平，为我国实施“走出去”战略提供了核心装备。

制定了固体钾盐开采技术与装备标准

随着“一带一路”国策的执行，走出去到钾资源丰富的国家和地区建立我国自己的钾肥基地已经成为我国钾肥行业“十三五”规划的重中之重，这为我国固体钾盐矿开采技术和装备“走出去”提供了较大的发展空间。新技术、新工艺、新装备的应用为固体钾盐矿开采开辟了新途径，但未形成规模化、集约化、规范化，还缺乏关于开采技术与设备应用的标准规范，严重制约钾盐开采行业的可持续发展，为此，推进我国固体钾盐开采技术与装备标准化工作是国家和钾盐开采企业急需解决的问题。

钾盐开采标准的制定已经列入国家工业与信息化部“十三五”规划。中国煤炭科工集团太原煤科院立足国际钾盐开采技术发展趋势，积极推动固体钾盐开采的标准化进程。

撰稿：周茂普　石亮

编后

持续创新，坚持特色，是太原煤科院的立身之本。设备上的创新，代表的是实力和水平，尤其是固体钾盐矿开采技术与装备标准体系的研究及相关重要标准的制定，填补了钾盐行业没有技术标准的空白，系列标准制定后能够推动采钾机开采技术的开发及推广应用，为钾盐开采走向机械化、规模化、标准化提供了技术支撑。

这正是他们的难能可贵之处，也是企业可持续发展的根本源泉所在。

钾肥干法辊轧造粒技术的领跑者

——记江苏福亿机械科技有限公司

[企业名片]

江苏福亿机械科技有限公司成立于2006年3月，位于江苏省常州金坛经济开发区华兴路212号。现有江苏福亿机械科技有限公司、常州福亿干燥设备有限公司、江苏福亿自动化设备有限公司共同生产制造。

公司是专业从事钾肥干法造粒设备、湿法造粒设备、干燥设备、动态煅烧等设备的研发、制造的企业，吸收了国内外先进的造粒和干燥技术，对现有国内干法辊压造粒和旋转闪蒸干燥机技术的不足进行了系统的完善。

果断创办企业　技术工艺上的优势

常州素来被称为中国干燥设备之乡，在这个4 000多千米^{2}的土地上有大大小小的干燥企业几十家，严格来说在当时造粒生产只是干燥领域会涉及的一小部分，造粒只作为精细化工：造粒、烘干、包装等生产线上一个部分而存在，彼时对产量和生产要求都很小。

中国钾肥造粒发展约始于1997年，台湾青上化工在上海设立工厂，首次提出硫酸钾肥造粒项目，并在大陆成功生产。

经过十几年对市场的摸索，发现市场对化肥造粒有着强烈的需求。相对于原有的粉状物料，颗粒物料有较大的优势如：①颗粒肥养分含量宽；②无须干燥过程、节约能源；③避免粉尘和烟雾对空气的污染；④改善产品的物理性能（如外观流动性、透气性、堆密度等）；⑤避免后续操作过程出现偏析、脉动、结块、架桥等不良影响；⑥降低有毒和腐蚀性物料处理作业过程中的危险性；⑦可便于贮存和运输；⑧改善劳动操作条件；⑨可控溶解度、控制孔隙率和比表面积；⑩改善热传递效果和帮助燃烧；⑪提高生产和使用过程的自动化以及密闭操作创造了条件。

当今世界化肥生产出现两大发展方向，一是肥料含有多元素，如复合肥、复混肥、混配肥等。二是肥料的颗粒化，有多种生产方法，采用的是对辊挤压造粒。在世界化肥总产量中。颗粒肥料约占35%，在经济发达的欧美地区颗粒肥料的消费量占总产量60%左右。

同时我们意识到虽然造粒的方式有很多，但是铵酸法、转鼓造粒、圆盘造粒等传统的造粒方式，可能会无法适应市场的需求，而未来对企业的能源、环保、自动化等要求却会越来越高，那么传统的造粒方式会必然会逐渐被淘汰。而干法造粒在欧洲也已运用了较长的时间，其工艺也比较成熟。

1. 低能耗

辊压造粒是物料在常温下进行造粒，与其他方法相比，不需要燃油、燃气等干燥措施。生产仅需耗电和极少量的冷却水（用于辊轴冷却）或冷却油。每吨产品仅耗电30～40千瓦·时。

2. 无需另外添加黏合剂

国内常用的复混肥生产方法是蒸汽造粒。水蒸气在物料分子间凝结、结晶后，在造粒过程中起黏合剂的作用。但在干燥过程中又必须将颗粒内部和表面的水赶出来，否则化肥在贮存过程中易黏结、结块。而干法辊压造粒不需另外的添加剂，只需利用物料本身的分子间力，简化了流程、降低了能耗。

3. 投资较低

由于省去了干燥过程，同时返料比例低(占挤压机总进料量的30%～45%)，工艺流程简单，投资较低。据IFDC(国际肥料发展中心)在1987年的曾经进行过详细的研究，证明在发展中国家，对一套新建复肥装置来说，挤压造粒在经济上要优于蒸汽造粒和化学造粒或料浆造粒。对于一个年产12万吨的NPK复肥装置，蒸汽造粒的投资高出挤压造粒19.5%，而化学造粒或料浆造粒的投资则高出88.8%，而在生产成本上(对15-15-15)配方，蒸汽造粒高出3%，而化学或料浆造粒则高12%。

4. 原料组成灵活

辊压造粒生产复混肥的原料路线较广泛，目前已经成功地用于辊压造粒的物料有20多种：氮肥中的硝铵、尿素、氯化铵、硝酸钙等，磷肥有磷铵、普钙、重钙、磷矿粉等，钾肥有氯化钾、硫酸钾等，并可添加微量元素如硼、铁、铜、锌、锰等。此外，采用辊压造粒工艺可在极短的时间内灵活实现产品配方的更换，国外一套装置可生产30多种配方的产品。

5. 适用的原料颗粒尺寸范围大

辊压造粒对原料的粒度无特殊的要求，1～4毫米颗粒状物料和细粉状物料都可用，粒度不合格粉状物料和粉状产品更好用，用粉状物料可以降低成本。

6. 能力范围宽

对于辊压造粒装置，经济规模的效应不明显，装置能力从1吨/(时·台)到20吨/(时·台)都可以进行较经济的设计，因此适用的能力范围广。

7. 产品灵活，操作变化的范围广

辊压造粒一套装置可以生产多到几十种产品，小批量的生产也可行。根据切换时需清除原料总量的要求和原有物料对新配方的影响程度，最大可达每班(8小时)生产3批产品。因此，辊压造粒生产的复混肥可适应小批量、多品种复混肥料的需要。

在对市场的上述预判分析中，2006年常州福亿干燥设备有限公司成立，设立于原江苏常州武进遥观郑村。

面对行业竞争　开发大型设备

当时的米高化工早已涉足了钾肥造粒，黑龙江绥芬河、满洲里一带的贸易商利用资源优势，在边贸处落地加工氯化钾颗粒，他们成为我们最先的客户群，最先设备型号还比较小主要生产DH360、DH450、DH650干法造粒设备，客户的需求量也比较小，大部分年产1万～2万吨。2006—2013年间，公司生产的小型造粒机已在市场投产数量达到了200多台。

后来大型的化肥企业如新洋丰、云天化等也加入进来，如今拥有矿厂资源的原料生产厂家也加入到钾肥的造粒生产，新疆国投罗钾、格尔木藏华钾肥、四川开元集团等，当大型的化肥企业也逐步加入到造粒生产中来，市场已发生了较大的变化，这些大型企业对产量的要求更高、设备的品质也愈加严格，自动化程度也越来越高。当时工厂的硬件条件如场地、加工设备、人员等已无法满足我们的生产要求，于是公司于2013年投入7 000万～8 000万元新建厂房，购买各种规格的数控机床、加工中心、火焰切割等来提高公司生产设备的精度、产量、品质等。同时逐步研究开发大型设备，来提高单台设备产量。如今单台设备的产量已从刚开始的300～500千克提高到了每台30吨。其中DH1250单台设备的产量已可达20～30吨/时，轧辊直径已可达1 250毫米，DH1250多台套的生产线年产量已可达60万吨。

主导造粒行业 应用于化肥领域

从2006年发展至今，经公司不断地努力去适应市场，不断开发和研究新型的造粒机，在目前造粒行业中已占据主导地位，并获取了造粒设计方面多项专利，为适应不同产量的市场需求生产制作不同型号的造粒机。

经过2006—2018年十多年的发展，公司在整个市场已售出500多台套设备，尤其在化肥行里，公司基本可占据70%～80%的市场份。现如今，公司生产的辊压机已逐步打开了国际市场，在韩国、日本、印度、越南、泰国、马来西亚、老挝、俄罗斯、德国、乌克兰、斯洛伐克、克罗地亚、澳大利亚、罗马尼亚、玻利维亚、巴西、沙特、伊朗等国家均有公司生产造粒机设备。

根据十多年的经验积累，公司工艺布局更加合理、可以做到定制化设备，由公司生产的造粒机所制作颗粒成品的产量越来越高、颗粒的硬度越来越高、颗粒品质也越来越高。如公司DH650设备所制颗粒硬度均在30 N以上，DH850设备所制颗粒硬度可达50 N以上，DH1050设备所制颗粒硬度可达60 N以上。

当然就实际造粒生产而言，并不限于造粒主机的生产制作，更应该要协调各个相关破碎、筛分、计量、包膜等配套辅件的配合。例如说如设计产量为20吨/时，那么则要求主机的轧片产量可达50吨/时，而破碎的通过量应需达到120吨/时，如造粒生产方少预估了破碎机所需的量，那必然会影响生产，一是产量不足，二是生产线容易堵塞，造成故障，三是损坏机器，四是增加生产维修成本等。公司有多次设计、制作、调试、维护成套生产的经验得出了一套引领市场的造粒线，并多次获得喜人的生产效果。四川开元老挝项目、格尔木藏格钾肥项目、马来西亚By trader、乌克兰UkrTechnoPhos等多家知名钾肥生产厂使用我方设计制作的生产线设备，产能均达到要求，都已在正常生产中，其中多家企业在第一条生产线获得效益后，又将二线、三线的制作交于公司。

自动化方面可做到一键启停、操控越来越简便，人工成本也原来越节省，原来一个生产线可能要十几、二十个工人来操作，如今年产60万吨产量只要8～10个就可以完成所有的操作。

自动化操作就是利用上位机及工业控制器软硬件互相组态实现生产高度自动化、智能化。可以稳定的保证生产有序、安全进行，对生产过程集中进行监测、操作与管理，全面提高生产效率、稳定产品质量及管理水平。

随着市场发展的需求，客户对颗粒形状也提出了一些要求，如圆球颗粒、椭圆颗粒等规则颗粒，根据这些市场的变化我们也开发了一些新的设备与工艺流程。

撰稿：周守亮

编后

一个企业要在市场上立足、生存，首先要有领先的技术，并随着技术的进步不断提升、改进。同时，在取得成功的荣光后，还能发现自身存在的不足，这一点，在福亿机械科技有限公司得到了最好诠释。

他们的造粒生产线、干燥技术、自动化设备等得到了市场认可，甚至走出了国门。我相信，他们还有很多我们不知的秘籍，在发展理念上、内部管理上、企业文化上等。最近有一句话很热门，就是：梦想催人奋进，奋斗赢得未来。

化肥行业优质计量、配肥设备引领者

——记山东祺龙电子有限公司

[企业名片]

山东祺龙电子有限公司创建于1998年，是山东省高新技术企业、国家计量许可认证企业、ISO 9001:2008国际质量体系认证企业，设有市级自动配料设备工程技术研究中心。公司自成立以来一直致力于颗粒状、粉状、块状物料的计量输送及有机肥、掺混肥、水溶肥等整条生产线的设计、制造。公司产品涉及化肥、化工、饲料等多个行业和领域，是一家集科研开发、工程设计、生产安装、调试服务于一体的自动化控制计量设备专业制造商。

山东祺龙电子有限公司（简称：祺龙电子，下同）以创建现代型企业为目标，密切注视市场发展新动向，不断加强科技进步和自主创新，通过引进高端专业人才，与山东大学材料研究所、山东科技大学矿物加工系、山东省计量科学研究院等其他院校、科研院所积极联系，合作开发出规格更多、可靠性更高、可行性更强的自动配料设备及自动控制系统，为企业更快更强的发展奠定坚实的基础。

随着改革开放的浪潮，祺龙电子锐意进取，紧贴市场脉搏，紧跟信息化、自动化、智能化的时代潮流，坚持技术不断突破，产品不断创新的发展战略，公司产品完成了从机械化到自动化的顺利转型，最初所使用的机械式设备结构原理简单，随着生产力不断创新和称重技术的提高，所生产的计量设备在工艺要求、技术性能、现场控制等方面都得到了很大的提升。从而在激烈的行业竞争中脱颖而出，已成为国内领先的自动化计量设备、测量控制系统的专业制造商。

1985年，祺龙电子集国内众多专家用时两年多的时间，研制出了国内首批斗式减量秤，主要用于水泥、建材等行业；近年来随着国内生产水平的不断提高，逐渐发展为以：皮带秤、双层秤、减量秤为主导产品的自动化计量设备。从最初的吊挂式皮带秤到现在承重式皮带秤、双层皮带秤；从最初的斗式减量秤到现在的无斗减量秤、高精度减量秤，慢慢地由人工转变为自动化操作。

化肥一直作为农业生产中必不可少的生产资源，是粮食的“粮食”。在化肥生产过程中，化肥生产企业经常会遇到计量称重配料不理想的问题，比如在生产过程中，大多数公司会遇到其计量配料系统自动化程度低、计量精度不准确、设备使用寿命短的问题而渐渐放弃了自动化的配料系统。仅采用人工配料的方案，使得生产人力资金持续的居高不下。

祺龙电子立足客户需求，确立了产品高档化、生产规模化、市场国际化的发展思路。在引进、消化、吸收国内外先进技术的基础上，根据在化肥生产企业中所出现的问题进行专项攻克，使得自动称重配料系统可依据生产现场实际需求进行设计，已由最初期的工控机控制变为仪表触摸屏控制方式，整套系统具有配料速度快，精度高，操作方便，节省人工等优势。

系统可同时控制多台设备及多种不同物料的输入输出;多种物料配料时自动变频调速,实现均衡加料,实现完美混合。智能化控制配料系统,每种配料之间互不干扰,无须等待,缩短配料周期,提高配料效率。系统包含报表功能,数据储存记录功能,制表打印功能,每次生产完成后自动编印配料报表,并记录日期、时间、报表编号及每种物料的实际消耗量等资料;报表寄存在电脑硬盘,保证生产报表的正确性和完整性,可随时读取。系统操作简单,具有手动、半自动、全自动三种生产模式。

定量给料机是化肥生产中自动配料系统的常用设备,目前常见的定量给料机采用的是连续动态的计量方式。根据秤体结构形式大概分为单层定量给料机和双层定量给料机两种;根据称重计量方式的不同,分为计量段称重和整体称重两种。

单层定量给料机称重方式采用计量段称重,通过安装在输送皮带下的计量辊测量计量段的物料重量信号,通过测速传感器检测皮带速度信号,然后根据重量信号和速度信号进行内部换算,计算出物料的实际流量和累计产量。

计量皮带机根据生产工艺的不同可以采用整体吊挂称重、支撑称重或计量段称重。喂料皮带机采用变频器控制,计量皮带机有恒速运转和变频调速两种方式。

单层定量给料机与双层定量给料机称重、计量、控制原理相同,均为连续动态计量。根据现场使用情况,均能达到生产过程中的实际计量需求。

双带式静态秤是由喂料皮带机和计量皮带机组成,喂料皮带机采用变频器控制,计量皮带机恒转速运行。计量皮带机采用整体称重方式,秤体采用传感器整体吊挂或支撑。计量皮带机不与上、下级设备接触,皮带不会因仓压过大产生打滑,不受其他设备影响,无须采用实物标定,降低工人劳动强度。控制部分采用独特的硬件设计和软件算法,信号采样速率高、计量控制反应快,实时检测给料偏差实时修正,计量精度高、控制精度高,完全达到化肥生产过程中的配料计量精度。

近年来各化肥生产企业积极落实"2020年化肥使用零增长行动方案",调整化肥使用结构,优化氮、磷、钾配比,促进大量元素与中微量元素配合。在生产过程中工艺流程多样、原料成本偏高的现状下,我公司针对生产过程中小流量粉状物料的计量做出了重点的研究和开发,成功研制出了适用于计量化肥生产过程中添加的菌剂、微量元素、生物添加剂等小流量粉状料的高精度减量秤。

这一种高精度减量秤制造工艺考究、重量轻、体积小、操作简单而实用是广大用户理想的选用产品。U形底部的构造设计没有任何死角,所以不会堆积物料在内,加上专为U形底部而设计的搅拌器,喂送物料时会更加均匀和轻巧,最低部位有宽大的螺杆开口,使物料可以顺畅地流到螺杆槽内。

喂料机可分为单螺杆和双螺杆,为防止粉料架桥,上料斗可加装垂直搅拌装置。喂料量根据客户需求可配供每小时2~200千克的喂料量,计量误差在20克以内。

另外,在化肥生产过程中,根据生产工艺及各种原料的特性不同,更多化肥生产企业采用"包膜"工艺对化肥的板结现象进行控制,同时可以保证更好的产品质量,提高肥料亮度。

化肥生产企业对"自动包膜"的需求不断提高,山东祺龙电子有限公司成立专项研发小组,经过不断改造和提升,完成了自主设计研发的"包膜自动控制系统",该系统已被授予国家发明专利,并荣获"市级优秀科技成果"项目。

该套系统的成功应用使得化肥生产企业在包膜过程中的各种问题迎刃而解,系统根据包膜粉、菌剂、防结块剂的比例,由成品粒的实际流量进行自动追踪控制,从而达到自动包膜的目的。具有包膜更加均匀、全程自动控制、无须人工调节、升级改造方便等优点,真正地为化肥生产企业达到"节本降耗,提质增效"的发展需求。

随着化肥生产企业生产工艺的升级和产品质量的提高，自动配料计量设备将在生产过程中发挥越来越重要的作用，山东祺龙电子有限公司将会继续积极钻研稳固提升行业高端技术，以设计构思合理、设备规格多样、质量可靠、运行稳定为目标，不断创新，稳步发展。

撰稿：马光亮

肥料行业非标定制　包装码垛一体化解决方案的坚持者

——记无锡邦尧自控技术有限公司

[企业名片]

无锡邦尧自控技术有限公司位于江苏无锡,依托江南大学等院校的科研实力,经过二十多年的发展征程,在技术研发、设备安装调试上积累了丰富的产品设计与制造经验,培养了一大批技术过硬、业务娴熟、责任心强的专业管理和技术工程人员。多年来,一直专注开发、设计和生产物料输送,自动称重,机器人码垛系统,公司产品结构合理,工艺精湛,品质优良。目前,本产品已广泛应用于新材料、食品、化工、制药、塑料、建材等多个领域。

为方便广大客户,公司在昆明、成都、南宁、石家庄、郑州、长治、潍坊、大连、黄山、格尔木等地成立了售后服务中心和办事处。

江苏是制造业大省,也是中国重要制造产业基地,特别是无锡及周边,产业配套齐全。走进无锡,广大采购商都会有一站式购物的体验,乘兴而来,满载而归。第一台电子定量秤就诞生于江苏无锡,经过30多年的发展,无锡已成为最专业的称重包装码垛成套设备的集中地。经过多年的努力与发展,邦尧公司已经走出了一条以包装秤为核心的相关多元化发展道路,形成围绕称重系统、包装系统、码垛系统三大核心产业。

■ 拥有先进的生产基地,坚实雄厚的研发实力,强大的销售网络

称重包装设备涉及诸多行业,为适应不同产业各层次用户的不同需求,邦尧公司在不断夯实企业内部发展基础的同时,还加大了对研发生产与基础建设的投入。公司在2015年扩展了销售部和研发部,针对国内市场,物料的多样性,为客户量身定制,提供最适合最节约人力的称重包装解决方案。“邦尧”在产品研发方面居于同行前列,每年投入研发资金占产品营收的20%,其中与无锡设计院和江南大学都建立了长期稳定的合作关系。想客户之所想,急客户之所急,不断研发出让客户满意的产品,每年都有新产品推出,以适应市场的需要。公司还计划加大各类生产设备的投入,以进一步扩充产能,满足客户日益增长的需求。

■ 积极拓展海外市场,立足国内,放眼世界

邦尧公司很早注重海外市场的开拓,并且组建了外贸部,并且将很多设备出口到东南亚、中亚,如马来西亚、韩国、日本、越南、乌兹别克斯坦、哈萨克斯坦等;南美洲,如哥伦比亚、智力、阿根廷、巴西等国。

通过邦尧人的不懈努力，邦尧的称重包码系统也一定会挺进到更多的国家和地区，为世界各地的企业带来便利。

公司视产品质量为生命线。2005 年通过了 ISO 9001:2000 国际质量管理体系认证;2005 年取得了计量许可证，特别是吨包计量许可证;2012 年获得"质量服务信誉 AAA"荣誉证书。

邦尧公司整合上下游资源，已为近 3 000 多家大中小企业服务，横跨化肥、化工、医药、生物等领域。晋煤集团、湖北祥云集团、湖北新都化工、浙江皇马集团、中粮集团、浙江鸿基石化、三一港机，山东卓星等单位均为公司的长期稳定客户。

公司有着一流的售后服务团队，随时反馈顾客信息，并深入各客户企业跟踪服务。对生产运行中出现的问题，给予最迅捷的反应，或电话指导，或现场修理或更换。本着一切为客户服务，让客户满意的态度，为广大客户提供便捷、优质的服务。

近些年锂盐行业蓬勃发展，为满足该类企业在设备配套方面的需求，公司加大称重包码系统在钾盐行业应用的研发投入，本公司的相关设备已在一些企业中发挥了重要作用，提高了工作效率，降低了工人劳动强度。如邦尧公司在美国 FMC 三期项目中，邦尧设备的应用取得良好效果，深受客户好评。

比如，全自动氢氧化锂包装码垛机，减少人员在现场时间，避免物料对人体的伤害。为 FMC 特制吨包，气囊式夹袋器，封闭式罐装，减少粉尘外溢，避免操作人员受粉尘影响。目前，公司产品在行业内应用于越来越多，四川天齐锂业，华电包头公司等等都开始采用这种自动化程度高的包装机械。

这是一家有雄厚的研发能力和技术、有过硬质量的产品、有稳定海内外市场的企业，也是一家有文化底蕴的企业。正如《邦尧赋》:邦为汉兴当头，尧是舜禹前栋梁，尔今齐聚众才俊，敢为先贤度平常。且愿企业未来发展前景越来越广阔。

撰稿:姚奎　张洁

第五篇

行业进展与成就

编者按:

经过 60 年的发展,中国钾盐(肥)行业已经形成完整的工业体系,真可谓分类何其多,功效各不同。它们是……

中国氯化钾行业运行现状及发展报告(压缩版)

氯化钾性质及用途

氯化钾，分子式:KCl,英文名称：Potassium chloride,分子量:74.55。氯化钾为白色晶体,相对密度为1.984,熔点为770℃。它易溶于水,微溶于乙醇,不溶于浓盐酸、乙醚和丙酮而且有吸湿性,易结块。医用氯化钾为无色长棱形、立方形结晶或白色结晶性粉末;无臭,味咸涩。

氯化钾本身是一种优质钾肥,也是一种优质的水溶性钾肥。生物体中有60多种酶需要K^+作为活化剂,同时还是其他加工型钾肥和钾精细化工产品最基础的原料品种,是钾盐帝国大厦的“老祖母!”因此,氯化钾行业是钾盐(肥)产业的基础。目前,应用广泛的涉钾产品有140余种,我国能生产的有80余种,产品应用领域涉及工业、农业、食品、医药等。

氯化钾产业概况

1958年我国在青海生产出钾肥,比德国在1861年生产出氯化钾的时间晚了近100年。中国氯化钾从1958年的953吨产量发展到2018年的700万吨,它经过60年的发展和壮大,中国氯化钾的行业情况如下(以2018年为例,单位:万吨氯化钾实物,下同)。

1.钾资源方面

2017年我国可溶性钾资源的查明资源量是10.27亿吨KCl,比2016年的10.57亿吨KCl减少0.3亿吨KCl,储量比2016年的0.73亿吨KCl进一步下降。我国钾资源的基础储量只占世界的5%左右,但品位平均只有0.8%,甚至更低。据不完全统计,30个境外钾资源项目拥有的钾石盐和光卤石储量约260亿吨KCl以上。

2.供应方面

中国氯化钾的供应来源共有三部分组成:一是国产,二是进口,三是境外。

自1958年我国在青海建立了察尔汗钾肥厂以来的60年中,盐湖卤水、海盐苦卤、海水制钾、固体钾矿等各类资源制氯化钾的企业发展到现在的30家。其中,察尔汉盐湖有26家。

(1)国产氯化钾　主要产自青海和新疆的氯化物型盐湖含钾卤水,山东、江苏、天津的海水钾,云南江城的固体钾矿(这一部分2017年和2018年没有产量)及四川、湖北的深部地下卤水(这一部还没有产量)。2018年的产量为700万吨,比2017年787万吨下降了87万吨,产能是1 062万吨。

(2)进出口氯化钾　2018年,氯化钾进口量748.5万吨,它们分别来自加拿大40.2%,俄罗斯20.8%,白俄罗斯18.9;出口方面,2018年的氯化钾出口量是19.1万吨。

(3)境外氯化钾　经过20年的努力,境外钾肥基地有4家钾肥公司在老挝建成投产。其中,2家近几年停产,另外2家的总产能为60万吨,每年的产量中有20多万吨回哺国内氯化钾市场。

3.需求方面及流向

2018年,我国氯化钾的表观消费量是1 529万吨实物,自给率是48.9%。目前我国唯一缺少的钾肥品种是氯化钾,约50%需要进口。氯化钾主要流向是复合肥企业、配方肥企业、水溶肥企业、加工型硫酸钾和硝酸钾企业、钾精细化工产品企业、贸易流通管道。

4. 执行标准

氯化钾的标准目前执行的是GB 6549—2011,于2012年6月开始实施。新版农业级氯化钾国家标准目前上报国标委,正在审批过程中。

国家质量监督检验检疫总局和国家标准管理委员会于2011年7月20日颁布"氯化钾国家标准GB 6549—2011"(表5-1),该标准将于2012年6月1日实施,并替代"氯化钾国家标GB 6549—1996"。新标准要点如下:①氯化钾产品分为2类。Ⅰ类为工业用氯化钾,Ⅱ类为农用氯化钾;②氯化钾外观为白色、灰白色、微红色、浅褐色粉末状、结晶状或颗粒状;③修改氯化钾含量测定方法。取消了加甲醛的步骤,四苯硼钠沉淀剂加入量由65克/升、10毫升改为 30克/升、12毫升;四苯硼钾沉淀的洗涤剂由饱和四苯硼钾溶液改为1克/升四苯硼钾钠溶液。

表5-1 氯化钾国家标准 GB 6549—2011 的主要技术指标

项目	指标					
	Ⅰ类			Ⅱ类		
	优等品	一等品	合格品	优等品	一等品	合格品
氧化钾(K_2O))的质量分数/%	≥62.0	≥60.0	≥58.0	≥60.0	≥57.0	≥55.0
水分(H_2O)的质量分数/%	≤2.0	≤2.0	≤2.0	≤2.0	≤4.0	≤6.0
钙镁合量(Ca+Mg)的质量分数/%	≤0.3	≤0.5	≤1.2	—	—	—
氯化钠(NaCl)的质量分数/%	≤1.2	≤2.0	≤4.0	—	—	—
水不溶物的质量分数/%	≤0.1	≤0.3	≤0.5	—	—	—

注:①除水分外,各组分质量分数均以干物质基础计

②Ⅰ类中钙镁合量、氯化钠及水不溶物的质量分数作为工业用氯化钾推荐性指标,农业用不限量

生产技术现状及发展

按照生产氯化钾的工业原料来说,我国有产量的氯化钾生产技术主要有3种:一种是以察尔汗盐湖氯化物型卤水为原料;二是以固体钾盐矿为原料;三是以海水苦卤为原料。

1. 以氯化物型盐湖卤水为原料

中国利用现代盐湖含钾卤水生产氯化钾已有60年的历史,其间先后采用的主要氯化钾肥加工工艺有浮选法(也称正浮选法)、兑卤脱钠控速分解结晶法(简称4# 工艺)和反浮选—冷结晶法、冷分解热溶结晶法等4种。

(1)浮选法　浮选法是察尔汗地区使用的第一个真正意义上的氯化钾工艺流程,也是迄今最为成熟的一个工艺流程。浮选法(也叫正浮选)的工艺原理是利用氯化钾、氯化钠和氯化镁三者溶解度的不同,使盐田光卤石分解,氯化镁进入液相,经浮选使钾、钠分离。准确地说,该工艺应称为冷分解浮选洗涤工艺共有3个阶段:①冷分解就是加入淡水溶解,溶去 $MgCl_2$。②浮选就是添加浮选药剂——羧甲基纤维素,十八胺和2号油进行浮选分离,选出KCl,通常为4段,一粗一扫二精,闭路。③洗涤就是加入淡水洗去残余的NaCl。精钾的组成为KCl 90%,NaCl 1.15%,$MgCl_2$ 0.63%,水分为6% 。其分解的原理如下:

$$KCl\cdot MgCl_2\cdot 6H_2O+NaCl+nH_2O \rightarrow KCl(固体)+NaCl(固体)+ MgCl_2(液相)+(n+6)H_2O+KCl(液相)+NaCl(液相)$$

分解的目的是尽可能使得 $MgCl_2$ 全部转入液相，并使 KCl 溶解最少。浮选法的优点是能耗低、工艺成本较低、耐腐蚀材料用量少、工艺流程操作简单、对原矿质量适应性强。其缺点是回收率低、产品粒度细、重量差。浮选法已逐渐被国际钾盐厂商淘汰，国内经过多年的技术改造和应用，已使此工艺逐步得到完善。

(2)兑卤脱钠控速分解结晶法(4# 工艺) 20 世纪 90 年代初，原化工部连云港设计研究院(现中蓝连海设计研究院)开发出“兑卤脱钠控速分解结晶法从氯化物型含钾卤水制优质氯化钾”专利新工艺，也就是著名的 4# 工艺，采用反传统的先脱钠，后脱镁的新构思，并巧妙运用特殊结构的结晶器以达到分离氯化钠和生成氯化钾结晶产品的作用。

该工艺是一项独创的、具有发展前景的钾肥生产工艺，它既不同于目前国内外普遍采用的浮选法，也不同于以色列开发的冷结晶工艺。它是我国科技人员依据我国国情和青海盐湖的特点，经多年现场实验研究开发的具有中国特色的新工艺。为与传统工艺相区别，本工艺被有关部门定为“青钾 4# 工艺”。

实验结果证实这条工艺路线是完全可行的，这项实验结果已于 1993 年 12 月通过化工部组织的高级别专家鉴定，1994 年 6 月获得国家专利，专利发明第一人为原化工部连云港设计研究院程忠研究员。1999 年获国家石化局科技成果二等奖。1997 年青海盐湖集团进一步放大，建成了年产 4 万吨的东方优质氯化钾实验厂，该厂连续稳定生产 10 多年，生产出高质量的优质工、农用氯化钾产。

本工艺针对我国青海察尔汗盐湖资源特点，以盐田晒制的卤水为原料，在加工厂内采用兑卤脱钠法直接生产低钠光卤石，从而避免了大面积盐田光卤石的滩晒、采运、选别等复杂加工过程，特别是不需要再引用价值昂贵的水采船等设备，从而大幅度降低了基建投资及生产成本。容器化兑卤在人工控制条件下进行，可有效地调节卤水质量及兑卤反应条件，避免了大面积盐田滩晒过程中难以控制的自然因素的影响，有效地保证了光卤石质量的稳定，利用人造光卤石和矿物杂质 NaCl 结晶粒级的差异进行分离脱钠，获得 KCl 品位较高的低钠光卤石，然后加工简化，不加任何浮选药剂，即可获得高品位优质氯化钾，避免了药剂对环境及盐湖资源的污染，扩大了产品的应用范围。$m(KCl)/m(NaCl)>5$ 的低钠光卤石的优点是粒度均匀，物性良好，它不仅是制取优质氯化钾的原料，同时也是电解制取金属镁的最佳原料，这对综合开发利用我国青海盐湖资源具有特别重要的意义。其缺点是系统回收率较低，大规模生产装置推广应用尚需进一步的经济论证。

(3)反浮选—冷结晶工艺 由上海化工研究院有限公司、中蓝连海设计研究院(原化工部化工矿山设计研究院)和青海盐湖公司等单位的老一辈专家联合开发成功“反浮选—冷结晶”工艺，主要分为 3 个阶段：①反浮选阶段，先除去氯化钠得到低钠光卤石。②冷结晶阶段有 2 个过程，先光卤石分解，然后氯化钾结晶析出。③洗涤，加水剔去残余的氯化钠。

此工艺之所以能取代冷分解浮选法而成为盐湖钾盐产业的主要工艺流程，主要有 2 点优势：一是氯化钾质量可达 95%左右。二是产品粒度大、外观效果好。这两点相对缩小了盐湖钾肥与进口钾肥的差距。这种工艺的缺点是流程较为复杂、操作不易，尤其是结晶系统，另外，回收率也不是很高。

该工艺主要分为调浆、反浮选、脱卤、冷分解、结晶、过滤几个工序。调浆工序是在光剂，增加氯化钠晶体表面的疏水性，搅拌并鼓入空气，氯化钠表面的水层迅速破裂，并和气泡紧密结合成泡沫上升到矿浆表面，而光卤石则由于亲水性留在矿浆中。含氯化钠晶体的泡沫层通过浮选机的刮板分离，达到除去氯化钠的目的。冷结晶主要是利用控制低钠光卤石分解条件，控制溶液中氯化钾过饱和度，减少氯化钾的晶体数量，达到在常温下使氯化钾晶体颗粒长大的目的，而氯化钠在液相不饱和时不能析出，从而保证了氯化钾的质量和粒度。

“反浮选—冷结晶工艺”是由青海盐湖工业集团有限公司在4#工艺反浮选的基础上，结合以色列冷结晶技术，自主研究开发出的钾肥生产工艺技术，该技术成功应用于盐湖二期100万吨工程，荣获国家专利发明金奖。自2004年3月试车投产以来，青海百万吨钾肥项目“反浮选—冷结晶”工艺生产正常稳定，钾肥日产平均品位在95%以上。

(4)冷分解热溶结晶法　我国察尔汉盐湖盐田光卤石的冷分解热溶结晶法，整个工艺过程分为二段冷分解、一段热溶、氯化钾饱和液冷却结晶3个部分。目前，盐湖股份和藏格钾肥等企业都有热溶法装置。

2.以固体钾盐矿为原料

1965年在云南思茅区勐野井发现了我国第一个钾石盐矿，也是迄今我国利用可溶性固体钾盐矿生产氯化钾的唯一企业。该矿采用浮选法生产氯化钾，曾建成年产6 000吨/年的规模。选矿后得到的精钾产品品位在90%～97%，钾回收率在50%～70%。上海化工研究院根据该矿特点，采用热法全溶流程分离氯化钾和氯化钠的试验研究工作，为建厂提供了必要的数据。该法能获得食用盐，但存在工艺流程较复杂和燃料消耗较大等问题。

1970—1975年，原连云港化工矿山设计研究院与云南思茅钾肥厂协作，用浮选法从钾石盐制取氯化钾1 000吨/年的中间实验研究工作。但此法存在收率较低、分离后氯化钠不能食用，仅能作为工业原料的弊端。

后来，由云南省江城泰裕钾肥有限公司组织有关专家对中国科学院青海盐湖研究所承担的“勐野井难选钾石盐制取氯化钾开发研究暨灰绿色钾石盐制取氯化钾生产工艺开发研究小试验阶段报告”进行了评审。专家组认为灰绿色钾石盐矿中的水不溶物、杂质种类多、矿石结构复杂难选是世界性的技术难题。经中国科学院青海盐湖研究所通过对脱泥方法和浮选工艺的深入研究，在研究报告中提供的技术指标、工艺参数和推荐流程，可为年产万吨规模的工业性示范装置提供技术设计依据。在难选钾盐矿脱泥及浮选技术方面都有了重大突破，达到国际先进水平。随后，云南省江城泰裕钾肥有限公司与中国科学院青海盐湖研究所经过平等协商，达成协议，共同参与研究开发“年产1万吨规模灰绿色钾石盐(贫矿)制取氯化钾工业性示范装置”项目。

3.以海水苦卤为原料

(1)兑卤法　该技术是20世纪60年代，由我国轻工业部的科技人员在日本带进的技术基础上开发完善成功的。它是利用海水经蒸发制取氯化钠后浓缩而成的苦卤为原料，在浓缩过程中先把溶液中氯化钾和氯化镁组分制取人造光卤石，然后提取氯化钾。

兑卤法苦卤生产氯化钾技术是我国苦卤化工企业多年来广泛采用的一项传统苦卤综合利用工艺。目前产能很少，一直维持在3万吨/年左右。但随着能源、材料和人员费用的上涨，此工艺能耗高、回收率低的缺陷日益突出，生产成本明显高于售价。盐化科技工作者先后进行了多项工艺改进，但未能从根本上解决原工艺的高能耗问题，燃料费占成本的50%左右。兑卤法在20世纪70年代和80年代为解决我国工业用钾做出了重要贡献。

(2)海水沸石法　1975—1983年，沸石法海水提取氯化钾工艺经百吨级扩试和千吨级中试考察证明，在技术上是可行的，并得到了批量合格的氯化钾产品。这种方法有效地解决了能耗高、盐耗高及沸石有效交换量低等问题。

中国氯化钾行业发展预测

有因才有果，我国因为可溶性钾资源的贫乏，国家才于2000年左右提出了我国钾盐行业供应可持续的发展战略——国产、境外、进口三足鼎立的“顶层设计”大政方针。目前，作为我国唯一还需要大量进口，自给率只有50%左右的氯化钾品种，发展预测如下。

1.国产方面

一是严格限制国产钾肥的产量。目前，从我国可溶性钾资源的实际禀赋条件来看，经过近20年的高速发展，氯化钾产量近些年已经一直维持在700万～800万吨，而且从产量数据可知，近些年已经开始在高位下降，这是一个不得不让我们引起重视和警惕的一个现象。我国青海、新疆现有的钾肥装置能力，已经达到现有资源量的极限规模，为了氯化钾行业国产部分可持续发展更长的时间，把现有装置利用好，维持好，达到较高的开工率；建议慎上新的氯化钾装置和扩建新的氯化钾装置，氯化钾产量维持在600万吨/年水平。二是质量方面。未来将来的氯化钾生产向着不再使用浮选药剂的方向发展。

2.境外方面

经过20年“走出去”的努力，我们已经走到了境外钾肥基地方的“半山腰”。我国在海外的钾肥项目分布在11个国家共有31个项目，固此，我们要充分对加拿大、老挝、刚果(布)等国家和地区取得的钾资源项目进行甄别、筛选。被筛选出的优质项目，一要从资本、技术、市场、海外人才等方面，在“一带一路”的政策下，组成上、下游联合舰队和海外钾肥项目投资基金，从为国家进行资源储备和在境外拥有自己钾肥基地的角度尽快组织规模生产；二“走出去”的海外钾肥项目，要与当地钾肥企业多沟通、争取合作发展，随着世界经济低潮期的到来，加拿大、俄罗斯等钾肥大国，特别是加拿大，有许多在生产与物流方面的投资合作机会，这样就能有利于项目的顺利发展。

境外钾肥项目是一项投资周期长(从勘探到建成工厂需要6～8年)、投资金额大、生产周期长(钾肥工厂建成后可生产60～80年)。所以，我们强烈建议投资境外钾肥工厂要着重考虑以下几个要素：①该国的政治、政策的稳定性；②该国的钾矿地质条件、钾矿的储量以及品位；③钾矿矿区的水、电、气、铁路、道路、港口、社区关系等状况；④该国的钾矿探勘、建设施工以及钾肥工厂运营期间的熟练操作工人。

举国家之力，支持建设境外特大型钾矿国家战略储备和境外大型国家级钾肥生产供应基地，是保证我国粮食安全的重要战略举措。它既关系到我国钾肥的供应，而且对我国农业未来的总体发展将产生重要的影响，同时还能保护国内仅存的珍贵钾资源，惠及子孙后代。估计今后5年内中国境外钾肥项目将会有300万～400万吨的产能装置建成投产。

3.进口方面

在过去近10年时间里，我国从俄罗斯、加拿大、白俄罗斯等国进口的钾肥量，约占钾肥进口总量的80.0%(以2018年为例)。我国的钾资源现状和我国钾肥的需求量、国际钾肥的丰富，这些都决定了我国将需要一直进口钾肥！我国钾肥拥有50%的自给率，50%靠进口，这是一个进退自如的、有利于我国钾肥产业可持续发展的黄金比例。加拿大钾石盐矿石平均品位高达30%，开发45年来，才仅仅开发不到1%的资源量，而且品位不会有大的改变。加拿大如此丰富的钾资源对我国大量进口钾资源具有重大的意义——保留自己国家的资源，争取利用国外钾肥进口的最佳方式和机会。

4.需求方面

(1)出口方面　随着钾肥出口关税的降低，流向“一带一路”沿线国家市场的机会也会大大增多，出口量，特别是颗粒钾肥和加工型水溶型钾肥的出口量会有一个上升，可能会上升到40万吨左右。

(2)市场需求量　2019年表观消费量约在1 600万吨氯化钾。这与2018年基本持平或稍增多。随着2020年我国钾肥化肥“零增长”“配方肥”和“有机肥”应用的普及，氯化钾的消费量会趋于稳定或将继续稍有增长,今后5年,表观消费量可能会增长2 000万～2 100万吨KCl及以上。因此,境外基地的建设已经是非常紧迫。

5.氯化钾价格方面

从目前氯化钾价格的走势来看,氯化钾的价格处于逐步上升的趋势。在我国氯化钾产量没有较明显的回落之前,价格较大的上涨不太现实,但价格会继续回升,幅度可能会越来越有限,估计2019年的氯化钾价格会在290～310美元/吨。未来5年,我国对氯化钾的需求增长将继续是刚性的,世界氯化钾巨商更会聚焦中国市场,竞争激烈的结果是价格会在350美元/吨左右(到岸价)。

撰稿:谢邦宰　亓昭英　马锁立

中国硫酸钾行业运行历程及发展报告(压缩版)

硫酸钾性质及用途

硫酸钾,分子式:K_2SO_4,分子量:174,英文名称:Potassium sulfate,是由硫酸根离子和钾离子组成的盐,通常状况下为无色或白色结晶、颗粒或粉末,较纯净的硫酸钾系白色或淡黄色,呈菱形或六角形结晶体,无气味、味苦、质硬,化学性质不活泼,在空气中稳定,密度为 2.66 克/厘米^3,熔点为 1 069℃,水溶液呈中性,常温下 pH 约为 7,1 克溶于 8.3 毫升水、4 毫升沸水、75 毫升甘油,不溶于乙醇。吸湿性远比氯化钾小,物理性状良好,不易结块,便宜施用。

硫酸钾在农业上是常用的钾肥品种之一,氧化钾理论含量 54%,在中国台湾地区俗称为“白加里”,也是最主要的无氯钾肥品种,除了富含钾素外,还富含丰富的品质元素硫元素,硫酸钾对亚麻、荞麦、烟草、葡萄、西瓜、柑橘、茶叶、马铃薯、蔬菜等喜钾经济作物及海产品来说,硫酸钾可增加果实糖分,达到果肉肥美、果皮色泽鲜艳、售价提高、增加收入的目的。施用了硫酸钾的茶树,能大幅度提高氨基酸含量,改善茶叶品质。施用了硫酸钾的烟叶,可以降低焦油、尼古丁含量,提高烟叶抗病力,增加烟叶的可燃性……因此,在全球所有的化肥品种中,硫酸钾虽然产量不大但作用不可替代。其更被果树栽培专家称为“果肥”。另外,硫酸钾几乎可以和现有的所有肥料相混合使用,易于制造复混肥。自 1992 年我国引进技术生产以来,短短的 20 多年,它的总产能已经发展到 2018 年的 849 万吨,其肥效也迅速得到了行业的认可。硫酸钾还是制造多种钾盐如过硫酸钾等的基本原料,如玻璃工业用作澄清剂,染料工业用作中间体,香料工业用作助剂等,医药工业还用作缓泻剂、治疗可溶性钡盐中毒等。

中国硫酸钾产业发展概况

1. 供应方面

我国硫酸钾产业源于 20 世纪 90 年代初,在 26 年的时间里,硫酸钾产业经历了一系列生产原料、生产工艺、产销量、施用推广和认知等方面的变革。相比于氯化钾、硝酸钾产品,硫酸钾在我国的生产起步较晚,1992 年引进硫酸钾技术时,我国钾肥工业已经进入整体发展的第二阶段。我国硫酸钾的生产方法可分为两大类:一类是用天然含钾矿物质制取,这种方法主要是用青海、新疆的硫酸镁亚型卤水和海水生产;另一类是氯化钾转化法,即以氯化钾为原料生产硫酸钾,转化法中又可分为热法和湿法。热法中较为典型的是曼海姆法,湿法中应用较多的是复分解法,其他还有硫酸铵法、离子交换法、制盐苦卤法,等等。复分解法中以芒硝法最为典型,与其他方法相比,此法在国内具有资源、国产化、装置大型化以及投资少见效快等方面的优势,在生产的主要应用的是曼海姆工艺。市场上硫酸钾产品主要来源是曼海姆工艺生产的加工型硫酸钾和以新疆、青海硫酸盐型含钾卤水和海水为原料生产的资源型硫酸钾。

1992 年,在原化工部召开全国硫酸钾交流大会之前,国内仅有温州化工总厂利用明矾石生产少量硫酸钾,总产量不到 0.4 万吨,其他地区则是一片空白。但随着农业经济结构全方位的调整,种植结构的优化,这都加大了农业对无氯钾肥的需求。在这一宏观背景下,云南磷肥厂引进了日产法曼海姆技术和设备，于1992年9月建成我国第一家曼海姆法万吨级生产装置。1994年天津硫酸厂通过合资的形式引进台湾陈怡全先生的曼海姆法技术和设备1套，1998年在江苏连云港也成功新建成一套5万吨芒硝法硫酸钾示范装置，从此我国的硫酸钾行业开始通过引进技术、引进资金、自我开发等多种形式，在市场高需求的推动下迅速发展壮大起来。特别是2009年年底，具有全部自主知识产权的——国投新疆罗布泊钾盐公司120万吨资源型硫酸钾装置。亚洲最大装置的投产标志着我国硫酸钾产业得到了进一步的升级和发展，为中国钾肥自给率达到50%以上，为中国在钾肥谈判桌增加话语权做出了不可估量的贡献，同时，也为中国硫酸钾生产在世界硫酸钾行业的领先地位奠定了基础，从此，我国的硫酸钾产业步入了发展的快车道。

2. 主要生产企业

截至2018年年底，中国硫酸钾总生产企业家数达到119家，总产能为849万吨硫酸钾实物(下同)，产量达到427万吨。其中，中国资源型硫酸钾企业已经达到11家，总产能达到381万吨，2018年的产量为237万吨；加工型企业达到108家，产能约460万吨，产量是190万吨。

目前，资源型硫酸钾的主要生产企业是国投新疆罗布泊钾盐责任公司、青海冷湖滨地钾肥有限公司、青海中农兴元钾肥有限公司、青海中信国安资源有限公司等；加工型硫酸钾主要生产企业是青上化工集团，米高集团、山东青上化工有限公司、金正大、寿光联盟、山东农大肥业有限公司等等。

3. 需求和流向

近些年中国硫酸钾的需求量约在400万吨，主要流向是复合肥企业和直接施用，很少量出口，2018年的出口量约是7万吨以上。

4. 执行标准

2018年7月1日正式实施的农用硫酸钾标准与GB/T 20406—2006相比，GB/T 20406—2017(表5-2)将原标准中的水盐体系工艺农业用硫酸钾的要求和非水盐体系工艺农业用硫酸钾的要求合并为农业用硫酸钾的要求；增加了硫含量的要求及检测方法。

从表5-2可以看出，农业用硫酸钾(颗粒状)合格品的水溶性氧化钾(K_2O)的质量分数由原来的40%变为45%。粉末结晶状(合格品)的水分质量分数由原来的3%变为2%，颗粒状(合格品)的水分质量分数由原来的3%变为2.5%。农用硫酸钾产品具体执行的标准应符合表5-2的要求，同时应符合表明值。

表5-2 农用硫酸钾的要求(GB/T 20406—2017)

项目	粉末结晶状			颗粒状	
	优等品	一等品	合格品	优等品	合格品
水溶性氧化钾(K_2O)的质量分数/%	≥52.0	≥50.0	≥45.0	≥50.0	≥45.0
硫(S)的质量分数/%	≥17.0	≥16.0	≥15.0	≥16.0	≥15.0
氯离子(Cl^-)的质量分数/%	≤1.5	≤2.0	≤2.0	≤1.5	≤2.0
水分子(H_2O)的质量分数/%	≤1.0	≤1.5	≤2.0	≤1.5	≤2.5
游离酸(以H_2SO_4计)的质量分数/%	≤1.0	≤1.5	≤2.0	≤2.0	≤2.0
粒度(粒径100～4.75毫米或3.35～5.60毫米)/%	—	—	—	≥90.0	≥90.0

注：①水分子以生产企业出厂检验数据为准

②对粒径有特殊要求的，按供需双方协议确定

中国硫酸钾生产技术发展历程及概况

顺着技术路线的发展轨迹，中国硫酸钾从发展的时间历程上大致可分为 2 个阶段：第一阶段是 1992—2007 年以曼海姆工艺和芒硝法的发展和应用为主线，第二个阶段是 2008 年至今，以资源型硫酸钾和曼海姆硫酸钾并行发展。硫酸钾主要生产技术概述如下。

(一)矿物提取法

1. 硫酸盐型含钾卤水制取硫酸钾

含钾卤水制取硫酸钾工艺是我国针对罗布泊硫酸镁亚型卤水开出的拥有中国完全知识产权的新方法，获得国家科技进步一等奖，由李浩总经理代表国投罗钾在人民大会堂接受习近平总书记的接见，让人激动难忘。1995 年，中国地质科学家在勘探罗布泊地理结构状况时发现在罗布泊湖盆的硬壳下，存在一处罕见的地下钾盐矿，由于其面积和含盐量与死海接近，被称为“地下死海”。从 2000 年 9 月开始，国投罗钾总经理李浩带领的国投新疆罗布泊钾盐责任公司、化工部长沙设计研究院(现“中蓝长化工程科技有限公司”，简称：中蓝长化)等单位经过 4 年的艰苦奋斗，在罗布泊现场采用兑卤方法调整卤水体系点，经日晒生产高品质高钾低钠钾混盐获得成功，将蒸发过程中的钾混盐析出阶段进行合理分段，从而获得了高品位的钾盐镁矾型钾混盐和光卤石钾混盐。并针对罗布泊缺乏淡水的特殊情况，开拓性地用特定卤水分解光卤石钾混盐，生产出了符合 GB 6549—2007 标准Ⅱ类优等品指标要求的氯化钾，为在罗布泊现场生产硫酸钾提供了必需的原料，这一研究成果既解决了罗布泊淡水缺乏的矛盾，而且还使光卤石钾混盐原矿中钾的收率比用淡水分解大为提高。在罗布泊地区因地制宜地用微咸水进行了软钾镁矾和氯化钾配卤，经盐田工艺生产出了优等品级的硫酸钾产品。

经过技术、经济评价结果表明：新疆罗布泊硫酸镁亚型卤水制取硫酸钾工艺中间试验研究开发的技术路线合理、投资省、成本低、可创造较好的经济效益、生产工艺技术和经济效益均是可行的，成果达到国内领先水平，可以作为工业实验设计依据。随后中蓝长化相继完成了新疆罗布泊硫酸镁亚型卤水生产 2 万吨/年硫酸钾工业试验的可行性研究、方案设计和施工图，此装置已于 2004 年建成投产。同时中蓝长化还为新疆罗布泊钾盐科技有限公司完成了 120 万吨/年硫酸钾的可行性研究。2006 年 5 月 11 日，此硫酸镁亚型卤水制取硫酸钾工艺用于新疆罗布泊年产 120 万吨硫酸钾项目开工，并于 2009 年 12 月全面建成投产。

国投罗钾公司已建有年产 160 万吨硫酸钾生产装置及年产 10 万吨硫酸钾镁肥生产装置，是世界最大的单体硫酸钾生产企业。

作为国内最大的硫酸钾生产企业，国投罗钾的“罗布泊”牌硫酸钾在市场上销售成功，肥效显著。目前在市场上“罗布泊”牌硫酸钾一吨难求，市场认可度非常高，同时也引发了青海中信国安资源有限公司、青海中农兴元钾肥公司、新疆新雅泰钾肥公司、青海冷湖滨地钾肥公司、青海联宇钾肥公司等产业集群的发展。许多公司纷纷利用硫酸镁亚型盐湖卤水资源开发自有技术并生产出了合格的硫酸钾产品，这也为中国钾盐行业的自给率提高到 50%贡献了很大力量。明年中农兴元钾肥公司也将采用此类工艺生产硫酸钾。

2. 明矾石综合利用制取硫酸钾

自 20 世纪 30 年代以来，许多国家开展了明矾石综合利用的研究和技术开发，相继提出了十几种工艺流程。其中，苏联开发的“还原热解——碱法”工艺率先实现了工业化生产，温州化工总厂曾引进过此项技术。20 世纪 90 年代，该厂又引进了苏联的水化学法工艺。但因投入产出比始终不过关，已停止生产。

温州化工总厂生产硫酸钾的工艺流程是:矿石经粗碎、细碎,筛选后进入浸出器,在一定温度下用烧碱溶液循环浸出。浸出液经蒸发浓缩、结晶后,分离出含硫酸钾和硫酸钠的粗钾盐,并用氯化钾以三级置换提纯、结晶、分离、干燥获得产品硫酸钾。母液经冷却析盐后,通过蒸发浓缩、结晶、分离提取氯化钠。分离出粗钾盐的蒸发母液经脱硅、分解制得氢氧化铝,再经焙烧获得氧化铝。分解液返回浸出工序循环使用。碱浸矿渣可作为建筑辅料加以利用。

3. 海盐苦卤法制硫酸钾法

20 世纪 90 年代苦卤法成功突破了苦卤制取硫酸钾关键技术氯化钠与硫酸盐的分离问题后,国内陆续开发出一系列苦卤制取硫酸钾技术。这些技术因分离氯化钠与硫酸盐的方法不同又分为:浮选法、旋流法、筛分法和高温盐析法等。其中,浮选法在河北省大清河盐场万吨级硫酸钾工程中应用。旋流苦卤法工艺已通过山东省科委的鉴定,并在山东海化集团实现了工业化生产,规模为 2 万吨/年硫酸钾,海化在工艺方面二效蒸发改成了三效蒸发,达到先进水平。这项工艺是由苦卤制取氯化钾、旋流法分离湿盐、硫酸镁与氯化钾二步转化制取硫酸钾三部分组成。其特点是生产周期短、设备技术简单、分离彻底、无污染。

经考核表明,采用苦卤制取硫酸钾技术改造苦卤氯化钾工厂,可显著改善企业的经济效益状况,于 1995—1998 年的 4 年间取得了可观的经济效益,获得了 1998 年国家发明奖。1999 年后,随着国内硫酸钾市场竞争的日益激烈,硫酸钾价格由 2 000 元/吨下降到 1 500 元/吨,这条工艺路线中因氯化钾单耗高的缺陷突出,从而导致工厂效益下降。因此,苦卤制取硫酸钾技术未能在盐化工行业大规模推广。

4. 海水直接制硫酸钾法

为了降低海水提钾成本,在"六五""七五"期间,我国科技人员付出了艰苦的努力,开发出"海水卤水提取硫酸钾工艺"。该工艺与海水提取氯化钾相比具有 4 项优势:①用廉价的盐田饱和卤水代替盐水作为洗脱剂,降低了原料成本;②将产品由氯化钾转变为价格较高的硫酸钾,提高了工艺整体效益;③优选出钾交换容量更高的沸石;④完成了沸石离子交换理论研究。此工艺完成了小试和钾富集工艺百吨级中试研究。从初步经济分析来看,此工艺因硫酸钾成本的市场竞争力不足,尚需进一步改进。

经过前述工作的累积,在"九五"末期由河北工业大学等单位联合研制成功"海水提取硫酸钾高效节能技术",该工艺针对原海水提钾工艺由于沸石有效交换量低造成的钾富集能耗高这一关键技术问题,开发出苦卤叠加工艺,使沸石有效交换量提高 3 倍,进而大幅度降低了硫酸钾成本,从而实现了海水提钾技术的重大突破。此技术已于 2000 年 1 月通过了河北省科委主持的成果鉴定,由两院院士组成的评审专家一致认定达到了国际领先水平,该工艺与硫酸法、硫铵法、芒硝法和苦卤法相比显示出极强的市场竞争力和广阔的工业化前景。目前该工艺百吨级中间实验在天津市重大科技攻关项目的支持下,在天津市长芦海晶集团有限公司已圆满完成,已具备了工业化的条件。但具体购买装置还需要看硫酸钾的市场情况和项目主体方的产业链运行情况,单独为生产硫酸钾而购买装置,成本风险比较大。

(二)转化法

1. 曼海姆法

经过 20 多年顽强的国产化努力,曼海姆法在中国的硫酸钾行业已稳稳地占据着一席之地,而且技术与设备及零配件已经全部国产化。

曼海姆法是 19 世纪末由德国化学家 Mannheim Verein 开发研制出来生产硫酸钾的工艺。它以氯化钾和浓硫酸为原料。其生产原理为:氯化钾与浓硫酸在曼哈姆炉内反应。首先,反应生成硫酸氢钾。

其次，在较高温度下继续与氯化钾反应生成硫酸钾。反应所需热量由重油或气体燃料在反应炉燃烧室供给，燃烧室温度为1 000～1 100℃，反应室温度控制在520～540℃。反应2～3小时后，反应产物经冷却、粉碎、部分中和后即得产品，副产物HCl经冷却、洗涤、吸收得到32%～35%的盐酸。

该工艺成熟，产品硫酸钾的品位高，几乎无损失，钾的收率较高。但由于反应处在强酸、高温条件下，设备腐蚀严重，设备连续运行周期短，维修费用较高，单炉的生产能力难扩大；而且它的热效率低，能耗大。该工艺主要设备为曼海姆炉，其有以下4个特点。

①炉子直径直接决定生产能力。通常曼海姆生产能力以单台反应炉日生产能力为衡量标准。由于受到制造技术及材质的限制，目前世界上最大的曼海姆炉直径为6米。

②耙子驱动系统稳定可靠，从而为反应连续稳定地进行提供了保证。

③材质要求高。炉子反应室所用的耐火材料必须耐高温、抗强酸、传热性好；燃烧室材料须耐高温，保温性能好。耙子材质须耐热、抗腐蚀、耐磨损；耙臂机械承受压力大。材质是否达到要求直接影响检修期及炉子使用寿命。

④有温度自控与安全保护系统等。

经过世界各国近百年的发展完善，形成了多种曼海姆工艺。我国引进的曼海姆工艺主要有2种：一种首先是由云南磷肥厂从日本日产公司引进的日产法曼海姆装置，于1992年9月建成我国第一套曼海姆法1.2万吨/年硫酸钾生产装置，因日本对曼海炉的改进主要着重于自动化方面，引进我国后这套装置因腐蚀严重而没有再继续引进；另一种是由台湾青山化工的陈怡全先生，经过20多年的苦心钻研，将曼海姆工艺的反应炉结构、材质、加工流程、有机溶剂进行了优化，由原来的断续生产完善成连续生产，1994年开始引进大陆，并于1996年在上海开始进行进口设备的国产化研制。经过多年的探索，中国大陆也已开发出具有自主知识产权的曼海姆法硫酸钾生产设备，截至2018年年底，我国的曼海姆硫酸钾装置已经达到460多套。在国产化技术设备可以提供完整一条龙服务的公司是临沂昊扬钾肥技术有限公司

2. 芒硝法

近20年以来，我国芒硝法生产硫酸钾技术的研究与开发工作时断时续，暂时还没有一套成熟的工业装置在生产。但我国芒硝资源丰富，用芒硝与氯化钾反应制取硫酸钾，是国内具有优势的生产方法，相信在未来的日子里，该工艺会有很好的发展前景。

一般该法采取“两段转化，一次蒸发”的工艺流程，以氯化钾和芒硝（主要成分为硫酸钠）为主要生产原料，于溶液中反应，浓缩分离制取硫酸钾。由硫酸钠或天然芒硝与氯化钾复分解制取硫酸钾副产氯化钠的理论基础是K^+、Na^+/SO_4^{2-}、Cl^--H_2O四元水盐体系相图，根据各种盐在不同温度下溶解度不同的差别进行结晶分离，KCl、NaCl、K_2SO_4、Na_2SO_4为4种盐与水构成四元水盐体系。其中，NaCl与K_2SO_4，Na_2SO_4与KCl互为盐对，从相图看出，在任何温度下，硫酸钾与氯化钠的结晶区互不相邻。因此，氯化钾与硫酸钠必须通过两段转化才能制取硫酸钾。该法的整个生产过程在常温、常压、闭路循环下进行，无废水和废气排放，工艺较成熟，反应条件易于控制操作，生产成本较低，投资省，装置易于大型化，缺点是原料芒硝消耗量大。工厂地址宜选在芒硝资源丰富的地方。

芒硝转化法具有生产过程连续化、设备国产化、控制自动化、生产大型化的属性，不但国内领先，而且也达到国际先进水平。其装置本身没有特殊的专用定型设备，对材质的选择也没有特殊要求，与曼海姆法相比在技术装备上存在明显优势。芒硝法硫酸钾产品不含游离酸，为中性全溶性钾、硫复合肥，适用于各种土壤，这比曼海姆法硫酸钾更具优势，因为后者含有游离酸，不适合酸性土壤的施用。目前，拥有芒硝资源计划新上芒硝法硫酸钾的企业不少。

3. 硫铵法

该方法主要用其他工业的副产硫酸铵与氯化钾反应，利用其反应产物溶解度的差异，通过控制溶液质量分数和温度，分离出硫酸钾和氯化铵。南化公司研究院从 1988 年开始研究开发硫铵法工艺，于 1992 年首次在张家港建成 0.5 万吨/年的硫酸钾装置，此后河北工学院、上海化工研究院有限公司、中蓝长化科技有限公司随后也进行了研究，其中，中蓝长化科技有限公司取得一项专利。2014 年左右，氯化钾与硫酸钾的市场价格差最高时达到 1 500 元/吨，从而刺激了硫酸铵转化法掀起了一波投资热，其产能一度达到 100 万吨左右，但现在还能坚持生产的硫铵法硫酸钾装置不多。

4. 石膏转化法

该方法是在氨的饱和溶液中，利用氨对 NaCl 和 $CaCl_2$ 溶解度影响小，而 K_2SO_4 结晶析出的催化作用，通过石膏与氯化钾进行复分解反应制取硫酸钾。该方法最大的优点是石膏来源广泛，有大储量的天然石膏、磷肥厂废弃的磷石膏、盐田石膏、氟石膏和电厂烟道气脱硫的副产石膏。同时该方法投资省，能耗低。南昌大学通过添加有机溶剂改进了此方法，使硫酸钾收率达到 90%。山东枣庄化肥厂与枣庄市冶金化工局合作，运用石膏两步转化法生产硫酸钾的中试取得了成功。石膏转化法的主要生产厂家有：江西贵溪化肥厂，它利用南昌大学技术建成 5 万吨/年硫酸钾生产装置；山东青岛东方化工集团公司，它与原成都科大联合研发建成 1 万吨/年硫酸钾装置；沈阳化肥总厂以及湖北大峪口也在筹建一座 5 万吨/年硫酸钾生产装置，以解决磷石膏的堆放问题。

5. 缔置法

缔置法又称溶剂萃取法，该法是以氯化钾、硫酸、缔合剂、解缔剂为原料。此法的优点是常压操作、反应温度低、易控制；设备腐蚀轻；副产氯化铵氮肥，没有污染。其缺点是生产厂家的规模偏小，厂家在生产过程中有缔合剂中毒现象和损失，应用此法生产硫酸钾的工厂很少。

硫酸钾行业发展建议与发展预测

1.“零关税”为曼海姆硫酸钾工艺打开了发展空间

从前面的论述中可知，硫酸钾装置总能力已经过剩，但 2019 年的新出口关税政策，为硫酸钾的出口打开了发展空间。“一带一路”上的相关国家对硫酸钾的需要旺盛，比如，巴基斯坦、埃及等国家需要加大其国家的市场开发力度。

2. 以适度规模科学开发盐湖钾资源

由于我国适合生产硫酸钾的钾资源有限，近 400 万吨的产能规模已经是比较上限的数字，建议新上资源型硫酸钾装置时，我们一定要慎重。用有限的宝贵卤水资源可持续地生产硫酸钾是首要的考量。

3. 依据能耗、环保、安全、副产品销路选择合适的硫酸钾生产工艺

硫酸钾生产工艺中除了生产硫酸钾外，往往还存在着副产品，比如，芒硝法副产氯化钠，硫酸铵法副产氯化铵钾。硫酸铵法副产品氯化铵钾依然是肥料，对于常规复合肥厂很容易通过内部消耗掉副产品。

随着曼海姆产能的过剩，新上曼海姆装置除考虑主原料、主产品的市场配置具备优势外，还要考虑副产品盐酸在当地的消化能力和盐酸烟雾环保问题。比如，法国在比利时的三家曼海姆工厂和芬兰的 2 家工厂。它们之所以采用曼海姆法，是因为二者附近皆有大型硫化物有色金属冶炼厂，有大量廉价的副产品二氧化硫可以利用。同时在当地又有石化厂需要大量氯化氢气体，副产品氯化氢销路不成问题。日本、韩国 2 个国家和我国台湾地区等也是因为氯化氢气体或稀盐酸有大量的市场需求。虽无廉价副

产品二氧化硫可以使用，但市场上硫酸的价格较低。

4. 芒硝法和硫铵法将是今后加工型硫酸钾的主要发展技术

对于资源型硫酸钾，由于资源方面的限制，再进一步更大的产能规模已经不太现实。随着硫酸钾在市场上认知度的提高，特别是出口"零关税"政策的实施和"一带一路"大战略的实施，硫酸钾出口的机遇越来越多，而曼海姆硫酸钾因为副产盐酸的消化能力有限而限制了其产能的进一步扩张。综上可知，在芒硝资源丰富和硫酸铵丰富的地区，建议深入探究硫酸钾芒硝法和硫酸铵技术及生产的可行性，积极新上相关装置。

5. 市场价格预测

由于近些年环保压力的增大，加工型硫酸钾的产能释放受到限制，加之世界硫酸钾产能有限，所以近些年，硫酸钾率先与氯化钾走出了相反的行情，这波启动于 2016 年 10 月的行情，至今已有 900 元/吨的上升幅度，目前进入高位盘整中，在积蓄上升的力量 ，预计在今后的 5 年内，硫酸钾会在曲折中攀上 3 500～3 700 元/吨的合理价位。

撰稿：亓昭英　马锁立

中国硝酸钾行业运行情况及发展建议(压缩版)

硝酸钾性质和用途

硝酸钾是一种重要的优质钾肥品种,更是最好的水溶肥品种之一,也是一种重要的无机化工原料,分子式:KNO_3,分子量为101.1,英文名称:Potassium nitrate,白色透明斜方晶系或菱形晶系结晶体或者白色粉末。无嗅无毒,味咸辣有清凉感。密度为2.11克/厘米^3。熔点为334℃。空气中不潮解。易溶于水、液氨及甘油,不溶于无水乙醇与乙醚。在334℃分解放出氧,400℃时分解放出氧气,生成亚硝酸钾,继续加热则生成氧化钾。它是强氧化剂,与易燃物,有机物接触能引起燃烧爆炸,并发生有毒和刺激性气体。与炭或硫一起加热时,能发强光而燃烧。

自然界中单体存在的形式少见,常与钠硝石、泻利盐、钙硝石和石膏共生。硝酸钾为白色粉末或无色透明的斜方、菱形结晶。它的用途:①无氯钾肥;②制黑火药原料;③焰火;④火柴;⑤试剂;⑥玻璃制造;⑦冶金;⑧腊烛制造;⑨肉类浸剂。医药工业主要用于生产青霉素钾盐、利福平和利尿、发汗、清凉的药剂。食品工业用于配肉,并在午餐肉中起防腐剂作用。机械工业用于热处理(金属淬火)作淬火之盐浴。玻璃工业用于玻璃器皿生产,起耐温硬化玻料的作用,还用作玻璃澄清剂。

中国硝酸钾生产的发展历史

我国硝酸钾生产历史十分悠久,最早可追溯到黑火药发明之前,古有一硝、二磺、三木炭配成黑火药之说。那时候没有专业生产硝酸钾厂家,但事实证明,黑火药配方中的硝肯定是硝酸钾,只不过其质量好坏而已。随着社会生产的发展,黑火药的用途越来越广,有力地推动了硝酸钾生产的发展,各地也出现了很多用草木灰生产硝酸钾的小作坊,当时名称叫火硝。比较有名的生产地方是山西省晋中地区的文水、汾阳、孝义、交城、清徐等,随后,江西、湖南等也出现了生产火硝的小作坊。直到清末民初,有的人用道路上的硬土,俗称“道土”,用水溶解出其中的硝酸钾,然后熬制成火硝,这时硝酸钾的产量也有了明显提高。

新中国成立伊始,我国迎来了各行各业澎湃发展的时期,当时正值我国百废待兴,各行各业的生产得到了前所未有的发展空间,硝酸钾生产也迎来了发展的大好机遇,各地小打小闹,土法上马的厂家遍地开花,据不完全统计,仅山西晋中地区各县就有生产硝酸钾大小厂家数百家,鱼龙混杂,质量参差不齐,销酸钾生产进入生产的纷乱期,生产工艺也是五花八门。一口铁锅几间小屋生产的厂家到处可见,但各厂的生产量都很小,均为年产几十吨,最大的厂家也不过几百吨,根本满足不了国内需要。因此,当时产品由国家统一调拨,生产厂家无权销售。国内需求绝大部分还是由进口来供应。绝大多数厂家还是采用氯化钾、硝酸钠为原料的复分解工艺生产硝酸钾。由于一哄而上造成一时供大于求,迫使好多厂家转产停产,到20世纪80年代后期,大部分硝酸钾关门倒闭或另辟他径。到1984年只有文水化工厂、永县化工厂、工矿药厂、太原农药厂、卫东化工厂还坚持生产。其间也有一些像新疆吐鲁番化工厂、浙江瑞安化工厂等少量新的厂家出现。

20世纪60年代初，硝酸钾厂家由于长期采用硝酸钠和氯化钾复分解法生产硝酸钾和副产品氯化钠，积累了不少经验，产品质量比以前有了很大提高。20世纪80年代初，山西省文水县化工厂迫于形势的要求，开始研究用硝酸铵代替硝酸钠和氯化钾为原料，采用离子交换法生产硝酸钾，该工艺投资虽然比复分解法投资大，工艺也较复杂，但其适应大型工业化生产，况且原料硝酸铵廉价易得，生产规模可大可小，产品质量好，该工艺一经试验成功，便很快被很多厂家所采用，极大地推进我国硝酸钾事业的发展，产量突飞猛进，质量跃上了一个新台阶。20世纪80年代中期，我国硝酸钾产量已达20万吨左右，质量也可以与进口产品相媲美。绝大多数产品用于工业生产。20世纪80年代后期，由于硝酸钠货紧价高，硝酸钾厂家因原料供应不足经常停产限产，因此，硝酸钾产量一直没有提高多少，只能供应黑火药和烟花爆竹等工业部门。

随着我国农业"补钾工程"的启动，为适应中国农业硝酸钾市场的需求，部分硝酸钾企业利用既有优势进行了农用硝酸钾技术改造，20世纪80年代中期采用离子交换法生产硝酸钾的山西省文水县化工厂首先进行了农用硝酸钾的试产，经过多年的开发完善，终于把适用于工业生产的离子交换法生产工艺成功应用到农业硝酸钾生产上来。该法所用原料廉价而易得，生产规模可大可小，投资少，建厂周期短，机械化程度高，工人劳动强度小，生产环境良好，已经成为我国主要生产农业硝酸钾的主要方法之一。2003年左右，5 000吨以上硝酸钾生产厂家，发展到20多家，经过10多年的快速发展，2014年，我国硝酸钾生产厂30多家，工业级和农业级硝酸钾总生产能力约200万吨/年，实际产量100万吨/年，2017年，我国硝酸钾生产厂47家，工业级和农业级硝酸钾总生产能力约228万吨/年，2018年，我国硝酸钾生产厂48家，工业级和农业级硝酸钾总生产能力约230万吨/年。

2018年，我国48家硝酸钾生产企业，主要分布在青海、四川、湖南、山东、江西等省，我国主要硝酸钾生产企业包括青海盐湖工业股份有限公司、浙江联大化工有限公司、四川米高化肥有限公司，云南米高化工股份有限公司，云南昆明（青上）化工有限公司，埃斯科姆米高（四川）化肥有限公司，江西腾达集团有限公司、青海联大化工有限公司、山东财富化工有限公司、山西并盛化工有限公司、什邡农科化工有限公司等。

中国硝酸钾生产工艺发展历程

中国硝酸钾主要生产方法主要有4种：硝石提纯法、复分解法、离子交换法、硝酸直接法。

1. *硝石提纯法*

钾硝石提纯法是利用钾硝石矿提取硝酸钾产品的一种方法，世界上大部分国家采用。1986年在我国新疆乌宗布拉克地区发现比较罕见的钾硝石矿，并易于开采。经测量该地区钾硝石矿含量最高可达14%的K_2O，储量也较多，吐鲁番市化工厂捷足先登，于20世纪80年代末已建成2 000吨/年中试车间，工艺是把钾硝石矿粉碎后加入溶解槽，用直接蒸汽加热，在不停地搅拌情况下，使其充分溶解，温度一般控制在60℃左右，待溶液完全澄清后，将澄清液送至蒸发工段蒸发，将滤液置入结晶器中冷却结晶得粗品硝酸钾。将粗品硝酸钾重结晶即可得成品硝酸钾。产品质量可以达到国家一级品硝酸钾要求。为我国硝酸钾生产开辟了一条新途径，其产品因纯度高而广泛应用于手机屏领域，市场需求量很大。

2. *复分解法*

该工艺是采用硝酸铵和氯化钾为原料在一定的工艺条件下进行复分解反应生成半成品硝酸钾和氯化铵再进行重结晶得硝酸钾成品。其工艺路线是将氯化钾按一定量投入水中加热，待其充分溶解呈饱和状态时按需要量加入硝酸钠加热至沸并反应30分钟左右，利用氯化钠的溶解特性使其尽量排出，生成的硝酸钾和氯化钠混合溶液，用泵打入压滤器。在一定的压力下，氯化钠排出得粗制硝酸钾溶液进行冷却、结晶,得到粗品硝酸钾(半成品),将粗品硝酸钾二次融化进行精制即可得成品硝酸钾,溶液返回下料工段循环利用,氯化钠经处理,包装销售。该工艺特点是工艺简单投资少,且设备简单,产品主含量较低,吸湿性好,一般用于导火索等行业,但因硝酸钠价格昂贵,副产品氯化钠价格低廉,且销路不好,目前已不作为硝酸钾的主要生产方法使用。

3. 离子交换法

该工业以氯化钾和硝酸铵为原料,通过阳离子树脂的作用生产硝酸钾,其工艺流程如下。

(1)备料　将原料氯化钾投入配料器中,用软化水配成一定含量的氯化钾水溶液并进行精制,澄清过滤,使溶液达到工艺要求标准。再把硝酸铵用同样方法配成水溶液达到工艺要求后备用。

(2)交换　将合格的氯化钾水溶液送入计量器通过技能流量,按一定流量一定比例均匀地打入铵性树脂交换器中,以阳离子交换树脂为交换媒介,使氯化钾中的 K^+ 离子吸附在树脂中,把原来树脂中的铵离子取代出来,使铵性树脂转变为钾性树脂,交换过程中释放出的铵离子和氯化钾液中氯离子结合成氯化铵,交换器中的氯化铵溶液排出交换器进行蒸发,得氯化铵成品。此时交换器中的树脂呈钾性树脂,再将合格的硝酸铵水溶液通过技能流量器,按一定流量送进交换器中,用铵离子把树脂中的钾离子置换出来,硝酸铵溶液中的硝酸根与释放的钾离子结合成硝酸钾,得到硝酸钾溶液,把硝酸钾溶液放到蒸发器蒸发成硝酸钾饱和液,冷却结晶即得硝酸钾成品,如此循环往复进行交换,进行连续生产。

(3)蒸发　将交换工段回收的硝酸钾液送入蒸发器内进行蒸发浓缩,在温度 100～130℃的环境中进行蒸发。一般来说蒸发液控制在波美度 53～55℃,使硝酸钾成饱和状态后,破除真空放入冷却结晶器中进行冷却。

(4)冷却结晶　冷却结晶蒸发所得的硝酸钾饱和溶液仍会有一定的硝酸钠和其他杂质,本工段根据硝酸钾、硝酸钠同等浓度在水中溶解度的差异,通过温度控制,把硝酸钠控制在母液中,使合格的硝酸钾晶体结晶出来,经离心脱水烘干即的硝酸钾产品。

离子交换法生产硝酸钾的主要优点是:①生成盐分离彻底,交换完成液纯度高,可直接蒸发冷却、结晶,即可一次性得到工业一级品硝酸钾。②原材料价格低,设备简单,一次性投资少,可连续生产,占地少,有利于大型生产,机械化程度高工人劳动强度小,生产用工少,原材料消耗低,利用率高。其主要缺点是交换完成液硝酸钾含量较低,需蒸发的量大,蒸发成本偏高,副产品氯化铵腐蚀严重,要求设备苛刻,从而使离子交换法生产硝酸钾工艺受到了一定的限制。

4. 复分解循环法

此工艺是经氯化钾和硝酸铵为原料,研究最早开始于 20 世纪 80 年代后期和 90 年代初期,我国科技人员和个别厂家开始了生产硝酸钾的复分解循环法工艺实验室开发和工业生产示范试验。1992—1996 年通过工业实践后的工艺进一步优化改进,有些厂家开始用于工艺化生产,生产规模逐步扩大到年产 5 000 吨左右,消耗也较大减低,目前该法已发展成为行业的主要工艺。

岳阳市钾盐科学研究所对该工艺进行了较为系统的研究,在总结多年工业生产的基础上进行了放大工业化生产研究,建成了一套农用硝酸钾和工业硝酸钾生产装置,生产规模一般能年产 2 万～3 万吨。

该工艺主要优点对环境污染少,可达到国家环保要求,生产流程较短可达到全闭路循环生产,能耗低,生产成本较低,设备易得,可适用中、小企业生产需求。其缺点是原材料消耗较高。

5. 硝酸直接法

21 世纪初,文通集团和文水振兴化肥有限公司开始了采用氯化钾和硝酸直接法生产硝酸钾的研究,并于 2007 年完成实验室研究,申报国家专利获批准。2008 年进行了中试获得成功。该工艺流程是先将 40%左右的硝酸置于反应器中,再将氯化钾按需要量投入,在 70～80℃条件下进行反应(最好把氯化钾粉碎 100 目左右）半小时左右生成盐酸和硝酸钾，待其完成反应后放入冷冻结晶器中在－10℃的条件下进行冷冻结晶得硝酸钾晶体，放入真空吸滤器进行固液分离，硝酸钾进入后工段处理，盐酸到焠取工段焠取，把游离的硝酸和硝酸钾中的硝酸根通过焠取剂的作用使盐酸中分离出来生成稀硝酸，回收利用，含钾盐酸进行蒸发，把氯化钾回收利用，含水氯化氢气体通过吸收器生成的稀盐酸和其他物质反应制成盐酸盐，得到的粗品硝酸钾进行水洗，洗去晶体表面的盐酸，得农业级硝酸钾，将农用硝酸钾重结晶可得工业硝酸钾

该工艺优点是：①原材料硝酸价格低廉，吨价 1 000 元左右，用量少。吨硝酸钾耗硝酸 0.63 吨左右。氯化钾消耗 0.76 吨左右，与其他工艺相比吨硝酸钾原材料价格可节约 1 000 元以上。②蒸发水分 0.7 吨左右，比复分解循环法每吨蒸发 3 吨水分减少 2.3 吨左右，蒸发费用减低 1/3，每吨硝酸钾还可节约工资费用 70 元左右，据以上可知，每吨硝酸钾比其他工艺生产硝酸钾少年工程成本可减低 1 200 元以上。③无废水排放，烟尘排放符合国家环保要求排放标准，符合我国节能减排产业政策。④占地面积小，便于组织大规模机械化生产。其缺点是投资较复分解循环法较大，副产品盐酸蒸发器设备要求苛刻。文通集团和文水振兴化肥有限公司正在研究寻找盐酸蒸发设备和附加值高的盐酸盐产品。

6. 研究成功了国产钾代替进口钾生产硝酸钾工艺

文通集团经过多年的生产实践和研究，在原高效离子交换法生产硝酸钾工艺中成功地使用了国产钾，他们对离子交换工艺进行了工艺改革。

①在盐水精制工艺中改变了添加剂的配方，并对化料的温度、浓度、pH 等工艺条件做了相对的修改，使用国产钾配制的氯化钾液达到了工艺要求。

②增加了去除钠盐工序，国产氯化钾的钠含量高是进口钾的 2 倍以上，在生产过程中钠离子和钾离子同时被交换树脂吸附，严重影响产量和含量，依靠助剂除去钠盐，根本达不到理想作用，为此他们采取复分解和离子交换相结合的办法，通过工艺过程中各个反应条件优化改革，严密控制，根据钾、钠离子，在一定的温度浓度下溶解度不同的差异，尽量把钠离子控制在母液中，使一次产出的硝酸钾达标。

③用复分解工艺配套处理母液工艺，在生产过程中，一段时间积累母液长期的循环使用，其中的钠盐越来越多，不进行处理也会影响产品质量，为了解决这一问题，他们配套使用了复分解工艺。其工艺流程是将上述所得母液送入反应器中加热至沸腾后，按母液中所含有的硝酸钠含量按一定比例加入氯化钾进行复分解反应，使其反应生成氯化钠和硝酸钾，利用氯化钠和硝酸钾在一定情况下溶解度的差异，经压滤把钠盐分离出来，再进行冷却结晶得硝酸钾。

用国产氯化钾替代进口氯化钾生产硝酸钾的成功，为我国硝酸钾生产开辟了一条崭新的工艺道路，为硝酸钾的生产厂找到了新的亮点，也使我国硝酸钾厂家由大量依靠进口逐步转变为自给自足，硝酸钾成本也大幅度减低，为国产硝酸钾进入农业市场打下了良好基础，并彻底改变了进口农业硝酸钾在我国的垄断地位。

7. 造粒工艺改革

虽然硝酸钾是钾肥中最好的肥料，但其特点是极容易结块，严重影响运输和使用，为此国外采用造粒技术改变其流动性，以方便使用，然而该技术一直被个别国家所垄断，从不外传。在文通集团李刚董事长的主持下，20 世纪 80 年代初文通集团进行了硝酸钾造粒技术的攻关研究，在毫无借鉴的情况下，文通集团的科研人员在李刚的带领下克服重重困难，率先研究成功了硝酸钾溶液造粒技术，并制造出了第一批粒状硝酸钾，填补了我国粒状硝酸钾的空白。但由于当时条件所限，该工艺还有很多不如人意的地方，导致造粒成本居高不下，严重影响了硝酸钾在农业的使用。因此，此文通集团一直没有放松研究步伐，经过几年的努力，又研究成功了喷浆造粒新工艺，进一步减低了硝酸钾造粒的成本。

其工艺流程是将浓缩到70%左右的高温硝酸钾料浆经泵打入造粒喷枪内，由空压系统提供的0.8兆帕工艺空气高速进入喷枪，将液体料浆喷成很细的雾滴。经空气雾化后的料浆雾滴进入机体内，附着在造粒区的细小颗料上形成合格粒子，进入干燥区，形成粒状硝酸钾产品。细小粒度的物料由内返螺旋送回造粒区，粒度合格的产品再由料口连续出料，由斗提机送入冷料机中将物料冷却至40～50℃，再进入分级筛，2～4毫米合格粒度的产品自动包装生产线，大块不合格产品经破碎后，细料返回造粒设备，合格粒度的产品自动包装生产线。另一路高温热炉气，经造粒机头部分的热风气进口进入造粒区内，在此与湿物料接触，将物料表面水分蒸发，随后进入干燥区，进一步干燥。饱和后的湿空气，由造粒机尾端排气口排出，进入文丘里除尘塔，净化后由引风机引入排气筒排放。文丘里除尘器洗涤水由脱盐水站提供，以保证吸收粉尘的料液质量，减少处理环节，洗涤水经循环后达到一定浓度后，返回生产系统，将粉尘回收利用。

喷浆造粒工艺主要特点：流程短，配套设备少，占地面积小，造粒机、热风炉等设备均为直接传热，热利用率高，能源消耗低，环保达标，自动化程度高，运行费用低。同时，采用本工艺生产的产品颗粒均匀，具有较高强度，并有一定的疏松性，在长距离运输中也可以保证颗粒的完整，且避免了因强度、致密性过大，而导致分解、吸收过分缓慢，从而影响时效。

文通集团在硝酸钾工艺的这一新突破，推动了我国硝酸钾发展，已有多家企业采用此法造粒。这一新工艺为硝酸钾广泛应用于农业方面创造了有利条件，为进一步拓宽硝酸钾应用范围起到不可估量的作用。

执行标准

农用硝酸钾新国标GB/T 20784—2018(表5-3)，本标准2018年5月14日发布，2018年12月1日实施。本标准规定了农业用硝酸钾的要求、试验方法、检验规则、标识、包装、运输和贮存。本标准适用于各种工艺生产的固体农业用硝酸钾产品，分为粉状和粒状两种类别。农业用硝酸钾产品应符合表5-3要求，同时应符合标明值。

表5-3 农业用硝酸钾（GB/T 20784—2018）

项目		等级		
		优等品	一等品	合格品
氧化钾(K_2O)的质量分数/%		≥46.0	≥44.5	≥44.0
总氮(N)的质量分数/%		≥13.5	≥13.2	≥13.0
氯离子(Cl^-)的质量分数/%		≤0.2	≤1.2	≤1.5
水分(H_2O)的质量分数/%		≤0.5	≤1.0	≤1.5
水不溶物的质量分数/%		≤0.1	≤0.2	≤0.3
粒度[a] d/%	1.0～4.75毫米	≥90.0		
	1.0毫米以下	≤3.0		
砷及其化合物的质量分数(以As计)/%		≤0.005 0		
铬及其化合物的质量分数(以Cr计)/%		≤0.001 0		
铅及其化合物的质量分数(以Pb计)/%		≤0.020 0		
镉及其化合物的质量分数(以Cd计)/%		≤0.050 0		
汞及其化合物的质量分数(以Hg计)/%		≤0.000 5		

注：①[a]结晶体产品，粒度指标不做规定。

②如客户对粒状产品的粒度有需求，按双方合同约定指标执行。

中国硝酸钾行业发展建议

硝酸钾是一种重要的钾氮无氯钾肥，是所有钾肥中最适合作物吸收利用的钾肥的氮钾二元素复合肥。因不含氨离子使用范围广，一般用于对氯敏感作物和大田作物，如甘薯、菠菜、烟草、茶叶、柑橘、葡萄等。其最大的优点是盐指数很低，无残留离子，用配制的液体肥料不会与其他肥料生产沉淀。硝酸钾可被植物完全吸收，不会破坏土壤结构和生态环境带入化学残留物质，有利于环保工作的开展，硝酸钾不易潮解，贮运也很方便，国外早已普遍推广使用，而我们仅仅是开始，今后必须大力推广。为推广硝酸钾在我国农业生产的广泛应用，有如下几点建议。

1. 加大宣传力度

有关部门、硝酸钾生产厂家应加大硝酸钾在农业生产上使用的宣传力度，引导农民逐步提升认识，在可能的情况下尽量使用优质肥料——硝酸钾。

2. 规模化发展

我国硝酸钾厂家约有 48 家。但是真正形成产能 5 万吨经济规模的企业还不多，绝大多数厂家生产规模还偏小，且较为分散经营，发挥不出规模优势，使生产成本居高不下，建议新上的硝酸钾生产企业至少在 5 万吨以上，最好产能达到 10 万吨，走集约化发展道路，再不能搞小、散、乱发展，以免浪费资金和资源。

3. 重视工艺技术创新，尽最大努力降低生产成本

先进的工艺技术加上提高产能是减低产品生产成本的最有效措施。因此，硝酸钾企业要在技术提高上下大力气。不仅要求在我国现有的工艺上有所突破，还要进一步研究和推广新工艺，促进复分解法、直接法、等硝酸钾新工艺。我们应该下大力气对直接法生产工艺的副产品盐酸利用进行研究，如果能把稀盐酸转化成氯化氢气体联产 PVC，提高副产品的价值，使该工艺得到最佳组合，就能达到更理想的效果。

4. 开发新型防结块剂

硝酸钾易结块，而我国的防结块剂目前效果不理想，维持的时间不长，并且我国的硝酸钾由于钾的品位低、粒度、颜色等问题，达不到国际的部分标准，大大影响了出口市场的拓展，因此开发新型防结块剂尤为重要。

5. 开发硝酸钾肥料的新品种，适应我国农业生产各种剂形的农用硝酸钾需求

以色列死海工业公司生产和销售的硝酸钾肥料涵盖了许多等级和品种，从可以在田间直接施用的颗粒硝酸钾到应用于灌溉系统液体硝酸钾肥等以已形成系列化。就粒状硝酸钾而言，它也可分成几个品种。颗粒大的用于基肥，中颗粒用于前期追肥，小颗粒用于后期追肥和复合肥的配制生产。我国在硝酸钾产品系列化中还属起步阶段，更应该加大这方面努力发展硝酸钾肥料新品种。

6. 着力解决农用硝酸钾的运输瓶颈问题

硝酸钾为强氧化剂，在运输过程中有易燃、易爆的危险，铁路部门不给运输，而我国的实际情况是硝酸钾生产地与使用地距离较远，汽运成本太高，直接影响了我们农用硝酸钾的推广使用。因此，解决农用硝酸钾的铁路运输问题是目前的当务之急，国外把 5 毫米以上硝酸钾的颗粒就不算危险品，通过铁路就可以大量运输。建议政府有关部门会同硝酸钾厂家，通过科学的分析、研究，彻底解决这一问题。使硝酸钾这一优质复合肥为我国农业发展，为国民经济繁荣昌盛做出更大的新贡献，促进我国硝酸钾工、农业的更大发展。

撰稿：赵家春　亓昭英　刍家文　马锁立

中国硫酸钾镁肥行业运行情况及发展建议(压缩版)

硫酸钾镁肥性质用途

英文名称:Potassium magnesium of sulphate fertilizer

用途:硫酸钾镁肥适用于任何作物,尤其适用于各种经济作物,既可作基肥、追肥,也可作叶面喷肥,还可以作为复合肥、BB肥的钾肥原料使用。

物化性质:硫酸钾镁肥,分子式:$K_2SO_4 \cdot (MgSO_4)_m \cdot nH_2O$,其中,$m=1\sim2$;$n=0\sim6$,钾($K_2O$)$\geqslant$22%,镁(Mg)$\geqslant$8%,硫(S)$\geqslant$14%。纯品为无色结晶体。密度为1.987克/厘米^3,熔点为790℃,沸点为1 413℃。易溶于水,水溶液呈中性。溶解度随温度升高而增大,0℃时溶解度为27.6克/100克水,100℃时为56.71克/100克水。

它是一种含镁、硫等中量元素的化合态无氯钾肥,能同时向作物提供钾、镁、硫三种营养元素,呈白色粉状或颗粒状。硫酸钾镁肥在我国是一种新型的优质资源型钾肥,呈弱碱性,特别适合酸性土壤施用,不仅能给植物提供镁及硫元素且能疏松土壤,促进植物的叶、枝及根系的生长发育,使植物根系庞大,增加植物抵抗疾病的能力,它被称为"植物生长和高产的营养剂",钾、镁、硫三种元素被称为"黄金搭档"。它一般做基肥,也可做追肥,能给作物的生长提供长期稳定肥效,并能提高作物的品质,增强作物的抗旱、抗寒、抗药害的能力,增产效果十分明显。

硫酸钾镁肥适用于水稻、玉米、甘蔗、花生、烟草、马铃薯、甜菜、水果、蔬菜、苜蓿等农作物,是许多酶的活化剂,能促进碳水化合物的新陈代谢,核酸的合成,磷酸盐的转化等。与等钾量(K_2O)的单质钾肥氯化钾、硫酸钾相比,农用硫酸钾镁的施用效果优于氯化钾,略优于硫酸钾。在国内的生产历史仅有12年左右,主要生产企业与氯化钾和硫酸钾一样,分布在青海和新疆,山东海水钾还有2.5万吨的产能。

硫酸钾镁肥是多元素硫酸钾的系列产品之一,是一种非常重要的肥料,不仅能给植物提供镁及硫元素且能疏松土壤,促进植物的叶,枝及根系的生长发育,使植物根系庞大,同时能促使植物加快吸收土壤中氮,磷等元素,增加植物抵抗疾病的能力,它被称为"植物生长和高产的营养剂",植物缺镁不能正常生长。因此,要提高生产率和农业产量必须及时地补充镁。镁元素是叶绿素的重要成分,对于光合作用是不可缺少的。

硫酸钾镁肥发展历程

国内接触硫酸钾镁始于1985年前后,当时中国科学院南京土壤研究所与美国硫钾镁出口协会(SKMg Export Association)合作,在谢建昌教授主持下于1985—1990年组织国内20多家科研院所在广西、广东、湖南、江西、四川、云南和海南7省23个县市近100处现场对不同作物进行了大量系统的试验研究,取得了丰硕的成果。这项合作研究为在国内推广应用硫酸钾镁肥奠定了基础。1991年四川省农科院土肥所于成都召开了"硫、镁和微量元素在作物营养平衡中的作用国际学术研讨会",会议中有多篇有关硫酸钾镁肥应用方面的文章得以发表。

20 世纪 80～90 年代，我国使用的硫酸钾镁肥主要依靠进口，但由于进口肥料价格过高和农技推广较少等原因，农民只能敬而远之，因而硫酸钾镁肥没有得到广泛推广。

2003 年年初，为了解决国内钾肥资源的紧缺以及弥补中、微量元素的不足，中信国安集团与青海省签订了西部大开发框架协议后，青海中信国安技术发展有限公司在青海自行开发、生产硫酸钾镁肥，成为我国最早生产销售硫酸钾镁的企业，2005 年 7 月 28 日，青海中信国安硫酸钾镁肥一期 30 万吨/年生产线投产成功，当年生产硫酸钾镁肥约 4 万吨。2008 年，青海中信国安技术发展有限公司共有 3 套 15 万吨/年硫酸钾镁肥的生产装置，2 套在西台，1 套在东台，共计产能 45 万吨/年，并且当年单套装置的开工率可以达到 80%以上，2007 年公司硫酸钾镁肥的产销量约在 25 万吨。

2008 年 6 月 26 日，青海省滨地钾肥股份有限公司在青海省海西州冷湖基地的 30 万吨/年钾镁肥一期项目建成投产。滨地钾肥一期项目年产硫酸钾镁肥 20 万吨，揭开了开发冷湖昆特依钾矿床大盐滩战略的第一幕。2008 年 9 月 17 日，新疆新雅泰化工有限公司在新疆和布克赛尔蒙古自治县投资建成年产 10 万吨/年硫酸钾镁肥项目，当年生产硫酸钾镁肥约 1 万吨、此后年产量维持在 2 万～5 万吨。

2008 年，山东无棣海丰集团有限公司准备采用合作、合资或外商独资的方式，建设年产 60 万吨硫酸钾镁生产装置，工艺技术是以该公司所属盐场海盐副产苦卤为原料，以少量氯化钾调配组分后，生产出的钾镁混盐，采用加水分解转化的生产技术，将氯化钾转化为钾盐镁矾和钾镁矾。钾镁矾经除钠后二次加水分解转化，得软钾镁矾经离心过滤、再浆、洗涤、过滤、干燥包装后即为成品硫酸钾镁肥。

2009 年 3 月，国投新疆罗布泊钾盐股份有限公司以“罗布泊钾肥基地年产 120 万吨钾肥项目”为依托，开展了罗布泊泻利盐池低品位钾镁混盐回收硫酸钾镁肥等研究及试验项目开工建设年产 10 万吨/年装置，2010 年 6 月投料试车成功，当年 11 月起实现连续稳定生产，产品质量达到国家一等品标准。

2014 年，国内硫酸钾市场向好，产能释放速度也超过以往。据国投新疆罗布泊钾盐有限责任公司总经理李守江介绍，2014 年国投罗钾硫酸钾镁肥生产 7 万吨，销售 9 万多吨。随后，他向记者简单介绍了公司 2015 的发展规划：“2015 年，国投罗钾计划生产硫酸钾镁肥 9 万吨，并希望继续维持产销平衡。从 2014 年开始公司开始扩能改造工程”。

2015 年，国家在“十三五”钾肥相关任务阐述指出，要优化钾肥产品结构，提升差异化竞争优势。按照适应现代农业发展、提高产量和品质以及环境友好的要求，发展氯化钾、硫酸钾、钾镁肥以及硝酸钾、磷酸二氢钾等水溶性好的高附加值肥种。针对中国土壤酸化板结日趋严重的现状，开发碱性含钾多元素矿物肥。这为多元钾素肥提供发展方向，也为我国的镁肥发展提供了动力。由于中国长期施用钙镁磷肥，作物和土壤可从中补充到一定数量的镁，迄今除华南种植橡胶树的赤红壤地区外，需要专门施用镁肥的土壤不多。这为硫酸钾镁肥的发展打开了方向，也为我国硫酸钾镁肥产业带来了发展机遇。

2016 年，我国硫酸钾镁肥的潜在产能在 291 万吨左右，实际产量在 48 万吨左右，2017 年，我国硫酸钾镁肥的实际产量在 56 万吨左右，较去年增长了 16.7%，目前，我国硫酸钾镁肥的生产企业日产能在 100 吨以上的企业主要有国投罗钾、国泰盐湖、青海联宇、中航资源、茫崖兴元等。

硫酸钾镁肥的研发现状

目前，国内对于硫酸钾镁肥的研发主要集中在软钾镁矾的生产工艺上，大致可分为 2 种：①利用含钾硫酸盐型卤水生产硫酸钾镁肥；②利用苦卤生产硫酸钾镁肥。

中国科学院青海盐湖研究所发明了一种利用含钾硫酸盐制取硫酸钾镁肥的方法，该法以含钾硫酸盐型卤水为原料，经盐田日晒得到含有软钾镁矾、钾盐镁矾、钾石盐和硫酸镁的混矿，经破碎、球磨、分解转化、浮选和再浆洗涤等工艺过程制取硫酸钾镁肥。该方法对任何含钾硫酸盐及含硫酸盐型光卤石矿等原料加工制备硫酸钾镁肥均可适用，工艺对原料的适用范围很广。此外该发明采用精选精矿再浆洗涤工艺，不仅提高了生产过程中产品品质的可靠性，且降低了水耗。

新疆新雅泰化工有限公司发明了一种利用含钾硫酸镁亚型卤水制备硫酸钾镁肥的工艺：自然滩晒将盐湖卤水晒成钾混盐，通过浮选、转化制取软钾镁矾，经离心、干燥得到硫酸钾镁肥成品。该法具有工艺简单，所得硫酸钾镁肥品质好、特别适合水采法采矿等优点

李昱昀等以 Na^+、K^+、Mg^{2+}、SO_4^{2-}、Cl^-、H_2O 五元体系 15℃介稳相图为依据，对青海某硫酸盐型盐湖日晒后的硫酸盐混盐和钾混盐加入适量芒硝，在 15℃条件制取硫酸钾镁肥进行了相图计算和理论分析，给出了制取硫酸钾镁肥的理想配料比和加水量。这项研究为充分利用该盐湖的独特的自然条件和日晒产出的硫混盐、钾混盐和冬季析出的芒硝，生产我国紧缺的无氯钾肥提供了一定的理论依据。

唐娜等针对青海吉乃尔盐湖钾混盐矿组成，依据 Na^+、K^+、Mg^{2+}、SO_4^{2-}、Cl^-、H_2O 五元水盐体系 25℃和 50℃相图进行理论分析，实验研究了钾混盐矿两段转化制取硫酸钾镁肥的工艺。研究结果表明：一段转化最优实验条件为反应时间 120 分钟，搅拌速度为 600 转/分，温度为 50℃，该过程固相中钾离子收率为 77.17%；二段转化最佳实验条件为反应时间 60 分钟，搅拌速度 600 转/分，温度 25℃，产品硫酸钾镁肥中钾离子收率为 60.36%，氯去除率达到 67.42%。该研究为吉乃尔盐湖钾混盐矿制取高钾、低氯的硫酸钾镁肥生产工艺提供了依据。

李祯祥以 Na^+、K^+、Mg^{2+}、SO_4^{2-}、Cl^-、H_2O 五元水盐体系 100℃和 25℃相图为理论基础，用苦卤和光卤石做原料，在苦卤生产氯化钾工艺的基础上加以改进，调整部分设备及工艺流程，使之即可以生产氯化钾产品，又能生产硫酸钾镁肥产品，具有较好的灵活性。

执行标准与质量规格

鉴于硫酸钾镁在德国、美国两国早已大规模生产，并在世界 30 多个国家应用，因此，德国、美国两国生产企业均制定了相关产品的标准(表 5-4)。我国硫酸钾镁肥推荐性标准(GB/T 20937—2018)于 2018 年 12 月 1 日起开始实施(表 5-5)。

表 5-4　国外硫酸钾镁肥产品标准

项目	美国		德国	
	IMC	Western Ag①	一般级	Patentkali
$W(K_2O)$/%	≥22.3	≥22.7	≥22.0	≥30.0
$W(MgO)$/%	≥18.0	≥19.4	≥18.0	≥10.0
$W(S)$/%	≥22.4	≥23.0	≥22.0	≥17.0
$W(Ca)$/%	≤0.2	—	—	—
$W(Cl)$/%	≤1.5	≤1.5	≤2.5	—
$W(Na)$/%	≤0.8	—	—	—
$W(SO_4^{2-})$/%	≥67.4	—	—	—
W(水不溶物)/%	≤0.3	—	—	—
$W(H_2O$/%	≤0.1	—	—	—

注：①产品实测值

②本标准适用于从盐湖卤水或固体钾镁盐矿中仅经物理方法提取或直接除去杂质制成的含镁、硫等中量元素的硫酸钾镁肥产品，不适用于用硫酸钾和镁化合物掺混而成的产品。我国的硫酸钾镁肥产品应符合表 5-5 要求，同时应符合标明值

表 5-5 硫酸钾镁肥(GB/T 20937—2018)

项目	优等品	一等品	合格品
氧化钾(K_2O)的质量分数/%	≥30.0	≥24.0	≥21.0
镁(Mg)的质量分数/%	≥7.0	≥6.0	≥5.0
硫(S)的质量分数/%	≥18.0	≥16.0	≥14.0
氯离子(Cl^-)的质量分数/%	≤2.0	≤2.5	≤3.0
钠离子(Na^+)的质量分数/%	≤0.5	≤1.0	≤1.5
游离水(H_2O)的质量分数/%	≤1.0	≤1.5	≤1.5
水不溶物的质量分数/%	≤1.0	≤1.0	≤1.5
pH	7.0~9.0		
粒度(1.00~4.75 毫米)/%	≥90.0		
砷及其化合物的质量分数(以 As 计)/%	≤0.005 0		
铬及其化合物的质量分数(以 Cr 计)/%	≤0.001 0		
铅及其化合物的质量分数(以 Pb 计)/%	≤0.020 0		
镉及其化合物的质量分数(以 Cd 计)/%	≤0.050 0		
汞及其化合物的质量分数(以 Hg 计)/%	≤0.000 5		

注:① 粉状产品不做粒度要求。游离水(H_2O)的质量分数以出厂检验为准

②如客户对粒状产品的粒度有需求,按双方合同约定指标执行

硫酸钾镁肥的发展前景

由于硫酸钾镁肥里面既含有作物所需的大量营养元素钾,又含有硫、镁 2 种中量营养元素,通过平衡施肥,弥补了中、微量元素不足。它能够有效地提高农作物产量、改善农作物品质,促进农业增产、农民增收,是硫酸钾的换代产品和平衡施肥的理想肥料。随着国内现代农业发展的需要及农用化肥市场对硫酸钾镁肥产品的认可,国内已经迎来了良好的发展机遇和广阔的市场前景。

我国硫酸钾镁肥产业在国内尚处于起步阶段。一方面,国内各生产企业还面临诸多困难:①国内市场对硫酸钾镁肥认知度不高,企业只得以低于成本价销售,成本倒挂,生产经营难以为继;②一些中小化肥厂家以掺混方法生产硫酸钾镁肥,有效成分含量和质量参差不齐,损害了硫酸钾镁肥的市场形象,使正规企业雪上加霜;③生产企业都位于交通不便的西部,铁路运力紧张,产品及时外运成为硫酸钾镁肥发展的主要瓶颈。另一方面,经过这些年的发展,我国硫酸钾镁肥产业也拥有一些难得的机遇:①自"施宝密"进入中国以来,国内农学家们对硫酸钾镁肥的推广做了大量的实验,这些研究为我国广大地区推广应用硫酸钾镁肥奠定了坚实的基础,也是我国得以大规模研发生产硫酸钾镁肥的依据所在;②我国西部地区如青海、新疆利用盐湖卤水资源生产氯化钾、硫酸钾等传统钾肥已初具规模,并且在不断完善与提升,为硫酸钾镁肥的生产提供了实践基础;③现行的硫酸钾镁肥国家标准虽然属于推荐性标准,但也可起到规范国内硫酸钾镁肥生产的作用,能够促进我国硫酸钾镁肥产业的发展。

硫酸钾镁肥的生产技术

国内市场上流通的硫酸钾镁肥,按生产工艺不同可分为 3 种:第 1 种是采用盐湖卤水或固体钾镁盐

矿经物理方法直接生产的，其通认的硫酸钾镁肥化学组成为无水钾镁矾($K_2SO_4 \cdot 2MgSO_4$)，在美国、德国均发现了大储量的硫酸钾镁矿藏，经过上百年的研究开发，其生产工艺也相对成熟；第 2 种是由软钾镁矾干燥而得的，在我国通认的硫酸钾镁肥的化学组成为软钾镁矾($K_2SO_4 \cdot MgSO_4 \cdot 6H_2O$)、钾镁矾($K_2SO_4 \cdot MgSO_4 \cdot 4H_2O$)和无水钾镁矾($K_2SO_4 \cdot 2MgSO_4$)的混合物，国内各个厂家生产硫酸钾镁肥的工艺区别主要在于生产软钾镁矾的原料和工艺流程的差异；第 3 种是用硫酸钾或氯化钾与硫酸镁简单掺混而成的。我们主要介绍两段转化法和一段转化——浮选法。

1. 两段转化法

柴达木盆地硫酸镁亚型盐湖卤水经盐田日晒析出大部分氯化钠后，产出的钾混盐含有钾石盐、光卤石、钾盐镁矾、石盐、泻盐等矿物，各种矿物粒度比较大。采用加水分解转化的方法，盐田钾混盐加水和二段转化母液在一定条件下反应，分解转化原矿中的光卤石，经一段转化后光卤石分解转化为钾混盐(钾盐镁矾和钾镁矾)，再利用钾混盐矿与氯化钠的粒度差异，采用药剂浮选或机械分离的方法可以有效除去矿浆中的氯化钠，得到低钠钾镁混盐；固液分离后再次加水分解转化，使钾盐镁矾转化为软钾镁矾，即得到硫酸钾镁肥，二段转化母液可回收用于一段转化。

青海中信国安科技发展有限公司开发了两段转化机械筛分除钠法，在扩大试验基础上于东台吉乃尔湖建设产 3 万吨/年硫酸钾镁肥工业试验装置，建成了 30 万吨/年的工业生产装置，进行硫酸钾镁肥生产，经过一段时间的运转，该工艺暴露出一些问题，导致在青海中信国安科技发展有限公司停止使用。新疆新雅泰化工有限公司则根据原料特点开发了两段转化—浮选除钠工艺，利用此技术在新疆玛纳斯盐湖建成 20 万吨/年的生产装置，已投入生产。

2. 一段转化——浮选法

以含钾硫酸盐型盐湖卤水盐田日晒含钾硫酸盐混矿为原料，采用加水或特定组成的卤水分解转化，再经浮选出去氯化钠得到硫酸钾镁肥。该生产技术在青海柴达木盆地盐湖正被生产企业采用，如青海中信国安联宇钾肥有限公司采用该工艺建成的 20 万吨/年规模的生产能力的生产线；青海滨地钾肥股份有限公司在冷湖镇昆特依钾矿床大盐滩利用此项技术建成的 30 万吨/年的硫酸钾镁肥生产线，滨地钾肥利用生产的硫酸钾镁肥粉末产品经进一步加工生产出了颗粒硫酸钾镁肥产品。

3. 多元素硫酸钾镁肥挤压造粒工艺

(1)工艺路线　将一定数量的保水剂与多种中、微量元素同硫酸钾、硫酸镁等生产原料按配方计量投入混合机内进行均匀搅拌混合，然后由皮带输送机输送到贮料仓中，在皮带输送机上设置磁铁装置，以除去物料中的杂质(铁)。物料由圆盘喂料机分配到挤压机料仓内，通过挤压机的对辊被挤压成条型，再经棘轮破碎成不规则形颗粒。该颗粒通过皮带输送机输送到筛分工序筛分，筛分后的合格颗粒进行计量、包装，筛下余料(小颗粒)与旋风除尘器回收的细粉一起返回重新造粒。

(2)操作指标　中微量元素、保水剂均按配方质量份数进行配比。轧辊转速(交换)为 16 转/分、20 转/分、24 转/分、30 转/分，蓄能器预加压力 5～8 兆帕，允许最大成型压力 21 兆帕，粉料轧片厚度 2～8 毫米，轧片生产率 1.5 吨/小时，碎整粒度 2～5 毫米，碎整生产率≥500 千克/小时。

(3)关键技术

①合理添加保水剂。抗旱保水剂根据作物生理特点经科学方法研制而成。在保水剂对土壤进行调控的过程中，其保水性比吸水性更重要。研究证明，保水性随着吸水倍率的过度提高呈下降趋势，用作肥料时吸水倍率最好在 100～300 倍。

②增加预加料器和自动喂料系统。挤压造粒设备安装了带有机械振动装置的预加料器与自动喂料系统，保证了喂料机的连续性、充分性与均匀性。

③采用弧形槽轧辊。在成对轧辊上刻有均布的弧形槽，有利于物料咬入轧辊，工作时形成弧槽密封带，也有利于物料的压实，降低了机组成形压力与主机负荷，提高了轧片生产率。

(4)安装液压自动补偿加压装置。在辊压机上安装了轧片成形液压自动补偿加压装置、视镜窗等。从加料、轧片、切碎、整粒、筛分至成品，可以一次性完成全过程，自动化程度大大提高。

4.其他生产技术

国投新疆罗布泊钾盐有限责任公司利用一期工程从盐田得到的低品位含钾矿物与硫酸钾生产中的尾矿为原料生产硫酸钾镁肥。

山东无棣海丰集团计划用所属盐场海盐副产苦卤为原料，用少量氯化钠调配组分后产出的钾镁混盐，采用加水分解转化的生产技术，将氯化钾转化为钾盐镁矾和钾镁矾。钾镁矾经除钠后二次加水分解转化得软钾镁矾，即成为成品硫酸钾镁肥。

另外，1941年美国国际矿物化学公司利用在美国新墨西哥州Carlsbad矿床的无水钾镁矾直接生产硫酸钾镁肥，通过对原矿破碎、筛分等前处理，再洗涤除去泥土和其他不溶性杂质，制得精矿硫酸钾镁肥(施宝密)。

一直以来，我国硫酸钾镁肥企业不断加强生产技术的研发，并逐渐形成了大量具有自主知识产权的专利。如青海中信国安科技发展有限公司专利CN101318844《一种两段转化法、浮选法生产硫酸钾镁肥的工艺》、专利CN1482101A《硫酸钾镁肥生产方法》、专利CN1482102A《硫酸钾镁肥生产工艺》；中国科学院青海盐湖研究所专利CN101318845《利用含钾硫酸盐矿制备硫酸钾镁肥的方法》；雅泰实业集团有限公司专利CN101602617《一种硫酸钾镁肥的生产方法》；新疆新雅泰化工有限公司专利CN1810729A《用含硫酸镁亚型卤水制备硫酸钾镁肥的方法》等等。

硫酸钾镁肥的肥效与市场分析

1.硫酸钾镁肥的肥效

硫酸钾镁肥在国外的应用已有近60年的历史，一般以掺混肥或复合肥方式施用，在世界上已被广泛认可。美国“施宝密”总产量的30%销往其他国家，对多个国家的主要作物，尤其是经济价值高的烟草、果树、蔬菜及油料作物效果良好。早在1985年，美国环球国际矿物公司和西部农用矿物公司就开始向我国出口硫酸钾镁肥“施宝蜜”，并在烟草、甘蔗、花生等作物上进行田间试验。结果表明，硫酸钾镁肥对作物生长和品质改善均有明显作用。虽然硫酸钾镁肥在国际上已是一种优质的钾肥，并已得到市场较高认可，但在我国还是一种比较新型的肥种。

近年来，国家有关部门、国内科研院所及生产企业就硫酸钾镁肥肥效开展了大量的研究和试点工作。特别在硫酸钾镁肥适用的地区进行广泛的实验，在成本和肥效上做出示范效应。从土壤分析来看，我国华南地区和北方最适合施用硫酸钾镁肥。华南地区土壤本身既缺少钾元素又缺少镁元素，该地区的香蕉和龙眼等经济作物施用硫酸钾镁肥都取得了很好的效果；北方土壤因氮肥施用多，导致土壤酸化，镁元素流失严重。这种土壤使用硫酸钾镁肥能够改善酸性土壤，增强作物抗旱、抗寒、抗药害的能力。

自2004年起，青海中信国安委托国内农业研究机构进行了大范围的实验研究，分别对小白菜、茶叶、西瓜、烟草、玉米、甘蔗、蜜柚、香蕉、枇杷、花生、番茄、棉花、水稻等169种作物进行田间实验及分析。青海滨地钾肥也相继在南方5省(自治区)建立了硫酸钾镁肥示范基地，对硫酸钾镁肥在作物上的肥效进行了跟踪研究。大量的肥效实验结果证明：硫酸钾镁肥中钾、镁元素结合，养分搭配合理，适用于任何作物，特别适用于中国的经济作物，既可作基肥、追肥、也可做叶面喷肥、还可以作为复合肥、BB肥的钾肥原料使用。与传统的硫酸钾产品相比,硫酸钾镁肥增加了镁元素,大大促进了作物生长中的光合作用,在平衡施肥及促进作物产量、改善作物品质和提高效益等方面具有显著作用。

2. 硫酸钾镁肥的市场分析

硫酸钾镁肥作为绿色环保的新型肥料,将随着我国农业种植经济作物比例的增加成为未来国内钾肥市场的主要产品之一。随着国内企业生产的硫酸钾镁肥产量的增加,加之国产硫酸钾镁肥资源丰富、生产工艺先进,在价格方面与国外同类产品比较,具备明显的性价比优势,国内产品替代部分进口产品,满足日益增长的市场需求,弥补供需缺口,对转变农业增长方式,促进农业又好又快的发展将起到重要的作用。

在韩国市场上流传着一种环境友好型含有硫酸钾镁成分的有机肥料。这种肥料以海鸟粪为主要成分,辅以硫酸钾镁或天然硫酸钾,并作为首选基肥使用。肥效周期长,使用范围广是其特点。各种油料作物榨油后所留下的残渣,诸如蓖麻饼、豆饼、稻糠饼、种子饼和爪哇木棉饼等与适量硫酸钾镁混用,可作为含有硫、镁、钾元素的天然有机肥料使用。

一水或七水硫酸镁和硫酸钾镁(无水钾镁矾和软钾镁矾)作为肥料使用已有 60 多年的历史。国内外研究实践表明,在众多同类肥料品种中,无论是研究项目,还是实际应用,以这两种肥料居多。在提高作物产量、改善作物品质乃至土壤调理整治方面都取得了丰硕的成果。可以预料,硫酸镁、硫酸钾镁在农业中应用的深度和广度将进一步扩展和深化。同时硫酸镁也是世界镁肥生产中产量最高、品种最多的镁肥,其生产所用原料多来自天然矿产诸如硫镁矾、盐湖卤水以及海水制盐工业副产物的回收利用。

硫酸镁、硫酸钾镁已被国际农学界普遍认为是农业领域补充镁、硫、钾营养元素的理想肥料品种。我国盐湖卤水、制盐副产资源丰富,随着研发工作的不断深入,这两个品种在我国的生产与应用将进一步得到提升。

当今,资源节约型、环境友好型生产理念日益深入人心,且作为国家政策来提出。因此,我国硫酸钾镁产品的生产宜将重点放在盐湖资源开发利用和制盐副产物回收上。至于由于原料路线的改变而导致产品中氯化物含量略有升高也无须担心,因为氯离子也是一种养分,少了有益,多则有害。

从制盐副产苦卤经转化法生产硫酸钾镁,符合循环经济中的 3R 原则。即减量(reduce),通过技术进步减少资源消耗、减少环境污染;循环(recycle),提高生产过程中资源循环利用率;再用(reuse),产生的废旧物资再利用。因此,面对我国海水制盐工业每年副产有 1.83 亿米^3 苦卤,折氯化镁资源量 310 万吨、硫酸镁 138 万吨、氯化钾 46 万吨这一现实,加速这一工艺的研发与创新,促进产业化进程,对东部地区农业领域推广应用硫酸钾镁肥具有重要意义。

硫酸钾镁肥行业存在的问题

当前我国硫酸钾镁肥市场快速发展,很多中、小型化肥企业纷纷开始生产硫酸钾镁类肥。首先,这些企业多以掺混方法生产,产品质量参差不齐,杂质成分复杂等现象较为严重,而且掺混法生产的肥料中含有的镁成分是否能被作物有效吸收目前尚存在疑问。与国外同类产品相比,国产硫酸钾镁肥具备明显的价格优势,但整个行业还存在诸多制约硫酸钾镁肥推广应用的因素。比如,硫酸钾镁肥作为肥料中的精品和优质钾肥,大量加入其他物质,其安全性值得商榷。其次,我国缺少专门施肥指导机构,近年来,我国部分企业采取与政府合作的方式,大量地、不切合实际地为农民供肥,不考虑其实效性。最后,我国对硫酸钾镁肥产业监管不够,市场上一些并不掌握硫酸钾镁资源的中、小企业,简单以掺混方法生产硫酸钾镁类型的肥料,这种掺混式硫酸钾镁肥很多是利用廉价的工业废料硫酸镁掺入硫酸钾制成的,产品不符合国家标准。这种产品流入市场后以硫酸钾镁肥的价格出售,既造成价格混乱又损害了硫酸钾镁肥的市场形象。

因此，原农业部肥料评审登记委员会认同利用矿物生产的硫酸钾镁肥，不会给掺混“硫酸钾镁肥”发登记证的。个别企业绕开发证机关投机生产，建议工商部门严厉打击没有登记证的肥料。

产业发展建议

针对行业存在的问题，国家相关部门应给予政策引导；行业和媒体应继续增大对硫酸钾镁肥的关注力度；硫酸钾镁肥生产企业在降低成本方面还需努力。政府只能提供优惠政策，而国家化肥管理体制改革的趋势是要逐步取消现有的优惠政策，逐步实现市场化运行。在市场推广方面，让经销商和农民了解产品特点的时候，需要企业在提高产品的认可度和展示产品的优势的调研上努力。而在行业宣传上，企业应对农民进行科学的用肥宣传。

1. 合理利用硫酸钾镁肥，缓解中国钾资源短缺问题

我国钾资源匮乏，钾肥短缺问题日益严重。硫酸钾镁肥是我国重要的钾肥资源，从其特性上分析是一种好肥，可以充分缓解我国钾资源短缺问题，在我国钾肥战略中扮演着重要角色。中国农业大学资源与环境学院陈伦寿教授认为钾肥的使用应遵循 2 个分配原则：第一，优先分配在高产田；第二，优先分配给缺钾的土壤。钾盐矿是不可再生资源，从秸秆和草木灰中提取钾元素的方法不足以弥补中国巨大的钾肥缺口。我们应鼓励我国企业“走出去”，同时，善用硫酸钾镁肥这种在青海蕴藏较多的钾肥资源。科学合理施用硫酸钾镁肥能为缓解中国钾资源短缺问题提供一条新的出路。

2. 规范发展国内硫酸钾镁产业

当前实行的硫酸钾镁肥国家标准为推荐性标准，对众多采用掺混法生产的硫酸钾镁肥企业并未实行有效约束，这导致了硫酸钾镁肥市场出现鱼龙混杂的局面并未得到有效治理。我们建议相关部门一方面加大监管力度，抵制假冒伪劣产品，另一方面更应当重视掺混类钾镁肥产品标准缺位带来的严重后果，及早采取有效措施，从根本上堵住这个漏洞。例如，推出强制性的相关国家标准，从而规范硫酸钾镁肥的生产与使用，为企业创造一个平等规范的竞争环境，保护广大农民的利益，使硫酸钾镁肥行业朝着健康、稳定的方向发展。

3. 硫酸钾镁肥用于化肥的二次加工

硫酸钾镁肥一方面可以直接施用，另一方面还将作为复合肥厂和混肥厂的原料，进行二次加工生产配方专用 BB 肥，都具有良好的市场前景。在美国和加拿大使用最多的是用于掺混肥。掺混肥最大的优点之一是可以根据土壤测试进行混配从而满足土壤及作物需求。当土壤缺乏硫、镁或作物需要低氯的硫酸根形态的养分或要求盐指数较低时，以掺混肥方式施用或以其他方式直接施用。BB 肥多以氯化钾为主，不利于对氯敏感作物的应用，用大颗粒硫酸钾镁肥与氮磷肥掺混加工成 BB 肥或复混肥，平衡大、中、微量元素养分，有利于土壤养分的平衡，其优势很多，不仅符合当今肥料需求，同时也给农民提供了更多的选择机会。随着我国测土配方施肥技术的推广，BB 肥生产工艺的不断改进和提高，将会有更多的农民接受 BB 肥产品。因此，用硫酸钾镁肥作为复混肥的基础肥料是化肥市场的需要，也是农业发展的需要，具有一定的推广应用价值。

4. 加大硫酸钾镁推广应用力度

我国约有 1/3 的土壤缺钾，需要大量钾肥，而我国中、微量元素推广应用不平衡，地区差别也很大。一些作物，如蔬菜和果树，对某些中量元素的需要甚至超过了对大量元素的需求。为此，有关专家呼吁，必须迅速采取有效措施加大中、微量元素的推广和应用。作为在国内尚属钾肥系列一个新品种的硫酸

钾肥的面世可谓恰逢其时,硫酸钾镁肥的应用和推广必将对改善土壤环境,促进作物丰产提供重要的保证。国产硫酸钾镁资源丰富,生产工艺先进,价格较低,农民易于接受,市场潜力大,国产的硫酸钾镁肥可以替代进口的同类产品。在相关科研单位和生产企业的大力推广和宣传之下,硫酸钾镁肥这一新型肥料从不为人熟知到逐步被经销商和农民接受,硫酸钾镁肥的销量因而快速增长。今后我们还应进一步加大硫酸钾镁肥的推广应用力度。同时还要利用我国丰富的盐湖资源和成熟的工艺技术,生产更多的硫酸钾镁肥,除可满足国内市场需求外,还可以出口创汇,参与国际市场的竞争。

5. 多借鉴国外硫酸钾镁肥的推广经验

让经销商和农民了解产品特点的同时,更需要企业在提高产品的认可度、展示产品优势上努力。企业应对农民进行科学用肥的宣传,这方面可以借鉴国外硫酸钾镁肥企业的产品推广经验,如美国"施宝密"等。

撰稿:亓昭英　朱彬　马锁立

中国磷酸二氢钾行业运行情况及发展建议(压缩版)

磷酸二氢钾的性质用途

磷酸二氢钾,分子式:KH_2PO_4,分子量:136.09,俗名磷酸一钾,英文名称:Potassium phosphate monobasic,为无色或白色带光泽的斜方晶体,相对密度为2.338克/厘米^3,易溶于水,水溶液呈酸性,不溶于醇,有吸湿潮解性,熔点为252.6℃,加热至200℃时开始脱水,在240~260℃转变成磷酸钾,加热至400℃时熔化为透明的液体,冷却后凝固为不透明的玻璃状物质偏磷酸钾(KPO_3)。用途:①高浓度磷钾肥;②用作药物焙粉;③酵母培养剂。

磷酸二氢钾是一种高效磷钾复合肥料,适用于各种土壤和作物,是一种优良的速效磷钾复合肥料。它是目前盐指数(salt index)最低的化学肥料,为全部水溶性,养分 $H_2PO_4^-$ 和 K^+ 可全部被农作物吸收,不含杂质和残渣,营养成分高(P、K有效成分>90%)、化学性质稳定、无嗅、无味、无毒、易溶于水、不结块。其盐值极低,是一种理想的叶面肥料,因而适用于各种土壤和作物,是优良的农用肥品种之一。工业和医药上用作细菌培养剂、酿造酵母培养剂、尿酸化营养剂。食品工业用于制造烘焙粉、味精、发酵粉。化学工业用作缓冲溶液及生产偏磷酸钾的原料。因此,磷酸二氢钾广泛地应用于农业、现代化工、医药、食品、饲料等行业。

我国磷酸二氢钾生产概况

近年来,随着我国对无氯钾肥和水溶肥等新型肥料的大力推,广磷酸二氢钾作为最好的水溶性磷钾二元肥而得到了广泛的认可和应用,磷酸二氢钾的施用范围越来越广,市场空间实际上是巨大的,但只是市场上"以假充真"太过普遍,从而对其生产产生了影响。磷酸二氢钾的比价优势在日益体现,生产和市场也将会逐渐步入良性发展的阶段。

我国是世界上最大的磷酸二氢钾生产国和消费国。据统计,目前我国磷酸二氢钾的年总需求量约为40万吨,其中国内消费量约为30万吨,出口量约为10万吨,主要出口品种为食品级和电子级,出口地区为北美、东亚、大洋洲、非洲、东南亚等。

据不完全统计,2018年,我国上规模的磷酸二氢钾企业约35家,主要集中在川、鄂2省,这两省磷酸二氢钾的总产能占全国总产能的85%以上,总产量占全国总产量的80%以上。

2007年我国磷酸二氢钾的真正实际产量只有不到7万吨,到了2018年,我国磷酸二氢钾的产量为40万吨左右,因环保监查较2017年减少了3万吨。目前,我国的磷酸二氢钾不仅满足了自身的需求外,部分用于出口。在几十多家企业中,生产农用磷酸二氢钾的厂家占多数,而生产工业级、食品级以及试剂级、电子级的企业占少数,而且产量和市场需要量非常小。

我国磷酸二氢钾生产技术发展历程

磷酸二氢钾的制备方法有很多种,主要有中和法、萃取法、离子交换法、复分解法和直接法等,另外,还有有机萃取法、复分解法、离子交换法，直接法实现工业化。经过多年的努力，重庆中化涪陵已经生产多年，积累了比较成熟的经验，但在我国磷酸二氢钾行业，大部分企业主要采用中和法生产。

1. 中和法

中和法是将氢氧化钾或碳酸钾配成30%的溶液后送至中和器，在搅拌下与50%的磷酸溶液中和，控制温度在80～100℃，pH为4～5，中和产物经过滤、浓缩、冷却结晶、离心分离、干燥后即得成品，结晶母液返回到浓缩工段进行回用。

中和法的特点是工艺流程短，技术成熟，设备少，产品质量高，能耗低，投资少。该法以热法磷酸和钾碱为原料，生产成本高，难以在农业上应用，主要用于生产食品、医药和工业级的磷酸二氢钾，今后此法产量会有较多下降，但目前尚无其他方法能动摇其产品在食品工业中的主导地位。当前，全国中和法磷酸二氢钾的生产能力占总生产能力的90%以上。但中和法磷酸二氢钾用作水溶肥品种已经在市场上非常普遍。

2. 结晶法

结晶法是根据H_3PO_4-KH_2PO_4-KCl-H_2O系统中，在不同温度下KH_2PO_4在H_3PO_4溶液中的溶解度变化来分离制得KH_2PO_4。

该法生产磷酸二氢钾，经济上比中和法优越，但却存在以下缺点：①该法是在酸性介质高温下（170℃左右）反应，对设备的要求非常苛刻，而且极易被腐蚀，不仅一次性投资大，而且大幅度地增加成本；②由于HCl的溢出，需要吸收装置，不注意会形成污染；③质量较差，含3%左右的氯离子和少量磷酸。

3. 萃取法

萃取法分为有机萃取法和无机萃取法，工业化的方法为有机萃取法。有机萃取法是根据有机溶剂对不同化合物具有不同溶解度的特性，选择性地使用有机溶剂进行萃取分离来制取磷酸二氢钾的方法。它是在合适的有机溶剂(S)存在下，通过氯化钾和磷酸反应，生成的盐酸几乎被萃取到有机溶剂中，待分相、分离后，磷酸二氢钾从水相中结晶出来，经洗涤、干燥即得产品磷酸二氢钾，分离后母液循环使用；盐酸由反萃剂从有机相中反萃出来，萃取剂在过程中循环使用。

近年来，用有机溶剂萃取湿法磷酸的工业过程进展很快，英国、以色列、美国、法国等国家都相继实现了工业化，溶剂萃取法成为精制磷酸最有效的方法之一，这就为用湿法磷酸制取KH_2PO_4提供了方便。国内采用有机萃取法生产磷酸二氢钾投产的工厂较多，年生产规模从1 000吨、3 000吨、5 000吨到30 000吨不等，工艺技术日趋完善。该法主要特点是产品纯度高，流程简单，反应条件温和，能耗低。但其磷元素利用率低，同时有机溶剂的价格昂贵，必须考虑其回收利用，否则综合生产成本过高。

4. 离子交换法

利用氯化钾溶液通过苯乙烯系阳离子交换树脂，从溶液中吸附K^+，然后将磷酸二氢铵溶液通过树脂进行置换，制得磷酸二氢钾溶液，然后料液经浓缩、冷却结晶、离心分离、干燥后得到成品磷酸二氢钾，结晶母液返回到浓缩工段进行回用。

离子交换法的特点是原料成本比中和法低，但是能耗过高，阳离子交换树脂价格昂贵而且容易中毒失活，树脂再生或更换频繁，废液后处理麻烦。

5. 复分解法

目前，国内外所称的复分解法主要是指反应的实质为氯化钾中的钾离子与正磷酸钠或铵盐中磷酸二氢根通过复分解反应生成磷酸二氢钾。反应后的料液可以根据NH_4Cl-KH_2PO_4-H_2O或NaCl-

KH_2PO_4-H_2O 系统相图分离出磷酸二氢钾。

(1)磷酸二氢钠复分解法　采用磷酸与碳酸钠反应制备磷酸二氢钠后再与氯化钾反应生成磷酸二氢钾的工艺流程。它是将氯化钾溶解后，按比例加入碳酸钠和磷酸，充分搅拌，调 pH 至 4～5，加热浓缩至 110℃后，经冷却结晶、离心分离、干燥后即得产品 KH_2PO_4。

该法的特点是生产设备简单，反应条件平和，操作方便，没有污染，质量可靠，据称成本较中和法每吨可下降 1 000 元以上。该法的产品质量不如中和法，会含有少量氯化钠。从分离 KH_2PO_4 结晶后的母液中回收氯化钠耗能高，价值低。

(2)磷酸二氢铵复分解法　采用磷酸与碳酸氢铵反应制备磷酸二氢铵后再与氯化钾反应生成磷酸二氢钾的工艺流程。它是将水、氯化钾、碳酸氢铵按比例投料，然后加入规定量的磷酸，充分搅拌后，调 pH，加热浓缩至 110℃后，经冷却结晶、离心分离、干燥后即得产品 KH_2PO_4，离心分离所得母液浓缩即为含氮、磷、钾等多元素复合肥。

该工艺没有三废排放，与其他方法比较，生产成本低，但产品纯度也低，只能用作农用肥。

6. 直接法

以磷矿、硫酸和钾盐为原料生产磷酸二氢钾的工艺是在国际磷酸盐制造者协会的技术会议上，由爱尔兰哥尔丁肥料公司首次公布，被认为是生产磷酸二氢钾比较经济的方法，随后，以色列、美国、日本、中国等国家都相继进行了研究并有所发展。该法是将硫酸与氯化钾反应生成硫酸氢钾和氯化氢，氯化氢经水吸收作为副产物盐酸，而硫酸氢钾、过量的硫酸再与磷矿反应生成磷酸二氢钾、氢氟酸与磷酸的混合液及磷石膏，加入 SiO_2 脱氟得到的四氟化硅，用水或氢氧化钠吸收作为副产物氟硅酸或氟硅酸钠。将转化液过滤，滤渣为磷石膏，滤液为磷酸二氢钾与磷酸的混合液(简称磷钾液)，经浓缩后用甲醇沉淀，得到磷酸二氢钾，经过滤、洗涤、干燥得到产品磷酸二氢钾，滤液经蒸馏回收甲醇并得到较纯的磷酸。

直接法是生产磷酸二氢钾比较经济的方法，原料便宜方便，工艺简单，设备投资少，经济效益高，但是能耗大，设备要求高，钾元素利用率不高，产品纯度也不高。

执行标准

我国最早的磷酸二氢钾产品标准是原国家标准总局发布的 GB 1963—80《磷酸二氢钾》，包含农业用和工业用 2 种产品。后经原国家技术监督局同意，原化学工业部 1992 年 6 月 1 日批准发布化工行业标准 HG 2321—92《磷酸二氢钾》，自 1992 年 9 月 1 日起替代 GB 1963—80 施行。该标准适用工业用(医药、缓冲剂、培养剂等)和农业肥料用两种磷酸二氢钾产品，以强制性标准发布实施。

2001 年为了适应加入世界贸易组织(WTO)的需要，2002 年 4 月 8 日，原国家经济贸易委员会公开发布 2002 年第 18 号公告，将 509 项强制性行业标准调整为推荐性行业标准。“HG 2321—1992 磷酸二氢钾”(1994 年标准年代号已经从 2 位升至 4 位)列示于这份公告的附件中。自此，磷酸二氢钾产品标准应依法标注为“HG/T 2321—1992”。

2013 年 10 月 17 日，工业和信息化部以第 52 号公告发布了 811 项工业行业标准，编号为 HG/T 4511—2013 的《工业磷酸二氢钾》化工行业标准被批准自 2014 年 3 月 1 日起实施。

2014 年 1 月，工业和信息化部就包括 HG/T 2321—1992 在内的 255 项行业标准的制定或修订公开征求意见。肥料级磷酸二氢钾产品标准在 2017 年执行 HG/T 2321—2016 标准，详见表 5-6。

表 5-6　农用磷酸二氢钾产品的质量标准(HG 2321—2016)

项目	指标		
	优等品	一等品	合格品
磷酸二氢钾(KH_2PO_4)的质量分数/%	≥98.0	≥96.0	≥94.0
水溶性五氧化二磷(P_2O_5)的质量分数/%	≥51.0	≥50.0	≥49.0
氧化钾(K_2O)的质量分数/%	≥33.8	≥33.2	≥30.5
水分/%	≤0.5	≤1.0	≤1.5
氯化物(Cl)质量分数/%	≤1.0	≤1.5	≤3.0
水不溶物质量分数/%	≤0.3		
pH	4.3～4.9		
砷及其化合物的质量分数(以 As 计)/%	≤0.005 0		
镉及其化合物的质量分数(以 Cd 计)/%	≤0.001 0		
铅及其化合物的质量分数(以 Pb 计)/%	≤0.020 0		
铬及其化合物的质量分数(以 Cr 计)/%	≤0.050 0		
汞及其化合物的质量分数(以 Hg 计)/%	≤0.000 5		

中国磷酸二氢钾的发展趋势及展望

随着水肥一体化的推进和环境污染监管的日益严格,具有“绿色环保”新型的工艺及原料,未来市场空间较大,因此,磷酸二氢钾的制备工艺发展方向可能为:热法磷酸被湿法磷酸替代,进而被磷酸二铵替代,氢氧化钾或碳酸钾被氯化钾替代。这种制备工艺既提高了工厂的生产效率,降低了企业生产成本,又大大提高了产品的附加值,符合现代化农业高效化、集约化、绿色化发展的趋势及需求,可谓是一举几得,磷酸二氢钾将在未来得到高速发展。

通过对磷酸二氢钾生产技术现状及未来的发展趋势的分析认为,国内生产企业和研究单位应加大对低成本生产技术——直接法的开发力度,可采取引进或合作开发的方式尽快解决有关技术难题,实现我国的工业化生产,这将大大增强我国磷酸二氢钾在国际市场上的竞争力,促进磷酸二氢钾工业的蓬勃发展。

随着人们物质生活水平的不断提高,食品的安全性越来越受到关注,采用有害杂质少的高品质磷酸作为原料生产工业级磷酸二氢钾以及食品级磷酸盐已是众望所归。热法磷酸与湿法磷酸由于生产工艺不同,产品中的杂质含量虽然都可以达到相应的标准,但是精制净化的湿法磷酸中的 F、Pb 等对人体有害杂质含量比热法磷酸高,因此,我国工业级、食品级磷酸二氢钾的生产仍以热法工艺为主,生产企业比较集中在水电和磷矿资源相对集中的云、贵、川、鄂等省。并且我国是世界上磷酸二氢钾的消费大国,随着我国经济稳步、健康、持续发展,磷酸二氢钾在农业、工业、医药及食品行业中也得到了较快的发展,其生产和消费实现了快速增长。因此,预计未来 5 年,随着国家宣传力度的增加、农民认知水平的提高、市场监管力度的加大,磷酸二氢钾的市场将出现新一轮发展高峰,在未来 5 年内随着消费者对其接受程度的提高将呈现较大比例的增长。

中国磷酸二氢钾产业存在的问题及建议

1. 假冒伪劣现象普遍

近几年来，随着磷酸二氢钾被市场的认可度越来越高，加之价格又比较高，不法商贩就盯上了这一产品，通过市场调查了解到，如山东磷酸二氢钾市场，99%的市场售产品是假货。随着原材料黄磷、烧碱、氢氧化钾、氯化钾等价格大幅上涨，磷酸二氢钾的制造成本也随之水涨船高，而生产厂家的被迫提价，又导致农民购买意愿降低。制假售假者为竭力压低制假成本而不择手段，有的从正规厂家购买少量磷酸二氢钾，然后大比例地掺入价格低廉的硫酸钠、工业废盐、硫酸镁等等，再仿冒正规厂家的包装，以低价批发给农村零售商。有的售假者采用购肥奖励等促销办法，引诱众多不明真相的农户争相抢购。假货肆虐，部分被坑害的农民就与磷酸二氢钾告别了。近年来，为了维护农民的利益，各地都提高了打击假冒伪劣磷酸二氢钾的力度。

2. 需要对立有影响力的品牌

目前，国内磷酸二氢钾生产布局比较广泛，如江苏、河南、湖北、安徽、山东、四川、广东、湖南等省。但生产规模普遍偏小，鲜见上万吨的。现全国总产能近 100 万吨，年产量仅几十万吨。这与国内 6 000 余万吨尿素产能相比，其作用和产销状态不对称。

同时，磷酸二氢钾属于磷酸盐行业，许多厂家只是把它作为一个普通品种经营。自 20 世纪 80 年代以来，至今业内尚无专业化的规模生产企业，缺乏龙头骨干带动作用，自然也就没有具有影响力的品牌，这也造成磷酸二氢钾生产与需求长期保持徘徊状态。

3. 中国肥料产业服务面临的问题

面对我国近几年霜冻与倒春寒的现象屡见不鲜，化肥生产企业、相关农业生产厂家以及各类服务类组织在农业种植服务方面存在一些亟待解决的问题。关于磷酸二氢钾的作用和认知需要厂家组织深入的肥料试验推广及识别知识培训。

当前，我国农民对磷酸二氢钾肥料的认识不够，在他们看来磷酸二氢钾就是普通磷肥与钾肥的替代品，而且价格还比较贵，并且市面上关于磷酸二氢钾的假货太多。因此，他们更多地选择前者，而不会选择磷酸二氢钾，更不了解冬小麦在寒潮来临前喷施磷酸二氢钾，可以防止越冬作物徒长和植物嫩弱芽叶发生冻害。磷酸二氢钾等离子态磷钾肥能迅速补充营养，维持植株养分平衡，提高植物木质化程度，磷提高糖和磷脂水平，钾能调节气孔抑制蒸发，增强作物抗寒能力。因此，我们不仅要提高磷酸二氢钾的认识的同时，还要提高防假措施。

市场建议

1. 采用先进技术实现工业化生产

国内生产企业和研究单位采用先进的生产技术，逐步取代原有落后的工艺，加大对低成本生产技术直接法的开发力度，尽快解决有关技术难题，实现该工艺的工业化生产，同时也要自主研究以工业氯化钾和工业磷酸为基本原料的复分解法新工艺。该工艺原料利用率高，产品纯度高，工艺流程简单。由于氯化钾和氢氧化钾的价格相差很大。因此，生产成本可大幅降低，经济效益比较显著，且工艺为常压操作，易控制、反应温度低、腐蚀性小、设备寿命长、投资少、无污染，在工业技术上具有一定的先进性。该工艺将大大提高磷酸二氢钾的产品质量，增强我国磷酸二氢钾在国际市场上的竞争力。

2.加大市场宣传推广力度

长期以来,磷酸二氢钾的推广、使用始终没有得到像推广测土施肥、缓控释肥一样被充分重视,也没有来自高层主管部门的实施规划和资金支持,但从长远来看,磷酸二氢钾具有较高性价比,其市场空间极其广阔。除了今后需要决策层大力支持外,还要求包括生产、流通、农技等领域共同培育和开拓农资主渠道市场,引导消费,增加相关规划覆盖以及权威部门的大力宣传推介,引起农业领域充分重视,让更多的农民认识这一品种。作为国家紧缺的关系国计民生的资源,在国际发展低碳经济,保护生态环境及国内节能减排,提高资源利用率的大背景下,有这诸多优势的磷酸二氢钾必定会后来居上成为化肥的主导产品之一。

3.把销售方向重点放在水溶肥原料上

目前,市场上全水溶性肥料钾来源主要有3种:氯化钾型、硫酸钾型、硝酸钾与磷酸二氢钾型。其中,作为原料的硝酸钾与磷酸二氢钾型中任一元素都能被作物吸收利用,是最好的原料来源,价格也较高。而工业级原料比农业级原料价格更高,但肥料养分含量、水溶性、吸收率、重金属含量、产品稳定性等方面明显优于农业级原料。磷酸二氢钾的价格是氯化钾的近4倍,但磷酸二氢钾有效含量很高,若按投入产出比分析,磷酸二氢钾的相对价格反而很低,而且磷酸二氢钾由于兼具磷肥和钾肥的双重作用,农业部门正大力推广磷酸二氢钾的使用,特别是在全水溶性肥料中的应用。

撰稿:亓昭英　郑义文　廖春光　马锁立

中国碳酸钾行业运行情况及发展建议

碳酸钾性质和用途

碳酸钾，分子式：K_2CO_3，分子量为138，英文名称：Potassium carbonate，属于单斜晶系，也称钾碱，白色粉末状或细颗粒状结晶，易溶于水，其水溶液呈碱性。不溶于乙醇和醚，有很强的吸湿性，易结块。长期暴露在空气中存放时，易吸收二氧化碳，转变为碳酸氢钾。碳酸钾的水合物有一水、二水、三水盐。碳酸钾与氯气作用，生成氯化钾，但比碳酸钠与氯气反应困难。与二氧化硫作用时，形成 K_2S_2O。碳酸钾与硫酸钡早 600℃ 反应 5 分钟时，有 22.5%的硫酸钾形成。如果用硫酸铅代替硫酸钡时，则有40.9%的硫酸钾形成。

碳酸钾是一种重要的无机基础化工原料，主要用于电子行业电视机显像管玻壳、化肥行业原料气脱碳、橡胶行业的防老化剂。此外，其在石油炼制、泡花碱、印染、胶片、显影、陶瓷、钾玻璃、农药、医药、味精、食品等行业的应用也越来越普遍，农业上使用是一种良好农用化肥，它不含氯离子，不会对农作物和土壤造成危害，而且它所含的碳酸根分解产生氧化碳对土壤有疏松作用，对抗土壤板结有良好的作用，它还是植物进行光合作用主要原料。近年来，随着国民经济的发展，特别是电子计算机和彩色电视机生产线的不断引进，碳酸钾的需求量与日俱增，其发展有着广泛地应用前景。

中国碳酸钾行业发展情况

20 世纪 90 年代，随着世界范围内电视机，特别是家用计算机需求的迅猛增加，刺激和推动了碳酸钾生产与市场持续走强，世界各地掀起了新建或扩建碳酸钾装置的热潮。1995 年世界碳酸钾生产能力约为 50 万吨，产量约 30 万吨；2000 年生产能力约为 72 万吨，产量 56 万吨。世界碳酸钾主要生产国家和地区为美国、西欧、中国、日本和韩国，主要进口国有英国、荷兰、比利时、意大利等，主要出口国有德国、西班牙、韩国、美国等。其中，美国现有生产能力达到 18.5 万吨/年，开工率在 90%以上；日本碳酸钾总生产能力达到 8 万吨/年，但仍不能满足国内需求，每年需从国外大量进口；近几年，韩国和我国台湾也扩大了碳酸钾生产能力；欧洲地区（主要国家为法国、德国、比利时、意大利、西班牙等）碳酸钾总生产能力已增加到 15 万吨/年，基本能够满足该地区需求增长。

碳酸钾最大市场曾是用作电视机和计算机显示器阴极射线管玻璃中的钾离子源和其他特种玻璃，此两项约占总消费量的 50%，用于制造钾类化合物占 14%，橡胶助剂占 10%，食品、医药各占 6%，其他 14%；日本碳酸钾 60%以上用于阴极射线管，10%～20%用于食品，其他用于生产钾类化合物、医药、农药等，近几年新开发的应用领域是高浓缩洗衣粉，用量增长幅度将会逐年增大。

我国碳酸钾生产起步于 20 世纪 50 年代，当时采用的是草木灰法，这种方法由于受到原料的限制，产品质量差，成本高；20 世纪 60 年代发展成为吕布兰法，但其存在工艺流程长，产品质量差等缺点；随后的电解法能耗又非常高；直到 20 世纪 70 年代初，为了适应中国化肥等工业的迅速发展，才由山东鲁南化肥厂和山东曲阜师范学院在我国首创了原料易得、工艺流程短、产品纯度高的离子交换法技术，并于1975年4月建成中国第一套工业装置。1978年，该技术荣获全国科技大会奖。该技术的开发成功大大推动了我国碳酸钾行业的发展。到1995年我国碳酸钾生产能力为7万吨，2000年增加到15万吨，年均增长率高达16.5%，超过日本成为亚洲最大的碳酸钾生产国。但自2000年以后玻壳企业纷纷限产停产，造成我国碳酸钾销售市场急剧下降，出现了碳酸钾供大于求的局面，碳酸钾行业发展因此受到严重的影响，使得我国的碳酸钾行业一度陷入进退两难的境地。直到2016年我国的碳酸钾产量依旧维持在15万吨左右，2017年我国碳酸钾主要生产厂家大约为7家，主要产能在27万吨左右，全年主要产量为22万吨；2018年，我国碳酸钾行业变化不大，与2017年比，产量大约在18万吨。

中国碳酸钾生产工艺的发展历程

我国碳酸钾生产工艺从20世纪50～90年代依次经历了草木灰法、路不兰法、电解法、有机胺离子交换法和离子膜—流化床法，前4种产品因产品质量差、工艺复杂、耗能高、不适应大规模工艺化生产。20世纪60年代末到70年代初被逐渐淘汰，后两种工艺比较先进。我国碳酸钾生产厂家除成都化工采用离子膜法外(目前成都化工已经停产)，其余厂家均采用离子交换法工艺。

1. 传统的生产工艺

(1)电解法　该工艺是把氯化钾制成300克/升左右的水溶液，并进行氯化钾盐水精制中和制成合格的精制氯化钾水溶液，进入电解槽进行电解，得碳酸氢钾，然后进行水洗除去晶体表面附着的氯化钾，离心分离、煅烧，即得到碳酸钾成品。该工艺优点是产品质量较好，容易形成规模化大型生产，工人劳动强度小，工作环境较好。缺点是投资大，生产耗能高附产品盐酸处理难度较大。

(2)路布法　该工艺是以硫酸钾、煤粉、石灰石为原料制造碳酸钾的工艺。其流程是将硫酸钾、煤粉、石灰石按一定比例混合，加少量水搅拌均匀在900～1 000℃的温度下进行焙烧生成黑灰，再将黑灰粉碎，用水浸取，将浸取液蒸发至46～47波美度进行固液分离除去杂质。把分离后的清液，送碳酸塔进行一次碳化，碳化到工艺要求时再进行一次过滤，将滤液再蒸发后静置沉淀使碳酸钠、碳酸钾复盐及杂质析出，沉淀液经二次碳化，得到粗制碳酸氢钾结晶，将粗制碳酸氢钾结晶进行水洗，沉淀液经二次碳化，得到粗制碳酸氢钾结晶，将粗制碳酸氢钾结晶进行水洗，除去晶体表面附着的硫酸盐，然后进500～600℃的煅烧炉中进行转化，即得碳酸钾成品。该工艺的优点是投资少，设备简单，工艺路线相对较短，易操作。其缺点是产品质量差，产量低，占地面积大，环保问题难以解决，工人劳动强度大，适合小型企业使用。

(3)有机胺法　这是以氯化钾为原料，有机胺为载体，碳化而成碳酸氢钾经煅烧成碳酸钾($KCl+NR_3+H_2O+CO_2=NR_3HCl+KHCO_3$)公式中，$NR_3$为有机胺将分离出碳酸氢钾的母液在蒸发塔蒸馏，$CO_2$与游离的有机胺由塔顶排出，剩余的$NR_3HCl$至塔底下部用氢氧化钙溶液处理后再蒸馏出有机胺，并排出氯化钙溶液另外处理，回收的有机胺可循环使用。该工艺的优点是原材料利用率高，氯化钾利用率达到95%以上有机胺损耗很少，生产周期短产品质量好耗能少、成本低。其缺点是载体低沸点有机胺毒性大，再生过程中还得加热蒸胺且产生大量氯化钙废水需要处理或外排，带来了环境污染的压力。

(4)离子交换法　这是以氯化钾和碳酸氢钾为原料利用阳离子交换树脂对钾、铵离子吸附相仿的特点，使氯化钾、碳酸氢铵精制液中的钾离子和铵离子通过阳离子树脂的作用进行交换，而分别得到碳酸钾、碳酸氢钾混合溶液和氯化铵溶液。

具体工艺流程是将氯化钾配制成一定波美度含量的水溶液，加入辅料进行精制以除去钙、镁离子，把碳酸氢铵配成一定波美度浓度备用。首先，将氯化钾溶液逆流、定速、定量送入装有阳离子交换器中的,使原来钠(铵)性树脂转变为钾性树脂。其次,用软水洗涤,把交换器中的氯化铵(钠)溶液和残留在树脂空隙中的氯化物尽量洗净,再把碳酸氢铵溶液,按顺流的方向送入交换器中,通过树脂作用使铵离子把钾离子交换出来,与碳酸氢根或碳酸根结合成碳酸钾或碳酸氢钾溶液,此时钾型树脂变为铵型树脂循环使用。将交换所得碳酸氢钾、碳酸钾的混合交换液,经预热后送入蒸发器进行第一次蒸发,溶液浓缩至40%左右(含碳酸钾),再经第二次蒸发,蒸发至50%左右(含碳酸钾),把浓缩液中的碳酸钠和未交换的氯化钾,利用其和碳酸钾溶解度的差异析出并经过滤除去,再进行第三次蒸发至70%(含碳酸钾)时,使碳酸钾全部转化成碳酸氢钾结晶析出经离心脱水,送煅烧炉中高温煅烧,使碳酸氢钾中的氢,转化成二氧化碳除去即可得到碳酸钾,再进行冷却分级包装,得到成品碳酸钾。交换所得的氯化铵溶液送至氯化铵车间进行蒸发、冷却、结晶、包装得农用氯化铵或经过其化工工艺直接生产工业用氯化铵。

该工艺主要优点是工艺流程短,工艺简单,技术成熟可靠,一次性投资较少,能利用合成氨生产中所产生二氧化碳,有利于合成氨厂的环境保护;其缺点是产品质量不太稳定,绝大多数厂家优级品,电子级产品率只能达到50%左右,钾离子来源于氯化钾成本较高,在生产工艺过程中产生的大量副产品氯化铵废水浓度太低,氯化铵含量仅有8%左右腐蚀性很大,这就给回收利用带来了很大难度,且由于含量低的回收液制成固体氯化铵成品,蒸发量也很大,能耗也高,对能源造成浪费。

(5)离子膜电解——碳化法　离子膜电解法是世界各国普遍采用的碳酸钾生产方法,该工艺是采用了离子膜电解技术先生成氢氧化钾,再用一次性完成,碳化、煅烧、干烧的流化床新设备,生产碳酸钾。

具体工艺流程是将固体氯化钾溶解成300克/升左右的溶液,然后加碳酸钾、氢氧化钾、氯化钡等辅料经行精制除去钙、镁硫酸根等离子,再经过整合吸附塔进一步精制后,进入离子膜电解槽进行电解反应,得到30%的氢氧化钾,将30%的氢氧化钾溶液送至蒸发工段蒸发,使氢氧化钾溶液达到48%备用,将48%的氢氧化钾溶液,用泵送至流化床顶部喷嘴,喷成雾状与天然气燃烧产生的二氧化碳和补充的二氧化碳的高温气体(650℃)反应生成碳酸钾,经2次降温至70℃以下,经筛分,进料仓,再经包装出厂,过粗、过细的粉体经粉碎机粉碎后用返料输送至流化床内作晶种。产生的废气和粉末经旋风分离器分离后进入水洗塔,稀碳酸钾溶液送至化料工段供精制盐水用水。

该工艺的优点是:①产品质量好、杂质容易控制、析密度高,优级品、电子级、医药级产品率高,产品粒度分布均匀流动性好,特别适用于玻壳行业使用。②工艺流程短,连续化生产耗能低。③污染少生产环境好,三废排放少。④自动化程度高,易操作,易维护检修。其缺点是:①投资大、生产成本高,能耗也高。②生产设备和技术需从国外引进,这些因素均制约了离子膜电解碳化法在我国碳酸钾行业的应用和发展。

2.传统工艺的创新与改进

离子交换法生产碳酸钾工艺和离子膜—流化床法生产碳酸钾工艺是两种比较先进的碳酸钾生产工艺,但都存在着各自难以克服的缺点。近年来,我们的科技工作者和一些厂家不断研究、探讨新的碳酸钾生产新工艺,比较有价值的以下几种。

(1)高效离子交换法　近年来,国内科技人员对离子交换法生产碳酸钾工艺针对性地做了一系列的改进使该工艺日益得到了完善,开发成功高效离子交换法,使交换液碳酸钾含量由200克/升提高到2 800克/升,有效地降低碳酸钾的蒸发量,开发成功了副产品氯化铵的回收工艺,基本解决了废水排放问题,开发成功了应用国产氯化钾生产碳酸钾新工艺,彻底改变了对进口氯化钾的依赖,引进了美国高级分离技术公司开发的旋转式连续离子交换法。该法采用短小树脂床,可使树脂得到最大限度的利用,在每个循环过程中,交换柱中的树脂无论是处于交换状态还是处于再生状态,任何时候均无闲置状态,树脂得到了100%的利用。再生水洗过程中树脂与再生剂、洗涤剂呈逆流接触,使树脂在再生情况时再生剂用量明显减少,溶液稀释程度最低,最大量地减少废液排放量,易于回收利用。实践证明,连续离子交换法比原来的离子交换工艺相比，可减少固定资产投资30%～50%，操作费用降低40%～50%，树脂用量减少30%左右，且提高生产过程的连续化，提高了氯化铵回收液的浓度，可以回收利用彻底解决了废水排放问题。

(2)萃取法　在联碱法生产碳酸钠的基础上，在常温下以有机溶剂萃取氯化铵并使碳酸钾从溶液中结晶出来，离心分离干燥，得到成品。该工艺不需要先生成碳酸氢钾再加工成品，而是直接结晶高纯度碳酸钾产品，且萃取值经分离，可使萃取剂重复利用，并得到副产品氯化铵。其具有工艺流程短成本低适用于大规模生产等优点。

(3)改进有机胺法　鉴于离子交换法的局限性和从国外引进技术设备投资较高等原因，近几年来，国内科技人员做了很多新工艺新技术的研究和探索，特别是对有机胺法生产碳酸钾工艺进行了重新研究和改进：①以高沸点低毒性的有机胺代替低沸点有机胺法作萃取剂，避免了低沸点有机胺毒性大，不便操作的安全隐患大的缺点。②以氨代替石灰作有机胺再生剂，使副产品氯化钙变成了氯化铵提高了副产品的价值，而且溶液中未反应的氯化钾又能回碳化塔中重新参与反应，有效地提高氯化钾利用率。③经反复碳化再生循环利用的有机胺萃取效果完全可以达到新鲜有机胺的萃取效果，因而，生产中可以循环使用，整个生产过程中无废渣排出，且生产1吨碳酸钾可副产工业氯化铵0.7吨，故该工艺是比较有应用前景的一种革新工艺，已经引起碳酸业行业的重视。

(4)一步法　该工艺前部分是使用离子交换工艺，所得的交换液碳酸氢钾和碳酸钾混合溶液，将所得液进行三效蒸发，使溶液浓缩至35波美度左右静置保温沉淀，使溶液中的碳酸钠和游离的氯化钾拆出，以提高碳酸钾成品的纯度，然后再进行常压蒸发把碳酸氢钾转变为碳酸钾，待溶液达到一定浓度后，再用泵送入造粒流化床内造粒(流化床内送入400～600℃的热风碳酸钾溶液从流化床顶部进入喷头，使溶液雾化，与流化床内的热风进行热交换，水蒸气由流化床顶部排出，经过冷却器冷却得碳酸钾成品，水循环利用。碳酸钾成形后由流化床下部排出既得到碳酸钾成品。

该工艺的优点是工艺简单、流程短，占地面积小，固定资产投入少，且有效避免了机械杂质混入产品中，产品质量稳定，产量高，生产成本低，可适应大型工业化生产，机械化程度高。其缺点是副产品氯化铵处理困难较大，造粒流化床容易形成沟流造成死床，影响生产。

(5)海水提取碳酸钾生产新工艺——沸石法　该工艺是以天然斜发沸石作为离子交换剂，以海水代替氯化钾作为钾源，采用吸附洗脱蒸发萃取，结晶等操作生产碳酸钾。

沸石法海水提取碳酸钾与其他生产碳酸钾工艺相比，其优点非常明显，它无需氯化钾原料，使碳酸钾生产成本大幅度降低，工艺简捷，无三废排放，设备简单造价低廉，该工艺在沿海地区，可广泛实施前景广阔。

执行标准

农业碳酸钾是由植物中提取，是一种质地疏松的热性速效肥，含碳酸钾50%、氧化钾35%以上，碳酸根18.8%。还含有磷、钙、铁、镁、硅、硼、锌、铁等有效中微量元素水溶性养分。其中钾在植物体内能促进氮素代谢及糖类的合成与运输，可促使植株生长健壮，增强抗病虫与自然灾害的能力，此外还具有提高抗旱性的作用；碳酸根是作物光合作用的养料，可促进和提高植物的光合作用。农业碳酸钾在林果生产中具有广泛的用途。但因为价格等原因，农业级碳酸钾在国内外都还没有大规模应用起来。

由于我国农用碳酸钾没有具体标准，大部分是植物中提出的，以表5-7是工业碳酸钾执行的标准，工业碳酸钾分为2种类型：Ⅰ型为一般工业用；Ⅱ型为主要用于制造显像管玻壳。外观为工业碳酸钾为白色粉状或颗粒状。

表 5-7　碳酸钾质量执行标准：GB/T 1587—2000

项目名称	指标			
	Ⅰ型			Ⅱ型
	优等品	一等品	合格品	
碳酸钾(K_2CO_3)含量/%	≥99.0	≥98.5	≥96.8	≥99.0
氯化物(以 Cl^- 计)含量/%	≤0.004 8	≤0.048	≤0.095	≤0.014
氯化物(以 KCl 计)含量/%	≤0.01	≤0.10	≤0.20	≤0.03
硫化物(以 SO_4^{2-} 计)含量/%	≤0.005 5	≤0.056	≤0.033	≤0.022
硫化物(以 K_2SO_4 计)含量/%	≤0.01	≤0.1	≤0.15	≤0.04
铁(以 Fe 计)含量/%	≤0.001	≤0.003	≤0.001	≤0.001
铁(以 Fe_2O_3 计)含量/%	≤0.001 4	≤0.004 2	≤0.014	≤0.001
水不溶物含量/%	≤0.02	≤0.005	≤0.10	≤0.04
灼烧失重(270～300℃)/%	≤0.60	≤1.00	≤1.00	≤1.00

中国碳酸钾行业发展预测

1. K_2CO_3 晶体

尽管 K_2CO_3 的相关研究极其重要，但是总结前人针对 K_2CO_3 进行的研究，其程度远远不足，比如，高温的六方结构相（α-K_2CO_3）的内部原子如何排布的，晶体 K_2CO_3 的体积模量、弹性常数、热状态方程、结构随着压力升高而发生的变化等等信息至今还未获得。K_2CO_3 自身具有高活性，强迁移性的特点，且极易与空气中的水分发生反应，也给实验操作带来了重大困难。所以，要想继续对 K_2CO_3 展开深入的研究，就得另辟蹊径。

近年来，随着计算机性能的迅速发展以及计算方法的改善，利用理论模拟研究固体的机械性质已经能够达到很高的精度，能够分辨小到几个的能量差，可使计算结果相当接近实验测量结果；并达到了区分几个相的相对稳定性的要求；并允许同时考虑温度效应。尽管这些计算也有近似性和局限性，但是计算能够给出一些实验中无法得到的信息。例如，通过计算一种物质的不稳定相，可有助于确定结构转变的趋势。还可以实现超高压下的计算，用来预测新的相变；然而，实现相应条件下的实验研究在实验技术上却十分困难。当今，计算机模拟作为重要的研究工具受到了越来越多的重视。计算机"实验"俨然已与传统实验手段具有了同样重要的地位，而且其发挥的作用会越来越大。

因此，利用第一性原理计算研究 K_2CO_3 的物理性质是一个有效手段，在研究完纯 K_2CO_3 的物理性质和热力学性质后，可以继续利用第一性原理计算模拟在地幔条件下，含 K 的地幔碳酸盐进行结构稳定性和相图。

2. 废气处理方面

据《自然》《地球系统科学数据》和《环境研究快报》杂志在线发表的《全球碳预算》报告（使用截至 2018 年 11 月初的数据来预测全年的排放量）称，2018 年全球化石燃料燃烧产生的 CO_2 将比 2017 年增加 2.7%。2017 年，化石燃料燃烧将 9.9 亿吨碳排放进了大气层。这是自经过 2014—2016 年的短暂平稳后，2017 年全球碳排放大幅上升，很多人都认为全球碳排放已达顶点，但最新分析表明，2018 年 CO_2 排放量再创历史新高。因此，以温室气体排放引起的全球气候变化问题日益严重，限制 CO_2 的排放已经刻不容缓。

我国的燃煤电厂烟气排放具有稳定集中、处理量大等特点，联合国气候变化委员会(IPCC)已将燃煤电厂 CO_2 捕获和封存作为2050年减排目标非常重要的技术方向。燃烧后的 CO_2 捕获适应于现有运行中的燃煤电厂，是当前研究和示范运行项目的热点方向。电厂烟气中 CO_2 捕集分离与合成氨、制氢等工业脱碳过程有着明显的不同，这主要是由电厂烟气的特点来决定的，即烟气流量非常大；总压低、CO_2 的分压较低(<15千帕)；烟气出口温度较高；含有 O_2，SO_x，NO_x 等杂质气体。由于具有成本低能耗小和耐氧化降解等优势，近年来，碳酸钾溶液吸收 CO_2 再次被人们关注和重视。

3. 催化剂的研发方面

为了解决具有成本低再生能耗小和稳定性好等优点的碳酸钾溶液吸收 CO_2 速率较慢的关键问题，同时还要考虑环境及人身安全等方面问题，国内外不断有新的添加剂研究报道。目前主要在碳酸钾溶液中加入无机盐、生物酶和有机胺等活化剂来提高反应速率。

对于基于碳酸钾溶液吸收 CO_2，在常压条件下依靠单一碳酸钾溶液吸收法无法获得可行的 CO_2 吸收速率和效果。加入活化剂是提高过程反应速率的极为有效的途径之一。针对国内外对目前活化剂研究中存在的问题以及工艺特点，对于未来的研究方向可以从以下几个方面考虑。

①具有环境友好、化学稳定性好且反应活性较高的绿色活化剂的研究，对于解决碳酸钾溶液吸收速率慢和现有活化剂存在缺陷的关键性问题，是非常重要和亟须的。离子型盐类是研究中的重要方向，可以利用硼酸盐、氨基酸盐等在溶液中以离子形式存在，具有挥发性小、抗高温和氧化降解能力强等优点，探索新的吸收溶液。

②高效活化剂不仅应具有较高的反应活性，大幅度提高与 CO_2 的反应速率，而且要注重处理工艺特点。结合燃烧后捕获电厂烟气的特点和组成来研究活化剂，适应烟气处理环境(高温、氧化环境、杂质气如 SO_x 和 NO_x 等影响)。

③从处理工艺流程角度考虑过程强化或工艺耦合。传统的化学溶剂捕获法采用溶液吸收后进入再生塔再生吸收剂，再生过程水溶剂的大量蒸发导致能耗较高。采用碳酸钾溶液吸收时，一方面，可利用碳酸钾和碳酸氢钾溶解度的差异，采用吸收富液降温沉淀碳酸氢钾，进而将高浓度的浆液再生，大幅降低能耗；或采用活化的碳酸钾吸收贫液在吸收塔内吸收与沉淀，保持较高的吸收推动力等手段强化吸收过程。另一方面，可根据烟气的组成特点，将脱碳与脱硫、脱硝进行耦合处理，避免硫酸盐和硝酸盐在吸收液中的累积，影响捕集工艺效果。

中国碳酸钾产业发展的建议

目前我国碳酸钾行业已经供大于求，行业产能比较稳定。它也是主要钾盐产品中行业投资热情最不高的一个产品，主要原因是新的市场方向还没有形成。近2年来，业内生产装置开工不足，有不少厂家已经转产或停产。规模较大的厂家虽然还在坚持生产，但由于市场竞争激烈，产品利润空间越来越小。我国碳酸钾行业要想立于不败之地，不断发展，就必须要采取以下几方面的措施。

1. 全力开拓新市场

①拓展国际市场。尤其那些碳酸钾的用量还处于起步阶段的发展中国家。其对碳酸钾的需求正处于上升期，瞄准这些地区，尽最大努力拓展这些国家的碳酸钾市场。

②我国碳酸钾的应用与国外相比，尚有较大差距。如高档玻璃、洗涤剂行业尚属空白，特种肥料，食品级添加剂、高级陶瓷等刚刚起步，照相、橡胶助剂等应用比重也远远低于国外。值得注意的是，碳酸钾在浓缩洗衣粉，特别是4A沸石作助剂洗衣粉中作碱补充剂市场潜力很大，日本在这方面给我们做了样

板。目前，约有 1/2 的浓缩洗衣粉中用碳酸钾，我国在这方面工作尚属空白。我国碳酸钾企业一定加紧在这些领域中的销售力度，尽早地开辟，这些新市场，预计随着此技术的推广碳酸钾在洗涤剂行业中的用量是极为可观的。

③食品级碳酸钾市场的开发。在发达国家，在视频添加剂中以钾盐替代钠盐，减少人类对钠盐的摄取量，减少人们心脑血管的硬化，并补充人体所必需的钾元素。随着我国国民经济的飞速发展，人民生活水平的提高，人们对食品的要求也越来越高，我国又是一个人口大国，因此加大力度开发这一市场，更是大有可为的，是利国利民利企业的大好事，碳酸钾企业一定要在这方面下大功夫。

④拓展水溶性钾肥市场。目前我国土壤中缺碳、缺钾严重，碳酸钾应是最好一种水溶性钾肥，但因为价格比较贵，其应用的性价比还需要进一步实验确认其用量。

2. 认真研究行业

一个行业在发展低迷，市场空间陷入进退两难之地时，新机会可能就要来到，所以要下功夫研究其性能用处，寻求新的市场突破。鉴于国内碳酸钾行业的实际情况，建议上项目要谨慎，以免盲目决策、盲目扩产对碳酸钾厂家造成不必要的损失。

3. 向大规模化产业园发展

碳酸钾不是高附加值的产品，而是依靠规模获得效益。我国碳酸钾企业还没有真正形成规模，所谓的规模，只是小规模生产线的叠加。我国碳酸钾生产企业在规模效益上，远远落后于国外，市场竞争上处于劣势。因此，我国碳酸钾行业要想生存发展就必须在规模和产业链上要效益，下功夫。

4. 大力推广应用新工艺

①离子膜—流化床法生产碳酸钾工艺。这是目前最好的生产工艺，但这一工艺技术一直被发达国家少数几家公司垄断，导致流化床法碳酸钾工艺一次性投资大，不能普遍使用。我国北京化工机械工厂已经可以生产离子膜电解槽解决这一工艺的关键问题。我们应力推使用国产设备，把这一工艺推广应用到实际生产中。

②国内普遍采用离子交换法生产碳酸钾。该虽然工艺有诸多优点，但也存在难以克服的缺点，氯化铵废液回收利用问题，仍然不能彻底解决，随着生产规模的扩大，其不足之处也日益明显，这不符合现代企业发展要求。

③对有机胺的选择、盐水循环及有机胺的再生工艺等方面工做了较大地改进。该工艺降低了有机胺的毒性，钾的利用率又有所提高，没有三废排放，产品成本低是碳酸钾生产的较为理想的新工艺，为了我国碳酸钾行业的发展，该工艺值得推广应用。

5. 加紧新产品的开发

碳酸钾企业应积极开发碳酸钾系列产品，专用产品提高产品的附加值，加强专用化、功能化、高纯化碳酸钾的研制，最大范围拓宽碳酸钾的应用领域。如食品级碳酸钾、粒状碳酸钾等。

撰稿：汪贤玉　亓昭英

中国甲酸钾行业运行情况及发展建议

甲酸钾性质用途

甲酸钾，分子式：$CHKO_2$，分子量：84.115 7，英文名称为 Potassiumformate，甲酸钾是无色透明液体，密度(20℃)为 1.563 克/毫升，熔点为 165～1 684℃，甲酸钾溶于水、乙醇，不溶于乙醚。有毒，半数致死量(小鼠，静脉)95 毫克/千克，强热时分解出氢气。

用途：甲酸钾作为一种重要的化工产品，可用于配制钻井液、完井液、融雪剂，也是饲料添加剂的原料，是合成新型发泡剂、制造炭黑表面改性剂的重要原料，在农业方面的应用还在起步阶段。因此，甲酸钾主要用于石油钻井、油田钻井液，完井液，炭黑表面改性剂，融雪剂，矿山开采等。国外在 20 世纪 90 年代末开始把甲酸钾应用于钻井完井液，特别是应用在高密度钻井完井液体系中，取得了很好效果。用甲酸钾配制钻井液体系，具有强抑制、配伍性好、环境保护、油层保护等突出优点。此外，甲酸钾还有抑制黏土水化分的作用。甲酸钾将是一种重要的继硝酸钾、磷酸二氢钾、氯化钾等水溶性钾肥品种。

生产工艺与方法

国内各个油田对甲酸钾的需求量较大，同时在融雪剂行业里得到了广泛的应用。根据原料与路线不同，甲酸钾合成方法主要有吸收法、复分解法、酸碱中和法、海水吸附法、一种以阳离子交换树脂为反应载体生产甲酸钾的方法和以一定比例的甲醛、氢氧化钾和在水中于一定温度条件下生产甲酸钾的方法等。辽阳石化公司尼龙厂醇酮装置，每年产生的甲酸含量约 7%的酸性废水中甲酸含量超过 400 吨，该酸性废水的 COD 值高达 10 万～16 万毫克/升，若将此类废水直接排放则污染环境，浓度超过 2%，则能对生化处理系统造成严重伤害，同时，也造成资源浪费，人们采取不同方法处理该类废水。例如，回收废水中的甲酸、将废水中甲酸分解掉、将废水中甲酸转换为其他有用物质。因此，还可以以该废水为原料，将废水中甲酸转化为甲酸钾，废水中的甲酸量会得到有效控制，达到排放标准，而且还可以得到有价值的甲酸钾产品。

1. 甲酸法

(1)以甲酸与氢氧化钾或碳酸钾为原料反应生成甲酸钾和水　以甲酸和氢氧化钾或碳酸钾在一定条件下直接反应制取甲酸钾，其工艺过程是将甲醇和氢氧化钾或碳酸钾加入反应器中，进行搅拌，便可制取甲酸钾，再将制取的甲酸钾送入蒸发器，蒸发甲酸钾中反应生成的水，并使甲酸钾呈熔融状，制成产品，便可供用户使用。因此，甲酸法具有工艺简单，易操作，可规范模化生产，成本低，无“三废”排放等特点，但想得到较高纯度的甲酸钾还需要相对复杂的提纯工艺，成本高，质量偏低。

(2)CO 和 KOH 高压合成法　以 CO 和氢氧化钾为原料，反应生成甲酸钾，没有副产物。目前，国内主要采用的是 CO 法生产甲酸钾。该方法能够利用含有 CO 的废气，减少环境污染，但氢氧化钾成本较高，且为了产生反应所需要的温度和压力条件需要消耗大量的能源，属于高耗能方法。其工艺过程包括合成气变压吸附、合成反应、蒸发浓缩、结晶、离心分离、干燥包装等工艺步骤。

(3)酸碱中合法　该中合法包含氢氧化钾和甲酸中合法、碳酸钾与甲酸中合法及碳酸氢钾与甲酸中和法。这3种方法具有工艺简单、易操作的优点。但上述方法均要用到具有挥发性腐蚀性的甲酸作为原料，造成其生产成本高、污染严重、设备造价高且工人易受到伤害的缺点。

(4)阴阳离子交换树脂法　这种方法解决了现有技术中存在的制备甲酸钾工艺总体上成本高能耗高的问题。其步骤包括，以阳离子交换树脂为反应载体，将浓度为15%～30%的KCl溶液与阳离子交换树脂进行交换反应，反应时间为2～12小时；然后洗净离子交换树脂，再用20%～60%的甲酸钠溶液继续和阳离子交换树脂经行反应，最后得到甲酸钾溶液，经过浓缩沉降处理后结晶得到合格产品。能耗大大降低，间接使产品成本下降。反应后没有有害物质产生，没有环境污染。由于产生的甲酸钾溶液几乎没有有害杂质，所以结晶后纯度高，质量优良。但所用原料15%～30%的KCl溶液，原料价格较高，导致产品的成本增加。

(5)甲醛、氢氧化钾和异丁醛水中反应法　这种方法使用摩尔比为(1∶1∶1)～(3∶2∶1)的甲醛、氢氧化钾和异丁醛在0～100℃、优选30～70℃的温度下在水中反应。中合所得到的反应溶液到pH为4～6并且在第一步中蒸发，由此得到两相，一个有机相和一个水相，后者包括主要部分的甲酸钾，随后将所述有机相和水相分开，在水相0～0.1巴的压力下且在160～250℃的温度下发生最终蒸发之后，得到甲酸钾的熔体，加入水然后过滤，得到甲酸钾含量大99WT%的溶液，该WT%是基于无水基础的计算。这种方法得到的产品纯度高，但由于使用了有机溶剂甲醛和异丁醛，容易造成环境污染。

(6)海水吸附法　这种方法以海水、苦卤或其他含钾卤水为原料，用天然斜发沸石作为无机离子吸附剂实现钾富集，用水将吸附饱和后的吸附剂中的原料顶出，进而以甲酸钠溶液洗脱吸附剂，制得富钾液，再将富钾液经两次蒸发浓缩离心分离制得工业用75%液体甲酸钾成品或将液体甲酸钾再经蒸发浓缩、冷却结离心分离得到固体甲酸钾产品。天然斜发沸石经洗脱再生后可循环利用，反应过程中所产生的废水和湿甲酸钠均可循环使用。与现有技术相比，本方法来源广泛、成本低廉、环保，但适于沿海及内陆卤水资源丰富地区。

(7)制备季戊四醇产生的废液生产季戊四醇联产甲酸钾和硫化钠　将制备季戊四醇产生的废液进行减压蒸馏，得到季戊四醇晶体和甲酸钠，然后再将甲酸钠和硫酸钾反应后，进一步深加工分别得到甲酸和硫化钠产品。这种方法技能消化废液，减轻废渣对环境的污染；又能制得有价值的甲酸钾和硫酸钠产品，具有限制的社会效益和经意效益，生产工艺与设备简单，是一种比较实际的处理和利用方法。但这种方法生产甲酸钾是一种副产品，在鲁西化工工业园区实用意义不大。

(8)以废水为原料，将废水中甲酸转化为甲酸钾　该方法主要采用氢氧化钾和碳酸钾与甲酸废水中的甲酸发生中和反应生成甲酸钾。它使用原料有用含有甲酸的废水，氢氧化钾为工业级，其他试剂均为分析纯。本文主要对醇酮装置产生的甲酸废水采用的2种方法进行简单介绍，即氢氧化钾法和碳酸钾法。

①氢氧化钾法：经过多次试验得到氢氧化物法的最佳工艺条件为常压蒸馏、投料比为1∶1、反应温度为40℃、反应时间为1小时、浓缩比例为85%、滤液循环2次后达到平衡，甲酸去除率在96.99%左右，甲酸钾产品的含量达到90.28%，产品的收率在92.79%左右。

②碳酸盐法：经过多次试验得到碳酸盐法的最佳工艺条件为常压蒸馏、投料比为1∶2、反应温度为40℃、反应时间为1小时、浓缩比例为85%、滤液循环5次后达到平衡，甲酸去除率在98.83%左右，甲酸钾产品的含量达到91.95%，产品的收率在93.7%左右。

产品执行标准

由于我国没有统一的农用甲酸钾的标准，下面就简单介绍一下沈阳中海石油技术有限公司企业标准 Q/SZH 06—2009,本标准由沈阳中海石油技术有限公司提出。本标准规定了甲酸钾的要求、实验方法、检验规则、标志、标签、包装、运输和储存。该产品的添加量因产品添加范围和不同的种类适量添加,其技术指标,见表 5-8。

表 5-8 甲酸钾成品的技术指标

序号	项目	技术指标
1	甲酸钾含量/%	≥96.0
2	氢氧化钾/%	≤0.5
3	碳酸钾/%	≤0.5
4	氯化钾/%	≤1.0
5	水分/%	≤2.0
6	饱和盐水浓度/(克/米^3)	1.55~1.58
7	外观	白色

甲酸钾行业发展现状及前景

1. 甲酸钾行业发展现状

甲酸钾的生产公司主要集中在捷克、芬兰、德国、英国、印度、日本、俄罗斯、西班牙、美国和中国等少数国家。在 21 世纪初,全球甲酸钾总产能约为 57.7 万吨。最先生产甲酸钾的国度是美国,虽然我国甲酸钾产业起步晚,但发展迅速,目前国内甲酸钾产量在 10 万吨以上。

2012 年中国的甲酸钾产量是 2005 年产能的 2.3 倍,平均年增长率为 15%。2016 年我国产量在 10.6 万吨左右,2018 年约 14 万吨。在全球范围,甲酸钾在应用领域中的比例最高的石油领域的消费量是 93%,其次是雪融化剂行业 2.5%,然后是皮革工业 1.5%,印染行业 1.5%,其他 1.5%。年均增长率依序是油田行业 7.9%、融雪剂行业 6.4%、皮革工业 5.6%、印染行业 5.3%、其他 7.4%。2014 年,全世界甲酸钾的需求数量将近 37.9 万吨。甲酸作为制造甲酸钾的上游产品,在有机合成中用于合成各种甲酸酯、吖啶类染料和甲酰胺系列医药中间体。其下游消费主要用于医药、化工、农药、橡胶产品等,分别占比 50%、15%、13%、9%。全球主要甲酸生产企业分布在中国、德国、芬兰、俄罗斯、美国等地区,呈现高度的集中化。据统计,全球甲酸产能约 131.7 万吨,中国产能 55 万吨,占比高达 41.76%。

我国主要生产公司有绵阳启明星磷化工有限公司、山东顺通集团、杭州福世化工有限公司、寿光市恒通化工有限公司、重庆川东化工集团有限公司化学试剂厂等。近年来,一些公司利用工业废水生产甲酸钾,对行业的进步具有非常大的意义,成本的降低,能使甲酸钾具有更大的应用前景。更能带动整个甲酸钾生产企业的积极性。这种方法既能消化废液,减轻废渣对环境的污染,带来经济效益的同时,对于实现零排放具有重大意义,对化工企业的环境保护研究提供一定的参考。

2. 甲酸钾行业发展的前景

随着我国化肥“零增长”战略进一步实施,加之我国化肥行业产能过剩是当前行业的突出问题,引来了多方关注。目前,粮肥比价偏低、化肥消费下降、出口减少等造成了氮磷肥产能过剩,中、小氮肥企业的发展空间越来越小,成本不断增加。同时我国氮肥行业的产能扩张并没有伴随需求的同步增长,过多的产能没有释放的空间,而落后产能的退出却严重滞后,导致行业效益严重下滑,绝大多数中、小氮肥企业处于亏损状态。因此，中、小氮肥企业应充分利用已有的 CO，H_2 等资源，延长产业链，加大对精细化工产品的开发力度，生产高附加值的产品才是企业发展的根本。成都乐氏化工工程有限公司通过反复调研，开发了利用天然气转化气经处理得到的高纯 CO 和 H_2 为原料，与氢氧化钾反应生产甲酸钾、合成氨，再利用合成氨生产磷酸二氢钾并联产氯基水溶性三元复合肥。因此，这也是甲酸钾行业及磷酸二氢钾行业未来发展的一个方向。

随着钻井技术的日益丰富和复杂，我们更需要开发一种性能优良，能够具有高扰行染、高抗温性、高抗压性等优良特性的钻井液体系；同时由于环境保护的日益加强，开发环境友好型钻井液体系势在必行，而甲酸盐正是这样一种体系，甲酸钾是该体系中应用较好的一种产品，主要用于石抽钻井、油田钻井液，完井液，炭黑表面改性剂、融雪剂，矿山开采等。

同时，随着世界石化行业的不断发展，石油开采能力的不断扩大，甲酸钾的需求量不断上升，市场前景良好。但是甲酸钾的生产还具有一些缺点，如成本过高，回收率低等，这是未来中酸钾行业发展的一个重点。只要研究出了低成本、高回收率的工艺技术措施，其必将具有广泛的应用前景。

撰稿：亓昭英　马锁立

中国颗粒钾肥行业运行情况及发展建议

颗粒钾肥行业背景和用途概述

颗粒钾肥在我国已有20多年历史，随着造粒“功能”的多元化，适合大规模种植的需要，近年来，越来越成为钾肥领域的一个重要方向。与传统的粉状肥料相比，颗粒钾肥是一种新型肥料，颗粒钾肥的稳固性更强，物理性能更加良好，在装卸过程中能够有效地减少粉尘的产生，同时还具有更好的流动性，施肥过程中更易撒施，更适合农业施肥机械化水平的要求，长期存放不易凝结成块。此外，颗粒钾肥还能够掺和相近颗粒大小的其他养分肥料组成BB肥，在大面积推广应用中适用，为综合利用肥料养分提供良好的前提条件，并能够减缓提供给肥料缓释速率，为农作物吸收提供良好的前提条件，促进肥料利用效率的提升。

就目前来看，我国的颗粒钾肥资源非常有限。由于颗粒钾肥具有良好的物理化学性能，其被广泛应用在农业生产中。不管是国内市场，还是出口市场对颗粒钾肥的需求量不断扩大，国内的颗粒钾肥供应还不能完全满足现实需要，我国只能从国外引进颗粒钾肥资源。发达国家早在20世纪就研制出了颗粒钾肥生产技术，而我国的技术发展空间有限，并不能达到世界先进水平。

随着我国经济社会的不断发展，农业朝着现代化和智能化的方向发展，对颗粒钾肥的质量提出更高要求。为了提高颗粒钾肥品质，颗粒钾肥生产工艺不断优化，现代技术被应用在颗粒钾肥生产中，进一步扩大了颗粒钾肥的使用范围。在未来，颗粒钾肥的生产工艺标准将更加规范，颗粒钾肥的品质将更加优良。

据不完全统计，我国颗粒钾肥的生产企业有66家，主要生产厂家有烟农富邦、烟台五洲丰肥业、青上集团、米高集团、烟台齐丰农业科技、烟台众德、藏华大颗粒钾肥公司等等；总产能约558万吨/年；总产量约282万吨/年；产品品种有氯化钾、硫酸钾、硝酸钾、钾镁肥、钾硅钙肥（调理剂）及添加了各种中微量元素的配方钾肥颗粒，还有用腐植酸包裹的新型缓效颗粒钾肥。从总需求情况来看，颗粒钾肥基本是以销定产，总需求量与总产量一致，包括出口量。

颗粒钾肥标准及配料

1. 国内颗粒钾肥标准

目前颗粒钾肥还没有专门的标准，中国化工学会化肥专委会正在组织“颗粒钾肥团体标准”的制定中。国内钾肥标准中，硫酸钾国标《农业用硫酸钾》国家标准GB 20406—2006，对颗粒产品的主要技术指标有：氧化钾≥50.0％，氯离子≤1.5％，水分≤1.5％，游离酸≤1.5％，粒度（粒径1.0～4.75毫米）≥90％；氯化钾国家标准GB 6549—2011，对颗粒氯化钾的技术要求没有做要求；新版农业级氯化钾中有大颗粒钾肥的技术指标；而硫酸钾、硝酸钾和硫酸钾镁肥的国标，仅仅是对粒度做了规定。而所有的标准中，对颗粒的粒形、水分等指标都没有涉及，所以对于颗粒钾肥来说，其标准还是空白，这也就是《颗粒钾肥团体标准》制定的必要性和重要性。

2.颗粒钾肥黏合剂

在颗粒钾肥生产过程中，常用的黏结剂包括有机黏结剂和无机黏结剂。

(1)无机黏结剂

①成分：常用的无机黏结剂的主要成分为氯氧镁，这是一种具有良好的物理力学性能的物质，且作为一种气凝性材料，硬化凝固温度较低，室温 10℃以上就会硬化凝固。其本身材料的性能主要由氧化镁与氯化镁、水与氯化镁比值来确定。

②工艺原理：该技术结合氯化钾、硫酸钾等粉状钾肥原材料的物理性质，将粉状钾盐聚合起来，形成具备一定强度的钾盐颗粒成品。氯化镁是主要的基础材料，来促进氧化镁的水化凝胶，生成的氢氧化镁作为一种溶解度很小的胶体，通过加入氯化镁，胶体溶解率得到提高，生成的结晶体具有较强的胶结能力。

③生产工艺：按一定比例将水和氯化镁加入反应容器，搅拌形成溶液，再按照比例加入氧化镁粉末，形成氯氧镁水合物，最终确定水合物的质量分数为 0.5%～10.0%，将粉末状的氯化钾或硫酸钾加入造粒机中，在造粒过程中按照一定的比例喷洒水合物添加剂，同时连续通入蒸汽来促使造粒成球，经过一系列干燥冷却筛选处理，得到颗粒钾肥。

④工艺特点：首先，它所采用的是一种廉价的黏结剂，可降低生产成本且反应效率较高，在一定程度上能够减少企业单位的经济投资，可推广性极高；其次，添加剂与正常的造粒设备的兼容程度很高，普通设备稍加改造就可以大规模地进行推广，生产效率很高，造粒过程中通入的蒸汽能够提高造粒生产环境的温度，降低造粒中的水分，提高颗粒钾肥产品的强度。此外，生产出的钾肥颗粒粒径范围为 2.0～4.8 毫米，外形圆润规整，在储存和使用过程中不容易产生结块或粉碎的情况。

(2)有机黏结剂

①成分：有机黏结剂是一种外观为淡黄色液体，pH 呈酸性的一种高分子聚合物，密度与水的密度相似，是一种专门为肥料造粒开发的产品。

②工艺原理：充分利用有机添加剂的黏度，来提高颗粒钾肥造粒生产的效率，本身并不会与钾肥产生化学反应，保证钾肥的稳定性。

③生产工艺：将配置好的原料加入混料机中进行混合处理，进而进入到造粒机中进行造粒，此时加入黏结剂，使粉状的钾肥逐渐地黏结到一起，通过控制进料的速率来掌握颗粒钾肥产品的粒径及干湿程度，已经造好的颗粒通过对其筛选和干好处理而得到成品，粒径较小的直接返回设备进行二次造粒，粒径过大的进行粉碎处理后实行二次造粒，实现循环生产。

④工艺特点：造粒过程中加入黏结剂，充分发挥钾肥的分散性，颗粒分布均匀，不容易出现结块的现象，黏结剂到一定临界浓度值以后，小颗粒就逐渐聚集起来，形成合格产品，整个黏结效果容易得到控制，且整个过程所产生的粉尘很少，有效改善了生产作业环境。

(3)颗粒钾肥生产浸润剂

①成分：在生产颗粒钾肥的过程中，可以在钾肥中添加浸润剂。氯化钾本身具有较强的物理性质和化学性质，技术人员需要以为依据进行造粒。浸润剂在和氯化钾混合后会产生化学反应，改变氯化钾的物理形态。浸润剂有多种类型，在多种浸润剂中，生物酶调节剂的使用范围最广泛。因此，在生产时，技术人员可以先将氯化钾和水混合在一起，然后再向化合物中注入调节剂，使氯化钾肥形成颗粒钾肥。

②工艺原理：浸润剂的含量不同，和氯化钾产生的化学反应迥异。为了达到最佳反应状态，需要将浸润剂的含量控制在 2%～3%。技术人员需要将氯化钾和水的混合溶液放置在实验槽内，等待化学反应结束。一般来说，混合溶液和浸润剂的反应时间为 30～50 分钟。

为了便于观察，技术人员可以利用螺旋机传输试剂。颗粒钾肥的均匀性越好，对土壤的增益作用越强，因此，技术人员需要选择合适规格的造粒机，对颗粒尺寸进行控制。调理剂可以迅速改变液体形态，使氯化钾和水的混合溶液发生变化，技术人员在生产颗粒钾肥时，也可以向混合物中注入3%～5%的调理剂。在造粒完成之后，技术人员需要控制好外部温度，对颗粒进行陈化处理，提高颗粒钾肥的抗压能力。陈化颗粒上附着一定的水分，技术人员还需要对陈化颗粒进行干燥，将其放入到干燥仪器之中，并适当加快干燥仪器的转速。

③生产工艺：干燥仪器的长度一般为30米左右，半径为1米左右。在进行干燥时，技术人员必须调整干燥角度，使水分向倾斜一侧溢出。干燥仪器内部有加热装置，干燥后的颗粒钾肥热量较高，会影响肥料的物理性能。此时，技术人员需要采用冷却装置，对颗粒钾肥进行冷却。冷却装置的长度一般为25米左右，半径为1米左右，技术人员应该保持冷却装置角度和干燥仪器角度一致。此外，冷却装置转动速度不宜过快，应该控制在3.5～5.5转/分。

④工艺特点：技术人员应该对颗粒钾肥进行筛选。颗粒钾肥需要保证均匀性，技术人员要采用规格统一的筛选网，检测颗粒是否能够通过筛选孔。如果颗粒已经通过了筛选孔，可以将颗粒集中起来，形成颗粒钾肥包装，将成袋后的颗粒钾肥投入使用。如果颗粒并不能通过筛选孔，应该采用造粒机进行二次造粒。对浸润剂颗粒钾肥进行分析，可以发现这一类型的钾肥水分含量较低，抗压性能非常好。同时，在浸润剂颗粒钾肥中，氧气含量高达60%。

生产颗粒状钾肥的主要方法

1. 不规则造粒法生产工艺

(1)挤压造粒法　挤压造粒法最早生产颗粒钾肥的技术方法，国内已有20多年历史，现在生产颗粒状钾肥的主要方法是挤压造粒法，用挤压造粒机将粉状钾肥压成片状，经过破碎机破碎后再筛选出2～6毫米的不规则颗粒，用该方法生产的颗粒钾肥不仅产量低（合格颗粒只有50%～60%），而且外观质量非常不规则，其主要用途就是与氮肥、磷肥掺混成BB肥料。在装卸和运输过程中极易离析分层；在机械化施肥过程中，因圆球状的氮肥、磷肥与不规则的颗粒钾肥流动速度是不一样的，会造成农作物得到的养分不均匀。钾肥不规则的颗粒形状也容易卡阻施肥机下料口，造成断肥现象。同时，不规则的钾肥颗粒与圆球状的氮肥、磷肥混成BB肥时，也影响BB肥的整体外观质量。这种工艺生产出来的颗粒钾肥有多种型号，如360#、450#、550#、650#、750#等，牌号越大，单机产能越大。

该工艺的优点是颗粒强度较好，生产流程短，占地少，操作方便，单机产量大，用工少，生产成本较低。其缺点是粒型外观不规整，产品中有少量的碎粒及粉末，流动性差，机播施肥时容易造成布料不均。

(2)辊压造粒技术（脱模成型）　辊压造粒是近年来逐步发展的一种介于上述两者之间的一种造粒技术，使用厂家正在逐步增多。具体方法为使用具有固定磨具的对辊挤压设备，将加入少量水的粉状硫酸钾进行扣压，脱模后进行筛分再烘干，最后筛分选粒成产品。辊压造粒技术（脱模成型）国内主要采用一种型号，单机产能为800～1 000千克/小时。

该工艺的优点为外观是椭圆形颗粒，颗粒均匀度好，单机产量较高，用工较少。其缺点是占地大，流程长，对辊磨具寿命较短要定期更换，且要用热源加热烘干，生产成本高于挤压造粒，但低于圆盘造粒。

2. 规则（圆球）状颗粒钾肥生产工艺

采用古老的滚元宵原理生产，国内只有少数厂家在利用该技术生产。吉林青上公司为国内使用该技术生产的产能较大的厂家。具体方法为通过雷蒙机将硫酸钾粉进行研磨到100～200目细度，加入倾斜的圆盘中不断加水滚动逐渐形成小圆球颗粒，到一定粒径后从圆盘中甩出，然后再利用热源将水分蒸发掉，使颗粒强度及养分含量达到技术标准，最后再筛分选取合格粒径。

该工艺的优点是外观为圆球装，产品中没有碎粒及粉末，流动性好，利于机播施肥，溶解性较挤压造粒有一定提高。缺点是占地大，流程长，单机产量低，用工多，且要用热源加热烘干，生产成本高。圆盘滚粒技术(自然成型)，按滚盘大小区分为单盘操作和多盘操作。圆球状颗粒钾肥生产工艺包括浸润、造粒、陈化、干燥、冷却、筛分、包装等主要工序。

该工艺的优点是外观为圆球状，产品中没有碎粒及粉末，流动性好，利于机播施肥，溶解性较挤压造粒有一定提高。其缺点是占地大，流程长，单机产量低，用工多，且要用热源加热烘干，生产成本高。

(1)浸润工序的特征　在预处理后的氯化钾或硫酸钾中，加入 2%～3%的生物酶调节剂并搅拌、混合均匀，分别放入并列的一组浸润槽中，经过 30～50 分钟后，生物酶调节剂使氯化钾或硫酸钾不易成球的特性发生部分改变。

(2)造粒工序的特征　达到浸润要求的物料，通过其下部的刮板输送机或螺旋输送机输送到造粒机内，该造粒机经过改进后，具有粒度分级和内返料的特殊功能，同时辅助以 3%～5%的、具有黏性的液体调理剂，通过造粒机的转动，使物料在造粒机内成核、挤压、凝聚成圆球状颗粒。

(3)陈化工序　出造粒机的颗粒进入特殊的陈化工序进行陈化处理，该过程分自动陈化和自然陈化。自动陈化是造粒后的颗粒在陈化机内，经过 15～20 分钟的时间和 20～35℃的温度后，使颗粒具有了一定的强度和冷硬性，避免了干燥和冷却过程中颗粒粉化现象的产生；自然陈化是将造粒后的颗粒放置在干净、平坦的水泥地面(或装在过渡性的包装袋中，不允许堆垛)上，依靠自然界的温度来增加其强度和冷硬性，当其强度和冷硬性达到干燥和冷却工艺的要求后，再进入干燥和冷却系统。

(4)干燥工序　陈化处理后的物料送入干燥机内进行干燥，干燥温度控制在 120～480℃，干燥机的直径为 1.5～2.2 米，长度为 22～35 米，其安装的倾斜角度为 2.5°～3.8°，转速为 2.8～4.5 转/分。

(5)冷却工序　干燥后的物料进入冷却机内进行冷却，冷却机的直径为 1.2～2.0 米，其长度为 20～32 米，其安装的倾斜角度为 2.5°～3.8°，转速为 3.5～5.5 转/分。

(6)筛分工序　冷却后的物料进入筛分系统，该筛分可以是滚筒筛分机，也可以是振动筛分机，筛网的孔径分别为 2.6 毫米×2.6 毫米、4.6 毫米×4.6 毫米，筛分后的细粉(无大颗粒)返回造粒系统重新造粒。合格颗粒包装成产品。

干燥和冷却尾气经各自的除尘系统处理后达标排放，回收的细小粉尘一部分在线返回，一部分集中清理后返回造粒系统。

挤压造粒与圆球状颗粒钾肥生产工艺的区别

(1)工作原理不同　挤压造粒是将按比例配好的混合物料强制送入一对大小相等、转速相等、相向旋转的挤压辊辊缝之间，在 7～9 兆帕的挤压力作用下，物料被挤压成密实的片料。挤压辊一般呈水平布置，一辊固定、一辊浮动(浮动辊即加压辊，由液压缸加载)，一般辊面上有规则排列的形状、大小一致的凹槽、穴孔或凸起，经过配比的粉状物料从上方均匀连续地加入两辊之间，到达加压角 α($\alpha=20°\sim30°$)内即进入挤压角 β($\beta=10°\sim15°$)，物料被强制喂入。随着辊子的连续旋转，物料被挤压，当两辊半径连线成水平位置时，压力达到最大，然后压力迅速降低，此时成型物料在回弹力的作用下脱离与辊面的贴合，进入下一工序经破碎、筛分后，即可得到所需粒度的颗粒肥料。

挤压过程中物料的成型机理一般为物料受到挤压后，其颗粒将进行重排，并排出颗粒间的空气，从而减小物料间的空隙。其过程为物料的重排，碎裂，塑性流动。

这几个阶段不一定是按顺序进行的，可能穿插发生。挤压的结果是物料的压缩比接近 2.5∶1，气体的去除率在60%以上。影响挤压效果的因素主要有以下4个：①进料的粒度大小。其合适的范围应控制在0.1～1毫米。过细的物料（<0.1毫米）含空气太多，影响成品料片的密实度，而且会对挤压过程产生影响（造成挤压机振动加剧）；过大的物料又需消耗更多的压碎能量。所以要很好地控制进料粒度；②物料的硬度或塑性。有些物料，如氯化钾、磷酸二铵及尿素，塑性较好，挤压成粒的效果较好。而硫酸钾、硫酸铵、磷矿粉的塑性差，不易挤压成粒。为了达到较好的效果，可配加适量的黏合剂；③物料的水分。原料中少量的水分均能起到黏合剂的作用；④物料的温度。在挤压过程中粒子间的摩擦会加剧并产生热量而使物料的温度升高。

一般来说，温度升高有利于得到较密实的挤压产物——料片，但过高的温度会带来不利影响，特别是含尿素的配料温度过高时，易发生粘辊现象。一般温度要控制在70～80℃。这可借助挤压辊内部循环冷却水量的大小来控制。

圆球状颗粒钾肥的生产工艺是根据氯化钾、硫酸钾本身的物理化学特性，从物料前期浸润处理、采用特殊的造粒设备、设置特殊的陈化工序等方面着手，经团聚、粘裹成颗粒状，经干燥、冷却、筛分后包装成产品。

(2)外观形状不同　挤压造粒生产工艺生产出的颗粒是不规则的颗粒，圆球状颗粒钾肥的生产工艺生产的是圆球状颗粒。

(3)干燥过程不同　挤压造粒生产工艺无干燥过程，圆球状颗粒钾肥的生产工艺需进行干燥。

(4)流动性不同　挤压造粒生产工艺生产出的颗粒流动性差，圆球状颗粒钾肥的生产工艺生产的颗粒流动性好。

(5)离析性不同　挤压造粒生产工艺生产出的颗粒在装卸和运输过程中极易离析分层，圆球状颗粒钾肥的生产工艺生产的颗粒在装卸和运输过程中不离析分层。

(6)生产能力不同　挤压造粒生产工艺产能较小，圆球状颗粒钾肥的产能较大。

(7)工艺流程不同　挤压造粒生产工艺流程简单，圆球状颗粒钾肥的生产工艺流程较挤压造粒生产工艺复杂。

我国颗粒钾肥行业发展建议

随着“化肥使用量零增长”“减肥增效”等政策的深入推进，钾肥作为传统的基础肥料的发展越来越受到业内的关注。土地流转速度的加快，规模种植面积的不断加大，种植业施肥机械化水平的不断提高，对颗粒钾肥的需求成为一种发展趋势，国内市场和出口市场空间越来越大。值得注意的是，传统颗粒钾肥生产工艺存在一定的局限性，会破坏颗粒钾肥的综合性能。为了发挥颗粒钾肥的实用价值，我们必须采用新的生产工艺标准，应用黏合剂和浸润剂。因此，未来颗粒钾肥会呈现出多元化的发展方向。

1. 颗粒钾肥需求走向多元化

最早的钾肥都是粉状形态，然而粉状钾肥在农业上直接应用会被风吹走或被雨水从土壤中淋走，肥效释放快，造成很大的浪费。于是从20世纪30年代起，全球各种造粒技术纷纷登台，国内企业的生产技术也有一定突破：不规则造粒技术与圆颗粒造粒技术，作为行业重大技术已获得重大突破，相关钾肥造粒助剂连续式造粒工艺均实现国产化，造粒设备及造粒机企业不断增多。

2. 颗粒钾结合配方肥和BB肥

颗粒钾肥也进入配方肥时代，中国在掺混肥生产中主要以挤压为主，粒型不够规则，与球形大颗粒尿素、磷铵比配的掺混肥很容易发生离析，不但不适宜机械化施肥，而且影响BB肥肥效，导致用同样的

BB肥，有的农民施用效果不错，有的农民施用效果就很差。究其原因就是配方离析，导致肥效不均。总体来说，好的颗粒钾肥能为BB肥带来独特的外观，让商品有更好的卖相，更独特的辨识性和更好的分散性，同时也能让BB肥养分更均匀更合理，防止离析现象，并利于机播。

3.标准与质量联动

行业对于颗粒钾肥这片“蓝海”给予了厚望。但是下游需求如何与标准完美结合一直是颗粒行业关注的焦点，制定相关的标准也已经提到重要的议事日程。

撰稿：亓昭英 宁远 马锁立

中国腐植酸钾行业运行情况及发展建议(压缩版)

腐植酸钾性质用途

腐植酸钾是一种黑色或黑褐色略带金属光泽的固体,英文名称:K-nitro-himic acid,密度为1.33～1.45克/厘米^3,其颜色和比重与煤化程度有关。腐植酸钾易溶于水,水溶液呈弱碱性,颜色为黑棕色。例如,褐煤来源的腐植酸钾可含26%水溶性腐植酸钾,0.7%黄腐酸,15%有机碳以及1.6摩尔/克酸性官能团。腐植酸钾是一种,含有芳香结构大量官能团有机大分子化合物,有较多的含氧活性基因,具有较强的吸附、交换、络合和螯合能力,能电离成带负电荷的水化能力很强的水化基因。

它是一种高效、有机钾肥,因为其中的腐植酸是一种生物活性制剂,可提高土壤速效钾含量,减少钾的损失和固定,增加作物对钾的吸收和利用率,也具有改良土壤、促进作物生长、提高作物抗逆能力、改善作物品质、保护农业生态环境等功能;它与尿素、磷肥、钾肥、微量元素等混合后,可制成高效、多功能复混肥料;此外,腐植酸钾还可用作石油钻井液的处理剂,主要起防止井壁坍塌的作用。

用途:腐植酸钾中不含对土壤和作物有害的酸根。它比氯化钾、硫酸钾肥效高,易被作物吸收,并能促进对氮、磷的吸收,使肥效成倍提高。它与黏土反应生成有机无机复合体,可防止钾的流失,提高作物对钾的吸收率。腐植酸钾也能疏松土壤、改善土壤团粒结构,改善土壤通气性和保温、保水性能,并可促进微生物繁殖。肥效试验表明,腐植酸钾具有刺激作物生长的作用,在粮食和经济作物生产中增产效果显著,一般增产率都在20%以上,有的可达40%～50%,甚至高达60%。对作物品质的提高也是很明显的,例如,增加棉花的绒长和衣分,增加甘蔗的糖分含量等。另外,腐植酸钾在林业、养殖业、医药、工业等领域也得到了广泛的应用。用于淡水钻井、作降滤失剂兼有降黏作用,一般用量为1%～3%。亦可作页岩抑制剂。

腐植酸钾的生产工艺

泥炭、褐煤或风化煤等原料中的腐植酸结构中的酸性基团与碱进行化学反应,生成腐植酸盐。腐植酸钾的制备即用一定浓度氢氧化钾溶液提取褐煤中所含腐植酸。腐植酸钾的生产工艺途径较多,本文对干法和湿法2种生产腐植酸钾的工艺流程进行简单的介绍。

1.干法工艺流程

干法腐植酸钾生产工艺是指腐植酸含量大于60%(干物质基础)的原料,直接与氢氧化钾反应生产的粗制产品。原料经球磨后与氢氧化钾反应,经粉碎与抽提后,无须经过固液分离和浓缩,直接进行干燥与粉碎,即为成品腐植酸钾。有些原料水分含量高,直接粉碎会发生堵塞现象,故需要先进行干燥后再粉碎,也可以用湿法球磨代替干法粉碎,既可以节省高水分原料事先干燥的工序,又避免了干法粉碎造成的粉尘污染。

2.湿法工艺流程

湿法水溶性腐植酸钾的生产应根据其中所含钙、镁的多少,采取直接碱提或酸洗、再碱提的制备工艺，酸洗可除去风化煤中与腐植酸结合的钙、镁离子，使腐植酸游离出来与氢氧化钾反应生成腐植酸钾，提高提取率。其成分符合腐植酸≥45%，K_2O 8%～9%，pH 9～10，H_2O≤15%。湿法水溶性腐植酸钾的生产工艺是将原料加水(质量比1∶10)进行湿法球磨成煤浆，输入反应槽，加入氢氧化钾溶液(0.5%～1.0%)，控制反应槽内pH为11左右，温度控制在85～90℃，搅拌反应40分钟，输入沉淀池，沉淀过滤，滤液经浓缩、干燥和粉碎即为成品腐植酸钾。

产品标准与质量规格

2017年5月31日国家质检总局、国家标准委发布了自2017年12月1日起实施的农用腐植酸钾的国家标准，本标准规定了农业用腐植酸钾的要求、试验方法、检验规则、标识、包装、运输和贮存。本标准适用于以矿物源腐植酸原料，在一定条件下与氢氧化钾反应制成的腐植酸钾。农用腐植酸钾国标GB/T 33804—2017的质量标准，见表5-9。

表5-9　农用腐植酸钾(GB/T 33804—2017)

项目	要求		
	优等品	一等品	合格品
可溶性腐植酸含量/%	≥60	≥50	≥40
氧化钾(K_2O)含量/%	≥12	≥10	≥8
水不溶物含量/%	≤5	≤10	≤20
钠(Na^+)含量/%	≤2.0		
pH(1∶100倍稀释)	7～12		
水分含量(H_2O)/%	≤15		

腐植酸钾市场

由于干法腐植酸钾和湿法腐植酸钾的生产工艺不同，所生产的腐植酸钾的溶解特性、水不溶物、作用对象、作用时效以及稳定性等特性也不同，因此，它的应用方向也不尽相同。

1. 腐植酸钾的市场应用

(1)干法腐植酸钾在新型肥料中的应用　干法腐植酸钾含有大分子量的腐黑物，其水不溶物含量高、水溶性相对较差，不易被作物叶片吸收，但在土壤中能够形成土壤团粒结构，不易淋洗，能够持续在根系发挥保水保肥作用，并持续为土壤微生物提供碳源，改良土壤结构。此外，干法腐植酸钾的生产成本较湿法工艺产品成本降低了70%～80%。因此，干法腐植酸钾可用于基肥类新型肥料的生产，以节本增效。

干法腐植酸钾作为基肥生产原料可用于生产有机—无机复混肥、复合微生物肥料、生物有机肥以及土壤调理剂等。近年来，我国山东、山西、河北、新疆等地建了一批生产腐植酸系列复混肥的工厂。它们在生物有机肥或复合微生物肥料中加入腐植酸及固氮、解磷和解钾菌类，可以生产腐植酸生物有机肥或腐植酸复合微生物肥料；而通过大分子的腐植酸钾与其他碱性物料相混配，可研制酸性土壤调理剂，改良土壤结构与理化性状。此外，大分子腐植酸还可以用来钝化土壤重金属，降低土壤重金属的有效。因此，可利用干法腐植酸钾作为钾肥修复重金属污染严重的土壤。

(2)湿法腐植酸钾在新型肥料中的应用　湿法腐植酸钾富含小分子量黄腐酸，其水溶性好，水不溶物含量低，能够迅速溶解并通过作物叶片被吸收，在土壤中降解和消耗速度快，作用周期短，一般用于追肥产品的生产。湿法腐植酸钾作为追肥生产原料主要用于腐植酸水溶性肥料的生产。通过腐植酸钾与NPK大量元素水溶性肥料原料相配合，可以生产腐植酸大量元素水溶性肥料；而腐植酸钾与微量元素水溶性肥料原料相配合，可以研发腐植酸微量元素水溶性肥料，且具有改良土壤、刺激作物生长等优点。

(3)腐植酸钾在农业生产中的作用　腐植酸钾是一种高分子非均一的芳香族羟基羧酸盐，外观为黑色颗粒或粉状固体，是由褐煤精细选后用KOH液体反应提取后的产物，溶于水，呈碱性，含有羧基、酚羟基等活性基团。腐植酸钾溶解能够电离带有负电荷的水化能力很强的羟基、酚羟基活性基。可用作地质、石油、煤炭及矿山钻井，页岩抑制剂，并且兼有降黏、降失水和防塌的作用，并且抗温可以达到180℃。它应用在农作物中的主要功能有以下几种。

①改良土壤。腐植酸钾在土壤中能形成黏土——腐植酸复合物，使腐植酸酸性官能团存在于内部结构中，而疏水性部分包被在表面，由此阻止水分的渗透和土壤团聚体的分解，增加土壤团聚体稳定性，改善土壤pH，调节土壤酸碱平衡，进而降低水溶液以及土壤胶体表面吸附的金属阳离子，增加腐植质的水溶性以及对金属的吸附能力，降低重金属在土壤中的移动性和生物有效性，减少土壤重金属污染。

②刺激作物根系发育与作物生长。腐植酸钾由于其活化功能，可增加植物体内氧化酶活性及代谢活动，促进作物根系发育，提高根系吸收水分与养分的能力，促进植株生长。它主要通过增加根系可溶性蛋白质含量，利于根系及时清除代谢过程产生的大量活性氧，延缓根系衰老，进而提高根系活力，促进根系生长发育。

③防止钾素固定，提高钾素吸收效率。腐植酸钾结构中的有机官能团能吸收钾离子，进而能够有效防止钾离子在沙土及淋溶性土壤中的淋洗损失，同时也可防止土壤黏土粒子对钾离子的固定，有效促进植物对钾离子的吸收。此外，土壤中固定态钾和缓效态钾含量远大于氮和磷，腐植酸钾进入土壤中能活化被固定的钾素，进而达到增效的目的。

④提高作物抗逆性。腐植酸钾具有抑菌、提高作物抗逆性等作用。土壤添加腐植酸钾后，土壤中微生物量得到了明显提高，腐植酸钾能改善土壤微生物的营养，尤其是土壤腐生菌的营养，提高了土壤微生物的代谢能力，从而提高了其在土壤中的竞争优势，使土壤微生物群落对抗以作物为营养的病原菌的能力提高了，有助于抑制作物病虫害的发生。此外，腐植酸钾还具有抗旱、抗寒与抗盐等特性。

⑤提高作物产量，改善作物品质。腐植酸钾具有较好的养分释放作用，可通过理化及生物手段调控肥料释放速率，实现促释和缓释双向调控，提高植物细胞多种保护酶活性，增强自由基的直接或间接清除作用，延缓衰老，加速植物体内的物质转化和积累，避免养分的固定或氧化，而且能通过叶片、筛管或胞间连丝作用等直接被果实吸收，养分吸收快，进而提高作物产量，改善作物品质。

2.我国腐植酸钾的市场发展状况

近年来，腐植酸钾、黄腐酸钾、棕黄腐酸钾等系列“新贵”，也许能够为解决这一难题提供一条出路。腐植酸钾是一种新兴的绿色环保型肥料，是最适合用于生产腐植酸钾复合肥和水溶肥的原料。据农业部肥料登记证公告结果统计，我国含钾的肥料登记产品为4 600多个，其中，含钾的腐植酸肥料为1 500多个，约占1/3。事实证明了腐植酸钾可以提高土壤速效钾含量、提高钾肥吸收利用率、促进作物增产、改善作物品质、增强作物抗逆性等，在农业应用中取得了良好的效果。

近3年，腐植酸肥料增长趋势越来越强劲。2015年登记产品数量199个，涉及153家企业；2016年登记产品数量416个，涉及299家企业，分别比2015年增长109.05%和95.42%；2017年登记产品数量494个，涉及344家企业，分别比2015年增长148.24%和124.84%；2018年前8个月登记产品数量823个，涉及577家企业，分别比2015年全年增长313.57%和277.12%。

市场销售腐植酸增值肥料(腐植酸尿素、腐植酸磷铵、腐植酸复合肥料),2015 年产量 85 万吨(折纯,下同);2016 年产量 125 万吨,比 2015 年增长 47.06%;2017 年产量 142 万吨,比 2015 年增长 67.06%。连续 3 年来,重点腐植酸肥料企业销售量平均增长 20%以上。

中国腐植酸钾产业的发展前景

腐植酸钾作为新型的钾肥来源之一,与传统无机钾肥相比,能够提高土壤团聚体稳定性,改良土壤;促进钾素的吸收,提高钾素利用率;提高作物根系活力,促进作物的生长发育;提高作物产量,改善作物品质。因此,它在农业领域应用具有重要意义。

随着我国新型肥料产业的发展转型与土壤退化日益突出,腐植酸钾作为新型肥料的原料已被广泛用于新型肥料产品的研发中。湿法腐植酸钾一般用于生产研发液体肥等高端水溶性肥料,而干法腐植酸钾可被广泛用于土壤调理剂、生物有机肥等基肥产品的研发生产。因此,腐植酸钾在我国新型肥料产业中具有广阔的发展前景。

此外,农业部提出了化肥"零增长"目标,要求农资生产企业从重生产向重效益转变,从重数量向重质量转变,通过对化肥产品结构进行调整,优化氮、磷、钾的配比,引导肥料产品优化升级,生产肥效好、成本低的好产品。"十三五"期间,腐植酸钾作为一种高效有机钾肥将迎来发展良机。

目前,我国主要腐植酸钾生产企业有山东泉林嘉有肥业有限公司,新疆双龙腐植酸有限公司、陕西鼎天济农腐植酸制品有限公司、山西稷山县兴乡腐植酸肥业开发有限公司、江西领先腐植酸科技有限公司、山东农大肥业有限公司。

中国腐植酸钾产业发展建议

我国 BB 复混肥(散装掺混肥料)生产正处于大发展时期。与传统的单元肥料、二元肥料和复合肥料相比,水溶性肥料的优势更加明显,其养分含量高、用量少、使用方便、可以水肥同施、作物吸收快,有效成分利用率比普通传统肥料高出 1 倍至多倍。随着腐植酸钾 BB 肥的兴起,又促成了速效与长效、单效与多效的有机结合,开创了水溶性肥料技术创新的新潮流,发展势头更猛。

1. 利用腐植酸钾构筑"土肥和谐"新方向

2018 年 12 月 1—2 日,全国第三届土肥和谐大会暨中国腐植酸工业协会年会在北京召开,《腐植酸标准化良好行为规范》《腐植酸有机-无机复合肥料》《腐植酸复合肥料》《腐植酸有机肥料》《矿物源腐植酸钾》等 5 项团体标准正式发布,标志着我国腐植酸行业发展进入一个新时代,注重增效营养向重构土壤生态转变;从传统复合肥收向精细化产品转变;从促进营养吸收向注重作物生长保护转变。

加大专用、功能型腐植酸钾肥料的研发力度。当前,肥料市场竞争日趋激烈,建议肥料企业要在优化产品结构、调整发展思路以及培育品牌发展等方面提升自身的竞争力。腐植酸与钾肥有机结合形成了腐植酸速效与缓释兼具的腐植酸钾肥,化肥企业可以结合腐植酸的特性,加大开发经济作物专用肥、花卉栽培专用肥等新型腐植酸钾肥料品种。

2. 因地制宜,将产品推广与现代农技结合起来

与农业深度融合,适应下游需求变化,促进转型发展。一方面,利用农业这个大平台,了解各地土壤情况,及农产品新品种投放区域,研发相应肥料产品;另一方面,利用农调情况,预判当地农业种植需求,采购原料,生产产品;与农业大数据平台合作,推广产品,开拓市场。

由于我国农田养分平衡的时空差异,加上不同区域农田土壤和作物类型的差异,导致不同区域农田土壤的酸碱性差别很大。例如,在碱性土壤施用硫酸亚铁、硫酸锰、硫酸锌等无机盐肥料,效果往往不

佳。因为在碱性土壤环境中,很多基本元素和微量元素是以不能被植物吸收的形式存在的。而腐植酸钾肥料中的腐植酸可以起到缓解作用,进而把这些基本的营养元素和微量元素转换成被植物能够吸收的形式。在腐植酸钾肥料的推广过程中与测土配方施肥等现代农业技术结合起来,这种方式才符合我国农业生产实际。

撰稿:亓昭英　李秀花　马锁立

中国氢氧化钾行业运行情况及发展建议

氢氧化钾性质用途

氢氧化钾，又名苛性钾，英文名称：Potassium hydroxide，分子式：KOH，分子量：56.11，属强碱，有强腐蚀性，相对密度 2.044，白色粉末或片状固体。熔点为 360～406℃，沸点为 1 320～1 324℃，相对密度为 2.044 克/厘米，闪点为 52℉，折射率为 n20/D1.421，蒸气压为 0.133 千帕(719℃)。固体氢氧化钾为纯白色片状或块状固体，液体氢氧化钾淡黄色液体。溶于水、乙醇，微溶于醚，溶于水放出大量热，易溶于酒精和甘油。水溶液呈无色、与酸发生中和反应并放热。本品不会燃烧，遇水和水蒸气大量放热，形成腐蚀性溶液。氢氧化钾具备碱的一切通性，对纤维、皮肤、玻璃、陶瓷等有腐蚀作用，溶解或浓溶液稀释时会放出热量；与无机酸发生中和反应也能产生大量热，生成相应的盐类；与金属铝和锌、非金属硼和硅等反应放出氢；与氯、溴、碘等卤素发生歧化反应。能从水溶液中沉淀金属离子成为氢氧化物；能使油脂发生皂化反应，生成相应的有机酸的钾盐和醇。

用途：①干燥剂、吸收剂；②用于制各种钾盐。它主要用于生产靛蓝、高锰酸钾、生产食品添加剂山梨酸钾、柠檬酸钾、乳酸钾、安塞蜜等和医药中间体的氟化钾、磷酸二氢钾、醋酸钾、硼氢酸钾、间苯三酚等，还可用于生产橡胶(歧化松香钾皂)、高等级碳酸钾、焦磷酸钾、助剂、黏合剂(硅酸钾)、碱性电池等，也可以直接作助剂使用，如用于聚醚的生产等。日化工业用作制造钾肥皂、洗污肥皂、洗头软皂、雪花膏、冷霜、洗发膏等的原料；制药工业用于制造黄体酮、香兰素等原料；染料工业用于制造三聚氰胺染料。电池工业用于制造碱性蓄电池。

中国氢氧化钾产业发展历程

我国从 20 世纪 60 年代开始生产 KOH。当时只有上海桃浦化工厂等几家企业生产，经过 20 世纪 70～80 年代，发展到 1993 年的 20 多家企业，总生产能力超过 8 万吨/年，1991 年产量 3.6 万吨，1992 年产量 3.8 万吨，1993 年产量 4.7 万吨，产需基本平衡。江西广萍化工厂及光明化工厂是 90 年代的新建厂，能力分别为 0.7 万吨/年和 0.6 万吨/年，装置能力最大的是解放军 9715 工厂，生产能力是 1.6 万吨/年，大连氯酸钾厂是 1 万吨/年，其余能力在 0.06～0.5 万吨/年，一般是几千吨，同时技术多采用的是隔膜法。

1993—2002 年的 10 年间是国内氢氧化钾生产第二次大发展的阶段。20 多家企业采用隔膜法和离子膜法 2 种工艺流程生产，生产能力各占 1/2 左右，总产能为 33.5 万吨，但产量只有 15.6 万吨，产能、产量明显失衡，产量仅占总能力 50%，这种状况成为行业内极为关注的问题。盲目扩建，装置不能有效地发挥作用，产品价格下滑，企业效益差，当时引起行业内高度重视。

2003—2006 年，由于离子膜法产品主含量高、杂质少、质量高、在国际市场上销路好。所以扩建和新上装置都采用离子膜工艺。2005 年，主要厂家有 10 多家，主要有邢台矿业金牛钾碱公司、成都化工股份有限公司、成都华融化工有限公司、优利德(江苏)化工有限公司、江苏光明化工股份有限公司、重庆嘉陵化学制品有限公司、自贡鸿化集团张家坝盐化有限公司(钾碱)、宁夏大元炼油化工有限公司等，总产能达到24.4万吨,总产量为20万吨,其中,隔膜法产量只有7.8万吨,而产品质量好的离子膜法的产量为11.2万吨,产品结构明显趋于合理。这期间,由于生产氢氧化钾的主要原料氯化钾及能源等的价格飙升,氢氧化钾经历了第一次洗牌,许多家小于1万吨/年的厂家退出了生产氢氧化钾的舞台。2005年国务院在《产业结构调整指导目录》中限制建设2万吨/年以下氢氧化钾装置,政策的变化加快了氢氧化钾行业的洗牌。2006年9月,青海盐湖工业集团7万吨/年离子膜氢氧化钾综合利用项目施工安装工程完成招标工作,于2007年10月建成试车。

2007年,成都华融化工有限公司在国内率先研发成功3万吨/年高品质氢氧化钾片碱国产化系统。2008年6月,河北冀中能源邢台矿业(集团)金牛钾碱分公司二期年产氢氧化钾3.6万吨技改工程顺利完成并投产;2009年通过二期完善技改扩建工程继续扩大产能,达到年产氢氧化钾8.2万吨。2010年,青海盐湖股份有限公司化工公司建成年产6万吨的氢氧化钾装置,2011年3月固碱装置开车运行,因为多方面原因,装置在运行的3年中因各种故障不能做到长周期稳定运行。为保障装置稳定生产,2014年4月,公司决定利用全厂停车检修期对固碱装置进行整体改造。

2012—2016年,我国氢氧化钾行业的产量呈现稳步增长的态势。2016年中国氢氧化钾总消费量达到69.3万吨,2016年,受氢氧化钾价格下降影响,行业毛利率有所下滑。受此影响,部分企业开始限产,2017年的整体产量较2016年下降了15%,产量为62万吨左右;2018年,我国氢氧化钾的产能为106万吨,产量为68万吨左右。2015年日本对我国氢氧化钾进行反倾销调查和我国经济转型及我国氢氧化钾行业产业结构的调整,大型企业的规模、技术优势得以显现。技术落后、污染严重的小型企业逐步退出了氢氧化钾行业,大型企业的市场占有率逐步提高。

众所周知,氢氧化钾的价格主要受制于原料价格、运输、产品质量等几个重要因素,在发展中国家,中国是氢氧化钾行业最大最齐全、综合实力最强的一个国家。当国外知名氢氧化钾企业在中国慢慢生根发芽,随着新技术、新工艺的不断落地,中国企业面临的挑战还是越来越大。当国内氢氧化钾市场越来越趋向饱和,国内氢氧化钾企业如何提高产品档次,寻找更大更广的国际市场,寻找新的市场突破口,已经刻不容缓。

中国氢氧化钾生产技术的发展历程

中国工业化生产氢氧化钾的方法主要经历过3种:隔膜电解法、水银法、离子膜法。目前,基本都采用离子膜法生产。

1.隔膜电解法

隔膜电解法原料氯化钾在化盐槽溶化成饱和溶液,加热至90℃时分别加入碳酸钾,苛性钾,氧化钡除去钙、镁和硫酸根等杂质,经沉降除渣、盐酸中合、精制的含氯化钾280～315克/升的氯化钾溶液经预热到70～75℃后进行电解,得氢氧化钾、氧气和氢气,隔膜法所得氧氧化钾浓度为10%～11%,需通过蒸发浓缩和冷却澄清,制得含45%～50%氢氧化钾溶液,也可继续在熬碱锅中浓缩,经脱色,制得固体氢氧化钾,或经制片成片状氢氧化钾产品。

2.离子膜法

以氯化钾为原料,从离子膜电解槽流出的淡盐水经过脱氯塔脱去氯气,进入盐水饱和槽制成饱和盐水,而后再加入氢氧化钾、碳酸钾等化学品,盐水进入澄清槽澄清,但是从澄清槽出来的一次精制盐水还有一些是悬浮物,对盐水精制的整合树脂塔将产生不良影响,一般要求盐水中的悬浮物小于1毫克/千克。因此,它需要经过盐水过滤器过滤。然后经过二次精制,即盐水进入整合树脂塔除去其中的钙、镁,就可以加到离子膜电解槽的阳极室:与此同时,纯水和液碱一同进到阴极室。通入直流电后,在阳极室产生氯气和流出淡盐水经分离器分离,氯气输送到氯气总管,盐水一般含KCl 200～220克/升经脱氧气去饱和槽。在电解槽的阴极室产生氢气和30%～32%液碱，同样也经过分离器，氢气输送到氯总管。30%～32%的液碱可以作为商品出售，也可以送到蒸发装置蒸浓到48%的液碱，作商品出售，再浓缩即可制成固体氢氧化钾片碱产品。

3. 水银法

水银电解法电解液的配制同隔膜电解法。电解室中以石墨(或金属)作阳极，水银作阴极，电解产生的氯气送氯气干燥工序，生成的钾汞齐流入解汞室。大部分未反应的氯化钾以淡盐水状态经处理后，返回原料溶解工序。钾汞齐与清水反应生成氢氧化钾和氢气。因解汞室出来的氢氧化钾浓度为45%～50%，可作为液体氢氧化钾产品，也可再经熬碱锅蒸浓成固碱或制成片状氢氧化钾产品。

4. 改进后的新生产工艺

(1)一种高纯氢氧化钾产品的制备方法 主要包括以下步骤。

① 取工业氢氧化钾溶于超纯水中，搅拌过滤除杂。

②往滤液中继续加入络合剂，冷冻并保持液体状态，产生水和氢氧化钾结晶。

③收集水合氢氧化钾结晶，取其加热溶化即得到高纯度的氢氧化钾溶液产品，而在惰性气体保护下加热烘干则得到高纯度固体氢氧化钾产品。

(2)一种能耗低、投资少，采用非电解方法的氢氧化钾的制备方法 主要包括以下步骤。

①将KCl溶于水中形成饱和溶液，加入$Ni(OH)_2$，然后通入氨气或加入液氨进行反应，使溶液中的游离氨浓度达20%～50%，得晶浆。

②将步骤①反应形成的晶浆离心过滤或压滤，得滤液，滤液为氢氧化钾氨水溶液。

③将滤液加热蒸发，使滤液中的氨完全蒸发，得蒸氨后的滤液。

④将蒸氨后的滤液过滤，得到液体氢氧化钾产品，进一步加热脱水可得到固体氢氧化钾产品。

质量标准

由于生产工艺差别，产品质量也有一定差异，离子膜法产出的产品较隔膜法产品杂质相对少、品质高，成本价稍高，售价略高。表5-10、表5-11分别为离子膜法及隔膜法的产品质量标准。

表5-10 离子膜法氢氧化钾质量标准 HG/T 3688—2000 %

项 目	指标、质量分数	
	优等品	一等品
氢氧化钾(KOH)含量	≥95.0	≥90.0
碳酸钾(K_2CO_3)含量	≤0.5	≤0.5
氯化物(以Cl)计量	≤0.005	≤0.005
铁(Fe)含量	≤0.000 5	≤0.000 5
硫酸盐(以SO_4计)含量	≤0.005	≤0.005
硝酸盐及亚硝酸盐(以N计)含量	0.000 5	0.000 5
钠(Na)含量	0.8	0.8
磷酸盐(以PO_4计)含量	0.005	0.005
硅酸盐(以SiO_3计)含量	0.01	0.01
铝(Al)含量	0.002	0.002
钙(Ca)含量	0.005	0.005
镍(Ni)含量	0.000 5	0.000 5
重金属(以Pb计)含量	0.002	0.002

注：用户对钠(Na)指标无要求时，可不控制；高品质片状氢氧化钾应为白色

表 5-11 隔膜法氢氧化钾质量标准 GB/T 1919—2000 %

品种	品级	主含量	K_2CO_3	Cl	Fe	Na	包装
片碱	一等品	≥90.0	≤2.5	≤1.0	≤0.05	≤2.0	软包装
固碱	一等品	≥90.0	≤2.5	≤1.0	≤0.05	≤2.0	铁桶装
固碱	合格品	≥88.0	≤3.0	≤1.4	≤0.07	≤2.0	
液碱	一等品	≥48.0	≤1.2	≤0.5		≤1.5	槽车
液碱	合格品	≥45.0	≤1.5	≤0.7		≤1.5	槽车

注:国内产氢氧化钾品种规格大约为片碱占 40%,固碱(桶碱)占 30%,液体碱 30%

中国氢氧化钾发展预测

1.世界氢氧化钾市场竞争格局

目前,全球氢氧化钾的产能达到 316.4 万吨/年,中国是全球氢氧化钾产能最大的国家,占全球总产能的 33.5%;美国位列第二,产能为 61.3 万吨/年,占总产能的 19.9%。国外氢氧化钾生产公司有 25 家,分布在北美、南美、欧洲、亚洲。大型生产企业主要集中在美国,OxyChem 是全球最大的生产公司之一,2016 年产能 31.8 万吨/年,占世界总产能的 10.0%。

2.我国氢氧化钾市场竞争格局

近年来,随着我国氢氧化钾行业产业结构的调整,大型企业的规模、技术优势得以显现,技术落后、污染严重的小型企业逐步退出了氢氧化钾行业,大型企业的市场占有率逐步提高。我国氢氧化钾生产企业主要集中在西北、华东、华北和西南四大区。其中,产能 5 万吨/年以上的企业主要有青海盐湖工业股份有限公司、优利德(江苏)化工有限公司、内蒙古瑞达泰丰化工有限责任公司、江苏奥喜埃化工有限公司、四川金路集团股份有限公司、成都华融化工有限公司、湖北兴瑞化工有限公司、山东昌邑海能化学有限责任公司、三孚股份等。

3.氢氧化钾市场供求状况及变动

(1)氢氧化钾市场供应情况 近几年,随着有规模、有技术优势的企业加入氢氧化钾行业的竞争中来,部分技术落后、环境污染严重的企业逐渐退出了氢氧化钾行业,但因为同质化严重,特别是近几年环保监察压力的增大,行业产能过剩状态会有所缓解。2012—2018 年,我国氢氧化钾行业的产量在 2015 年和 2016 年曾达到最高值的 140 万吨左右,2017 年开始有所回落①。

(2)氢氧化钾市场需求情况 氢氧化钾是重要的化工产品,主要用于合成磷酸二氢钾、碳酸钾、高锰酸钾及其他钾盐精细化工产品等,在化工、食品、医药、农业、轻工等行业有广泛的应用。随着水溶肥市场的展开,氢氧化钾市场随着下游需求量的逐年增长呈现平稳发展的态势,2020 年氢氧化钾总消费量预计将达到 80.0 万~90.0 万吨。

中国氢氧化钾产业存在的问题及分析

1.设备使用寿命短

在氢氧化钾片碱的实际生产中,却因设备热应力、熔融碱的强氧化腐蚀、碱液冷却固化等一系列问题造成生产的被动局面,因此氢氧化钾片碱生产要求长周期稳定运行,每一次的开停车,空气都会进入

① 数据来源:中国化工学会化肥专委会

系统，更难免使设备表面的氧化镍层脱落，使其下层出现新的表面腐蚀。因此应尽可能减少停车次数，防止因开停车频繁加剧设备的腐蚀，缩短设备的使用寿命。

2. 系统停车较严重

在片碱生产过程中，有来自公用工程的低压蒸气、天然气、氮气、循环水、冷却纯水、生产水以及工厂风（压缩空气）、仪表气等外界工艺条件，任何一项的断流，甚至不稳定都会导致片碱系统的生产停车，而其系统自身的工艺操作故障、设备运行故障、仪表控制故障、电气运行故障等，有时也会成为系统停车的关键因素。

3. 停车及事故时废氯气的回收处理不当

离子膜法烧碱生产过程中开停车、事故氯气的处理通常采用碱液吸收或石灰乳中和法。由于石灰乳中和法的处理效率低，且易造成二次污染。

4. 国产氢氧化钾盲目扩建现象较为严重

目前，国产氢氧化钾盲目扩建现象较为严重，合理引导氢氧化钾产业健康发展的必要性已逐渐显现。国内生产氢氧化钾的企业有10多家，但是规模相对较小。生产工艺方面有待改进，对进口原料的依赖性较大。国内氢氧化钾应用领域尚未充分地开拓，下游产业链延伸也显不足。我们可以适当利用氢氧化钾生产企业的技术与成本优势打入氢氧化钾二次开发市场，向精细工艺与高端工艺迈进，不断提高产品附加值。

发展建议

今后，氢氧化钾的国际市场竞争将日益激烈，一方面需要紧练内功，努力创新，节能单耗，降低成本；另一方面要走国际化路线，要更加系统，更加专业化，必须仔细研究国际市场，了解国际市场的发展趋势，找准自己在市场中的位置，让产品专业化、品牌化，以便积极稳妥的开拓国际市场。

1. 产品走差异化路线

我国氢氧化钾的进出口均价呈现了进口均价远远高于出口均价的态势，从进口均价/出口均价的倍数来看，这一比值呈现了上升的态势。这也从侧面说明我国氢氧化钾行业存在的问题，如技术水平存在较大差距，国内企业无法生产足够的高端产品满足市场需求等。所以，走高端路线是氢氧化钾行业发展的方向，但要注意理性布局，减少盲目扩产氢氧化钾生产具有高耗能特征，水、电、煤、汽等能源供应及价格变动对氢氧化钾行业的发展影响较大。在各类资源价格不断上涨、交通运输成本上升、环境治理要求加强以及人民币升值等综合压力下，我国氢氧化钾生产企业可能逐步丧失其外部优势，丧失氢氧化钾低端产品市场的国际竞争力。因此，走高端路线是氢氧化钾行业发展的大势所趋，高端产品的研发能力是影响氢氧化钾行业发展的一个重要因素。

2. 多元化发展

近几年，我国氢氧化钾出现了跨越式的发展，主要是国内磷酸二氢钾等水溶性肥种市场容量的扩大，供应能力的提高，价格的合理刺激了下游产业对氢氧化钾的需求，更符合下游企业的要求，所以，我国氢氧化钾产量和市场容量的增长在今后几年还可能保持下去。下游行业的发展影响着氢氧化钾的需求，国内纺织、医药、化妆品、工程塑料等氢氧化钾下游行业内部结构会不断分化，下游高端产品市场的走强，必然促使氢氧化钾市场未来内部结构同样发生变化，高端氢氧化钾的需求市场会进一步走强。

撰稿：亓昭英　唐冲　马锁立

中国难溶性钾资源开发利用历程回顾

概述

众所周知，我国水溶性钾资源贫乏，多年来一直是世界第一钾盐进口大国，长期缺钾已经成为制约我国农业发展的瓶颈之一。随着国际钾盐市场垄断程度的不断提高，人们对我国钾肥受制于人的担忧日益加剧，我国政府也高度关注。

然而，我国却拥有极为丰富的难溶性钾资源。难溶性钾资源主要是指富钾硅酸盐岩石（通常 K_2O 含量＞8～10％，最高可达 K_2O＞15％）。由于其中的富钾硅酸盐矿物相主要包括钾长石和云母两类，因此自然界有钾长石型和云母型两大类富钾硅酸盐岩石。钾长石型又可细分为正长岩型、高钾花岗岩型、伟晶岩型、粗面岩型、富钾板岩-页岩型。云母型富钾岩石主要是各种页岩和板岩。

迄今为止，尚未对难溶性钾资源开展过任何系统的地质调查工作，因此尚难以对其资源量做出较为准确的评价。现有积累资料所揭示的大都是钾长石型富钾岩石，这是因为钾长石是生产陶瓷、玻璃等工业产品的重要原料，因而调查工作程度较高。而对于云母型富钾岩石则很少开展调查工作。笔者通过较为系统的文献资料调研和部分实地调查，目前已知的富钾硅酸盐岩石的 K_2O 资源量就已经超过 100 亿吨，而这仅仅代表着其中的很小一部分。经过 10 多年的摸索，笔者团队初步制定了富钾硅酸盐岩石作为难溶性钾资源生产钾硅钙矿物肥料产品的评价标准。

①氧化钾：三级品平均 K_2O≥8％；二级品 K_2O≥10％；一级品 K_2O≥12％；优等品 K_2O≥14％。

②重金属元素含量：符合农业部标准 NY 1110—2006 对水溶性肥料中重金属元素含量的限定。

③氧化钠：中国北方土壤盐碱化较为严重地区要求 Na_2O≤2.5％。而中国南方土壤盐基离子淋失严重地区则可适当提高 Na_2O 的限量到 Na_2O≤3.5％。

④其他元素：根据施用地区土壤的需要酌情确定。如我国北方土壤普遍缺铁，应着重选取含铁高的粗面岩及其浅变质板岩为原料，其全铁含量（Fe_2O_3 折纯）通常在 5％～7％。

⑤最小可采厚度为 2 米；夹石剔除厚度≥1 米。

⑥矿床规模：富钾硅酸盐岩石资源量＞1 000 万吨为大型；100 万～1 000 万吨为中型；＜100 万吨为小型。

我国的富钾硅酸盐岩石不仅资源量大，而且在我国各地广为分布。这与我国水溶性钾资源集中在青海、新疆西部偏远地区完全不同。因此，富钾岩石的利用可以在全国各地就地取材、就地生产、就地销售、就地使用，而无须长距离运输，不会加剧我国的运力紧张局面。

由于我国水溶性钾资源贫乏，难溶性钾资源的开发和产业化利用成为我国几代科技工作者的追求。然而，富钾岩石中的钾是不溶性钾，是惰性的，不能被植物吸收利用。因此，所有利用技术的关键是钾元素的活化，亦即把石头中的不溶性钾转化成为能够被植物吸收利用的水溶性钾或者枸溶性钾。自 20 世纪 50 年代以来，我国先后探索了煅烧、强酸分解（氢氟酸加硫酸）、水热反应、细菌分解等开发利用技术。

难溶性钾元素活化的工艺技术

纵观对富钾硅酸盐岩石开发利用的全过程，国内研发单位和企业先后走过 2 个阶段：制取钾肥和生产钾硅钙多元素矿物肥料。前者以利用富钾岩石的钾为主，目标是补充我国水溶性钾资源的不足。后者不仅利用钾，更重视富钾岩石中丰富的中微量矿物质元素，以全营养平衡施肥、破解“缺素”难题为目标。不难看出，这两个阶段的目标都是为植物生长提供营养元素：钾和中微量元素。而近年来，笔者的科研团队在这两个阶段之后又进入第三阶段，即以富钾岩石为原料生产多功能的矿物质土壤调理剂：①全面提供矿物质养分（钾和中微量元素）；②调理改善土壤结构，治理土壤板结；③调理改善土壤的环境功能，包括土壤的胶体缓冲功能和阳离子交换能力；目标是全面修复改良土壤、提高土壤肥力和土壤质量。这就是我国富钾硅酸盐岩石/难溶性钾资源开发利用经历的 3 个阶段，时间上从 20 世纪 50 年代一直延续到现在。

第一阶段：制取钾肥——钾元素的活化。

富钾岩石中的钾是难溶性钾，是惰性的，不能被植物吸收利用。因此，所有利用技术的关键是钾元素的活化。先后探索过的元素活化工艺包括以下几部分。

1. 高温煅烧

这是指把富钾岩石粉与石灰石粉等配料一起高温煅烧，温度可达 1 300℃以上，类似烧制水泥。该工艺技术的探索始于 20 世纪 50 年代，最早是从模仿苏联煅烧霞石正长岩并从中提取氧化铝和钾盐的实践开始的，中国科学院地质研究所（含中国科学院地球化学研究所）、国家前冶金部、前化工部都陆续开展过这方面的研究。而形成肥料产品并投入市场的先后有河南省硅肥工程技术研究中心、山西省昔阳县富邦肥业有限公司、山西世纪亚科丰肥业有限公司、贵州西洋肥业有限公司等单位和企业，近年则又出现了金正大生态工程集团股份有限公司、中材鼎元生态肥业有限公司、安徽华岳矿物材料有限公司、昆明红曙光新技术应用有限责任公司等企业。高温煅烧是探索最早、也是最成熟、目前产能最大的生产工艺，其产品通常被称为硅钙钾镁肥或硅钙钾镁土壤调理剂，含有效钾 4%～5%，已经逐渐获得了市场和各方面的认可。

高温煅烧工艺的新进展来自昆明红曙光新技术应用有限责任公司，该公司引入传统钙镁磷肥生产工艺来煅烧富钾硅酸盐岩石，在高炉中经过“高温熔融活化—水淬激冷再次活化”的两次活化工艺过程，其元素活化度高于普通水泥旋转窑的一次煅烧活化过程。此外，该公司还在传统钙镁磷肥生产工艺基础上进行了技改升级，核心内容是针对目前生态环保高标准要求，增加了 2 次“去渣除杂质（分离去除重金属等杂质）”的工序。第 1 次是在高炉中通过提高熔融温度到近 1 800℃，从而大大降低熔浆黏稠度，使得重金属元素与铁锰等金属元素一道由于密度大而沉降到底部成渣分离排除；第 2 次是在粉末产品计量包装之前，通过强磁选把球磨机等带来的铁屑及其他连带金属一起去除。随着国家环保要求越来越严，这一技改升级的优势将越来越显著。

2. 水热反应

这是指在有水参与并加热升温的条件下进行的各种化学合成（矿物合成）反应。国内主要有两个科研团队从 20 世纪 90 年代开始从事这方面的研发。一个是中国地质大学马鸿文教授的团队，其研发思路是将富钾硅酸盐岩石中的钾活化生产水溶性钾肥，其余组分则合成为分子筛（沸石）和白炭黑等产品。在此基础上，山西紫光钾业在水热法活化钾的基础上进一步加工生产出以钾霞石为主要成分的硅钾肥，含有效钾（枸溶性）可高达 25%。另一个是中国科学院地质与地球物理研究所韩成和刘建明团队，也是本文作者，详细的研发进程将在后文介绍。

3. 其他工艺

华南农业大学资源环境学院新肥料资源研究中心、贵州大学崔克昌高工等以及中科院地球化学研究所连宾教授都提出微生物发酵、生物酶活化促释技术。近年来，华南理工大学将富钾硅酸盐岩石与脱硫石膏在低于800℃的温度下烘烤加热反应,生成一种含钾硅钙硫的矿物质土壤调理剂,初步农业试验也取得了良好的效果。此外,合肥工业大学化工学院还提出用复分解反应共酸浸取法处理富钾岩石制作土壤调理剂,山东科技大学薛彦辉教授提出90~150℃低温下利用硫酸与氟硅酸混合助剂催化分解钾长石。

不难看出,第一阶段的研发思路是把富钾岩石中的钾活化后,在水溶液状态下与其他固体硅酸盐过滤分离,然后将留在水溶液中的可溶性钾蒸干并制成硫酸钾、硝酸钾等常见的水溶性钾肥。

尽管上述技术路线在实验室试验过程中可行,但随着向产业化大规模生产工艺的发展,其中,存在两大难题:一是蒸干的水量太大,能耗太高,经济上不可行。二是过滤后的固体硅酸盐废渣太多,生产1吨硫酸钾需排放14~18吨废渣,需要综合利用。

第二阶段:从钾肥到钾硅钙多元素矿物肥料。

第二阶段的开发利用思路是不需要把难溶性钾与固体硅酸盐残渣分离,而是将其一起作为一种含钾的多元素矿物质肥料直接施用。因为残渣的主要成分是SiO_2、CaO以及其他原本属于富钾硅酸盐岩石的矿物质元素,包括铁、镁、铝、钠、锰等。而这些元素都是植物生长必需的、或有益的营养元素,即中微量元素。而且,残渣中的这些成分尽管不能溶于水,但却能够溶解于微酸溶液,包括0.5当量的盐酸、2%的柠檬酸和苹果酸,符合肥料行业中关于“枸溶性”组分的定义,是能够被植物吸收利用的有效营养形态。

因此,笔者团队把残渣直接作为中微量元素肥料开展农业肥效试验,取得了良好的效果。由于残渣的数量大、营养元素种类多,其综合肥效价值远高于分离出的水溶性钾。这不仅增加了产品的价值,解决了残渣的处理难题,而且还省去了水溶性钾与固体残渣的分离过程,从而缩短了生产工艺流程、提高了生产效率、降低了成本,起到了一箭三雕的效果。当然,残渣中的重金属元素含量从原料开始就得到了有效控制,必须符合农业部标准NY 1110—2010对水溶性肥料中重金属元素含量的限定。

这是富钾岩石的农业利用在思路上的一次大转变,从单独利用其中的钾转变为整体利用其中的所有矿物质元素,也就是将富钾岩石中的所有矿物质元素整体转化成为植物可吸收的有效营养形态。这不仅使得工业生产的技术和工艺更为简单高效,而且正好有助于缓解目前我国土壤普遍缺少中微量元素的“缺素”难题。

实际上,土壤就是由岩石矿物风化而来的,土壤固体的95%是矿物质。但是,土壤中的矿物质元素绝大多数是惰性的、是植物不能吸收的。只有少部分(1%~3%)在风化成土作用过程中发生了活化,才成为植物的有效营养(土壤的自然肥力)。早在1846年,德国化学家李比希建立了“植物的矿物质营养学说”,确认植物的原始养分只能是土壤中的矿物质元素。1936年美国参议院第264号文件指出,天然土壤可提供多达80种以上的矿物质元素,使植物能正常生长代谢,还帮助植物增强抗性。但化学农业滥用氮磷钾化肥、过度高产,致使土壤中的矿物质元素消耗殆尽。结果正如诺贝尔奖得主Carrel所说,土壤中的矿物质控制着植物、动物和人的新陈代谢,进而决定了所有生命的健康程度。可见,富钾岩石中丰富的中微量元素的价值远高于其中的钾元素。

第三阶段:生产多功能矿物质土壤调理剂。

然而,土壤不仅具有养分功能(土壤的自然肥力),同时还具有结构功能(土壤的疏松多孔和特殊的团粒结构保证植物根系生长、保水保肥透气)和环境功能(土壤提供植物生长必需的生态系统和环境条件,包括pH、阳离子交换容量、生物活性、微生物群落等)。

因此,无论是肥料还是土壤调理剂,如果在提供养分的同时却破坏了土壤的结构或生态环境功能,那么就必须慎重推广应用。这类经验教训已经足够多了。

为此,笔者团队经过20多年的努力,模拟自然界石头风化成土壤的地球化学过程,发明了“水热加压蒸养工艺技术”，不仅能将富钾岩石中的矿物质元素整体活化为能被植物吸收的有效营养（枸溶性为主），同时还使产品具有特殊的微孔结构（容重<0.9克/厘米^3）和纳米-亚微米矿物晶体颗粒结构。因此，该产品被称为“多元素纳米微孔土壤调理剂”，不仅能向土壤补充数十种矿物质营养元素，而且能够改良土壤团粒结构、调理土壤生态环境（如防治土壤酸化、增大土壤阳离子交换量等）。把石头原料“活化、细化、膨化”，分别对应了土壤的三大基本功能——营养功能、环境功能和结构功能。

由于该产品的矿物晶体颗粒的直径在0.01～10微米，与土壤黏土胶体粒子的完全直径一致，因此该产品能快速大幅提高土壤体系的胶体缓冲能力和阳离子交换容量。自2006年开展的全国范围农业应用试验示范就证明了该产品具有对土壤pH的双向调节作用（亦即把酸性土壤和碱性土壤的pH都往中性方向调节，这是土壤胶体缓冲性能的体现）和对重金属离子的吸附钝化效果（这是胶体粒子的吸附和阳离子交换能力的表现）。笔者团队也在实验室对蒸养产品和煅烧产品的阳离子交换容量（CEC）进行了测定。蒸养产品的CEC高达45厘摩尔/千克以上，远高于土壤CEC（10～20厘摩尔/千克），而煅烧产品的CEC则在2.1～12.6厘摩尔/千克。因此蒸养产品能够显著提高土壤的阳离子交换量，而煅烧产品则会降低土壤阳离子交换能力。

在结构上，多孔蒸养产品具有丰富的微孔（孔径1～50微米），相当于土壤的毛管孔隙（孔径1～25微米），因此，很容易吸满毛细水然后由于水的张力而发生体积膨胀，从而改善土壤保水能力并治理土壤板结。这不仅被我们的农业应用试验示范所反复证实，而且在实验室内把蒸养产品与煅烧产品都通过毛细作用吸满水后，前者表现为体积膨胀、越来越疏松，后者则表现为板结。

农业应用效果简述

1.农业应用效果概述

农业效果方面，本文仅以笔者研发的“多元素纳米微孔土壤调理剂”为例来介绍。该产品自2012年由中科建成矿物技术（北京）有限公司获得农业部肥料登记证以来，目前主要有河北根力多生物科技有限公司、河南中科明星肥业有限公司、北京市怀柔京北新型建材厂以及湖北黄石等地的企业在生产销售。

自2006年始，该肥料产品由农业部全国农业技术推广服务中心和中科院农业项目办公室统一部署，在全国范围开展了广泛的农田肥效试验示范和温室大棚机理试验。全国先后有27个省（自治区、直辖市）100多个县市的土肥工作站和农业企业以及中科院、农科院、中国农学等10多个科研院所和高校承担或参与。试验示范效果良好，证明其既具有良好的土壤调理效果、又具有肥料的功能（向植物生长提供数十种矿物质养分元素）。

试验点跨越热带季风、南亚热带季风、亚热带半湿润季风、亚热带高原型季风、亚热带与暖温带季风、暖温带半湿润季风、暖温带大陆性季风、温带半湿润季风、温带寒温带季风、温带大陆性干旱半干旱季风等10大气候带，涵盖与之对应的赤红壤、红壤、黄壤、潮土、褐土、栗钙土、黑土、白浆土及荒漠土9个土类。这些土壤广布于山地、丘陵、高原、平原、阶地、圩区、盆地等地形不一的农作区。

被试农作物种类达100余种，均获不同幅度的增产效应。被试农作物具体主要包括水稻、小麦、玉米、甘薯；棉花、油菜、花生、大豆、蚕豆、绿豆、向日葵、甜菜、烟草；白菜、番茄、马铃薯、辣椒、甜椒、白萝卜、胡萝卜、生菜、甘蓝、芹菜、西葫芦、黄瓜、西瓜、豌豆；苹果、桃、杏、葡萄、香蕉、甘蔗、樱桃、板栗、冬枣、柿子、芦柑、梨、桑树；枇杷、蜜柚、枸杞子、龙眼、橡胶、佛手瓜、人参、木瓜，等等。

2.显示的主要农业应用效果

（1）土壤修复改良效果　①通过10多种大量-中量-微量矿物质营养元素的加入，从根本上提高土壤肥力、促进营养平衡。②该产品属碱性(pH 10～11),能防治土壤酸化。③钝化重金属,降低重金属毒害,如湖南水稻亩施15千克该产品就能降低稻米镉含量24.2%。④其特殊的多微孔结构能防治土壤板结。

(2)增强农作物抗性(由于营养平衡和硅、钙等元素的协同作用) 其包括抗病、抗虫、抗倒伏、抗盐、抗旱、抗寒、抗涝、抗重茬、抗重金属毒害等。其中,仅抗盐一项就可能为我国盐碱地的改良和利用提供巨大前景。

(3)提高农产品品质 维生素C等多种营养成分和钙铁等多种微量元素的含量提高,如稻谷质量10项指标中9项得到提高,张家口葡萄含糖量增加6.4%,山东肥城桃的维生素C含量提高46%。

(4)提高化肥利用率、降低农药用量 可降低化肥和农药的用量10%～60%,进而降低农业残留、提高农产品安全性,同时显著减少农业面源污染。

(5)增产5%～15% 如全国60多个水稻试验平均增产7.6%。由于施用该矿物肥后植物根系特别发达,根茎类作物增产更显著,12个土豆试验平均增产15%,14个花生试验平均增产14%。

(6)根系发达强壮 从而使植物吸收和利用养分的能力提高,免疫力和抵抗力增强。因此,马铃薯、花生等根茎作物的增产效果十分显著。

结语

我国难溶性钾资源/富钾硅酸盐岩石的开发利用,经历了从钾肥→钾硅钙多元素矿物肥料→多功能土壤调理剂的过程。土壤有养分、结构和生态环境三大功能,在开发新型肥料或新型土壤调理剂产品时必须三者兼顾,不能犯只顾养分而忽视土壤结构和生态环境的传统误区。

总体来说,强酸分解法强腐蚀、高污染,菌解法效率太低,产业化难度太大。传统煅烧法技术简单、成本也能降到较低水平,但由于在物料配方和煅烧工艺两方面都与水泥类似,因此煅烧产品遇水后具有类似水泥的水化反应而显示板结硬化特征,若长期施用可能对土壤不利。“水热加压蒸养工艺技术”,在2005年,首次实现工业规模生产,2012年投放市场,经过十多年的农业应用显示,其对土壤养分、结构和生态环境三大功能的整体改良调理,都具有明显的综合效果。

从国际上看,美欧俄日等先进国家由于不存在缺钾问题而较少介入本项研究。但巴西也是极度缺钾的国家之一,目前90%以上的钾肥靠进口。因此,巴西Terrativa矿业公司与巴西农科院合作,于2008年启动了利用富钾硅酸盐岩石制取钾肥的研发工作。他们于2012年委托美国麻省理工学院(MIT)开展相关的技术攻关,MIT取得研发突破并在2014年11月14日申报了美国专利,其技术核心与我国的水热加压蒸养技术类似。目前正在设计工业生产线,预计明年或后年能够实现工业化生产。

必须指出的是,难溶性钾资源的开发利用能够取得目前的成就和进展,不仅依靠科研人员的研发和企业的参与,也与相关政府部门和行业协会的大力支持和推动分不开。例如,中国无机盐工业协会钾盐(肥)分会一直把难溶性钾资源的开发利用作为其工作的重要内容,农业部全国农业技术推广服务中心在相关产品的农业使用效果及推广施用技术等方面一直起着主导作用。

撰稿:刘建明　韩成

世界钾盐资源及主要国际生产供应商概览

世界钾盐资源分 2 类:第一类是可溶性钾资源,特点是世界上的储量巨大,但分布极不平衡,世界上有 140 多个国家需要钾肥,但到目前为止,只有 20 余个国家拥有这一类钾资源,也只有 13 个国家在生产钾肥,中国缺乏的钾资源就是这类;第二类是难溶性钾资源,分布广泛,尤其以中国分布最为广泛和丰富,目前开发这一类钾矿资源,且已经在生产的国家主要是中国和英国。

世界钾盐资源分布概况

据美国地质调查局最新数据统计,全球钾盐储量为 35 亿吨(以 K_2O 计),静态储采比约 100 年。受钾盐成矿地质条件影响,全球钾盐资源主要集中分布在地球北部的欧洲、北美等地区,其中加拿大、白俄罗斯、俄罗斯、中国、美国、德国、智利、英国、巴西 9 个国家钾盐储量约占全球总量的 94%,仅加拿大、白俄罗斯和俄罗斯 3 个国家就占了全球总储量的 70%,呈现出高度的资源集中性和不均衡性。

加拿大是世界上最大的钾盐资源国家。钾盐矿主要分布在中南部的萨斯喀彻温省和东南部的新不伦瑞克省,均为固体钾矿,所开采的矿石为钾石盐。萨斯喀彻温省(简称萨省,下同)的钾盐矿床是世界最大的钾盐矿床,位于萨斯喀彻温南部平原。萨省的钾矿资源主要分布于中泥盆纪的麋点组(elk point group) 地层中,该地层相对平坦且连续横向分布,其主要由岩盐,钾盐,光卤石和黏土组成。钾盐层分布于巨厚的蒸发盐层的上部,该蒸发盐层被称为大草原蒸发层(prairie evaporite formation),其主要由广泛分布的盐层和硬石膏夹层组成。大草原蒸发层位于显生宙地层序列中的最底层,厚度通常达到 200 米。

俄罗斯和白俄罗斯是世界钾盐第二大集中区。主要含钾盆地和地区有 6 个:前乌拉尔边缘拗陷带、第聂泊尔—顿涅兹盆地(乌克兰—白俄罗斯)、前喀尔巴阡拗陷带、滨里海盆地、中亚含钾盆地和东西伯利亚涅帕盆地。现在开采的俄罗斯乌拉尔地区的上卡姆矿山和白俄罗斯的斯塔罗宾矿山,都是世界级的巨型矿床。

俄罗斯钾盐储量(ABC1 级)32.19 亿吨 K_2O,占世界总量的 34%以上,排在世界的第 2 位。C2 级储量 157.45 亿吨(K_2O)。俄罗斯还有较多的钾盐的预测资源量,但都属于 P1 和 P2 级,其总量为 126.5 亿吨 K_2O。预测资源中最多的是氯化钾,主要集中在伊尔库茨克州,占总预测资源量的 2/3;亚硫酸氯化钾盐和亚硫酸钾盐占 1/3(折 40.15 亿吨 K_2O),其大部分位于俄罗斯南部的农业地区。

俄已探明的钾盐储量大部分(83%或 27 亿吨)集中在维尔赫涅卡姆斯克氯化钾矿床(位于俄罗斯别尔姆斯克边区),此矿床矿石品位高(K_2O 含量平均 17.39%),钾盐层的埋藏较浅,350~450 米。俄罗斯涅普钾盐矿床(nepa potassium salt deposit)是与维尔赫涅卡姆斯克矿床并列的,未开发的另一个超大型钾盐矿床。位于俄罗斯西伯利亚伊尔库茨克州北部,面积 2.2 万千米^2。品位富(KCl 25%~55%),以钾石盐和光卤石为主,预测光卤石资源量超过 4 500 亿吨,钾石盐资源量 700 亿吨。是世界富优钾矿之一,此矿距离我国较近。

据美国地调局估计:美国国内钾盐总资源量约 70 亿吨,多数在地下 1 800~3 100 米,分布在蒙大拿州和北达科他州 3 110 千米^2 范围内,作为加拿大萨斯卡彻温威利斯顿盆地矿床的延伸。在犹他州的帕拉多克斯盆地矿约有钾盐资源20亿吨,多数在1 200米以下。亚利桑那州的霍尔布鲁克盆地矿约有钾盐资源10亿吨。还有一个大钾盐矿在密歇根州中部2 100米以下,大约有4 000万吨钾盐资源储量。

德国的钾资源分布在北部,著名的有韦拉—富尔达、南哈茨、施塔斯富特、马格德堡、下莱因和汉诺威等。另外,还有法国北部的阿尔萨斯的下莱因地堑,英格兰东部的约克郡,开采的也都是钾石盐。今年德国的钾盐储量降低较多,可能是原来勘查程度较低,预测的成分较大,经过进一步勘查实际储量大大缩小。

在亚洲、非洲及南美洲许多发展中国家通过钾盐普查也找到了一些钾矿床。如泰国东北部呵力高原发现了晚白垩纪的大型钾盐矿床,矿石为钾石盐—光卤石。老挝的钾盐矿床是从泰国延伸过来的,分布在万象平原。南美洲的巴西、智利、秘鲁、刚果(布)、埃塞俄比亚、玻利维亚、伊朗、乌兹别克斯坦等国家也有一定的钾盐储量。在阿根廷内乌肯省和门多萨省南部发现了一个大型钾石盐矿床。

新中国成立以来,我国政府就很重视钾盐的找矿工作,投入了较大的人力和物力,虽然也找到和探明了一些资源,但难以取得新的突破。探明的钾盐储量主要分布在现代盐湖中,已探明地质储量约10亿吨,另据地质构造分析,我国有多个时代大型海相蒸发盆地,有的已找到一些成钾线索,尤其是滇西、塔里木、四川及鄂尔多斯等盆地有较好成盐找钾前景。

伊朗《经济报》2009年11月5日报道,伊朗国家地质矿产局勘探处处长Behroz Borna称,已探明伊朗霍尔木兹甘省加利谢赫(Gari Shikh)、派尔(Pehr)、派尔加贝(Pehr Garbi)3个地区钾矿储量为300万吨,钾品位为12%。

全球主要钾盐生产及供应商

(一)北美地区

1. 萨省钾肥公司(Potash Corporation of Saskatchewan)

萨省钾肥公司是由萨省政府于1975年创立的,总部设在萨省的萨斯卡通,1989年成为一家的上市公司。该公司目前在萨省有5个钾肥矿场,分别是拉尼甘(Lanigan)、罗克维尔(Rocanville)、阿伦(Allan)、科里(Cory)、耐心湖(Patience Lake)。其中只有耐心湖(Patience Lake)矿场使用水溶法开采。2016年氯化钾总产能为860万吨,为全世界最大的钾肥生产商。

2016年8月,萨省钾肥公司与农业肥料巨头加阳公司(Agrium)宣布合并,将创建一家市值超过280亿美元的花费巨无霸。经过了相关监管部门的审批后,加阳公司和萨省钾肥公司于2018年1月2日正式宣布合并。萨省钾肥公司股东及加阳公司股东将分别持有新公司Nutrien约52%和48%的股份。

(1)阿伦矿(Allan Mine) 阿伦矿位于萨斯卡通东南约60千米,位于阿伦镇的北部。阿伦矿于1968年开始生产。采矿层位耐心湖层,采矿厚度约3.35米,采矿深度为1 040米。阿伦矿使用了浮选法和结晶法生产钾肥生产,用于农业的标准和颗粒钾肥,以及用于工业标准的钾肥。阿伦矿最大生产潜力为400万吨,2017年总产量为182万吨。

(2)科里矿(Cory Mine) 科里矿位于萨斯卡通以西约60千米,于1968年开始生产。采矿层位为耐心湖层,采矿深度为980~1 045米。科里矿使用结晶法生产钾肥,科里矿生产用于农业的标准和颗粒白色钾肥以及用于工业标准的白色钾肥。科里矿最大生产潜力为300万吨,由于钾肥价格偏低,萨省钾矿公司2016第3季度年决定将产量从140万吨削减至80万吨每年。但由于2016年增加了员工数量和增加产量,2017年最终产量为99万吨。

(3)罗肯维尔矿(Rocanville Mine)　罗肯维尔矿位于里贾纳以东约220千米，于1970年开始生产。采矿层位为艾斯特哈吉层，采矿厚度为2.4米，采矿深度为895～1 040米。罗肯维尔矿使用浮选法和结晶法生产用于农业的标准颗粒钾肥。经过8年的扩建，罗肯维尔矿最大生产潜力达到600万吨。2017年总产量为486万吨，为世界上最大的钾肥矿之一。

(4)耐心湖矿(Patience Lake Mine)　耐心湖矿位于萨斯卡通以东约28千米。采矿深度为1 000米，耐心湖矿生产用于农业的标准白钾。由于坑道透水，耐心湖矿于1988年开始使用水溶法采矿。耐心湖矿的水溶法包括在注入井中注入加热的盐水，溶解钾矿和盐后，通过半潜泵抽出，注入蒸发池中冷却，使氯化钾结晶在池底，通过挖泥船挖出。耐心湖矿最大生产潜力达到30万吨。2017年最终产量为30万吨，比2016年的23万吨有了显著提高。

(5)拉尼根矿(Lanigan Mine)　拉尼根矿位于萨斯卡通以东约120千米，与1968年开始生产。采矿层位为耐心湖层，采矿深度为940～1 030米，拉尼根矿使用浮选法和结晶法生产用于农业的标准和粒状钾肥。拉尼根矿最大生产潜力达到380万吨，2017年总产量为182万吨。

(6)皮卡迪力矿(Picadilly Mine)　皮卡迪力矿位于加拿大东部新步伦瑞克省的索塞克斯镇附近。采矿深度为400～700米，皮卡迪力矿生产用于农业的标准、粒状和粉状钾肥，皮卡迪力矿最大生产潜力达到200万吨。由于国际钾肥价格较低以及较高的运营成本，皮卡迪力矿于2016年1月无限期关停。2018年11月，Nurien公司正式宣布关闭皮卡迪力矿。

2. 美盛公司(Mosaic)

美国美盛公司是北美第二大钾肥生产商，也是世界第三大钾肥生产商，总部设在美国明尼苏达州普利茅斯，2016年氯化钾总产能760万吨。该公司在美国有两个钾矿，在加拿大萨省有艾斯特哈吉(Esterhazy)、贝尔平原(Belle Plaine)、考伦希(Colonsay)3个生产矿场。其中贝尔平原(Belle Plaine)使用水溶法开采。

(1)艾斯特哈吉矿(Esterhazy)　艾斯特哈吉矿位于萨省东南部艾斯特哈吉镇附近，于1962年开始生产，它是萨省第一个钾矿。艾斯特哈吉矿现有K1、K2、K3 3个钾矿。K1钾矿产能为270万吨每年，K2钾矿产能为330万吨每年。

美盛公司于2013年开始建设总投资约32亿美元的K3钾矿，于2017年年初将竖井下沉至1 021米深的钾矿层。预计2024年美盛公司艾斯特哈吉矿将成为世界上最大钾矿。K3矿至K2钾肥工厂之间的地面传送带已于2018年秋天修建完成，将负责运送钾矿石至K2钾肥工厂处理。美盛公司也正在计划修建K3矿至K1矿之间的传送带。

(2)科洛矿(Colonsay)　科洛矿位于萨斯卡通以东约75千米，在科洛镇附近。科洛矿生产标准和颗粒钾肥，最大生产能力为每年260万吨。由于钾肥价格低迷，美盛公司于2016年6月暂时关闭科洛矿，于2017年1月恢复生产。

(3)百丽平原矿(Belle Plaine)　百丽平原矿位于里贾纳市以西50千米，百丽平原镇附近。百丽平原矿是萨省第一个水溶矿，采用双竖井水溶法。百丽平原矿采矿深度约1 500米，生产标准、细粒、粗粒、颗粒、特殊颗粒钾肥。百丽平原矿年产能为每年300万吨，为萨省最大的水溶矿。百丽平原矿由萨省供水公司(Saskwater)负责修建泵房和水管道，水源来自距离百丽平原矿西北约30千米的水牛湖(Buffalo Pond Lake)。

3. 加阳公司(Agrium)

加阳公司是北美第三大钾肥生产商，总部位于加拿大阿尔伯塔省卡尔加里。该公司是北美最具多元化的钾肥公司，氮肥收益占公司总利润的64%，钾肥占18%，磷肥占11%。公司在萨省仅有万斯考伊(Vanscoy)钾矿,采用坑道法开采,2017 年产能为 240 万吨/年。萨省钾肥公司与加阳公司于 2016 年宣布即将展开合并,经过了相关监管部门的审批后,加阳公司和萨省钾肥公司于 2018 年 1 月 2 日正式宣布合并。萨省钾肥公司股东及加阳公司股东将分别持有新公司 Nutrien 约 52%和 48%的股份。

原加阳公司在萨省有 1 个钾肥矿场,为万斯考伊(Vanscoy)钾矿,该钾矿的年产量为 200 万吨/年。

(1)万斯科伊矿(Vanscoy Mine)　万斯科伊矿位于萨斯卡通西南约 28 千米,位于万斯科伊镇的北部。万斯科伊矿位于采矿矿权 KL114 内,并拥有约 7 200 公顷的地表土地。万斯科伊矿于 1969 年开始生产,采用矿采法生产,采矿深度约 1 000 米。万斯科伊矿在扩建前的最大产能为 200 万吨/年。

2009 年 12 月,加阳公司宣布扩建万斯科伊矿,计划将 200 万吨/年的产能增加至 300 万吨/年。经过 3 年的施工建设,扩建工作与 2015 年 12 月完成,将万斯科伊矿的总产能提升至 300 万吨/年。至此,加阳公司占萨省钾肥出口公司钾肥出口配额的 10.5%。

万斯科伊矿交通便利,距离萨省 7 号高速公路约 5 千米,钾矿至 7 号公路之间由乡村公路连接。万斯科伊矿的氯化钾产品通过铁路支线连接至钾矿以北 10 千米加拿大国铁(Canadian National Railway),一直运输至加拿大西海岸。万斯科伊矿的电力来自萨省电力公司(SaskPower)已有电网提供功率为 72 千伏安的电力,天然气由萨省天然气公司(SaskEnergy)建设天然气分管道提供。萨省水务公司(SaskWater)修建水管道至万斯科伊矿以东 20 千米的南萨斯喀彻温河,为万斯科伊矿供水。

4. Canpotex 联合销售公司

1969 年由萨钾公司,美盛公司和加阳 3 家公司联合组成一个负责萨省地区钾肥出口的销售联盟——Canpotex,这是世界上最大的钾肥出口商。Canpotex 公司在全球拥有四个办事处,分别位于萨斯卡通,新加坡,东京和上海,负责与海外客户直接合作销售加拿大萨斯喀彻温省的钾肥,主要市场包括中国、印度、巴西、澳大利亚、印度尼西亚、日本、韩国和马来西亚等。

Canpotex 公司的总部位于加拿大萨斯喀彻温省萨斯卡通,是钾盐旅程开始的核心。Canpotex 公司拥有 6 000 个钾肥专用车皮,通过加拿大的两条东西方向的铁路,把钾肥源源不断地运送到西海岸的温哥华奈普顿码头和美国波特兰 5 号码头进行出口。奈普顿码头可以同时进出 3 列火车,每列火车有 175 节。该码头有 2 个大型仓库可存储近 21 万吨钾肥,还有一个 A 框架仓库可以分别存储各种等级的钾肥近 11 万吨。配送机配置可将产品运输到仓库或是直接运输到船只,泊位处的 2 台装载机可同时运行,每台转载机的容量位 2 500 吨/小时。此外,Canpotex 公司还通过圣劳伦斯海峡运输较少量的钾肥,进入美国东海岸和墨西哥湾的港口。

5. 德钾加拿大钾肥公司(K+S)

德钾(K+S)在萨省拥有 7 个钾矿矿权,总面积 2 698 千米^2。2010 年 11 月德钾(K+S)出资 4.16 亿美元收购加拿大萨省第一钾肥公司(PotashOne)的莱格斯(Legacy)钾矿项目。该项目 2013 年开工建设,至今总投资 34 亿美元,于 2017 年 7 月生产出第一吨钾肥。

(1)加拿大 Legacy 钾矿项目介绍　Legacy 项目是一个位于里贾纳西北约 60 千米的钾矿项目。Legacy 项目于 2017 年 5 月正式投产,使用水溶法采矿,计划最高年产 286 万吨钾肥。Legacy 项目原为 Potash One 公司的钾矿项目,于 2007 年进行地震测试,2008 年进行 6 个钻孔的勘探井钻井项目。2010 年 10 月,萨省环境部批准了 Legacy 项目的环评报告。同年年底,德国 K+S 公司决定以 4.34 亿美元的价格收购 Legacy 项目,Legacy 项目的 3 个钾盐层分布于萨省大草原蒸发层中,从上到下分别为耐心湖层(Patience Lake),贝尔草原层(Belle plaine)和艾斯特黑齐层(Esterhazy),平均埋深为 1 500~1 600 米。

Legacy 项目于 2012 年正式开工建设,Bethune 矿使用双竖井水溶法开采钾矿。建设耗时 5 年,于 2017 年 5 月正式生产,并将钾矿改名为 Bethune 钾矿。Bethune 矿的总投资为 41 亿美元,设计产能为

286万吨/年。

2017年10月26日，K+S钾肥公司宣布其第一艘装满30 000吨氯化钾产品的货轮已经离开温哥华的Moody港，驶向亚洲的目的地。K+S的董事会主席Burkhard Lohr说“这一消息是K+S钾肥生产的重要节点，我们已经开始向我们的客户运送我们的产品。我们将继续进行项目的下一阶段工作，将在2017年年末将白求恩矿的产量提高至200万吨每年”。

6. 中资钾矿项目

加拿大萨省是世界上最主要的钾盐资源地和钾盐供应地，是中国企业“走出去”勘察开发钾盐资源的首选地区。近几年几家中资企业进入萨省购买钾矿矿权，并进行勘探和开发，取得了相当的进展，主要企业如下。

(1)加拿大金圣钾肥(Canada Golden Fortune Potash Corp)　加拿大金圣钾肥公司成立于2014年，总部位于萨斯卡通。在萨省拥有KL280和KL282 2个钾盐区块开采许可权。金圣钾肥公司正在KL280区块推进年产100万吨并扩产至300万吨的广视(Broadview)水溶钾矿项目。在项目计划开发57千米^{2}的土地面积内，钾盐层的资源足以支持年产100万吨钾矿生产174.1年，足以支持年产量300万吨的钾肥生产58年。Broadview项目于2015年年初正式启动，KL280项目已完成的主要工作包括二维地震勘探、三维地震勘探、8口钻井勘探、NI43-101报告、岩芯溶解实验、岩芯力学实验、工厂工艺设计和加工工艺的可行性研究、卤水浓度的动态模型、水资源的研究工作、财务模型与税务模型、工厂地基岩土力学研究、地下采矿溶腔沉降模型、井场及卤水管道初步设计、场区铁路及场外铁路初步设计、水管道可研设计报告、电缆线初步设计、天然气管道初步设计等。

金圣钾肥进行了4轮当地政府会议以及社区宣传，与省政府、当地各村镇、原住民部落联系紧密，在环评阶段就已经获得了当地村镇政府的书面支持，是萨省唯一获此殊荣的项目。Broadview项目已经获得广大当地群众的支持及一致好评。

金圣钾肥与著名工程公司SNC-Lavalin合作全面推进环境评估工作，在2018年6月递交环评报告。2019年1月，金圣钾肥正式获得萨省环境部颁发的环评许可证书。金圣钾肥公司已于2019年1月向萨省环境部提交了建设许可申请，预计2019年第3季度正式动工。金圣钾肥预计2021年可建成并运行100万吨钾肥工厂，并在未来几年完成300万吨钾肥工厂扩建工作，建成我国在境外最大的钾肥生产基地。

(2)西部钾肥(Western Potash)　西部钾肥公司成立于2007年，总部位于温哥华，2008年在多伦多上市(多交所股票代码WPX)，融资2 000万加元。该公司在萨省拟建设年产280万吨麦尔史东(Milestone)水溶钾矿项目，2011年10月完成预可研，2012年12月完成可行性研究，项目投资估算33亿加元(2012年数据)；2013年3月萨省环境部批准项目环境评估报告。项目由于融资问题至今未开工。西部钾肥公司转而寻求建设年产14.6万吨氯化钾的试点项目，该项目于2017年6月20日获得萨省环境部的环境评估批准。

2013年6月中海油旗下的国新国际公司以3 200万加元收购西部钾肥19.9%股权。2015年7月，西部钾肥与中国国内私募基金——北京泰瑞创新资本管理有限公司达成协议，泰瑞出资8 000万加元收购西部钾肥51%股权。

(3)兖州煤矿加拿大公司(Yancoal)　兖煤加拿大成立于2011年8月，总部位于萨斯卡通市，为中国兖州煤业股份有限公司的全资子公司。该公司在萨省拟建设年产280万吨索西(Southey)水溶钾矿项目，已完成勘探、预可研、可研工作，并与2016年8月获得萨省环境部有条件批准，索西(Southey)水溶钾矿项目在环评过程中引起的当地居民强烈反对。截至2019年1月，索西项目在环评通过后，没有任何项目进行建设等准备工作的消息。

7. 其他萨省钾矿项目

(1)必和必拓(BHP) BHP 自 2008 年先后在萨省收购 56 个钾矿矿权，占萨省钾盐矿权总面积 33%。2010 年 8 月，必和必拓出资 430 亿美元拟收购萨省钾肥(PCS)，但被加拿大联邦政府以恶意收购为由否决。

BHP 在萨省投资 120 亿加元新建年产 800 万吨的矿采法詹森(Jansen)钾矿项目。必和必拓于 2010 年年底向萨省政府提交了环评报告，并于 2011 年中获得环评审批。环评批准后开始竖井和现场建筑的建设，至 2016 年 8 月，必和必拓宣称竖井建设已经完成了 60%。项目投产时间预期将推迟至 2025 年。詹森(Jansen)钾矿项目建设目前处于停滞状态，必和必拓正在考虑是否继续投资以完成矿场剩余的建设工作。Jansen 钾矿项目将成为世界上最大的钾矿。Jansen 项目计划使用在世界上成熟应用的矿采法开采钾肥。

2017 年 8 月 16 日，必和必拓已经在 Jansen 项目中花费了 38 亿美元，其中，26 亿美元用于竖井下沉。但是 Jasen 项目仍未获得董事会正式批准。

2017 年 8 月 22 日，必和必拓表示其不会向董事会要求继续进行施工建设。报告指出："只有通过必和必拓严格的资金评测才可以获得董事会批准"。

2017 年 8 月 24 日，必和必拓正在考虑卖出 Jansen 项目 25%的股份，估值约 20 亿元。必和必拓新闻发言人表示："如果有一个合作伙伴，必和必拓可以与合作伙伴一起分担风险并可能与合作伙伴签订钾肥分销合同。"

2018 年 4 月 6 日，必和必拓宣布其 Jansen 项目的两个竖井，服务竖井和生产竖井，都已经达到 924 米深的钾矿层。至此必和必拓已经在 Jansen 项目花费了 38 亿美元，但是其董事会尚未对 Jansen 项目的下一步建设做出任何决定。Jansen 矿石采用传统的浮选法工艺加工成氯化钾。

(2)淡水河谷(Vale) 2009 年 2 月淡水河谷(Vale)出资 8.5 亿美元收购力拓公司(RioTinto)在萨省钾矿资源，其中包括在加拿大萨省的 3 个钾矿矿权，总面积约 1 060 千米^2。该公司在萨省拟建年产 280 万吨的克罗瑙(Kronau)水溶钾矿项目。已完成项目可行性研究并于 2013 年完成环评，由于钾矿价格降低，公司寻求战略投资未果，故调整经营战略，该项目长期处于搁置状态。2016 年 12 月，美盛公司收购了淡水河谷的化肥业务，其中包括克罗瑙(Kronau)水溶钾矿项目。淡水河谷至此退出了萨省的钾矿开发。

(3)卡纳莱资源公司(Karnalyte Resources) 卡纳莱公司成立于 2007 年，总部位于阿尔伯塔省卡尔加里，2011 年在多伦多上市(股票代码 KRN)。该公司在萨省拥有 2 个钾矿矿权，面积 345 千米^2。拟分期建设温耶德(Wynyard)水溶钾矿项目。2011 年完成可行性研究，一期工程年产 62.5 万吨氯化钾；2013 年 2 月环境评估报告获得萨省环境部批准。卡纳莱资源公司于 2016 年与印度古吉拉特国家化肥公司(GSFC)达成原则性协议，协议确认了古吉拉特国家化肥公司负责项目一期建设并为期 20 年采购 56%的产量。而合作由于项目管理权未能达成一致而停止，项目由此搁置。

Karnalyte 公司自 2013 年通过萨省环评以后一直在积极寻找合作伙伴和资金支持，并曾经取得一定成效。2013 年 Karnalyte 公司与印度 GSFC 公司签约成为战略合作伙伴，并签下 20 年 35 万吨/年的收购协议。但是由于双方在建设工厂的 7 亿加币投资方面未达成一致，工厂建设计划于 2016 年年底开始搁置。Karnalyte 公司正在寻求其威亚得(Wynyard)钾肥项目的外部投资。

威亚得钾矿项目是一个位于萨斯喀彻温省中部的光卤石/钾石盐的溶解矿项目。项目计划以模块化的方式逐步把年产量经过 2 次扩建，由 62.5 万吨提升至 212.5 万吨，最终产品为低钠含量的白色颗粒钾肥(KCl97)。

威亚得(Wynyard)光卤石项目位于萨省中部威亚得镇附近的 16 号高速以南 0.5 千米处，距离萨斯卡通市东部约 175 千米，距离萨省钾肥公司的拉尼根钾矿厂东部约 65 千米。项目区块由 KL246、KL247A、KLSA010 组成，包括一共 367 千米^2 的地下矿权。

威亚得光卤石项目的矿带包括 3 个钾矿层，深度约为 1 000 米。威亚得钾矿项目计划使用已经在萨省成熟应用的双竖井水溶法。

(4)恩坎图钾肥公司(Encanto Potash) 恩坎图公司是一家与萨省原住民合资合作的钾矿公司，在多交所上市(股票代码 EPO)，由原住民部落提供 6 个钾矿矿权。其中，与 Muskowekwan 原住民部落合作的 MSK 项目位于里贾纳以北约 100 千米，占地 23 593.1 公顷，拟建 280 万吨水溶钾矿，2017 年 7 月完成预可行性研究，现在正在进行环境评估的工作。恩坎图钾肥公司正在积极的联系投资者和潜在钾肥采购商。

Encanto(恩卡托)钾肥公司是 Encanto 资源公司的子公司，通过 2010 年与 Muskowekwan(穆斯库湾)资源有限公司的合资公司协议，获得了位于 Muskowekwan 原住民保留区总面积约 24 731.9 公顷的钾肥项目用地。作为对合资公司的贡献，Encanto 钾肥公司同意提供项目运营服务，并支付所有款项以及承担与研究有关的义务和责任。

根据 2013 年发布的初步可行性研究，Muskowekwan 钾肥矿拥有证实的和潜在的储量为 162 百万吨。2017 年 1 月，Encanto 钾肥公司与印度农业部采购，加工和零售合作社(NACOF)签署了 20 年的承购协议。根据该协议，Encanto 钾肥公司将在未来 20 年期间，每年向其供应至少 500 万吨钾肥。

(5)北大西洋公司(North Atlantic Resource) 北大西洋公司是俄罗斯阿康公司(Acron)的子公司，拥有 18 个钾矿矿权。2011 年 9 月，北大西洋公司与力拓公司就其中 9 个矿权达成合资协议，北大西洋以矿权出资占 60%股权，力拓以现金出资占 40%股权。正在推进计划年产 300 万吨的阿尔巴尼(Albany)水溶钾矿项目，于 2016 年开始进行环境评估的工作。

North Atlantic Potash 公司于 2008 年在萨斯喀彻温省萨斯卡通市成立。俄罗斯化肥生产商阿康(Acron)是其母公司，并为 North Atlantic Potash 未来钾肥产品的潜在购买商。自公司成立后就开始收购钾矿勘探许可，并开始评估开发钾肥矿的合适地点。2017 年 North Atlantic Potash 公司已拥有 13 块矿权租约，总面积为 266 167 公顷。

经过地震分析、勘探井、岩芯试验等地质评价分析，North Atlantic Potash 公司确定了 3 个有开发潜力的项目：①位于里贾纳东南的 Albany 项目，水溶法开发钾矿；②Foam Lake 项目，传统坑道法开发钾矿；③Stockholm 项目。

2014 年，North Atlantic Potash 公司和澳洲矿业巨头力拓合资成立了 Can Pacific Potash 公司，这一公司的成立主要目标是推动 Albany 水溶矿项目的开发。North Atlantic Potash 公司现在的工作重点是 Albany 水溶矿项目的环境评估，已经向萨省环境部提交了技术方案以及环评报告范围两个文件，已经于 2018 年中正式向萨省环境部提交环评报告，预计在 2018 年第四季度正式收到萨省环境部的技术意见。

Albany 项目是一个计划年产 300 万吨水溶钾矿项目。根据 Albany 项目的 43101 标准报告，KP405 区域的总推断资源量为 14 亿吨氯化钾，平均氯化钾含量为 31%，地层深度约为 1 700 米，地层温度为 63℃。

(6)詹瑟斯钾肥公司(Gensource) 詹瑟斯钾肥公司(Gensource)由后被德钾收购第一钾肥公司(Potash One)的前主席 Mike Ferguson 创立，公司位于萨斯卡通。詹瑟斯钾肥公司于 2016 年从兖州煤矿加拿大公司购买了 2 个区块。目前正在推进年产 25 万吨的先锋(Vanguard)水溶钾矿项目。该项目已经完成了资源报告、初步经济评估和可研报告，正在进行环境评价工作。

2017 年 4 月，詹瑟斯钾肥公司与印度爱索尔集团公司(Essel Group ME Ltd)组成合资公司，由爱索尔集团公司出资建设先锋(Vanguard)水溶钾矿。但是2017年10月，印度爱索尔集团公司由于未能如约支付初始资金，詹瑟斯钾肥公司宣布合作终止。

2018年3月，詹瑟斯钾肥公司宣布与北美一家农业公司签订合作备忘录，指明农业公司愿意购买先锋项目10年内生产的所有钾肥。

先锋(Vanguard)水溶钾矿项目于2018年8月获得萨省环境部的环评批准。恩坎图钾肥公司正在积极的联系投资方。

Gensource公司于与2012年成立，并在多伦多证券交易所上市。Gensource公司总部位于加拿大萨斯喀彻温省萨斯卡通市。值得一提的是，该公司的创建者Mike Ferguson是Potash One公司的创办者，在他以超过4亿加元的价格将Legacy项目卖给德钾后，创立了Gensource公司，继续开发萨省钾矿资源。

该公司的主要开发目标是在其拥有矿权的两个区域，Vanguard区域和Lazlo区域建设模块化、可复制的年产钾矿25万吨的小型生产工厂。Gensource公司预计Vanguard项目建设需要18～22个月，如果2019年年初开始建设，最快2020年可以完成建设阶段。

Vanguard One项目位于Gensource公司100%拥有的钾盐区块KL244和KL245。项目位于里贾纳以北150千米的Tugaske镇附近，Vanguard One项目是由Gensource公司计划开发的第一个模块化的小规模钾盐生产设施。目前正在设计生产25万吨/年的可销售钾肥，其可行性研究的工作，于2017年7月完成。

2017年4月，Gensource公司宣布和EGME公司成立合资公司共同推进Vanguard One项目的建设。双方协定，EGME公司将一共出资2.05亿加币，用于可行性研究和工厂建设的花费，并取得合资公司70%的股份，Gensource公司负责项目的管理和技术支持工作。但是由于EGME公司迟迟没有支付协议中规定的建设费用，Gensource公司于2017年10月宣布合作终止。至此Vanguard One项目暂时搁置。

Gensource公司在2018年3月与两家北美的农业公司签订了合作意向书，指明两家农业公司愿意在10年内每年购买Vanguard项目25万吨的氯化钾。Gensource公司至今没有完成具有法律约束力的采购协议。

2018年8月，萨省环境部批准了Gensource公司Vanguard项目的技术报告，并指出Vanguard项目无需进行整体环评。

Vanguard One项目地层中主要有2个钾矿层，深度约为1 500米。根据第三方咨询公司的计算，Vanguard One项目的可期储量以及探明储量在考虑40%的采矿率的基础上估算为979万吨。Gensource公司计划使用水平井选择性溶采的方式开发其年产25万吨的Vanguard一号项目。

1. 美国钾肥公司

美国钾肥公司(American Potash Corp)于2006年注册成立，原名麦格纳资源有限公司(Magna Resource Ltd)，并于2014年8月更名为美国钾肥公司，总部位于加拿大温哥华。2017年12月15日，美国钾肥公司宣布正式改名为锂科技公司(New Tech Lithium)，以表明其专注于锂资源开发的决心。

美国钾肥公司致力于在美国及其他地区收购和开发钾矿及锂卤水资源。美国钾肥公司目前在犹他州Paradox盆地开发其绿河钾盐项目(Green River Potash Project)。同时，该公司在犹他州东南部，科罗拉多西南都拥有锂资源勘探项目。

美国钾肥公司于2012年委托Agapito公司编写完成该项目的NI 43-101技术报告。绿河钾盐项目尚未对钾矿资源进行勘探钻井，但是从1970年开始，项目区域附近有33个石油勘探井，其中4口井位于项目区域以内，每口井都对井眼进行了测井编译。测井结果表明在项目区域内的钾矿储量非常可观。

根据该 NI 43-101 技术报告，区域内的勘探目标层(Cycle 5 层)含有 6 亿～10 亿吨的钾石盐岩资源，该层氯化钾平均含量为 19%～29%(平均厚度 2.5～5.0 米)，且该目标层埋藏深度为 1 200～1 900 米，在 20 620 公顷的面积内连续分布。

美国钾肥公司初步计划使用无畏钾肥公司 Moab 矿的水平井水溶法开采，开采深度约为 1600 米，比 Moab 矿深 500 米左右。

2. 美国无畏钾肥公司

美国无畏钾肥公司(Intrepid Potash)于 2000 年成立，总部位于美国科罗拉多州丹佛市，主要生产氯化钾和无水钾镁矾产品，其他副产品还包括晒制盐、氯化镁、回收金盐等。无畏钾肥是美国唯一一家氯化钾的生产商，其在美国氯化钾市场的市场份额为 9.1%。

无畏钾肥在 2000 年成立初期从萨省钾肥公司收购了 Moab 矿，并成功地将石油领域的水平井技术成功应用于水溶矿生产中。2004 年从密西西比钾肥公司和艾迪钾肥公司收购了 Carlsbad 矿，同年从 Reilly 化学公司收购 Wendover 矿。

无畏钾肥在美国有 3 个矿场，它们位于新墨西哥州的 Carlsbad 矿(包括 West、East 和 HB 3 个矿场)，位于犹他州的 Moab 矿，位于犹他州的 Wendover 矿。无畏钾肥 2018 年氯化钾总产量预估为 30 万～42 万吨。

目前无畏钾肥有意向扩建或者新建其在新墨西哥州 Carlsbad 矿的设施以及更新在 Carlsbad 矿附近的 2 个闲置矿场(AMAX/Horizon 矿和 North 矿)的租约。根据无畏钾肥于 2016 年的探明储量和概算储量的估算，其各钾矿的剩余寿命在 16～100 年。

(二)东欧地区

1. 白俄罗斯钾肥公司

白俄罗斯钾肥公司(Belaruskali)成立于 1970 年，白俄罗斯钾肥公司(BPC)是世界上最大的钾肥生产商之一，钾肥产量占全球总产量的 15%，出口超过全球总量的 16%。目前该公司在更换旧矿山设备提升产能，2012 年使别列佐夫斯基(Brrezovsky)矿井年产能达到 600 万吨。

白俄罗斯钾肥是世界钾肥生产和出口巨头，现在的年产量在 1 270 万～1 290 万吨，并计划在 2025 年将年产量提升至 1 590 万吨。

白俄罗斯钾肥和乌拉尔钾肥在 2005 年联合组建了白俄罗斯钾肥联盟(BPC)，2013 年乌拉尔钾肥宣布退出 BPC，并开始增加产量以挽回市场份额，进一步造成了世界钾肥价格的下跌。

白俄罗斯钾肥公司总部在位于白俄罗斯中南部的 Soligorsk 市，距离首都明斯克以南约 140 千米，其钾矿和加工厂在 Soligorsk 市附近，白俄罗斯钾肥公司现有 6 个正在运营的钾矿场和 4 个加工厂以及 3 个未来开发的绿地钾盐项目区。

白俄罗斯的钾矿资源丰富，储量达到 7.5 亿吨氧化钾，仅次于加拿大。白俄罗斯钾肥公司的钾矿资源主要位于 Stariobin 钾盐矿床，该矿床于 360 万年前形成，面积约为 350 千米^2，是世界上面积最广的矿床之一。Stariobin 矿床起伏小，埋藏深度约为地下 700～800 米，由 4 个钾盐层组成，由上到下分别划分为第 1 层、第 2 层、第 3 层和第 4 层。第 1 层和第 2 层之间距离为 50～60 米，第 2 层和第 3 层以及第 3 层和第 4 层之间的距离为 150～200 米。

白俄罗斯钾肥使用传统坑道矿采法开采地下钾矿资源。白俄罗斯钾肥选矿主要有 2 种方式：浮选法(机械方法)和热浸法(化学方法)。

2. 白俄钾肥厂(Belaruskali)

在开发 debottlenecking 项目，为了提高其经营效率，2011—2014 年逐步扩大其在 Soligorsk 2 和

Soligorsk 3 产能,每年增长 50 万吨,白俄钾肥公司 KCl 的总产能将从 2010 年的 900 万吨提高到 2015 年的 1 100 万吨。

3. 俄罗斯乌拉尔钾肥公司(Uralkali)

俄罗斯乌拉尔钾肥公司(Uralkali)成立于 1934 年,在莫斯科证券交易所上市,编号为 URKA。乌拉尔钾肥公司为全球钾肥生产巨头,2016 年的氯化钾总产量为 1 080 万吨,包括红色颗粒和标准氯化钾、白色标准和精细氯化钾。乌拉尔钾肥计划 2021 年其钾肥年产量到达 1 900 万吨。

乌拉尔钾肥公司的钾矿主要位于莫斯科以东约 1 500 千米的彼尔姆地区(Perm Territory),乌拉尔钾肥现拥有 5 个钾矿、6 个氯化钾加工工厂和 1 个光卤石加工工厂及 1 个氯化钠加工厂,所有的生产设施都位于 Berezniki 市和 Solikamsk 市的周边区域。乌拉尔钾肥还有 3 个绿地钾盐项目,分别是 Polovodovsky 项目,Ust-Yayvinsky 项目和 Romanovsky 项目。

俄罗斯钾矿总储量约为 5 亿吨氧化钾(2018 年统计数据),俄罗斯已探明的钾矿储量大部分集中在彼尔姆地区的维尔赫涅卡姆斯克(Verkhnekamskoye)钾矿床,矿石品位高(平均含量 17.39% K_2O),埋藏地表以下 350~450 米。乌拉尔钾肥公司 5 个钾矿及 3 个绿地钾盐项目。

乌拉尔钾肥公司所有的钾矿采用传统坑道矿采法。矿石在加工工厂经过初步破碎后,通过化学富集法或者浮选法分离生产出不同种类的氯化钾产品。乌拉尔钾肥使用富集法生产白色标准和精细氯化钾,乌拉尔钾肥公司所属钾矿如下。

(1)Solikamsk-1 钾矿　Solikamsk-1 钾矿于 1934 年开始生产,该钾矿主要生产白色精细钾肥产品。该钾矿的附属设施包括一个光卤石加工工厂和一个氯化钠加工工厂。经过 80 余年的开发,该钾矿的资源量逐步减少,为确保该钾矿产量,乌拉尔钾肥将扩大 Solikamsk-1 钾矿的开采范围,与临近的 Solikamsk-3 钾矿的开采区相连。Solikamsk-1 钾矿总的资源量(钾石盐岩)为 2.75 亿吨,平均氧化钾品位为 17.5%,除了氯化钾,Solikamsk-1 钾矿也同时开采光卤石资源,其光卤石总资源量达 1.85 亿吨,折合氧化镁为 1.73×10^7 吨(其中,氧化镁平均品位为 9.3%)。

(2)Solikamsk-2 钾矿　Solikamsk-2 钾矿的钾肥产量占乌拉尔钾肥公司总产量的 18%,其附属设施包括一个生产红色标准/颗粒钾肥的加工工厂。Solikamsk-2 钾矿总的资源量(钾石盐岩)为 954.5 百万吨,平均氧化钾品位为 17%。

2014 年 10 月,Solikamsk-2 的一个挖空的矿道发生严重的透水事故,并发生地面垮塌,导致一些民居损毁。至 2015 年年初,垮塌导致的沉洞尺寸已经扩大至 58 米×87 米,深度达 75 米。同时透水的流量达到 700 米^2/小时。

乌拉尔钾肥于 2015 年开始重建 Solikamsk-2 钾矿场,预计将在 2020 年前建设完成 2 个竖井,产量达到每年 230 万吨氯化钾。

(3)Solikamsk-3 钾矿　Solikamsk-3 钾矿于 1983 年开始生产,其附属设施包括一个生产红色标准钾肥的加工工厂。Solikamsk-3 钾矿总的资源量(钾石盐岩)为 12.9 亿吨,平均氧化钾品位为 17.1%。该钾矿年产量达到 250 万吨氯化钾,并将继续扩建,扩建工程包括建设一个用于运输货物和通风的竖井,装备两台提升机。

(4)Berezniki-2 钾矿　Berezniki-2 钾矿的附属设施包括一个生产红色标准/颗粒氯化钾的加工工厂。Berezniki-2 钾矿总的资源量(钾石盐岩)为 2.31 亿吨,平均氧化钾品位为 24.9%。

(5)Berezniki-4 钾矿　Berezniki-4 钾矿附属设施包括一个生产白色标准氯化钾的加工工厂。Berezniki-4 钾矿总的资源量(钾石盐岩)为 19.6 亿吨,平均氧化钾品位为 23.3%。乌拉尔钾肥于 2015 年开始优化 Berezniki-4 矿场的开采流程,以提高氯化钾开采率。

(6)Ust-Yayvinsky 绿地项目　Ust-Yayvinsky 区块位于 Berezniki 市以南,项目总投资达 11.9 亿

美元。乌拉尔钾肥计划建设 2 个竖井，深度为 465 米以开采地下钾矿。开采出来的钾矿将使用长度达 6.3 千米的输送带送至 Solikamsk-3 钾矿加工厂进行处理。预计 2020 年开始生产后，产能达到每年 230 万吨氯化钾。Ust-Yayvinsky 项目进展迅速，至 2016 年年底，已经完成了 2 个竖井的建设和注水泥工作，并开始在 2 个竖井内安装各种设备。

(7)Polovodovo 绿地项目　Polovodovo 区块位于 Solikamsk-3 钾矿东北方，这一项目和 Ust-Yayvinsky 项目的规模相似，预计投资达 16 亿美元，年产量为 280 万吨氯化钾。Polovodovo 项目相对于 Ust-Yayvinsky 项目进展较缓慢。截至 2016 年年底，乌拉尔钾肥完成了主要设施的设计工作，将进行基础设施（铁路、电力、天然气、公路）的建设工作。预计 2018—2019 年将开始工厂施工，在 2020 年后开始投产。

(8)Romanovsky 绿地项目　Romanovsky 绿地项目位于 Ust-Yayvinsky 区块以南，乌拉尔钾肥于 2014 年 7 月获得勘探 Romanovsky 绿地项目的许可，该项目钾石盐岩储量为 385 百万吨。

4. EuroChem 公司

EuroChem 公司成立于 2001 年，是一家集氮肥和磷肥生产，钾矿开发为一体的大型肥料生产公司。EuroChem 公司的采矿和处理工厂的资产分布于俄罗斯、立陶宛、比利时和哈萨克斯坦。EuroChem 总部位于瑞士楚格，在全球的每一个大洲都拥有销售网点，全球总员工数为 22 000 人左右。

EuroChem 现在的主要战略重心是 2 个钾矿项目的开发，分别是位于俄罗斯 Volgograd 区域的 Volgakaliy 钾矿项目和位于俄罗斯 Perm 区域的 Usolskiy 钾矿项目，EuroChem 预计 2 个钾肥矿总产能在 2025 年可达到每年 830 万吨。

(1)Volgakaliy 钾矿介绍　Volgakaliy 钾矿项目位于俄罗斯的东南与哈萨克斯坦交界的 Volgograd 区域。该项目第一期计划 2021 年年产量为 230 万吨氯化钾，第二期计划 2025 年年产量为 460 万吨氯化钾。该项目将以矿采法开采 Gremyachinskoe 钾盐层，其中氯化钾富集层的平均厚度为 10 米，平均氯化钾品位为 39.5%，该钾盐区块面积为 96.9 千米^2，钾石盐岩总储量达 16 亿吨。

目标钾盐层平均埋深 1 100～1 300 米，其距离地面有 4 个主要的蓄水层，对坑道矿采法的应用是一个巨大的挑战。为确保竖井不受蓄水层的透水干扰，EuroChem 在每个竖井的周围安装了 40～44 口固结井。

EuroChem 原计划于 2018 年从 Volgakaliy 钾矿项目生产 13 万～14 万吨的钾肥，但随后决定将 Volgakaliy 钾矿项目初期投产推迟到 2019 年上半年，且初期生产的钾肥都将销售于内部市场，该钾矿将于 2021—2022 年开始全面投产。

(2)Usolskiy 钾矿　Usolskiy 钾矿项目位于俄罗斯 Perm 区域，北邻乌拉尔钾肥公司的 Berezniki 矿场区域。EuroChem 于 2014 年 6 月获得在 65 千米^2 范围内采矿的采矿许可。EuroChem 随后申请将采矿许可的面积扩大至 188 千米^2，总资源量达到 23 亿吨钾石盐岩，EuroChem 预计可以支持 370 万吨每年的产量生产 60 年以上。

Usolskiy 钾矿项目采用矿采法开采地下 Verkhnekamskoe 钾盐层，该层平均埋深 430～500 米，平均氯化钾品位为 30.8%，Usolskiy 钾矿项目资源量达到 23 亿吨钾石盐岩。

Usolskiy 钾矿于 2015 年开始建设，于 2018 年 3 月完成首批氯化钾产品的生产测试，至 2018 年 9 月，已经投入 12 台采矿挖掘设备在地下正常运转。Usolskiy 钾矿原计划 2018 年生产 50 万～60 万吨氯化钾，但随后该计划被延迟，至 2018 年 11 月，Usolskiy 钾矿计划在 2018 年仅生产 30 万吨氯化钾。Usolskiy 钾矿计划第一期投产 230 万吨，第二期扩产后达年产 370 万吨氯化钾。

5. 乌兹别克斯坦 UzKimyoSanoat 公司

UzKimyoSanoat 是国有公司，于 2010 年开始在 Dekhkanabad 进行商业生产，年产 20 万吨含钾复合肥,Potash ore 是从 Kashkadarya 地区的 Tyubegatan 地下开采钾盐矿床分离出的一个矿。公司计划分两个阶段扩大产能,在 2014 年和 2015 年分别增加 20 万吨。东欧的其他国家也在考虑少数大项目。

(三)西欧地区

世界上第一个钾矿层是于 1856 年在德国马格德堡市的建筑工地发现。5 年后在马格德堡开始了世界上最早的钾矿开采施工。K+S 公司作为世界上最早的钾肥开采商,成立于 1880 年,总部位于德国的卡塞尔市,从 19 世纪末在德国开始了钾肥生产作业,并且在收购 Morton 盐化公司后,成为欧洲最大的钾盐生产商。K+S 公司也生产并分销其他矿物质肥料,比如,镁和硫。K+S 公司主要的运营在欧洲、北美和南北,全球员工约 14 000 人。

K+S 公司现在在欧洲有 6 个钾矿,分别位于 Hanover 区域、Calvorder 区域、和 Werra-Fulda 区域,是欧洲最大的钾肥生产商。其中,Werra 区域的 3 个钾矿为 K+S 公司在欧洲最重要的钾肥产地,3 个钾矿包括 Hattorf 矿、Unterbreizbach 矿和 Wintershall 矿。2003 年,德国开始投资开采 Werra 区域的钾矿,这是一个很有价值的钾盐矿系统,这也是德国 2003 年最大的单项投资。每年有 150 万吨钾盐(Sylvinit)由产地 Unterbreizbach 通过地下的运输带装置运到 Wintershall 和 Hattorf 进行加工。

Hattorf 矿位于 Philippsthal 市的 Hessian 村,于 1905 年开始采矿,使用矿采法采矿。现有约 900 个地上员工,超过 1 250 个员工在坑道内工作。

Unterbreizbach 矿位于 Thuringia 市,于 1910 年开始运行,使用矿采法采矿。其氧化钾品味达到 17%,总矿石量约 5 250 万吨。现有超过 260 个员工在地上工作,超过 400 个员工在地下坑道工作。

Unterbreizbach 矿于 2005 年开始了其名为 Sylvinite 的项目,这一项目连接 Unterbreizbach 和 Hattorf 矿的坑道,并使用了地下传送带将 Unterbreizbach 的矿道内的矿石运送至 Hottorf 矿矿道内。最终使 Hattorf 矿附近的钾肥工厂可以用于处理两个矿场的矿石。

Wintershall 矿于 1900 年开始生产氯化钾,其位于 Hessian 市 Hessian 村的市郊,使用矿采法开采。其氧化钾品味达到 6.98%,总矿石量约 4 347 万吨。有超过 600 个员工在地上工作,超过 1 250 个员工在地下坑道工作。为了补充欧洲钾矿产量的衰减,K+S 公司成立 K+S 加拿大公司,并于 2010 年从 Potash One 公司购买了 Legacy 钾肥项目。Legacy 钾矿项目于 2012 年 6 月开始建设,并于 2017 年 5 月正式生产,现在正在提升产能的过程中。

2018 年 3 月 22 日,K+S 德钾进一步实施了 2030 年的战略计划,K+S 德钾执行董事会决定在位于 Harlingen 的 Dutch 生产厂钻一个新的溶腔,开发一个新的离岸卤水区。新的卤水区将位于 Harlingen 港口入口附近,将于 2019 年从岸上定向钻井开发。并将于 2020 年年底全面投入运营,并允许增加产量,约 25%,使产量达到每年约 120 万吨的水平。

2018 年 9 月 11 日,K+S 德钾暂时停止了其 Werra 工厂的部分生产,由于德国北部和东部地区严重干旱影响,不得不关闭的第二个工厂。由于 Werra 河水水位极低,限制了其处理废水的能力。2018 年 9 月 28 日,K+S 德钾恢复了两个钾肥工厂的生产。K+S 德钾向卡塞尔区域委员会申请了 Hattorf (Philippsthal) 尾矿堆的扩建许可证,由此确保了固体生产残渣的处理,并于 2018 年 10 月 11 日获得了批准。获批准的许可证占地面积约 27 公顷,从现有的尾矿堆向西北部扩建。该面积能够提供 5~6 年的使用空间。此外,对于第二阶段延申的申请正在审查中,该申请将提供足够的空间至 2040 年。

由于持续干旱,K+S 德钾不得不再次将其 Werra 钾肥厂的生产停止。2019 年 1 月 9 日,K+S 德钾公布在 2019 年第一季度 Werra 工厂的 3 个加工厂不再会受废水影响而中断生产。过去几周的降水再次显著地增加了 Werra 河的水位,使得盆地的负荷得到了更大程度的减轻,截至 2018 年 12 月 27 日,钾肥生产按计划重新启动。据报道,K+S 德钾仍然希望能够将盐水废水的现场临时存储容量再增加

40 万米^3，总计约 100 万米^3。

(四)东亚地区

1. 老挝

在甘蒙和万象有 11 个钾盐项目正在建设中，其中，4 家建成投产，但中水电老挝钾盐公司和云天化中寮钾盐公司停产招商中；中农矿产和开元老挝钾肥公司在生产中，总的产能为 60 万吨，总的产量每年在近 50 万吨，其中有 20 多万吨批哺国内市场，目前两家公司正在扩产运作中。另外，北京普悦、山东海王等 7 家公司正在由探矿权向获取采矿权的工作中。

由于老挝的钾盐矿主要为光卤石，光卤石中提取钾的环境影响比较复杂，实际产能扩展可能比较慢。

2. 泰国

有 3 家公司——泰汉泰集团、明达化工矿业公司和荣邦矿业公司在前期运作中。

(五)西亚地区

1. 约旦

约旦阿拉伯钾盐公司(APC)2010 年年底完成 50 万吨钾盐扩展项目，目前 APC 总的钾盐产能增长到 250 万吨。阿拉伯钾肥公司(Arab Potash Company)成立于 1956 年，总部位于约旦首都安曼，获得约旦政府授予的死海矿产独家经营权，为期 100 年。该企业是目前约旦从事钾盐开发、生产和销售的唯一企业，也是世界第 8 大钾盐生产商，产能达到每年 235 万吨氯化钾。阿拉伯钾肥公司的生产现场位于安曼以南约 110 千米，生产现场包括占地 112 千米^2 太阳能蒸发池和 4 个加工工厂。钾肥产品分为标准盐、细盐、颗粒盐和工业盐 4 种规格，销往 30 多个国家和地区。公司在本部和南部亚喀巴港建有仓库及专用的钾盐码头，拥有泊位和先进的装船设备。

死海总面积为 932 千米^2，海水最深处达 329 米，含盐量约为 30%(普通海水含盐量为 4%)，夏天气温达 40℃，年平均降水量约 50 毫米，每年绝大多数时间都有充足的阳光，年蒸发量超过 3 000 毫米，具有得天独厚的蒸发环境。死海中间以堤为界，西边属以色列(由以色列化工集团开发钾盐)，东边属约旦(由阿拉伯钾肥公司开发钾盐)。死海钾盐资源总储量达 5.4 亿吨氧化钾，阿拉伯钾肥公司和以色列化工集团各约占 2.7 亿吨的氧化钾储量。

(1)开采方法　死海含有丰富的钾离子和氯离子，从死海湖水中开采钾盐的过程如下。

①将死海的高盐湖水泵至太阳能蒸发池，并开始浓缩，氯化钠固体在蒸发池底部沉降，形成固体沉淀。

②通过重力将盐水转移至预光卤石调节池，然后增加盐水密度。

③不断调整盐池和预光卤石调节池中的盐水密度以达到一定光卤石产量。将盐水泵至两个相同功能的光卤石池中。

④加工工厂的废水排至 C-4 池中，用于回收在工厂未提取的钾离子。

⑤C-7 池中的盐水排至舒洪渠并回到死海，部分盐水被送至溴厂。

⑥池底沉降的光卤石收集成矿浆，输送至堤防上的增压泵，然后通过管道输送至加工工厂，9 个浮动轨道系统矿船用于收集池底的光卤石。

⑦光卤石矿浆被输送至热溶解工厂和冷结晶工厂以提取钾盐。

(2)加工过程　这个过程可分为热溶解工厂和冷结晶工厂 2 个加工流程。

①热溶解工厂的加工流程如下。

A. 光卤石加工。接收光卤石矿液后,脱水并分解,得到的固体混合物(钾石盐岩)脱水并洗涤,形成饼状物质。

B. 钾石盐岩加工。先溶解饼状钾石盐岩,从结晶阶段返回的热盐水用于溶解氯化钾固体。热氯化钾饱和盐水在增稠器中澄清,溢出的流体泵回结晶阶段。含有氯化钠晶体的下溢矿液脱水,用废盐水再浆化,泵至尾矿区。

C. 结晶。热盐水在六级真空结晶器中相继冷却,冷却后,氯化钾溶解度下降,在控制条件下结晶。

D. 产品脱水。使用水力旋流器和离心机将结晶阶段的钾浆料脱水。

E. 干燥。离心机产生的饼状物输送至旋转干燥器,以除去结晶中夹带的水分。然后将产品送至筛选单元,同时使用旋风分离器收集灰尘。

F. 筛选。产品分为标准和精细两种等级,2 种产品中均加入防结块剂,最大限度减少钾肥在储存和运输过程中的自然结块。

G. 除尘系统。用袋式过滤装置和高效旋风除尘器将环境影响降至最低。

②冷结晶工厂的加工流程。

冷结晶工厂独立于热溶解工厂,其在室温下运行,因此,需要更少的能量。以下为冷结晶工厂的加工流程。

A. 光卤石处理。光卤石矿液首先通过湿筛选来分离高品位的光卤石部分。这种高品位光卤石(粗光卤石)直接加入到冷结晶器中。矿液和冷结晶器溢流的卤水在一个管状反应器中混合。太阳能蒸发池和结晶器盐水在反应器中混合时,盐卤混合物平衡会导致光卤石的沉降。来自反应器的矿浆在光卤石浓缩器中增稠,并且溢流返回至蒸发池中。

B. 浮选。光卤石增稠是通过浮选的方法实现的,其中氯化钠漂浮在上部并泵送至尾矿区。矿浆在浮选浓缩机中沉淀,这里的溢流用作浮选槽的补给盐水,多余的水被泵入光卤石增稠器中。浮选增稠器底流在离心机中脱水。将离心滤饼(细光卤石)输送到冷结晶器中,并将流出物再循环到浮选增稠器中。

C. 结晶。在水存在的情况下,两级结晶器系统的粗光卤石和细光卤石被分解。氯化钾晶体在结晶器中形成。结晶器排出的矿浆使用湿法过滤以除去大颗粒光卤石或/和氯化钠。筛上的筛余物与浮选溢流矿浆一起输送到尾矿区。

D. 冷溶解。为了从结晶器产品中除去附着的高氯化镁盐水,使用两级溶解和脱水离心机将产品中的氯化镁含量降低。

E. 干燥。二级离心机产生的滤饼在旋转干燥器中干燥至 0.1%的含水量。产品然后在回转式冷却器中通过逆流空气冷却。

第二套冷结晶工厂在 2010 年年底投入使用,第二套冷结晶工厂在工艺技术上进行改进,主要集中在结晶、浮选、筛选、溶解等方面,并结合更先进的控制系统。采用了高效的除尘系统,以确保最少的粉尘排放到周围的环境中。同时还安装了新的压实设备,每年可生产 26 万吨优质颗粒状钾肥。

2018 年 10 月 7 日,阿拉伯钾肥公司和中化澳门签订从约旦向中国销售钾肥的合同。合同涉及的钾肥为 60 万吨,将分批于 2018 年及 2019 年向中国供货。商定的条款和条件符合当前市场价格和条款。

2018 年 9 月 17 日,阿拉伯钾肥公司和印度钾肥公司签署新的合同,将于 2018 年 9 月至 2019 年 6 月间从约旦向印度销售 30 万吨的钾肥,以及另外 3 万吨的钾肥作为可选供货。钾肥的销售价格每吨上涨了 50 美元,其他合同条款与之前双方的约定相同。

2018 年 7 月,国家开发投资集团有限公司所属全资子公司国投矿业与加拿大 Nutrien 公司就阿拉伯钾肥公司股权收购项目签署股权购买协议，国投矿业将拥有阿拉伯钾肥公司约28%的股权，成为其第一大股东。

2. 以色列

以色列ICL死海工程公司(DSW)修理索多姆(Sodom)厂设备，2011年将增加产能到420万吨。一个100万吨产能目前已开始建设，将于2015年完成。ICI—DSW的生产能力到2013年将扩大14%，达到410万吨(KCl)。

以色列化工集团(Israel Chemicals Ltd)成立于1968年，总部位于以色列特拉维夫，是一个生产销售肥料、金属和其他用途化学产品的一个国际化公司，主要服务农业、食品和工程材料市场。以色列化工集团钾肥最大产能达到600万吨每年，是世界第6大钾肥生产商。2017年，钾肥总产量为477万吨氯化钾，2018年的前9个月，钾肥总产量为366万吨氯化钾。除钾肥外，以色列化工集团生产全世界1/3的溴，并为世界上最大的纯磷酸生产商之一。以色列化工集团在以色列特拉维夫证券交易所和纽约证券交易所上市，以色列政府是以色列化工集团的最大股东，占有46%的股份，加拿大萨省钾肥公司是第二大股东，占有14%的股份，其他股份均为在特拉维夫证券交易所和纽约证券交易所的流动股。

以色列化工集团现有4个钾盐矿，分别为死海的盐水矿、西班牙的Cabanasas矿及Vilafruns钾矿和英国的Boulby钾矿。除钾矿以外，以色列化工集团与云南云天集团成立合资公司开采云南海口磷矿。

(1)死海盐水钾矿　死海盐水矿位于以色列东南部的死海西岸，由以色列化工的全资子公司Dead Sea Works Ltd.负责管理。死海位于以色列和约旦两国之间，死海总面积为932千米^2，海水最深处达329米，含盐量约为30%(普通海水含盐量为4%)，夏天气温达40℃，年平均降水量约50毫米，每年绝大多数时间都有充足的阳光，年蒸发量超过3 000毫米，具有得天独厚的蒸发环境。死海中间以堤为界，西边属以色列(由以色列化工集团开发钾盐)，东边属约旦(由阿拉伯钾肥公司开发钾盐)。

死海钾盐资源总储量达5.4亿吨氧化钾，阿拉伯钾肥公司和以色列化工集团各约占2.7亿吨的氧化钾储量。以色列化工集团的死海盐水矿于2016年的氯化钾产量为370万吨。

由于死海水位的连续下降，死海逐渐分为2个部分:北部和南部。以色列化工在死海的南部建设了大坝以及蒸发池。生产的第一步是将死海水从死海北部泵送至南部的蒸发池。2016年，以色列化工将约4.2亿米^{3}的湖水从北部泵送至蒸发池，加工结束后又将约2.7亿米^{3}的湖水送回死海北部。

蒸发池总面积为150千米^2，并分为2个区域:第一个区域的水池用于沉降氯化钠;第二个区域内的水池用于沉降光卤石。死海北部的盐水首先流入第一区域蒸发池，随着水的蒸发，盐水矿物浓度增加，氯化钠饱和后逐渐沉降至水池底部。剩下富含氯化钾、氯化镁和溴化物的盐水流入第二区域水池。随着蒸发的继续，含有固体氯化钾氯化镁的光卤石沉降至水池底部。采矿船将光卤石采出，并以泥浆的形式将光卤石送至工厂分离氯化钾。钾肥工厂产出的3种品级的氯化钾:标准钾肥、精细钾肥和颗粒钾肥。

(2)英国Boulby钾矿　Boulby钾矿位于英格兰的东北海岸的Boulby小镇附近，占地面积约198.30公顷，以坑道矿采法开采钾盐。该矿于1973年开始生产，设计产量为每年100万吨氯化钾，以色列化工于2002年收购Boulby钾矿。1994年之后，氯化钾产量稳定在80万～100万吨/年，2005年，该钾矿的氯化钾产量超过100万吨/年。以色列化工于2018年第二季度关闭Boulby钾矿的钾盐生产，改为全部生产杂卤石，预计2019年生产100万吨杂卤石。

Boulby钾矿钾盐层埋深1 200～1 500米，钾盐层平均厚度7米，平均品位为30%～45% KCl。钾盐层的一般组分为38%的KCl，52%的NaCl和10%的不溶物。

2个直径达5.5米，深度为1 150米的矿井用于钾盐开采，一个矿井用于矿工及设备运输，另一个矿井用于钾盐的运输。采至地面的钾矿石经冲击破碎和研磨后，通过浮选取出盐分和杂质。经过去水和浮选生产的产品为标准氯化钾，其中部分通过压实成颗粒钾肥。通过过滤和矿泥浮选的氯化钾被送至结晶器中生产可溶性钾盐产品。Boulby 钾矿于 2003 年开始将盐尾矿与海水混合后回填地下空矿坑。

(3)西班牙 Cabanasas 钾矿和 Vilafruns 钾矿　以色列化工在西班牙拥有 2 个钾矿：Cabanasas 钾矿和 Vilafruns 钾矿。这两个矿都以坑道矿采法开采。1998 年以色列化工收购这 2 个钾矿，2017 年以色列化工关闭 Vilafruns 钾矿。以色列化工计划于 2019 年年底完成 Cabanasas 钾矿新采矿竖井的建设，预计 Cabanasas 钾矿 2019 年的产量达到 110 万吨氯化钾。

Cabanasas 钾矿位于巴塞罗那省内的 Suria 镇，距离 Manresa 市以北 12 千米。Vilafruns 钾矿位于 Sallent 镇附近，距离 Suria 镇以东 13 千米。这两个矿场都毗邻当地主要的高速公路。

Cabanasas 钾矿和 Vilafruns 钾矿的地下钾盐层主要有 2 层，埋藏深度在 530～900 米。钾盐层的平均品位达 25%～26% KCl，仅含有很少量的不溶物。

在 Cabanasas 钾矿和 Vilafruns 钾矿附近有 2 个加工工厂，以处理地下开采的矿石。在钾肥工厂进行粉碎、研磨、脱泥、泡沫处理、浮选和干燥等工序，最后产出氯化钾产品。

(4)新闻事件　2016 年 1 月，以色列化工集团(ICL)日前宣布与中国客户签署框架协议，未来 3 年将向中国供应总计 340 万吨钾肥。根据协议，售价将与中国的市场价格相一致。

2017 年 1 月 17 日一位以色列财政部高级官员表示以色列化工在死海开采的许可证在 2030 年到期时不能延期，死海的开采权将通过招标方式出售。2017 年 10 月，以色列化工集团(ICL)向多个投资方出售其所持以色列海水淡化技术企业 IDE 股份的 50%，约合现金＄1.78 亿美元。

2017 年 8 月，以色列化工集团达成协议，将于 2017 年 8 月至 2018 年 7 月间向印度供应 75 万吨的氯化钾，钾肥的销售价格与 2016 年印度供货价格相比每吨增加 13 美元。

2017 年 9 月天狼星矿业公司与以色列化工有限公司进行 Boulby 钾盐矿的潜在销售谈判，价格可能在 1.5 亿～2 亿美元。以色列化工的钾矿储量正在下降，正从传统钾矿开采中转型，以便集中精力开采杂卤石。

2018 年 1 月 2 日，萨钾公司和加阳公司已经完成合并，根据之前中国商务部与印度竞争政策委员会有条件的批准合并，萨钾公司需要出售其持有以色列化工 14%的股份。

(六)拉丁美洲

该地区生产氯化钾、硫酸钾和硝酸钾，近期只有智利的产量有所增长。今后 10 年，将有几个新的钾盐工程投产，包括在巴西和阿根廷的 3 个新的溶解法生产矿山。另外，在阿根廷、巴西和秘鲁还有几个勘探工程。

1.巴西

淡水河谷公司，淡水河谷公司在巴西有几个项目在维持产能，有新进展的项目是卡那利(Carnalita)，在 2015 年准备启动 120 万吨试验性产能建设。巴西至少有 14 个其他钾盐项目在继续进行，多数是初级采矿公司在亚马孙、塞尔希培地区、巴伊亚和米纳斯吉拉斯州勘探钾盐矿床，Huge 钾盐矿床也在勘探。主要钾盐生产项目是门多萨省的 Vale's Potasio Rio Colorado 项目，淡水河谷准备分两个阶段建溶采矿，2010 年开始打生产井，2011 年决定分 2 个阶段投资 59 亿美元建此项目，2014 年将开始商业生产，2016 年增加产能 210 万吨，2023 年总产能增加到 430 万吨。

2.智利

智利 SQM 公司(Sociedad Química y Minera de Chile)是智利一家大型的矿物生产和加工公司，成立于1968年，其总部位于智利圣地亚哥。SQM公司是全球领先的碘、锂、钾以及专用化肥生产商，其92%的产品向全球出口销售。SQM公司的矿物资源主要来自智利北部的矿石和盐水资源。其矿石资源含有丰富的硝酸盐和碘矿物质，也是世界现在最大的商业开发自然硝酸盐矿。其地下盐水资源含有丰富的钾、锂、硫酸盐，从而生产氯化钾、硫酸钾、锂和氯化镁。SQM公司现在是全世界最大的锂生产商。氯化钾和硫酸钾的产能达到260万吨/年，占有全世界约3%的氯化钾产量。

过去2年，智利化学公司(SQM)公司开始扩大产能，2010年产量在160万吨。另一项产能扩展在2011年完成，将增加40万吨，还有几个项目在智利和玻利维亚做从锂钾矿中提取钾的可行性研究。

目前SQM的3种主要产品线：特制植物营养产品、碘以及锂处于全球领导地位。公司销售额超过18亿美元，在世界20多个国家设有办事处，在全球110个国家销售产品，遍布欧洲、美洲、亚洲和大洋洲。为了保持世界领先地位，公司花巨资提高生产力、培训员工、进行科研、改善技术并完全可以满足客户深层需要的任何工作。公司还生产化工产品，它包括硝酸钠、硝酸钾、硼酸、氯化钾等。目前该公司在中国与米高集团有共同投资。埃斯科姆米高(四川)化肥有限公司由智利化学矿业有限公司(SQM)与米高集团有限公司(MIGAO)共同出资组建，项目于2008年签订合作协议，于2009年9月注册成立。据了解，埃斯科姆米高(四川)化肥有限公司将负责米高集团或者合资厂的硝酸钾出口以及对SQM自有硝酸钾的进口。

该合资厂投资2 000万美元，建设4万吨/年农用硝酸钾，副产2.2万吨/年农用(含钾)氯化铵生产装置，技术上采用国内先进的液相复分解方法生产农用硝酸钾。项目于2010年1月23日开工建设，2010年12月2日建成投产并生产出合格的农用硝酸钾和农用(含钾)氯化铵产品，实现了“当年建设、当年建成、当年投产”的目标。

具有先进技术经验和悠久发展历史的SQM，已经发展成为全球硝酸钾的领航者。埃斯科姆米高(四川)化肥有限公司的成功建成是SQM在中国市场战略规划中的又一大步，是发挥SQM与米高集团双方的集中优势，将一流领先技术与本地丰富资源强强组合的战略结晶。合资厂将致力于提高作物特需营养的商业地位和中国的农业现代化。

SQM公司的主要持股机构包括美国和智利的金融机构以及加拿大萨省钾肥公司。萨省钾肥公司持有SQM的32%的股份。2017年，印度政府要求萨省钾肥公司剥离SQM公司和阿拉伯钾肥公司股份，作为批准萨省钾肥公司和加阳公司合并的条件。萨省钾肥宣布出售其32%的SQM股权，多家机构对此产生浓厚兴趣。

SQM公司在Salar de Atacama盐滩拥有81 920公顷的勘探权，并在这一地区深度100米以内的地层进行了详尽的地质勘探、盐水取样和地质统计分析。Salar de Atacama盐层位于智利安多法加斯大市以东约250千米，是一个低地盐滩，其地下是一个孔隙中充满盐水氯化钠地层，盐水流自于安第斯山地下的孔道。地下盐水的覆盖面积达2 800千米^2，地下盐水含有丰富的钾、锂、硫酸盐和硼，这些自然矿物经过加工可以生产出碳化锂、氯化钾、硫酸钾硼酸和氯化镁。SQM公司地质师和水文地质师根据经济限制、地质勘探、盐水取样和地质统计结果，于2016年12月总结了勘探权内资源的探明储量和概算储量。

3. 阿根廷

有10多个公司在门多萨省、内乌肯省、卡塔马卡省的不同位置勘探钾盐，这些项目将综合提取锂。

(七)非洲地区

1. Kore钾肥公司

Kore钾肥公司(前身为Elemental矿业公司)是一家钾矿勘探和开发公司,其总部位于澳大利亚柏斯市,并在澳大利亚证券交易所上市,股票代码为K2P。Kore钾肥公司已从阿曼主权财富基金下的储备基金和智利矿业公司SQM融资了约4 500万美元,2家机构分别占有Kore钾肥公司17%的股权。

Kore钾肥公司的主要资产位于刚果共和国西岸的3个钾矿项目,这3个钾矿项目都在其97%拥有的Sintoukola钾矿开发许可范围之内。3个钾矿项目分别为Kola项目、Dougou项目和Dougou扩展项目,这三个项目都位于刚果的西海岸,并且相邻。3个项目分别处于不同的开发阶段,其中Kola项目的进展最快,已经处于最终可行性研究的阶段,Dougou项目完成了概况研究阶段,Dougou扩展项目仍处于勘探阶段。

Kore钾肥公司的3个钾矿项目平均距离海岸只有36千米,地理位置较好。进展最快的Kora钾肥项目距离最近的沿海城市Pointe Noire约90千米。Kore钾肥公司计划使用带有围栏的地上传送带将矿石运输至位于Pointe Noire市的加工工厂中,经过加工生产的氯化钾将通过专门的码头和转运设施出口。

这三个钾矿项目可以利用当地现有的基础设施和资源。刚果西海岸的天然气田可以提供低成本的天然气供应,位于Pointe Noire市的天然气发电厂可以提供低成本的电力。

在地理位置上,刚果比其他钾肥生产地距离巴西较近,生产出的钾肥可以更低的价格供给巴西市场,并且随着非洲大陆钾肥市场需求的提高,刚果生产的钾肥可以直接供给非洲;在区域地质上,在20世纪50年代,钾矿在石油勘探期间被发现。在地下深度300～900米的白垩纪洛美蒸发层(Loeme Evaporite Formation)中发现了钾盐,该蒸发岩在1.12亿～1.25亿年前形成。该蒸发层被巨厚的碳酸岩和碎屑沉积物覆盖(统称为盖层cover sequence),其厚度达到170～270米,盖层的下部为Sendji层的白云岩组成。洛美蒸发层和盖层中间夹杂着5～15米的石膏和黏土层。

蒸发层由富含氯化钾和氯化镁盐水沉积在盆地中形成。在蒸发沉降后,这些固体蒸发矿物中含钠盐、光卤石、钾钠盐和水镁石的含量超过95%。在上千年的蒸发沉降后,在地层中进行水平分层的堆积,最后沉积在300～900米深的地层中。

2. 东华科技股份有限公司(Fruit Holding Limited)

原春和集团,目前被东华科技收购,100万吨产能装置建设了1/3,正在融资规划中。

3. 刚果鲁源矿业公司

300万吨项目,目前在融资运行中。

世界钾盐产能过剩,生产经营卡特尔将会继续限产保价

全球钾肥供需格局存在严重的不对称现象,世界上有超过150个国家消费钾肥,但是只有12个国家(加拿大、俄罗斯、白俄罗斯、德国、以色列、约旦、中国、美国、巴西、智利、西班牙、英国)生产钾肥,前几位的生产商控制了70%以上的产能和产量,具有典型的寡头垄断特征。

加拿大的3家钾肥生产商:萨斯喀彻温钾肥(PCS)、美盛(Mosaic)、加阳公司(Agrium)均在加拿大萨斯喀彻温省开采钾盐,分别拥有5座、4座和1座矿床。其中,美盛集团的艾斯特哈奇(Esterhazy)矿床是世界上最大的钾盐矿。3家公司组建了Canpotex销售公司,专门向北美之外的地区销售钾肥。2007年3家占Canpotex的销售比例分别为55%、35%和10%,分别占各自产量的60%、44%和50%。

俄罗斯钾肥巨头乌拉尔钾肥公司和白俄罗斯的白俄罗斯钾肥(Belaruskali)组建了销售公司，即白俄罗斯钾肥公司(BPC)，负责在国际上销售两家的产品，2007 年 2 家占 BPC 的销售比例分别为 37%和 63%，分别占各自产量的 90%和 80%。目前 BPC 是世界上销售量最大的钾肥公司。

2007 年全球钾肥生产量超过了 5 800 万吨，钾肥装置平均开工率达到 91%，其中产量最大的加拿大萨斯喀彻温钾肥公司(PCS)产量达到 920 万吨，占全球产量的 1/6。全球主要的钾肥生产商生产量几乎都呈现明显的增长，特别是北美的 4 家公司，增长都在 20%以上，显示了其充沛的剩余产能。

预计全球钾肥剩余产能(折纯)在 2010 年为 440 万吨，其中，Canpotex 和 BPC 分别占 38.1%、22.6%，到 2013 年为 500 万吨。Canpotex 和 BPC 直接控制着全球钾肥约 60%的产能、产量和离岸贸易量，以及超过 80%的剩余产能，两者几乎可以决定世界钾肥的供给。

此外，乌拉尔钾肥的大股东利波洛夫列夫与其合伙人还持有俄罗斯最大的钾肥生产商钾矿联合体(JSCSilvinit)25%的股份，加拿大钾肥公司也参股以色列化学公司(ICL)、阿拉伯钾肥公司(APC)、智利化学矿业公司(SQM)等多家钾肥生产商和中化化肥(Sinofert)等钾肥经销商，控制了全球 3/4 的产量和产能，寡头垄断特征非常明显。

随着世界人口的增加，耕地的减少，为了保证粮食的供应，就会增加肥料的施用。肉类消费量的增加，生物燃料增加，又会消耗更多的粮食，从而加紧了粮食的短缺和对肥料的需求。

2011—2015 年世界钾肥生产企业的最大开工率在产能的 87%～91%，未来钾盐的有效产能将从 2010 年的 3 890 万吨 K_2O 增加到 2011 年的 3 980 万吨，而且 2015 年达到 5 230 万吨，增长 34%，每年增长 7%。2015 年北美将成为世界最大供应地区，占世界潜在供应量的 39%，东欧占 29%，中亚占 10%，西亚占 8%，拉美占 5%。化学用钾每年以 3.6%的速度增长，到 2015 年将达到 290 万吨 K_2O。

IFA 预测，2010—2015 年世界钾盐需求将每年平均增长 4%，近 90%的钾盐消费用于肥料，约 8%用于工业产品和加工，约有 2%的激动用量。全球钾盐消费将从 2010 年的 2 720 万吨增加到 2015 年的 3 650 万吨 K_2O。为了弥补需求的增长，在 2010—2015 年，需要世界钾盐生产每年增长 200 万吨 KCl。

2011 年，世界钾盐生产大于消费的潜在剩余减少，2012 年之后，潜在剩余逐渐增加，2015 年剩余将达到 1 600 万吨 K_2O。2010—2015 年，全球钾盐需要量将增长超过 20%，同时，供应增长 34%，近期产能足够满足增长的消费需求。但有两方面因素影响这种平衡：一方面是消费的强劲增长，2015 年需求将增长 300 万吨 K_2O；另一方面是下跌的供给，现有的产能几乎全部运营，未来 5 年没有新建产能投入生产，新的产能形成将可能推迟。因此，供应增长可能低于预期，如果推迟半年或一年，而且都是新建矿，2015 年钾肥供应可能最多减少 600 万吨 K_2O。2 个因素结合起来，2011 年，钾肥供应相对趋紧，2012 年和 2013 年潜在的富余约 400 万吨 K_2O。

2010 年 11 月 3 日，加拿大政府否定了必和必拓公司对世界最大的钾肥生产商的收购，称这笔交易将不利于国家利益。其实，加拿大政府不同意的根本原因之一是担心加拿大钾肥卡特尔会崩溃，钾肥价格降低，将使加拿大政府的收入减少。预计，如果必和必拓收购成功，钾肥市场是有竞争力的，钾肥价格将在 2011 年的 574 美元下降到 2015 年的 217 美元，随后增加到 488 美元直到 2020 年。而不变的加拿大卡特尔政策，钾肥价格也稳步增长，从 2011 年的 574 美元增长到 2020 年 734 美元。2010 年，加拿大、俄罗斯和白俄罗斯的协调钾肥生产，并保持较高的价格水平。在许多国家，竞争法规定操纵价格和供应限制有刑事罪行，但出口卡特尔豁免于竞争法，他们可以对发展中国家施加巨大的成本，如加拿大。

目前，世界钾肥生产能力高度集中，钾肥经营形成两大卡特尔，他们会进一步通过限制产量、集中出口而抬高钾肥销售价格。

国际钾肥市场价格走势

在欧洲以外市场,氯化钾的价格从2003年的125美元/吨升到了2006年的210美元/吨(到达泰国到岸价),到达巴西的价格升到了199美元/吨。在西北欧洲市场,氯化钾的离岸价格从2003年的105美元/吨升到了2006年的166美元/吨。从2007年下半年开始,国际钾肥价格开始大幅攀升,从温哥华离岸价200美元/吨开始,到2008年1月涨至300美元/吨。2008年的一年之中,钾肥价格经常出现一个月上涨100美元/吨的情况,终于,在2008年年底涨至温哥华离岸价890美元/吨的“天价”。由于价格虚高成分过重,价格在最高点维持了4～5个月后,开始以同样的速度下跌。2010年3月,钾肥价格触底跌至温哥华离岸价325美元/吨。自此之后,随着供应商、贸易商、经销商和消费者逐渐理性,价格相对缓慢上升。国际钾肥市场价格从2010年8月开始触底反弹,随着国际大宗商品价格走势转好,粮食期货价格快速攀升,国际大部分钾肥进口国家需求旺盛。以巴西为例,在价格低至到站价390美元/吨时,多个因素都刺激进口商大量拿货,自此国际钾肥供应商报价节节攀升。由于巴西的农业更具市场化特点,而且始终有利可图。因此,巴西钾肥进口商也并不抵触国际市场的涨价。2011年年初,北美恶劣天气导致发运受限,供货紧张,更增添了涨价因素。而2010年较大的全球钾肥贸易量也造成供应商库存下降。目前,北美钾肥生产商的库存不到180万吨,从目前看来,国际钾肥市场依旧形势一片大好。

国内外的业内人士已经开始关注2011年上半年钾肥价格轮番上涨的现象,担心国际市场再次出现2008年疯涨的后果。但仔细分析不难发现,2008年钾肥涨价单纯是炒作使然,是供应商和贸易商双方经历了钾肥价格近10年来不断上涨后的一次不理智行为。但后来的惨痛教训已经让供应商和贸易商都对市场更加冷静客观。分析背景,全球经济上升,在大宗商品期货价格屡创新高的情况下,化肥市场略显“低调”,并且需求强烈也促使供应商库存下降,这些直观的原因一直支撑国际钾肥价格持续走高。

撰稿:刘俊杰　梁榕　张帆

四川盆地杂卤石资源特征及开发利用途径

杂卤石($K_2SO_4 \cdot MgSO_4 \cdot 2CaSO_4 \cdot 2H_2O$)是一种广泛分布在硫酸盐型钾盐矿床中的难溶性钾矿物，其理论含钾(K_2SO_4)量高达28%。在我国的四川、湖北、江苏、山东、青海、新疆等省的海相沉积盆地深部，已发现蕴藏着丰富的杂卤石矿。由于杂卤石成分复杂，水溶性差，并且大多数杂卤石矿埋藏较深(1 000米以下)，开采利用较困难，因此长期以来被视为“呆矿”。随着我国可利用可溶性钾资源供求矛盾的日益突出，杂卤石作为一种潜在的钾矿资源，引起了业内的关注，一些学者、企业对我国杂卤石资源分布及特征、资源评价、开采利用基础理论、技术路线及野外工程试验进行了研究，提出了杂卤石开发利用途径及策略，为杂卤石的开采利用提供了技术基础及发展方向。

四川盆地杂卤石型钾盐资源地质特征及资源评价

杂卤石是一种常见的钾镁硫酸盐矿物，自1921年被发现以来，一直公认它具有钾、镁、硫综合利用的潜在价值。现今世界的钾盐矿藏计算中主要包括可溶性固体钾矿及含钾盐湖卤水中的氯化物型钾盐资源，很少把杂卤石纳入钾盐计算，因此目前尚无其世界资源总量的概算数据，估计其资源量远大于氯化物型钾盐资源总量。

世界杂卤石钾盐盆地或矿床达40个以上，按杂卤石的相对富集程度、矿石类型及工业开发利用前景，杂卤石主要分布在硫酸盐或氯化物盐盆中，矿石以硫酸盐型钾盐矿物——钾石盐为主，其中杂卤石含量占一半左右，具有较高的综合开发利用价值。

我国处于与世界杂卤石资源富集规律有良好类比前景的杂卤石资源相对富集的规律环带之中区，而且三叠纪和第三纪含盐盆地分布广泛，在青海柴达木盆地、新疆塔里木盆地，四川三叠纪盐盆的川南、川中、川东、川西、川东北次级盐盆，华中—华东第三纪盐盆里的山东大汶口盆地，江苏洪泽凹陷，湖北江汉盆地，河北冀中坳陷等地的近百个钻孔中，均发现了杂卤石及其伴生的含钾硫酸盐矿物，其中，以四川盆地、江汉盆地的杂卤石矿储量大、矿层厚，富集程度亦较高。据估算，(四)川东(部)杂卤石资源折合K_2O储量约在百亿吨以上。

四川杂卤石资源勘探始于20世纪60年代，1961年四川省地质局组建了一支专门的找钾队伍开展普查与浅部钻探，通过石油钻井岩屑录井，发现了杂卤石。1972—1980年，四川地质局第七普查大队在四川中部的南充盐盆发现了成层的杂卤石。1982年建材部西南地质公司在渠县农乐地区石膏矿中发现我国第一例浅部杂卤石矿床。之后，大批学者对该矿进行了地质、成因等方面的研究，探讨了杂卤石成矿物质的来源、形成及保护条件及对地下含钾卤水形成的影响等问题，并进行了地质及模拟实验研究，对我国寻找钾矿资源起到指导作用。

四川盆地三叠系含盐系包括中统雷口坡组及下统嘉陵江组，是一套具有成因联系的碳酸盐岩和蒸发岩岩系。按照三叠纪区域海相成盐作用发展的规律，可以分为6个含盐系，自下而上是：嘉二、嘉四、嘉五、雷一、雷三、雷四。杂卤石大多分布于嘉四、嘉五及雷四，盆地杂卤石主要产生于嘉四、嘉五及雷四。

全盆地按杂卤石产出的构造和地理位置大致可分为蒲江、自贡、南充、垫江、邻水、达县和万县7个区域，南充、达县和蒲江 3 个区域面积最大，是杂卤石资源的主要集中区。其中，以南充区最大，见矿井最多，自贡区最小；以垫江区点最密，蒲江区埋藏最深；达县区中的偏崖子及农乐地区为浅层杂卤石分布集中区域，其杂卤石埋深一般在 500 米以下，且杂卤石矿层较厚；但蒲江、南充两区域埋深均在 3 000 米以下。四川盆地内以蒲江区埋藏最深；达县区中的偏崖子及农乐地区为浅层杂卤石分布集中区域，其杂卤石埋深一般在 1 000 米以内，且杂卤石矿层较厚。南充地区自北向南，埋藏深度呈递减趋势；万县地区，自西向东呈递减趋势；达县地区，自西南向东北呈递减趋势；垫江地区自西北向东南呈递减趋势；邻水地区总体埋深较浅，自东北向西南呈递减趋势。达县、垫江两地区杂卤石矿层一般厚度累计厚度最大，为 2～15 米，其次是南充、蒲江地区，累计厚度 2～10 米，自贡、万县两地区杂卤石矿层一般厚度累计厚度较小，为 2～5 米，邻水地区累计厚度最小，仅 1～1.5 米。南充地区厚度分布表现为中心大，四周小的格局，达县地区呈自西南向东北递减趋势。

近年来，四川明信投资有限公司和四川佰瑞德矿业有限责任公司分别对四川盆地杂卤石资源进一步进行了地质勘探工作，主要矿点位于川东盐盆的亭子铺、农会和大龙等构造。经初步估算，达县、南充、邻水、垫江、万县 5 个区域杂卤石矿石总量达 1 128.44 亿吨。其中，K_2O 资源量达 90.28 亿吨。南充地区资源量最大，约占总量的 50%，K_2O 资源量约 50 亿吨①。

杂卤石综合利用技术及研究现状

由于杂卤石适于制取硫酸钾(SOP)和系列化无氯复肥，近年来逐渐受到重视。俄罗斯、德国、波兰、法国、意大利、美国、荷兰等国都加强了开发本国杂卤石资源的实用技术的研究，并在一些方面取得实质性突破，成功地生产出商品级 SOP、无氯复肥等产品。英国(天狼星公司)，中亚各国已将杂卤石矿开发列入国家钾盐开发战略。目前国外开发的矿山企业多属适应地方性生产的中小型规模，且开采深度均$<$1 000 米。

杂卤石利用技术中有将杂卤石焙烧后直接用作长效肥料的实验研究；有使用无机酸(如硝酸和硫酸)分解杂卤石，然后将反应产物进行中和，生产无氯钾肥工艺；列佩什科夫考察了在丙酮水溶剂系统中用杂卤石生产无氯肥料的物理－化学方法。利用无机盐类，例如，$Ca(NO_3)_2$、NH_4NO_3 和 $(NH_4)_2CO_3$ 等发生复分解反应，分解杂卤石的方法研究也有报道。欧、美等国在加工方法上进行了实验，采用焙烧、溶解、结晶等过程，制备 $K_2SO_4 \cdot MgSO_4$ 肥料。表 5-12 列出国外杂卤石资源开发利用的技术方法，这些技术对我国杂卤石资源的开发利用，解决国家钾肥短缺问题，无疑具有重要的指导意义。

1. 国外杂卤石资源开发利用工艺技术

表 5-12 国外杂卤石资源开发利用的工艺技术

<table>
<tr><th>工艺项目</th><th colspan="2">工艺技术基本方法</th><th>实例</th></tr>
<tr><td rowspan="6">单一肥料(SOP)制取工艺</td><td colspan="2">高温焙烧分解法</td><td>苏联、波兰</td></tr>
<tr><td rowspan="3">焙烧热水浸出</td><td>加氯化钾转化法</td><td>苏联</td></tr>
<tr><td>软钾镁矾转化法</td><td>苏联</td></tr>
<tr><td>醇类节能助析法</td><td>德国</td></tr>
<tr><td colspan="2">热水直接浸出转化法</td><td>苏联</td></tr>
<tr><td colspan="2">热水浸出氨化法</td><td>波兰</td></tr>
</table>

① 郑绵平，等. 中国钾资源远景与矿业发展战略. 国土资源情报，2015.

续表 5-12

工艺项目	工艺技术基本方法	实例
复合肥料制取工艺	水洗去盐分离法	苏联
	富钾卤水加石膏制取法	美国
	硝酸分解标准水洗法	苏联
	硝酸分解磷灰石引入杂卤石法	苏联
	硝酸分解氨化法	苏联、波兰
	硝酸分解杂卤石法	苏联

2. 国内杂卤石的综合利用技术

国内关于杂卤石的综合利用研究开始于 1982 年渠县农乐发现的首例杂卤石矿床，农乐杂卤石矿含 K_2O 一般可达 6%～12%，最高为 15.50%，平均为 8%。黄宣镇等对农乐地区地表和浅层杂卤石矿溶矿提纯实验研究，表明直接从含 K_2O 4.1%的石膏、杂卤石混合矿中可分离提纯硫酸钾、硫酸镁和建筑石膏，提出了一条开发利用杂卤石矿产资源的途径，在此基础上又对该矿进行了实验室的硫酸钾提纯实验研究，证明了农乐杂卤石矿不论是作为农业钾肥直接施用，还是加工提纯为商品钾盐都有现实利用价值，并且通过实验证实了其农业肥效作用。四川省化学工业研究设计院进行了渠县杂卤石制高浓度硫酸钾镁肥生产 2 000 吨中间试验，采用粉碎、焙烧、溶出、过滤分离、浓缩结晶等一系列工艺过程，制得了高浓度硫酸钾镁肥。何毓辉等介绍了国外利用杂卤石制复合肥料和硫酸钾的方法，并且研究了利用杂卤石生产复合钾肥的工艺路线。杨达才等研究了从石膏、杂卤石混合矿中提取硫酸钾、镁、硫的技术，利用同离子效应，用含 3.5%的硫酸钾水溶液溶解矿石，直接提取 K_2SO_4。

由于渠县农乐杂卤石矿床地质结构复杂，除有部分呈块状、层纹状、斑块状杂卤石岩外，其余以浸染状、脉状分散在石膏岩中，因其中 K_2O 含量低、分散或杂卤石含矿率低至今尚未开发利用。

针对杂卤石矿的深埋藏特点，唐明林、安莲英、郝丽芳进行杂卤石溶解试验研究，考察了 $CaCl_2$、$Ca(OH)_2$ 等多种无机盐溶液对杂卤石的溶解作用，实验结果表明，$CaCl_2$、$Ca(OH)_2$ 对杂卤石具有良好的溶解作用，并提出将一定的溶浸剂通过钻井灌入杂卤石矿层，溶浸开采地层深部杂卤石的设想，引起了业界高度的关注。

近 10 多年来，我国将杂卤石开发及加工技术多项发明专利进行公开(表 5-13)。这些专利分别提出了杂卤石溶浸开采方法及加工方法。其中，溶浸开采杂卤石技术中包括与盐伴生杂卤石及与石膏伴生杂卤石矿床。与盐伴生的杂卤石溶采是随着可溶性盐的溶解，溶浸剂与杂卤石接触界面扩大，可以促进钾的溶解。

杂卤石加工技术方法中包括杂卤石经焙烧后水溶，分离提取制备硫酸钾和硝酸钾及制备钾镁肥方法，这些技术均为杂卤石工业开发提供了技术支撑。

表 5-13 近年来国内杂卤石开发技术授权专利

序号	申请号	专利权人及发明人	发明名称
1	200510021637X	成都理工大学 安莲英等	对杂卤石矿中钾的溶浸开采方法
2	2010800356393	IMITAMI院研发有限公司 迈克尔·博南等	制备 KNO_3 的杂卤石 IMI 方法

续表 5-13

序号	申请号	专利权人及发明人	发明名称
3	2012800557565	洲际钾肥公司 T·H·纽曼等	加工杂卤石矿的方法、制备硫酸钾的方法及相关系统
4	2013103103541	四川佰瑞德矿业有限责任公司 张红等	一种深部杂卤石矿原位反应制取水溶性钾盐的方法
5	2013103202000	中国科学院青海盐湖研究所 张志宏等	从杂卤石矿中静态溶浸提取钾以及制备硫酸钾的方法
6	201310606558X	达州市恒成能源(集团)有限责任公司 唐兵等	一种杂卤石-石盐伴生矿床的开采利用方法
7	2016100453960	化工部长沙设计研究院 高文远等	一种用杂卤石浸取母液生产硫酸钾的工艺
8	2016102442157	中国科学院青海盐湖研究所 冷湖滨地钾肥有限责任公司 张志宏等	一种杂卤石矿溶采液的处理方法
9	2016107408862	化工部长沙设计研究院 冯文平等	一种用杂卤石制备硫酸钾和钾镁肥的工艺
10	2016107410970	化工部长沙设计研究院 冯文平等	一种用杂卤石制备硫酸钾的工艺

四川盆地杂卤石开发利用研究进展

四川盆地杂卤石资源丰富，但均埋藏较深(2 000 米以下)，开发利用的技术难题在于它的难溶性和埋藏深。因此，采用溶浸采矿技术，寻找适宜的溶解体系，解决杂卤石的化学难溶性问题，将杂卤石中的 K^+、Mg^{2+}、SO_4^{2-} 等有效成分溶解并提取，是杂卤石矿得以综合开发利用的技术关键。相关学者及企业进行了基础理论及野外开采工程试验，取得了具有建设性的进展。

1. 成都理工大学杂卤石开发利用技术

成都理工大学长期从事杂卤石及钾资源的开发利用研究工作。2000 年以来，他们以四川渠县农乐杂卤石为研究对象，在研究杂卤石地质及水文特征、矿石组成基础上，系统地开展了杂卤石的溶解特性及溶浸体系研究，首次提出了以环境友好的氯化钙为溶剂，溶浸开采深埋藏杂卤石的技术途径。他们实验考察了杂卤石在氯化钙等无机盐溶液中的溶解过程热力学及动力学规律，并进行了室内溶采模拟实验，研究了溶剂浓度、温度、矿石粒度、时间等因素对溶浸过程的影响，优化了溶出液中钾产品的提取制备工艺条件，提出了对地表、浅层和地层深部杂卤石的 3 种综合利用方案。研究结果为探索深藏杂卤石矿中钾的开采利用途径提供了理论指导，展示了深埋藏杂卤石地浸开采的良好前景。

2. 四川佰瑞德公司杂卤石开采技术

四川佰瑞德矿业有限责任公司联合中国地质大学(武汉)、四川大学对四川南充盐盆广安大龙地区深部中、下三叠统杂卤石矿床地质特征进行了深入研究。他们利用岩芯样品进行了杂卤石矿石分别在 HCl、H_2SO_4、$NaOH$ 等促溶剂溶液中钾的溶出实验研究，同时开展了深部杂卤石矿的化学开采的模拟实验研究，确定 HCl、H_2SO_4、NaOH 为化学采矿的优选促溶剂；提出采用直井＋水平井对接钻井技术、水力压裂地层连通技术和化学溶浸技术相结合的深部杂卤石开采工艺技术路线，并完成杂卤石野外溶采中试两竖井和水平对接井施工及取样等工作，基本确定了水平井压裂方案，初步的溶采试验中产出了 K_2O 20%以上的溶液。溶采工程中矿层产出形态的确定、压裂工艺的优化和溶解液提取工艺等技术难题还要进一步的科研攻关。此项工作事关四川杂卤石资源能否大规模开发利用的关键，也关系到未来钾盐资源的可持续供应和国家的粮食安全。

3. 四川明信投资有限公司杂卤石资源调查技术

四川明信投资有限公司与中石油川庆物探公司联合，以四川盆地会龙、亭子铺构造为研究对象，采用“地物结合、井震结合”的思路，利用石油钻井资料，通过地震剖面解译、标定，地震区域综合解译，油气井对比解译进行了杂卤石资源勘探方法及技术进行了研究，通过钻孔测井曲线综合解译及统计分析，标定了杂卤石含矿层构造、埋深及含矿层等厚图，确定了该区域杂卤石资源量。探索出一套利用地质(成盐规律)分析＋测井＋地震反演，求的 333 资源量的深层杂卤石评价体系，为深层杂卤石的评价方法体系的建立提供了重要的技术基础。

四川杂卤石开发战略重点及综合利用途径

四川盆地丰富的杂卤石资源作为我国潜在的钾盐后备资源，加快该类型矿床勘探及资源评价，研发矿石开采及加工技术产业化研究，对我国钾盐钾肥工业具有重要战略意义。国务院发展研究中心资源环境所联合中国科学院地理科学与资源研究所进行了四川钾盐资源开发战略与政策研究，在资源分布特征、钾盐市场需求、现有技术及研究成果综合分析的基础上，提出了四川杂卤石型钾盐资源开发战略方向。杂卤石开发利用攻关技术研究主要包括以下方面。

1. 资源勘探及评价技术

充分利用已有的油气钻井数据和地质勘探资料，进行数据挖掘和再利用，结合电法、重力、化探、遥感等新技术新方法，综合采用多手段进行勘探，查清杂卤石矿地质环境、主要组分、矿产品位、埋深、产出状况和潜在资源总量，为大规模开发提供条件。

由于杂卤石在我国的开发利用还处于初级阶段，目前杂卤石矿的评价方法和评价标准等还没有形成。利用已有的研究成果和开发利用基础，结合针对性的研究，尽快建立杂卤石矿的评价方法和评价标准，为杂卤石矿的勘探、评价和开发利用提供科学依据。

2. 杂卤石型钾盐资源开采利用途径

(1)地表浅层杂卤石利用　对于浅表易开采杂卤石矿，可直接加工成矿物肥料或通过溶解分离纯化制备硫酸钾或氯化钾。

(2)深埋藏杂卤石开采利用　地浸开采杂卤石是一项技术复杂、涉及地质、水文、选矿、化工等众多学科的采矿系统工程。其技术关键提高矿石的渗透性和优选高效的溶浸剂。充分利用四川已有研究机构和相关企业前期在勘探、开采、提取和加工利用的成果，优化压裂工艺技术进一步解决压裂、抽取等关键工程技术问题，为未来的大规模开发利用提供技术保障。

在现有溶浸剂研究基础上，加大技术研发力度，开发高性能溶浸效果的新型溶浸剂，以适应不同矿物结构的杂卤石矿。进一步开展地层深部温、压条件下杂卤石溶解性能等技术方面试验研究和工程示范，在此基础上，进行杂卤石地浸开采野外评价试验，从工程和产业化的角度探索地浸开采杂卤石的可行性。

撰稿：安莲英

钢铁企业除尘灰中提取氯化钾

钢铁冶炼过程各工序都会产生大量的粉尘，根据资料统计分析，以每100万吨钢的年产能计，钢铁企业每天约产出的各种除尘灰15～20吨，其中烧结过程产生的除尘灰约占1/2。以年产8亿吨钢计，每年国内钢铁企业生产的烧结灰、转底炉除尘灰可达1 600万吨，其中含铁量相当于1 000万吨的铁精矿，含铅、锌金属量达到32万吨左右(以2%计)，含氯化钾等水溶性卤化物数百万吨。

分析烧结机头灰化学成分发现，烟尘中含铁量较低，达不到炼铁对矿物含铁量的要求。并且将炼铁过程中敏感的有色金属杂质和氟、氯等非金属杂质强制性带入炼铁流程，对高炉的使用寿命和钢材的质量都有很大的不利影响。同时，返回利用意味着更多原料及能源的消耗。据测算，每返回1吨机头除尘灰，将多耗还原剂0.30吨，折成标煤约0.4吨，造渣剂0.10吨，脱硫剂0.01吨。按目前市场价格计算，脱除每吨烟尘中的有害杂质需消耗约600元的原料，我国钢铁企业每年因此造成的浪费高达5亿元。而且，锌、铅、钾、钠、氟、氯等有害元素对炉龄的影响及有色金属杂质对产品质量的影响不易量化，尚未计算在内。

烟尘传统的处理方式

3种烟尘传统的处理方式

(1)返回烧结配料　但有害元素富集，对烧结、炼铁、炼钢工序带来设备损害、产量降低的问题。如烧结糊蓖条，高炉结瘤等问题。

(2)堆放　但存在污染地下水，土地盐碱化，扬尘造成雾霾，环境危害极大；占用土地，造成土地资源的浪费问题。

(3)外卖　但存在混入铁精矿返回钢厂，有害元素没提取；提取少量铅锌，碱金属造成二次污染问题。

因此，合理利用这些粉尘，一方面可以回收铁素及钾、锌、铅等有价元素资源，节约大量的能源；另一方面可以大大减轻对环境的污染。

如何从烧结除尘灰中提取氯化钾，同时脱除对钢铁冶炼过程中存在重要影响的有色金属如锌等，这是钢铁企业生产中一直存在的难题。云南昆欧科技有限公司联合昆明理工大学、昆明冶金研究院、云南省地矿中心等研究院所，于2007年开始烧结机头除尘灰的综合回收利用研究工作，通过大量的实验并对国内各钢铁企业进行充分调研，于2009年开发出烧结机头灰回收利用专利技术，2010年10月在四川攀枝花建设了第一条烧结机头灰综合回收利用生产线，生产出合格的氯化钾产品，对西南地区的氯化钾供应提供了一定的补充。之后，公司相关技术人员不断进取，不断总结完善原有技术，并于2017年在日照钢铁控股有限公司建设了一条烧结灰与转底炉灰综合回收利用生产线，并于同年生产合格的氯化钾产品。

烧结机头灰是指在烧结烟气经烟道进入电除尘器后收集的粉尘，其含有的碱金属对于烧结、炼铁都是有害元素，不能直接返回烧结继续使用，成为固体废弃物。该项目结合湿法冶金、化工的方法，将碱金属提取出来，成为产品。

主要技术内容

5种主要技术处理工艺

(1)浸出　将机头灰和水按一定的固液比混合制成浆液，同时加入分散剂搅拌，使氯化钾和氯化钠快速溶出。

(2)固液分离　将搅拌好的浆液进行固液分离，固体即为脱出碱金属后的富铁料，液体即为滤液。

(3)滤液循环富集　当滤液中氯化钾氯化钠的含量较低时，滤液返回浸出系统，以提高滤液浓度。

(4)净化　当滤液中氯化钾的浓度达到一定浓度时，将滤液加净化剂进行净化，脱出钙、镁和重金属离子。

(5)蒸发结晶　净化液进入多效蒸发器进行结晶，最后得到氯化钾产品。

该工艺是将湿法冶金、化工、选矿等专业进行集成。首先，将除尘灰进行调浆搅拌，加入浸出剂，将氯化钾浸出，并将其他对钢铁生产有害的有色金属元素分离出来。其次，浸出的氯化钾浆液进行脱水，渣作为铁资源返回烧结配料，液体经过净化除杂，蒸发浓缩后结晶、脱水得到含水氯化钾(水分含量≤2%)，用于钾肥企业的生产原料。该项目的主要目的是解决钢铁企业的环保问题，将钢铁企业有用的铁资源回收利用，同时又提高了高炉的利用系数，降低高炉的焦比。该技术成功地实现了钾元素的综合利用，是钢铁企业实现循环经济的一个重要典范。

撰稿：何刚

中国企业在老挝钾盐勘探开发回顾及存在的问题

■ 前言

钾盐矿分固体钾矿(属古沉积矿床,品位高)和卤水矿(第四纪盐湖,品位低),世界上以固体矿为主。我国只有云南勐野井钾盐矿是固体矿,储量很小,主要开采卤水钾矿。经过多年勘探没有发现大型固体钾盐矿床。

针对我国缺钾的现实,近十几年内,国内具有远见卓识的企业家瞄准国际资源,主动出击,在全世界寻找钾盐投资机会。老挝与中国是友好邻邦,政治稳定,投资条件优越,是中国钾盐矿走出去战略中进展最快的地区。至2018年,在老挝有多达10个中国钾盐开发公司进行勘探开发。虽然取得了可喜的进展,但大规模开发仍存在一些关键技术问题需要解决。

在多达30多个中国钾盐企业海外投资项目中,老挝钾盐矿项目进展最快,已经有2个企业在持续工业化生产钾肥,2017年氯化钾产量总计约65万吨。这个成绩的取得是众多钾盐工作者10多年持续研究和投入的结果。事实证明,只要采用科学的工作流程和方法,不急躁、不冒进,老挝钾盐矿完全可以大规模开发。

■ 老挝钾盐矿勘探开发历史

截至2018年10月,我国有4家公司已取得了老挝钾盐矿的采矿权,10家企业获得老挝钾盐矿探矿权,共探明钾盐工业储量数十亿吨,钾资源远景储量100多亿吨。含矿深度大多在100～500米,主矿体约95%为光卤石,约5%是钾石盐。

1.4家开发企业简介

(1)中寮矿业开发投资有限公司　于2004年开始在老挝万象勘探开发钾盐。这是我国最早"走出去"的钾资源开发项目,中寮矿业开发投资有限公司是云南云天化股份有限公司的全资子公司。2004年11月,云南中寮公司与老挝政府成功签署了《老挝万象盆地钾盐矿开采生产协议》,并获得了老挝政府颁发的《投资许可证》和《采矿许可证》。云南中寮公司由此获得老挝政府授予的78千米^{2}开采区、8.6亿吨钾盐矿储量30年的采矿权。前期试验中采用注入热水选择性溶采工艺,因成本和工艺问题没有成功,后期又与中国科学院青海盐湖所共同攻关,改变采矿设计,采用竖井硐采。2008年12月19日,老挝万象5万吨/年钾盐中试项目正式开工,并生产出数百吨钾盐。之后在生产过程中竖井和主巷道出现工程技术问题而被迫停工。

(2)中国水电矿业(老挝)钾盐有限公司　这是第二家在老挝获批钾盐矿勘探和开采权的企业。共拥有老挝钾盐矿勘探权3个,总面积约580千米^2,并获得2个采矿证,该公司于2006年2月开始启动一期12万吨/年的示范性工程建设,2009年3月已完成勘探工作,由长沙设计研究院进行12万吨/年产能溶解开采的初步设计通过项目建设可行性研究报告的评审,2009年12月28日,与老挝政府签订了《万象市赛塔尼县塔贡钾盐矿开采加工项目协议》,获批 39.33 千米^2 区域钾盐矿开采权。2010 年 12 月 22 日,中国水电矿业(老挝)钾盐有限公司年产 12 万吨钾盐项目在老挝万象市纳塞通县举行开工典礼。采用注入热水抽取卤水进行开采,2013 年 6 月生产出第一批钾盐,2016 年在生产出上万吨钾盐后因成本过高而停工至今。

(3)中农矿产资源勘探有限公司(原老挝嘉西钾盐开发有限公司) 这是第三家进入老挝进行钾盐勘探和开发的企业。2006 年老挝嘉西钾盐开发有限公司在老挝甘蒙省获得 84 千米^2 的钾盐勘探权,该区域是越南公司 2004 年勘探后放弃的区域。公司同年与中国科学院地质与地球物理研究所梁光河博士合作进行勘探,勘探之后发现钾盐矿体分布范围很大,后将探矿权扩大到 214 千米^2。2009 年 1 月 21 日,中农矿产公司代表老挝嘉西钾盐开发有限公司,与老挝计划投资部和能源矿产部签署了"老挝甘蒙省农波县和他曲县钾盐开采和加工"合同。开发设计建设工作由北京中国有色工程设计研究院的恩菲公司负责。于 2011 年年底完成了项目一期工程的 10 万吨钾肥先导性示范项目,并实现了工业化量产。该项目采用传统的地下开采方式,用平硐开拓,将矿石运到地表进行浮选。目前已由中农矿产资源勘探有限公司全权接手实施,2016—2017 年实际产能约 15 万吨/年,是我国第一个海外钾盐资源开发项目,目前在稳定生产,并打算实施第二期项目 200 万吨/年。

(4)四川开元集团 2008 年取得老挝甘蒙 194.8 千米^2 的钾盐探矿权,聘请中国科学院地质与地球物理研究所梁光河博士作为技术顾问,规划了勘探范围并请云南地矿实施了高精度重力测量,梁光河博士布置了前 13 口普查勘探钻井位置。经过一年多的普查和详勘,探明氯化钾储量约 3 亿吨。采矿设计由长沙化工设计院承担,用旱采回填方式开采。设计一期工程产能 50 万吨/年,此项目于 2010 年 3 月正式动工建设,已经于 2012 年 11 月 20 日试车,2017 年产量约 50 万吨,开发过程中克服了诸多难题,目前正常生产中。

总之,在老挝进行钾盐开发的 4 家企业中,2 家已经停产,其余 2 家正常生产。这两家企业年产氯化钾约 65 万吨,是目前中国在海外的唯一在产钾盐基地。

2.6 家勘探企业简介

(1)北京普悦老挝投资公司 2012 年取得位于老挝万象市的 1 个探矿证 259.4 千米^2,经过数年勘探,已获得钾盐资源量数十亿吨。

(2)山东海王老挝钾盐公司 2012 年取得位于万象省的 1 个探矿证 174 千米^2,经过数年勘探,已获得钾盐资源量数亿吨。

(3)亚洲钾盐老挝矿业公司 2014 年获得 2 个区块共 206 千米^2 的探矿权,经过数年勘探,已获得钾盐资源量 10 余亿吨。

(4)四川龙蟒老挝钾盐公司 2012 年获得位于万象地区的 1 个探矿证约 180 千米^2,经过数年勘探,已获得钾盐资源量 10 余亿吨。

(5)云南腾邦老挝钾盐公司 2012 年获得位于波里玹塞省的 1 个探矿证 177 千米^2,钻探未见矿。2014 年又获得位于万象市的 1 个探矿证约 55 千米^2,勘探后获得钾盐资源量数亿吨。

(6)青海鑫帝老挝钾盐公司 2012 年获得位于波里玹塞省的 1 个探矿证 161 千米^2,2012 年打了数钻,未见矿。

在老挝进行钾盐矿勘探开发的公司除了上述中国公司,还有另外一家越南化工公司在沙湾拿吉省于 2014 年取得了 196 千米^2 的探矿权(其中,10 千米^2 的采矿权),已经完成勘探和采矿设计,预计钾盐资源量 10 亿吨以上,目前正在招商中。

老挝钾盐矿勘探开发中存在的问题

前期中国在老挝进行钾盐矿勘探开发的企业走了很多弯路,存在的问题主要包括2个方面:第一方面是钾盐开采成本和环保问题和开发中存在的工程技术难题;第二方面赶上全球钾盐市场的低谷,钾盐价格持续走低,使得原计划大规模扩产的企业都没有实施扩产。归根结底是前期地质勘探工作没有做细致,导致后期开发过程中出现一系列工程技术问题,进而导致开采成本的上升。

1.勘探中存在的问题

老挝钾盐矿大都赋存在地下深处百米以下,属于隐伏矿床。其地表大多为第四纪覆盖,是广袤的森林和农田。在这种条件下传统的地质填图方法无法指导找矿,只有靠物探方法才能取得较好的效果。传统的物探方法包括重力、磁法、电法、地震和测井等。物探的基础是矿体和围岩存在物性差异。前期的勘探表明,重力勘探基于重力异常低异常能够预测钾盐矿富集的有利区域。而地震勘探是探测地下构造的最有效方法,测井可以直接预测钾盐含量的高低。

老挝钾盐矿形成于白垩纪,后期遭受强烈喜马拉雅构造运动,对钾盐矿的改造作用使得钾盐勘探开发存在不少问题,包括地下钾盐矿体的变化和水文地质条件等。在老挝10年的勘探经验表明,地球物理勘探方法是有效的,但必须对地质构造运动有清醒的认识。三维地震勘探不但能够精确地描述钾盐矿体的横向变化,而且也能够对断裂构造进行准确地描述,同时也能对钾盐矿顶底板岩层的横向变化进行准确预测,这对后期采矿设计和大规模开发非常有用。万象盆地位于呵叻盆地的西北角,从该盆地的构造纲要图,可以看出,该盆地发育北北西走向的褶皱,说明该盆地曾受到北东—南西方向的挤压。同时盆地的边缘发育一系列近东西走向的走滑断裂,这说明该盆地总体受力环境是挤压走滑环境。

宏观上尺度上,印支地块新生代在印度板块的挤压下,向东南方向挤出并同时发生15°的顺时针旋转,引起了处于其中的呵叻盆地同步发生漂移旋转;中观尺度上,呵叻盆地在这个过程中处于挤压走滑环境下,对其中的钾盐矿产生了巨大的改造,沿着盆地边缘产生了一系列大型走滑断裂,这是印支地块在漂移过程中的差异走滑造成的;微观尺度上,老挝钾盐详勘中普遍存在旋转构造,三维地震勘探600米深度水平切片显示,在挤压走滑宏观构造作用下,相对柔软的钾盐矿层围绕相对坚硬的石盐盐丘存在顺时针旋转现象,钻探岩心也发现石盐层顶部的薄石膏层发生了明显的柔流。

2.开发中存在的问题

开发中的主要问题包括2点:一是尾矿回填问题,二是成本控制问题。对尾矿回填问题,前期中农矿产和北京普悦刘兴江先生组织专家进行了详细研究,已经得到一套完整的低成本方案,可以说基本上解决了,而且在中农钾盐开采中也已经得到了验证和应用。二是成本控制问题,老挝钾盐的开发成本必须不高于国际钾盐主流开发平均成本才能大规模开发。老挝钾盐矿主体是光卤石矿,平均品位大约是世界主流钾石盐平均品位的一半,这是其显著劣势。

但老挝钾盐矿也有其优势,一是埋藏深度浅,开采成本低;二是厚度大,可以多层开采,也能降低成本;三是光卤石中含有丰富的溴素和镁元素,综合利用回收也能降低钾盐开发成本。但老挝钾盐矿埋藏深度浅也带来另一个问题,那就是采矿顶板的稳定性问题。但只要前期勘探工作做得扎实,应用高精度三维地震勘探可以准确描述顶板的稳定性,并通过合理的回填方法得到解决,三维地震和电阻率勘探对存在的水文地质问题也能够得到很好解决。

结论

老挝钾盐矿经过前期不断地摸索，对勘探开发中存在的所有关键问题都找到了对应的科学解决方案。虽然老挝只有约 65 万吨/年的氯化钾年能。但随着钾盐市场的复苏，老挝钾盐开发成本也在逐步降低，由于存在巨大的储量，而且正赶上中国“一带一路”建设的步伐和修建中的老挝铁路，老挝一定会建成中国海外钾盐的重要供应基地。

撰稿：梁光河

加拿大钾肥项目投资前景及注意事项

——以金圣钾肥 Broadview 水溶钾盐矿项目开发为例

加拿大钾肥项目投资前景

(一)境外矿业投资环境

境外矿业的投资环境要综合主观及客观因素进行综合考量。客观因素包括自然环境、运作周期、文化理念;主观因素包括管理经验;勘探/评估队伍国际化、专业化;配套专业技术咨询、法律、财务、税务、公关、安全保障团队;吸引、利用并信任当地具有双语能力的优秀人才;培养具有当地教育或生活背景的骨干团队。而主客观因素则包括政治环境、政策法规和运作模式等。因此,选择稳定性高的项目,合理预期、融入当地,提高自身团队适应或控制不确定性的能力,逐步营造适合项目生存的周边环境,使得项目投资的利益最大化。

(二)2017 年全球钾肥储量分布

2017 年的全球钾肥储量呈现 3 个特点:①钾矿资源分布不均;②钾肥产能分布不均;③钾肥需求持续增长。其中,加拿大,俄罗斯和白俄罗斯占世界钾矿资源储量的 90%,加拿大萨省约占全球钾矿储量的 50%。全球仅少数国家生产钾肥,加拿大萨省占全球钾肥生产产能的 35%。世界钾密集型作物价格持续走强;世界人均耕地减少,人口增加,气候异常及温室效应等使得钾肥需求增加;主要的钾肥消费地区(亚洲、拉丁美洲)严重依赖钾肥进口,中国的钾肥消费为全球最多。

(三)加拿大萨斯喀彻温省钾盐盆地

萨省“钾盐开采带”面积约为 6.8 万千米^2,是全球最重要的钾盐开采区。Elk Point 盆地探明钾盐资源量为 888 亿吨 K_2O,推断资源量为 8 638 亿吨;总储量约占全球钾矿储量的 50%;以其钾矿品位高、连续性好、经济价值高、可大规模生产而著名;该开采带上现有 11 个在生产钾矿,每年生产销售的钾盐产品占全世界总量约 35%。

(四)萨省钾盐盆地地质分层情况

根据北美大草原蒸发组可以将钾盐盆地分为以下几层:耐心湖段、贝尔草原段、埃斯特黑齐段。地质的特点是倾斜度小、连续性好,其中,埋藏深度为 800~1 600 米。因此,萨省钾肥盆地可以采取多种采矿方法。

(五)萨省钾盐矿权分布情况

萨省钾盐矿权分布主要在萨省的西北方向和东南方向,而且在东南方向有一处钾矿分布。金圣钾肥公司的钾矿开放项目位于南部地区。

(六)加拿大投资环境

加拿大的钾盐、钾肥的投资环境较好,主要体现在以下几个方面:①政治政策相对稳定、法律法制健全、矿业支持度高、劳动力受教育程度高、主要基建相对完善、资源赋存条件好、矿业开发模式成熟等;②它是老牌资本主义国家,联邦、省、村镇管辖体系;③人口稀少,环保要求高;④审批严格、审批手续多工程技术标准不同;⑤社区文化及原住民文化。

(七)萨省钾盐矿开发

加拿大钾盐采矿加工经验非常丰富,因此,萨省开发钾盐项目本身的难点不是地质勘探,而是对各种工程因素、社会因素、政策因素的综合考虑。开发钾盐不仅仅是一个把钾盐"找出来"的问题,而是如何低耗高效、政通人和地把钾盐"开出来、运出去"等一系列的问题。

钾盐的开发具有以下特点:①钾盐矿整体质量好,局部地质异常造成勘探风险;②投资周期长,投资额大,生产寿命很长;③石盐尾矿堆场巨大;④耗水量大,要求有稳定的工业水源;⑤对配套水、电、天然气、铁路运输、公路运输要求高;⑥环保要求高,环评审批手续严格,持续时间长;省级环评审批手续;⑦对工业发展友好的执政党;⑧环境污染相对较小;⑨作为萨省支柱矿业,政府支持度高,钾矿法律法规、税收优惠成熟;⑩历史悠久的在生产钾矿使得群众接受程度高;⑪有系统的钾盐生产经验,勘探开发团队经验丰富,技术工人充足。

加拿大建立水溶钾肥工厂注意事项——以金圣钾肥项目为例

(一)资源勘探

资源勘探本身是和工程开发结合起来的,有良好的资源,没有合适的开采方案也是没有用的。金圣钾肥公司项目拥有足够、优质的钾盐资源。在KL280区块第一期开采区的钾盐资源足以支持年产量100万吨的钾肥生产174年,足以支持年产量300万吨的钾肥生产58年。此外,在区块资源量约60亿吨钾石盐岩。其中,第一开发区可开采量有1.74亿吨氯化钾。

(二)合适水源

在萨省,不仅有丰富且稳定的地表水体,广布的浅层地下水系,还有深埋的深层地下水。地下蓄水层完全可以为工厂供应充足的新鲜水。目前,SaskWater与萨省水务安全局(WSA)已经批准金圣钾肥公司用水计划。

金圣钾肥公司项目钾矿工厂区距离地下水取水源约40千米。金圣钾肥公司项目拥有足量、近距离的水源;钻井、抽水试验、水样化验和水位监测;地下蓄水层完全可以为工厂供应充足的新鲜水;管道线路初步设计已经完成,沿线地主均持欢迎态度,沿线土地基本锁定;目前SaskWater与萨省水务安全局(WSA)已经批准金圣钾肥公司用水计划。

(三)采矿加工

传统的采矿加工的方式是传统坑道法,浮选法,双竖井水溶法,蒸发结晶等。传统钾肥工厂的盐尾矿堆面积巨大,环境成本高。在钾肥工厂关闭后,需要将所有地面盐尾矿进行处理,势必耗资巨大。综合各种因素,金圣钾肥公司项目采用水平井选择性溶采+蒸发结晶工艺。此工艺改进了水平井横向选择性溶采氯化钾,具有选择性溶采环保、节水、高效开采的优势;抽取所得的生产卤水通过强制蒸发,结晶器结晶析出氯化钾,确保产品质量稳定且杂质少;适应钾盐层品位变化、不连续的地质复杂条件,保证稳定生产。

(四)厂址和基建

金圣钾肥公司在选址和基建的过程中的原则是避开农宅、基建管线、地下水系和地表水体。对公路、铁路、天然气管道、供电线路、供水管道和卤水管道的设计、长度等要综合考量(表5-14)。

表 5-14　基建各项建设概览

各项建设分项	长度/千米
公路(维护)	26
铁路	12
天然气管道	6
供电线路	17
供水管道	37
卤水管道	3～4

该公司已经购买了地表土地2 240公顷,足够工厂建设和溶腔开发使用。因此,选址方案得到了技术咨询团队、当地社区和各级政府的肯定。

(五)伙伴、模式、思路

开发萨省的钾盐项目,不仅借助助当地的技术力量、钾盐工程咨询公司、固定的合作伙伴及服务模式,还需要甄别项目的关键发展点。除此之外,还需要注重项目时间的重要性,工作团队的定位是在有效的时间范围内,在保质、保量的前提下,提高项目完工的效率。

(六)社区关系

社区关系包括与当地村镇政府关系、附近居民关系、原住民关系、以及媒体关系。社区关系与项目审批、项目的顺利开展息息相关。因此,要定期联络各级村镇政府,居于形式合适的社区公开会等来营造良好的社区关系。金圣团队从一开始就认识到了社区关系在项目发展中的重要性:15次项目社区公开会,40余次村镇政府会议,数千封项目宣传信,10余次原住民联络会议。金圣钾肥公司在社区关系的营造上取得了丰硕的成果:项目所在地所有村镇政府的书面支持;多个原住民部落愿意建立良好关系;获得环境部官员的称赞。

(七)政策法规

萨省的环境影响陈述报告进行审批的过程和手续也比较复杂,流程如下所示。

第一步,政府要求项目申请人向萨省环境部递交一份技术提案书(technical proposal,简称TP),对项目本身的初步技术细节、项目所在地的环境情况、可能产生的环境影响以及预设的减轻对环境影响的纾缓措施进行描述,以上需要0.5～1年。

第二步,萨省环境部在接到技术提案书之后,将会请专家对技术提案书(TP)进行会审,以评判项目是否需要开展进一步详细的环境影响评估(EIA)工作;以上需要60天以上。

第三步，如果需要，则要求申请人开始详细的环境调查野外工作，并对项目产生的环境影响进行建模分析，同时还要求申请人主动联络当地社区及相关基层政府，调查群众对项目的疑问和关切点，以在进一步的项目设计中，规避或减轻对环境的影响，以上需要 2 年。

第四步，在此基础上申请人需要递交详细的环境影响陈述报告(environmental impact statement, EIS)，对所做的各种工作进行描述，以上需要 0.5 年。

第五步，在环境部拿到环评报告之后，新一轮严格的政府内部评审将会展开。环境部会邀请数十家机构的专家，对报告的真实性、完整性、技术细节进行审查，并向申请人反馈技术评审意见(Technical Review Comments，简称 TRC)，以上需要 0.5 年。

第六步，申请人在回复了上述技术评审意见，并且回复内容满足各个专家之后，需要重新递交最终的环境影响评估报告。

第七步，环境部在拿到最终报告之后，由政府相关负责人准备最终的技术报告评审意见(final technical review comments)，递交环境部长批复之后，开始对项目环境影响评估报告进行为期至少 30 天的公示，以上需要 30～90 天。

第八步，公示期间，任何个人、组织、团体都可以对报告进行阅读审查，并提出质疑。视社会反馈意见的情况，公示期可能延长至 60 天。

第九步，最终环境部将要求申请人进一步回复公示期收集的社会意见，对报告进行修改整理。若修改结果满足意见要求，则项目获取环评批文，以上需要 30～180 天。

此外，还有联邦环评提案，钾盐有可能纳入联邦环评，要求更多的公众参与、原住民参与，原先的 365 天政府评估时间减少为最多 300 天，小组评审时间由原先的 720 天减少到最多 600 天。因此，现行环评法规调查内容也在不断地提高要求。

小结

综上所述，金圣钾肥公司需要努力实现“天时、地利、人和”：即使用顺应时代的工艺、选择合适的建厂时机；利用足够的钾盐资源、相关基建条件(包括水、电、气、公路、铁路等)；获得社区支持、政府支持，发展可靠的伙伴以及做好成本控制；切实保护当地自然环境；切实尊重当地人文环境；切实遵守当地法律法规；切实提高团队管理水平；依靠国际国内各种力量；了解、学习和掌握当地先进的技术和管理经验；结合自身人力、物力和财力优势；发扬吃苦耐劳、求实创新的精神。

撰稿：刘俊杰

中国盐湖资源找钾历程

——以青海盐湖所工作为主线

前言

盐湖广布于我国西部、北部和青藏高原地区，面积涵盖了大半个中国，包括黑龙江、吉林、内蒙古、河北、山西、陕西、宁夏、甘肃、青海、西藏和新疆等省(自治区)。其中，青海、西藏、内蒙古和新疆四省区盐湖面积近 40 000 km^2，占全国盐湖总面积的 93%，其中，面积 1 千米^2 以上的盐湖 900 多个，占全国面积 1 千米^2 以上盐湖总数目的 97%，是我国盐湖的主要分布区。尤其是西藏的藏北高原、阿里高原，青海的柴达木盆地、可可西里高原，内蒙古的海拉尔盆地、锡林郭勒高原、鄂尔多斯盆地、阿拉善高原和新疆的准噶尔盆地、吐鲁番－哈密盆地、塔里木盆地、库木库勒盆地等地，是我国盐湖分布的密集区，也是世界盐湖分布最集中的地区之一。

盐湖资源既是我国西部特色资源之一，也是我国具有相对国际优势的无机矿产资源，其中的钾、锂、镁、硼、铷、铯等资源成分关系国家的资源安全和战略安全，对国民经济的发展和国家安全具有重大的战略意义。特别是盐湖中的钾资源是保障我国作为一个农业大国对钾肥需求的最主要来源。准确掌握我国盐湖资源的时空分布特点、类型、资源禀赋及开发利用、沉积特征、成盐自然环境等基础数据，不仅对深度开展盐湖成盐成矿机理及演化过程等基础研究有重要意义，更对合理、高效开发我国盐湖资源，提升盐湖资源对我国社会经济发展的保障和支撑能力，具有非常重要的意义。

为摸清我国盐湖资源家底，全面掌握盐湖现状及变化趋势，20 世纪 50 年代，中科院盐湖研究所曾多次组织科研队伍深入各大盐湖区，开展盐湖资源综合考察和专题研究工作，掌握了大量盐湖的一手调查数据。60 多年来，我国开展过 2 次比较全面、系统的盐湖综合大调查，其间还有大量(具体数量难以统计)的、专门针对一些重点盐湖开展的专题调查和研究。通过这些资源调查工作盐湖所获取了大量科学数据，为从事盐湖地球化学、地质地理环境演化、资源开发和盐湖化学化工等领域的研究人员和从业人员提供了重要的参考价值和基础数据支撑。

青海盐湖所找钾历史及盐湖资源调查研究

回顾我国盐湖资源调查与开发的历程，还要从找钾说起。1946 年自我国盐矿奠基人袁见齐发表“西北盐矿概论”提出茶卡盐湖母液中有钾存在，可用于制造钾肥、炸药之后，逐渐为国人所重视。后来，袁见齐、柳大纲、侯德封等认为中国丰富的盐湖资源开发有着的光辉前景，主导开展中国的盐湖专业科研工作。总体而言，我国盐湖研究的历史从 20 世纪四五十年代就已经开始了，至今大致可以划分为 3 个阶段：1946—1977 年为第一阶段；1978—1999 为第二阶段，进入 21 世纪可看成第三阶段。中国科学院青海盐湖研究所盐湖找钾及资源综合利用的发展历程大致如是。

第一阶段(1977 年以前)：新中国成立后不久，为满足国家对钾的需求。1953—1956 年，柳大纲院士先后派人对运城盐池、青海茶卡以及柯盐湖做了探索性考察。在中国的第一个 5 年计划的中期，他又组织和领导了由中国科学院化学研究所以及地质、化工、高校、轻工盐业等部门的科技人员组建了中国科学院中国盐湖科学调查队，开展了对青海柴达木盆地察尔汗等盐湖资源的调查工作。他曾先后6次进入柴达木盆地，指导一批青年化学家开展盐湖化学的研究，发现了味道辛辣的光卤石钾矿物，建立了盐湖化学分支学科，并制订出各时期盐湖研究的全局规划。从此，揭开了青海柴达木盆地第四纪察尔汗钾镁盐矿床的钾盐研究、勘探开发和综合利用的序幕。并于1965年创建了中国科学院青海盐湖研究所，正式开始了柴达木盆地盐湖钾等资源的调查研究。同年，张彭熹院士领导盐湖地球化学研究室从兰州迁入西宁，加入新成立的中国科学院青海盐湖研究所。

在20世纪50年代末，张彭熹团队与青海海西地质队曾一起考察了察尔汗、台吉乃尔、一里坪等钾、镁、硼、锂等盐湖矿床，发现察尔汗西部别勒滩也含有原生光卤石沉积等。1965—1976年张彭熹及其团队完成了柴达木盆地众多盐湖综合考察和找钾研究，如大浪滩、昆特依、马海、别勒滩、大小柴旦、察尔汗及达布逊等盐湖，为我国第一个大型盐湖资源开发企业青海察尔汗（盐湖集团）及青钾钾肥生产基地和众多中小盐湖钾、镁、硼、锂开发提供了重要科学数据。该阶段中科院青海盐湖所张彭熹领导下的中国盐湖及盐湖钾盐矿综合考察和理论研究取得丰硕成果，张彭熹研究员并于1996年荣幸当选中国科学院院士。同期，高世扬研究员与带领的团队提出了成盐元素的命题，开创了盐湖资源无机化学研究的新领域，为盐湖资源开发奠定了理论基础，也为我国盐湖资源综合利用开发做出了重要贡献，也于1996年当选为中国科学院院士。

第二阶段（1978年至20世纪末）：已经摆脱了第一阶段全国开始大规模建设中、偶然遇钾、探钾的稚嫩表现。该阶段更注重盐湖资源的综合调查研究，中科院盐湖所全面组织队伍深入藏、青、蒙、新等主要盐湖地区开展资源普查工作，为后来的盐湖资源综合开发利用奠定了坚实的理论基础。其间盐湖所科研人员，克服重重困难，深入人迹罕至的边远偏僻地区，专门针对盐湖资源开展考察和研究，获得了丰富的数据和资料。此次调查在系统总结调查研究结果的同时，更注重与前期青海柴达木地质队、西藏藏北地质队、内蒙古一零八地质队和新疆第六地质大队以及中国盐业总公司勘探队等单位在这些盐湖地区的地质工作的有机结合，相继出版了《柴达木盆地盐湖》《西藏盐湖》《内蒙古盐湖》《新疆盐湖》《中国盐湖志》《中国盐湖自然资源及其开发利用》等专著，它们各有侧重，从各个方面介绍了我国盐湖资源的自然环境、分布、类型、成盐演化、成矿条件、加工工艺等内容，成为系统阐述中国盐湖资源及开发状况最系统、最全面的系列科学著作和工具书。其中关于一些重要盐湖钾资源的赋存形式和资源量评估数据，为后续我国钾资源的开发提供了非常重要的线索和依据。

此外，在20世纪80—90年代期间，为了更加全面地充实和完善我国盐湖资源基础数据，盐湖所专门针对一些地处边远、交通困难、研究程度较弱的盐湖开展了专题研究和调查，其中，包括1989年的可可西里盐湖调查；1993—1994年内蒙古海拉尔盆地盐湖调查；1996年新疆库米什盆地盐湖调查；1997年新疆罗布泊考察；1999年新疆库木库盆地盐湖考察等。

总体上看，这一阶段的工作，填补了我国盐湖资源调查的空白，获取并出版了大量的盐湖基础数据，为后续的基础研究和开发利用奠定了坚实的基础。但限于当时的技术和交通状况，耗时较长，调查与研究工作不够深入，没有形成对整个中国盐湖资源的全面系统认识。其后虽然也有许多的局部地区性调查，但由于经费支持力度小，其影响和规模都较小。除正在开发利用的几大盐湖如青海察尔汗盐湖、西藏扎布耶盐湖和新疆罗布泊盐湖等外，就一个地区长期而深入开展的盐湖工作亦较少。由于开展的盐湖调查研究工作是多期次的，时间跨度大，没有统一的调查规范和要求，获得的数据也缺乏统一性和规范性，盐湖数据的完整性差、共享率低。

第三阶段（21世纪以来）：作为敏感脆弱高原生态系统下发育出的特殊内陆湖泊系统，盐湖资源系统是一个耦合了自然和人工过程，并包含了自然、经济、技术、环境等多个子系统的复杂巨系统，其演化同时受气候变化和人工开发双重因素的控制。特别是进入21世纪以来，随着人们开发力度的不断增大，人们对盐湖的认识也从最初的一种静态、液态矿床，深化为一种动态演变的复杂水盐资源系统。近年来，随着人们开发力度的不断增大，加上气候变化带来的极端气候现象频率增加、温室效应等的影响，我国盐湖资源系统正在发生巨大改变，盐湖生产对环境的影响也日渐突出。不仅表现在盐湖补给方式、盐湖面积，盐湖水化学成分和固相盐类沉积的物化特征的不断改变，随之而来的诸如卤水水位迅速下降、地面大范围溶陷沉降、盐尘暴及生态系统退化等问题近些年都开始普遍出现。从整体上看，盐湖资源储量规模、资源聚集度、资源元素的组合状态以及与盐湖产业关联的其他资源的自给程度、矿床赋存条件、交通运输状况、市场环境状况、能源和水资源保证程度、对生态环境的影响、可持续发展利用能力等等都发生了较大的变化。

因此，亟须在上一轮调查的基础上，开展新一轮的盐湖大调查：一方面，充分利用最新的遥感和地理信息系统等手段，查漏补缺，建立系统全面权威的盐湖基础数据库和共享平台；另一方面，通过掌握我国盐湖在气候变化及人类开发利用下的变化特点及影响机制，从而科学指导未来的资源保护、开发和生产。

鉴于此，2012年中科院青海盐湖所在中国盐湖资源新一轮调查研究方向获得科技部基础专项资助。在该专项及课题成员承担的中科院百人计划等其他课题的共同支持下，青海盐湖所相关团队利用遥感、前人资料信息提取、实地调查和取样分析相结合的方式，历时5年对全国盐湖面积大于1千米^{2}的主要盐湖开展了全面系统的调查与分析工作。项目以2010—2011年为现状年，以高分辨率遥感数据与地理信息系统技术为基础，全面获取了我国盐湖的数量、面积数据，掌握了我国盐湖近30年变化的基本状况以及空间分布区域特征；通过实地考察和取样分析，基本查明了我国主要盐湖面积、盐湖类型、盐湖资源种类、晶间卤水和水化学类型等基本特征；通过遥感数据分析和数据挖掘，开展了重要盐湖钾资源禀赋及开发潜力评价；最后对获取的数据进行检验、集成，构建了中国盐湖资源环境基础数据共享平台并汇交至科技部。具体成果有如下几项。

①系统采集了中国主要盐湖的基础数据和相关信息等；收集整理、补充测试各个盐湖的水化学和相化学数据；编写了《中国盐湖资源基础数据》和《中国盐湖资源变化调查报告》等基础报告。

②构建了数据存储、查询和空间分析、处理为一体的中国盐湖资源环境基础数据信息平台，以分级授权的方式对各级政府部门、科研单位、大专院校以及盐湖产业开发部门提供数据服务，实现了盐湖专业基础数据的快速、准确、有效地共享和交流。

中科院青海盐湖所主导的新一轮中国盐湖大调查初步查清了中国盐湖的分布、盐湖的水化学类型、矿物组成、常量元素的水化学组成等，开展了盐湖钾资源评价，补充和丰富了中国盐湖的基础资料，为盐湖的进一步深入研究奠定了基础。同时实现了盐湖数据的规范化和共享平台构建，从而快速、便捷地共享盐湖数据，为更加广大的用户群服务。但由于部分区域盐湖可进入性极差，信息主要依托遥感手段获取，尚未开展现场的系统调查工作。同时，基于数据分析的盐湖成盐机理和变化机制方面的研究仍需深入。

未来盐湖资源调查工作的方向及思路

1.从资源初步调查走向系统监测

近些年来，盐湖资源开发的规模和强度不断增加，卤水下降、环境退化等问题日趋严重，盐湖也从早期的粗放式开发进入了一个更加精细化、智能化的阶段。今后除资源的变化调查外，还应在更大范围系统开展监测工作，尽量覆盖主要的已开发盐湖和资源禀赋较好的盐湖，从而全面掌握盐湖资源及环境在气候及人类干预双重影响下的变化情况。条件成熟后还可逐步将盐湖监测的范围从前端的资源监测，扩展到对盐湖化工过程和后端资源开发活动的环境影响的在线监测，向智能采矿和工业大数据推进。

2. 充分依托新技术、新手段

近些年资源环境调查和监测除了常规的仪器观测方式外，在利用遥感手段、无人机、自动化设备、物探与微量成分测试等技术方面都有了飞速的发展，极大地扩展了数据获取的广度与精度。特别是物联网架构、4G 通信技术及北斗定位系统等技术的大范围推广应用，很好地解决了数据的远程实时传输问题。未来盐湖调查与监测将更多引入高清遥感、无人机、GIS 技术与最新的物联网和通信技术，这些新技术的利用，也将为揭示现代盐湖在气候变化及人类影响下的变化规律及变化机理提供全新视角。

3. 从基础数据获取向机理和变化机制的研究、从以单一盐湖为对象向整个盐湖资源系统延伸

以往的盐湖调查和监测更多聚焦于盐湖资源本身及环境概况的把握，强调盐湖基础数据的获取，尤其是钾资源的相关数据，不仅调查对象相对单一，在盐湖成盐、成矿机理和变化机制方面的研究也还不够深入和充分。未来应将盐湖看作一个包含资源、环境、经济和技术等子系统在内的资源系统，我们应充分借助多源数据融合手段，更加准确表征该资源系统对外部条件(气候变化及人类开发行为等)变化的响应机制。

撰稿：王建萍

第六篇

中国钾肥产业可持续发展绿皮书

中国钾肥产业可持续发展绿皮书

钾肥是我国 14 亿人口赖以生存的粮食的“主粮之一”。国家不可一日无“钾”，更为重要的是“中国人的口粮要牢牢端在自己手中”不可或缺的要素之一。但是，我国的钾肥产业因为钾资源是国家紧缺的战略资源之一，从而使得这个行业具有了自己的特色。

国家在 20 世纪 90 年代就制订了“国产、境外、进口”三足鼎立的高瞻远瞩的发展方向。目前，我国钾肥的需求量在 1 800 万吨 KCl 左右，且随着生态农业“精准施肥”和“化肥零增长”政策的实施，我国钾肥的需求量会不断增长到 2 000 万吨 KCl 左右，同时，钾肥的可持续供应关系到我国粮食的品质放心、数量安全的两大重任。经过 60 年的不断努力，2010 年以来，我国钾肥国产量已经比较稳定地保持在 50%左右的自给率。而 50%左右自给率的国产钾肥更是担当着“定海神针”的作用。2019 年开始，钾肥出口执行“零关税”，这将给钾肥行业带来新的机遇和挑战。

中国钾肥产业现状

(一)国产钾肥

据自然资源部 2017 年最新钾资源数据显示，我国可溶性钾资源的查明资源量是 10.57 亿吨，可采储量比 2016 年又有进一步下降，以 2018 年钾肥产量 917 万吨 KCl 为例，我国可溶性钾资源储量可持续维持 50%自给率的可持续年限有限，而且我国的可溶性钾资源绝大部分为晶间卤水，回采率受不确定因素影响大。2012 年我国钾肥产能与产量 2 个数据的差额为 259 万吨 KCl(折)；而到 2017 年钾肥产能与产量 2 个数据差额为 559 万吨 KCl(折)，这个差额数据增大，表明目前我国可溶性钾资源量可承载的钾肥产量规模已经达到极限。我国钾肥在今后 10 年、20 年甚至 50 年的可持续发展该怎么办？如何保证我国科学地、低成本地、源源不断地供应钾肥？

2018 年我国 28 家资源型钾肥企业，钾肥生产总量为 917 万吨氯化钾(折)，总进口量为 752 万吨氯化钾(包括老挝境外钾肥回哺国内市场的 22 万吨氯化钾)，出口量为 28.6 万吨氯化钾，总供应量为 1 969 万吨氯化钾，表观消费量为 1 941 万吨氯化钾。

2018 年我国钾肥主要品种：资源型钾肥品种是——氯化钾、资源型硫酸钾、硫酸钾镁肥、钾硅钙肥调理剂；加工型钾肥品种是——硝酸钾、加工型硫酸钾、磷酸二氢钾等。

我国的钾肥行业已经发生了许多新的变化——价格在下降通道中持续运行了 5 年左右后，于 2017 年 8 月开始见底回升，从最低的 2017 年 7 月的 1 600 元/吨回升到目前的 2 400 元/吨，价格增长了 50%。

(二)境外基地：加大国家政策的支持力度，加快境外钾肥基地建设，刻不容缓、迫在眉睫需要“顶层设计”

到加拿大、俄罗斯、哈萨克斯坦、老挝、刚果(布)、泰国等钾资源丰富的国家“拿取”钾资源为我国所有，这是利在当今、功在千秋的大事和大功，国家一直以来非常重视。2013 年 1 月 27 日和 2012 年 6

月29日,国家发改委分别签发了《关于推进境外钾盐项目开发有关问题的通知》和《关于鼓励和引导民营企业积极开展境外投资的实施意见》发改委〔2012〕1905号文件。"一带一路"的倡议也给境外钾基地的建设开出了大空间,国家全力支持"走出去"开发境外钾肥项目。

截至本报告编写时,我国在境外的钾肥项目共有11个国家31个项目——加拿大有8家,老挝有11家;哈萨克斯坦1家;刚果(布)有3家;泰国有3家;玻利维亚有1家;俄罗斯有1家;美国有1家;埃塞俄比亚有2家;阿根廷有1家;突尼斯有1家。4家老挝企业都已经生产出合格的钾肥产品,因为铁路还没有修通,目前主要销售在老挝和东南亚地区。

目前,这31个境外钾肥项目所处阶段不一,除了老挝有项目投产外,大部分资源地主要还是在2007年以后才拿到手,国外一个项目的建成投产,一般需要6~8年,况且我们是在他国开发,会困难更多,也许会需要更多的时间。而目前我国国产钾肥的产量维持50%左右的自给率,这是给境外钾肥项目黄金的建设期,需要牢牢把握这个时间段,也就是说今后10年应该是努力在国家政策支持下建设境外装置的最佳时期,不可错过。钾肥项目是一项投资周期长(从勘探到建成工厂需要6~8年)、投资金额大、生产周期长(钾肥工厂建成后可生产60~80年)。所以我们强烈建议投资境外钾肥工厂要着重考虑以下几个要素。

①该国的政治、政策的稳定性;该国的钾矿地质条件、钾矿的储量以及品位。

②该国的钾矿矿区的水、电、气、铁路、道路、港口等状况。

③该国的钾矿探勘、建设施工以及钾肥工厂运营期间的熟练操作工人。

对比上述要点,加拿大萨省钾肥矿最具优势,加拿大萨省ELK POINT盆地拥有全球50%的钾矿储量。目前在加拿大萨省的中资钾肥公司,工作进展较快的有兖州煤业(已经完成环评报告,计划建设280万吨钾肥装置)、加拿大金圣钾肥公司(接近完成环评报告,计划第一期建设100万吨钾肥装置、第二期扩产到300万吨钾肥装置)、西部钾肥(已经完成环评报告,计划建设14.5万吨实验性钾肥装置)。上述企业钾矿资源量均超过60亿吨,远远大于我国全国可溶性钾矿储量,且均为钾石盐矿藏。仅仅开采品位在25%以上氯化钾就可以生产100多年,生产成本约为60加元/吨,极具竞争优势。

(三)进口钾肥:从钾资源丰富的国家,抓住适当时机更多进口钾肥进行储备

1.全球钾肥进口市场格局

在过去的近10年时间里,国际钾肥市场一直由Uralkali与Belaruskali联合组成的专司其钾肥销售的BPC公司和由加拿大的PCS、Agrium(两者已经合并为Nutrien)和Mosaic三大钾肥生产公司组成的钾肥销售公司——Canpotex所主导。两大钾肥组织控制着全球70%贸易量,我国进口的钾肥,主要就是通过这两个销售公司而来,我国钾肥从俄罗斯、加拿大、白俄罗斯进口的钾肥量,以2012年为例,约占钾肥进口总量的71.0%左右。2013年7月29日,Uralkali钾肥公司因内部原因从BPC退出,引起全球钾肥格局供应方式有可能的变数,如果BPC的分解能够长久的话,倒是给了我国进口钾肥的一条新的渠道。而近期加拿大诸多钾肥项目的纷纷加大投资和加快建设,钾肥的大底应该来到。

2.中国进口钾肥历史情况

1980—2017年,我国钾肥进口量从97万吨KCl(折)增加到761万吨KCl(折),年均增加9.4%。1990年前,我国钾肥产量极低,进口依存度接近100%,到1990年,依存度97.5%。1990年后,依存度逐年降低,到2007年成为进口量最大年份,依存度下降到76.3%。由于2008年国际钾肥价格的波动影响到2009年的合同谈判和当年的销售量,2009年进口量仅为138.5万吨,进口依存度下降到32.6%。2009年之后,稳定在50%左右。

3.中国进口钾肥与国产钾肥比例的最佳值

我国的钾资源现状和我国钾肥的需求量,还有国际钾肥的丰富,这些都决定了我国将需要一直进口钾肥。这可以说是中国钾肥行业的一个“国策”。但随着我国钾肥产量的不断增加,进口依存度一直在下降,所以,随着这种变化的持续,中国的钾肥进口量与国产量到底是保持何种比例关系,才是最佳的?许多年来实际上一直在寻求一个最好的进口与国产的比例关系。

经过多年的研究,从我国钾资源拥有量、从进口谈判桌上的话语权、从我国目前的钾肥产能装置、从我国农业钾肥的需求量等诸方面考虑,我国钾肥 50%的自给率,50%靠进口,是一个最合适的比例关系。这是一个能进退自如的有利于我国钾肥产业可持续发展的黄金比例!经过 10 多年的努力,我们的自给率近几年都已经稳定在 50%左右,这不是一个巧合,而是我国钾肥行业综合平衡的结果。今后 10 年内甚至更长时间里需要保持的一个数据——50%的自给率!

4.中国进口钾肥的优势

(1)中国是世界钾肥生产商的主要目标市场之一　中国是世界上需求钾肥最多的国家之一,40 多年来,进口钾肥一直是我国钾肥供应量的重要组成部分,而且 14 亿人口的大国,要想进一步提高农业生产水平,钾肥的需求量还将进一步增长,重要目标市场的地位将进一步增强,这就给我们保持“价格洼地”的概率更有了进一步保证。

(2)中国与钾肥进口巨头加拿大、俄罗斯等已经建立起非常友好的合作关系　我国进口钾肥的历史已经有 45 年。45 年来,我国与世界主要钾肥生产国——加拿大、俄罗斯等已经建立起非常友好的贸易、物流合作关系,这也是一个宝贵的资源。从 1972 年我国开始进口钾肥以来,加拿大出口到我国的钾肥已约达 4 500 万吨实物。为了保持在中国的钾肥份额,加方这些年也已经有近 3 000 万美元投入到我国相关领域,包括长年的肥效实验与肥效推广。

(3)一直保持钾肥进口态势,以保护中国有限的钾资源避免被过度开发　加拿大钾石盐矿石平均品位高达 30%左右,开发 45 年来,才仅仅开发不到 1%的资源量,如此丰富的钾资源,正说明我们大量进口对我国的重要性和必要性——保留自己国家的资源,争取利用国外钾肥进口的最佳方式和机会。

(四)难溶性钾资源开发:加快加大难溶性钾资源制肥业的产业进程和推广力度

自 2006 年以来,在农业部、中科院主持下,全国范围 100 多种作物的大田肥效实验示范和成熟的工业化生产证实:利用我国丰富的钾长石类难溶性钾资源制取含钾矿物肥,是一种含钾的多元素高品质天然土壤调理剂,含有 4%~10%的 K_2O,是我国钾肥资源的重要补充,既有效缓解我国钾肥困境,又可以有效提高地力,其优点主要有如下 7 点。

第一,提高产量(这类肥料对所有作物都适应,产量提高 5%~15%)。

第二,提高品质(因为该类肥料能为土壤补充硅、钙等近 70 余种中量—微量矿物质元素,农产品品质大大提高)。

第三,提高农作物的抗逆性(抗病虫害、抗重茬、抗旱、抗倒伏等)。

第四,修复改良土壤,提高耕地地力(包括治理酸性重金属污染土壤、盐碱障碍、连作重茬障碍土壤)。

第五,我国难溶性钾资源极为丰富。据自然资源部初步估计,我国的难溶性钾矿资源量大于 100 亿吨 K_2O。而预测的远景资源量大于 200 亿吨 K_2O(折纯)。而且,难溶性钾资源在全国普遍分布,能很快形成合理的全国生产布局。

第六,我国难溶性钾资源产业化利用技术已经成熟,农业应用得到认可,大规模农业推广的条件已经具备。20世纪50年代我国科学家就开始了难溶性钾资源开发利用技术的研究，先后探索了高温煅烧、细菌分解、强酸分解、水热反应等技术。其基本技术思路是三步走：转化(将难溶性钾转化为可溶性钾)——分离提纯——制钾肥。但由于分离提纯的成本太高，而且钾分离后剩下>90%的残渣无法处理，因此一直未能实现产业化。

从21世纪开始转换思路，将难溶性钾资源(富钾硅酸盐岩石)中的所有矿物质元素整体转化为植物可以吸收的有效营养形态后，直接作为一种含钾的多元素矿物质肥料在农业上使用，既不用分离，也没有残渣排放。这不仅降低了成本，而且钾以外的其他10多种矿物质元素(质量上占产品的90%多以上!)，包括硅钙镁铁硼锰磷以及微量稀土元素等，都是植物生长的重要营养元素，它们的农业价值大于产品中的钾元素。目前，中国科学院水热蒸养技术的规模生产线都已经成熟，其产品已得到农业部的肥料产品登记认可，且在山东、河北、河南、江苏、山西、陕西、四川、北京、天津、江西、新疆、甘肃、内蒙古等10多个省区市的市场销售过程中逐步得到农户的认可和追捧。

第七，利用难溶性钾资源生产的多元素矿物肥具有平衡作物营养和改良土壤的功能，其对农业生产的重要性越来越大。

土壤是农业生产的基础，而土壤是由石头风化而成的。土壤向植物生长提供10多种矿物质元素养分，土壤特殊的团粒结构还保证植物根系生长，并具有透气保水等功能。但是，我国农业由于长年高产，掠夺性地消耗了土壤中的矿物质元素养分，不仅破坏了农作系统的可持续性、降低了耕地支撑高产的能力，而且使植物病变增多、农产品品质下降、氮磷肥利用率下降(加剧了农业立体污染)。因此，土壤肥力下降、酸化板结以及盐碱化乃是我国农业可持续发展的关键障碍之一。而利用难溶性钾资源生产的新型多元素矿物肥就能够在很大程度上缓解这一难题。

该类产品来自天然岩石，属于真正的绿色环保生态型肥料，是发展绿色农业、有机农业，可持续生态农业的首选产品。这些综合功能对我国农业的重要性可能大于对钾肥的补充。

行业可持续发展的战略措施

1. 保护好国内宝贵的可溶性钾资源，不足部分通过国外钾肥基地的开发、进口和难溶性钾资源的开发3个渠道来弥补钾肥的供应

从我国钾资源的实际禀赋条件看出，严格控制国产钾肥新产能的上马，维持全国钾肥装置产能不超过1 000万吨氯化钾实物量，产量维持在600万～700万吨/年 KCl(折)产量水平；我国青海、新疆的现有的钾肥装置能力，已经达到现有资源量的极限规模，为了钾肥行业国产部分的可持续发展，建议谨慎上新的和扩建新的资源型氯化钾、硫酸钾和硫酸钾镁肥项目，把现有装置利用好，维持好，达到较高的开工率。

2. 建立有效的进口钾肥储备机制

充分利用国际经济低迷和国际钾肥供应商 BPC 分家的大好机会，压低国际进口价格，以国内大进口商为渠道和平台，大力进行国家级的进口钾肥大储备。

3. 加大国家政策支持力度，尽快建成境外钾肥基地

充分对已经在加拿大、老挝、刚果(布)等国家取得的31个钾资源项目进行甄别、筛选。对筛选出的优质项目应从以下几方面进行发展：一是从资本、技术、市场、海外人才等方面，在“一带一路”倡议下，成立专门基金公司，组成上下游联合的大型海外集团公司，而且以国有资本为核心，外加民营资本的助推，从为国家进行资源储备和在境外拥有自己钾肥基地的角度尽快组织规模生产；二是走出去的海外钾肥项目，要与当地钾肥企业多沟通、争取合作发展，目前随着世界经济低潮期的到来，加拿大、俄罗斯等钾

肥大国，特别是加拿大，有许多在生产与物流方面的投资合作机会，以利于项目能顺利的发展。

4.大力扶持难溶性钾资源的开发利用

难溶性钾资源制土壤调理剂肥，是我国可溶性钾肥的补充，但这个产业还刚刚起步，这样一个新兴产业，从无到有、从小到大需要各方面的支持和培育。因此，有以下几点建议。

①设立国家重大专项，夯实资源—工艺—应用—施用基础。

②加大政府支持和推广的力度：对难溶性钾资源生产制肥企业和销售企业实行优先优惠贷款、减免税等各项鼓励政策；从农业生产资料综合补贴的角度，先行让农民免费/或低价使用这种新型肥料2～3年，以达到尽快推广普及的目的；设立专项推广基金和奖励政策，建立销售渠道；适时建立难溶性钾资源制肥工程中心和产业联盟。

钾肥行业的发展方向

推广多种增值含钾肥料，切切实实将传统钾肥料改性为新型钾肥，将单质钾肥改性为高效肥料，钾肥产业要重视钾肥品质代替扩展产能，并以优质、高效钾肥，服务未来农业。

①钾肥企业与农学专家密切结合，生产适合未来农业需求的钾肥。

②以中浓度、多营养复合肥料取代高浓度、高氮、磷、钾复合肥料。

③推行钾素实时监控技术，大幅度提高钾素利用率。

④在全国推行以实用农技专家为主导的“农业种植公司”，引导农民正确施用钾肥。

⑤建立钾肥与有机肥相结合的科学施肥制度，加强施肥与植保、栽培、灌溉、装备等综合生产技术研究与示范，实现高产、培肥和环境保护协调发展。

⑥建立绿色钾肥保障体系，不单纯要生产“绿色钾肥”，而必须从绿色钾肥原料、绿色生产工艺、绿色钾肥性能或特征、绿色运输、绿色施用，多方面构建钾肥保障体系。

钾肥行业未来发展目标

2020年，我国国产钾肥产量会努力保持在2018年800万～900万吨氯化钾的水平；境外钾肥基地将建成近200万吨氯化钾的装置能力；进口钾肥还需要继续保持在700万～800万吨氯化钾水平！2030年国产钾肥继续维持在600万～700万吨；预测境外钾肥基地将继续建成在600万～800万吨氯化钾估计境外钾肥将会有500万吨左右回哺国内市场；进口钾肥将继续是国产钾肥可持续供应的重要补充，从而构成2030年我国钾肥创新体系。

撰稿：《中国钾盐(肥)60年》编委会

附 录

中国钾盐(肥)政策法规汇编(1958—2018年)

政策类别	实施日期	政策法规文号及标题	主要内容及说明	有效性
国内税收	1958年9月13日	全国人民代表大会常务委员会通过,由国务院发布《关于批准中华人民共和国工商统一税条例草案的决议》	草案后附《工商统一税税目税率表》,将1950年以来的货物税改为工商统一税,化学肥料、钾盐的工商统一税税率为5%,氢氧化钾为12%	已经无效
国内税收	1984年10月1日	国务院,国发〔1984〕125号《中华人民共和国产品税条例(草案)》	开始对应税产品征收产品税,氢氧化钾10%,钾肥3%,其他钾盐10%	已经无效
国内税收	1985年9月30日	国务院,国发〔1985〕117号《国务院批转国家经委关于开展资源综合利用若干问题的暂行规定的通知》	利用制盐液(苦卤)生产的氯化钾等化工产品,减免产品税	已经无效
国内税收	1994年1月1日	财政部、国家税务总局,财税〔1994〕4号《关于调整农业产品增值税税率和若干项目征免增值税的通知》	1994年1月起,废止产品税,改征增值税,钾肥税率13%。但钾肥的批发的零售免征增值税	已经无效
国内税收	1996年4月1日	财政部、国家税务总局,财税字〔1996〕18号《关于对若干农业生产资料征免增值税问题的通知》	1996年4月1日至1997年12月31日,化肥生产企业生产销售的钾肥免征增值税。钾肥流通继续免税	已经无效
国内税收	1998年1月1日	财政部、国家税务总局,财税字〔1998〕78号《关于对若干农业生产资料征免增值税问题的通知》	1998年1月1日至2000年12月31日,钾肥生产销售、批发、零售继续免征增值税	已经无效
国内税收	2001年1月1日	财政部、国家税务总局,财税字〔2001〕113号《关于若干农业生产资料征免增值税政策的通知》	2001年1月1日起,钾肥生产销售、批发、零售继续免征增值税	已经无效
国内税收	2004年12月1日	财政部、国家税务总局,财税〔2004〕197号《关于钾肥增值税有关问题的通知》	自2004年12月1日起,对化肥生产企业生产销售的钾肥,由免征增值税改为实行先征后返	已经无效

续表

政策类别	实施日期	政策法规文号及标题	主要内容及说明	有效性
国内税收	2015年9月1日	财政部、海关总署、国家税务总局，财税〔2015〕90号《关于对化肥恢复征收增值税政策的通知》	自2015年9月1日起，对纳税人销售和进口化肥统一按13%税率征收国内环节和进口环节增值税。钾肥增值税先征后返政策同时停止执行。之前发布的化学肥料（含氮肥、磷肥、钾肥、复合肥）增值税优惠政策全部停止执行。化学肥料批发、零售、进口和出口按13%税率征收增值税	已经无效
国内税收	2017年7月1日	财政部、税务总局，财税〔2017〕37号《关于简并增值税税率有关政策的通知》	纳税人销售化肥（含氯化钾、硝酸钾、硫酸钾等钾肥），增值税税率由13%降为11%	已经无效
国内税收	2018年5月1日	财政部、税务总局，财税〔2018〕32号《关于调整增值税税率的通知》	化肥产品的增值税税率由11%降为10%，包括进口、出口和国内销售	有效
铁路运价	1990年3月15日	国务院，国发〔1990〕17号《关于提高铁路和水运货物运价的通知》	铁道部根据国务院通知制定《铁路货物运价规则》，铁路平均运价每吨千米2.09～2.59分。为支援农业，化肥的整车运价率暂缓1年执行，仍执行原运价率。（国家首次对化肥铁路运输实行优惠运价，《铁路货物运输品名检查表》中化肥包含硫酸钾、氯化钾）	已经无效
铁路运价	1991年3月1日	国家物价局，价费字〔1991〕125号《关于提高铁路货物运价的通知》	国务院批准国家物价局提高铁路货运运价，用于铁路建设基金（基金1），但是化肥等7种货物暂不提价	已经无效
铁路运价	1992年7月1日	国务院，国发〔1992〕37号《关于提高铁路货运、煤炭、天然气价格的通知》	国家铁路运价统一上调。铁路货运（含化肥）价格每吨千米提高0.01元，用于铁路建设（基金2）。化肥铁路运输仍免收2厘5毫铁路建设基金（基金1）	已经无效
铁路运价	1997年6月1日	国家计委、铁道部，计电〔1997〕76号《关于调整铁路货运价格整顿铁路收费秩序的通知》	自1997年6月1日起，铁路建设基金1和基金2合并，化肥铁路运输免征铁路建设基金	继续免征
铁路运价	1998年4月1日	国家计委、铁道部，计电〔1998〕31号《关于调整铁路货运价格规范铁路收费秩序的通知》	铁道部修订《铁路货物运价规则》，1998年4月1日起整车农用化肥不再执行“铁路货物运价率表”中的2号运价，单列“整车农用化肥”特殊运价号，并免收铁路建设基金。之后，化肥特殊运价号在历次运价普调时，一般不上调或上调幅度低于普调幅度	已经无效
铁路运价	2004年7月15日	国家发展和改革委员会、铁道部，发改价格〔2004〕1242号《关于进一步明确农用化肥铁路运价优惠政策的通知》	《实行铁路优惠运价的农用化肥品种目录》中钾肥品种，在“硫酸钾、氯化钾”基础上增加“硝酸钾”	继续执行

续表

政策类别	实施日期	政策法规文号及标题	主要内容及说明	有效性
铁路运价	2009年7月1日	国家发展和改革委员会、铁道部,发改价格〔2009〕1722号《关于适当调整农用化肥铁路运价有关问题的通知》	删除《铁路货物运价率表》中的"整车农用化肥"特殊运价号,改按2号运价执行。之后,2号运价随铁路货运价格普调而变化	继续执行
铁路运价	2011年12月20日	国家发展和改革委员会、铁道部,发改价格〔2011〕2938号《关于硫酸钾镁肥执行化肥铁路优惠运价政策的通知》	将"硫酸钾镁肥"纳入《实行铁路优惠运价的农用化肥品种目录》,经铁路运输时执行化肥优惠运价,免收铁路建设基金	继续执行
铁路运价	2015年2月1日	国家发展和改革委员会,发改价格〔2015〕183号《关于调整铁路货运价格进一步完善价格形成机制的通知》	整车农用化肥由2号运价提高为4号运价,仍免收铁路建设基金。自2015年8月1日起,运价上限由基准价调整为可上浮10%	已经无效
铁路运价	2018年1月1日	国家发展和改革委员会,发改价格〔2017〕2163号《关于深化铁路货运价格市场化改革等有关问题的通知》	整车农用化肥基准运价仍执行4号运价,继续免收铁路建设基金。在上浮不超过基准运价15%、下浮不限范围内,根据市场自主定价。铁路运输企业不再收取电气化附加费	有效
生产促进	1991年1月1日	国务院令第82号,《中华人民共和国固定资产投资方向调节税暂行条例》	钾矿采选、钾肥生产固定投资方向调节税0%。(国务院2000年1月1日起暂停征收投资税。2013年1月1日起废止该条例。)	已经无效
生产促进	1993年11月4日	国务院,国发〔1993〕80号《关于印发〈九十年代中国农业发展纲要〉的通知》	年产氯化钾80万吨的青海钾肥厂二期工程,被列入加快支农工业的重点化肥项目	已经无效
生产促进	1998年1月1日	国家发展计划委员会、国家经济贸易委员会、对外贸易经济合作部,第7号令《外商投资产业指导目录(1997年12月修订)》	1998年1月1日起,《鼓励外商投资产业目录》中的"高浓度化肥(尿素、合成氨、磷铵)"修订为"高浓度化肥(钾肥、磷肥)"	已经无效
生产促进	2001年9月29日	国务院办公厅,国办发〔2001〕73号《转发国务院西部开发办关于西部大开发若干政策措施实施意见的通知》	钾矿资源开发和利用列入优先安排建设项目,对符合条件的钾盐勘查、开采,实行减免探矿、采矿权使用费、15%企业所得税率等优惠政策	继续执行
生产促进	2002年4月1日	国家发展计划委员会、国家经济贸易委员会、对外贸易经济合作部,第21号令《外商投资产业指导目录(2002年3月修订)》	2002年4月1日起,在《鼓励外商投资产业目录》中增加"钾矿开采与选矿",保留"高浓度化肥(钾肥、磷肥)生产"项	已经无效
生产促进	2004年7月16日	国务院,国发〔2004〕20号《关于投资体制改革的决定》	年产50万吨及以上钾矿肥项目由国务院投资主管部门核准,其他钾矿肥项目由地方投资主管部门核准	已经无效

续表

政策类别	实施日期	政策法规文号及标题	主要内容及说明	有效性
生产促进	2006 年 8 月 24 日	国务院，国发〔2006〕29 号《关于落实《中华人民共和国国民经济和社会发展第十一个五年规划纲要》主要目标和任务工作分工的通知》	青海、新疆钾肥基地建设列为国家原材料工业"十一五"重大项目，由国家发改委负责推进	已经完成
生产促进	2007 年 12 月 1 日	国家发展和改革委员会、商务部，第 57 号令《外商投资产业指导目录（2007 年修订）》	2007 年 12 月 1 日起，《鼓励外商投资产业目录》中删除"钾矿开采与选矿"，保留"高浓度钾肥生产"	已经无效
生产促进	2008 年 5 月 30 日	国务院办公厅，国办发明电〔2008〕30 号《关于做好当前煤电油气运和农资供应保障工作的通》	各地各有关部门要落实扶持和促进化肥生产供应和流通的各项优惠政策，保障重点化肥企业原材料供应，组织好农资生产和运输。要充分挖掘钾肥生产潜力，加快新增能力建设，努力增加国内钾肥供给。要继续严格控制化肥及其原料出口	已经无效
生产促进	2009 年 5 月 18 日	国务院，国发〔2009〕16 号《石化产业调整和振兴规划》	加大国内外钾矿资源勘探开发，科学规划青海、新疆钾肥基地发展，加强钾矿共生、伴生资源开发利用。支持钾肥龙头企业开展产业整合，促进钾矿资源合理利用。开展油钾兼探，推动青海和新疆等地含钾卤水和海相钾矿资源勘查	已经无效
生产促进	2009 年 5 月 25 日	国务院，国发〔2009〕27 号《关于调整固定资产投资项目资本金比例的通知》	钾肥投资项目的资本金比例保持 20%，其他化肥提高至 25%	有效
生产促进	2010 年 12 月 21 日	国务院，国发〔2010〕46 号《关于印发全国主体功能区规划的通知》	西北地区主要矿产资源开发布局：加强青海、新疆盐湖资源开发，加大对钾、镁、锂、硼等多种矿产综合开发利用的力度，构建循环经济产业链，建设青海柴达木、新疆罗布泊资源综合开发利用基地	有效
生产促进	2013 年 5 月 15 日	国务院，国发〔2013〕19 号《关于取消和下放一批行政审批项目等事项的决定》	企业投资钾矿肥项目核准由国家发展改革委下放省级投资主管部门	有效
生产促进	2015 年 4 月 10 日	国家发展和改革委员会、商务部，第 22 号令《外商投资产业指导目录（2015 年修订）》	2015 年 4 月 10 日起，《鼓励外商投资产业目录》中增加"紧缺矿种（如钾盐等）的勘探、开采和选矿"，保留"高浓度钾肥生产"项。《外商投资产业指导目录（2017 年修订）》未修订这两项鼓励条目	有效
矿产资源	1994 年 4 月 1 日	国务院令第 150 号《矿产资源补偿费征收管理规定》	矿产资源补偿费开始征收，钾盐的矿产资源补偿费费率为 2%。符合条件的，可以按规定程序减免缴费	不再执行

续表

政策类别	实施日期	政策法规文号及标题	主要内容及说明	有效性
矿产资源	1996 年 7 月 1 日	地质矿产部,地函 184 号《地质矿产部关于征收钾盐资源补偿费问题的复函》	察尔汗地区的液体钾矿不能视为"天然卤水",应按钾盐费率 2%计征资源补偿费。暂定察尔汗地区钾盐矿按钾肥(KCl)销售价格的 45%作为售价计征资源补偿费	不再执行
矿产资源	1997 年 10 月 1 日	青海省人民政府办公厅,青政办函〔1997〕75 号	1997 年省政府决定从 10 月 1 日起,对从事盐湖资源生产氯化钾(钾肥)的企业和个人开征资源税,按生产氯化钾所耗用的卤水数量计算,每吨卤水应征收 0.5 元资源税	已经无效
矿产资源	2004 年 1 月 1 日	新疆维吾尔自治区地方税务局,新地税函〔2004〕176 号《关于罗布泊钾盐矿天然卤水征收资源税问题的批复》	罗布泊钾盐原矿为天然卤水,自 2004 年 1 月 1 日起应按"其他非金属矿原矿"品目征收资源税,税额暂定为 0.5 元/米^3。为便于征管,可按产成品硫酸钾折算为天然卤水数量,折算比为 1∶100。相当于每吨硫酸钾成品征收 50 元资源税。2009 年 8 月 18 日,新疆地税局发布《关于调整钾盐矿资源税税额问题的通知》(新地税函〔2009〕271 号),由 50 元/吨调至 135 元/吨	已经无效
矿产资源	2004 年 10 月 1 日	青海省财政厅、青海省地方税务局,青财税字〔2004〕126 号《关于调整我省资源税政策的通知》	2004 年 10 月 1 日起,青海省将生产氯化钾(钾肥)耗用的卤水资源税标准,从每吨 0.5 元提高到 1.0 元。盐湖集团每吨氯化钾核定的卤水消耗量为 45 吨,每吨征收 45 元的资源税	已经无效
矿产资源	2008 年 10 月 1 日	青海省财政厅、青海省地方税务局,青财税字〔2008〕1271 号《关于调整我省天然卤水资源税额标准的通知》	2008 年 10 月 1 日起,青海省将生产氯化钾(钾肥)耗用的卤水资源税标准,从每吨 1.0 元提高到 3.0 元。盐湖集团每吨氯化钾核定的卤水消耗量为 45 吨,每吨征收 135 元的资源税	已经无效
矿产资源	2013 年 12 月 30 日	国土资源部公告,2013 年第 21 号《关于铁、铜、铅、锌、稀土、钾盐和萤石等矿产资源合理开发利用"三率"最低指标要求(试行)的公告》	公告设定了中国钾盐矿开采回采(盐田采收)率、选矿回收率和综合利用率等的最低指标要求。新建或改扩建的钾盐矿山的"三率"指标应达到本指标要求 现有生产矿山 2 年内达到本指标要求	有效
矿产资源	2014 年 4 月 1 日	新疆维吾尔自治区财政厅、地方税务局,《关于调整自治区钾盐资源税税额标准有关问题的通知》	自 2014 年 1 月 1 日起,将新疆维吾尔自治区天然卤水资源税税额标准由 1.35 元/吨调整为 2 元/吨,成品钾盐与提取卤水的折算比由 1∶100 调整为 1∶200,调整后的成品钾盐资源税税额由 135 元/吨提高至 400 元/吨	已经无效

续表

政策类别	实施日期	政策法规文号及标题	主要内容及说明	有效性
矿产资源	2016 年 7 月 1 日	财政部、国家税务总局，财税〔2016〕53 号《关于全面推进资源税改革的通知》	矿产资源税改按销售收入从价计征，同时不再征收矿产资源补偿费。符合条件的，可减免资源税。在《资源税税目税率幅度表》非金属矿产中列名征税的钾盐有氯化钾、硫酸钾。征税对象为精矿，氯化钾精矿税率幅度为 3%～8%，硫酸钾精矿税率幅度为 6%～12%	有效
矿产资源	2016 年 7 月 1 日	青海省财政厅、青海省地税局，青财税字〔2016〕1201 号《关于印发〈青海省资源税改革实施办法〉的通知》	自 2016 年 7 月 1 日起，青海省以天然卤水生产氯化钾、硫酸钾、硫酸钾镁的资源税征收标准为：精矿销售价格的 8%，符合条件的，可以按规定减免	有效
矿产资源	2016 年 7 月 1 日	新疆维吾尔自治区财政厅、地方税务局，新财法规〔2016〕24 号《关于确定我区资源税改革适用税率和换算比选矿比的通知》	自 2016 年 7 月 1 日起，新疆以生产氯化钾资源税税率为 8%，硫酸钾资源税税率为 11%。符合条件的，可以按规定减免	有效
矿产资源	2016 年 11 月 2 日	国务院，国函〔2016〕178 号《国务院关于全国矿产资源规划（2016—2020 年）的批复》	钾盐、磷等 24 种矿产列入《战略性矿产目录》，青海察尔汗、新疆罗布泊列入国家钾盐资源基地。巩固青海察尔汗、新疆罗布泊钾盐基地，保持国内 55%～60% 的自给率。加强鄂尔多斯盆地等地区油钾综合勘查。鼓励固体钾盐和高承压卤水综合开发利用。适度控制钾盐开采强度和新增产能，延长钾盐可持续供给年限	有效
进口税收	1985 年 3 月 10 日	国务院，国发〔1985〕30 号《关于发布〈中华人民共和国进出口关税条例〉和〈中华人民共和国海关进出口税则〉的通知》	钾肥（硝酸钾、氯化钾、硫酸钾）进口普通税率 11%，最低税率 6%	已经无效
进口税收	1985 年 9 月 13 日	商业部、化学工业部、财政部、国家工商行政管理局、轻工业部，〔85〕轻盐字第 19 号《关于禁止将农用氯化钾转给工业部门使用的联合通知》	进口农用氯化钾不能转为工业用氯化钾。违反规定的，补交进口环节产品税差额，并视情节罚款	已经无效
进口税收	1994 年 1 月 1 日	国务院办公厅，国办函〔1994〕13 号《关于进口粮棉油糖和化肥农药等商品政策问题的通知》	继续执行 1994 年税改前的进口化肥优惠政策。1994 年 1 月 1 日起，对钾肥、磷肥、尿素进口关税实行零税率，进口增值税征收后全部返还，如退税后价格低于国内市场价格，则酌情少返还进口增值税	已经无效
进口税收	1994 年 8 月 30 日	国务院办公厅，国办函〔1994〕80 号《关于今明两年进口粮棉油糖和化肥税收政策问题的通知》	国务院决定，现就今年追加和明年提前安排进口化肥进口税收政策通知如下： 一、免征进口关税和增值税 二、国务院原已批准的 1994 年进口化肥商品，在已核定的配额数量内仍执行原定政策	已经无效

续表

政策类别	实施日期	政策法规文号及标题	主要内容及说明	有效性
进口税收	1994年1月1日	国务院,国发〔1995〕8号《关于深化粮食棉花化肥购销体制改革的通知》	国家确定的化肥进口计划必须确保完成,地方要求多进口的可以增加进口配额。对今年配额内进口的化肥,继续执行零关税和进口环节增值税即征即退的优惠政策。外贸部门要及时组织化肥订货和到货,并尽量从国外生产厂家直接订货,减少环节,降低费用	已经无效
进口税收	1995年10月12日	财政部、国家税务总局,财税字〔1995〕92号《关于钾肥产品增值税问题的通知》	对钾肥生产环节增值税1995年实行先征后退的政策。对青海钾肥厂1994年生产销售钾肥产品欠缴的增值税予以免征,对1994年已缴的增值税不再退库	已经无效
进口税收	1996年4月1日	国务院,国发〔1995〕34号《关于改革和调整进口税收政策的通知》	除本通知规定以外的减免关税和进口环节税规定,自1996年4月1日起一律停止执行。钾肥进口按进口税则规定税率征收进口关税。海关总署公布税则规定,硝酸钾进口关税4%,氯化钾5%,硫酸钾5%。对于国家批准进口的钾肥,进口环节增值税继续免征	已经无效
进口税收	1999年1月1日	国务院关税税则委员会,税委会〔1999〕第1号《关于调整若干商品进出口关税税率的通知》	1999年1月1日起,氯化钾、硫酸钾进口税则优惠税率为5%,实际执行进口关税税率3%。进口普通税率仍按为11%	已经无效
进口税收	2001年1月1日	国务院关税税则委员会,税委会〔2000〕17号《关于调整若干商品进出口关税税率的通知》	将氯化钾HS编码分为31042010"纯氯化钾"和31042090"其他氯化钾"。两种氯化钾进口普通关税仍为11%,优惠税率由5%下调为3%	已经无效
进口税收	2001年1月1日	海关总署,署税函〔2001〕153号《海关总署关于国家计划内进口钾肥、复合肥免征进口环节增值税的通知》	自2001年1月1日起,对国家计划内安排进口的钾肥(氯化钾、硫酸钾、硝酸钾)继续免征进口环节增值税	已经无效
进口税收	2006年11月1日	国务院关税税则委员会,税委会〔2006〕30号《关于调整部分商品进出口暂定税率的通知》	2006年11月1日起,对肥料用硝酸钾、氯化钾、硫酸钾、粗钾盐、硫酸钾镁等16项化肥类产品实施1%的进口最惠国暂定税率。2018年度,钾肥仍执行1%最惠国暂定进口关税	继续执行
进口管理	1988年2月26日	国务院,国发〔1988〕12号《关于加快和深化对外贸易体制改革若干问题的规定》	化肥属于统一代理订货的进口商品。由指定的外贸进出口总公司统一代理对外订货。使用中央以进养出外汇和自有外汇进口,也可委托中国化工进出口总公司的国外采购网点直接订货;少量、急需进口的,经过经贸部或其各地特派员办事处批准亦可自行进口	已经无效

续表

政策类别	实施日期	政策法规文号及标题	主要内容及说明	有效性
进口管理	1989年1月1日	国务院，国发〔1988〕68号《关于化肥、农药、农膜实行专营的决定》	进口化肥由国家实行计划管理。国家、地方和有关部门进口的化肥，均由经贸部的有关进出口总公司按国家计划统一对外订货。除农垦系统和外贸出口基地自用部分(不准倒卖)外，全部交中国农资公司和各级供销合作社统一经营(包括易货进口商品)。为了便于港口运力的安排，对地方进口的化肥要委托中国农资公司代办	已经无效
进口管理	1989年1月24日	海关总署、对外经济贸易部，〔89〕经署监一字第83号《关于进出口许可证管理工作中需要明确的几个问题的通知》	化肥和粮食属于国务院〔1988〕12号文规定的统一代理订货的进口商品。化肥、粮食的进口，海关凭统一经营该类商品的外贸专业进出口总公司进口合同和进口报关单查验放行；经贸部切块地方指定的公司进口的，按超经营范围进口，凭经贸部或有关特派员办事处签发的进口许可证验放。地方边境贸易公司经经贸部批准的进口的粮食、化肥，凭省级经贸厅(委、局)签发的进口许可证验放	已经无效
进口管理	1990年1月1日	国务院，国发〔1989〕87号《关于完善化肥、农药、农膜专营办法的通知》	进口化肥及化肥包装原料，必须按国家安排的进口计划或配额批件，按经贸部有关规定由经贸部中国化工进出口总公司或由经贸部批准的单位对外订货	已经无效
进口管理	1991年4月19日	国务院办公厅，国办发〔1991〕25号《转发经贸部等部门关于积极发展边境贸易和经济合作促进边疆繁荣稳定意见的通知》	允许边贸公司易货进口本省、自治区自用的化肥。进口化肥、农药、农膜等属于国家专营管理的商品在国内销售，应按国家有关专营管理规定执行	已经无效
进口管理	1992年3月26日	对外经济贸易部，1992年第2号公告《对外经济贸易部废止内部管理文件目录》	为了进一步贯彻改革开放政策，增强对外经济贸易政策、规章、制度的透明度，现决定，废止对外经济贸易内部管理文件122个。1989年4月3日发布的关于印发《化肥进口管理办法》的通知废止	已经无效
进口管理	1994年1月1日	国务院，国函〔1993〕183号《关于〈一般商品进口配额管理暂行办法〉的批复》	化肥列入《实行进口配额管理的一般商品目录》，由国家计委统一发放进口配额。外商投资企业进口自用化肥，也纳入全国进口配额化肥总量计划内，由外经贸部按规定管理	已经无效
进口管理	1994年7月1日	国务院，国函〔1994〕49号《关于〈进口商品经营管理暂行办法〉的批复》	国务院批准，外经贸部发布实施的《进口商品经营管理暂行办法》规定：国家对化肥(氮肥、磷肥、钾肥和复合肥)等12种商品实行核定公司经营管理。除国家核定公司外，各省可推荐本地区1～2家外贸公司经营，由外经贸部核定并公布。相关部门所属外贸公司也可经外经贸部核定经营化肥进口业务	已经无效

续表

政策类别	实施日期	政策法规文号及标题	主要内容及说明	有效性
进口管理	1994年8月12日	国务院，国发〔1994〕45号《关于改革化肥等农业生产资料流通体制的通知》	加强进口化肥管理，减少化肥进口代理机构。将目前的进口代理机构调减为中央进口统一由中国化工进出口总公司代理，各省、自治区、直辖市各保留一个进口代理机构	已经无效
进口管理	1996年4月1日	国务院，国发〔1996〕2号《关于边境贸易有关问题的通知》	允许边境省、自治区各指定1～2家边境小额贸易企业，通过指定边境口岸进口国家实行核定公司经营的进口商品（钾肥等化肥）。经营企业名单需报经外经贸部核准	继续执行
进口管理	1996年4月1日	海关总署，署监〔1996〕304号《关于转发〈国务院关于边境贸易有关问题的通知〉的通知》	过境小额贸易包括边境地区开展的易货贸易、现汇贸易、互利经济合作（工程承包、劳务输出）、以及除边民互市贸易以外的其他各类边境贸易形式，并统一执行边境小额贸易的有关政策。进口国家实行核定公司经营的进口商品，应由省、自治区指定，并经外经贸部核准、主管海关备案	继续执行
进口管理	1998年11月16日	国务院，国发〔1998〕39号《关于深化化肥流通体制改革的通知》	加强化肥进口管理，改进化肥进口代理办法。各种贸易方式和渠道进口化肥均纳入进口配额管理。国家经贸委根据总量平衡、资源配置和优化品种结构的要求，安排全国化肥进口。适当增加化肥进口代理渠道，除中国化工进出口总公司外，赋予中国农业生产资料集团公司化肥进口代理经营权	已经无效
进口管理	1999年1月29日	对外贸易经济合作部，外经贸管发〔1999〕第27号《关于印发〈化肥进口组织实施办法〉的通知》	外经贸部继续对化肥进口实行核定公司经营管理，其他任何未经核定的公司不得自营或代理进口化肥。国家经贸委负责编制全国化肥进口总量计划，并报国务院批准。外经贸部与国家有关部门根据批准的计划，将分省市计划联合下达到各地方以及国家管理企业	已经无效
进口管理	1999年5月31日	对外贸易经济合作部、中华全国供销合作总社，〔1999〕外经贸管发第308号《关于严格执行化肥进口代理制度的通知》	中国化工进出口总公司和中国农业生产资料集团公司为国家指定的化肥进口代理公司，其他任何企业（包括两家代理公司所属的地方企业）均不得从事化肥代理进口业务，不得擅自对外询价，签订化肥进口合同。除边境小额贸易、易货贸易、捐赠、利用外国贷款、经济特区自用进口以及外商投资企业自用进口外，其他贸易方式进口化肥必须委托上述两家公司代理	已经无效

续表

政策类别	实施日期	政策法规文号及标题	主要内容及说明	有效性
进口管理	2001年12月11日	对外贸易经济合作部，2001年第28号公告《关于公布〈进口国营贸易管理货物目录〉、〈进口国营贸易企业目录〉的公告》	3种钾肥(以海关税则商品编码分类)列入《进口国营贸易管理货物目录》:31042000氯化钾，31043000硫酸钾，31049000其他矿物钾肥及化学钾肥。国家授权的化肥进口国营贸易企业:中国化工进出口总公司;中国农业生产资料集团公司	有效
进口管理	2002年1月1日	国务院令，第332号令《货物进出口管理条例》	自2002年1月1日起，取消核定公司经营制度，对钾肥等货物实行国营贸易资质管理，同时允许经核准的非国营贸易企业进口部分数量	有效
进口管理	2002年8月17日	对外贸易经济合作部，(2002年第27号令)《原油、成品油、化肥国营贸易进口经营管理试行办法》	国家对化肥进口实行国营贸易管理，国家允许经登记备案的非国营贸易企业从事部分数量化肥的进口。国营贸易配额持有者必须委托国营贸易企业进口。非国营贸易配额持有者可以委托国营贸易企业或非国营贸易企业进口，具备非国营贸易企业资格的配额持有者也可以自行进口。凡具有对外贸易经营资格的企业都可以按关税配额外税率进口化肥	有效
进口管理	2002年8月1日	对外贸易经济合作部公告2002年第19号《关于原油、成品油、化肥非国营贸易进口经营企业资格备案申请条件、申报材料和申报程序的公告》	规定了化肥非国营贸易进口经营企业资格备案申请条件、申报材料和备案申报程序。外经贸部在收到申报材料后，商国家经贸委，分批进行登记备案，并发布备案企业名单。拥有化肥边境小额贸易进口经营权的边贸企业和依法批准的外商投资企业自用及生产产品进口化肥仍按现行有关规定执行，自然获得非国营贸易进口经营企业资格，不再另行备案	有效
进口管理	2002年11月25日	对外贸易经济合作部，2002年第50号公告《公布原油、成品油、化肥非国营贸易进口经营备案企业名单(第一批)》	中国化工建设总公司和华垦国际贸易有限公司通过备案审批，获得化肥进口非国营贸易企业资质	有效
进口管理	2004年8月26日	商务部公告(2004年第52号)《关于赋予5家企业钾肥非国营贸易自营进口经营权的公告》	商务部赋予以下5家企业钾肥非国营贸易自营进口经营权:①山东鲁西化工股份有限公司，②辽宁西洋特肥股份有限公司，③山东省鲁北企业集团总公司，④湖北洋丰股份有限公司，⑤中国石油天然气集团公司。但是，进口钾肥必须严格限于本企业生产自用，不得用于经营销售	有效

续表

政策类别	实施日期	政策法规文号及标题	主要内容及说明	有效性
价格管理	1994年5月1日	国务院，国发〔1994〕27号《国务院批转国家计委关于改革化肥价格管理办法请示的通知》	改革化肥价格管理办法，统一改为国家或地方规定化肥出厂中准价格和上下浮动幅度，由企业在国家允许的范围内自主确定出厂价格。化肥的调拨价格和零售价格实行经营差率或利润率控制。钾肥出厂价格，由各省级政府规定中准价格和上下浮动幅度	已经无效
价格管理	1999年1月1日	国家发展计划委员会，计价格〔1998〕2552号《国家计委关于进一步改革化肥价格管理办法的通知》	化肥出厂价格由现行政府定价改为政府指导价，钾肥出厂基准价格和上下浮动幅度由地方物价部门制定。放开化肥零售价格，必要时各地省级物价部门可对部门品种化肥实行最高零售限价	已经无效
价格管理	1999年5月27日	国家发展计划委员会，计价格〔1999〕584号《国家计委关于进一步明确进口化肥价格政策的通知》	中央进口化肥调拨价格(即港口交货价格)由国家计委根据实际进货成本加合理经营费用，按照保本微利原则制定。各地物价部门可规定最高零售限价等办法监管和调控进口钾肥等化肥价格	已经无效
价格管理	2008年4月15日	国家发展改革委，发改价格〔2008〕933号《关于加强氯化钾及复混肥价格监管的通知》	对国产钾肥出厂价实行政府指导价、提价申报或调价备案制度。直接进口的氯化钾港口交货价由国家发改委核定。流通和边贸钾肥实行限定的经营差率	已经无效
价格管理	2009年1月25日	国家发展改革委、财政部关于改革化肥价格形成机制的通知，发改价格〔2009〕268号《关于改革化肥价格形成机制的通知》	自2009年1月25日起，将国产化肥出厂价格、除钾肥外的进口化肥港口交货价格由政府指导价改为市场调节价。化肥批发、零售价格继续实行市场调节价。取消对已放开的化肥出厂价格实行提价申报、调价备案、最高限价以及对化肥流通环节价格实行差率控制等各项临时价格干预措施。继续对一般贸易进口钾肥价格实行适度监管	有效
价格管理	2009年2月6日	国家发展改革委，发改价格〔2009〕368号《关于完善钾肥价格管理政策的通知》	一般贸易进口钾肥港口交货基准价格改为企业根据国家规定的作价办法制定。进口企业可以港口交货基准价格为基础，在上浮幅度3%、下浮不限的范围内制定具体港口交货价格。国产钾肥出厂价格及边贸进口钾肥销售价格继续实行市场调节价	有效
价格管理	2013年8月14日	国家发展和改革委员会，发改价监测〔2013〕1561号《关于印发〈全国重要生产资料价格监测报告制度〉等三个报告制度的通知》	各地方物价部门定期向国家发展改革委报送重要生产资料的价格监测数据，监测的农资类化肥品种中有进口氯化钾和国产氯化钾农资经营企业销售价格	有效

续表

政策类别	实施日期	政策法规文号及标题	主要内容及说明	有效性
价格管理	2016年1月1日	国家发展和改革委员会令第29号《中央定价目录》	经国务院批准发布的《中央定价目录》，不再有进口或国产化肥的定价项目。所有化肥实行市场调节价	有效
价格管理	2018年2月6日	国家发展和改革委员会价格监测中心，发改价监中心〔2018〕7号《关于加强和改进部分重要工业品价格监测工作的通知》	决定从氯化钾、纯碱等生产集中度较高的重要商品着手，加强和改进价格监测工作。每月5日、15日和25日3次监测，指标包含氯化钾送到价格、复合肥企业购进氯化钾价格	有效
电价政策	1988年1月1日	财政部、国家计委、能源部，〔88〕财工179号《电力建设资金征收和使用监督管理办法》	经国务院批准，对耗电量大的化肥、合成氨、烧碱、黄磷、电石和国家指令性计划内的电解铝、铁合金免征每度2分钱的电力建设资金	已经无效
电价政策	1996年1月1日	国家计划委员会，计交能〔1996〕583号《关于在"九五"期间继续征收电力建设基金的通知》	国务院决定在"九五"期间继续征收电力建设基金(每千瓦时2分)。但是，氮肥、磷肥、钾肥、复合肥(化工部发生产许可证的)生产等用电继续免征电力建设基金	已经无效
电价政策	2001年1月1日	财政部，财企〔2001〕820号《关于印发农网还贷资金征收使用管理办法的通知》	2001年1月1日起"电力建设基金"更名为"农网还贷资金"，仍为每千瓦时2分。氮肥、磷肥、钾肥、复合肥(化工部发生产许可证的)生产等用电农网还贷资金	已经无效
电价政策	2004年4月13日	国家发展和改革委员会，发改价格〔2004〕773号《关于化肥企业生产用电价格的通知》	要求全国各地对化肥生产用电价格(含钾肥)继续实行优惠政策，并对化肥企业生产用电继续免征农网还贷基金。之后电价历次调整中，各省化肥生产用电价格一般涨幅较小或不上涨	已经无效
电价政策	2015年4月20日	国家发展和改革委员会，发改价格〔2015〕748号《关于降低燃煤发电上网电价和工商业用电价格的通知》	2015年4月20日起，取消化肥电价优惠，化肥生产用电执行相同用电类别的工商业用电价格。优惠价差较大的地方，分两步到位，2016年4月20日起全部取消电价优惠	继续执行
出口关税	2008年4月1日	国务院关税税则委员会，税委会〔2008〕11号《关于开征磷钾肥出口关税的通知》	自2008年4月1日起至2008年12月31日止，钾肥(税号：28342110、31042090、31043000、31049010、31049090)征收30%的出口暂定关税	已经无效
出口关税	2008年4月20日	海关总署，2008年第26号公告《关于对化肥类产品及部分原料加征特别出口关税的公告》	自2008年4月20日至9月30日，对所有贸易形式、地区、企业出口的化肥类产品及部分原料，在现有出口关税税率的基础上，加征特别100%出口关税。除4月1日起已经征收30%暂定关税的5种钾肥(钾盐、钾矿)外，还对28342190非肥料用硝酸钾加征特别关税。之后，根据海关公告，100%特别关税实际执行至2008年11月30日	已经无效

续表

政策类别	实施日期	政策法规文号及标题	主要内容及说明	有效性
出口关税	2008年12月1日	海关总署，2008年第84号公告《关于调整部分产品的出口关税的公告》	2018年12月1日起，五种钾肥、钾盐、钾矿（税号：28342110、31042090、31043000、31049010、31049090）征收30%的出口暂定关税，并加征75%特别关税。非肥料用氯化钾（HS28342190）出口征收75%特别关税	已经无效
出口关税	2009年7月1日	海关总署，2009年第36号公告《关于调整部分产品出口关税的公告》	不再对硝酸钾（肥料级和非肥料用）征收75%出口特别关税，只征收10%出口暂定关税。其他钾肥、钾盐、钾矿出口关税不变	已经无效
出口关税	2010年1月1日	国务院关税税则委员会，税委会〔2009〕28号《关于2010年关税实施方案的通知》	2010年1月1日起，非肥料用硝酸钾不再征出口关税，肥料用硝酸钾暂定出口关税调至7%。氯化钾、硫酸钾、硫酸钾镁和其他粗钾盐继续征收30%出口暂定关税，并加征75%特别关税。延续执行至2012年年底	已经无效
出口关税	2013年1月1日	国务院关税税则委员会，税委会〔2012〕22号《关于2013年关税实施方案的通知》	2013年1月1日起，硫酸钾、氯化钾出口改按2 000元/吨征收出口关税。其他钾肥、钾矿出口关税不变	已经无效
出口关税	2014年1月1日	国务院关税税则委员会，税委会〔2013〕36号《关于2014年关税实施方案的通知》	2014年1月1日起，肥料用硝酸钾出口关税降为5%；硫酸钾、氯化钾出口降为600元/吨。硫酸钾镁等其他钾肥、钾矿出口关税为30%，不再征收特别关税	继续执行
出口关税	2018年1月1日	国务院关税税则委员会，税委会〔2017〕27号《关于2018年关税调整方案的通知》	2018年度，肥料用硝酸钾出口关税仍为5%；硫酸钾、氯化钾出口为600元/吨。硫酸钾镁等其他钾肥、钾矿出口关税为30%	已经无效
出口关税	2019年1月1日	国务院关税税则委员会，税委会〔2018〕65号《关于2019年关税调整方案的通知》	2019年度，肥料用硝酸钾出口关税为0；硫酸钾、氯化钾出口为零。硫酸钾镁等其他钾肥、钾矿出口关税为0	有效

撰稿：李昊锋

编 后 语

历经近1年时间，在全行业领导和同仁们的共同努力、辛勤付出下，《中国钾盐(肥)60年》终于编撰完成！

历史长河浩荡前行，中国钾盐(肥)事业生生不息。

回顾钾盐(肥)60年的发展浩瀚历程，我们只能从这辉煌的历史长河中，拾取了几朵绚丽的“盐花”凝结成书，以此作为“中国钾盐(肥)60岁(2018年)”的生日礼物和“中华人民共和国70岁(2019年)”生日礼物。

在采编过程中，心天天是温暖而自豪、激动的，60年的中国钾盐(肥)历史是多么的厚重而执着，呈现在我们面前的，是一个个“有形”的人和“伟大”的企业，他们的故事又是那么感人而鲜活，充满着满满的“正能量”，这也正是我们编撰本书的初心：全面回顾和总结中国钾盐(肥) 60年的光辉历程，充分展示中国钾盐(肥) 60年的重大成果和伟大成就，突出中国钾盐(肥)行业的典型人物，研判中国钾盐(肥)行业发展趋势和未来远景，承前启后，薪火相传，砥砺前行，让后来者了解除真实的中国钾盐(肥)史，由此，力争成为中国钾盐(肥) 行业的“史书”。

此时此刻，当这本沉甸甸的书稿放在案头，其内容之丰富，完全超出了我们的想象。顿时，与这本书相关联的人和事历历在目，让我们心绪久久难以平静。在编撰的这些日子里，我们日思夜想，一直遨游在“中国钾盐(肥)”行业浩瀚的大海里。可以说，经受了一场精神上的洗礼！既感受了中国钾盐(肥)人为国家、为人民献“钾”而生生不息、奋斗不止、不惧艰险、勇往直前的崇高品质和精神风貌，又见识了钾盐(肥)人敢于向行业世界尖端技术挑战的决心和信心以及勇于跻身世界行业先进之林的睿智和胆魄。在此，我们对中国钾盐(肥)人表示由衷的敬意和深深的感谢！并在心底说：“为钾盐(肥)人自豪！”

“落其实者思其树，饮其流者怀其源。”在整个编纂过程中，得到钾盐(肥)行业科研院所、大专院校的专家学者及相关企业领导、工程技术人员多方面的鼎力支持和帮助，为我们提供了大量的现场资料、重要文献资料和图片以及他们撰写的文章和素材，《中国钾盐(肥)60年》是大家辛勤劳动的智慧结晶。在这里，我们要特别感谢中科院青海盐湖研究所、柴达木地矿勘查研究院，华东理工大学，中蓝长化科技有限公司、成都理工大学、青海盐湖工业股份有限公司、国投新疆罗布泊钾盐责任公司等单位;十分感谢宋彭生老师、陈丹青老师、李昊峰老师、李闻芝老师等等。

最后,对关心、关注本书编辑出版,提出建议和付出努力的各位老师,尤其是编辑部的全体人员,再次表示诚挚的谢意,道一声:你们辛苦了!

由于篇幅所限,本书仅仅收集了中国钾盐(肥)行业60多年发展浪潮中的一些"盐花",他们仅是钾盐(肥)行业的一个缩影和代表,或许还有不少遗漏,敬请多多谅解。

该书对中国钾盐(肥)60多年的发展历程进行了回顾,基点是对历史真实的反映,尊重历史。由于该书涉及面宽、时间跨度大,加之编撰时间和编者经历、专业水平有限,难免书中有错误和不足之处,敬请各位领导、专家和广大读者批评和指正。同时,也请大家多多提供素材,在以后合适的时间里再编撰《增补本》。

编者

2019年1月